KB001639

정사 삼국지 • 위서 2

진수陳壽 지음 · 김원중 옮김

정사 삼국지 • 위서 2

魏書

Humanist

위나라 가계도

조참曹參 → 조등曹騰 → 조숭曹嵩 → 조조曹操 → **조비曹조** → **조예曹叡** → **조방曹芳** → **조모曹髦** →

조환曹奐

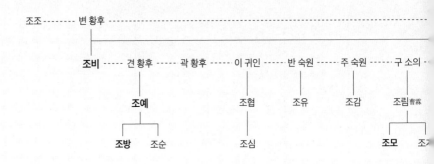

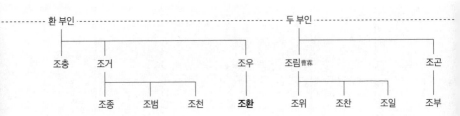

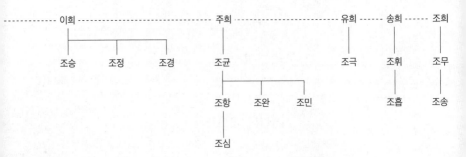

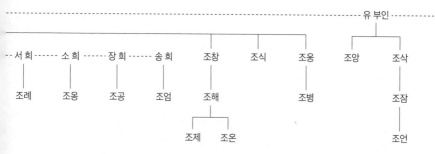

유 부인

서 희 ---- 소 희 ---- 장 희 ---- 송 희   조창   조식   조웅   조앙   조삭

조례   조웅   조공   조엄   조해   조병   조잠

                                      조제 조온   조언

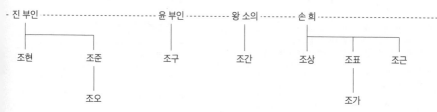

진 부인 ---------------------- 윤 부인 --------- 왕 소의 -------- 손 희

조현   조준   조구   조간   조상   조표   조근

          조오   조가

위나라(220~265) : 조조 사후 조비가 후한의 마지막 황제인 헌제에게 선양을 받아 세움. 46년 후 사마염에 의해 멸망.

조조(155~220)
조비(187~226 / 재위 220~226) : 조조의 장남.
조예(204~239 / 재위 226~239) : 조비의 장남.
조방(231~274 / 재위 239~254) : 조예의 양아들. 9세에 즉위. 곽 태후가 수렴청정. 정권을 장악한 사마씨에게 맞서다가 폐위됨.
조모(241~260 / 재위 254~260) : 조비의 손자. 조예의 이복동생인 조림曹霖의 아들. 조방이 폐위된 후 즉위. 사마씨에 맞서다가 시해됨.
조환(246~302 / 재위 260~265) : 조조의 손자. 본명은 조황. 조모가 시해된 뒤 즉위. 사마염에게 선양하며 위나라 마지막 황제가 됨.

30. 오환선비동이전烏丸鮮卑東夷傳

1권 차 례

1) 이 책은 1959년 12월, 중화서국中華書局에서 간행된 표점본 정사《삼국지》(전체 5권)
   에 의거하여 번역한 것으로, 별도의 교감校勘 작업은 하지 않았다.

2) 이 책의 단락 구분은 표점본에 따르지 않고 연대순에 따라 역자가 재구분한 것이다.

3) 이 책의 주석은 대부분 배송지裴松之가 덧붙인 주석에 의거한 것이지만, 역자가 번역본
   을 참조하여 덧붙인 것도 적지 않은데, 두 가지 주석을 구분하지 않고 일괄로 처리했다.

4) 역주의 원칙은 인명人名·관명官名·유문遺文·일사逸事 등을 비롯하여 문맥의 흐름을 해
   치지 않는 범위에서 덧붙이려 노력했다.

5) 역문에서 원문을 보충한 곳이 더러 있는데, 그럴 경우 소괄호를 이용해 원문과 구분했다.

6) 원전의 간지干支를 현대 독자들의 편의를 위해 연월일年月日로 바꾸어 번역했다.

7) 원문에 충실한 직역을 원칙으로 했으나, 의미가 불충분한 부분은 의역도 배제하지 않
   았다. 번역 어투는 가능한 한 현대적 의미를 살리려고 노력했다.

8)《정사 삼국지》의 세 부분은 일반적으로 〈위지魏志〉·〈촉지蜀志〉·〈오지吳志〉라고 하지만,
   송宋 대 이래 대다수의 목록이나 표제標題에는 〈위서魏書〉·〈촉서蜀書〉·〈오서吳書〉라고
   되어 있으므로 이 체재를 따른다.

임소두정창전任蘇杜鄭倉傳

평민 혹은 유학자 출신으로 재직한 관료들

황무지를 개간하여 식량 창고를 가득 채우다

임준전任峻傳

임준은 자가 백달伯達이고, 하남군河南郡 중모현中牟縣 사람이다. 한
나라 말기에 소란스러워지자 관동 전역이 크게 동요했다. 중모현의
영令 양원楊原이 수심에 차 두려워하다가 관직을 버리고 도망가려
하자 임준은 양원을 설득했다.

"동탁董卓이 처음 동란을 일으켰을 때 천하 사람들 중에 곁눈질하
며 분노를 나타내지 않는 자가 없었습니다. 그런데도 맨 앞에 서
서 행동하는 자가 없었던 것은 그런 마음이 없었기 때문이 아니라
감히 대세를 거스르지 못했기 때문입니다. 태수께서 만일 이에 대
한 논의를 먼저 제창하신다면 틀림없이 호응하는 자가 있을 것입
니다."

양원이 물었다.

"그 일을 하려면 어떻게 해야 하오?"

임준이 대답했다.

"지금 관동에는 10여 개의 현이 있지만, 병기를 다루는 자는 1만
명도 못 됩니다. 만일 잠시 하남윤河南尹의 일을 대행하여 그들을 모
두 이용한다면 성공하지 않을 수 없습니다."

양원은 그의 계책에 따랐으며, 임준을 하남군의 주부主簿로 삼았
다. 임준은 곧 양원을 위해 하남윤의 직무를 겸하고 싶다고 상주한

후, 여러 현의 수비를 공고히 하고 마침내 군대를 출동시켰다. 때마침 조조曹操가 관동에서 병사를 일으켜 중모현의 경계 안으로 들어왔으므로 사람들은 누구를 따라야 할지 몰랐다. 임준은 같은 군의 장분張奮과 단독으로 의논한 후 조조에게 군을 바치고 귀의했다. 임준은 또 별도로 종족과 빈객賓客, 가병家兵 수백 명을 모아 조조를 따르기를 원했다. 조조는 매우 기뻐했고, 임준을 기도위騎都尉[1]로 임명하도록 상주했으며, 사촌 여동생을 임준의 아내로 주어 깊은 친애와 신뢰를 보여주었다.

조조가 정벌할 때마다 임준은 항상 남아서 성을 지키며 군수품을 공급해주었다. 그해에는 기근과 가뭄이 있어서 군대의 식량이 부족했으므로 우림감羽林監[2]인 영천潁川의 조지棗祗[3]가 둔전을 설치하자고 건의하니, 조조는 임준을 전농중랑장典農中郎將[4]으로 임명하고 백성을 허현許縣 교외에서 둔전을 하게 하여 1백만 섬의 곡식을 거두었으며, 군郡과 국國에 전관田官을 두었다. 여러 해 뒤 곳곳에 곡식이 쌓여 창고마다 가득 찼다. 관도官渡 싸움에서 조조는 임준에게 병기와 식량 수송을 전담하도록 했다. 적군이 자주 공격하여 식량 수송로를 끊었으므로, 수레 1천 대를 한 부대로 하여 10열로 나란히 나아가고 두 겹으로 된 진이 수레를 에워싸고 호위하니, 적군

---

1) 황제의 경호나 수도의 경비를 담당하는 우림기羽林騎, 즉 금위군禁衛軍의 통솔관 혹은 감독관이다. 본래 '도위'란 장군, 교위 다음가는 무관이다.

2) 황제 의장대의 우림기병을 감독한다. 우림좌감羽林左監과 우림우감羽林右監이 있다.

3) 조지의 성씨는 본래 극棘이었지만, 선조가 난을 피했을 때 조棗로 바꾼 것이다.

4) 큰 군에서 군현에 둔전이 있을 때 설치한 둔전관이다. 촉나라는 군량미 공급을 위해 한중漢中에 둔전을 했다. 그 임무는 농사와 민정을 책임지고 밭의 세금을 맡는 것인데, 지위는 태수와 비슷했다. 함희 원년(264)에 없애고 태수로 바꾸었다.

이 감히 더는 접근하지 못했다. 군사軍事와 국사國事의 물자가 풍부한 것은 조지가 둔전을 건의해 임준이 실현시킨 결과이다. 조조가 임준의 공적을 높이 평가하여 도정후都亭侯로 임명하도록 상주하니, 식읍이 3백 호가 되었으며 장수교위長水校尉[5]로 전임되었다.

임준은 사람됨이 관대하고 헤아림이 있으며 포용력이 있고 사리에 밝았으므로, 그가 의견을 펼 때면 조조는 대부분 좋다고 생각했다. 임준은 기근이 들었을 때 친구가 남긴 외로운 아이를 거두어 어루만지며 기르고, 빈궁한 집안 친척들을 위해 안팎으로 분주하게 다니며 급한 곤궁함을 해결해주었으므로 신의가 널리 알려지게 되었다.

│ 건안建安 9년(204) │ 임준이 세상을 떠나자 조조는 오랫동안 눈물을 흘렸다. 아들 임선任先이 작위를 이었다. 임선이 죽은 후 아들이 없었으므로 봉국은 없어졌다. 조비曹丕가 공신을 기록할 때 임준에게 성후成侯라는 시호를 주었다. 또 임준의 둘째 아들 임람任覽을 관내후關內侯로 삼았다.

---

5) 경성 금위군 지휘관의 하나이다. 주로 오환족 기병 736명을 지휘하며 경성 경비나 수영水營을 책임진다. 예: 등애·육예陸叡

절개가 있어 한나라를 위해 울고,
강직하여 조비에게 직언하다

소칙전蘇則傳

소칙은 자가 문사文師이고, 부풍군扶風郡 무공현武功縣 사람이다. 젊어서 학식과 품행으로 이름이 났으며 효렴孝廉과 무재茂才로 천거되고 공부公府의 부름을 받았지만 어느 것도 나아가지 않았다.[6] 후에 평민 신분에서 등용되어 주천 태수酒泉太守가 되었고, 얼마 후 안정 태수安定太守, 무도 태수武都太守로 전임되었는데, 재직하는 곳마다 명성을 떨쳤다. 조조가 장로張魯를 정벌하러 갈 때 소칙이 다스리는 군을 지나다가 소칙을 만나보고 매우 좋아하게 되어 군의 선두에 세웠다. 소칙은 장로를 무찌르고, 하변下辯에 있는 저족氐族을 안정시켜 하서河西 길을 개통시키고, 아울러 금성 태수金城太守로 전임되었다.

당시는 동란이 있은 이후였으므로 관리와 백성은 고향을 떠나 흩어지고 굶주림으로 고통스러워하며 인구는 줄었는데, 소칙은 그

---

6) 소칙은 강직한 성품의 소유자로서 악을 증오하고 전한前漢의 급암과 같은 사람을 흠모했다. 그의 집안은 대대로 이름을 날렸는데, 흥평 연간에 삼보三輔가 혼란했을 때 굶주림으로 고통을 받아 북지로 피난했다. 안정에서 나그네로 떠돌다가 부호 사랑師亮에게 의탁했는데, 사랑의 대우가 충분하지 못했다. 소칙은 한탄하며 "천하는 반드시 안정될 것이므로 혼란도 오래 남지 않았다. 반드시 돌아와 이곳의 군수가 되어 어리석은 무리를 꺾으리라."라고 했다.

들을 매우 성심성의껏 위로하고 돌보았다. 그는 밖으로는 강족羌族과 호족胡族을 불러들여 감싸주었으며, 안으로는 소와 양을 얻어 빈궁한 자와 나이 든 자를 봉양했다. 심지어는 백성과 식량을 나누어 먹기조차 했으므로, 열 달 사이에 돌아온 유민이 모두 수천 가구에 이르렀다. 그는 금령禁令을 확고히 만들어 위반하는 자가 있으면 즉시 처형하고, 가르침에 따르는 자에게는 반드시 상을 주었다. 친히 백성에게 경작법을 가르쳐 그해에는 큰 수확을 거둬들였다. 이런 까닭에 나날이 그에게 돌아와 의탁하는 유민이 많아졌다. 이월李越이 농서隴西를 근거지로 삼아 모반하자 소칙은 강족과 호족을 이끌고 이월을 포위했다. 이월은 곧 항복하기를 원했다.

조조가 붕어하자 서평西平의 국연麴演이 모반해 호강교위護羌校尉라고 일컬었다. 소칙은 군대를 이끌고 그를 토벌하러 갔다. 국연은 두려워하며 항복하기를 원했다. 그 공으로 조비는 소칙에게 호강교위의 관직을 더했으며, 관내후 작위를 내렸다.[7]

후에 국연은 또 인접한 군郡과 결탁해 반란을 일으켰다. 장액張掖의 장진張進은 태수 두통杜通을 억류했고, 주천의 황화黃華는 태수 신기辛機의 통치를 받아들이지 않았다. 장진과 황화는 모두 스스로 태수라고 일컬었으며 국연에게 호응했다. 또 무위군武威郡의 세 호족이 동시에 도적질하고 노략질하자 길이 끊어졌다. 무위 태수武威太守 관구흥毌丘興이 소칙에게 위급함을 알려왔다. 그때 옹주雍州와 양주涼州의 여러 호족豪族이 모두 강족과 호족胡族을 체포하고 달려가 장진 등을 따랐으므로 금성군의 백성은 모두 장진에게 대적하는 것이 불가능하다고 생각했다. 또 장군 학소郝昭와 위평魏平은 이보다 앞서 금성에 주둔하여 수비를 하고 있었지만, 또한 조서를 받았으므로 서쪽으로 건너갈 수 없었다.

그래서 소칙은 군중郡中의 대리大吏, 고위 관리와 학소 등을 만나고 강족의 우두머리들과 상의하며 말했다.

"지금 적군은 비록 강성하지만, 모두 모인 지 얼마 안 되므로 협박당하여 따르는 자도 있을 것이고, 반드시 한마음이지도 않을 것입니다. 우리가 그들 사이의 틈을 노려 공격한다면 그들 중에서 착한 사람과 사악한 사람은 반드시 나뉠 것이고, 떨어져 나온 사람들이 우리 군대로 돌아온다면 우리는 수가 늘고 그들은 손실을 입을 것입니다. 이처럼 우리 군대는 숫자가 느는 실리를 얻고, 용기는 배로 느는 형세를 얻게 됩니다. 이러한 군대를 이끌고 나가 그들을 토벌하여 격파시키는 것은 필연적입니다. 만일 대군이 도착하기를 기다린다면 오랜 시일이 걸리는 지구전이 될 것이고, 착한 사람들은 귀순할 곳이 없어 반드시 악한 사람들과 협력하게 될 것입니다. 착

7) 조비가 옹주 자사 장기에게 말했다. "금성 태수에 대항하여 임용해온 소칙은 벌써 백성을 안정시키고 오랑캐를 평정한 공적이 있으며, 또 군사를 내보내 서쪽의 황중湟中을 평정하고 하서를 위해 지원하는 형세를 보였다고 들었소. 나는 이를 매우 대단하게 여기고 있소. 소칙의 공로에 대해 작위와 봉토를 주어야 한다고 생각하지 않소? 작위를 주는 일은 중대한 일이오. 그래서 그대에게 묻는 것이니, 비밀리에 의견을 말해보시오." 장기는 대답했다. "금성군은 옛날에 한수 때문에 약탈되었으며 백성은 죽거나 떠돌아다녔습니다. 어떤 자는 오랑캐 땅으로 도망갔고, 어떤 자는 소란에 빠져 호구가 5백 호밖에 안 되었습니다. 소칙은 임지에 도착하여 안으로는 피해를 당한 자들을 어루만졌고, 밖으로는 뿔뿔이 흩어진 사람들을 안정시켰으므로, 현재는 1천여 호가 존재하게 되었습니다. 또 양소梁燒의 잡다한 족속인 강족은 옛날 한수와 함께 나쁜 일을 했고, 한수가 죽은 후에는 변방을 넘어 침입해왔습니다. 소칙이 앞뒤로 몇 차례에 걸쳐 불러 3천여 명의 가구가 군으로 돌아왔는데, 모두 위엄과 은혜를 받아 관리로 임용되어 그 능력을 발휘했습니다. 서평의 국연 등이 모반을 일으켰을 때 소칙은 군사를 출동시켜 그 중심부가 되는 곳까지 진출했으므로, 국연은 귀순하고 인질을 보냈습니다. 소칙은 백성의 공로를 치하했으며 오랑캐들로 하여금 충절을 다하도록 했습니다. 성명聖明함을 만나면 반드시 공적이 있고 봉록이 있을 것입니다. 만일 소칙에게 작위와 봉토를 준다면 진실로 충신을 권장하고 풍속을 고양시킬 수 있을 것입니다."

한 사람과 악한 사람이 이미 결합하고 난 뒤에 양쪽을 급히 떼어놓는 것은 형편상 곤란합니다. 지금 비록 조서에 의한 명령이 있지만, 그것을 거스르고 시기적절하게 방책을 강구하는 것은 단독으로 결정할 수 있는 것입니다."

따라서 학소 등은 소칙의 견해를 따라 즉시 군대를 출동시켜 무위군을 구하고 호족을 항복시켰으며, 관구흥과 더불어 장액군에 있는 장진을 공격했다. 국연은 이 소식을 듣고 보병과 기병 3천 명을 이끌고 소칙을 맞이했다. 말로는 군을 도우러 왔다고 했지만, 사실은 반란을 일으키려는 속셈이었다. 소칙이 국연을 유인하여 만나자고 한 후, 기회를 틈타 그를 죽이고 밖으로 나가 이 소식을 그의 군대에 알리니 모두 흩어져 달아났다. 소칙이 여러 군사와 함께 장액군을 포위하여 쳐부수고 장진과 그의 남은 무리를 참수하자, 무리는 모두 항복했다. 국연의 군대가 패하자 황화는 두려워 떨며 잡아두었던 사람들을 풀어주고 항복하기를 원했다. 결국 하서는 평정되었고 소칙은 금성으로 돌아왔다. 조정에서는 그를 도정후로 봉하고 식읍 3백 호를 내려주었다.

소칙을 중앙으로 불러 시중侍中[8]으로 임명하니 동소董昭와 동료가 되었다. 일찍이 동소가 소칙의 무릎을 베고 자려고 하자 소칙은 그를 밀어내면서 말했다.

---

8) 예로부터 전해 내려오는 관례에 따르면, 시중은 천자의 일상생활 하나하나를 직접 보살피므로 세속에서는 집호자(執虎子, 호자는 변기를 말함)라고 불렀다. 소칙과 동향 출신인 길무吉茂라는 사람이 현령을 지내다가 한직으로 옮겼다. 길무가 소칙을 만나 조롱하면서 "벼슬이 집호자에서 그치지는 않겠지?"라고 하니, 소칙이 비웃으며 말하기를 "나는 정녕코 발을 동동거리면서 수레를 몰며 다니는 것을 모방할 수는 없소."라고 했다.

"나 소칙의 무릎은 아첨하는 사람의 베개가 아니오."

이전에 소칙과 임치후臨菑侯 조식曹植은 위나라가 한나라를 대신하려고 한다는 것을 듣고 모두 상복을 꺼내고 슬퍼하며 소리 내어 울었다.[9] 조비는 조식이 그렇게 한 것은 들었지만, 소칙 또한 이와 같이 했는지는 듣지 못했다. 낙양洛陽에 머무르고 있을 때 조비가 여러 신하에게 조용히 말했다.

"나는 하늘의 명에 응하여 황제가 되었는데, 이 일을 듣고 큰 소리로 우는 자가 있다고 들었으니, 무슨 까닭이오?"

소칙은 자신에게 물었다고 생각하여 수염을 곤추세우고 대답하려고 했다. 이때 시중 부손傅巽이 황망히 막으며 말했다.

"그대를 말씀하신 것이 아니오."

그래서 소칙은 대답하려던 것을 즉시 멈추었다. 조비는 소칙에게 물었다.

"이전에 주천과 장액을 쳐부순 이후로 서역에서 사자를 보내 직경이 1촌이나 되는 큰 진주를 바쳤는데, 다시 교역하면 이익을 구할 수 있지 않겠소?"

소칙이 대답했다.

"만일 폐하께서 교화로 중원을 다스리고 덕을 사막까지 퍼지게 하신다면 이익을 구하지 않아도 자연스럽게 찾아올 것입니다. 구하여 얻는다면 진귀하다고 할 수 없습니다."

---

9) 이 일은 소칙이 금성에 있을 때의 일이다. 한 헌제가 조비에게 제위를 양위한다는 것을 듣고 그가 붕어했다고 생각하여 상복을 꺼냈다. 나중에 헌제가 죽지 않고 살아 있다는 소식을 듣고서 마음이 무거웠다. 조식은 선제(先帝, 조조)의 뜻을 상실하여 원망하며 곡을 했다. 소칙도 곡을 했다. 조비는 이 사실을 알고 있었던 것이다.

조비는 묵묵히 있었다. 후에 소칙이 조비를 수행하여 사냥을 나갔을 때, 차질(楂埕, 짐승을 잡으려고 대나무 등으로 쳐놓은 울타리)이 튼튼하지 못해 사슴이 달아나자 조비는 매우 노여워하며 교의(交椅, 다리가 교차되어 접을 수 있게 된 의자)에 앉아 칼을 뽑아 들고 감독하는 관리들을 전부 잡아들여 죽이려고 했다. 이때 소칙이 머리를 조아리고 말했다.

"신이 듣건대, 옛 성왕聖王은 금수禽獸 때문에 사람을 해치지 않았습니다. 지금 폐하께서는 당요唐堯의 교화를 융성하게 하려고 하신다면서 오히려 사냥 놀이를 하며 이처럼 많은 관리를 죽이려고 하시니, 우둔한 신하로서는 생각조차 할 수 없는 일입니다. 저는 감히 죽음을 각오하고 사면을 내리실 것을 청합니다."

조비가 말했다.

"그대는 충직한 신하로다."

그리고 모두 사면했다. 그러나 이 일로 인해 조비는 소칙을 꺼리게 되었다.

| 황초黃初 4년(223) | 소칙은 동평국東平國의 상으로 좌천되었다.[10] 임지에 도착하기 전에 길에서 병이 나 세상을 떠났는데, 시호를 강후剛侯라고 했다. 아들 소이蘇怡가 작위를 계승했다. 소이가 죽은 후에 아들이 없었으므로 동생 소유蘇愉[11]가 작위와 봉토를 계승했다. 함희咸熙 연간에 소유는 상서尚書가 되었다.

---

10) 본래 소칙이 맡은 '시중'이란 관직은 제3품인데 '상'은 제5품이니 좌천된 것이다.

11) 소유는 자가 휴예休豫이고, 관직이 태상광록대부太常光祿大夫에 올랐다. 산도山濤가 지은 〈계사啓事〉에 의하면 충직하고 독실하며 지혜가 있었다고 한다.

은혜로써 하동 백성을 어루만지다

두기전杜畿傳

두기는 자가 백후伯侯이고, 경조군京兆郡 두릉현杜陵縣 사람이다.[12] 어려서 어머니를 여의고 고아가 되어 계모에게 괴롭힘을 받았으나, 오히려 효행으로 이름을 날렸다. 나이 스물에 군郡의 공조功曹가 되었고, 정현鄭縣의 영令을 대행했다. 현에는 수백 명의 미결수가 있었는데, 두기는 직접 죄질의 가볍고 무거움을 가려 판결을 내리고 그들을 돌려보냈다. 그의 판결이 모두 타당한 것은 아니었지만, 군 안의 사람들은 그가 나이는 적지만 큰 뜻을 갖고 있다며 기특하게 여겼다. 오래지 않아 효렴으로 천거되었고 한중漢中의 부승(府丞, 군승郡丞의 다른 이름으로, 군태수의 부관)에 임명되었다. 때마침 천하가 혼란했으므로 곧 관직을 버리고 형주荊州에서 빈객으로 머물다가 건안 연간에 고향으로 돌아왔다. 순욱荀彧은 조조에게 그를 추천하여[13] 벼슬에 나가게 했으며, 조조는 두기를 사공사직司空司直으로 임명하고 호강교위로 승진시켰으며, 사지절使持節·서평 태수西平太守로 임명했다.

---

12) 두기는 한나라 어사대부였던 두연년杜延年의 후예로서, 두연년의 부친 두주杜周는 남양에서 무릉茂陵으로 이주했고, 두연년은 두릉으로 옮겨와 자손 대대로 이곳에 터전을 마련했다.

조조가 하북河北을 평정한 후, 고간高幹이 병주幷州를 들어 모반했다. 당시 하동 태수河東太守 왕읍王邑이 조정의 부름을 받았는데, 하동 사람 위고衛固와 범선范先은 겉으로는 왕읍이 유임되기를 요청한다는 명목을 내세우고, 속으로는 은밀히 고간과 내통하여 반역을 모의했다. 조조는 순욱에게 말했다.

"관서關西의 여러 장수는 험준한 형세와 많은 말에 의지하고 있으니, 내가 정벌한다면 반드시 반란을 일으킬 것이오. 장성張晟은 효산殽山과 면지澠池 일대를 노략질하면서 남방의 유표劉表와 내통하고 있고, 위고 등은 이들에게 의지하고 있으니, 심대한 해를 끼칠까 나는 두렵소. 하동河東은 산으로 에워싸여 있고 물을 끼고 있으며 사방에서 변란이 일어나고 있으니 지금 이곳은 천하의 요충지에 해당하오. 그대는 나를 위해 소하蕭何[14]와 구순寇恂과 같은 현명

13) 두기는 형주에서 돌아와 허현에 이르렀는데, 시중 경기耿紀를 만나 밤새 이야기했다. 마침 상서령 순욱이 경기와 이웃하고 있었으므로 밤에 두기에 관해서 말을 듣고 남다르게 여겼다. 아침에 사람을 보내 경기에게 묻기를 "나라의 동량인데도 어찌하여 이런 데 있을까?"라고 했다. 순욱이 두기를 만나보니 오랜 친구 사이 같았다. 마침내 순욱은 그를 벼슬길에 나가게 했다.

14) 소하는 패군沛郡 풍현豊縣 사람으로서 형법과 율령에 통달했다. 한 고조漢高祖 유방劉邦이 평민이었을 때 소하는 여러 차례 관리의 신분으로 유방을 돌봐주었다. 유방이 정장亭長이 되었을 때에도 소하는 늘 그를 도와주었다. 유방이 관리로서 함양으로 부역을 갔을 때 다른 관리들은 그에게 3백 전을 주었으나 소하만은 5백 전을 주었다. 유방이 군사를 일으켜 패공沛公이 되자, 소하는 승상丞相으로서 공무를 감독했다. 패공이 함양으로 진입하자 장수들은 모두 다투어 금은보화가 가득한 창고로 달려가 그것을 나누어가졌으나, 유독 소하만은 먼저 궁으로 들어가서 진나라 승상부丞相府와 어사부御史府의 법령 문서들과 도적 문서圖籍文書들을 수집하고 감추어 보관했다. 패공은 자신이 한왕漢王으로 봉해지자 소하를 승상으로 임명했다. 얼마 후 항왕項王 항우項羽가 제후들과 함께 함양을 모조리 약탈하고 불태우고 떠났다. 한왕은 천하의 산천과 요새, 호구의 많고 적음, 재물의 분포, 민중의 고통 등을 모두 알고 있었는데, 이는 소하가 진나라 문서들을 완전하게 손에 넣은 덕분이었다.

한 신하를 천거하여 그곳을 지키시오."

순욱이 말했다.

"두기는 이와 같은 사람입니다."[15]

그래서 조조는 두기를 하동 태수로 임명했다. 위고 등이 이 소식을 듣고 병사 수천을 보내 섬진陝津을 끊어놓았으므로 두기는 섬진에 이르러 황하를 건널 수 없었다. 조조는 하후돈夏侯惇을 파견해 위고를 토벌하도록 했으나, 하후돈의 부대는 아직 도착하지 못했다.

어떤 사람이 두기에게 말했다.

"반드시 많은 군대가 도착하기를 기다려야 마땅합니다."

두기가 말했다.

"하동에는 3만 호가 있는데, 그들은 모두 변란이 일어날 것이라고 생각하지 않고 있소. 지금 대군이 급히 도착하여 핍박한다면 착한 일을 하려는 사람들도 주인이 없으므로 반드시 두려워하며 위고에게 귀를 기울일 것이오. 세력이 결집되면 위고 등은 분명 있는 힘을 다해 싸울 것이오. 만일 우리가 그들을 토벌하여 승리하지 못하면 사방이 반란군에 호응하여 천하에 변란이 그치지 않을 것이고, 만일 그들을 토벌하여 승리한다면 한 고을의 백성을 해치는 것이 될 것이오. 하물며 위고 등은 왕명을 분명하게 거부하지 않으며, 겉으로는 이전의 태수가 유임되기를 청하고 있으니, 분명 새 태수를 살해하지는 않을 것이오. 나는 한 대의 수레를 타고 직접 가서 그들이 생각하지 못한 점을 말하려고 하오. 위고는 사람됨이 계

---

15) 순욱은 두기가 매우 용감하여 큰 난리를 감당할 수 있으며, 지혜가 있어 임기응변할 수 있다고 생각하여 그를 한번 시험해보고자 한 것이다.

책은 많지만 결단을 내리지 못하므로 반드시 거짓으로 나를 받아들일 것이오. 내가 군 안에서 한 달 동안 머물면서 계략으로 그들을 얽어매면 충분할 것이오.”

그래서 두기는 은밀히 길을 돌아 두진頭津에서 황하를 건넜다. 범선은 두기를 죽여 사람들을 위협하려고 했고, 또 두기의 반응을 관찰하고자 문하에서 주부 이하 30여 명을 참수했지만, 두기의 거동은 태연자약했다. 그래서 위고는 말했다.

“그를 죽여도 다시 손해를 입히지는 못하면서, 또 헛되이 태수를 죽였다는 악명만 있겠구나. 더구나 그를 제어하는 것은 내 손에 달렸다.”

그러고는 두기를 잘 대접했다. 두기는 위고와 범선에게 말했다.

“위고와 범선의 군대는 하동 사람의 희망이며, 나는 이루어놓은 업적을 우러러볼 뿐이오. 그러나 임금과 신하 사이에는 일정한 도가 있고, 성공과 실패도 함께하는 법이니, 큰일은 마땅히 함께 상의하도록 하오.”

위고를 도독都督에 임명하고 승丞의 일을 대행하고 공조의 일도 겸임하도록 했다. 장교와 군리軍吏, 병사 3천여 명은 모두 범선이 지휘했다. 위고 등은 기뻐하며 비로소 두기를 섬겼지만 그를 마음에 두지는 않았다. 위고가 대대적으로 병사들을 징발하려고 하자, 두기는 그 일을 두려워하여 위고를 설득했다.

“무릇 평범하지 않은 일을 하고자 한다면 뭇사람의 마음을 동요시켜서는 안 되오. 지금 병사들을 크게 징발하면 백성은 반드시 동요할 것이니, 천천히 재물을 풀어 병사를 모집하는 것만 못하오.”

위고는 그의 말이 옳다고 생각하여 따랐으며 곧 재물을 풀어 군사를 모으기로 결정했다. 수십 일이 지나 안정되었으나, 여러 장수는 다수의 응모자를 탐내 군대를 적게 파견했다. 두기는 역소役所에 있다가 위고 등을 설득했다.

"집을 돌보고자 하는 것이 사람의 마음이니 여러 장수와 관리에게 휴가를 주어 보냅시다. 긴급할 때 다시 그들을 소집하는 것은 어렵지 않소."

위고 등은 대중의 뜻을 거스를까 두려워 또다시 두기의 건의를 따랐다. 그래서 위고의 군사 중에서 착한 사람은 군 밖으로 나가 암암리에 두기의 구원군이 되었고, 나쁜 사람들은 흩어져 각기 자신의 집으로 돌아갔다. 이렇게 위고의 병사들은 뿔뿔이 흩어졌다. 마침 백기白騎가 동원을 공격하고 고간이 호택濩澤을 침입했으므로 상당의 여러 현의 장리長吏들은 살해되었으며, 홍농弘農에서는 태수를 모두 구금시켰다.

이에 위고 등이 비밀리에 병사를 모집했으나 도착하지 않았다. 두기는 각 현이 모두 자기에게 귀의한다는 것을 알았으므로 군의 성을 나와 수십 명의 기병만 이끌고 견고한 성벽으로 달려가서 굳게 지켰다. 하동의 관리와 백성은 대부분 성을 들어 두기를 구원했다. 수십 일이 지나자 두기는 병사 4천여 명을 얻었다. 위고와 고간, 장성이 함께 두기를 공격했지만 함락시킬 수 없었고, 또 각 현을 공격했지만 소득이 없었다. 마침 대군이 도착했으므로 고간과 장성은 패하고, 위고 등은 살해되었으며, 나머지 무리는 모두 사면되어 각자 맡은 생업으로 돌아갔다.

이때 천하의 군현들은 산산이 부서졌으나, 하동이 가장 먼저 안정되어 소모와 감원이 적었다.

두기는 하동을 다스리며 너그러움과 은혜를 숭상하고 백성에게 무위無爲의 이치를 깨닫게 했다. 백성 중에 일찍이 소송이 일어나

서로 고소하게 되면, 두기는 직접 그들을 만나 대의를 말하고 돌려보내면서 돌아가서 생각을 거듭해도 만일 마음속으로 다하지 못한 바가 있다면 다시 부중府中으로 와서 자신을 찾으라고 했다. 향읍의 부로父老들은 서로 꾸짖으며 말했다.

"태수가 이와 같거늘, 무엇 때문에 그분의 가르침을 따르지 않는가?"

이후로 군에서 송사를 일으키는 경우가 적었다. 두기는 항상 등급이 낮은 속현屬縣에 명령을 내려 효도하는 아들, 정절을 지키는 부인, 조부모를 잘 섬기는 손자를 추천하도록 하여 그들의 부역을 면해주고, 수시로 그들을 위로하고 격려했다. 그는 백성이 기르는 가축을 점차 조사하여 통계를 냈는데, 위로는 암소와 말, 아래로는 닭과 개, 그리고 크고 작은 돼지에 이르기까지 모두 규정이 있었다. 백성이 농업에 힘써 집집마다 풍년이 들자 두기는 또 말했다.

"백성이 부유하니 교육을 시키지 않을 수 없다."

그래서 겨울에는 무기를 닦고 무예를 강의하고, 또 학교를 열어서 자신이 경서經書를 가르쳤다. 군의 백성은 그의 가르침에 교화되었다.

한수韓遂와 마초馬超가 모반했다. 홍농과 풍익馮翊 두 군에서는 대부분 현이나 읍을 바치고 그들에게 호응했다. 그러나 하동은 적과 인접하고 있었는데도 백성이 다른 마음을 품지 않았다. 조조는 서쪽을 징벌하고 포판蒲阪까지 와서 적군과 위수渭水를 끼고 진을 쳤지만, 군량미는 모두 하동에 있었다. 적이 격파되었을 때 남은 것이 20만여 섬이나 되었다. 조조가 영을 내렸다.

"하동 태수 두기는 공자가 '우禹여, 나와 그는 허물을 탓할 것이 없구나.'라고 한 말에 해당하니, 그에게 중이천석中二千石으로 봉록을 올려주라."

조조가 한중을 정벌할 때 5천 명을 보내 운송하도록 하자, 운반하는 자들은 자발적으로 노력하며 말했다.

"인간의 삶에는 한 번 죽음이 있으나, 우리는 부군(府君, 군태수의 별명)의 기대를 저버릴 수 없습니다."

끝까지 한 사람도 도망가지 않았으니, 그가 인심을 얻음이 이와 같았다. 위나라가 세워지자 두기를 상서로 임명했다. 나라를 세우는 일이 순조롭게 되자, 또 영을 내렸다.

> 옛날 소하는 관중關中을 안정시켰고 구순은 하내河內를 평정했는데, 경에게는 그들과 똑같은 공적이 있으니 납언의 직책을 내리고자 한다. 그러나 하동은 우리의 팔다리가 되는 군이므로, 충실한 지역으로써 천하를 제압하기에 충분하기 때문에 경을 수고롭게 하여 그곳을 지키려고 한다.

두기는 하동에서 16년 동안 재직하면서 천하제일의 치적을 쌓았다.

조비가 왕위에 오르자 두기에게 관내후의 작위를 내리고, 중앙으로 불러 상서로 삼았다. 조비가 황제의 자리에 오르자 풍락정후豊樂亭侯로 승진했고, 1백 호의 영지를 받았으며 사예교위司隸校尉의 직책을 대행했다. 오나라를 정벌할 때, 조비는 두기를 상서복야尚書僕射에 임명하여 남아 지키면서 여러 가지 일을 총괄하도록 했다. 그 후 조비가 허창許昌으로 행차했을 때도 두기는 남아서 지켰다. 두기는 조서를 받아 천자가 탈 배를 만들어 도하陶河에서 시험 삼아 운전을 했는데, 바람이 불어 침몰하여 죽었다. 이 일로 조비는 눈물을 흘리면서 조서를 내렸다.

옛날에 명(冥, 상인商人의 선조)은 자신의 직무에 힘쓰다가 물에 빠져 죽었으며, 후직后稷은 모든 곡식을 씨 뿌리다가 산속에서 죽었다. 이미 고인이 된 상서복야 두기는 맹진孟津에서 어선御船을 시험 삼아 운전하다가 전복되어 빠져 죽었으니 충성이 지극한 것이다. 짐은 가슴이 매우 아프다.

조비는 두기를 태복太僕[16]으로 추증했으며 시호를 대후戴侯라고 했다. 아들 두서杜恕가 작위를 이었다.

두서는 자가 무백務伯이고, 태화太和 연간에 산기황문시랑散騎黃門侍郞이 되었다.[17] 두서는 성실함을 받들고 질박하며 거짓으로 꾸미지 않았기에 젊어서는 명성과 명예를 얻지 못했다. 조정의 관리가 되어서도 붕당을 맺어 지원을 받으려 하지 않고 오로지 한마음으로 공적인 일만 바라보았다. 정사政事에서 마땅한 것과 마땅하지 않은 것을 만날 때마다 항상 나라의 법을 끌어다가 바른 논의를 했으므로 시중 신비辛毗 등이 그를 특별히 중시했다.

---

16) 황제의 거마를 관장하는데, 황제가 순행할 때 거가를 호종하기도 하며 큰 행사 시에는 친히 천자의 수레를 몰기도 한다. 구경의 하나이다.

17) 두서는 어려서 풍익의 이풍과 함께 임용되어 두각을 나타냈다. 이풍은 이름과 행동을 힘써 닦아 세상의 칭찬을 구하려 했고, 두서는 자유로운 생활 방식을 지키는 데 충실했다. 한 시기에 이풍은 명성을 떨쳤으며, 수도에 사는 인사들 중에 그를 위해 선전하는 사람이 많아졌다. 그러나 이풍은 명성이 그 실질을 넘어섰지만, 두서는 누추한 의복을 입고 가슴속에 옥을 감추고 있다고 생각하는 사람도 있었다. 이풍이 출세한 후에도 두서는 평안하게 집에 있으면서 스스로 즐겼다. 조예는 두서가 대신의 아들이었으므로 발탁하여 산기시랑으로 삼았다. 몇 개월 후 황문시랑으로 전임되었다.

당시 공경 이하의 관료들이 정치의 이익과 손실에 대해서 활발하게 의논을 벌였는데, 두서가 이렇게 말했다.

"옛날의 자사刺史는 여섯 개 조항을 받들어 펼쳤고, 맑고 고요함을 명예로 삼았으며, 당당한 풍모로 알려졌습니다. 오늘날의 자사들에게는 군대를 거느리지 못하게 하여 민정民政에 마음을 쏟도록 해야 합니다."

오래지 않아 진북장군鎭北將軍 여소呂昭가 또 기주冀州를 이끌게 되자 두서는 즉시 상소해 말했다.

제왕의 도는 백성을 안정시키는 것보다 더 나은 것이 없으며, 백성을 안정시키는 방법은 재물을 풍요롭게 하는 데 달려 있습니다. 재물을 풍요롭게 한다는 것은 근본이 되는 농업에 힘쓰고 아껴서 쓴다는 뜻입니다. 지금 두 적(오나라와 촉나라)은 아직 멸망하지 않아 치중輜重이 자주 오고 있는데, 지금이 곰이나 호랑이처럼 용맹스러운 인물이 힘을 발휘할 시기인 것입니다. 그러나 의관속대衣冠束帶를 하는 유생들까지도 허황된 것을 흠모하는 마음으로 가득하고, 논의하는 모습을 거짓으로 꾸미고 손자와 오자의 병법을 으뜸으로 추앙합니다. 주나군의 장관들은 모두 한결같이 백성을 구휼하고 위로하는 방법을 소홀히 하고, 오히려 군대를 통솔하는 법을 연마하고 있습니다. 농업과 양잠에 종사하는 백성도 전쟁하는 일을 다투어 경쟁하고 있으니, 이는 근본에 힘쓰는 것이라고 할 수 없습니다. 국고는 해마다 비어가는데, 제도와 법령은 해마다 확충되고, 백성의 재력은 해마다 줄어들며, 부역은 해마다 흥하고 있으니, 아껴서 쓰고 있다고 말할 수 없습니다.

지금 위대한 위나라는 비록 열 주의 땅을 차지하고 있지만, 계속된 동란으로 피폐되어 이 열 주의 호구戶口를 헤아려보면 지난날 한 주의 백성 수만도 못합니다. 그러나 두 방면에서는 분수를 모르고 감히 반역을 꾀하고, 북방의 선비족鮮卑族은 아직 복종하지 않으니, 이 세 곳의 국경 지대는 전란이 일어나 어려움을 만나게 되어 하늘 전체를 에워쌀 듯합니다. 때문에 현재 한 개 주의 백성으로 아홉 주(九州, 중국을 가리킴)의 지역을 경영하는 것은 그 곤란함이 피곤하고 쇠약한 늙은 말을 채찍질하여 길을 가게 하는 것에 비유할 수 있습니다. 이래서야 어찌 말의 기력을 사랑하고 아끼는 데 유의했다고 할 수 있겠습니까?

무황제武皇帝의 절약과 검소함으로 관청의 창고는 충실해졌지만 오히려 열 주에 병사들을 주둔시킬 수 없었고, 군 또한 스무 개나 됩니다. 지금 형주·양주揚州·청주靑州·서주徐州·유주幽州·병주·옹주·양주涼州 등 국경과 인접해 있는 각 주는 모두 군대를 거느리고 있지만, 안으로 국고를 충실하게 하고 밖으로 사이四夷를 제압하리라고 믿을 만한 곳은 오직 연주兗州·예주豫州·서주·기주뿐입니다.

이전에 주와 군이 병사를 관리하게 하자 오로지 전공을 세우는 데만 마음을 쏟고 민정에는 힘쓰지 않았기에, 신은 지휘관을 별도로 두어 병사를 다스리는 일을 다하도록 해야만 한다고 건의했습니다. 그러나 폐하께서는 여소를 특별히 사랑하시어 다시 기주의 민정과 군사 업무를 맡기셨습니다. 기주는 호구가 가장 많고 밭도 대부분 개간되었으며, 또 뽕나무와 대추나무가 풍부하므로 국가가 세금을 징수할 수 있는 곳이니, 여소에게 또 군사 일을 맡기신 것은 진실로 마땅하지 못합니다. 만일 북방을 진압하여 지켜야 한다고 생각하신다면 당연히 겸임 대장을 두어 그곳을 진압하고 안정시켜야 합니다.

관리를 배치하는 비용을 계산해봐도 겸임하는 관리와 차이가 없습니다. 반면에 재능 면에서 논하면 여소와 같은 사람은 비교적 쉽게 찾을 수 있습니다. 만일 조정에 진실로 인재가 부족하다면 문무文武의 재능을 겸비한 자들도 세력이 유독 많을 수는 없을 것입니다. 이로부터 헤아려본다면 국가는 인물에 의거하여 관직을 선발하지, 관직을 위해 인물을 선발하지 않는다는 것을 알게 됩니다. 관직에 따라 그 인물을 얻는다면 정사는 공평해지고 소송은 다스려질 것입니다. 정사가 공평하기 때문에 백성은 부유하고 윤택해지는 것이고, 소송이 다스려지기 때문에 감옥이 텅 비는 것입니다. 폐하께서 제위에 오르셨을 무렵 천하에서 죄를 지어 재판을 받은 자가 백수십 명이었는데, 해마다 늘어 금년에는 5백여 명이나 되었습니다. 백성은 늘지 않았고 법률도 엄해지지 않았습니다. 이로부터 추측하면, 정치의 교화가 점점 닳아 없어져 가는 것이 아니라, 주와 군의 목사와 태수가 적절히 임용되지 못한 명백한 결과가 아니겠습니까?

지난해 밭 갈던 소가 죽었는데, 전국을 통틀어보면 10분의 2가 손해를 입었습니다. 보리는 반도 거두지 못했고, 가을에 심는 씨앗은 뿌리지도 못했습니다. 만일 두 적이 화를 돌아보지 않고 병사를 내어 우리를 침범한다면 우리가 말을 달려 꼴을 보내고, 수레로 좁쌀을 운반하려 해도 1천 리나 떨어져 있어 운반할 수 없을 것입니다. 이 방면의 계략을 살펴보면 어찌 병사를 강하게 하는 데에만 있겠습니까? 무용武勇이 있는 병사와 강한 병졸이 많으면 많을수록 나라는 병이 들 것입니다. 무릇 천하는 인간의 몸과 같아서 인간은 내장이 충실해야 비록 사지가 병들더라도 끝내 중대한 병이 없게 됩니다. 지금 연주·예주·서주·기주 또한 천하의 내장인 것입니다. 때문에 어리석은 신하인 저는 공손하게 사주의 장관들이 근본이 되는 농업에 특별히 힘써 사지의 중임을 감당할 수 있기를 희망합니다.

그러나 고립된 의견은 유지하기 어렵고, 바라는 일을 범하면 이루기 어려우며, 많은 사람의 원망하는 말은 받아들이기 어렵고, 옳은 것

과 그른 것을 구분하기 어렵기에 신의 건의는 여러 해 동안 현명한 군
주의 살핌을 받지 못했습니다. 무릇 이런 건의를 하는 사람은 대부분
폐하께 소홀히 여겨지거나 낮은 신분 출신입니다. 소홀히 여겨지고
신분 낮은 사람의 말은 사실상 받아들여지기가 쉽지 않습니다. 설령
좋은 계책이 반드시 친애하는 고귀한 사람에게서 나왔다고 하더라도,
친애하고 고귀한 사람들도 당연히 위의 '네 가지 곤란함'을 범하면서
까지 충성과 은혜를 구하기는 어려울 것입니다. 이는 고대부터 현대
에 이르기까지 항상 근심하는 것입니다.

당시에 또 관리들의 공적 평가 제도를 정해 중앙과 지방의 여러
관리를 평가하자는 논의가 대대적으로 일어났다. 두서는 그 인물의
능력을 충분히 다 이용하지 않는다면 비록 재능이 있을지라도 이
로움이 없고, 몸에 쌓아놓은 지식이 임무에 합치되지 않는다면 그
임무는 사회의 수요에 합치되지 않는다고 생각하고 상서했다.

《상서尚書》〈요전堯典〉에 "공적을 공개적으로 살피고, 세 번 평가하
여 쫓아내거나 자리를 높여준다."라는 기록이 있는데, 이는 진실로 제
왕들을 흥성시키는 제도입니다. 그것은 능력 있는 사람으로 하여금
그에 마땅한 관직을 담당하게 하고, 공적 있는 사람으로 하여금 그에
마땅한 봉록을 받도록 하는 것입니다. 비유를 들면, 오확(烏獲, 전국시대
의 장사)이 천균(千鈞, 3천 근)의 물건을 들고, 장량張良과 낙의樂毅가 천리
마를 택하는 것과 같습니다. 비록 육대(六代, 당唐·우虞·하夏·은殷·주周·한
漢)를 지났지만 공적을 평가하는 법은 나타나지 않았고, 요임금·순임
금·우임금·탕왕·문왕·무왕·주공周公의 일곱 성인을 통해 시험한 문
文 역시 후세까지 전해지지 않았습니다. 신은 진실로 이것은 법령이란

거칠게만 참고할 수 있어 그 상세한 정황을 모두 갖추기 어렵기 때문이라고 생각합니다.

세속의 말에 이르기를 "세상에는 혼란을 만드는 사람은 있지만, 세상을 혼란하게 하는 법령은 없다."라고 했습니다. 만일 법령에만 전적으로 의지하여 행했다면 당요와 우순虞舜은 후직과 상설商契의 보좌가 필요하지 않았을 것이고, 은과 주는 이윤伊尹과 여망呂望의 보필을 귀히 여기지 않았을 것입니다. 지금 공적을 평가하는 것에 대해 진언하는 사람이 주대와 한대의 법률과 행정을 서술하고, 경방京房의 기본적인 취지를 적은 것은 성적을 평가하는 제도의 요점을 이해한 것이라고 할 수 있습니다.

그러나 겸양의 아름다운 풍속을 숭상하고 가지런한 태평성대를 일으키는 문제에 대해서 신은 가장 좋은 것이라 생각하지 않습니다. 주나 군에서 인물을 살피려고 한다면, 반드시 수재秀才·효렴·효제·능종政能從政의 네 과목을 거쳐야 하며, 모두 사적이 있고 효험이 있은 연후에 살펴서 추천하고, 시험 삼아 공부公府로 불러서 백성을 접촉하는 현의 장관으로 임명하고, 공적의 순서에 따라 전임시켜 군수로 임명하는 것입니다. 경우에 따라서는 봉록을 더해주고 작위를 수여합니다. 이것이 성적을 평가하는 데에서 가장 시급한 일입니다. 신의 생각으로는 그의 몸을 고관이 되게 하고, 그의 말을 채택하는 경우에는 주나 군의 행정을 담당하는 성적을 살피는 법률을 상세히 규정하여 제정하고, 법률이 준비되면 실시하고, 신용을 세우는 상을 만들어야 하며, 반드시 실행되는 형법을 실시해야 합니다. 공경과 내직을 담당하는 대신들은 또 그 직무에 따라서 공적을 평가해야 합니다.

고대의 삼공三公은 앉아서 정치의 도를 논하고, 내직內職을 담당하는 대신들은 위아래의 말을 받아들여 천자의 결함을 보충했으며, 천자의 선행은 한 가지도 기록하지 않는 것이 없었고, 과실은 한 가지라도 거론하지 않는 것이 없었습니다. 하물며 천하는 지극히 크고 국가의 정사는 지극히 많으니, 실제로 한 사람의 광명만으로 두루 비출 수는 없습니다. 때문에 군주가 맨 꼭대기의 머리가 되고, 신하는 팔다리가 되어서 함께 한 몸이 되어 서로 도와 완성하는 것입니다. 때문에 옛사람은 조정의 전당殿堂의 재목은 한 나무의 가지만으로는 세울 수 없고, 제왕의 대업 또한 한 명의 모사에게서 나온 계략에만 의지할 수 없다고 했습니다. 이로부터 말하면 대신들이 자기 자리만 지키고 공적을 평가하는 조문에만 밝은 상황에서 어찌 천하를 평안히 다스릴 수 있겠습니까! 더구나 보통 백성의 사귐에도 신의를 힘써 지켜서 물과 불을 밟는 곤란함을 당하지 않고, 또 자신을 이해하는 우정에 감격하여 간담을 나누고, 명성을 위해 목숨을 던지는 절개와 의리를 내세우는 자가 있습니다. 그런데 하물며 속대束帶를 하고 조정에 나가 관직이 경과 상까지 이른 사람이 힘쓰는 것이 어찌 보통 사나이끼리의 신의뿐이겠으며, 감격해하는 것이 어찌 자신을 이해하는 우정뿐이겠으며, 따르는 바가 어찌 명성뿐이겠습니까!

국가의 은총과 봉록을 받고 중요한 임무를 받은 대신들은 현명한 군주를 당요와 우순보다 나은 수준으로 올리기는 원하지 않으면서, 자신의 몸은 후직과 상설처럼 명신의 대열에 놓으려고 합니다. 이 때문에 옛사람은 세상을 다스리려는 마음이 다하지 않음을 근심하지 않고, 자신이 받는 신임이 충분치 못함을 걱정했는데, 이것은 실제로 군주가 그들을 이렇게 만든 것입니다. 당요와 우순과 같은 현명한 군주는 후직·설契·기夔·용龍을 임명하여 일을 맡기고 그들에게 공을 이루기를 요구했으며, 과실로 죄를 짓게 되자 요와 순은 곤鯀을 극형에 처하고 사흉을 추방했습니다.

지금 대신들은 친히 군주가 밝은 지혜로 내린 조서를 받들고, 현명한 군주의 눈 아래에서 일을 주고 직책을 제공합니다. 그들 중 어떤 사람은 아침부터 저녁까지 마음을 공적인 일에 두고 있으니, 삼가고 근면하게 홀로 서서 상대방의 존귀함과 권세에 굴복하지 않고 공평함을 지켜 사사로운 감정으로 아부하지 않고 바른 말과 바른 행동으로써 조정에서 처신하는 자는 현명한 군주라면 자연스럽게 관찰할 수 있습니다. 봉록을 받는 것으로 식견이 높아진다고 생각하고, 두 손을 모아 숙연히 서 있으면서 침묵하는 것을 기지가 있다고 생각하고, 관직에서는 구차하게 책임을 면하는 데에 힘쓰거나, 조정에서는 자신을 보존하는 것을 잊지 않고, 깨끗한 행동과 겸손한 언사로 조정에서 처세하는 자들 또한 현명한 군주께서는 살피셨습니다.

진실로 제 한 몸의 안전을 위해 자리를 지키는 자를 추방하고 관직에서 쫓겨나게 하는 벌을 가하지 않고, 공적인 일에 절의節義를 다하기에 항상 의심받는다면 공정한 덕의德義는 발양되지 못하고, 사적인 논의가 풍속을 이루게 되고, 비록 공자가 계책을 도모할지라도 한 사람의 재능을 충분히 발휘할 수 없을 것인데, 하물며 세속에 사는 사람이야 말해 무엇 하겠습니까! 지금 학자들은 상앙商鞅[18]과 한비韓非[19]를 스승으로 섬겨 법령과 권술을 숭상하며, 유가의 학설이 현실에서 멀고 실용적인 것에 부합되지 않는다고 다투는데, 이것은 좋지 않은

---

18) 상앙은 중국 선진先秦 시기 법가를 대표하는 정치가이다. 전국시대 위나라의 공자로서 진나라에서 변법變法을 단행하고 공을 세워 상군商君에 봉해졌다.

19) 한비는 형명과 법술法術의 학설을 좋아했으나 그의 학문은 황로黃老 사상을 바탕으로 했다. 그는 태어날 때부터 말을 더듬어 유세는 잘 못했으나 글을 잘 지었다. 이사와 함께 순경을 스승으로 섬겼는데, 이사는 자신이 한비에 미치지 못한다고 말했으며 그로 인해 한비는 무고한 죽음을 당했다.

풍속 중에서 가장 심했던 폐단이고, 창업 맹주가 지극히 신중히 해야
할 문제입니다.

후에 관리의 공적을 평가하는 제도는 결국 시행되지 않았다.
　낙안樂安의 염소廉昭는 재능이 뛰어나 발탁되었는데, 문제가 되는
일에 대해서 글을 올려 말하기를 매우 좋아했다. 이에 두서가 상소
해 간언했다.

　　신이 사사로이 살펴보건대, 상서랑尙書郞 염소가, 좌승左丞 조번曹璠
이 관문을 지킬 때 조서를 따르지 않았으니 응당 판결에 따라 문책해
야 한다고 상주했습니다. 염소는 또 말하기를 "그 일에 연좌하여 죄를
묻는 사람에 대해서는 별도로 상주해야 한다."라고 했습니다. 상서령
尙書令 진교陳矯는 스스로 상주하여 감히 징벌을 그치지 못하겠다고 하
고, 또 감히 중벌의 방식으로써 폐하에 대한 공경을 나타내지 못하겠
으니, 그 마음이 지극히 간절하고 측은하다고 했습니다.

　　신은 속으로 마음 아파했으며, 조정을 위하여 그를 안타까워했습니
다. 성인은 시대를 가리지 않고 나타나며, 이전 시대와 똑같은 백성을
다스립니다. 그러나 성인이 태어나면 반드시 현명하고 지혜로운 사람
의 도움을 받는 것은 도의를 따라 그들을 승진시키고, 예의를 따라 그
들을 이끌었기 때문입니다. 고대의 제왕이 세상을 구하고 백성을 다
스린 까닭은 멀리로는 백성의 환심을 얻었고, 가까이로는 신하들이
지혜의 힘을 다했기 때문입니다. 실제로 지금 조정에 재직하고 있는
신하들이 모두 천하에서 가장 뛰어나다고 하더라도 그 역량을 충분히
발휘하지 않는다면 사람을 잘 쓰고 있다고 말할 수 없습니다. 만일 그
들이 천하에서 가장 뛰어난 것이 아니라면 또한 제대로 관직에 오른

것이라 할 수 없습니다.

폐하께서는 정치에 관한 일로 마음을 수고롭게 하고, 어떤 때는 친히 등불 아래에서 정무에 힘쓰시지만 모든 일이 순조롭지만은 못하고, 형벌과 금령도 나날이 느슨해지고 있습니다. 이것이 폐하의 수족이 되는 신하들이 일을 분명하게 하지 못한 명확한 증거가 아니겠습니까? 그 원인을 거슬러 올라가보면 단지 신하가 충성을 다하지 못한 데에만 있는 것이 아니라, 주군께서 능력을 사용하시지 못한 데에도 있습니다. 백리해百里奚[20]는 우虞에게는 어리석었지만 진秦에게는 지혜로웠으며, 예양豫讓은 중항씨中行氏에게는 적당히 했지만 지백智伯에게는 충절을 빛냈으니,[21] 이것은 옛사람이 보여준 명백한 증거인 것입

---

20) 백리해는 노예가 되어 소를 치다가 그의 사람됨을 알아본 목공에게 불려가 대부大夫로 등용되어 목공을 천하의 우두머리로 만든 기인이다.

21) 예양은 진나라 사람이다. 일찍이 범씨와 중항씨를 섬겼지만 이름이 알려지지 않았다. 예양은 그들을 떠나 지백을 섬겼다. 지백은 그를 매우 존경하고 남다르게 아꼈다. 지백이 조양자趙襄子를 치려고 하자, 조양자는 오히려 한나라와 위나라와 힘을 합쳐 지백을 멸망시키고, 지백의 후손까지 죽여 땅을 셋으로 나눠 가졌다. 게다가 조양자는 지백에 대한 원망이 너무 큰 나머지 지백의 두개골에 옻칠을 해서 큰 술잔으로 썼다. 예양은 산속으로 달아나 탄식하며 지백에게 은혜를 갚기로 맹세했다. 그러고는 마침내 성과 이름을 바꾸고 죄수가 되어서 조양자의 궁궐로 들어가 화장실 벽을 바르는 일을 했다. 몸에 비수를 품고 있다가 기회를 보아 양자를 찔러 죽이려는 생각이었다. 조양자가 화장실에 가는데 가슴이 몹시 두근거렸다. 그래서 화장실의 벽을 바르는 죄수를 잡아다 조사해보니 그가 바로 예양이었다. 그는 품에 비수를 숨기고 있었다. 예양은 이렇게 말했다. "지백을 위해서 원수를 갚으려 했소." 그러자 주위에 있던 자들이 그의 목을 베려고 했다. 그때 조양자가 이렇게 말했다. "그는 의로운 사람이다. 내가 삼가여 피하면 그만이다. 게다가 지백이 죽고 그 뒤를 이을 자식조차 없는데 그의 옛 신하로서 주인을 위해 원수를 갚으려 했으니, 이 사람이야말로 천하의 현인이다." 그러고는 그를 풀어주었다. 얼마 뒤에 다시 예양은 몸에 옻칠을 하여 문둥이로 꾸미고 자신을 알아보지 못하게 변장을 하여 호시탐탐 기회를 노리다가 양자가 다리 위를 지나는데 그를 제거하려고 하다가 말이 놀라 들키고 말았다. 두세 차례의 용서에도 양자를 죽이려 했고, 그의 의로움에 감탄한 양자가 자신의 옷을 그에게 주도록 하자, 예양은 칼을 뽑아 옷을 내려치고는 칼에 엎어져 스스로 목숨을 끊었다. 이런 내용이 《사기》 〈자객열전〉에 자세히 나와 있다.

니다.

지금 신하가 한 조정에서 모두 충성을 하지 않는다고 말하면, 이것은 조정 전체를 비방하는 것이 됩니다. 그러나 이러한 종류의 일은 찾으면 얻을 수 있습니다. 폐하께서는 국고가 충실하지 못함과 군사들이 쉬지 못하고 있음을 깊이 느끼시고, 사계절에 입는 의복을 끊어버리고, 어부御府에서 먹는 곡식을 줄이십시오. 그 일을 폐하의 성스러운 마음으로 솔선하시면, 조정에서는 폐하의 밝고 현명하심을 칭송할 것입니다. 만일 폐하께서 대신들과 함께 긴밀하게 정사를 듣고 상의하신다면 어찌 이런 일 때문에 근심하고 걱정하는 자가 있겠습니까?

기도위 왕재王才와 총애를 받는 악공樂公 맹사孟思가 저지르는 불법 행위는 수도를 진동시키고 있습니다. 그러나 그들의 죄상은 작은 관리들에 의해 고발되었지, 공경과 대신들은 처음에는 한마디도 하지 않았습니다. 폐하가 보위에 오른 이래 사예교위와 어사중승御史中丞이 기강을 들어 나쁜 일을 감독하여 조정을 숙연하게 한 적이 있습니까? 만일 폐하께서 지금 시대에는 훌륭한 인재가 없고, 조정에는 현명하게 보좌할 사람이 부족하다고 생각하신다면, 어찌 후직과 상설의 자취를 좇기를 바랄 수 있으며, 다음 시대의 빼어난 영웅을 앉아서 기다릴 수 있겠습니까!

현재 현명한 사람이라고 말하는 자는 모두 높은 관직에 임명되어 많은 봉록을 받고 있습니다. 그러나 윗사람을 받드는 절의節義가 서 있지 못하고, 폐하께 일편단심이 되지 못한 것은 그들에게 직책을 위임함에 있어 일관되지 못했고, 세속에서 기피하는 일이었기 때문입니다. 신의 생각으로는 충의로운 신하는 반드시 친애함이 없고, 친애하는 신하라고 해서 반드시 충의롭지는 않습니다. 무엇 때문이겠습니까? 그것은 친애받는 신하는 의심을 받지 않는 위치에 있으므로 일을 처하면서도 자신의 생각을 충분히 서술할 수 있기 때문입니다. 지금 만일 폐하께서 거리를 두고 대하시는 이가 다른 사람을 비방했다면, 그가 비방한 내용은 사실에 부합되지 않으며 분명 사사로이 증오하는 사람에 대한 보복이라고 말할 것입니다. 설령 그가 다른 사람을 칭찬했다 하더라도 칭찬한 내용은 사실과 부합되지 않으며, 분명 사사로이 사랑하는 사람에 대한 편애라고 말할 것입니다. 그러나 폐하의 좌우에 있는 심복이 특별한 방법으로 그들의 증오하고 사랑하는 마음을 진언한다면, 이것은 단지 사람에 관한 비난과 칭찬의 일에 그치지 않고 국가 정사의 손실과 이익으로 이어져 또한 모두 싫어하는 바가 있게 될 것입니다.

폐하께서는 현재 조정 신하의 마음을 활짝 열어, 덕이 있는 사람의 절의를 충분히 나타내게 하시고, 그들로 하여금 옛 현인의 품위와 일치시키도록 하시고, 그들의 사적을 죽백竹帛에 기록하셔야 합니다. 그러나 지금 폐하께서는 오히려 염소 같은 사람에게 대신들 간의 혼란함을 걱정하도록 하시니, 신은 대신들이 한 몸의 안전을 위해 관직을 지키고, 이해득실만 관망하는 것이 다음 시대의 교훈이 될까 봐 두렵습니다!

옛날에 주공은 맏아들인 노후魯侯에게 충고하여 "대신들이 원망을 품게 하지 마라."라고 했습니다. 주공은 대신들의 현명함과 어리석음을 말하지 않았는데, 이것은 현명하든 현명하지 않든 간에 모두 그 시대에 등용되었음을 밝힌 것입니다. 요는 순의 공적과 사흉을 쫓아낸 것을 칭찬했으며, 누가 크고 작은가를 강조하지 않았고, 다만 죄가 있는 것만 밝혔습니다. 지금 조정의 신하들은 스스로 무능하다고 생각하지 않는데 폐하께서는 그들을 신임하지 않으시며, 그들은 스스로 지혜롭지 못하다고 생각하지 않는데 폐하께서는 그들에게 묻지 않으려 하십니다. 어찌하여 주공이 인물을 등용한 표준과 위대한 순임금이 신하를 내쫓은 원칙을 따르지 않으십니까?

시중과 상서에게 명하여 옥좌에 앉아 있을 때는 휘장 속에서 폐하를 받들어 모시게 하고, 행동할 때는 화려한 수레를 따르게 하여 친히 폐하의 하문에 응하도록 하고, 그들이 진술하는 것을 모두 들으면 여러 신하의 품행과 능력이 있고 없음을 반드시 알 수 있습니다. 이와 같이 하여 충성스럽고 능력 있는 자를 승진시키고, 어리석고 열등한 자를 내쫓으시면 누가 감히 결정하지 못하고 보은을 다하지 않겠습니까? 폐하의 현명하심으로써 친히 여러 신하와 정사를 논하여 여러 신하로 하여금 스스로 충성을 다하게 하고, 사람들이 스스로 폐하가 자신들을 신임한다고 생각하고 보답할 것을 생각한다면, 현명하든 어리석든 능력이 있든 없든 간에 모두 폐하가 쓰시기 나름인 것입니다. 이와 같은 조건으로 일을 다스리면 무슨 일이든 처리되지 않겠습니까? 이러한 기초 위에서 공을 세우는데, 무슨 공이든 이루어지지 않겠습니까?

매번 군사 일이 있을 때마다 폐하께서는 항상 조서를 내려 "누가 응당 이 일을 걱정해야 하는가? 짐이 응당 걱정해야지."라고 말씀하십니다. 근래에 폐하께서 명령을 내린 조서에서는 또 "공적인 일을 근심하느라 사적인 이로움을 잊은 사람은 결코 이래서는 안 되며, 단지 먼저 공적인 일을 생각한 후에 사적인 이로움을 생각하면 스스로 분별할 수 있다."라고 하셨습니다. 신은 엎드려 폐하의 현명한 조칙을 읽고 아랫사람에 대한 폐하의 정이 이미 명백함을 알게 되었지만, 또한 폐하께서 그 근본을 다스리지 않고 그 끝을 걱정하는 것을 괴이하게 여겼습니다.

사람의 능력 여부는 그 본성에 달려 있는 것입니다. 비록 신일지라도 조정의 신하로서 맡은 일을 다한다고는 생각하지 않습니다. 현명한 군주가 사람을 임명할 때에는 재능 있는 사람이 감히 그 역량을 남기지 않도록 하며, 능력이 없는 사람이 어울리지 않는 자리에 있게 하지 않습니다. 적당하지 않은 관리를 뽑아 천거했다고 하여 그 천거하는 사람에게 반드시 죄가 있는 것은 아닙니다. 조정을 가득 메운 신하들이 모두 적당하지 않은 사람을 받아들였으니, 이것이 괴이한 일일 뿐입니다. 폐하께서는 이 사람들이 힘을 다하지 않음을 알고 그들을 대신하여 그 직책을 걱정하시고, 그들이 능력을 다하지 않는다는 것을 알고 그들을 가르쳐 그 일을 처리하도록 하시니, 어찌 한낱 주상을 수고롭게 하고 신하를 편안하게 하는 데 그치겠습니까? 비록 성현이 세상을 다스릴지라도 끝까지 이런 방식으로 국가를 다스릴 수는 없을 것입니다.

폐하께서는 또 대각臺閣에서 나온 금령의 비밀이 지켜지지 않고, 인사에 관한 의뢰가 끊어지지 않을까 걱정하셨습니다. 그리고 상나라 때 이윤이 빈객의 출입을 영접하는 제도를 만들었다는 것을 듣고 사도司徒를 선발하셨으나, 다시 흉악한 관리로 바꿔 사도아서司徒衙署의 문을 지키도록 하시어 권위 있는 금령이 그 흉악한 관리로부터 실행되었으니, 금지하는 기본 뜻은 서지 못했습니다. 옛날 한나라 안제安帝 때 소부少府 두가竇嘉는 정위廷尉 곽궁郭躬의 죄 없는 형의 아들을 초빙하려고 했으나, 여러 신하가 상소해 그를 탄핵하는 문장이 분분했습니다. 근래에 사예교위 공흠孔羨이 성격이 미친 듯 날뛰는 대장군大將軍의 동생을 초빙하려고 했을 때,[22] 관련 있는 직책의 관리들은 오히려 말이 없었으니, 이는 단지 권력의 움직임을 관찰하고 뜻을 이어 관속을 받는 것보다 더 심한 것입니다.

관원을 뽑아 천거하는 일이 실질적으로 이뤄지지 못함은 인사상의 큰 문제입니다. 두가는 친척의 총애를 받았고 곽궁은 사직의 중요한 신하가 아니었지만, 오히려 이와 같이 했습니다. 오늘날의 상황을 옛일에 비춰보면, 눈앞의 혼란스러운 상황은 모두 폐하께서 스스로 신하들을 감독하여 반드시 시행할 벌을 내리지 않고 권력자들에게 영합하는 근원을 단절하지 않은 데서 비롯된 것입니다. 이윤의 옛 제도와 흉악한 관리에게 문을 지키도록 한 것은 모두 세상을 다스리는 방법이 아닌 것입니다. 만약 신이 지금 올린 말씀이 폐하에게 살펴지고 받아들여진다면, 어찌 간사함이 소멸되지 않는 것을 걱정하며 염소 같은 소인을 기르겠습니까!

무릇 나쁜 일을 규탄하고 적발하는 것은 본래 충의로운 일입니다. 그러나 소인이 이런 임무를 집행하는 것을 세상 사람들이 증오하는 것은 도리를 돌아보지 않고 오직 자기의 승진만 구하기 때문입니다. 만일 폐하께서 다시 이 일의 처음과 끝을 살피지 않으신다면, 반드시 뭇사람의 뜻을 위배하고 세상 사람을 적대시하는 소인을 공공연히 받들고, 다른 사람을 은밀히 고하는 사람을 충절을 다하는 사람으로 생각할 것입니다. 어찌 통달하고 위대한 인재가 있는데 이런 일을 또 할 수 없었겠습니까? 실제로 그들은 도리를 돌아보고 시비를 분명히 판별했지만, 이와 같이 하지는 않았습니다.

천하 사람들이 모두 도의를 등지고 이익이 있는 곳으로 달려가는

---

22) 여기서 대장군은 사마의이다. 사마의의 다섯 번째 동생은 이름이 사마통司馬通이고 사예종사司隸從事를 지냈는데, 두서가 미친 듯 날뛴다고 묘사한 말은 다소 의심이 간다. 사마통의 아들 사마순司馬順은 용양정후龍陽停侯에 봉해졌다. 진晉나라가 제위를 이어받았을 당시 천명을 이해하지 못하고 절의를 지켜 뜻을 바꾸지 않았으므로 작위와 봉토를 삭감당하고 무위로 옮겼다.

것은 군주가 가장 싫어하는 일입니다. 이와 같이 하여 폐하께 또 어떠한 즐거움이 있었습니까? 무엇 때문에 그것이 싹트는 것을 근절시키지 않으셨습니까? 먼저 군주의 의향에 순응함으로써 용납과 찬미를 구하는 자는 십중팔구 천하에서 가장 천박하고 덕행과 도의가 없는 사람인 것입니다. 그들의 뜻은 군주의 마음에 부합하는 데 힘쓰려는 것뿐이지, 천하를 다스려 백성을 안정되게 하려는 것이 아닙니다. 폐하께서는 무엇 때문에 대업을 시험 삼아 바꾸어 그들에게 뜻을 표시하지 않으시고, 그들이 자신들의 의견을 견지하고 성스러운 뜻을 어기는 것을 어찌 보고 계십니까?

무릇 신하 된 자가 군주의 환심을 얻는 것은 평안한 일이고, 존귀하고 빛나는 관직에 있는 것은 영광스러운 일이며, 천 가지 봉록을 먹는 것은 넉넉히 대우받는 일입니다. 다른 사람의 신하는 비록 어리석지만 이것을 즐겨서 범하고 어기는 것을 좋아하지 않는 것은 도道에서 닥쳐 스스로 힘쓴 것일 뿐입니다. 진실로 폐하께서 마땅히 연민을 느끼시고 그들을 도와 일을 조금 맡기셔야 합니다. 어찌 염소 등이 다른 사람을 뒤엎는 사사로운 뜻에는 찬동하시면서 이와 같은 사람을 홀대하십니까? 지금 밖으로는 호시탐탐 노리는 적이 있고, 안으로는 빈궁한 백성이 있으니 폐하께서는 국가의 득실, 정사의 득실을 마땅히 크게 헤아리셔야 합니다. 이런 일에는 한 치의 게으름도 있을 수 없습니다.

두서는 조정에서 여덟 해 동안 관리로 있었으며, 그가 의논할 때는 강직하여 굽히지 않음이 모두 이와 같았다.

그는 밖으로 나와서 홍농 태수弘農太守로 임명되었고, 몇 년 후에는 조국趙國의 상으로 전임되었다가 병으로 관직에서 물러났다. 그 후에 집에 있다가 하동 태수로 기용되었으며, 1년쯤 지나 회북도독호군淮北都督護軍으로 승진했는데, 또다시 병으로 물러났다. 두서는 임지에서 정사의 대략적인 체재를 보존하는 데 힘썼으나, 은혜와 애정을 심어 백성의 환심을 얻는 점에서는 두기에 미치지 못했다. 오래지 않아 어사중승에 임명되었다. 조정에 있을 때 사람들과 조화를 이루지 못했기 때문에 자주 외부에서 임무를 맡게 되었다. 그는 또 밖으로 나와 유주 자사로 임명되었고 건위장군建威將軍[23]이 되었으며, 사지절·호오환교위護烏丸校尉가 되었다. 당시 정북장군征北將軍 정희程喜가 계薊 땅에 주둔하고 있었다. 상서 원간袁侃 등이 두서에게 충고하여 말했다.

"정희는 선제先帝 때에 청주 자사가 되었는데, 여남 태수汝南太守 겸 청주군의 총지휘관이 되어 청주에 있는 전여田予와 다투었소. 당신은 지금 그와 함께 장절杖節을 갖고 있고 한 성에 주둔해 있으니, 깊이 생각하여 그를 대접해야 하오."

그러나 두서는 원간의 말을 마음에 두지 않았다. 그가 임명된 지 1년이 채 못 되어, 선비족 대인大人의 아들이 관소를 지나지 않고 기병 수십 명을 이끌고 유주성으로 왔다. 유주에서 선비족 대인의 아들을 따라온 한 소년의 목을 베었는데, 황제에게 표를 올려 알리지는 않았다. 정희는 이것으로 상주하여 두서를 탄핵했다. 조정에서는 두서를 정위로 보냈고, 그 죄는 사형에 해당했다.

| 가평嘉平 원년(249) | 부친 두기가 근무하다가 물에 빠져 죽었기 때문에 사면하여 서민이 되게 하고 장무군章武郡으로 추방했다. 두서는 뜻이 크고 기개가 있어 자기 생각대로 했으며, 재난을 방비하려

---

23) 정벌을 담당하는 관직명이다. 촉나라에는 없었다.

는 생각을 하지 않았으므로 결국 이런 실패를 부른 것이다.

당초 두서가 조군趙郡에서 수도로 돌아왔을 때, 진류陳留의 원무阮武 또한 청하 태수淸河太守의 부름을 받아 함께 스스로 정위에게 가서 이름을 적었다.

원무가 두서에게 말했다.

"관상을 보니, 그대는 재기와 품성은 공정한 도를 따를 수 있지만 그것을 지키는 데에 엄격하지 못하고, 그릇과 능력은 대관大官의 자리에 있을 수 있지만 그것을 구하는 방법이 순조롭다고 할 수 없으며, 재능과 학식은 고금의 일을 서술할 수 있지만 뜻이 일관되지 못한 듯합니다. 이는 재능은 있지만 사용하지 못한다는 뜻입니다. 지금 당신은 한가하니 이 점을 깊이 생각해본다면 일가一家의 말을 이룰 수 있을 것입니다."

두서는 장무군으로 물러나 곧《체론體論》8편을 편찬했으며,[24] 또 《흥성론興性論》1편을 지었는데, 이런 것들은 모두 스스로 동기를 해설하고 지은 것이다.

| 가평 4년(252) | 좌천된 곳에서 세상을 떠났다.

| 감로甘露 2년(257) | 하동군의 낙상樂詳[25]은 나이가 90여 세인데도 글을 올려 두기가 남긴 공적을 기리니, 조정에서는 감동했다. 그래서 조서를 내려 두서의 아들 두예杜預를 풍락정후로 봉하고 식읍

---

24) 그가 이 책을 지으면서 염두에 둔 것은 다음과 같다. "인륜의 대강은 군신君臣의 관계보다 중요한 것이 없으며, 인격을 수립하는 기본은 말과 행동보다 큰 것이 없다. 위를 편안하게 하고 백성을 다스리는 데 정치와 법률보다 더 적절한 것이 없으며, 파괴된 것을 이기고 살육을 없애는 데 용병用兵보다 더 좋은 것이 없다. 대체로 예禮란 만물의 본성이며, 만물이 모두 그 본성을 얻으면 착하지 않은 것이 없으므로《체론》을 지은 것이다."

1백 호를 주었다.

두서의 주의奏議와 논박論駁하는 글은 모두 본받을 만한데, 그 시대에 있었던 절실하게 중대한 일만을 엮어 이 편篇(두서전)에 기록했다.

---

25) 낙상은 자가 문재文載이다. 젊어서부터 학문을 좋아했다. 건안 연간 초, 낙상은 공거사마령公車司馬令 남군南郡의 사해謝該가 《좌씨전左氏傳》을 지었다는 것을 듣고, 남양에서 허창許昌으로 옮겨서 사해에게 의문 나는 곳이나 난해한 곳 등에 관해 간략하게 요점만 질문했다. 현재 있는 《좌씨낙씨문칠십이사左氏樂氏問七十二事》는 낙상이 쓴 것이다. 질문이 끝나자 향리로 돌아왔다. 당시 두기가 태수로 있으면서 학문을 매우 좋아했으므로 낙상을 문학좨주에 임명해 젊은 사람들을 가르치도록 했다. 그 결과 하동에 학문이 성했다. 그는 다시 황초 연간에 중앙으로 불려가 박사로 임명되었다. 그때 태학이 설립되었고 박사 10여 명이 있었는데, 그들의 학문은 편협됨이 많고 또 전문 분야에 대한 이해가 충분하지 못했으며 교육을 직접 담당하지도 않으면서 관직만 차지하고 있었다. 오직 낙상만이 오경을 배우고 가르쳤다. 학생이 어려운 부분을 이해하지 못할 때면 낙상은 지팡이를 짚고 땅바닥에 그림을 그려 유사한 것으로 비유를 들면서 먹고 자는 것도 잊을 정도였다. 때문에 멀건 가깝건 간에 명성이 알려졌다.

권농책으로 난리에 지친 백성을 구휼하다

정혼전鄭渾傳

정혼은 자가 문공文公이고, 하남군 개봉현開封縣 사람이다. 고조부 정중鄭衆과 부친 정흥鄭興은 모두 저명한 유학자였다. 형 정태鄭泰는 순유苟攸 등과 동탁을 주살할 계획을 세워 양주 자사揚州刺史가 되었으나 일찍 죽었다.[26] 그때 정혼은 정태의 작은아들 정무鄭袤[27]를 데리고 회남淮南으로 피난을 갔는데, 원술袁術이 손님의 예로써 매우

---

26) 정태는 어려서부터 재능과 지략이 있었다. 천하가 장차 혼란해질 것을 알고 은밀히 호걸들과 교제를 맺었다. 집은 재산이 풍부하여 4백 경頃의 밭을 갖고 있었지만 식량은 항상 부족했고, 명성은 산동까지 전해졌다. 효렴으로 천거되고, 삼부三府의 역소와 궁중에서 초빙되었으나 응하지 않았다. 하진이 정치를 보좌할 때 정태를 상서시랑으로 삼고, 봉거도위의 관직을 더했다. 하진은 환관을 처형하려고 동탁을 불렀는데, 정태가 하진에게 말했다. "동탁은 잔인하고 도의가 적으며 만족함이 없습니다. 만일 그에게 환관을 죽이는 큰일을 맡긴다면 조정은 위험하게 될 것입니다. 명공의 위엄과 덕으로써 재상의 중책을 차지하고 죄 있는 사람을 처벌하여 제거하십시오. 동탁이 오기를 기다렸다가 행해서는 안 됩니다. 또 일이 늦어지면 이변이 일어날 것입니다. 그 본보기는 먼 곳에 있지 않습니다." 또 당시의 요직에 관한 진언을 했는데, 하진이 받아들이지 않았으므로 관직을 버리고 떠났다.

27) 정무는 자가 임숙林叔이다. 정태는 본래 화흠·순유와 친하게 지냈는데, 그들은 정무를 보고, "정공업(鄭公業, 정태)은 사라지지 않겠구나."라고 했다. 처음에는 임치후 조식의 문학이 되었고, 다음에 승진하여 광록대부까지 올랐다. 태시 7년(271), 사공으로 임명되었는데 고사하고 집에서 여생을 마쳤다. 아들 정묵鄭默은 대대로 전해온 학업을 지키며 성실하고 소박함으로써 이름을 빛냈고, 관직은 태상까지 올랐다. 정묵의 아들 정구鄭救는 깨끗하고 정직하며 식견이 있었다. 상서우복야가 되어 관리 선발을 담당했다.

후하게 대접했다. 정혼은 원술이 반드시 패할 것임을 알았다. 당시 화흠華歆이 예장 태수豫章太守로 있었는데, 본래 정태와 좋은 관계를 유지하고 있었으므로 정혼은 곧 장강長江을 건너 화흠에게 투항했다. 조조는 정혼의 행실이 돈독함을 듣고 불러서 연掾으로 삼았고, 후에 또 하채현下蔡縣의 장長과 소릉현邵陵縣의 영슈으로 승진시켰다.

그때 천하는 아직 평정되지 않았으며 백성은 모두 강퍅하고 경박했으므로 농업 생산은 생각지도 못했다. 백성은 아이를 낳아도 기를 방법이 없었기 때문에 대부분 기르지 않았다. 정혼은 임지에서 백성 수중에 있는 낚시와 사냥 기구를 빼앗아 밭을 갈고 뽕을 따도록 하는 동시에 밭을 개간하도록 하고 자식을 일부러 버리는 자에게는 무거운 벌을 내리도록 법을 고쳤다. 백성은 처음에는 죄를 받을까 두려워했으나 후에 생활이 점점 윤택해졌기 때문에 아이를 낳고도 기르지 않는 경우가 없었다. 그리고 그들이 낳아 기른 자녀들은 대부분 정혼의 성씨를 사용하여 정鄭을 자로 했다. 정혼을 불러서 승상연속丞相掾屬으로 임명했으며, 또 좌풍익左馮翊으로 옮겼다.

당시 양흥梁興 등이 좌풍익 지역 안에서 관리와 백성의 집 5천여 호를 약탈했다. 여러 현은 방어할 능력이 되지 않았으므로 모두 두려워했고, 역소를 군의 성 아래로 옮겼다. 논의하는 자들은 모두 역소를 험준한 곳으로 옮기자고 주장했다. 정혼이 말했다.

"양흥 등은 산산이 흩어져 산속 험한 곳에 숨어 있을 것입니다. 비록 따르는 사람이 있을지라도 대부분 협박당하여 그렇게 하는 것일 뿐입니다. 지금 우리는 협박당하여 따르는 자들에게 투항의 길을 열어주고, 조정의 은총과 믿음을 알려주어야 합니다. 그러나 만약 여러분이 험준한 요충지를 찾아 스스로를 지키려 한다면, 이것은 우리가 약함을 보여주는 것입니다."

그래서 그는 관리와 백성을 함께 모아 성곽을 수리하고 역소를 지킬 준비를 했다. 마침내 백성을 움직여 도적을 쫓고 상과 벌을 밝히며, 그들과 맹약을 맺어 포획하는 것의 10분의 7을 상으로 주기로 했다. 백성은 이 소식을 듣고 매우 기뻐하며 모두 도적을 잡기를 원했는데, 대부분 부녀자와 재물을 얻었다. 도적 가운데에서 처자를 잃은 사람은 모두 돌아와 투항했다. 정혼은 그들에게도 다른 도적의 부인과 딸을 잡아오도록 한 연후에 그들의 처자를 돌려주었다. 그러자 그들은 고개를 돌려 다른 도적을 공격했다. 도적의 무리는 매우 빨리 흩어져 와해되었다. 정혼이 또 관리와 백성 중에서 은혜와 신의가 있는 자를 보내 산의 계곡 일대로 들어가 산적들을 깨우치도록 하니, 그 무리에서 나와 투항하는 자가 앞뒤로 이어졌다. 정혼은 여러 현의 장리들로 하여금 각기 본래 현으로 돌아가 흩어진 백성을 모으고 위로하도록 했다. 양흥 등은 이런 형세를 보고 매우 두려워했으며, 남은 무리를 이끌고 녹성鄜城에 모였다. 조조는 하후연夏侯淵에게 군(郡, 정혼을 지칭)을 도와 적을 공격하도록 했고, 정혼은 관리와 백성을 이끌고 우선 적의 성에 올라 양흥과 그의 잔당을 베었다. 또 산적 근부靳富 등이 하양현夏陽縣의 장長과 소릉현의 영令과 여러 관리와 백성을 협박하여 애산嶷山으로 도망쳐 들어가도록 하니, 정혼은 또 근부 등을 정벌하여 격파시켜 두 현의 장리를 구출하고 적에게 약탈당한 관리와 백성의 재물을 모두 돌려주었다.

또 조청趙青의 용龍이라는 자가 좌내사左內史[28] 정휴程休를 죽였다. 정혼은 이 소식을 듣고 장사를 파견하여 그의 머리를 베어 내걸게 했다. 앞뒤로 산적 가운데에서 나와 투항한 자가 4천여 호에 이르니, 이후로 산적은 모두 소탕되어 평정되었고, 백성은 편안히 생업에 종사했다. 정혼은 상당 태수上黨太守로 전임되었다.

조조가 한중을 정벌할 때 정혼을 기용하여 경조윤京兆尹으로 삼았다. 정혼은 백성이 새로 막 모였으므로 집을 옮겨 거주하는 것에 관한 법령을 제정했다. 가족이 있는 자와 독신인 자를 한 조가 되게 하고, 온정과 신의가 있는 자와 고독하고 나이가 많은 자를 짝이 되게 했다. 그들 모두 농경에 힘쓰도록 하고 법령을 밝혀 악한 일을 적발했다. 이후로 백성은 편안히 농업에 종사했으며 도적들은 소멸했다. 조조의 대군이 한중으로 들어왔을 때 정혼은 군량미 수송에서 제일 좋은 실적을 보였다. 또 백성을 한중으로 보내 경작에 참여시켰는데, 도망치는 자가 없었다. 조조는 정혼에게 더욱 감동하여 승상연丞相掾으로 임명했다. 조비가 즉위한 후에는 시어사侍御史로 임명되었고, 부마도위駙馬都尉의 관직이 더해졌으며, 후에 양평陽平과 패沛 두 군의 태수로 승진했다. 그가 관할하는 군의 경계 지대는 땅이 낮고 습하여 수해 걱정이 있었고, 백성은 굶주림으로 고통을 받았다. 정혼은 소현蕭縣과 상현相縣의 경계 지역을 선정하여 둑을 쌓고 밭을 만들기로 했다. 군 사람들이 이와 같이 하는 것이 불편하다고 하자 정혼이 말했다.

"이 땅의 형세는 낮고 습하여 관개 사업에 적합하니 이와 같이 하면 영구히 물고기와 쌀이 끊이지 않는 이로움이 있을 것입니다. 이는 농민이 부유해지는 근본인 것입니다."

그리고 직접 관리와 백성을 이끌고 공사를 시작했는데, 겨울 한

---

28) 내사內史는 본래 궁궐 내의 사자使者이다. 한나라의 내사는 좌내사·우내사 두 가지가 있었다. 하나는 수도를 다스리는 벼슬이었다가 후에 경조윤으로 변한 것이고, 다른 하나는 제후 왕국의 사무를 맡아보는 모든 관원을 말한다.

철에 모두 완성했다. 이듬해에 풍부한 수확을 얻었고, 논의 면적은 점점 늘었으며, 조세 수입은 평상시의 두 배나 되었다. 백성은 그 이익에 의지했고, 정혼의 공을 돌에 새겨 그를 기렸으며, [정혼의 제 방이라는 뜻에서] 정피鄭陂라고 불렀다.

정혼은 산양 태수山陽太守와 위군 태수魏郡太守로 전임되었는데, 그의 통치는 거기에서도 효과가 있었다. 그는 또 군의 백성이 목재가 부족해 고통을 받자 집마다 느릅나무를 심어 울타리를 만들고, 울타리 안쪽으로는 다섯 그루의 과일나무를 심도록 감독했다. 오래지 않아 집집마다 느릅나무가 울타리가 되었으며, 다섯 그루의 과일나 무에는 과실이 풍부히 열렸다. 정혼이 다스리는 위군魏郡 지역은 촌락이 하나같이 질서가 정연하게 잡혔고, 백성이 모두 풍족한 재원과 넉넉한 물건을 얻었다. 조예曹叡는 이 소식을 듣고 조서를 내려 표창했으며 천하에 알렸다. 아울러 장작대장將作大匠[29]으로 승진시켰다. 정혼은 청렴하고 소박한 관리로서 마음을 공적인 일에만 두었으며, 처자식은 항상 배고픔과 추위를 면하지 못했다. 그가 세상을 떠난 후 아들 정숭鄭崇을 낭중郎中으로 임명했다.

---

29) 종묘를 수리하고 황제의 궁전이나 정원 등을 수축하거나 길에 식목을 담당한다. 진나라 와 한나라의 제도를 답습한 것이다. 위나라와 오나라에는 있었으나 촉나라에는 그 존재 가 분명치 않다. 예를 들어, 장작대장 오수吳修에게 황제의 조서를 갖고 가서 원소를 설 득하도록 하는 경우도 있다.

호족을 억누르고 가난한 자를 구한 돈황 태수

창자전倉慈傳

창자는 자가 효인孝仁이고, 회남군淮南郡 사람이다. 처음에 군에서 부리府吏가 되었다. 건안 연간에 조조가 회남에서 둔전을 시작하여 유민을 소집하면서 창자를 수집도위綏集都尉로 임명했다. 황초 연간 말, 창자는 장안長安의 현령이 되었다. 그는 청렴하고 검약했으므로 백성을 다스리는 데 모범이 되었다. 관리와 백성은 그를 두려워하면서도 아꼈다.

　태화 연간에 창자는 돈황 태수敦煌太守로 승진했다. 돈황군은 서쪽 국경 지대에 있었으므로 동란 때문에 중원과 연결이 완전히 끊기고, 태수가 없었던 기간이 20년이나 되었으며, 큰 성씨가 세력을 떨치니, 이것이 습속으로 굳었다. 전임 태수 윤봉尹奉 등은 구습을 따랐으므로 바르게 개혁하지 못했다. 창자는 임지에 도착한 후 세력가를 억누르고 빈궁한 자를 구휼하여 백성을 다스리는 이치를 터득했다. 옛 호족豪族들은 땅이 남아도는데 백성은 송곳을 세울 땅조차 없었으므로, 창자는 집의 식구 수에 따라서 조세를 나누어 매기고, 빈궁한 사람에게는 그들이 본래 낼 수 있는 만큼만 세금을 거두었다. 이전에 각 현에 소속된 성에 소송 관련 일이 매우 많고 번잡하여 현에서 판결할 수 없는 것들이 대부분 군으로 모여들었다. 창자는 친히 가서 사찰하여 죄의 경중을 검토하고 사형 외에는 채찍과 곤장으로 처리하고 내보냈다. 1년에 사형 판결을 내린 것이 열 명도 채 못 되었다.

또 항상 서역의 호족胡族이 사신을 보내 공물을 헌상하기를 원했는데, 여러 호족豪族이 막는 경우가 많았다. 무역을 할 때도 속이고 옳고 그름이 대부분 분명하지 않았으므로 호족胡族들은 이 점을 원망하는 경우가 많았다. 창자는 부임한 후 그들 모두를 위로했다. 그들 중에서 낙양으로 가려는 자가 있으면 관부에서 통행증을 만들어주었으며, 군郡에서 국國으로 돌아가려는 자가 있으면 공평하게 처리해주었다. 관부에서는 현물로 그들과 교역하고, 관리와 백성을 도로로 보내 그들을 호송하도록 했다. 이로부터 한나라 백성과 이민족은 입을 모아 그의 은덕과 은혜를 칭송했다.

여러 해 후, 창자가 관직에 있는 도중에 세상을 떠나니, 관리와 백성은 가족을 잃은 것처럼 비통해했으며, 그의 모습을 그림으로 그렸다. 서역의 여러 호족胡族은 창자가 죽었다는 소식을 듣자 모두 무기교위戊己校尉와 장리 들이 다스리는 곳으로 모여 장사를 지내고 슬퍼했다. 어떤 이는 칼로 얼굴을 그어 창자에 대한 감정이 자신의 피처럼 진실함을 나타냈고, 어떤 이는 창자를 위해서 사당을 세워 합동으로 제사를 지냈다.

조조 때부터 함희 연간에 이르기까지 위군 태수 진국의 오관吳瓘, 청하 태수 낙안의 임오任燠, 경조 태수 제북국濟北國의 안비顔斐, 홍농 태수 태원太原의 영호소令狐邵, 제남국濟南國의 상相 노국魯國의 공예孔乂가 있는데, 그들 중 어떤 이는 백성을 불쌍히 여겨 재판을 하고, 어떤 이는 성의로 은혜와 애정을 나타내며, 어떤 이는 청렴결백한 태도를 닦고, 어떤 이는 나쁜 일을 적발하여 드러냈으므로 모두 식읍이 2천 석이 되었다.

【평하여 말한다】

임준은 처음으로 의로운 군사를 일으켜 조조에게 귀의했으며, 황무지를 개간하고 곡식을 심어 식량 창고를 가득 차게 했으니, 그 공적이 으뜸이라고 할 수 있다. 소칙은 위엄으로 반란을 평정했으며, 행정에 뛰어나고 품행이 빼어나고 강직했으니, 그의 풍모와 절개는 칭찬할 만하다. 두기는 너그러움과 용맹스러움이 모두 뛰어났고, 어진 은혜로 백성을 편안케 했다. 정혼과 창자는 백성을 구휼하는 방법을 알았다. 이들은 모두 위나라의 유명한 태수라고 할 수 있다. 두서는 당시 정치의 이익과 폐단에 대해서 자주 진술했으며 통치의 본질을 논했는데, 볼만한 점이 있다.

17

장낙우장서전 張樂于張徐傳

무예, 계략, 충성심 있는 장수들의 열전

장료전張遼傳

장료는 자가 문원文遠이고, 안문군雁門郡 마읍현馬邑縣 사람이다. 본래 섭일(聶壹, 마읍의 거족으로 전한前漢 때 흉노 정벌에 공로를 세운 첩자)의 후예인데, 보복을 피하기 위하여 성을 바꾸었다. 젊어서 군리郡吏가 되었다.

동한 말에 병주 자사 정원丁原이 장료의 무예와 힘이 다른 사람을 뛰어넘는 것을 보고 불러서 종사從事로 삼아 병사를 이끌고 수도로 가도록 했다. 하진何進이 또 그를 하북으로 보내 병사를 모집하도록 하니, 1천여 명이 모였다. 수도로 돌아왔을 때 하진이 환관에게 패했으므로 장료는 병사를 이끌고 동탁에게 귀의했다. 동탁이 패한 후에는 병사를 이끌고 여포呂布에게 귀의하여 기도위로 승진했다. 여포가 이각李傕에게 패하자, 장료는 여포를 따라 동쪽의 서주로 달아났으며, 노국의 상相으로 임명되었는데, 당시 나이 마흔여덟 살이었다.

조조가 하비성下邳城에서 여포를 무찌르자, 장료는 병사를 이끌고 조조에게 투항해 중랑장中郎將의 관직을 받았고, 관내후의 작위를 받았다. 싸움에서 여러 번 공을 세웠으므로 비장군裨將軍으로 승진했다. 조조는 원소袁紹를 무찌른 후, 또다시 장료를 파견하여 노국의 각 현을 평정했다. 하후연과 함께 동해에서 창희昌豨를 포위했다. 몇 달 후에 양식이 다 떨어져 병사를 물릴 것을 상의하자, 장료가 하후연에게 말했다.

"최근 며칠 동안 매번 포위하고 있는 동해성을 순시하면 창희는 문득 나를 주목하고 있소. 게다가 그들이 화살을 쏘는 횟수도 점차 뜸해지고 있소. 이는 분명 창희가 결정을 내리지 못하고 미룬다는 뜻이니 힘을 다해 싸우지 못할 것이오. 나는 그를 만나 대화로 투항을 권할 수 있소."

그래서 사람을 보내 창희에게 말했다.

"조공曹公이 명령을 내렸으니, 장료가 조공의 뜻을 전할 것이오."

창희는 과연 성을 내려와 장료와 대화를 나누었다. 장료가 그에게 권했다.

"조공은 신과 같은 위엄과 무용을 갖고 있으며 인자한 덕으로 천하를 편안히 다스리고 있소. 먼저 그에게 의탁하는 자는 큰 상을 받을 것이오."

그래서 창희는 투항하기로 했다. 장료는 홀로 삼공산三公山에 올라 창희의 집으로 가서 그의 아내와 자식들을 만났다. 창희는 매우 기뻐하며 그를 따라가 조조를 만났다. 조조는 창희를 돌려보내고 장료를 꾸짖으며 말했다.

"이것은 대장大將이 쓰는 방법이 아니오."

장료는 잘못을 시인하고 말했다.

"명공의 위엄과 신의가 사해에 빛나고 있으므로, 저 장료는 공의 성스러운 뜻을 받들었던 것이며, 창희는 결코 감히 저를 해치지 않을 것이기 때문에 이렇게 한 것입니다."

장료는 조조를 따라 여양黎陽에 가서 원담袁譚과 원상袁尙을 토벌하여 공을 세웠으므로 중견장군中堅將軍[1]을 대행하게 되었다. 조조를 따라 업성鄴城으로 가서 원상을 공격했는데, 원상이 견고하게 지켰으므로 공략하지 못했다. 조조는 허창으로 돌아온 후 장료와 낙진樂進을 보내 음안陰安을 공격하여 그곳의 백성을 황하 남쪽으로 옮기도록 했다. 또 조조를 따라 업성을 공격하여 격파하고, 병사를 인솔하여 조국趙國·상산常山을 점령하며, 산을 따라 노략질을 일삼는 도적과 흑산적 손경孫輕 등을 불러 투항하도록 했다. 조조를 따라 원담을 공격하고 무찌르고, 병사를 이끌고 해안 지대를 공략하며, 요동의 도적 유의柳毅 등을 격파했다. 장료가 업성으로 돌아오자 조조는 친히 나와 맞이하여 그와 함께 수레를 탔으며, 탕구장군蕩寇將軍에 임명했다. 따로 형주를 공격하여 강하江夏의 여러 현을 평정하고 군사를 돌려 임영臨潁에 주둔하니 도정후에 봉해졌다. 조조를 따라 유성柳城에 가서 원상을 정벌하는데[2] 갑자기 적과 마주친 장료는 의기가 격앙되어 조조에게 싸울 것을 권했다. 조조는 그의 용맹함을 칭찬하고 자신이 사용하던 큰 기를 보내주었다. 마침내 장료는 원상을 공격하여 크게 이기고 선우單于 답돈蹋頓의 머리를 베었다.

당시 형주는 아직 평정되지 않았으므로, 조조는 장료를 보내 장사長社에 주둔하도록 했다. 출발하려고 할 때, 군중軍中에서 어떤 자가 모반을 하여 밤사이에 불을 질렀으므로 군영 안은 혼란하고 병

---

1) 위나라 금위대인 중견영中堅營의 총사령관을 말한다.

2) 조조가 유성을 정벌하려고 하자 장료가 간언하기를 "대체로 허도는 천하가 만나는 곳입니다. 지금 천자께서 허도에 계시는데, 공께서는 멀리 북쪽으로 원정을 가려 하십니다. 만일 유표가 유비를 보내 허도를 습격하게 하고 그것을 근거로 사방에 호령한다면 공의 세력은 소멸될 것입니다."라고 했다. 그러나 조조는 유표가 반드시 유비를 임용하지 않으리라고 판단하고 정벌하러 나섰다.

사들은 모두 불안해했다.

장료가 좌우 병사들에게 말했다.

"망동하지 마라. 이것은 한 진영 전체가 반란을 일으킨 것이 아니라, 필경 모반을 하려는 자가 있어 인심을 혼란스럽게 하려는 것일 뿐이다."

그리고 군중에 명령을 내려 모반하지 않은 자들은 편안히 앉아 있으라고 했다. 그런 다음 친히 병사 수십 명을 이끌고 군영 중앙에 섰다. 얼마 지나지 않아 난이 평정되었고, 모반을 주동한 자를 붙잡아 목을 베었다. 진란陳蘭·매성梅成이 저족의 거주지인 여섯 현에 의지하여 반란을 일으키자 조조는 우금于禁·장패臧霸 등을 보내 매성을 토벌했고, 장료는 장합張郃·우개牛蓋 등을 감독하여 진란을 토벌했다. 그런데 매성이 거짓으로 투항하자, 우금은 믿고 돌아갔다. 얼마 후 매성은 부하들을 이끌고 진란에게 달려가 첨산灊山으로 들어갔다. 첨산에는 높이가 20여 리나 되는 천주산天柱山이 있었는데, 길이 좁고 험난하여 걸어서만 통과할 수 있었다. 진란 등은 산 위에 진영을 설치했다. 장료가 나아가 공격하려 하자, 여러 장수가 말했다.

"병사가 적고 길도 험난하므로 깊숙이 들어가는 것은 곤란합니다."

장료가 말했다.

"이것은 한 사람 대 한 사람의 전투요.[3] 용맹한 사람만 있으면 승리할 수 있소."

---

3) 원문은 '일여일一與一'이며 《춘추좌씨전》〈양공襄公 25년〉 조條에 보이는 말인데, 길이 좁으므로 군사들이 서로 어울려 싸울 수 없다는 뜻이다.

그리고 산 아래로 진군하여 진영을 두고 공격하여 진란과 매성을 죽이니, 그들의 부하는 전부 포로가 되었다. 조조는 많은 장수의 공을 논하면서 말했다.

"천주산에 올라 험준함을 밟고 진란과 매성을 취한 것은 탕구장군의 공이오."

그러고는 식읍을 늘려주고 가절假節을 주었다.

조조는 손권孫權을 정벌하고 돌아온 후, 장료와 낙진樂進과 이전李典 등에게 7천여 명을 이끌고 합비合肥에 주둔하도록 했다. 조조가 장로를 토벌하러 나가면서 호군護軍 설제薛悌에게 교지를 주며 겉봉에 이렇게 썼다.

"적이 오면 뜯어보라."

오래지 않아 손권이 10만 대군을 이끌고 합비를 포위했으므로
여러 장수와 함께 교지를 뜯었는데, 교지에는 이렇게 씌어 있었다.

만일 손권이 오면, 장료와 이전 장군은 나가 싸우고 낙진 장군은 성을 지키며 호군 설제는 싸움에 참가하지 마라.

여러 장수는 모두 의심스러워했지만, 장료가 말했다.

"조공은 밖으로 원정을 갔으니 구원병이 오기를 기다리면 적은 반드시 우리를 무찌를 거라고 생각한 것이오. 때문에 교지를 통해 아직 서로 맞붙기 전에 갑자기 공격하여 그들의 예기를 꺾고 사람들의 마음을 어루만져 평안하게 한 연후에 성을 지키라고 하신 것이오. 성패의 관건은 이 싸움에 달렸는데, 당신들은 또 무엇 때문에 의심하는 것이오?"

이전도 장료와 의견이 같았다. 그래서 장료는 밤에 용기 있는 병

사들을 모아 8백 명을 얻었으며, 소를 죽여 장수들에게 상으로 주고 다음 날 있을 큰 싸움에 대비했다. 날이 밝을 무렵 장료는 갑옷을 입고 긴 화극을 갖고 먼저 적진으로 들어가 적 수십 명을 죽이고 장수 두 명의 목을 베고는, 큰 소리로 자기 이름을 외치며 적의 진영을 뚫고 들어가 손권의 큰 깃발 아래 도착했다. 손권은 매우 놀랐고, 사람들은 어찌할 바를 알지 못하고 물러나 작은 산으로 올라갔으며, 장료는 긴 화극으로 스스로를 지켰다. 장료는 맞서 싸우지 않는 손권을 질타했으나, 손권은 감히 움직이지 못하고 장료가 이끄는 병사가 적은 것만 관망하다가 병사를 집결시켜 장료를 몇 겹으로 포위했다.

장료가 좌우로 맹렬히 적을 공격하여 포위망을 뚫고 부하 수십명을 이끌고 나가려는데, 남아 있던 병사들이 큰 소리로 말했다.

"장군! 우리를 버리지 마십시오!"

그러자 장료는 또 포위망을 뚫고 들어가 남아 있던 병사들을 구출했다. 손권의 병사와 말은 모두 무너져 감히 대항하려는 자가 없었다. 새벽부터 정오까지 싸워 오나라 병사들은 전의를 잃어버렸으므로 장료는 병사를 줄여 수비를 공고히 했다. 사람들의 마음은 곧 안정되었고 여러 장수는 모두 장료에게 감복했다. 손권은 10여 일동안 합비성을 포위했으나 공략할 수 없었으므로 병사를 데리고 물러났다. 장료는 여러 군사를 이끌고 추격하여 거의 손권을 다시사로잡을 뻔했다. 조조는 장료의 용맹함을 매우 칭찬하고 정동장군征東將軍을 수여했다.

| 건안 21년(216) | 조조는 또 손권을 정벌하려고 합비성에 도착해그해 장료가 전투했던 곳을 순시하고 오랫동안 감탄했다. 곧 장료의 병사를 늘리고 군사를 많이 머물게 하며 주둔지를 거소居巢로 옮

졌다.

관우關羽가 번현樊縣에서 조인曹仁을 포위하여 공격했을 때의 일이다. 마침 손권이 위나라의 신하라고 일컬었으므로, 조조는 장료와 여러 군사를 불러 모두 돌아가게 하여 조인을 구하게 했다. 장료가 도착하기도 전에 서황徐晃이 먼저 관우를 격파하고 조인의 포위망을 풀어주었다. 장료와 조조는 마피摩陂에서 회동했다. 장료의 대군이 도착하자, 조조는 수레를 타고 나와 그들을 위로하고는 돌아가 진군陳郡에 주둔했다.

조비가 즉위한 후, 장료를 전장군前將軍[4]에 임명했다. 아울러 장료에게 비단 1천 필과 곡식 1만 석을 하사했다. 또 영지를 나누어 형 장범張汎과 아들 중 하나를 열후列侯로 삼았다.

손권이 다시 모반하자 장료를 합비로 돌려보내 주둔하도록 하고 작위를 높여 도향후都鄉侯라고 했다.

황제가 타는 수레를 장료의 모친에게 보내고 병사와 말을 주어 장료의 식구들을 주둔지로 보내도록 하면서, 아울러 장료의 모친이 도착했을 때 의장대가 나가 영접하도록 하라는 조서를 내렸다. 장료의 지휘 아래 있는 각 군의 장리將吏들이 모두 길 양옆에서 줄을 지어 인사했고, 보는 사람들은 모두 장료가 매우 영예로울 것이라고 생각했다.

조비가 황제 자리에 오른 후 장료를 진양후晉陽侯에 봉하며 식읍 1천 호를 늘려주니, 이전 것과 합쳐 2천6백 호가 되었다.

---

4) 정벌을 담당한다. 후한의 고급 무관으로 지위가 구경과 비슷했다. 촉나라와 오나라에도 있었다. 예: 동탁·만총·공손찬

| 황초 2년(221) | 장료가 낙양궁洛陽宮에 돌아왔는데, 조비는 건시전建始殿에서 장료를 접견하고, 친히 오나라 군대를 무찌를 때의 상황을 물었다. 조비는 장료의 말을 들은 후 감탄하며 좌우 사람들에게 말했다.

"이 또한 고대의 용장 소호召虎[5] 같구나."

그를 위해 저택을 지었고, 특별히 장료의 모친을 위해 저택을 만들기 시작했으며, 장료를 따라 오나라 군대를 무찌른 병사들을 모두 호분랑虎賁郎에 임명했다. 손권이 다시 신하라고 칭했다.

장료가 군사를 돌려 옹구雍丘에 주둔했는데 병에 걸렸다. 조비는 시중 유엽劉曄에게 태의太醫를 데리고 가서 그의 병을 살피도록 했다. 호분(虎賁, 근위병)들은 똑같이 소식을 물어 길에서 연락이 끊이지 않았다. 병이 차도가 없었으므로 조비는 장료를 영접하고자 친히 수레를 타고 그가 사는 곳으로 가서 그의 손을 잡고 황제가 입는 옷을 하사했다. 태관太官들은 매일 황제가 먹는 음식을 보냈다. 병이 조금 좋아지자 장료는 주둔지로 돌아갔다. 손권이 또 모반하자, 조비는 장료를 보내 조휴曹休와 배를 타고 해릉海陵에 가서 강가에 주둔하도록 했다. 손권은 매우 두려워하며 장수들에게 경계의 말을 했다.

"장료는 비록 병이 들었지만, 그의 용맹함을 당할 자가 없으니 조심하시오!"

그해 장료는 손권의 장수 여범呂範을 비롯해서 여러 장수를 무찔렀다. 장료는 병세가 위독해 강도江都에서 죽었다. 조비는 그를 위

---

5) 주나라 선왕宣王을 도와서 남방 만족蠻族을 토벌한 소召의 목공穆公이다.

해 눈물을 흘렸으며 시호를 강후剛侯라고 했다. 아들 장호張虎가 작위를 계승했다.

| 황초 6년(225) | 조비는 장료와 이전이 합비에서 세운 전공을 돌이켜 떠올리며 조서를 내렸다.

합비성 전투에서 장료와 이전은 병사 8백 명을 이끌고 적 10만을 무찔렀으니 예로부터 용병用兵에서 이것을 뛰어넘는 경우는 없었다. 지금까지 적의 전의를 잃게 만들었으니 국가의 수호자라고 할 수 있다. 장료와 이전의 식읍 가운데 각기 1백 호를 떼어 아들 중 하나에게 관내후의 작위를 내리라.

장호는 편장군偏將軍이 되었으나 일찍 죽었다. 장호의 아들 장통張統이 작위를 계승했다.

용맹으로 이름을 떨친 조조의 선봉장

낙진전樂進傳

낙진은 자가 문겸文謙이고, 양평군陽平郡 위국현衛國縣 사람이다. 키가 작고 몸집이 왜소했지만 용감하고 두려움이 없었기에 조조를 따라다녀 막하의 이(吏, 기록계)가 되었다. 조조가 출신 군郡으로 돌려보내 병사를 소집하도록 했으나 1천여 명만 얻었고, 다시 돌아와 군軍의 가사마假司馬와 함진도위陷陣都尉에 임명되었다. 그는 조조를 따라 복양濮陽에서는 여포를, 옹구에서는 장초張超를, 고현苦縣에서는 교유橋甤를 공격했는데, 싸움마다 먼저 올라가 전공을 세워 광창정후廣昌亭侯로 봉해졌다. 조조를 따라 안중安衆에서 장수張繡를 정벌하고, 하비下邳에서 여포를 포위하고 공격하여 별장別將을 격파했다. 사견射犬에서 수고眭固를 공격하고, 패 땅에서 유비劉備를 공격했는데, 이런 전투에서 모두 승리했으므로 토구교위討寇校尉의 관직을 받았다. 황하를 건너 획가현獲嘉縣을 공격하고, 군사를 돌려 조조를 따라가 관도에서 원소를 공격하여 용맹하게 싸웠으며 원소의 대장 순우경淳于瓊을 죽였다. 조조를 따라 여양에서 원담과 원상을 공격하여 그들의 대장 엄경嚴敬을 죽이고 유격장군遊擊將軍[6]을 대행했다.

---

6) 경성의 주둔 장군의 하나로서 경성 경비와 정벌을 담당한다. 촉나라에는 없었다.

또 따로 황건적을 공격하여 무찌르고 낙안군을 평정했다. 조조를 따라 업성을 포위하여 공격했고, 업성이 평정된 후 조조를 따라 남 피南皮로 가서 원담을 공격했는데, 먼저 올라가 원담의 동문東門으로 들어갔다. 원담이 패한 후 옹노雍奴를 공격하여 승리를 얻었다.

| 건안 11년(206) | 조조는 한나라 헌제獻帝에게 표를 올려 낙진과 우금, 그리고 장료를 칭찬했다.

그들은 무예가 뛰어나고 계략을 두루 갖추었으며, 충의가 한결같고 절개와 의리를 지키며, 매번 적군을 공격할 때마다 병사들을 지휘하여 강성하고 견고한 적과 분투하며 싸웠습니다. 견고하더라도 함락시키지 못함이 없고, 스스로 전쟁용 북을 가슴에 끌어안고 지칠 줄을 모릅니다. 또 그들을 단독으로 보내 병사를 이끌고 정벌하게 하면, 군대를 지휘하여 많은 사람의 마음을 어루만져 안정되게 하고, 명령을 존중하여 받들고, 군기를 어기지 않고, 적을 만나면 과단성 있게 행동하는데, 어떠한 실수도 없습니다. 그들의 공적을 논하여 기록하고 응당 각기 포상과 은총을 주어야 합니다.

그래서 우금은 호위장군虎威將軍이 되었고, 낙진은 절충장군折衝將軍이 되었으며, 장료는 탕구장군이 되었다.

낙진은 홀로 병사를 이끌고 고간을 정벌하려고 북도北道를 지나 상당으로 들어가서 우회하여 적의 배후에 나타났다. 고간 등이 물러나 호관壺關을 지켰지만, 낙진은 계속 공격하여 적을 괴멸시켰다. 고간은 굳게 지키며 항복하지 않으려 했지만, 조조가 친히 정벌하러 와서 함락시켰다. 조조는 관승管承을 정벌하려고 순우淳于에 진을 치고, 낙진과 이전을 보내 공격하도록 했다. 관승이 패하여 달아나 바닷길로 도망쳤으므로 해안 지대는 평정되었다. 형주는 아직 귀순하지 않았으므로 낙진을 보내 양책陽翟에 주둔하도록 했다. 후에 조조를 따라 형주를 평정하고 양양襄陽에 남아 주둔하여 관우·유비 등을 공격했는데, 그들 모두를 무찔러 달아나게 했다. 남군의 여러 군의 산과 계곡에 있는 오랑캐들은 모두 낙진에게 가서 귀순했다. 또 유비가 파견한 임저현臨沮縣의 장長 두진杜普과 정양현旌陽縣의 장 양대梁大를 토벌하여 모두 크게 무찔렀다.

후에 조조를 따라 손권을 정벌할 때는 절節을 받았다. 조조가 귀환할 때, 낙진을 남겨 장료·이전과 함께 합비에 주둔하여 지키도록 하고 식읍을 5백 호 늘려 이전 것과 합쳐 총 1천2백 호가 되게 했다. 낙진이 싸움에서 여러 번 공을 세웠으므로 5백 호를 나눠 아들 중 하나를 열후로 봉하고, 낙진을 우장군右將軍으로 승진시켰다.

| 건안 23년(218) | 세상을 떠났고 시호를 위후威侯라고 했다. 아들 낙침樂綝이 작위를 이었다. 낙침은 과단성이 있고 강직해 부친의 풍모가 있었으며, 관직은 양주 자사揚州刺史까지 이르렀다. 제갈탄諸葛誕이 모반하여 몰래 급습하여 낙침을 살해하자, 황제는 조서를 내려 그를 애도하고 애석해했으며, 위위衛尉로 추증하고 시호를 민후愍侯라고 했다. 아들 낙조樂肇가 작위를 이었다.

관우에게 항복하여 평생 쌓은 명예와 위엄을 잃다

우금전于禁傳

우금은 자가 문칙文則이고, 태산군泰山郡 거평현鉅平縣 사람이다. 황건적의 난이 일어나자 포신鮑信이 병력을 소집했고, 우금은 그에게 의탁하고 따랐다. 조조가 연주를 다스리게 되자, 우금은 동료들과 함께 조조를 만나 도백都伯이 되어 장군 왕랑王朗에게 소속되었다. 왕랑은 그를 높이 평가하고는 우금의 재능이면 대장군에 임명될 수 있다며 조조에게 추천했다. 조조는 그를 불러 이야기를 해보고는 군사마軍司馬의 관직을 주고 병사를 이끌고 서주로 가서 광위廣威를 공격하도록 했다. 우금이 이곳을 함락시켰으므로 함진도위로 임명했다.

조조를 따라 복양으로 가서 여포를 토벌하고, 따로 병사를 이끌고 성 남쪽에서 여포의 두 진영을 무찔렀으며, 별도로 수창須昌에서 고아高雅를 무찔렀다. 조조를 따라 황건적 수장壽張·정도定陶·이호離狐를 공격하고, 옹구에서 장초를 포위하여 공격했는데, 모두 함락시켰다. 우금이 조조를 따라 황건적 유벽劉辟·황소黃邵 등을 정벌하려고 판양版梁에 주둔하고 있을 때, 황소 등이 조조의 진영을 야습했다. 우금이 부하를 인솔하여 그들을 무찌르고 황소 등을 죽이니 황소의 부하들은 전부 투항했다. 평로교위平虜校尉로 승진했다. 조조를 따라 고현에서 교유를 포위하여 공격하고 교유 등 네 명의 장수를 죽였다. 조조를 따라 완성宛城까지 가서 장수張繡를 투항시켰다. 장수가 다시 반란을 일으켰는데, 조조는 그와 싸우면 유리하지 못했으므로 군대를 물려 무음無陰으로 돌아왔다. 이때 군영에 큰 혼란이 있어 장수들은 각각 조조를 구하러 갔는데, 우금은 홀로 부하 수백 명을 지휘하면서 싸우기도 하고 물러나기도 했다. 형세가 긴박해지기는 했지만 병사들이 분산되지는 않았다. 적의 추격이 점점 느슨해졌으므로, 우금은 부대를 조용히 정돈하여 북을 치며 물러났다. 조조는 아직 주둔할 곳이 없었는데, 길에서 우연히 상처를 입은 나신으로 도주하는 병사 10여 명을 만나게 되었다. 우금이 그들에게 무엇 때문에 이와 같이 되었는지 물으니 그들이 대답했다.

"청주병靑州兵에게 약탈당했습니다."

이전에 조조가 투항한 황건적을 청주병이라고 부르며 관용을 베풀었는데, 그들이 과감하게 약탈을 자행했던 것이다. 우금은 크게 노하여 부하들에게 명령했다.

"청주병도 똑같이 조공의 부하였거늘, 감히 다시 도적질을 하다니!"

그리고 청주병을 토벌하고 그들의 죄상을 추궁했다. 청주병은 조조에게로 달려가 우금의 죄상을 고했다. 우금이 도착한 후, 먼저 진지를 구축하고 불시에 조조를 알현하려 했다.

어떤 사람이 우금에게 말했다.

"청주병이 이미 당신에 관해 조공에게 말했으니, 속히 조공을 만나 일을 처리해야 합니다."

우금이 말했다.

"지금 적은 뒤에 있어 아무 때나 추격할 수 있는데, 먼저 방비를 세우지 않는다면 무엇에 의지하여 적을 맞아 싸우겠소? 하물며 조공은 사물을 똑똑히 살피거늘 어찌 헐뜯는 말 따위에 연연하시겠는가?"

참호를 파서 진영을 안정시킨 후 들어가 알현하고는 당시의 상황을 상세히 설명했다. 조조는 웃으며 우금에게 말했다.

"육수淸水 싸움에서 실패한 후, 우리 모두 매우 조급했소. 장군은 혼란 중인데도 오히려 부대를 정돈시키고 폭도를 토벌하며, 진영을 공고히 하고 동요되지 않는 절개와 지조가 있었소. 옛 명장이라도 어찌 이 이상이 되겠소?"

따라서 우금의 앞뒤 전공에 근거하여 익수정후益壽亭侯로 봉했다.

또 조조를 따라 양穰 땅으로 가서 장수를 공격하고, 하비에서 여포를 붙잡았으며, 사환史渙·조인과 함께 사견에서 수고를 공격하여 무찌르고 참수했다.

조조가 처음으로 원소를 정벌할 때 그의 병력은 강성했는데, 우금이 선봉에 서기를 희망했다. 조조는 그의 용기를 칭찬하고 보병 2천 명을 보내 지휘하게 하고 연진延津을 지키면서 원소에 대항하도록 했다. 조조는 병사를 이끌고 관도로 돌아갔다. 유비가 서주에서 반란을 일으키자, 조조는 동쪽으로 그를 정벌하러 갔다. 원소가 우금을 공격했으나 우금이 굳게 지켰으므로 함락시킬 수 없었다. 또 낙진 등과 함께 보병과 기병 5천 명을 이끌고 원소의 별영別營을 공격하며, 연진 서남쪽에서 황하를 따라 급汲·획가獲嘉 두 현에 이르기까지 30여 개의 보루를 불태우니, 죽은 자와 포로가 된 자가 각기 수천이었으며, 항복한 자가 원소의 장수 하무何茂·왕마王摩 등 스무 명이 넘었다. 조조는 또 우금에게 단독으로 병사들을 이끌고 원무原武에서 주둔하도록 하고, 두지진杜氏津에 주둔하고 있는 원소의 별영을 공격하도록 했는데, 우금은 그들을 무찔렀다. 비장군으로 승진하고, 후에 조조를 따라 관도로 돌아왔다. 조조는 원소의 별영과 이어지게 흙산을 쌓아 대치했다. 원소가 조조의 진영 안으로 화살을 쏘도록 명령하여 병사들 중 죽거나 부상당한 자가 매우 많았고, 군중軍中에서는 두려워했다. 그러나 우금이 흙산을 감독하고 지휘하여 원소를 막고 힘껏 싸워 기세를 더욱 떨쳤다. 원소를 격파하여 우금은 편장군으로 승진했다.

기주가 평정되었는데 창희가 또 모반을 하자, 우금을 보내 정벌하도록 했다. 우금은 창희를 맹렬하게 공격했는데, 창희는 과거에 우금과 우정을 나눈 사이였으므로 우금에게 투항했다. 많은 장수가 모두 창희가 이미 투항했다고 생각하고 조조에게 알리려는데, 우금이 말했다.

"여러분은 조공의 일관된 법령을 모르는군요. 포위당하여 공격을 받은 후에 투항한 사람은 사면하지 않습니다. 군법을 지키고 명령을 집행하는 것은 군주를 섬겨 받드는 절개와 지조인 것입니다. 창희는 비록 나의 옛 친구이지만, 이 우금이 어떻게 그 때문에 절개와 지조를 잃을 수 있겠습니까?"

우금은 친히 가서 창희와 결별하고 눈물을 흘리며 죽였다. 이때 조조는 순우에 군사를 주둔시키고 있었는데, 이 말을 듣고 탄식하며 말했다.

"창희가 항복하여 나에게 오지 않고 우금에게 간 것은 어찌 운명이 아니겠는가?"

그러나 우금을 더욱더 중시했다. 동해가 평정된 후, 우금은 호위장군에 임명되었다. 후에 장패 등과 함께 매성을 공격하고, 장료와 장합 등은 진란을 토벌했다. 우금이 도착한 후 매성은 부하 3천여 명을 이끌고 투항했다. 투항한 후에 또 모반하여 부하들을 이끌고 진란에게 달아났다.

장료 등은 진란과 서로 대치하고 있었지만 군량미가 적었다. 우금은 군량미를 수송하는 수레를 앞뒤로 서로 연결시켰고, 장료는 진란과 매성을 죽였다. 식읍이 2백 호 늘어 이전 것과 합쳐 총 1천 2백 호가 되었다. 이때 우금·장료·낙진·장합·서황은 모두 명장이 었고, 조조가 정벌할 때마다 선봉에 섰으며, 병사를 물릴 때는 뒤에서 지켰다. 우금은 군사들을 엄하게 다스리고 적의 재물을 얻어 자기 소유로 하지 않았기 때문에 유난히 상을 많이 받았다. 그러나 법률에 의거하여 아랫사람을 다스렸으므로 병사들의 환심을 얻지는 못했다.

조조는 항상 주령朱靈을 증오하여 그의 부대를 빼앗으려고 했다. 우금이 위엄이 높았으므로, 우금에게 기병 수십 명을 데리고 교지를 갖고 가도록 했다. 우금이 직접 주령의 군영으로 달려가 그의 군대를 빼앗으려고 하니, 주령과 그의 부하들은 감히 행동하지 않았다. 그래서 주령을 우금 아래의 지휘관으로 임명하니, 사람들이 모두 복종했다. 사람들이 그를 두려워함이 이와 같았다. 그를 좌장군左將軍으로 옮기고 가절월假節鉞을 주었다. 식읍 5백 호를 주고 아들 중 하나를 열후로 봉했다.

| 건안 24년(219) | 조조는 장안에 있으면서 조인에게 번성樊城에서 관우를 토벌하도록 하고, 우금을 보내 조인을 돕도록 했다. 가을에 비가 억수같이 내려 한수漢水가 범람하여 평지의 물이 몇 길이나 되고 우금 등 칠군七軍이 모두 물에 잠겼다. 우금은 여러 장수와 높은 곳으로 올라가 물의 기세를 바라보았는데, 돌아가 피할 곳이 없었다.

관우가 이 기회를 틈타 큰 배를 타고 우금 등을 공격하니 우금은

결국 투항했는데, 오직 방덕龐惠만이 절개를 굽히지 않다가 살해되었다. 조조는 이 소식을 듣고 오랫동안 애통해하다가 말했다.

"내가 우금을 안 지 30년이 되었는데, 어찌 위험에 처하고 어려움에 임하여 오히려 방덕만도 못할 것을 생각했단 말인가!"

마침 손권이 관우를 붙잡아 그의 부하들을 포로로 얻었다. 우금 또한 오나라에 있었다. 조비가 즉위한 후 손권은 번왕藩王이라 일컬었고 우금을 돌려보냈다. 조비가 우금을 불러 만났는데, 그는 수염과 머리가 하얗게 되었고 용모가 초췌했으며 눈물을 흘리며 머리를 조아렸다. 조비는 순림보荀林父·맹명시孟明視의 고사를 비유로 들어 위로하고 안원장군安遠將軍으로 임명했다.[7] 그러고는 오나라에 사자로 가야 하니 먼저 북방의 업성으로 가서 고릉을 참배하라고 했다. 조비는 사람들에게 미리 조조의 능에 딸린 집에 관우가 전쟁에서 승리하고 방덕이 분노하며 우금이 항복할 때의 상황을 그리도록 했다. 우금은 그것을 보고 참회하고 한탄하다가 병이 나서 죽었다. 아들 우규于圭가 작위를 계승하여 익수정후가 되었다. 시호를 여후厲侯라고 했다.

---

7) 이에 관해 조서는 다음과 같다. "옛날 순림보는 비邲에서 패배하고, 맹명시는 효산에서 군사를 잃었는데, 진秦나라는 바뀌지 않았고 그 직위는 다시 돌아가게 되었다. 그 후 진秦은 적狄의 토지를 얻고 서융西戎을 제패했다. 작은 나라인데도 이처럼 관대함을 나타냈다. 하물며 천자임에랴? 번성의 패배는 수해가 갑자기 닥쳤기 때문이므로 우금의 책임은 아니다. 우금 등을 다시 관직에 복귀시키도록 하라."

임기응변에 능해 제갈량의 북벌을 가로막다

장합전張郃傳

장합은 자가 준예儁乂이고, 하간군河間郡 막현鄚縣 사람이다. 동한 말에 의로운 군대를 모집할 때 응하여 황건적을 토벌했으므로 군사마가 되어 한복韓馥에게 귀속되었다. 한복이 패배하자 병사를 데리고 원소에게 의탁했다. 원소는 장합을 교위校尉로 임명하고 공손찬公孫瓚에게 항거하도록 했다. 공손찬이 패한 데는 장합의 공이 컸으므로 영국중랑장寧國中郎將으로 승진했다. 조조가 원소와 관도에서 대치했는데, 원소는 장수 순우경 등을 보내 군량미 수송을 지휘하여 오소烏巢에 주둔하도록 했고, 조조는 친히 병사를 이끌고 오소를 맹렬하게 공격했다. 장합이 원소에게 건의했다.

"조공의 병력은 정예이므로 반드시 순우경 등을 격파할 것입니다. 순우경 등이 격파되면 장군의 일은 끝나버리니 빨리 병사를 이끌고 가서 순우경을 구해야 합니다."

곽도郭圖가 말했다.

"장합의 계책은 틀립니다. 조공의 본영을 공격하는 것만 못합니다. 조조는 반드시 병사를 물려 돌아올 것이니, 이렇게 하면 구하러 가지 않고도 자연스럽게 해결할 수 있습니다."

장합이 말했다.

"조공의 군영은 견고하므로, 공격해도 분명 공략할 수 없을 것입니다. 만일 순우경 등이 포로로 잡히면 우리 또한 모두 포로가 될 것입니다."[8]

원소는 가볍게 무장한 기병들을 보내 순우경을 구하도록 하고, 중무장을 한 병사들을 이끌고 조조의 군영을 공격했으나 공략할 수 없었다. 과연 조조는 순우경 등을 무찔렀고, 원소 군을 괴멸시켰다. 곽도는 참회하며 또 장합의 일을 거짓으로 고했다.

"장합은 군대가 패하자 매우 기뻐하며 불손한 말을 했습니다."

장합은 두려워 조조에게 귀순했다.

조조는 장합을 얻자 매우 기뻐하며 그에게 말했다.

"과거에 오자서伍子胥[9]는 일찍 깨우치지 못하여 자기 몸을 위험한 지경에 처하게 했는데, 어찌 미자微子[10]가 주왕紂王을 떠나고 한신韓信[11]이 한왕漢王에게 귀의한 것과 같겠소?"

그러고는 장합에게 편장군 벼슬을 주고 도정후에 봉했다.

병력을 받아 조조와 함께 업성을 공격하여 함락시켰다. 또 조조

---

8) 장합이 원소에게 말하기를 "공은 비록 싸움에서 연거푸 이기고 있지만, 조공과는 싸우지 마시고, 중무장한 기병을 아무도 모르게 보내 남쪽 오나라를 공격하여 연락을 끊어버리시면 적은 저절로 패배하게 될 것입니다."라고 했다. 그러나 원소는 장합의 간언을 듣지 않았다.

9) 오자서는 춘추시대 오나라의 대부로 합려를 도와 왕위에 오르게 한 뒤 막강한 권력을 휘둘렀으며, 부차에게는 월나라와 화친을 맺지 말고 멸망시켜 후환을 남기지 말라고 권유했다. 그러나 오나라 왕은 오자서를 헐뜯는 간사한 신하의 말만 듣고 그를 멀리하더니 결국에는 칼을 내려 스스로 목숨을 끊도록 했다. 그가 죽을 때 "내 무덤 위에 가래나무를 심어 왕의 관을 짤 목재로 쓰도록 하라. 아울러 내 눈을 빼내 오나라 동문東門에 매달아 월나라 군사들이 쳐들어와 오나라를 멸망시키는 것을 볼 수 있도록 하라."고 저주의 말을 퍼부은 말이 《사기》〈오자서열전〉에 있다.

10) 미자 개開는 은나라 왕이었던 을乙의 큰아들이며, 주왕의 서형庶兄이다. 주왕이 즉위한 후 모든 것이 밝지 못하고 정사政事 또한 음란하여 미자가 여러 차례 간언했으나, 주왕은 이를 듣지 않았다. 그래서 미자는 주왕 곁을 떠났다.

를 따라 발해로 가서 원담을 공격했고, 단독으로 군사를 이끌고 옹노를 포위해 공격하여 크게 이겼다. 조조를 따라 유성을 토벌하고 장초와 함께 선봉에 선 공을 인정받아 평적장군平狄將軍이 되었다. 별도로 동래東萊를 정벌하고 관승音承을 쳤다. 또한 장료와 함께 진란·매성 등을 쳐서 격파했다. 조조를 따라 위남渭南에서 마초와 한수를 공격했고, 안정군安定郡을 포위 공격하여 양추楊秋를 항복시켰다.

하후연과 함께 녹현의 도적 양흥과 무도저武都氐를 토벌했다. 또 마초를 격파하고 송건宋建을 평정했다. 조조는 장료를 정벌할 때 우선 장합에게 여러 군사를 지휘하여 흥화興和의 저족과 왕 두무竇茂를 토벌하도록 했다. 조조가 산관散關에서 한중으로 들어올 때 먼저 장합에게 보병 5천 명을 지휘하여 앞쪽에서 길을 열어놓게 했다. 양평현襄平縣에 이르렀을 때 장로가 투항했으므로 조조는 돌아왔다. 그리고 장합과 하후현夏侯玄 등을 남겨 한중을 지켜 유비에게 항거하도록 했다. 장합은 많은 군사를 지휘하여 파동巴東·파서巴西 두 현을 항복시키고, 그곳의 백성을 한중으로 이주시켰다. 장합은 탕거宕渠까지 군사를 나아가게 했지만, 유비의 장수 장비張飛에게 저항

11) 한신은 진나라 말기 농민 전쟁에서 두각을 나타낸 인물이다. 젊었을 때 가난에 찌들어 먹을 것조차 없었다. 먼저 항우에게 의탁하려 했으나 중용되지 못했다. 다시 유방에게로 달아났으나 여전히 중용되지 못하다가 소하의 추천을 통해서 대장으로 임명되었다. 유방은 팽성 싸움에서 초나라에게 져 달아났지만, 그 뒤 한신의 공으로 큰 승리를 거두게 되었다. 한신은 군사들을 이끌고 북방 지역에서 두 번 전쟁을 하여 위·조·연·제 나라를 모두 평정함으로써 항우에 대한 전략적 포위망을 구축하고 결국 해하垓下에서 항우를 섬멸했다. 한신의 공이 지나치게 높아 군주를 위협할 지경에 이르자, 유방은 그를 꺼리게 되었다. 그러나 한신은 시대의 흐름을 알지 못하고 유방을 협박하여 자신을 제나라 왕으로 책봉해달라고 했고 결국 멸족의 화를 당했다.

하다가 병사들을 물려 남정南鄭으로 돌아왔다. 탕구장군으로 임명되었다. 유비는 양평현에 주둔했고, 장합은 광석廣石에 주둔했다. 유비는 정예 병사 1만여 명을 열 개 부대로 나누고 야밤에 장합을 급습했다. 장합이 친병親兵을 인솔하여 치고 싸웠으므로 유비는 이길수 없었다. 이후 유비는 주마곡走馬谷에서 성을 불태웠고, 하후연은 성을 나와 불길을 잡으려다가 갈림길에서 유비와 맞부딪쳐 전투를하게 되었다. 하후연은 전사했고[12] 장합은 양평현으로 돌아왔다. 당시 부대에서는 막 총지휘관을 잃었으므로, 유비에게 추격을 당하지 않을까 걱정하여 삼군 모두가 놀라 얼굴빛이 달라졌다. 하후연의 사마司馬 곽회郭淮가 곧 군영에 명령을 내렸다.

"장합 장군은 나라의 명장이며 유비는 그를 두려워하고 있다. 오늘날의 사태는 급박하니 장합 장군이 아니면 우리 마음을 안정시킬 수 없다."

그래서 장합을 추천하여 군의 책임자로 삼았다. 장합은 취임 후병사들을 정돈하고 진영을 설치했으며, 여러 장수에게 모두 절도節度를 내렸으므로 비로소 사병들은 마음의 안정을 되찾았다. 조조는 장안에서 사신을 보내 장합에게 절節을 주었다. 조조가 친히 한중으로 오자, 유비는 높은 산에서 지키며 감히 나와 싸우지 못했다. 조조는 한중의 여러 군사를 이끌고 돌아왔고, 장합은 진창陳倉에 남아 주둔했다.

조비가 왕위에 즉위하자 장합을 좌장군으로 삼고 도향후로 작위

---

12) 하후연이 도독이 되어 있었지만 유비는 장합만 꺼렸을 뿐 하후연은 하찮게 생각했다. 유비는 하후연을 죽이면서 "이런 괴수를 손아귀에 넣었다고 해서 무엇을 할 수 있겠는가?"라고 말했다.

를 높여주었다. 조비가 제위에 오르자 막후鄭侯에 승진시켜 봉했다. 조서를 받은 장합과 조진曹眞이 노수호(盧水胡, 노수에 있던 호족)와 동강(東羌, 강족의 한 지파)을 토벌하여 안정시키자, 장합과 조진을 불러 함께 허도許都로 와서 조회朝會하게 하고, 남쪽으로 보내 하후상夏侯尙과 함께 강릉江陵을 공격하도록 했다. 장합은 따로 군사를 지휘하여 장강을 건너고 강의 삼각주 위에 있는 보루를 공격하여 취했다. 조예가 즉위하자 그를 남쪽으로 보내 형주에 주둔하게 하고, 사마의司馬懿와 함께 손권의 별장 유아劉阿 등을 공격하도록 했다. 장합은 유아를 기구祁口까지 추격하여 교전해 무찔렀다.

제갈량諸葛亮이 기산祁山에서 출전하자 장합은 특진의 자리에 임명되었고, 나아가 각 군사를 지휘하여 가정街亭에서 제갈량의 대장 마속馬謖을 막았다. 마속이 남산南山에 의지해 저항했으므로 성을 점거하지 못했다. 장합은 그들이 물을 긷는 통로를 끊고 진격하여 크게 무찔렀다. 남안군南安郡·천수군天水郡·안정군에서 반란을 일으켜 제갈량에게 호응했지만, 장합은 모두 무찌르고 평정시켰다.

조예가 조서를 내렸다.

역적 제갈량은 파巴와 촉蜀의 병사를 이끌고 맹호 같은 장합의 군대와 맞닥뜨렸다. 장합 장군은 갑옷을 걸치고 날카로운 무기를 잡고 가는 곳마다 공격해 평정시켰으므로 짐은 그대를 진심으로 가상히 여긴다. 식읍 1천 호를 더하여 이전 것과 합쳐 4천3백 호가 되게 하라.

사마의가 형주에서 수군을 훈련시켜 면수沔水를 따라 장강으로 들어가 오나라를 토벌하려고 했으므로, 장합에게 관중關中의 군사를 지휘하여 형주로 가서 사마의의 지휘를 받도록 명령했다. 장합이 형주에 도착했을 때는 마침 겨울이라 강물이 얕았으므로 큰 배가 갈 수 없었기에 돌아와 방성方城에 주둔했다. 제갈량은 다시 출전하여 진창을 맹렬히 공격했다. 조예는 역마驛馬를 지급하여 장합을 불러 수도까지 돌아오도록 했다. 그리고 친히 하남성河南省으로 행차하여 주연을 베풀어 장합을 환송하며 남북의 군사 13만 명과 무위武衛·호분虎賁을 나누어 보내 장합을 호위하게 하고는 아울러 장합에게 물었다.

"장군이 늦게 도착하면 제갈량이 이미 진창을 얻지 않겠는가!"

장합은 제갈량의 군대가 경내 깊숙이 들어간 데다가 곡식이 없어 오랜 기간 싸울 수 없을 것임을 알고는 이렇게 대답했다.

"신이 도착하기 전에 제갈량은 이미 병사를 물렸을 것입니다. 손가락을 꼽아 계산해보면, 제갈량의 양식으로는 열흘도 버틸 수 없습니다."

장합은 밤낮으로 진군하여 남정에 이르렀고, 제갈량은 물러났다. 조예는 장합에게 수도로 돌아오라는 조서를 내리고 서쪽을 정벌하는 거기장군車騎將軍[13]에 임명했다.

장합은 전술이 변화하는 상황을 익혀 진영을 잘 설치했으며, 전쟁의 형세와 지형을 생각하면 예측한 것과 일치했으므로 제갈량 이하 촉나라 장수들은 모두 그를 두려워했다.

장합은 비록 무장이었지만 선비들을 좋아해, 일찍이 경학經學에 밝고 행위가 단정한 같은 고향 사람 비감卑湛을 추천했다. 조예가

---

13) 정벌을 담당하는 고위 장군이다. 삼공 격인 대장군과 표기장군의 다음에 위치하는 상경 上卿 격이며 도독이다. 위나라뿐 아니라 촉나라와 오나라에 같은 이름이 있었다.

조서를 내렸다.

옛날 제준祭遵이 장군으로 임명되었을 때 오경대부五經大夫를 설치하자고 건의했고, 군영에 있으면서 여러 유생과 아악雅樂을 연주하고 투호投壺 놀이를 했다. 지금 장군은 밖으로는 군대를 이끌고 안으로는 국가와 조정을 보존하고 있다. 짐은 장군의 아름다운 마음을 장려하며, 지금 비감을 발탁하여 박사로 임명하노라.

제갈량이 또 기산에서 출전하자, 장수들을 지휘하여 서쪽 약양略陽으로 가라는 조서가 내려왔다. 제갈량이 기산으로 물러나 지키자, 장합은 목문木門까지 추격하여 교전하던 중 날아오는 화살을 오른 무릎에 맞아 세상을 떠났다.[14] 시호를 장후壯侯라고 하고 아들 장웅張雄이 작위를 계승했다. 장합이 앞뒤로 몇 차례 전공을 세웠으므로 조예는 장합의 식읍을 나눠 네 아들을 열후에 봉했으며, 작은아들에게 관내후 작위를 내렸다.

---

14) 제갈량의 군대가 퇴각하려고 할 때, 사마의가 장합에게 그들을 추격하도록 하자 장합은 "군법에 의하면 성을 포위하되 반드시 나갈 길을 열어두어야 하고, 돌아가는 군대를 추격하지 말라 했습니다."라고 말했다. 그러나 사마의는 듣지 않고 추격하도록 했다. 장합은 할 수 없이 추격을 하게 되었다. 촉나라 군대는 높은 곳에 의지해 복병을 숨겨두고 활을 마구 쏘게 했는데, 화살 가운데 하나가 장합의 무릎에 명중했던 것이다.

관우의 열 겹 포위망을 뚫고 조인을 구하다

서황전徐晃傳

서황은 자가 공명公明이고, 하동군 양현楊縣 사람이다. 군리가 되었을 때 거기장군 양봉楊奉을 따라 도적을 토벌해 공을 세웠으므로 기도위에 임명되었다. 이각과 곽사郭汜가 장안을 어지럽히자, 서황은 양봉에게 한나라 헌제와 함께 낙양으로 돌아갈 것을 진언했고 양봉은 그의 건의를 따랐다. 한나라 헌제는 황하를 건너 안읍安邑까지 와서 서황을 도정후로 임명했다. 낙양에 도착한 후로 한섬韓暹과 동승董承이 매일 다투었으므로, 서황은 양봉에게 조조에게 귀의하라고 권했다. 양봉은 그의 건의를 따르려다가 마음이 변했다. 조조가 양현梁縣에서 양봉을 토벌하자, 서황은 마침내 조조에게 귀의했다.

조조는 서황에게 병력을 주어 권현卷縣과 원무현原武縣의 도적을 공격하도록 했고, 서황이 그들을 격파시켰으므로 비장군 자리를 주었다. 여포 정벌에 따라가 별도로 여포의 대장 조서趙庶·이추李鄒 등을 항복시켰고, 사환과 더불어 하내에서 수고를 죽였다. 조조를 따라 유비를 정벌하고 또 안량顏良을 정벌하여 백마현白馬縣을 함락시키고 연진으로 병사를 나아가게 하여 문추文醜를 격파해 편장군에 임명되었다. 조홍曹洪과 은강隱彊의 도적 축비祝臂를 공격하여 무찔렀으며, 또 고시故市에서 사환과 함께 원소의 물자를 수송하는 수레를 공격하는 데 공을 가장 많이 세워 도정후에 봉해졌다. 조조가 업성을 포위한 후, 한단邯鄲을 공격하여 무찔렀다. 역양易陽의 현령 한범韓範이 거짓으로 성을 바쳐 투항하는 척하다가 다시금 성을 지키며 저항하자, 조조는 서황을 보내 그를 공격했다. 서황은 도착한 후 성안으로 화살을 쏴서 한범에게 일의 성패가 가져올 득실에 관해 논했다. 한범은 후회했고 서황은 그를 항복시켰다.

그 후 서황은 조조에게 말했다.

"이원(二袁, 원담과 원상)은 아직 무너지지 않았고, 항복하지 않은 여러 성은 귀를 기울여 듣고 있습니다. 오늘 역양을 멸망시킨다면, 내일은 모두 죽음을 각오하고 지킬 것이니, 하북이 평정될 날이 영영 오지 않을까 두렵습니다. 원컨대 공께서 역양을 항복시켜 여러 성에 보이신다면 각지에서 모두 투항할 것입니다."

조조는 그의 말이 맞다고 생각했다.

홀로 모성毛城을 토벌하고 복병을 두어 습격하여 세 개의 군영을 격파시켰다. 조조를 따라 남피南皮에서 원담을 공격하고, 평원平原의 반란군을 토벌하여 무찔렀다. 조조를 따라 답돈을 정벌했으므로 횡야장군橫野將軍으로 임명되었다. 조조를 따라 형주를 정벌하고 홀로 번성에 주둔하여 중려中廬·임저臨沮·선성宣城의 도적을 토벌했다. 또 한진漢津에서 만총滿寵과 관우를 토벌하고, 조인과 함께 강릉에서 주유周瑜를 공격했다.

| 건안 15년(210) | 서황은 태원太原의 반역자를 토벌하고 대릉大陵을 포위하여 그곳을 함락시키고 적의 우두머리 상요商曜를 참수했다. 한수·마초 등이 관우에서 반란을 일으키자, 조조는 서황을 분음汾陰에 주둔시켜 하동을 달래어 안정시키도록 하고, 소와 술을 내려 서황의 선조의 묘에 올리도록 했다. 조조는 동관潼關까지 와서 황하를 건널 수 없음을 걱정하여 서황을 불러 물었다.

서황이 말했다.

"공께서 이곳에서 병력을 과시하셨는데도 적이 다시 별도로 병사를 보내 포판을 지키지 않는 것을 보면 그들에게 모략이 없음을 알 수 있습니다. 지금 신[15]에게 정예 병사를 인솔하게 하여 포판진을 건너 우리 군을 위해 앞에 진영을 설치하고 적의 배후를 끊도록 하시면 적을 잡을 수 있습니다."

조조는 말했다.

"좋소."

서황에게 보병과 기병 4천 명을 이끌고 포판진을 건너게 했다. 참호와 울타리가 아직 완성되지 않았는데, 적 양흥이 밤에 5천여 명의 보병과 기병을 이끌고 와서 서황을 공격했다. 서황은 그들을 격퇴시켰고, 조조의 군대는 물을 건널 수 있었다. 마침내 조조는 마초 등을 무찔렀으며, 서황은 하후연과 함께 유미隃麋·견汧 등 저족을 평정한 후 조조와 안정에서 만났다. 조조는 업성으로 돌아와 서황에게 명하여 하후연과 함께 녹鄜·하양夏陽 등 남아 있는 도적들을 평정하도록 했다. 서황은 양흥을 죽이고 3천여 명을 항복시켰다. 조조를 따라 장로를 정벌했다. 조조는 따로 서황을 보내 독櫝·구이仇夷 등의 산저山氐를 토벌하여 공격하도록 했다. 서황은 모두 항복시켰으며 평구장군平寇將軍으로 승진되었다. 장군 장순張順의 포위를 풀어주었다. 도적 진복陳福 등 30여 군영을 공격하여 모두 승리를 얻었다.

---

15) 당시 서황은 신臣이라고 일컫지 않았다. 아마도 이 글을 옮겨 쓰는 과정에서 착오가 생긴 듯하다.

조조는 업성으로 돌아왔지만, 서황과 하후연을 남겨 양평에서 유비를 방어하도록 했다. 유비는 진무 등 10여 개 군영의 병사를 보내 마명각도馬鳴閣道를 끊었다. 서황이 따로 병사를 이끌고 그들을 정벌하여 무찌르니 적 중에서 많은 이가 스스로 계곡에 몸을 던져 죽었다. 조조는 이 소식을 듣고 매우 기뻐하여 서황에게 가절을 주고 영을 내렸다.

이 각도閣道는 한중에서 목구멍과 같은 험준한 요새다. 유비는 외부와 내부를 단절시키고 한중을 취하려고 했다. 장군이 단숨에 적의 계획을 격파시켜 무너뜨렸으니 정말로 잘한 것이다.

조조는 친히 양평까지 가서 한중의 여러 군사를 이끌고 돌아왔다. 또 서황에게 조인을 도와 관우를 토벌하게 하고 완성에 주둔시켰다. 마침 한수가 갑자기 불어났으므로 우금 등이 물에 빠졌다. 관우가 번성에서 조인을 포위하고 또 양양에서 장군 여상呂常을 포위하여 공격했다. 서황이 이끄는 병사는 대다수가 신병이었기 때문에 관우와 정면으로 싸우기 어려웠으므로 양릉피陽陵陂로 나아가서 주둔했다. 조조는 또 돌아와 장군 서상徐商·여건呂建 등을 보내 서황을 만나 명령을 전하게 했다.

"우리 군사와 말이 전부 집결하면 다시 함께 진격하도록 하시오."

적은 언성偃城에 주둔했다. 서황이 언성에 도착하여 거짓으로 참호를 파서 적의 뒤를 끊으려는 것처럼 보이자, 적은 진영을 불태우고 물러났다. 언성을 얻은 후, 서황은 양쪽으로 진영을 이어 서서히 전진하여 적의 포위망에서 3리쯤 떨어진 곳까지 왔다. 공격에 앞서 조조는 앞뒤로 은서殷署·주개朱蓋 등 모두 열두 진영의 병력을 보내서 서황과 합치게 했다. 적은 위두圍頭와 사총四冢에 주둔했다. 서황은 일부러 큰 소리로 위두의 진영을 공격하라고 하고는 몰래 사총을 습격했다. 관우는 사총이 격파되는 것을 보고 친히 5천 명의 보병과 기병을 이끌고 서황과 교전했는데, 서황은 관우를 격퇴시키고 물러나 달아나려는 것을 그대로 포위망 안까지 깊숙이 추격하여 끝내 무찔렀다. 어떤 적은 달아날 길이 없자 면수로 뛰어들어 죽었다.

조조가 포고령을 내렸다.

적의 포위망과 참호와 방책은 열 겹이나 되는데 장군은 단숨에 승리를 얻어 마침내 적의 포위망을 부수고 많은 적을 베었도다. 나는 용병한 지 30년이 되었으며, 고대에서 군대를 잘 다루는 자를 들었지만 곧바로 적의 포위망 안으로 뚫고 간 자는 없었다. 하물며 번성·양양이 포위된 상황은 여묵와 즉묵卽墨보다 심했다. 장군의 공로는 춘추시대 손무孫武,[16] 병법가인 사마양저司馬穰苴[17]를 뛰어넘는 것이다.

서황은 부대를 정돈하여 마피로 돌아왔고, 조조는 성 밖 7리까지 나와 영접하여 술을 마련하고 성대한 연회를 열었다. 조조는 술잔

---

16) 손무는 전국시대의 저명한 병법가로서, 그의 저작은 후세까지 전해진다. 조조가 주석을 달아 유명해진 손무의 병법은 일명 《손자孫子》13편으로, 중국에서 가장 오래된 병서이기도 하다. 전투 현장에서 효과적인 용병술을 강조했다. 오나라 왕 합려闔閭를 만나 후궁 180명을 군령에 따라 지휘한 일화로 유명하다.

17) 사마司馬라는 관직을 지낸 양저라는 말인데 관례상 사마양저로 부른다. 사마양저는 춘추시대 말기 제나라 대부로, 당시의 유명한 재상인 안영의 추천을 받아 장군에 임명되었다. 군대를 매우 엄정하게 지휘 감독하고 병법에 정통했으며 싸움에도 용감했다.

을 들어 서황에게 술을 권하고 그를 위로하며 말했다.

"번성과 양양을 보존하게 된 것은 장군의 공로요."

당시 모든 군대가 이곳에 모였고 조조가 각 진영을 순시했는데, 다른 진영의 병사들은 모두 대열을 벗어나 조조를 보려고 했지만 서황의 군영만은 정돈되어 있었고, 장수들은 대열에 서서 움직이지도 않았다.

조조가 칭찬하여 말했다.

"서 장군(서황)은 전한의 명장 주아부周亞夫[18]의 품격이 있소."

조비가 왕위에 오른 후 서황은 우장군이 되었고, 녹향후逯鄉侯로 승진했다. 조비가 제위에 오르자 양후楊侯로 승진했다. 하후상과 연합하여 상용上庸에서 유비를 공격하여 무찔렀다. 조비는 서황으로 하여금 양평을 진무하게 하고 양평후陽平侯로 봉했다. 조예가 즉위한 후, 양양에서 오나라 장수 제갈근諸葛瑾을 막아냈다. 식읍 2백 호를 늘려 이전 것과 합쳐 총 3천1백 호가 되었다. 서황은 병이 위독했는데, 당시 입던 옷으로 염해달라고 유언했다. 서황은 성격이 검소하고 신중했으므로 군대를 이끌 때에도 항상 먼 곳까지 정찰을 보냈고, 먼저 승리할 수 없을 경우를 생각한 연후에 싸웠으며, 적을 추격하여 전공을 세우려고 다투었으므로 병사들은 밥 먹을 시간조차도 없었다.

서황은 항상 감탄하며 말했다.

"옛날 사람들은 명군을 만나지 못할까 봐 걱정했지만 오늘 나는

---

18) 한나라의 명장으로, 개국공신 주발周勃의 둘째 아들이다. 오초吳楚 칠국의 난에서 반군을 평정했다.

다행히 명군을 만났으니, 공을 세워 보답을 해야지 어찌 사사로운 영예를 추구할 수 있겠는가!"

그러고는 끝까지 주고받는 것을 넓히지 않았다.

│ 태화太和 원년(227) │ 세상을 떠났고 시호를 장후壯侯라고 했다. 아들 서개徐蓋가 작위를 이었다. 서개가 죽자 아들 서패徐霸가 작위를 이었다. 조예는 서황의 식읍 중 일부분을 나누어 서황의 자손 열두 명을 열후로 봉했다.

이전에 청하 사람 주령은 원소의 장군이 되었다. 조조가 도겸陶謙을 정벌할 때, 원소는 주령을 보내 세 진영의 병사들을 지휘하여 조조를 돕도록 하여 싸움에서 공을 세웠다. 원소가 파견한 장수들은 전투가 끝난 후 모두 원소의 진영으로 돌아갔는데, 주령이 말했다.

"나는 많은 인물을 관찰했지만, 조공 같은 사람은 없었소. 이분은 진정 현명한 군주요. 지금 나는 현명한 군주를 만났으니 또 어디로 가겠소?"

그래서 가지 않고 남았다.[19] 그가 이끄는 병사들도 그를 흠모했으므로 그를 따라 남았다. 주령은 후에 유명한 대장이 되어 명성이 서황 등 다음이었고, 관직은 후장군後將軍에 이르렀으며, 고당정후高唐亭侯로 봉해졌다.

---

19) 당초 청하의 계옹季攤이 유예를 바쳐 원소를 모반하고 공손찬에게 항복했다. 공손찬은 병사를 파견해 그를 보호했고, 원소는 주령을 파견해 그를 공격했다. 당시 주령의 가족이 성안에 있었으므로 공손찬은 주령의 모친과 동생을 성벽 위에 두고 주령을 유인하려고 했다. 주령은 성을 바라보고 눈물을 흘리며 말했다. "남자가 한번 몸을 던져 다른 사람에게 주었는데, 어찌 다시 가족을 생각하겠는가!" 그리고 힘을 다해 싸워서 성을 함락시키고 계옹을 생포했지만, 주령의 가족은 몰살당했다.

【평하여 말한다】

　무제가 이와 같은 위대한 무공을 세웠지만, 당시의 훌륭한 장수 중에서는 이 다섯 사람 장료·낙진·우금·장합·서황이 가장 우수했다. 우금은 가장 강인하고 위엄이 있었지만 죽을 때까지 지킬 수 없었다. 장합은 변화에 교묘하게 대처하여 이름을 날렸고, 낙진은 용감성과 과단성으로 명성을 떨쳤지만 그들의 사적을 살펴보면 전해 들은 것과 부합하지 않는다. 간혹 설명이나 기록이 누락된 곳이 있어서 장료와 서황처럼 상세하게 갖추지 못했다.

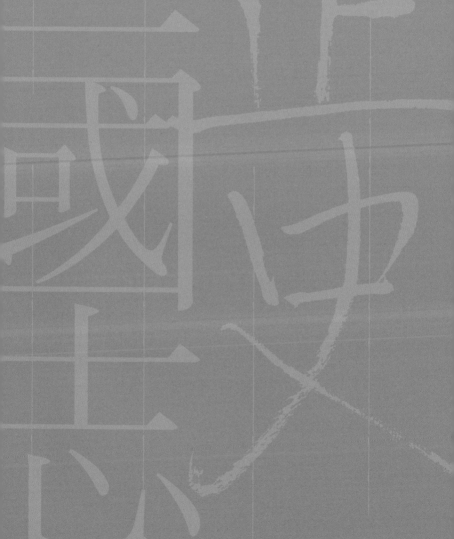

18

이이장문여허전이방염전二李臧文呂許典二麗閣傳

시류에 편승하지 않았던 용장들의 열전

유학을 숭상하고 공을 다투지 않다

이전전李典傳

이전은 자가 만성曼成이고, 산양군山陽郡 거야현鉅野縣 사람이다. 이전의 숙부 이건李乾은 영웅다운 기상이 있었으며, 빈객 수천 명을 모아 승지현乘氏縣에 주둔시켰다. 초평初平 연간에 군사를 이끌고 조조를 따라 수장에서 황건적을 무찔렀으며, 또 조조를 따라 원술을 공격하여 서주를 정벌했다. 여포가 반란을 일으키자, 조조는 이건을 승지현으로 돌려보내 각 현을 위로하도록 했다. 여포의 별가別駕 설란薛蘭과 치중 이봉李封은 이건을 불러 함께 조조를 모반하려고 했는데, 이건이 듣지 않자 죽였다. 조조는 이건의 아들 이정李整을 보내 이건의 군대를 지휘하여 여러 장수와 함께 설란과 이봉을 공격하도록 했다. 이정은 설란과 이봉을 무찔렀고, 이전은 조조를 따라 연주의 각 현을 평정하여 공을 세웠으므로 얼마 후 청주 자사로 승진했다. 이정이 죽은 후, 이전은 영음潁陰의 현령으로 전임되었고, 중랑장을 겸하여 이정의 군대를 통솔하고, 이호 태수離狐太守로 승진했다.[1]

---

1) 이전은 어린 시절 학문을 좋아했지만 군사와 관련된 일은 싫어했다. 그래서 스승을 찾아가서 《춘추좌씨전》을 읽었으며 폭넓게 책을 읽었다. 조조는 그의 호학好學을 좋아했으므로 백성을 다스리게 했다.

당시 조조는 원소와 관도에서 대치하고 있었고, 이전은 종족과 부곡部曲 들을 이끌고 곡물과 비단을 수송하여 군대에 공급했다. 원소가 패한 후, 이전은 비장군으로 임명되어 안민현安民縣에 주둔했다. 조조가 여양에서 원담과 원상을 공격할 때, 이전과 정욱程昱 등을 보내 배로 군량미를 수송하게 했다. 마침 원상이 위군 태수 고번高蕃에게 병사를 이끌고 황하 근처에 주둔하여 물길을 끊도록 명령했다. 조조는 이전과 정욱에게 명했다.

"만일 배가 건널 수 없으면 내려와 육로로 운송하도록 하시오."

이전은 장수들과 상의했다.

"고번의 군대는 무장한 자가 적고 물에만 의지하며 게으른 마음이 있어, 그들을 공격하면 반드시 승리할 수 있습니다. 그들의 군대는 내부(조정)에서 통솔하지 못합니다. 만일 국가를 이롭게 한다면 독자적으로 결단하는 것도 가능하니, 응당 빨리 적을 공격해야만 합니다."

정욱 역시 그의 의견에 동의했다. 그래서 북쪽으로 황하를 건너 고번을 공격하여 무찌르고 물길이 통하게 했다. 유표는 유비를 보내 북방을 침략하고 섭葉 땅에 이르게 했다. 조조는 이전을 보내 하후돈을 따라가서 유비와 대항하도록 했다. 유비는 하루아침에 군영을 불태우고 떠났으며, 하후돈이 군사를 이끌고 그를 추격하려는데 이전이 말했다.

"적군이 이유도 없이 물러났으니 틀림없이 매복하고 있을 것으로 의심됩니다. 남쪽으로 가는 길은 좁고 초목이 우거져 있으므로 추격해서는 안 됩니다."

하후돈은 듣지 않고 우금과 함께 그를 추격했고, 이전은 남아서 군영을 지켰다. 과연 하후돈 등은 적군이 매복해 있는 가운데로 들어가 전세가 불리해졌다. 이전이 구하러 가자, 유비는 구원병이 도착한 것을 보고 흩어져 물러났다. 조조를 따라 업성을 포위하여 공격했다. 업성이 평정된 후, 낙진과 함께 호관으로 가서 고간을 포위하여 공격했으며, 장광長廣에 이르러 관승을 공격하여 모두 승리했다. 포로장군捕虜將軍으로 승진했으며 도정후에 봉해졌다. 같은 집안 종족과 부하 3천여 명은 승지현에 살고 있었지만 위군으로 이주하기를 자발적으로 청했다.

조조가 웃으며 말했다.

"그대는 후한의 경순耿純을 본받을 셈이오?"

이전이 대답했다.

"저 이전은 겁이 많고 능력이 없으며 공로도 보잘것없지만 작위와 총애가 지나치게 두터우니, 진실로 종족을 이끌고 조공에게 보답할 것입니다. 게다가 정벌이 아직 끝나지 않았으니, 응당 수도 이외 지역을 충실히 하여 사방을 제어해야만 합니다. 이것은 경순을 모방하는 것이 아닙니다."

마침내 이전은 부곡과 종족 1만 3천여 명을 업성으로 이주시켰다. 조조는 그것을 가상히 여겨 파로장군破虜將軍으로 승진시켰다. 이전은 장료·낙진과 함께 합비성에 주둔했는데, 손권이 병사를 이끌고 합비성을 포위하자, 장료는 조조의 교지를 받들어 출전하려 했다. 낙진·이전·장료는 평소에 화목하지 않았다. 장료가 그들이 자신을 따르지 않을까 걱정하자, 이전은 분개하여 말했다.

"이것은 국가의 큰일이오. 당신의 계책이 옳은지 그른지를 볼 뿐, 어떻게 사사로운 원한으로 공적인 도의를 돌아보지 않겠소!"

그러고는 군사를 이끌고 장료와 함께 손권을 무찔러 내쫓았다. 식읍 1백 호가 늘어나 이전 것과 합쳐 3백 호가 되었다.

이전은 학문을 숭상하고 유가의 단아함을 소중히 여기며 여러 장수와 공을 다투지 않았다. 재주와 덕망이 있는 사대부를 존경하고, 예의를 잃을까 두려워하며 공손히 미치지 못하는 듯이 했으므로 군영에서는 그를 장자長者라고 불렀다. 나이 서른여섯 살에 세상을 떠났으며 아들 이정李禎이 작위를 이었다. 조비가 제위에 오른 후, 이전이 합비성에서 세운 공적을 추념하여 이정의 식읍을 1백 호 늘리고 이전의 한 아들에게 관내후 작위를 내렸으며, 식읍 1백 호를 주었다. 시호를 민후愍侯라고 했다.

원소의 사자를 목 베고 관도 전투에서 공을 세우다

이통전李通傳

이통은 자가 문달文達이고,[2] 강하군 평춘현平春縣 사람이다. 의로운 협기로 장강과 여수汝水 사이에서 명성을 떨쳤다. 같은 군 사람 진공陳恭과 함께 낭릉朗陵에서 군대를 일으켰는데, 많은 사람이 그에게 귀의했다. 당시 주직周直이라는 자가 있었는데, 부하가 2천여 호나 되었다. 이통과 진공은 겉으로는 조화를 이루었지만, 속으로는 틈이 벌어져 있었다. 이통이 주직을 죽이려고 도모하자 진공은 난색을 표했다. 이통은 진공에게 과단성이 없음을 알고 독자적으로 계책을 정하고는 주직과 회합을 열어 주흥이 무르익었을 때 주직을 살해했다. 사람들은 큰 소동을 벌였지만, 이통은 진공을 이끌고 그 도당의 두목을 주살하고 진영을 모두 병합했다. 후에 진공의 처남 진합陳郃이 진공을 죽이고 그의 부하들을 다스렸다. 이통은 진합의 군대를 공격하여 무찌르고, 진합의 머리를 베어 진공의 무덤에 제사 지냈다. 또 황건적의 대통사大統師 오패吳霸를 사로잡고 그의 부하들을 투항시켰다. 마침 대기근을 만나자, 이통은 집이 기울 정도로 베풀고 가산을 모두 흩어 구제하며 병사들과 함께 거친 음식

---

2) 이통은 어렸을 때 자가 만억萬億이었다는 기록이 있다.

을 먹었으므로, 모두 다투어 그를 위해 공을 세우려 했다. 이로 말미암아 도적은 감히 그를 침범하지 않았다.

| 건안 연간 초 | 이통은 그의 무리를 이끌고 허창에서 조조를 알현했다. 조조는 이통을 진위중랑장振威中郎將으로 임명하고, 여남군 서쪽 경계 지역에 주둔하도록 했다. 조조가 장수를 정벌할 때 유표가 병사를 보내 장수를 도왔으므로 조조의 군대가 불리했다. 이통은 병사를 이끌고 밤에 와서 조조를 만났으며, 조조는 다시 출전하여 이통을 선봉에 세워 장수의 군대를 크게 이겼다. 조조는 이통을 비장군으로 임명하고 건공후建功侯로 봉했다. 여남군을 두 현으로 나누고, 이통을 양안도위陽安都尉로 임명하여 관리하도록 했다. 이통 아내의 백부가 법률을 어겼는데 낭릉의 장長 조엄趙儼이 체포하여 사형 판결을 내렸다. 당시 죽이고 살리는 권한은 목牧이나 태수 손에서 결정되었으므로, 이통의 아내는 울면서 그의 목숨을 살려달라고 간청했으나 이통이 말했다.

"바야흐로 조공과 함께 대업을 완성하려고 힘을 다하고 있소. 절대로 사사로운 정 때문에 공적인 법을 버릴 수는 없소."

이통은 조엄이 법을 집행하면서 시류에 영합하지 않는 것을 가상히 여겨 그와 좋은 친구 관계를 맺었다. 조조가 원소와 관도에서 대치하고 있을 때 원소가 사자를 보내 이통을 정남장군征南將軍으로 임명하고 유표가 몰래 또 이통을 불렀으나, 이통은 모두 거절했다.

이통의 친척과 부곡 들은 눈물을 흘리며 말했다.

"지금 당신은 고립되어 위험한 상황에서 홀로 지키고 있으며 강대한 원조를 잃어 망하는 것을 서서 기다리고 있으니, 빨리 원소에게 돌아가는 것이 더 나을 듯합니다."

이통은 칼을 움켜쥐고 그들을 질타하며 말했다.

"조공은 현명하고 이치에 밝아 반드시 천하를 평정할 것이오. 원소는 비록 지금은 강성하지만 함부로 사람을 쓰고 계책도 없으니 결국에는 조공의 포로가 될 것이오. 나는 설사 죽는다 하더라도 조공에게 두 마음을 품을 수 없소."

즉시 원소의 사자를 죽이고 인수를 조조에게 보냈다. 또 군 안에 있는 도적 구공瞿恭·강궁江宮·심성沈成 등을 공격하여 남김없이 무찌르고 그들의 머리를 조조에게 보냈다. 그리고 회하淮河와 여수 일대를 평정하니, 도정후로 바꿔 봉해지고, 여남 태수로 임명되었다. 이때 도적 장적張赤 등 5천여 명이 도산桃山에 모였는데, 이통이 그들을 공격하여 무찔렀다. 유비와 주유가 강릉에서 조인을 포위하여 공격하고 따로 관우를 보내 북쪽 길을 끊어놓았다. 이통은 부대를 인솔하여 관우를 공격하고 말에서 내려 방책을 걷어내고 포위망으로 진입하여 싸우면서 앞으로 나가 조인의 군사를 구출했는데, 무용이 여러 장수 중에서 가장 뛰어났다. 이통은 도중에 병에 걸려 세상을 떠났는데, 그해 나이 마흔둘이었다. 식읍 2백 호를 추증하여 이전 것과 합쳐 4백 호가 되었다. 조비가 제위에 오른 후 시호를 강후剛侯라고 했으며 조서를 내렸다.

옛날 원소가 환란을 일으키자 허현과 채현蔡縣 남쪽에서부터 사람들이 다른 마음을 품었다. 그러나 이통은 도의를 지키고 다른 것을 돌아보지 않았으며, 마음속에 두 마음을 가진 사람으로 하여금 그의 충심을 따르도록 했으므로 짐은 그를 매우 가상하게 여겼다. 불행하게도 일찍 죽어 아들 이기李基가 비록 작위를 이었지만, 그의 공훈에 보답하기에는 부족하다. 이기의 형 이서李緒는 이전에 번성에 주둔했고, 또 전공을 세웠다. 지금 그의 공로를 중시하여 이기를 봉의중랑장奉義

中郎將으로 임명하고, 이서를 평로중랑장平虜中郎將으로 임명하여 그들을 특별히 총애하노라.

여포에게서 조조에게 귀의하여 청주를 평정하다

장패전臧霸傳

장패는 자가 선고宣高이고, 태산군 화현華縣 사람이다. 아버지 장계 臧戒는 현옥연(縣獄掾, 현의 안건을 심리하는 관직)을 지냈는데, 태수가 사사로운 복수를 위해 사람을 죽이려 하자 법을 근거로 내세워 듣지 않았다. 태수는 매우 화가 나서 장계를 체포하여 역소로 보내도록 명령했으며, 이때 압송하는 자가 1백여 명이나 되었다. 당시 나이 열여덟 살이던 장패가 빈객 수십 명을 이끌고 비현費縣 땅의 서산西山으로 가서 부친을 구하려고 하자, 압송하던 사람들도 감히 반항하지 못했고, 장패는 아버지와 함께 동해로 망명했다. 이 일로 그의 용감하고 웅장한 기개가 세상에 알려지게 되었다.

황건적이 일어난 후, 장패는 도겸을 따라 그들을 공격하여 무찔렀으므로 기도위에 임명되었다. 그리고 서주에서 병사를 모아 오돈吳敦·윤례尹禮 등과 함께 군대를 합쳤는데, 장패는 총지휘자가 되어 개양開陽에 주둔했다. 조조가 여포를 토벌할 때, 장패 등은 병사를 이끌고 여포를 도왔다. 조조가 여포를 붙잡자, 장패는 몸을 숨겼다. 조조는 사람을 모아 장패를 찾게 하여 결국 찾았는데, 장패를 보고는 매우 좋아했다. 그리고 장패로 하여금 오돈과 윤례, 손관孫觀, 손관의 형 손강孫康 등을 불러오게 하여 이들을 모두 만나보았다. 조조는 장패를 낭야琅邪의 상相으로, 오돈을 이성 태수利城太守로, 윤례를 동완 태수東莞太守로, 손관을 북해 태수北海太守로, 손강을 성양 태수城陽太守로 임명하고, 청주와 서주 두 주를 나눠 장패에게 관할하도록 맡겼다. 조조가 연주에 주둔하고 있을 때 서흡徐翕과 모휘毛暉를 장군으로 삼았다. 연주에 난리가 일어나자 서흡과 모휘는 모두 조조를 배반했다. 후에 연주가 평정되자 서흡과 모휘는 장패에게 도망가 투항했다.

조조는 유비에게 말해 두 사람의 머리를 보내라고 전하게 했다. 장패가 유비에게 말했다.

"나 장패가 스스로 설 수 있었던 까닭은 이런 일을 하지 않기 때문이오. 나는 조공에게서 생명을 보존한 은혜를 입었으니, 감히 조공의 명령을 거역할 수 없소. 그러나 대업을 이루려는 군주는 대의와 부합되는 언사로 말해야 할 것이오. 원컨대 장군께서 나를 대신하여 말을 잘 전해주시오."

유비가 장패의 말을 조조에게 전하자, 조조는 탄식하며 장패에게 말했다.

"이것은 옛사람이 행하던 일인데 그대가 실행하다니, 이는 나 또한 원하는 바요."

그러고는 서흡과 모휘를 태수로 임명했다. 당시 조조는 원소와 대치하고 있었는데, 장패가 자주 정예 병사를 이끌고 청주를 침입했기 때문에 조조는 원소와의 싸움에 전념하고 동쪽의 안위는 신경 쓰지 않았다. 조조가 남피에서 원담을 무찌르자, 장패 등은 축하하러 모였다. 장패는 이 기회에 자기 가족의 자제와 여러 장수의 가족을 업성으로 옮겨오기를 청했는데, 조조가 말했다.

"여러분의 충효가 어찌 또 이와 같은가! 옛날 소하는 자식을 시위侍衛로 보냈지만 한 고조는 막지 않았고, 경순은 집과 수레를 태워버리고 광무제를 따랐지만 광무제는 반대하지 않았다. 내가 어찌 이러한 범례를 바꾸겠는가!"

청주에 소란이 일자 장패 등이 충심으로 포악한 적을 정벌하여 청주 일대를 평정했는데, 그 공로가 매우 컸으므로 참전한 장수들을 모두 열후로 봉했다. 장패도 도정후에 임명되었고, 위로장군威虜將軍의 관직이 더해졌다. 또 우금과 더불어 창희를 토벌하고, 하후연과 함께 황건적 잔당 서화徐和 등을 토벌하여 공을 세웠으므로 서주 자사로 승진했다. 패국沛國의 무주武周는 하비현의 영令으로 임명되었고, 장패는 무주를 매우 존경하여 직접 하비현의 관사로 가서 그를 만났다. 무주에게 배속된 종사가 경박하고 법을 어기자, 그의 죄상을 파악한 후 체포하여 심판했으므로, 장패는 더욱 존경하게 되었다.

조조를 따라 손권을 토벌할 때 선봉에 섰으며, 다시 소호巢湖로 진입해 거소를 공격하여 무찔렀다. 장료가 진란을 토벌할 때 장패는 따로 파견되어 환皖 땅까지 가서 오나라 장수 한당韓當을 토벌하여 손권으로 하여금 진란을 구하지 못하게 했다. 한당이 병사를 보내 장패를 맞아 싸우도록 하자, 장패는 그들과 봉용逢龍에서 싸웠다. 한당은 또 병사를 보내 협석夾石에서 장패를 맞아 싸웠다. 장패는 그들과 싸워서 무찌르고 서구舒口로 돌아와 주둔했다. 손권은 수만 명을 배에 태워 서구로 보내 주둔시키고, 병사를 나누어 진란을 구하도록 했는데, 장패의 군대가 서주에 있다는 소식을 듣고 퇴각했다. 장패는 밤에 그들을 추격하여 날이 밝을 때까지 1백여 리쯤 와서 적을 맞아 앞뒤로 공격했다. 적은 사태가 급박해지자 배를 타지도 못하고 많은 사람이 황급히 물속으로 뛰어들었다. 때문에 적은 진란을 구할 수 없었고, 장료는 진란을 무찌를 수 있었다. 장패는 조조를 따라 유수구濡須口에서 손권을 토벌할 때 장료와 선봉에 섰는데, 도중에 장마를 만났다. 대군이 먼저 도착했는데, 수위가 높아지고 적군의 배가 점점 가까워지자 장수와 병사 들이 모두 불안해했다.

장료가 돌아가려고 하자, 장패가 막으며 말했다.

"조공은 사태의 이로움과 해로움에 밝은데, 어찌 우리를 버리겠소?"

다음 날 과연 철수하라는 명령이 내려왔다. 장료는 진영에 도착한 후 상황을 조조에게 보고했다. 조조는 장패를 칭찬하여 양위장군揚威將軍으로 임명하고 가절을 주었다. 후에 손권이 투항을 구하자, 조조는 병사를 철수시키고 장패와 하후돈 등을 남겨 거소에 주둔시켰다.

조비가 왕위에 오른 후 진동장군鎭東將軍으로 승진했고, 무안향후武安鄕侯로 작위가 높아졌으며, 청주 군사를 지휘했다. 조비가 제위에 오른 후 개양후에 봉해지고 다시 양성후良成侯에 봉해졌다. 조휴와 함께 도적 오나라를 토벌하고, 동포洞浦에서 여범을 격파했으므로 중앙으로 불려가 집금오執金吾가 되었고, 특진 자리에 올랐다. 매번 군사에 관한 일이 있을 때마다 조비는 항상 장패를 찾아가 물었다. 조예가 즉위하자 식읍이 5백 호 늘어 이전 것과 합쳐 2천5백 호가 되었다.

장패가 세상을 떠난 후 시호를 위후라고 했고, 아들 장애張艾[3]가 작위를 이었다. 장애의 관직은 청주 자사와 소부까지 올랐다. 장애

---

3) 장애는 어려서 재능이 있다는 평을 받았으며 황문랑黃門郞이 되었고 군수를 역임했다.

가 죽자 시호를 공후恭侯라고 했다. 아들 장권臧權이 작위를 이었다. 장패는 앞뒤로 공이 있으므로 아들 셋을 열후로 봉하고 아들 중 하나에게는 관내후 작위를 주었다.

손관 역시 청주 자사가 되었고, 가절을 받고 조조를 따라가 손권을 토벌했는데, 전투하는 도중에 부상을 입어 사망했다.[4] 아들 손육孫毓이 뒤를 이었고, 역시 청주 자사가 되었다.

---

4) 손관은 자가 중대仲臺이고, 태산군 사람이다. 장패와 함께 병사를 일으켜 황건적을 토벌해 기도위로 임명되었다. 조조는 여포를 격파하고 장패로 하여금 손관 형제를 부르도록 했다. 장패와 함께 전투에 참가할 때 손관은 항상 앞장섰으며, 청주와 서주의 적들을 정벌하여 평정했고, 공적은 장패 다음이었으며, 여도정후呂都亭侯에 봉해졌다. 손강 또한 공적이 있었으므로 열후가 되었다. 조조와 남피에서 만났는데, 자제를 보내 업성으로 가서 살도록 했다. 조조는 손관을 편장군으로 임명하고 청주 자사로 승진시켰다. 유수구에서 손권을 정벌할 때 절을 받았다. 손권을 공격할 때 날아오는 화살이 왼쪽 발에 맞아 부상을 입었지만 개의치 않고 힘을 다해 싸웠다. 조조는 그의 노고를 치하하며 "장군은 중상을 입었으나 용맹한 기상을 떨쳤으며 나라를 위해 몸을 아끼지 않았소."라고 했다. 위장군威將軍으로 전임되었지만, 부상이 심해 결국 사망했다.

강하에서 손권의 5만 대군을 물리치다

문빙전文聘傳

문빙은 자가 중업仲業이고, 남양군南陽郡 완현宛縣 사람이며, 유표의 대장이 되어 북방의 수비를 담당했다. 유표가 죽은 후에 아들 유종劉琮이 형주목荊州牧을 계승했다. 조조가 형주를 정벌하자 유종이 주를 들어 투항하고는 문빙을 불러 함께 항복하자고 하자, 문빙이 말했다.

"저 문빙은 형주를 지키지 못했으니, 오직 처벌받기만 기다려야 마땅합니다."

조조가 한수漢水를 건너자 문빙이 조조를 만났는데, 조조가 그에게 물었다.

"무엇 때문에 늦게 왔소?"

문빙이 대답했다.

"이전에는 유형주(유표)를 보필하여 국가를 받들 수 없었고, 형주(유표)는 비록 죽었지만, 저는 항상 한천漢川을 지키며 영토를 보존하고, 살아서는 외롭고 문약한 유종을 배반하지 않고 죽어서는 땅속에 있는 유표에게 부끄럽지 않기를 원했지만, 제 희망이 실현되지 않은 채로 이 지경까지 왔습니다. 저는 진실로 비통하고 부끄러워 일찍 당신을 볼 낯이 없었을 뿐입니다."

그리고 얼굴 가득 눈물을 흘렸다. 조조는 매우 감동하여 말했다.

"중업(문빙), 당신은 정말 충신이오!"

그러고는 후한 예로써 그를 대접했다. 문빙에게 병사를 주어 조순曹純과 함께 장판長阪으로 가서 유비를 추격하도록 했다. 조조가 먼저 형주를 평정했는데, 강하군은 오나라와 국경이 맞닿아 있었으므로 백성은 마음속으로 불안했다. 그래서 문빙을 강하 태수로 임명하고 북방 군대를 지휘하도록 하여 국경 지대의 일을 맡겼으며, 관내후의 작위를 내렸다. 낙진과 더불어 심구尋口에서 관우를 토벌하여 공을 세웠으므로 승진하여 연수정후延壽亭侯로 봉해지고 토역장군討逆將軍의 칭호를 받았다. 또 한진으로 가서 물자를 수송하는 관우의 부대를 공격하고 형성荊城에서 적군의 배를 불태웠다.

조비가 제위에 오른 후, 작위를 장안향후長安鄉侯로 했으며 가절을 주었다. 하후상과 함께 강릉을 포위하여 공격했다. 단독으로 병사를 이끌고 면구沔口에 주둔하고 도중에 석범石梵에 진영을 세웠을 때, 적의 부대와 싸워 공을 세웠으므로 후장군으로 승진하고 신야후新野侯에 봉해졌다. 손권이 5만 군사를 이끌고 석양에서 문빙을 친히 포위하여 형세가 매우 급박했는데, 문빙이 굳건하게 지키며 움직이지 않았으므로 포위하여 공격한 지 20여 일 만에 철수했다.[5] 문빙은 이들을 추격하여 무찔렀다. 식읍 5백 호가 늘어 이전 것과

---

5) 일찍이 손권이 수만 병력을 이끌고 갑자기 도착했는데, 폭우가 내려 성의 목책이 붕괴되고 백성은 들로 산으로 흩어져 보수할 길이 없었다. 문빙은 손권이 도착했다는 것을 들었으나 어떻게 대적해야 할지 몰랐다. 단지 추측할 수 있는 것은 성안에 조용히 숨어 있으면 손권이 의심할 것이라는 것뿐이었다. 그래서 성안에 있는 사람들에게 밖을 보지 말도록 했다. 손권은 과연 의심을 품고 부하들에게 말하기를 "북방의 인물이 충신이라고 여겨 이 군을 맡겼는데, 지금 내가 왔는데도 움직이지 않으니, 이것은 비밀스러운 계획이 있는 것이거나 아니면 반드시 밖에서 구원이 있다는 것이다."라고 말하고는 감히 공격하지 못하고 떠났다.

합쳐 1천9백 호가 되었다. 문빙은 강하에서 수십 년 동안 있었는데, 위엄과 은혜가 있었으므로 적국까지 명성을 떨쳐 적군이 감히 침입하지 못했다. 문빙의 식읍 중에서 일부를 떼어내 문빙의 아들 문대文岱를 열후로 삼았고, 또 조카 문후文厚에게 관내후의 작위를 주었다. 문빙이 죽자 시호를 장후壯侯라고 했다. 문대 또한 일찍 죽었으므로 문빙의 양자 문휴文休가 작위를 이었다. 문휴가 죽자 아들 문무文武가 작위를 이었다. 가평 연간에 초군譙郡의 환우桓禹가 강하태수로 임명되었는데, 청렴하고 위엄 있고 인자하여 문빙 다음으로 명성이 있었다.

정예병을 길러 제남과 동래의 난을 토벌하다

여건전呂虔傳

여건의 자는 자각子恪이고, 임성任城 사람이다. 조조가 연주에 있을 때 여건이 담력과 지모가 있다는 소문을 듣고 종사로 삼아 가병家兵을 인솔하여 호육湖陸을 지키도록 했다. 양분교위襄賁校尉 두송杜松의 마을 사람 경모묫母 등이 반란을 일으켜 창희와 결탁했다. 조조는 여건으로 하여금 두송의 직무를 대행하도록 했다. 임지에 도착한 후, 여건은 경모 등 여러 두목과 반란을 일으킨 수십 명을 초대하여 술과 음식을 나누어주고, 한편으로는 장사壯士들을 뽑아 옆에 매복시켰다. 여건은 경모 등이 모두 취한 것을 살피고 나서 복병들로 하여금 그들을 전부 죽이도록 했다. 나머지 무리는 어루만져 달랬으므로 적들은 곧 평정되었다.

조조는 여건에게 태산 태수泰山太守를 겸임하도록 했다. 태산군은 산에 의지하고 바다에 이어졌으므로 세상에 동란이 일어나자 이곳에 대해 들어 알던 백성이 대부분 숨어들었다. 그러나 원소가 임명한 중랑장 곽조郭祖와 공손독公孫犢 등 수십 무리가 산을 차지하고 약탈을 일삼자 백성은 고통에 시달렸다. 여건은 사병을 이끌고 군에 도착하여 은혜와 신뢰를 베풀었으므로, 곽조 등은 모두 투항하여 귀순하고, 산속으로 달아나 숨은 백성도 모두 나와서 편안히 생업에 종사했다. 또 튼튼하고 건장한 남자를 뽑아 싸우는 병사를 보충했으므로, 이로부터 태산군에는 정예병이 있게 되었고, 여러 주와 군 중에서 가장 이름이 나게 되었다.

제남국의 황건적 서화 등은 여기저기에서 관리를 죽이고 성읍을 공격하여 점거했다. 여건은 병사를 이끌고 하후연과 연합하여 그들을 공격했는데, 앞뒤로 수십 차례 싸워 머리를 베거나 포로로 잡은 자의 수가 수천 명이나 되었다. 조조는 그를 보내 청주 각 군의 병사를 지휘하여 동래의 이조李條 등을 토벌하도록 했다. 여건은 가서 전공을 세웠다.

조조는 영을 내렸다.

뜻있는 사람은 반드시 그의 사업을 이루니 열사들이 따르는 바이다. 그대가 군으로 온 이래 간사한 적을 잡고 포악한 무리를 토벌하여 백성은 안정을 얻었으며, 몸소 화살과 돌이 떨어지는 곳에 서서 정벌하는 곳마다 모두 이겼다. 과거 구순은 여남군과 영천군穎川郡 일대에서 공을 세웠고, 경흡은 청주와 연주에서 계책을 건의했는데, 옛날이나 지금이나 똑같다.

무재로 천거되고, 기도위의 관직을 더했으나, 여전히 태산군을 다스렸다. 여건은 태산군에서 10여 년을 재임했는데, 위엄과 은혜가 대단했다. 조비가 왕위에 오른 후 비장군이 되고 익수정후로 봉해졌으며, 서주 자사로 승진하고 위로장군의 칭호가 더해졌다. 낭야군琅邪郡의 왕상王祥[6]을 별가로 삼기를 청하여 백성의 살림에 관한 일은 모두 그에게 위임했으므로, 세상 사람들은 모두 그가 어진 인재를 임용한다고 칭찬했다. 이성利城의 반역한 무리들을 토벌하여 목을 베고 포로를 잡아 공을 세웠다. 조예가 즉위하자 만년정후

萬年亭侯에 봉해졌고, 식읍 2백 호가 더해져 이전과 합쳐 총 6백 호
가 되었다. 여건이 죽자 아들 여번呂翻이 작위를 이었다. 여번이 죽
자 아들 여계呂桂가 작위를 이었다.

6) 왕상은 자가 휴징休徵이다. 효성이 지극했으므로 계모가 가혹하게 대해도 정성스레 모셨
다. 아주 추운 겨울에 계모가 "산 물고기를 먹고 싶다."라고 했다. 밖으로 나간 왕상은 옷
을 벗어 얼음을 깨고 물고기를 잡으려고 했는데 단단한 얼음이 녹아 물고기가 튀어나왔
다. 그래서 그것을 잡아 계모에게 바쳤다. 세상 사람들은 왕상의 효성에 감응하여 물고기
가 나왔다고 생각했고, 그의 성실함과 순수함을 존경했다. 왕상은 지천명知天命의 나이
를 지나서 관직에 나섰는데 얼마 후에 사예교위로 옮겼다. 고귀향공이 태학에 들어와 왕
상을 삼로三老로 삼았으며 사공태위司空太尉로 승진시켰다. 사마소가 진왕이 되었을 때
사공 순유가 왕상에게 경의를 다하라고 했지만 듣지 않았다. 진나라 사마염이 제위에 오
르자 왕상을 태보太保에 임명하고 수릉공睢陵公에 봉했다. 태시 4년(268) 여든아홉 살에
세상을 떠났다.

조조를 세 번이나 위기에서 구하다

허저전許褚傳

허저는 자가 중강仲康이고, 초국譙國 초현譙縣 사람이다. 키가 8척 남 짓하고 허리둘레가 10위圍이고, 용모는 위엄 있고 강인하며, 용맹 과 힘이 보통 사람을 뛰어넘었다. 동한 말, 청년과 종족宗族 수천 명 을 모아 함께 단단한 벽을 쌓고 도적을 막았다. 당시 여남군 갈피葛陂 의 적 1만여 명이 허저의 성을 공격했는데, 허저의 무리는 그 수가 적어 상대가 되지 않았지만 목숨을 걸고 싸워 피로가 극에 달했다. 그들은 모두 화살을 사용했으므로, 성안에 있는 남녀에게 돌을 모 아 화분처럼 만들어 성의 사방에 놓도록 명령했다. 허저가 적에게 돌을 던지면 맞는 것은 모두 부서졌으므로 적은 감히 진격하지 못 했다. 성안에 양식이 다 떨어지자 허저는 거짓으로 적과 강화를 맺 어 적에게 소를 주고 식량과 바꾸었다. 적이 와서 소를 끌고 가려 하자, 소는 놀라 도망쳐 돌아왔다. 그래서 허저가 진영 앞으로 나가 한 손으로 소꼬리를 거꾸로 잡아끌고 1백 보 남짓 걸어가니 적군이 놀라서 소를 취하지도 못하고 달아났다. 때문에 회수淮水·여汝·진陳· 양梁 일대에서는 이 사실을 듣고 모두 그를 두려워했다.

조조가 회수와 여수를 함락하자 허저는 병사를 이끌고 조조에게 귀순했다. 조조는 허저를 보고 용맹함을 느껴 말했다.

"이자는 나의 번쾌樊噲[7]로다!"

그날로 도위都尉로 임명하여 조조를 호위하도록 하고, 허저를 따르는 협객들을 모두 호사(虎士, 근위병)로 임명했다. 허저는 조조를 따라 장수를 정벌하러 가서 선두에 섰으며, 1만여 명의 머리를 베었으므로 교위로 승진했다. 조조를 따라 관도에서 원소를 토벌했다. 당시 항상 조조를 호위하던 병사 서타徐他 등이 음모를 꾸미고 반란을 일으켰으나, 허저가 항상 좌우에서 호위했으므로 두려워 감히 행동하지 못했다. 서타 등은 허저가 쉬러 갈 때를 기다렸다가 칼을 품고 조조가 머무는 곳으로 들어가려고 했다. 허저는 아래 진영에 있었는데 마음이 불안하여 곧바로 돌아와 조조를 모셨다. 서타 등은 허저가 돌아온 줄도 모르고 있다가, 장막 안에 들어와 허저를 보고 매우 놀랐다. 서타는 아연실색을 했고, 허저는 그들의 음모를 발각하고 즉시 그들을 죽였다. 조조는 이 때문에 허저를 더욱 아끼고 신임했으며, 나가고 들어올 때면 그와 동행하여 곁을 떠나지 못

---

7) 무양후舞陽侯 번쾌는 한 고조 유방의 시위로서 패현 사람이다. 개 잡는 것을 생업으로 하면서 유방과 함께 숨어 살기도 했다. 처음에 번쾌는 유방을 따라 풍읍에서 군사를 일으켜 패현을 쳐서 함락시켰다. 유방은 패공이 되자 번쾌를 사인으로 삼았다. 그는 또 유방을 좇아 호릉현胡陵縣과 방여현方與縣을 치고 돌아와서 풍읍을 지키면서 사수군泗水郡의 군감郡監을 풍읍 근처에서 쳐서 무찔렀다. 그리고 다시 동쪽으로 가서 패현을 평정하고 사수군의 군수를 설현薛縣에서 깨뜨렸다. 항상 패공을 모시며 따라다녔는데, 패공이 복양현에서 진나라 장수 장함章邯의 군대를 칠 때도 제일 먼저 성 위로 올라가 적군 스물세 명의 목을 베어 열대부列大夫의 작위를 받았다. 패공을 곁에서 모시고 성무현成武縣에서 동군의 수위守尉를 치고 포위하여 적을 물리쳤으며, 적군 열네 명의 머리를 베고, 열한 명을 포로로 잡아 오대부五大夫의 작위를 받았다. 패공을 따라 진나라 군사를 치기 위해 박현亳縣 남쪽으로 나아가 강리현杠里縣에 진을 치고 있던 하간군 태수가 이끄는 군대를 깨뜨리고, 개봉현 북쪽에 진을 치고 있던 조분趙賁의 군대를 깨뜨림으로써 적군을 물리치고 척후병 한 명과 적군 예순여덟 명의 목을 베었으며 스물일곱 명을 포로로 잡아 경卿의 작위를 받았다. 또 패공을 따라서 곡우曲遇에 진을 치고 있던 양웅楊熊의 군사를 쳐 깨뜨렸고, 원릉성宛陵城을 공략할 때는 가장 먼저 성 위로 올라가 적군 여덟 명의 목을 베고 마흔네 명을 포로로 잡아 현성군賢成君이라는 봉호를 받았다.

하게 했다.

조조를 따라 업성을 포위하여 공격할 때, 용맹을 떨쳐 공을 세웠으므로 관내후 작위를 받았다. 조조를 따라 동관에서 한수와 마초를 토벌했다. 조조는 북쪽으로 가기 위해 황하를 건너기 전에 먼저 군대를 건너가게 하고, 허저와 호사 1백여 명을 남쪽 강가에 주둔시켜 뒤를 끊었다. 마초는 보병과 기병 1만여 명을 이끌고 조조 군을 추격했는데 화살이 비처럼 쏟아졌다. 허저는 조조에게 적군이 너무 많이 오고 지금 병사들은 이미 다 건넜으니 떠나야만 한다고 말하고는 조조를 부축하여 배에 태웠다. 적군은 더욱 빨리 추격했고 군사들은 배에 오르려고 다투었으므로 배가 무거워 침몰하려고 했다. 허저는 배에 오르려는 자들을 죽이고 왼손으로 말안장을 들어 조조에게 날아오는 화살을 막았다. 사공이 날아오는 화살에 맞아 죽자, 허저는 오른손으로 배를 저어 나아가게 하여 가까스로 황하를 건넜다. 이날 허저가 없었다면 조조는 위험에 빠졌을 것이다. 이후 조조는 한수·마초 등과 단독으로 회담했는데, 좌우에는 아무도 따르지 못하게 하고 오직 허저 한 사람만 데리고 갔다. 마초는 자기 힘이 센 것을 믿고 사사로이 앞으로 나가 조조를 죽이려고 했으나, 평소 허저의 용맹을 들어 알고 있었기에 말 타고 조조를 수행하는 자가 바로 허저라고 의심하며 조조에게 물었다.

"조공에게 호후虎侯가 있다는데, 어디에 있습니까?"

조조는 고개를 돌려 허저를 가리켰고, 허저는 눈을 둥그렇게 뜨고 그를 쳐다보았다. 마초는 감히 움직이지 못했고, 조조와 마초는 각자 진영으로 돌아갔다. 뒤에 여러 날 교전하여 마초 등을 크게 무찌르고 몸소 적의 머리를 베어 무위중랑장武衛中郎將으로 승진했다. 무위武衛라는 호칭은 이로부터 나타났다. 군중에서는 허저가 힘은 호랑이 같은 반면에 어리석었기 때문에 호치虎癡라고 불렸다. 이것이 마초가 호후에 대해 묻고, 지금까지 천하가 모두 이와 같이 그를 일컫고 그의 이름처럼 여기는 이유이다.

허저는 성품이 신중하고 법령을 엄수하며 질박하고 무겁고 말이 적었다. 조인이 형주에서 조조를 뵈러 왔는데, 조조가 아직 내실에서 나오지 않았으므로 어전 밖에서 허저와 만났다. 조인이 허저를 불러 말을 하려는데, 허저가 말했다.

"조공께서 곧 나오십니다."

말이 끝나자마자 몸을 돌려 어전으로 들어갔으므로 조인은 속으로 그를 원망했다. 어떤 사람이 허저를 질책했다.

"정남장군은 조공의 종족이고 조정의 중신인데 낮추어 존경하며 그대를 불렀거늘, 당신은 무엇 때문에 거부했소?"

허저가 말했다.

"그는 비록 친족의 중신이지만, 결국은 외번(外藩, 지방에 있는 제후왕)입니다. 저는 조정 신하의 일원이므로 일이 있으면 여러 사람의 말이면 충분한데, 무엇 때문에 방으로 들어가 속삭이겠습니까?"

조조는 듣고 더욱 그를 좋아했으며 중견장군으로 승진시켰다. 조조가 세상을 떠나자 허저는 통곡하고 눈물을 흘리며 피를 토했다. 조비가 천자의 자리에 오르자 허저를 만세정후萬歲亭侯로 봉했으며 무위장군武衛將軍으로 승진시켜 중군中軍의 숙위宿衛를 담당하는 금병禁兵을 지휘하게 하고, 측근들과 매우 친하게 지내도록 했다.

처음 허저가 호사들을 인솔하여 조조를 따라 정벌하러 갔는데, 조조는 그들이 모두 장사壯士라고 생각하고, 동시에 장수로 임명했다. 이후 공에 따라 장군이 된 열후가 몇 사람 있고, 도위·교위가 된 사람이 1백여 명 있는데 모두 검객이었다. 조예가 즉위한 후 허저를 모향후牟鄕侯로 봉하고 식읍 7백 호를 주었으며 그의 아들 하나에게 관내후의 작위를 주었다. 허저가 죽자 시호를 장후壯侯라고 했다. 아들 허의許儀가 작위를 이었고, 허저의 형 허정許定은 또 군대에서 공을 세워 진위장군振威將軍의 관직을 받고 행차하는 길을 순시하는 호분을 지휘했다. 태화 연간에 황제는 허저의 충효를 생각하고 조서를 내려 칭찬하고, 또 허저의 자손 둘에게 관내후의 작위를 하사했다. 허의는 종회鍾會에게 살해되었다. 태시泰始 연간 초에 아들 허종許綜이 작위를 이었다.

80근 쌍극으로 조조를 구하고 장렬하게 전사하다

전위전典韋傳

전위는 진류군陳留郡 기오현己吾縣 사람이다. 용모는 우락부락하고 근력은 다른 사람을 뛰어넘으며, 곧은 의지와 절개와 협기가 있었다. 양읍襄邑의 유씨劉氏는 수양睢陽의 이영李永과 원수지간이었는데, 전위가 유씨를 위해 복수했다. 이영은 과거에 부춘富春의 장長을 지냈으므로 집 안을 매우 삼엄하게 경계했다. 전위는 수레를 타고 닭과 술을 싣고 방문객으로 꾸며 문을 열게 한 후, 품에서 비수를 꺼내 이영과 그의 아내를 죽인 후에 조용히 나와 수레에서 칼과 화극을 들고 걸어 나왔다. 이영의 집은 저자 가까이에 있었는데, 시장 사람들은 모두 그를 두려워했다. 그를 추격하는 사람이 수백 명이 되었으나 감히 그에게 접근하지 못했다. 4~5리쯤 달려가다가 그의 동료를 만나고는 태도를 바꿔 추격자들과 격투를 벌이고 탈출했다. 이 일로 전위는 호걸로 인식되었다.

│ 초평 연간 │ 장막張邈이 의로운 군대를 일으켜, 전위를 사병으로 삼아 사마 조총趙寵에게 소속시켰다. 아문기(牙門旗, 군 진영의 정문에 세우는 깃발)가 매우 컸으므로 일반 사람은 들 수가 없었는데, 전위는 한 손으로 깃발을 일으켜 세웠으므로 조총은 그의 재주와 힘을 매우 기이하게 생각했다. 후에 하후돈에게 귀속되어 여러 차례 적을 죽이고 공을 세웠으므로 사마에 임명되었다. 조조는 복양으로 가

서 여포를 토벌했다. 여포는 복양에서 서쪽으로 4~5리쯤 되는 곳에 부대 하나를 주둔시켰는데, 조조가 밤에 급습하여 날이 밝을 때까지 격파시켰다. 미처 돌아가기도 전에 여포의 구원병이 도착하여 삼면에서 조조 군대를 공격했다. 당시 여포가 직접 격투에 참가하여 아침부터 날이 저물 때까지 수십 차례 교전을 벌이고 격렬하게 싸웠다. 조조가 적진을 뚫고 나갈 병사를 소집하자, 전위가 제일 먼저 지원하여 응모한 수십 명을 통솔했는데, 그들은 모두 두꺼운 옷과 두 겹의 갑옷을 입고 방패도 들지 않고, 단지 긴 창과 화극만 들었다. 이때 서쪽에서 또 긴급하게 고하자 전위는 병사를 이끌고 적을 감당했는데, 적이 화살과 궁노를 어지럽게 쏘아 화살이 비가 내리듯 쏟아졌으므로, 전위는 보지도 않고 병사들에게 말했다.

"적군이 열 발 앞으로 접근해오면 나에게 보고해라."

병사가 말했다.

"열 발입니다."

또 명령했다.

"다섯 발일 때 다시 보고해라."

병사들은 두려워하며 긴급하게 외쳤다.

"적이 왔습니다."

전위는 손에 10여 개의 화극을 들고 큰 소리로 고함을 지르며 일어났다. 화극에 맞고 고꾸라지지 않는 자가 없었다. 여포의 군대는 퇴각했다. 마침 날이 저물었으므로 조조는 병사를 이끌고 떠났다. 조조는 전위를 도위로 임명하고, 옆에 두어 친병親兵 수백 명을 다스리고 항상 큰 천막을 돌게 했다. 전위는 이미 건장하고 위용이 있었으며, 그가 이끄는 자들은 모두 사졸들 중에서 선발되었기 때문에 매번 전투에서 먼저 적의 진영을 함락시켰다. 전위는 교위로 승진했다.

그는 성품이 충성스럽고 근신하며 항상 날이 밝으면 온종일 서서 모시고, 밤이 되면 큰 장막 부근에서 잠을 자고, 집으로 돌아가 자는 때가 드물었다. 술 마시고 음식 먹기를 좋아했는데, 주량은 보통 사람의 배나 되었다. 조조는 매번 앞에서 음식을 내려주어 많이 먹고 마시게 했고, 좌우의 몇 사람으로 하여금 그가 충분히 먹도록 제공하게 했다. 조조는 그의 호방함을 좋아했다. 전위는 큰 쌍극(雙戟, 양 끝이 갈라진 창)과 칼 등의 병기를 갖고 다니기를 좋아했으므로 군중에서는 이렇게 말했다.

"막하 장사 중에 전군(典君, 전위)이 있는데, 80근짜리 쌍극을 든다."

조조가 형주를 정벌하고 완성에 도착한 후 장수張繡가 투항했다. 조조는 매우 기뻐하며 장수張繡와 그의 장수將帥들을 영접하여 주연석을 만들고 성대한 연회를 열었다. 조조가 돌아가며 술을 따라줄 때 전위는 큰 도끼를 들고 뒤에 서 있었는데, 도끼날이 한 척이나 되었다. 조조가 한 사람 앞으로 가면 전위는 즉시 도끼를 들고 그를 주시했다. 주연이 끝난 후 장수張繡와 그의 장수將帥들은 감히 그를 우러러보지 못했다.

10여 일 후, 장수가 또 모반하여 조조의 군영을 습격했으므로, 조조는 나가서 맞서 싸웠으나 형세가 불리하여 가볍게 무장한 기병을 이끌고 물러났다. 전위가 성문 가운데서 맞서 싸웠으므로 적군은 들어올 수 없었다. 적군은 흩어져 다른 문으로 공격해 들어왔다. 당시 전위의 부하는 10여 명이었는데 모두 죽을 각오로 싸워 한 사람이 열 명을 감당해냈다. 적군은 앞뒤로 점점 많아졌고 전위는 긴 화극으로 좌우를 공격했는데, 치고 들어가면 부서졌다. 그의 부하는 대부분 죽거나 부상당했다. 전위도 수십 군데 상처를 입었다. 길이가 짧은 무기를 쥐고 접전을 벌였으므로 적이 앞으로 와서 그를 잡으려 했다. 전위가 두 명의 적을 양 겨드랑이에 끼워 쳐 죽이자, 다른 적군들은 감히 앞으로 나오지 못했다. 전위는 또 적군에게 돌진하여 몇 명을 죽였으나, 상처가 더욱 심해져 눈을 부릅뜨고 큰 소리로 욕을 하며 죽었다. 적은 그제야 감히 앞으로 나가 그의 머리를 베었고 전군全軍이 돌려가며 그의 시체를 보았다.

조조는 퇴각하여 무음에 주둔하고 있었는데, 전위가 죽었다는 소식을 듣고 눈물을 흘렸으며, 그의 시신을 가져와 장례를 치른 이들을 불러 당시 상황을 묻고 친히 그의 묘에 가서 그를 위해 곡을 했다. 사람을 보내 전위의 시신을 양읍에 안장하도록 했다. 아들 전만典滿을 낭중郎中으로 임명했다. 조조는 매번 양읍을 지날 때마다 중뢰(中牢, 돼지와 양을 희생물로 제사 지내는 것)로 그를 제사 지냈다. 조조는 전위를 추념하고, 전만을 사마로 임명하여 곁에 두었다. 조비가 왕위에 오른 후 전만을 도위로 임명하고 관내후 작위를 내렸다.

관우의 이마를 맞히고 절개를 지켜 죽다

방덕전龐惪傳

방덕은 자가 영명令明이고, 남안군 횐도현狟道縣 사람이다. 젊었을 때 군리軍吏와 주의 종사가 되었다. 초평 연간에 마등馬騰을 따라 모반한 강족과 저족을 공격하여 여러 차례 공을 세웠으므로 교위까지 승진했다. 건안 연간에 조조가 여양에서 원담과 원상을 토벌할 때 원담은 곽원郭援·고간 등을 보내 하동을 공격하여 점거했고, 조조는 종요鍾繇를 보내 관중의 여러 장수를 통솔하게 하여 그들을 토벌했다. 방덕은 마등의 아들 마초를 따라 평양平陽에서 곽원과 고간을 방어했는데, 선봉에 서서 곽원과 고간을 공격하여 크게 무찔렀으며 직접 곽원의 머리를 베었다.[8] 중랑장에 임명되고 도정후로 봉해졌다.

후에 황건적의 일당인 장백기張白騎가 홍농에서 반란을 일으키자, 방덕은 또 마등을 따라 장백기를 토벌하러 갔는데, 동효東崤와 서효西崤 사이에서 그를 무찔렀다. 전투 때마다 항상 선봉에 서서 적

---

8) 방덕이 한 장수의 머리를 베었는데 그가 곽원인지 알지 못했다. 전투가 끝나고 나서 사람들은 모두 곽원이 죽었는데 그 머리를 얻지 못했다고 했다. 사실 곽원은 종요의 조카였다. 방덕이 곽원의 머리를 찾아내자 종요는 머리를 보고 곡을 했다. 방덕이 종요에게 사죄하자 종요는 "곽원은 나의 조카지만 나라의 적인데 그대가 무엇을 사죄하는가?"라고 말했다.

의 진영을 함락시키고 적군을 퇴각시켰으므로 마등의 군대에서 가장 용맹했다. 나중에 마등이 조정의 부름을 받아 위위로 임명되자, 방덕은 남아 마초에게 귀속되었다. 조조가 위남에서 마초를 공격하자, 방덕은 마초를 따라 한양으로 달아나서 기성冀城을 지켰다. 후에 또 마초를 따라 한중으로 달아나 장로를 따랐다. 조조가 한중을 평정하자, 방덕은 사람들을 따라 투항했다. 조조는 평소 방덕의 날랜 용맹에 대해 들어 알고 있었으므로, 입의장군立義將軍으로 임명하고 관문정후關門亭侯에 봉하며 식읍 3백 호를 주었다.

후음侯音과 위개衛開 등이 완성을 점거하고 조조에게 모반하자, 방덕은 부하를 이끌고 조인과 함께 완성을 공격하여 후음과 위개를 참수했다. 남쪽으로 내려와 번성에 주둔하고 관우를 토벌했다. 방덕의 사촌 형 방유龐柔가 한중에서 유비를 받들었기 때문에 번현의 여러 장수는 모두 방덕을 의심했다. 방덕은 항상 이렇게 말했다.

"나는 나라의 은혜를 깊이 입었으므로 뜻을 세워 나라를 위해 죽겠소. 나는 몸소 병사를 이끌고 관우를 공격할 것이오. 올해 내가 관우를 죽이지 못하면 그가 나를 죽일 것이오."

후에 직접 관우와 교전하여 화살로 관우의 이마를 맞혔다. 당시 방덕은 항상 백마를 탔으므로, 관우가 있는 번성의 군사들은 그를 백마장군白馬將軍이라고 부르며 모두 두려워했다. 조인은 방덕을 보내 번성 북쪽으로 10리쯤 되는 곳에 주둔하도록 했는데, 마침 열흘 넘게 비를 만나 한수가 범람하고 번현의 물이 땅 위로 대여섯 척이나 올라왔으므로, 방덕은 여러 장수와 함께 물을 피해 제방으로 올라갔다. 관우가 배를 타고 그들을 공격했는데, 큰 배의 사면에서 제방 위로 화살을 쏘았다. 방덕은 몸소 갑옷을 입고 화살을 쏘았는데 빗나가는 것이 하나도 없었다. 장군 동형董衡, 부곡장部曲將 동초董超

등이 투항하려 하자, 방덕은 그들을 죽였다. 날이 밝을 무렵부터 해가 중천에 뜰 때까지 싸웠지만, 관우는 더욱 거세게 공격했고, 화살이 다 떨어지자 짧은 병기를 써서 싸웠다.

방덕은 독장督將 성하成何에게 말했다.

"내가 듣건대, 훌륭한 장수는 죽음을 두려워하여 구차하게 살려 하지 않고, 열사는 절개를 훼손시켜 목숨을 구걸하지 않는다고 하오. 오늘이 내가 죽는 날이오."

싸움은 더욱 격렬해졌고 기세는 더욱 당당해졌다. 물이 점점 불어났으므로 관리와 병사 들은 모두 투항했다. 방덕은 휘하 장수 한 명, 오백五伯 두 명과 함께 활을 당겨 쏘면서 작은 배를 타고 조인의 진영으로 돌아가려고 했다. 물살이 급하여 배가 뒤집히고 활과 화살이 모두 떨어져, 오직 배만 껴안고 물 위에 떠 간신히 목숨만 건졌다. 관우에게 붙잡혔으나 서 있기를 고집할 뿐 무릎도 꿇지 않았다.

관우가 그에게 말했다.

"당신 형이 한중에 있으니, 나는 당신을 장수로 삼으려 했는데 무엇 때문에 일찍 투항하지 않았소?"

방덕은 관우에게 심하게 욕하며 말했다.

"이놈, 무슨 투항을 말하는가! 위왕은 병사 1백만을 거느리고 천하에 위엄을 떨치고 있다. 너의 유비는 용렬한 인물에 불과한데, 어떻게 위왕에 필적하겠는가! 내가 차라리 나라의 귀신이 될지언정, 적의 장수가 되지는 않을 것이다."

마침내 관우에게 살해되었다. 조조는 이 소식을 듣고 매우 비통해하며 눈물을 흘리고, 방덕의 두 아들을 열후로 삼았다. 조비가 왕위에 오른 후 사자를 방덕의 묘로 보내 시호를 내렸는데, 책서策書에서 이렇게 말했다.

옛날에 선진先軫이 머리를 잘리고 춘추시대의 왕촉王蠋이 다리를 잘린 것은 몸을 훼손시켜 절개를 지킨 것으로 이전 세대에서는 그들을 찬미했다. 오직 그대만이 과감함과 강인함을 나타내고, 어려움에 직면하여 몸을 던져 공명을 성취했다. 명성은 당대에 가득 찼으며, 의로움은 옛사람보다 높으니, 과인은 그대를 안타까이 여겨 시호를 장후壯侯라고 하노라.

또 방덕의 아들 방회龐會 등 네 명에게 관내후 작위를 주고, 식읍을 1백 호씩 주었다. 방회의 용맹함과 강인함에는 부친의 풍모가 있었으며, 관직은 중위장군中尉將軍까지 이르렀고 열후에 봉해졌다.

칼로 자신을 찔러 황앙의 모반을 증명하다

방육전龐淯傳

방육은 자가 자이子異이고, 주천군酒泉郡 표지현表氏縣 사람이다. 처음에 양주涼州 종사로 임명되어 파강현破羌縣의 장長을 대행했는데, 무위 태수 장맹張猛[9]이 반란을 일으켜 자사 한단상邯鄲商을 죽이고 명령을 내렸다.

"감히 한단상의 장례를 치르는 자는 죽어도 용서하지 않겠다."

방육은 이 소식을 듣고 관직을 버리고 밤낮으로 달려 시신을 안

---

9) 장맹은 자가 숙위叔威이고, 본래 돈황군 사람이다. 장맹의 부친 장환長奐은 환제 때 군수·중랑장·태상을 역임했고, 화음에서 살다가 죽었다. 건안 연간 초, 장맹은 군에 임명되어 공조가 되었다. 당시 황하 서쪽에 있는 사군(四郡, 금성·주천·돈황·장액)은 양주涼州 관청에서 멀리 떨어지고, 황화를 사이에 두고 적이 있었으므로 글을 올려 따로 주를 설치할 것을 요청했다. 조서가 내려왔고, 진류 사람 한단상을 옹주 자사로 하여 따로 사군을 담당하도록 했다. 그때 무위 태수가 결원이었다. 장맹의 부친이 황하 서쪽 지역에서 권위와 명성이 있었으므로 장맹이 그 자리에 앉게 되었다. 한단상과 장맹은 함께 서쪽으로 향했다. 처음에 장맹은 한단상과 동년배였으므로 서로 농담을 주고받았는데, 임지로 갈 때 서로 책망하게 되었다. 임지에 도착하자 한단상이 장맹을 죽이려고 했다. 장맹은 이것을 감지하고 병사를 지휘하여 한단상을 공격했다. 한단상의 숙소는 장맹의 숙소 곁에 있었다. 한단상은 병사가 도착했다는 소식을 듣고 두려워 지붕 위로 올라가서 장맹의 자를 불렀다. "숙위, 네가 나를 죽이려는가? 그러나 죽은 자도 지각이 있으니, 너의 일족도 멸망할 것이다. 화해를 청하겠다. 받아주겠나?" 장맹은 그래서 "알았다."라고 외쳤다. 한단상은 기둥을 의지해 내려왔다. 장맹은 한단상을 몇 차례 꾸짖고 나서 독우로 가도록 했다. 후에 한단상은 도망가다가 발각되어 살해되었다. 그해가 건안 14년(209)이다.

치한 곳으로 가서 울고는, 장맹의 문 앞으로 가서 비수를 품고 섰다. 장맹을 만나 죽이려고 했다. 장맹은 그가 의사義士임을 알아보고, 명령을 내려 그를 풀어주고 죽이지 않았다. 이 일로 방육은 충의와 용맹으로 이름을 날렸다.[10]

양주 태수 서읍徐揖이 그를 찾아와 주부가 되기를 청했다. 후에 군 사람 황앙黃昂이 모반하여 성을 포위하고 공격했다. 방육은 처자식을 버리고 밤에 성의 담을 넘어 포위망을 뚫고 나가서 장액과 돈황 두 군에 위급함을 알렸다. 두 군에서는 처음에는 의심하여 병사를 일으키지 않다가 방육이 칼로 자신을 찌르려고 함으로써 자기의 말을 증명하자, 그의 의기에 감동하여 병사를 일으켜 구원했다. 구원군이 도착하기 전에 군은 이미 공략되었고, 서읍은 살해되었다. 방육은 그의 시체를 거두어 그의 고향으로 호송하여 안장시키고 3년 동안 복상한 후에 돌아왔다. 조조는 그의 사정을 들은 후, 불러서 연속掾屬으로 삼았다. 조비가 황제의 자리에 오른 후 부마도위로 임명하고 서해 태수西海太守로 승진시키며 관내후의 작위를 주었다. 후에 불러서 중산대부中散大夫로 임명하고, 죽은 후에는 아들 방증龐曾이 작위를 잇게 했다.

당초에 방육의 외조부 조안趙安은 같은 현 사람 이수李壽에게 살해되었고, 방육의 외숙 셋이 병사했으므로 이수의 집안에서는 매우 기뻐했다. 방육의 모친 조아趙娥는 부친의 원수를 갚지 못하여 상심하다가 대낮에 포장을 친 수레를 타고 소맷자락에 칼을 숨기고는

---

10) 장맹의 병사가 와서 방육을 체포하려고 했는데, 장맹은 그 소식을 듣고 탄식하며 "나는 자사를 살해한 죄를 지었고, 이 사람은 지극한 충성으로 명성을 얻었는데, 만일 그를 죽인다면 어찌 주 안에서 도의에 따르는 인물들을 장려한다는 말인가!"라고 했다.

도정(都亭, 도성 부근의 정자) 앞에서 기다리고 있다가 이수를 죽였다. 그런 연후에 조용히 현으로 와서 안색도 바꾸지 않고 말했다.

"아버지의 원수를 갚았으니 청컨대 죽여주십시오."

녹복현祿福縣의 장 윤가尹嘉는 관직을 버리고 그녀를 풀어주어 도망가도록 했다. 조아가 도망치지 않으려 하자 윤가는 그녀를 강제로 수레에 태워 집으로 돌려보냈다. 마침 사면령이 있어 면제받았다. 주와 군에서는 그녀의 고귀한 품성을 찬탄하여 마을 문에 돌을 새기고 그녀의 효행을 기렸다.

소리를 질러 마초의 계략을 깨다

염온전閻溫傳

염온은 자가 백검伯儉이고, 천수군 서성현西城縣 사람이다. 양주 별가涼州別駕로 임명되었고 상규현上邽縣의 영令을 대행했다. 마초가 상규현으로 도망쳐오자 군의 백성 임양任養 등은 사람들을 이끌어 그를 영접했다. 염온은 그들을 막으려고 했지만 막을 수 없었으므로 말을 달려 양주로 돌아왔다. 마초가 기성을 포위하여 공격했는데, 그 공격의 형세가 맹렬했으므로 주에서는 염온에게 몰래 성을 빠져나가 하후연에게 위급함을 알리도록 했다. 적군이 성을 여러 겹으로 포위했으므로 염온은 밤에 잠수하여 성 밖으로 나갔다. 다음 날, 적군이 그의 자취를 발견하고 사람을 보내 그를 추격하여 막도록 했다. 결국 현친현顯親縣의 경계에서 붙잡혀 마초에게 압송되었다. 마초는 친히 그의 결박을 풀어주고 그에게 말했다.

"이제 성패는 분명해졌소. 당신은 고립된 성을 위해 구원병을 청하려 했지만 오히려 우리에게 붙잡혔소. 이제 당신은 어느 곳에서 도의를 행하겠소? 만일 나의 말을 듣고 돌아가서 성을 향하여 동쪽에 구원병이 없다고 말한다면 전화위복의 계책으로 바뀔 것이오. 만약 그렇게 하지 않겠다면 나는 지금 이 자리에서 당신을 죽이겠소."

염온은 거짓으로 그에게 승낙했다. 마초는 염온을 수레에 태워 성 아래로 데려왔다. 염온은 성을 향해 큰 소리로 외쳤다.

"대군은 사흘이 못 되어 올 것이오. 힘껏 싸우시오!"

성안 사람들은 모두 감동하여 소리 내어 울고 큰 소리로 만세를 불렀다. 마초는 대단히 화가 나서 그에게 물었다.

"당신은 어찌하여 살기 위한 계책을 세우려 하지 않소?"

염온은 아무런 대꾸를 하지 않았다. 이때 마초는 오랫동안 성을 공격하고도 함락시키지 못했으므로, 천천히 염온을 회유하여 그의 마음을 돌리기를 바랐다. 그래서 다시 염온에게 말했다.

"성안에 있는 친구 중에서 우리를 따르려는 자가 없소?"

염온은 또 대꾸하지 않았다. 마침내 마초가 날카롭게 질책하자 염온이 대답했다.

"군주를 섬기면 설사 죽음에 직면하더라도 두 마음이 생기지 않거늘, 당신은 덕행이 있는 사람으로 하여금 의롭지 못한 말을 하게 하려는데, 내가 어찌 살기를 탐하고 죽기를 두려워하는 사람이 되겠소?"

마초는 결국 염온을 죽였다.

이전에 황하 서쪽에 동란이 일어나 교통이 끊기고 도都와 통하지 못했다. 돈황 태수 마애馬艾가 벼슬을 마쳤으나, 부서에 승丞이 없었다. 공조 장공張恭은 평소 학문과 품행을 갖추었으므로 군의 백성이 그를 추천하여 장사長史의 직책을 대신하도록 했고, 그의 위엄과 신의는 더욱 빛났다. 아들 장취張就를 보내어 동쪽으로 가서 조조를 만나 태수로 임명해주기를 청하게 되었다. 당시 주천의 황화, 장액의 장진은 각기 자신의 군을 점거하고서 장애와 연합하려고 했다. 장취는 주천까지 갔다가 황하에게 붙잡혀 예리한 칼로 협박당했다. 장취는 시종 응답하지 않았으며 몰래 장공에게 편지를 썼다.

대인께서는 돈황을 힘껏 이끌어 충의를 빛내십시오. 어떻게 제가 위험에 처해 있다고 하여 충의를 바꾸겠습니까? 이전에 낙양樂羊은 아들을 먹었고, 이통은 일족을 멸했습니다. 나랏일을 보는 신하가 어찌 처자식을 생각하겠습니까? 지금 대군이 매우 빨리 오고 있으니, 당신께서는 속히 병사를 일으켜 적군을 견제하셔야 합니다. 자식에 대한 사랑 때문에 저로 하여금 황천에서 여한이 있게 하지 않기를 바랍니다.

장공은 즉시 사촌 동생 장화張華를 보내 주천의 사두沙頭와 건제乾齊 두 현을 공격했다. 장공은 장화의 뒤를 이어 계속 병사를 일으켜 앞과 뒤가 서로 응하게 했다. 따로 정예 병사 2백 명을 보내 조조가 보낸 관속官屬을 영접하게 하고, 동쪽으로 주천의 북부 변방 지역을 따라 직접 장액이 다스리는 황하 북쪽을 지나 태수 윤봉을 영접했다. 이때 장진은 황화의 원조를 필요로 했고, 황화는 장진을 구하러 가려고 했지만, 서쪽에 있는 장공의 군대가 그의 배후를 맹렬하게 공격할까 걱정했다. 그래서 금성 태수 소칙에게 투항했다. 결국 장취는 안정을 찾았고, 윤봉도 평안히 관직 생활을 하게 되었다.

황초 2년(221) 조서를 내려 장공을 표창하고, 장공에게 관내후의 작위를 내리고 서역무기교위西域戊己校尉로 임명했다. 몇 년 후, 조정으로 불러 그에게 시신侍臣의 관직을 주고 아들 장취로 하여금 대행하도록 했다.

장공은 돈황까지 왔으나 중병을 이유로 고사했다. 태화 연간에 세상을 떠나자 집금오의 관직이 추증되었다. 장취는 후에 금성 태수가 되었고, 아버지와 아들이 서주에서 명성을 날렸다.

【평하여 말한다】

이전은 유학의 단아함을 숭상하고 공公을 위해 개인의 복수를 잊어
버렸으니 인품이 정말로 훌륭하다. 이통·장패·문빙·여건은 주군을
지켰고 모두 위엄과 신의가 있었다. 허저와 전위는 조조 곁에서 무용
을 발휘했는데, 이들의 무용은 역시 한나라의 번쾌와 맞먹는다. 방덕
은 죽을 각오로 싸우고 적을 꾸짖었으니, 주가(周苛, 한 고조 유방을 따라
기병한 인물)의 절개가 있다. 방육은 죽음을 두려워하지 않고 칼을 거꾸
로 하여 스스로를 찌르려 했으니 그의 진실한 성의는 이웃 나라까지
감동시켰다. 염온은 성안을 향해 크게 소리쳐 대부 해양解揚과 노중路
中의 열렬함과 이름을 나란히 했다.

19

임성진소왕전任城陳蕭王傳

제위에 오르지 못한 제후 왕 세 사람

선비족 토벌에 공을 세운 노란 수염의 아이 조창

임성위왕창전任城威王彰傳

임성위왕 조창曹彰은 자가 자문子文이다. 어려서부터 활쏘기와 수레 몰기를 잘했고, 근력이 다른 사람보다 뛰어나 맨손으로 맹수와 격투했으며, 어렵고 힘든 일이 있어도 피하지 않았다. 여러 차례 조조를 따라 정벌에 나서서 의지가 강개함을 보여주었다. 그러나 조조는 일찍이 그를 비판했다.

"너는 독서에 전념하거나 성현의 도를 흠모할 생각은 하지 않고 말을 타고 칼을 차는 것만 좋아하는구나. 이래서야 한낱 필부로나 쓰일 뿐 어찌 귀하게 되겠느냐!"

조창에게《시경》과《서경》을 읽으라고 재촉하자, 조창은 주위 사람에게 말했다.

"대장부라면 응당 위청衛靑과 곽거병霍去病처럼 10만 기병을 이끌고 사막을 질주하며 흉노를 쫓아 공훈을 세우고[1] 이름을 얻어야지, 어떻게 박사가 되겠습니까?"

조조는 일찍이 아들들에게 좋아하는 것을 물으며 각자 지향하는

---

1) 위청은 한 무제와 같은 나이로 일곱 차례 정벌에 나서 적군 5만여 명의 머리를 얻었고, 곽거병은 청년 장군으로 네 번의 싸움에서 적군 11만여 명의 머리를 얻었으니, 두 사람의 공적은 상당한 것이다.

바를 말하도록 했다.

조창이 말했다.

"장수가 되고 싶습니다."

"장수가 되면 어떻게 하겠느냐?"

"몸에는 갑옷을 입고 손에는 날카로운 무기를 들고, 위급하고 어려운 상황에서도 돌아보지 않고 사졸들 앞에 서며, 공이 있으면 반드시 상을 주어 장려하고, 죄가 있으면 반드시 벌을 내릴 것입니다."

조조는 크게 웃었다.

| 건안 21년(216) | 언릉후鄢陵侯에 봉했다.

| 건안 23년(218) | 대군代郡의 오환烏丸이 모반을 일으키자, 조창을 북중랑장北中郎將으로 임명하고 효기장군驍騎將軍을 대행하도록 했다. 출발에 임하여 조조는 조창에게 주의를 주었다.

"집에 있을 때는 아버지와 자식의 관계였으나, 일을 담당했으니 군주와 신하의 관계가 되었다. 행동을 할 때는 왕법에 따라서 일을 처리해야 하니, 이 점에 주의해라!"

조창은 북쪽으로 정벌을 나가 탁군涿郡의 경계 지역으로 들어갔는데, 반역한 오랑캐 수천 기병이 갑자기 왔다. 당시 병마兵馬는 아직 집결하지 않았고 오직 보병 1천 명과 기병 수백 명만 있었다. 조창이 전예田豫의 계책을 사용하여 요새를 튼튼히 지켰으므로 적은 곧 퇴각하여 흩어졌다. 조창은 적을 추격하면서 오랑캐를 활로 쏘았는데, 활시위에 호응하여 거꾸러지는 자가 앞뒤로 서로 이어졌다. 싸움은 반나절이나 계속되었는데, 조창은 갑옷에 화살을 몇 대 맞았지만 투지는 오히려 더 불타올랐다. 승기를 잡아 적을 추격하여 상건현桑乾縣까지 갔을 때는 군에서 2백여 리나 떨어져 있었다. 장사長史와 여러 장수는 모두 방금 너무 멀리 진군하여 사병이나 말도 피곤하고, 출발 전에 위나라의 지휘를 받아 대군을 지나는 것을 허락하지 않았다고 생각했기 때문에 명령을 어기고 적을 가볍게 여겨 깊숙이 진격할 수는 없었다.

조창이 말했다.

"군대를 이끌어 병사를 나아가게 하는 것은 그곳에서 승리할 수 있어서인데 또 무슨 절도(節度, 조조의 명령)란 말인가? 오랑캐는 달아나더라도 멀리 가지 못할 것이니 추격하면 반드시 무찌를 수 있거늘 명령을 따르다가 적을 놓쳐 달아나게 하는 것은 훌륭한 장수가 아니다."

그리고 말에 올라 군중에 명령했다.

"늦게 출동하는 자는 목을 베리라."

하룻낮 하룻밤을 달려 적을 추격하여 무찔렀으며 머리를 베거나 포로로 잡은 자가 수천이었다. 조창이 즉시 보통 규정의 두 배에 해당하는 상을 장병들에게 주자, 장병들 중에서 기뻐하지 않는 자가 없었다. 당시 선비족의 대인大人 가비능軻比能이 수만 기병을 이끌고 관전하다가 조창의 군대가 용감히 싸우고, 가는 곳마다 적을 무찌르는 것을 보고 곧 조조에게 귀순하기를 청했다. 북방은 모두 평정되었다. 당시 조조는 장안에 있으면서 조창을 자신이 머무는 곳으로 불렀다. 조창이 대군에서 출발하여 업성을 지나가게 되었는데, 태자 조비가 그에게 말했다.

"그대는 방금 공을 세워 지금 서쪽으로 가서 황상을 만나려고 하는데, 자만하지 마시오. 대답할 때는 항상 부족한 것이 있는 것처럼 겸손하게 하시오."

조창은 장안에 도착하여 태자가 말한 것처럼 하여 장수들에게 공로를 돌렸다. 조조는 크게 기뻐하고 조창의 수염을 쓰다듬으며 말했다.

"황수아(黃鬚兒, 누런 수염의 아이, 조창을 가리킴)가 이와 같다니 의외로구나!"

조조는 동쪽으로 돌아올 때, 조창에게 월기장군越騎將軍을 대행하도록 하여 장안에 남겨두었다. 조조는 낙양에 도착하여 병에 걸리자 역마를 보내 조창을 불렀는데,[2] 도착하기도 전에 붕어했다.[3] 조비가 왕위에 오른 후, 조창과 제후왕들은 자기 봉국으로 돌아갔다.[4] 조서에서 말했다.

선왕先王의 도는 공신을 임용하고 친족을 친절하게 하고, 같은 어머니에게서 태어난 동생들과 함께 나라를 세워 가업을 이어 종묘사직을 지키고 침략을 막고 곤란함을 극복했다는 것이다. 조창은 이전에 명령을 받아 북벌을 하여 북방의 땅을 완전히 평정했으니 그 공로가 매우 크다. 식읍 5천 호를 늘려 이전의 것과 합쳐 모두 1만 호가 되게 하라.

| 황초 2년(221) | 작위를 높여 공으로 삼았다.

---

2) 조조는 한중에 있었고 유비는 산 정상에 있었는데, 유비가 양아들 유봉에게 산을 내려가 싸움을 걸도록 하자 조조가 욕을 하며 "나보고 짚을 엮어 팔아서 성장한 아이에게 대항하라니! 내가 황수를 불러올 테니 기다려라."라고 하고는 즉시 조창을 불렀다. 조창은 밤낮으로 길을 달려 장안에 도착했는데, 조조는 이미 한중에서 돌아왔다.

3) 조창은 도착하자마자 임치후 조식에게 묻기를 "선왕이 나를 부른 것은 당신을 세우려는 것이오."라고 했다. 조식은 "그렇게 할 수는 없소. 원씨 형제를 보지 못했소!"라고 대답했다.

4) 장례를 마치자 조창을 봉국으로 보냈다. 처음에 조창은 자신이 공적을 세웠으므로 임무를 받아 기용되기를 기대했는데, 대열을 따라야 했으므로 마음이 매우 불편하여 천자의 사자를 기다리지 않고 출발했다. 당시 언릉은 땅이 척박했으므로 중모현을 다스리도록 했다. 이후 황제가 허창으로 행차하는데, 북주北洲의 제후들은 모두 조창의 강인하고 엄격함을 두려워해서 중모를 지날 때마다 빠른 속도로 지나갔다.

│ 황초 3년(222) │ 임성왕任城王으로 삼았다.

│ 황초 4년(223) │ 수도로 나아가 황상을 만나고 병을 얻어 수도의 관저에서 죽었는데, 시호를 위威라고 했다. 안장할 때 조비는 천자용 수레, 용 모양의 깃발과 호분 1백 명을 내리고, 한나라 동평왕東平王의 장례 규격에 따르도록 했다. 아들 조해曹楷가 왕위를 계승했으며 중모현으로 옮겨 봉해졌다.

│ 황초 5년(224) │ 임성현任城縣으로 바꾸어 봉했다.

│ 태화 6년(232) │ 임성국任城國에 봉하고 다섯 현의 식읍 2천5백 호를 내렸다.

│ 청룡靑龍 3년(235) │ 조해가 중상방中尙方[5]으로 사사로이 관리를 보내 금지된 물건을 만들게 했으므로, 한 현 2천 호를 삭감당했다.

│ 정시正始 7년(246) │ 제남濟南으로 봉하고 식읍을 3천 호로 했다. 정원正元 초기와 경원景元 초기에 연이어 식읍이 증가하여 총 4천4백호가 되었다.

---

5) 중상방은 삼상방三尙方, 즉 어용도검과 수공업 제품을 만드는 기구의 하나로서 나머지 두 기구는 좌상방左尙方·우상방右尙方을 일컫는다.

권력 다툼에서 패배한 비운의 천재 조식

진사왕식전陳思王植傳

진사왕 조식은 자가 자건子建이다. 열 살 남짓할 때《시경》과《논어》를 비롯해서 사부辭賦 10만 자를 암송하고 읽었으며 문장을 짓는 데 뛰어났다. 조조는 일찍이 그가 글을 쓰는 것을 보고 말했다.

"사람들에게 부탁하여 대신 지은 것이냐?"

조식은 무릎을 꿇고 말했다.

"제가 말을 하면 의론이 되고, 붓을 휘두르면 문장이 이루어집니다. 눈앞에서 해 보일 수 있습니다. 어떻게 다른 사람에게 부탁하여 대신 짓게 하겠습니까?"

당시 업성에 동작대銅爵臺가 막 완공되어 조조는 여러 아들을 데리고 동작대로 올라가 각자 사부를 짓도록 했다. 조식은 붓을 쥐고 한 번 휘둘러 완성했는데, 볼만했으므로 조조는 그를 매우 기이하게 여겼다. 조식은 성정이 까다롭지 않고 순리를 따르며 행동거지는 위엄을 차리려고 하지 않고 거마車馬와 복식은 화려함을 숭상하지 않았다. 조조에게 나아가 만나면, 조조는 매번 어려운 문제를 내고, 그는 목소리 나는 대로 대답했기 때문에 특별한 총애를 받았다.

| 건안 16년(211) | 평원후平原侯에 봉해졌다.

| 건안 19년(214) | 임치후에 봉해졌다. 조조가 손권을 정벌할 때 조식을 보내 업성을 지키도록 하면서 그에게 충고했다.

"내가 옛날 돈구현頓丘縣의 현령으로 있을 때 스물세 살이었다. 당시 했던 일을 회상하면, 지금도 후회되는 것이 없다. 이제 너도 스물셋이니, 노력을 안 할 수 있겠느냐!"

조식이 재능으로 조조의 총애를 받은 이후, 정의丁儀[6] · 정이丁廙[7] · 양수楊脩 등이 오른팔이 되어 도왔다. 조조는 결정하지 못하고 주저하면서 몇 번이나 조식을 태자로 삼으려 했다. 조식은 마음 가는 대로 행동하고 자기를 꾸미지 않았지만 음주에 절제가 없었다. 조비는 수단을 강구하여 조조를 받들고 진실한 감정을 가리고 자신을

6) 정의는 자가 정례正禮이고, 패군 사람이다. 아버지 정충丁沖은 이전에 조조와 교분을 맺어 천자의 수레를 타고 장안으로 가기도 했다. 국가가 아직 안정되어 있지 않은 것을 보고 조조에게 편지를 써서 "족하께서는 평생 동안 항상 탄식하고 정치를 바로잡을 뜻을 가지고 있었는데, 지금이 바로 그 시기입니다."라고 했다. 이때 장양張楊이 하내로 돌아왔으므로 조조는 그 편지를 얻었다. 조조는 군대를 이끌고 천자를 영접하고 동북쪽에 있는 허도로 가서 정충을 사예교위로 임명했다. 후에 여러 장수를 방문하여 술을 계속 마셨고 결국 술병이 나서 죽었다. 조조는 정충이 이전에 보여준 계도를 매우 고맙게 여겼다. 정충의 아들 정의가 뛰어난 인물임을 들었기 때문에 얼굴은 보지 못했지만, 딸 청하공주를 주려고 생각하고는 조비에게 물어보자, 조비는 정의가 한쪽 눈이 불편하기 때문에 복파장군 하후돈의 아들 하후무에게 공주를 주는 것이 더 낫다고 했다. 그래서 조조는 그 의견을 따랐다. 조조는 정의를 초빙하여 연으로 삼고, 그와 더불어 의논을 해본 후 그의 재주를 가상히 여겨 말했다. "정의는 뛰어난 인물이다. 설령 두 눈이 멀었다 하더라도 당연히 딸을 주어야 했거늘, 하물며 애꾸눈임에랴! 이는 내 아들이 나를 그르치게 한 것이다." 정의 역시 공주를 얻지 못한 것을 한탄했고, 조식과 친하게 지내며 여러 차례 뛰어난 재능을 인정받았다. 조조가 조식을 태자로 세우려는 생각을 품었을 때, 정의는 찬성의 뜻을 보였다. 그러나 조비가 태자로 세워지자 정의를 연좌제로 처벌하려고 그를 우자간右剌姦의 연으로 전임시켜 스스로 목숨을 끊게 하려 했으나, 정의는 그렇게 할 수 없었다. 나중에 결국 관직의 일로 체포되어 죽었다.

7) 정이는 자가 경례敬禮이고, 정의의 동생으로서, 어려서부터 재능과 용모가 뛰어났고, 박학하고 견문이 넓었다. 처음에 공부公府에 초빙되었고, 건안 연간에 황문시랑이 되었다. 그는 일찍이 조조에게 조용히 말하기를 "임치후는 천성이 어질고 효성스러운데 그것은 자연적으로 나온 것입니다. 그는 총명하고 지혜가 있으니, 아마도 대현大賢일 것입니다. 넓은 학식과 깊은 식견이 있고 문장은 매우 뛰어납니다."라고 했다.

꾸몄으므로 궁궐 사람과 조조 주위의 신하들은 모두 그를 위해 말했다. 결국 조비가 계승자가 되었다.

| 건안 22년(217) | 식읍 5천 호를 늘리니 이전 것과 더해 모두 1만 호가 되었다. 조식이 일찍이 수레를 탔는데, 천자만이 가는 길을 통해 사마문司馬門을 열고 나갔다. 조조는 매우 노하여 궁문을 관리하는 공거령公車令을 사형에 처했다. 이 일로 제후의 법령이 더욱 제한되었고, 조식에 대한 총애는 나날이 줄어들었다. 조조는 조식의 세력이 너무 커져서 후환이 될 것을 걱정했다. 양수는 재간과 모략이 있었으나, 원씨袁氏의 외종질인 점을 들어 죄를 꾸며 주살했다. 조식은 내심 더욱 불안해졌다.

| 건안 24년(219) | 조인이 관우에게 포위되었다. 조조는 조식을 남중랑장南中郎將으로 임명하고 정로장군征虜將軍을 대행하도록 했다. 조식을 보내 조인을 구하려고 불러내어 경계의 말을 하려 했는데, 조식이 술에 취해 명을 받들지 못했다. 조조는 후회하며 그의 관직을 박탈했다.

조비가 왕위에 오른 후 정의와 정이를 비롯해서 그들 집안의 남자들을 모조리 죽였다. 조식과 제후왕들은 모두 자기 봉국으로 돌아갔다.

| 황초 2년(221) | 감국監國의 알자謁者 관균灌均이 천자의 뜻을 받들어 상주했다.

조식은 술에 취하여 난폭하고 오만하며 사자를 협박했습니다.

담당 관리는 처벌을 요청했지만, 조비는 태후를 생각해서 안향후安鄉侯로 작위를 낮추었다. 그해 견성후鄄城侯로 바꿔 봉했다.

견성왕鄄城王으로 세우고 식읍 2천5백 호를 주었다.
옹구왕雍丘王에 봉했다. 그해 수도로 나아가 알현하고 상소했다.

신은 죄를 짓고 번국(藩國, 제후국의 나라)으로 돌아가 마음을 살에 새기고 뼈를 깎으면서 죄를 뉘우치고, 낮이 되면 식사를 하고 밤이 되면 잠을 잡니다. 확실히 왕조의 법령을 다시 어기지 않을 수는 있으나, 다시 황상의 은혜를 받아 사면을 기대하기는 어렵습니다. 저는 《시경》〈용풍庸風〉〈상서相鼠〉에서 "사람으로 태어나서 예의가 없다면 어찌 빨리 죽지 않는가?"라는 이치에 감동되어 형체와 그림자가 서로 위문하고 다섯 가지 감정이 부끄러워하고 있습니다. 죄가 있어 목숨을 버리자면 옛 현자가 "아침에 잘못이 있으면 저녁에 바르게 고친다."라고 충고한 것에 위배되는 것이고, 오욕을 받으면서 구차하게 삶을 보전한다면 《시경》 시인들이 "무슨 면목으로 살아가랴."라고 풍자한 말을 범하는 것입니다.

엎드려 생각하니 폐하의 은덕은 천지처럼 넓고, 은혜는 부모처럼 깊으며, 은덕을 베풀고 펼침은 바람처럼 부드럽고, 은택이 때에 맞춰 내리는 단비 같습니다. 그리고 가시나무를 차별하지 않는 것은 오색구름 같은 은혜입니다. 일곱 아들을 평등하게 대하는 것은 뻐꾸기의 인애이고, 죄를 용서하고 공적을 세우도록 하는 것은 훌륭한 임금의 거동이며, 어리석음을 불쌍히 여기고 재능을 아끼는 것은 자애로운 아버지의 온정입니다. 때문에 어리석은 신은 폐하의 은혜와 은택 속에서 배회하며 스스로를 버릴 수 없습니다.

이전에 조서를 받들어, 신 등이 조정에 들어가지 못하게 금지되었으니 마음이 떨어지고 뜻이 단절되어, 스스로 노령이 되어도 다시 규

(珪, 제후가 조정으로 들어가 알현할 때 자신의 신분을 나타내는 옥)를 손에 쥘 희망이 없다고 생각했습니다. 생각지도 않게 성상의 조서가 내려와 신을 수도로 부르셔서, 그날로 한마음으로 폐하에게 달려가 알현했습니다. 구석진 서관西館에 살면서 폐하를 받들 수 없었는데, 갑작스럽게 폐하를 뵙게 되니 고개를 들어 바라보며 불안해하고 있습니다. 공경스럽게 상주문을 올리고 시 두 편을 올립니다.

부친의 빛남이여

시대 무황제여

하늘에서 명을 받들어 사방을 평안하게 했도다.

붉은 깃발 날리는 곳 구주에서 굴복하지 않는 이 없구나.

덕은 사방으로 흐르고, 먼 곳의 사람도 와서 왕으로 받들도다.

공덕은 상주 시대를 뛰어넘고, 당요만큼 아름다워라.

나의 황제는 하늘의 두터움 얻고 대대로 총명하고 지혜롭구나.

무武는 엄숙하고 용감하며, 문文은 때에 맞고

제위를 한나라에서 받아 온 나라를 통치했도다.

나라가 교화되었으니 고대의 제도를 따랐구나.

친척을 널리 임명하여 왕국에 울타리가 되게 했구나.

황제께서 말씀하시기를 너희 제후들아 너희에게 이 청주 땅을 다스리게 하여 해안까지 곧장 이르니 주대 노국을 봉한 것과 같도다. 수레와 복식에는 광채가 있고, 깃발과 휘장에는 순서가 있다.

수많은 현인은 나를 보필하라.

미천한 나는 황상의 총애에 기대어 지나치게 교만하여 일어나면 당시 법령을 어기고, 움직이면 국가의 법제를 혼란스럽게 했네.

나는 나라의 번藩이 되고 병屛이 되어야 했는데,

선제의 법칙을 훼손하고,

황제의 사신을 오만하게 대해 우리 조정의 예의를 범했네.

나라에 법률이 있어 나의 식읍을 줄이고 나를 좌천시키고,

감옥으로 보내 원흉과 같게 했네.

성명한 천자는 형제의 정을 중시하여,

차마 나를 처벌하지 못했네.

법관의 판결을 따르지 못하고, 이 못난 사람을 불쌍히 여겼네.

봉국을 연읍燕邑으로 바꾸고 황하 강가에 왕국의 신하를 두지 않았으니 임금은 있으나 신하는 없었네.

만일 나에게 함부로 음탕하게 굴었던 과실이 있다면 누가 나를 보필하겠는가.

고독한 종은 그 기주 끝에 있네.

아! 미천한 몸이 재앙을 만났구나.

성명한 천자의 은덕으로는 나를 버리지 않고, 나에게 검은 모자를 씌우고, 나에게 붉은 인수를 매게 했네.

붉은 인수는 빛나고 크니 나를 영화롭게 했네.

부절을 새긴 옥을 주고, 왕의 작위를 주었네.

나는 우러러 옥새를 차고 제후의 열에 섰고, 몸을 굽혀 황상의 책서를 쥐었네.

황제의 은혜는 지나치게 융성하니 공손히 받들고 두려워하노라.

애석하게도 이 어리석은 자는 죄악으로 몸을 묶고는, 죽어서는 선제의 능묘에 참회하고, 살아서는 폐하께 참회하네.

감히 도덕에 오만하지 않으며 황상의 정에 의지하네.

존엄한 폐하는 다시 나를 왕으로 봉했으니, 죽어도 잊을 수 없네.

폐하의 은덕은 하늘처럼 다함이 없고, 성명性命을 강구할 수는 없으

니, 항상 갑자기 죽어 죄를 짓고 저승으로 가게 될까 두렵네.

화살과 돌을 무릅쓰고 동악東嶽에 깃발을 세우기를 원하네.

작은 공로를 세우고, 미미한 공으로나마 죄를 씻기를 바라네.

몸을 위태롭게 하고 생명을 바치면 죄를 면하기에 충분함을 알고, 장
강長江과 상수湘水로 달려가고 오와 월에서 병기를 휘두르기를 원하네.

폐하가 마음의 문을 열어 우리를 수도로 들어오게 했는데, 황상을
받들기를 기다리는 것은 갈증이 나고 굶주리는 것 같네.

마음속의 그리움은 매우 서글퍼지네.

하늘은 숭고하면서도 비천한 사람의 소리를 들어주니 황상도 비천
한 저를 비춰주소서.

또 말하겠습니다.

황상의 조서를 숙연하게 받들어
수도에서의 만남에 응했습니다.
밤에 행장을 꾸려 새벽에 수레를 달려 출발하고,
말에게 꼴을 배불리 먹이고 수레바퀴에 좋은 기름을 칠했습니다.
그것을 관장하는 사람에게 명하여
나의 시종을 정돈하게 하고,
아침에 난대鸞臺를 출발하여 저녁에 난저蘭渚에서 묵었습니다.
망망한 평야에는 많은 남녀가 있고,
공전公田을 지나 피와 기장의 자람을 기쁘게 보았습니다.
늘어진 나무가 있는데 짙은 그늘에도 쉬지 않았고
굶주렸는데 먹을 것이 있어도 먹을 시간이 없습니다.
성을 바라보고 지나가지 못하고, 읍을 직면하고 있으면서 놀지 못

합니다.

종은 명을 받고 말에 채찍을 가하여 평탄한 길을 선택하여 달려왔습니다.

네 필의 흑마는 무성한데 고삐를 죄니 거품을 흘리며, 급한 바람이 수레 옆을 따라 지나오고, 가벼운 구름이 수레 덮개 위로 떠 있습니다.

산골짜기 물가를 건너 산굽이를 따라, 저 강가를 따라 누런 비탈길을 차츰차츰 올랐습니다. 서쪽으로는 관곡關谷을 건너고, 조금은 내려오기도 하고 조금은 올라오기도 하고, 수레를 끄는 말들은 매우 피곤하여, 잠시 휴식을 취해 다시 길을 재촉합니다.

성명한 황상을 장차 보려고 감히 편안하지 아니하며, 절기를 잊고 말을 달려서 해를 가리키며 빨리 달렸습니다.

앞에서는 횃불을 들고 달리며, 뒤에서는 깃발을 높이 들고 있습니다.

수레는 계속 굴러가서 멈추지 아니하며, 수레의 딸랑거리는 소리도 없어지지 않습니다.

경사에 도착하여 서성西城에 머물며, 황상의 조서가 아직 내려오지 않아 감히 뵙지도 못했습니다.

고개를 들고 창문을 바라보며, 고개를 숙여 황상을 생각하며, 오랫동안 마음에 품고 영원토록 앙모하며, 근심스러운 마음이 마치 술에 취한 것 같습니다.

조비는 그의 문사와 의의를 칭찬하고는 상서에 회답하여 그를 격려했다.

| 황초 6년(225) | 조비는 동쪽으로 정벌하러 갔다가 돌아오는 길에 옹구를 지나 조식의 궁전에 행차하여 식읍 5백 호를 더해주었다.

| 태화 원년(227) | 준의浚儀에 옮겨 봉했다.

| 태화 2년(228) | 다시 옹구로 돌아왔다. 조식은 항상 스스로 분개하고 원망하며 재능이 있는데도 펼칠 곳이 없으므로 상소하여 자신을 임용해주기를 청했다.

　신이 듣건대, 선비가 이 세상에서 산다는 것은 집 안에 들어서면 부모를 섬기고, 대문을 나서면 군주를 받드는 것입니다. 부모를 섬기는 경우에는 부모님께 영예를 안겨주는 것을 가장 숭상하고, 군주를 받드는 경우에는 나라를 일으키는 것을 가장 귀하게 여깁니다. 때문에 자애로운 부모라도 임용되지 못하는 자식을 사랑할 수는 없고, 인자한 군주라도 공이 없는 신하를 임용할 수는 없습니다. 덕행에 근거하여 관직을 주는 것이 공업功業을 성취한 군주입니다. 재능을 헤아려 작위를 받는 것은 사명을 완성한 대신입니다. 때문에 군주는 이유 없이 관직을 줄 수 없고, 대신은 공이 없으면서 작위를 받을 수 없습니다. 덕이 없는데 관직을 주는 것은 잘못된 천거이고, 공이 없는데 작위를 받는 것은 봉록을 축내는 것입니다. 《시경》〈벌단伐檀〉의 〈소찬素餐〉편이 지어진 까닭이 바로 이것입니다. 옛날 주 문왕周文王의 동생 괵중虢仲과 괵숙虢叔이 주나라에 임명되는 것을 사퇴하지 않은 것은 그의 덕행이 돈후했던 때문이고, 주공 단(周公旦, 노魯나라의 시조)과 소공召公 석奭이 연나라와 노나라의 봉국이 되어 겸양하지 않은 것은 그들의 공로가 컸기 때문입니다.

　지금 신은 국가의 큰 은덕을 입은 것이 오늘까지 3대가 되었습니다. 마침 폐하의 태평성대를 만나 황상의 은택으로 목욕하고 덕망과 교화에 빠지게 된 것은 큰 행운이라고 할 수 있습니다. 신이 자리를 훔쳐 동쪽 번국에 있으면서 높은 작위에 있고, 몸에 가볍고 따뜻한 옷을 걸치고, 입으로는 온갖 맛있는 음식을 먹고, 눈으로는 지극히 화려한 것만 보고, 귀로는 관현의 소리를 들은 것은 모두 작위가 무겁고 봉록이 두터웠기 때문입니다. 고대에 봉록을 받은 사람들을 회상하면 이러한 것과 다르니, 모두 공로로써 국가에 이익을 주고 군주를 보좌하며 백성을 아꼈습니다. 현재 신은 서술할 만한 덕행도 없고, 기록할 만한 공로도 없는데, 만일 이렇게 죽어서 국가 조정에 이익됨이 없다면 국풍의 작자가 피기(彼其, 조정 고위직에 있는 사람에게 관복이 어울리지 않는다는 내용)라고 비난한 것을 받게 될 것입니다. 때문에 위로는 왕관을 부끄럽게 여기고, 아래로는 붉은 인수를 부끄럽게 생각합니다.

바야흐로 천하는 통일되고, 구주가 안정되었습니다. 그러나 서쪽을 돌아보면 아직 명령을 거역하는 촉나라가 있고 동쪽에는 신하라고 일컫지 않는 오나라가 있으니 변경을 지키는 병사들로 하여금 갑옷과 병기를 벗어던지게 할 수 없고, 모사들로 하여금 높은 베개에서 자게 할 수 없으니, 진실로 천하를 철저하게 통일하여 큰 평화를 이루고자 하는 것입니다. 과거 계(啓, 전설 속의 왕)는 유호(有扈, 전설 속의 부락)를 멸하고 하 왕조의 공덕을 밝혔고, 성왕成王은 상商과 엄奄을 이겨 주 왕조의 공덕을 빛나게 했습니다. 현재 폐하께서 성스러운 밝음으로 천하를 다스려서 주 문왕과 주 무왕周武王의 공적을 완성하고, 성왕과 강왕康王의 흥성을 이으려고 하신다면 현명한 인재를 선발하고 능력 있는 사람을 임용하여 방숙方叔과 소호召虎 같은 신하로 사방을 지켜 국가의 손톱과 이빨이 되게 하는 것이 사람을 제대로 임용하는 것이라고 할 수 있습니다.

그러나 높이 나는 새는 화살에 맞지 않고, 깊은 연못의 물고기는 낚시에 걸리지 않으니, 고기를 낚고 화살을 쏘는 방법이 혹시 미진하지 않을까 걱정입니다. 옛날에 경흡은 광무제가 도착할 때까지 기다리지 못하고 서둘러 장보張步를 공격하여, 군주가 와서 처리할 적군을 남기지 않았다고 합니다. 수레 오른쪽에 탄 사람이 칼로 자진하면 수레바퀴에 이상한 소리가 들리는 것이고, 옹문적雍門狄은 제나라 변경에서 목을 베었으니 이 두 사람은 설마 사는 것이 싫고 죽는 것이 좋았겠습니까?[8] 실제로 공장工匠이 군주를 태만하게 하고, 월나라 사람이 군주를 침범한 것을 분노한 것입니다.

군주가 신하를 총애하는 것은 모두 해로움을 없애고 이로움을 흥하게 하려는 것입니다. 신하가 군주를 받드는 경우에는 반드시 생명을 바쳐 동란을 막고, 공로로써 군주에게 보답해야만 합니다. 이전에 가의賈誼는 약관의 나이에 속국의 관직에 시험 삼아 임용되기를 구하여, 끈으로 흉노 선우의 머리를 묶고 그를 제압하려고 했습니다. 종군終軍은 젊어서부터 월나라에 사자로 갈 때까지 긴 갓끈을 얻어 왕이 되어서 조정에 구속되고자 했습니다. 이 두 대신이 설마 군주에게 과시하고 세상 사람들에게 빛나기 위해서였겠습니까? 그들의 뜻이 억눌렸으므로 명군에게 재간을 나타내려고 한 것입니다. 이전에 한 무

---

8) 월나라 병사가 제나라를 공격해왔을 때 옹문적은 이에 책임을 지고자 죽음을 청했는데, 제왕이 말했다. "태고나 목탁의 소리는 들리지 않고, 화살과 돌이 교차하지 않으며, 병사들끼리 접전하지도 않는데, 그대는 어찌 죽으려 하는가? 다른 사람의 신하 된 예를 아는가?" 옹문적이 대답하기를 "신은 다음과 같은 말을 들었습니다. 옛날에 왕이 동산에서 사냥을 할 때, 왼쪽 수레바퀴가 울리자, 수레 오른쪽에 있던 자가 책임을 지고 죽음을 청해 왕은 '왼쪽 수레바퀴가 울린 것은 그것을 만든 관리의 책임이거늘 그대에게 무슨 책임이 있다는 것이오?'라고 했고, 수레 오른쪽에 있던 자는 '저는 장인이 만든 수레를 문제 삼지 않았고, 그것이 저의 군주를 흔들었으니, 그것을 문제 삼는 것입니다.'라고 했습니다. 그래서 왕은 그의 목을 베어 죽였습니다. 지금 월나라 병사가 공격해와서 저의 군주를 흔들어놓은 상황이, 어찌 왼쪽 수레바퀴의 일보다 못하겠습니까? 수레 오른쪽에 있는 사람이 왼쪽의 수레바퀴로 죽을 수 있다면, 신은 월나라 병사 때문에 죽을 수 있습니다."라고 했다. 왕은 그의 머리를 베었다. 그날 월나라 병사는 70리를 후퇴하며 "제나라 왕에게는 옹문적 같은 신하가 있다. 월나라가 존속하지 못할까 의심스럽구나."라고 했다. 제나라 왕은 옹문적을 대신의 예로써 매장했다.

제가 곽거병을 위해 저택을 지었을 때, 곽거병은 사절하며 "흉노가 아직 멸망하지 않았으므로 신은 집안일은 생각하지 못합니다."라고 말했습니다. 본래 대장부는 나라를 걱정하며 집을 잊고, 몸을 던져 어려움을 구하는 것을 충신의 뜻이라 생각합니다. 지금 신은 나라 밖에 있지만 황상의 은덕이 두텁지 않은 것은 아닙니다. 그러나 제가 잠 못 이루고 먹지 못하는 것은 두 적국이 아직 소멸되지 않았기 때문입니다.

엎드려 생각하건대, 무황제의 무신武臣과 숙장(宿將, 노련한 장수)은 나이가 들었어도 세상에 나가면 명성이 있습니다. 비록 세상에 현명하고 재능 있는 자가 드물지 않을지라도 숙장과 옛 병졸 들은 전투에 익숙합니다. 저는 스스로 역량이 없지만, 뜻을 세워 국가를 위해 힘을 내어 작은 공이라도 세우고 받은 은정에 보답하고 싶습니다. 설사 폐하께서 특별히 조서를 내려 신이 송곳과 칼의 쓰임을 바쳐서 서쪽의 대장군에 소속되어 한 부대의 사병을 이끌거나 동쪽 대사마大司馬에 소속되어 한 척의 배를 통솔하게 하신다면, 신은 반드시 험난함과 어려움을 두려워하지 않고 배를 젓고 말을 달려 날카롭게 뚫고 진지를 함락시키려 병사들의 맨 앞에 설 것입니다. 설령 손권을 붙잡거나 제갈량의 귀를 자를 수는 없다고 할지라도, 행여 적군의 장수를 포로로 잡고 적군을 전멸시켜 한 번에 승리를 얻어 신의 평생의 부끄러움을 없앤다면 신의 이름을 역사책에 기록하고, 사적을 조책詔策에 열거할 수 있을 것입니다. 설령 몸이 촉의 국경 지역에서 나뉘고, 머리가 오나라 정문에 걸린다고 할지라도 목숨이 붙어 있을 때처럼 기쁠 것입니다.

만일 신의 미약한 재주를 한번 시험해보지도 못하여 세상에 명성이 전해지지 않는다면, 헛되이 몸만 영화를 누려 신체는 살쪄 살고 있어도 국가에 이익이 없고, 죽어서도 국가에 손실이 없으며, 헛되이 높은 자리에 있으면서 무거운 봉록을 먹는 것은 새장 속에서 길러지는 새와 같고, 백발이 될 때까지 대접받고 사는 것은 울타리 안에서 사육되는 동물과 같으므로 신이 원하는 바가 아닙니다. 신은 동쪽의 군사가 방비를 소홀히 하고, 장수와 병사 들은 약간 좌절하고 있다는 소식을 듣고 먹지 못하고 소매를 떨쳐 옷깃을 말아 올리고 보검에 의지하여 동쪽을 응시했으며, 마음은 일찍이 오군吳郡과 회계군會稽郡으로 날아갔습니다.

신은 과거에 무황제를 따라 출정하여 남쪽으로는 적안赤岸까지 갔고, 동쪽으로는 창해에 이르렀으며, 서쪽으로는 옥문관玉門關을 바라보았고, 북쪽 변방으로 나가서 군사를 이끌고 병사를 사용하는 전술이 매우 신묘함을 보았습니다. 때문에 병사를 사용함에는 예언할 수 없으므로 위급해지면 임기응변합니다. 저의 목적은 성명聖明한 국가에 보답하고 현성賢聖한 세상에 공功을 세우는 것입니다. 매번 역사책을 읽을 때마다 고대 충신과 의사 들이 짧은 목숨을 던져 국가의 어려움을 구하고, 몸은 갈기갈기 찢기더라도 공덕은 솥이나 종에 새겨지고, 명성과 칭찬이 대나무나 비단에 기록됨을 보고 가슴을 치고 탄식하지 않은 적이 없습니다.

신은 현명한 군자가 신하를 임용할 때 죄가 있는 자도 버리지 않고 패배한 장군도 기용했기 때문에 진秦나라와 노魯나라가 그 성공을 거둔 것이라 생각합니다.[9] 주연 석상에서 초나라 장왕이 애첩의 옷섶을 당긴 신하의 갓끈을 끊고, 태공의 말을 훔친 신하를 사면했으므로 초나라와 조나라는 그 위험을 구했습니다. 선제가 일찍 붕어하고 위왕(威王, 조창)이 이 세상을 버리려고 하는데, 신이 홀로 어떤 사람이기에 영원토록 견디겠습니까!

항상 아침 이슬에 앞서 구덩이에 묻히고, 분묘의 흙이 마르지 않았
는데 몸도 이름도 함께 사라지는 것을 두려워합니다. 신은 들었습니
다. 준마가 길게 우는 것은 백락伯樂이 그 능력을 드러내기 때문이고,
한국(韓國, 전국시대 제후국의 하나)의 검은 개가 울부짖는 것은 한국 사람
들이 그 재간을 알기 때문입니다. 이 때문에 준마를 먼 제나라와 초나
라의 길로 가게 하여 천 리를 가는 능력을 충분히 발휘하게 하고, 민
첩한 토끼의 자취를 추적하게 하여 검은 개의 본령을 시험합니다. 지
금 신의 뜻은 개나 말처럼 약간의 공이라도 세우는 것인데, 저 스스로
헤아려보건대 시종 백락과 한국에서 저를 천거하지 않았기 때문에 봉
읍 안에서 마음을 애통해하고 있었습니다.

무릇 도박하는 놀이를 보면 발돋움하며 고개를 파묻고 음악을 들
으면 자신도 모르게 박자를 치는 사람은 아마도 음악을 감상할 줄 알
고 길의 이치를 아는 사람입니다. 이전에 모수毛遂는 조나라 노예였는
데, 주머니 속에 있는 송곳의 비유를 들어 군주를 깨우쳐 공을 세웠습
니다.[10] 하물며 높고 높은 위대한 위나라와 많은 인재가 쌓인 조정에
서 강개하여 위험을 무릅쓰고 죽는 신하가 없겠습니까! 스스로를 대
단히 여겨 스스로 혼사 자리를 구하는 것은 남녀의 추잡한 행각입니
다. 때에 따라 임용되기를 구하는 것은 도가道家에서도 명백히 기피하

9) 진秦나라가 패배한 장수를 기용한 사건은 유명하다. 노중연魯仲連이 연나라 중군에게 보
   내는 편지에 이렇게 적었다. "조말曹沫은 노나라 장군이 되어 세 번 싸워 세 번 져서 5백
   리 땅을 잃었습니다. 만약 조말이 뒤의 계획을 생각하지 않고 스스로 죽기를 청했다면 패
   전 장수를 면하지 못했을 것입니다. 그러나 조말은 세 번 패한 치욕을 버리고 물러나서
   노군魯君을 위해 생각했습니다. 제나라 환공이 천자를 만나 제후를 모으자, 조말은 한 자
   루의 칼을 갖고 맹약하는 단상에 올라 환공의 가슴을 찔러 영토의 반환을 요구하며 안색
   도 바뀌지 않았고, 기세도 어수선하지 않았습니다. 세 번 싸움에서 잃은 것을 하루아침에
   되찾자, 천하는 진동하고 제후들은 경악하며 위세는 오월吳越까지 덮었습니다."

는 바입니다. 그러나 신이 감히 폐하에게 진술하여 들려드리는 것은 확실히 국가와 몸을 나누어 함께 호흡하는 공동 운명체이기 때문입니다. 바라는 것은 티끌과 이슬 같은 미미함으로써 산과 바다 같은 이익을 보충하고 반딧불과 촛불 같은 작은 빛으로써 해와 달을 더욱 빛나게 하는 것입니다. 이 때문에 감히 치욕을 무릅쓰고 충성을 바치려는 것입니다.[11]

| 태화 3년 (229) | 조식은 동아왕東阿王으로 옮겨 봉해졌다.
| 태화 5년(231) | 다시 상서해 친척의 안부를 묻고 아울러 자신의 생각을 서술했다.

10) 진나라가 조나라의 수도 한단을 포위하자, 조나라는 평원군을 보내 초나라에 도움을 요청하고 합종合從하도록 했다. 평원군은 빈객과 문하 중에서 용기와 힘이 있고 문학적 소양과 무예를 두루 갖춘 사람 스무 명과 함께 가기로 약속했다. 평원군이 말했다. "평화롭게 담판을 지어 맹약을 맺을 수 있다면 좋은 일입니다. 그러나 그럴 수 없다면 초나라 궁전 밑에서 희생의 피를 마시며 합종을 맺고 돌아오겠습니다. 같이 갈 선비들은 다른 데서 구하지 않더라도 저의 빈객과 문하에서 선발하면 충분합니다." 평원군은 열아홉 명은 뽑았지만, 나머지 한 명은 뽑을 만한 사람이 없어서 스무 명을 채우지 못했다. 문하에 모수라는 자가 있었는데, 앞으로 나서 스스로 추천하며 평원군에게 이렇게 말했다. "당신은 초나라와 합종 맹약을 맺기 위해 빈객과 문하 스무 명과 함께 가기로 약속하고, 사람을 밖에서 찾지 않기로 했다고 들었습니다. 한 사람이 모자라니, 저를 그 일행에 끼워주십시오." 평원군이 말했다. "선생은 내 빈객으로 있은 지 몇 해나 되었소?" 모수가 말했다. "3년 됐습니다." 평원군이 말했다. "대체로 현명한 선비가 세상에 있는 것을 비유하자면 주머니에 든 송곳과 같아서 그 끝이 금세 드러나 보이오. 지금 선생은 내 빈객으로 3년이나 있었지만, 내 주위 사람 중에 선생을 칭찬한 이가 단 한 명도 없었으며, 나 또한 선생에 대해 들은 적이 없소. 이것은 선생에게 이렇다 할 재능이 없다는 뜻이오. 선생은 같이 갈 수 없으니 남으시오." 모수가 말했다. "저는 오늘에야 당신의 주머니에 넣어달라고 부탁드리는 것입니다. 만일 저를 좀 더 일찍 주머니에 넣으셨다면 송곳의 자루까지 밖으로 나왔을 것입니다. 그 끝만 드러나 보이지는 않았을 것입니다." 평원군은 결국 모수와 함께 가기로 했다. 열아홉 명은 모수를 업신여겨 서로 눈짓하며 비웃었으나 입 밖에 내지는 않았다. 초나라에 가는 동안 모수는 열아홉 명과 논쟁을 벌여 모두를 탄복시켰다.

신이 듣건대 하늘이 그 높음을 일컫는 것은 만물을 덮지 아니함이 없기 때문이고, 땅이 그 넓음을 일컫는 것은 만물을 싣지 아니함이 없기 때문이며, 해와 달이 그 밝음을 일컫는 것은 만물을 비추지 아니함이 없기 때문이고, 강과 바다가 그 광대함을 일컫는 것은 만물을 포용하지 아니함이 없기 때문입니다. 따라서 공자는 "위대하도다! 요가 임금 노릇을 하는 것이여! 오직 하늘만이 크거늘, 요가 그것을 본받았구나."라고 했던 것입니다. 무릇 하늘의 덕이 만물에 미치는 것은 크고도 넓다고 할 수 있습니다. 대체로 요임금이 교화를 세움에 있어서 친함을 먼저 하고 소원함을 나중에 하고, 가까운 데로부터 먼 데로 미쳤습니다. 《상서》〈요전〉에서 말하기를 "능히 위대한 덕을 밝혀 구족(九族, 조부의 조부의 조부로부터 손자의 손자까지의 친족)을 친하게 하고, 구족이 이미 화목하면 다시 백성을 공평하고 밝게 다스려라."라고 했습니다. 주 문왕에 이르러서도 또한 이러한 교화를 존중했습니다.《시경》에 이르기를 "주 문왕은 예법에 따라 자기 아내에 대해 형제에게 미쳤

158
—

11) 이런 상소를 올린 후에도 조식은 여전히 의심받고 기용되지 못했다. 때문에 그는 한탄하며 이렇게 말했다. "인간이 삶을 존중하는 것은 안락한 생활을 보내고 화려한 의복을 몸에 걸치며 수명을 다하는 것을 귀하게 여기는 것이 아닙니다. 귀하게 여기는 것은 그 하늘을 대신하여 사물을 이치 있게 하는 데 있습니다. 무릇 작위와 봉록은 허세를 과장되게 하는 것이 아니며, 공적과 덕행이 있는 연후에 그것에 응하면 당연한 이치가 있습니다. 공적이 없는데 작위가 높고, 덕행이 없는데 봉록이 무거운 것은, 어떤 이에게는 영예이지만 장부에게는 치욕입니다. 때문에 최고의 행동은 덕행을 갖고 서는 것이고, 그다음은 공적을 갖고 서는 것입니다. 대체로 공적과 덕행을 갖고 있는 자는 이름을 후세에 남깁니다. 이름이 소멸되지 않도록 하는 것이야말로 남아의 목적입니다. 때문에 공자에게 저녁에 죽는다는 논의가 있고, 맹자에게 삶을 버리려는 뜻이 있는 것입니다. 그들은 한 명은 성인이고 한 명은 현자인데, 어찌 오래 살기를 원하지 않았겠습니까? 그것은 자기의 포부를 실현시킬 수 없는 한恨을 나타낸 것입니다. 저 또한 깊이 탄식하며 일을 구하고, 공적을 세우기를 기대합니다. 아! 저의 주장이 끝내 채택되지 못한다면 후세의 군자에게라도 제 뜻을 이해시키고 싶습니다."

으며, 이러한 연후에 집과 나라를 다스렸다."라고 했습니다. 따라서 시인은 그들의 화목한 모습을 노래한 것입니다. 이전에 주공은 관숙管叔·채숙蔡叔과의 불화를 슬프게 여기고 친척들에게 널리 봉토를 나누어주어 번국과 왕실을 지키게 했습니다.[12] 《전》에서 말하기를 "주대에는 제후가 조회를 할 때, 다른 성姓은 뒤에 있었다."라고 한 것은 진실로 골육지정이 깊기 때문에 설령 잘못이 있다고 하더라도 떨어질 수가 없고, 친한 이를 가까이하는 뜻이 진실로 굳건하니, 의로움이 있으면서 군주를 뒤로하거나 어질면서 그 아버지를 버리는 자가 없었다는 것입니다.

엎드려 생각하건대 폐하께서는 당요처럼 삼가고 이치에 밝은 덕을 갖추셨고, 주 문왕의 신중하고 온화한 인애를 갖추셨으며, 은혜가 후궁에까지 두루 미치고, 은덕이 구족을 비추며, 모든 후궁과 모든 관료가 순서에 따라 쉬며 황상을 받들고 있고, 위로는 집정하는 것이 공공의 조정에서 없어지지 않으며, 아래로는 정이 사사로운 방에서 펼쳐 얻어지고 몸소 다스리는 이치가 통하고, 경축하고 조문하는 감정이 펼쳐졌으니, 진실로 자신의 마음을 미루어 다른 사람을 다스리고, 은혜를 미루어 은덕을 배푼 것이라 할 만합니다.

신에 이르러 인간의 도리가 실마리조차 끊어져 밝은 시대에 구금되고 있으니, 신은 몰래 스스로 상심했습니다. 감히 서로 공통적인 것을 지나치게 좋아하는 친구를 바라지 않으며, 보통 사람이 할 수 있는

---

12) 주공 단의 아우 관숙과 채숙은 무경(武庚, 주왕의 아들)을 도와 옛 상나라 땅을 안정시키려 했으나, 주공 단이 섭정을 하게 되자 주나라 왕실을 받들지 않았다. 그래서 주공 단이 선(鮮, 관숙)을 죽이고 도(度, 채숙)를 내쫓고 주나라 왕실에 충성을 다하자 주 왕실은 강성해졌다.

일을 하며, 인륜을 누리고 펼치려는 것입니다. 가까이로는 혼인을 하고도 인척과 왕래할 수도 없으며, 형제간에 어그러지고 끊어졌으며, 길흉을 묻는 길도 막혔으며, 축하하고 조문하는 행위도 폐했으며, 은혜의 기강이 어그러지는 것이 길거리의 보통 사람보다 훨씬 더 심하고, 막아서 서로 떨어진 것이 호족과 월족보다 심합니다. 지금 신은 일체의 규정에 따라 아침에 궁궐로 들어가 배알할 희망이 영원히 없으며, 천자에 대한 관심에 이르러서는 감정이 궁궐 문에까지 이어져 있는데, 오직 신神만이 그것을 명확하게 알 수 있습니다. 그러나 하늘이 실제로 그렇게 한 것이니 일러 무엇 하겠습니까!

고개를 돌려 생각해보니, 모든 왕은 항상 친척들이 서로 만나보기를 희망하고 있으니, 바라건대 폐하께서 갑작스럽게 조서를 내려 제후들이 축하하고 문안하는 것을 허락하여, 사계절이 발전함으로써 골육의 깊은 정은 펼쳐지고, 돈독한 우의를 이루기를 바랍니다. 비첩妃妾의 가솔들은 황상의 은혜를 지나치게 받는 사람들로, 해마다 와서 조회하여 귀족들과 의로움을 나란히 하며 백관들과 은혜를 균등하게 하고 있으니, 이와 같은 것은 옛사람이 탄식했던 바이고, 풍아風雅가 읊조리는 바였는데 다시 성현의 시대에 존재하고 있는 것입니다.

신이 엎드려 스스로 생각하며 반성해보니, 신은 송곳이나 작은 칼과 같은 용도도 없습니다. 폐하께서 뽑아서 임명한 관리들을 보니 만일 신이 다른 성씨를 가지고 있다 하고, 저 혼자 스스로를 헤아려보면 조정 선비들의 끝에도 못 미칩니다. 만일 왕복王服을 벗어버리고 시중의 무변(武弁, 한대에 무관이 쓰던 관)을 쓰고, 왕후의 붉은 인수를 벗어버리고 푸른 인수를 차고, 부마도위 혹은 봉거도위奉車都尉에 의지하여 하나의 봉호를 얻고, 국내에 거주하며 말의 채찍을 잡고 붓을 놀리며, 시후는 폐하의 곁에 있고, 궁문을 나서면 황제로부터 장식용 수레를 따라가고, 궁 안으로 들어가면 시후들이 수레 옆에 있고, 황상의 질문에 대답하는 조비를 측근들이 보충해주는 것은 신이 내심 진정으로 바라는 것이고, 꿈과 생각에서 떨어지지 않는 것입니다.

저 멀리 《시경》 〈녹명鹿鳴〉 편처럼 군신의 연회를 앙모하고, 중간의 〈당체棠棣〉 편에서 말하는 형제는 바깥사람이 아니라는 경고를 암송합니다. 가까이로는 〈벌목伐木〉 편에서 친구지간에 우정이 생겨나는 도의를 생각하며, 마지막으로는 〈육아蓼莪〉 편에서 부모의 끝없는 은덕에 보답하지 못하는 비애를 생각하고 있습니다. 매번 사계절이 만나는 날에 신은 홀로 외로운 곳에서 좌우에는 단지 노복과 노예만이 있고, 마주 대하는 것은 오직 처자식들뿐이니, 뛰어난 식견을 더불어 이야기할 곳이 없으며, 뜻을 생각해도 더불어 펼칠 만한 사람이 없으니, 일찍이 음악을 듣고 가슴을 어루만지며 술잔을 들어 올려 탄식하지 않음이 없을 뿐입니다.

신이 엎드려 생각하건대, 견마犬馬의 진실함으로 사람을 감동시킬 수 없는 것은 마치 사람의 정성이 하늘을 감동시킬 수 없는 것과 같습니다. 성이 무너지고 여름에 서리가 내렸으므로, 신은 처음에는 이 두 고사(기량杞梁의 아내가 슬퍼 우니 성이 무너지고, 그 원혼에 여름에 서리가 내렸다는 고사)를 믿었지만, 제 입장으로 보건대 이것은 단지 허튼소리일 뿐입니다. 만일 해바라기가 잎을 태양에 기울이면, 태양이 그것들에게 돌려서 비추지는 않습니다만 그 해바라기가 태양을 향하는 것은 정성입니다. 신이 스스로 저 자신을 해바라기에 비유해보니 하늘과 땅의 은혜를 베풀고 해와 달과 별의 빛을 비추는 것은 실로 폐하에게 달려 있습니다.

신은 《문자文子》에서 "복福으로써 시작을 삼지 말고, 화禍로써 우선을 삼지 말라."고 하는 것을 들었습니다. 지금 폐하께서는 모든 왕과 단절되었고, 형제들은 한결같이 근심하고 있으며, 단지 신만이 진정을 상소하는 것은 성황의 세대에 은혜를 잃는 사람들이 있는 것을 바라지 않기 때문입니다. 은혜를 입지 않은 사람이 있다는 것은 반드시 원망하고 독한 감정을 갖게 한다는 것입니다. 따라서《시경》〈백주柏舟〉 편에는 "모친이 자신을 믿어주지 않은 것을 원망함"이 있고, 〈곡풍谷風〉 편에서는 "벗이 나를 버렸다."라는 탄식이 서려 있는 것입니다. 따라서 이윤은 그의 군주에게 요순과 같은 성스러움이 없음을 부끄럽게 여겼으며, 맹자는 "순임금이 요임금을 섬기는 바로써 군주를 섬기지 않으면 군주를 공경하지 않는 것이다."라고 했습니다. 신이 우매하고 진실로 순임금과 이윤과는 다르지만, 폐하의 숭고함으로 백성은 화목한 교화를 입었으며 빛남이 때에 맞고 계속해서 빛나는 밝은 덕을 베풀게 하고자 하는 데 이르러서는 바로 신은 진실로 간절하고 간절하게 바라며, 학수고대하는 마음으로 진실로 홀로 지키고 있습니다.

조예는 조서를 내려 대답했다.

대체로 교화의 근거에는 각각 흥성하고 쇠함에 있으니, 모두 처음이 좋고 끝이 나쁜 것은 아니고, 사물의 발전 추세가 그렇게 되는 것이다. 때문에 주 문왕의 성실 돈후함과 인애가 초목에까지 미쳐 〈행위行葦〉 시가 지어진 것이고, 주 유왕에 이르러 은택이 쇠하여 엷어지고 구족에 친하지 않았으므로 〈각궁角弓〉의 장章이 풍자하고 있는 것이다. 지금 제국諸國의 형제들에게 애정을 간소하고 느슨하게 하고, 비첩의 집에 은택을 소략하게 했는데 짐이 설령 친척들을 후하게 대접하여 화목하게 할 수는 없을지라도 과거를 인용하고 의리를 깨우쳐주는 것을 다했거늘 무엇 때문에 정성으로 나의 마음을 감동시킬 수 없다고 말하는 것인가? 무릇 귀함과 천함을 구별하고 친척을 존중하며 현명한 인물을 예우하고 어린 사람과 늙은 사람의 질서를 있게 하는 것은 국가의 기강이며, 본래 제후국의 통교通交를 금지한다는 조칙은 없었다. 굽은 것을 바르게 한 것은 아래 관리들이 견책을 당하게 될까 두려워한 것으로, 오늘 이 지경에까지 이르렀다. 이미 담당 관리에게 명령을 내려 왕이 상소한 방법처럼 하도록 했다.

조식은 또 상소하여 관리를 분명하게 살펴 선발하는 일에 관해 말했다.

신이 듣건대 하늘과 땅이 기를 합쳐 만물이 태어났고, 군주와 신하가 덕을 합쳐 정치가 성공했습니다. 오제 시대에도 모두 지혜로운 것은 아니었으며, 삼대 말기에도 모두 어리석은 것은 아니니 사용함과 사용하지 않음, 아는 것과 알지 못함에 관건이 있었습니다. 이미 지금 현인을 등용한다는 명성이 있지만 현인을 얻은 사실이 없는 것은 분명 각자 가까운 사람들을 이끌어 나아가게 하기 때문입니다. 속담에 이르기를 "재상의 문하에서 재상이 나오고, 장수의 문하에서 장수가 나온다."라고 했습니다. 무릇 재상은 예악과 교화에 밝은 사람이고, 장수는 무공이 빛나는 사람입니다. 예악과 교화가 빛나면 국가와 조정을 바로잡아서 화락함을 이룰 수 있으니 직稷·설契·기夔·용龍(이들은 모두 요순의 명재상이다)은 이와 같은 재상입니다. 무공이 빛나면 조정에 복종하지 않는 자를 정벌하여 사방의 만족蠻族에 위세를 나타내는 것이니, 남중南仲과 방숙이 이와 같은 장수입니다.

옛날 이윤은 탕왕의 처가의 몸종이 되어 지극히 천했고, 여상은 도살이나 낚시질을 하고 있을 때 지위가 비천했는데, 그들이 성탕과 주

문왕에게 발탁된 것은 도의와 이상이 합치하고, 깊은 계책이 통했던 것인데, 어찌 또 가까이서 신임을 받고 있는 자의 추천이나 주위의 소개에 의지했겠습니까. 《시경》에서 말하기를 "비범한 군주가 있으면 반드시 비범한 대신을 임용하고, 비범한 대신을 임용하면 반드시 비범한 공업을 이룬다."라고 했습니다. 성탕과 주 문왕은 이와 같은 군주입니다. 만일 얕고 천함에 얽매이고, 일상적인 범례를 따르고 옛것을 고수하는 인물이라면, 어찌 폐하를 위해 충분하다고 말하겠습니까? 때문에 음과 양이 조화되지 않고, 일월성신이 빛나지 않고, 관직에 현인이 없고, 조정에 성취하는 것이 없는 것은 삼공의 책임입니다. 변방이 소란하고, 적이 안으로 침입하며, 군대가 실패하고, 병사들이 전사하고, 전쟁이 그치지 않는 것은 변방 장수의 근심입니다. 어찌 나라의 총애를 받고도 그 직책을 빛내지 않을 수 있습니까? 때문에 임무가 높으면 높을수록 책임은 더욱더 무거워지고, 지위가 높으면 높을수록 책임은 더욱더 깊어집니다. 《서경》에서 "여러 관직을 비워두지 말라."고 하고, 《시경》에서 "그 직분에서 걱정할 것을 생각한다."라고 말한 것은 이런 뜻입니다.

폐하께서는 선천적으로 밝은 지혜로 황제의 자리에 오르고 왕통을 계승하게 되었으니 고요高陶가 순임금을 칭찬한 〈강재康哉〉 편의 노래를 들어서 전쟁을 멈추고 문덕을 시행하는 아름다움을 기대했습니다. 그러나 여러 해 동안 수해와 가뭄이 계절에 맞지 않게 발생하여 백성은 입을 것과 먹을 것이 부족하며, 사병의 징발은 해마다 늘어나고, 게다가 동쪽에 전쟁에서 패한 군대가 있고, 서쪽에 전사한 장수가 있으며, 방합(蚌蛤, 수전水戰에 강한 오나라를 비유한다)이 마음대로 회수와 사수에서 돌아다니고 군유(麜鼬, 산악 전투에 능한 촉나라를 가리킨다)가 삼림 속에서 큰 소리로 떠들고 있습니다. 신은 항상 이런 생각을 해보다가

일찍이 식사를 멈추고 밥그릇을 내버리고, 술잔을 손으로 옮겨쥐지
않음이 없었습니다.

옛날 한 문제는 대代나라를 출발할 때 조정에 반란이 일어났다고
의심했는데, 송창宋昌이 "조정 안에는 주허후朱虛侯와 동모후東牟侯 같
은 친척이 있고, 밖에는 제왕齊王·회남왕淮南王·낭야왕琅邪王이 있는
데, 이들은 반석 같은 왕족입니다. 원컨대 왕께서는 의심하실 필요가
없습니다."라고 했습니다. 신이 엎드려 바라건대 폐하께서는 멀리 주
문왕을 원조한 희문(姬文, 무왕)의 동생인 괵중과 괵숙을 살피고, 그사
이 시대에서 주 성왕을 보좌한 소공과 필공畢公을 생각하며, 아래로는
송창이 말한 반석 같은 왕족을 보존하십시오. 옛날 천리마가 오나라의
산언덕에 있을 때는 곤궁했지만, 백락이 그것을 알아보고, 손우孫郵가
그것을 부려서 몸을 수고롭게 하지 않으면 서로 앉아서 천 리를 갈 수
있었습니다. 백락은 말을 잘 다스려 천 리를 달리고, 현명한 군주는
신하를 잘 사용하여 매우 평화로운 시기에 이르니, 이것은 확실히 현
명한 사람을 임명하고 능력 있는 사람을 사용한 분명한 효과입니다.
만일 조정의 관리가 훌륭하다면 조정 안이 잘 다스려질 것이고, 무장
이 병사를 이끌면 변방의 위급함은 해소될 것입니다. 폐하께서 도성
에서 조용히 한적하게 있을 수 있는데, 어떻게 명공의 난가鑾駕를 수
고롭게 하여 변방에서 드러나게 할 수 있습니까?

신이 듣건대 양은 호랑이 가죽을 쓰고 있더라도 풀을 보면 기뻐하
고, 이리를 보면 벌벌 떨면서 호랑이 가죽을 쓰고 있다는 것을 잊는다
고 합니다. 지금 배치한 장수가 무능하다면 이와 유사할 것입니다. 때
문에 속담에 "일하는 것을 두려워하는 사람은 상황을 이해하지 못하
고, 상황을 이해하는 사람은 일을 하지 못한다."라고 했습니다. 옛날
에 낙의는 조나라로 도망가서도 마음속으로 연나라를 잊지 않았고,[13]

염파廉頗[14]는 초나라에 있으면서도 조나라 장수가 되기를 원했습니다. 신은 혼란스러운 세상에 태어나 군대 안에서 자랐으며, 무황제의 가르침을 자주 받았습니다. 신은 사사로이 장수가 병사를 사용하는 관건은 반드시 손무와 오기吳起[15]가 만든 방법에서 취하여 그들과 합치되게 행할 필요는 없다고 생각했습니다. 신은 그것을 마음속에서 이해하고, 항상 한 번은 조정의 신하로 명을 받들고 조회하는 몸이 되어 금문金門을 열고 궁전의 옥 계단을 밟으며 직무를 맡은 신하의 일원으로서 나열하여 짧은 시간에 하문을 받기를 원했습니다. 신에게 한 번 가슴에 품은 것을 발산하도록 권하고, 마음에 담아놓은 것을 서술하게 해주신다면 죽어도 여한이 없을 것입니다.

홍려(鴻臚, 의식이나 이민족 접대를 담당하는 관리)에서 내려온 사병과 어린아이를 징발하라는 문서를 열어보니, 기한이 매우 촉박했습니다. 또 황제의 수레 대열 맨 끝 수레에 다는 표범의 꼬리가 벌써 세워졌고, 치중이 급속히 모여들어 폐하께서 다시 옥체를 수고롭게 하고, 정

---

13) 낙의는 전국시대 저명한 군사 전략가이다. 위魏나라에서 태어나 조趙나라에서 벼슬하다 다시 위나라를 거쳐 연燕나라로 갔다. 연나라 소왕昭王을 도와 제나라를 정벌하여 70여 개의 성을 함락시키는 데 크게 기여했다. 소왕의 뒤를 이어 왕위에 오른 혜왕이 제나라 전단田單이 보낸 첩자의 이간질을 믿고 낙의 대신 기겁騎劫을 장수로 삼았으므로, 낙의는 조나라로 달아났다. 전단은 기겁을 공격하여 연나라 군대를 무찌름으로써 당시 손아귀에 들어오지 않았던 나머지 두 성도 회복했다. 혜왕은 뒤늦게 후회하고 낙의를 부르는 편지를 보냈다. 낙의는 그 유명한 〈보연왕서報燕王書〉를 적어 자신이 연나라 소왕과 나누었던 군주와 신하로서의 의義를 서술하고 자신의 심정을 토로했다.

14) 염파는 조나라의 뛰어난 장수로서 조나라 혜문왕 16년에 제나라를 쳐 크게 깨뜨리고 양진陽晉을 얻었으며, 이 공로로 상경이 되었다. 그의 용맹함은 제후들에게 널리 알려졌다.

15) 오기는 손무와 마찬가지로 전국시대 병법가로서 인간에 대한 깊은 통찰과 안목을 바탕으로 용병 방법을 제시했다. 그는 공자의 제자인 증자에게 배웠고, 노나라에 벼슬하여 장군에 임명되었으며, 제나라와의 싸움에서 대승을 거두었으나 그다지 인정받지 못했다. 76번 싸워서 64번 완승을 거둘 정도로 뛰어난 병법가였다.

신을 혼란스럽게 하려 하신다고 들었습니다. 신은 정말로 불안하며 조금도 편안한 구석이 없습니다. 원컨대 말에 채찍을 가하여 달리게 하고, 머리에는 진흙이나 이슬이 있게 하고, 풍후(風后, 황제黃帝의 신하)의 신기한 병법을 빌리고, 손무와 오기의 용병술의 정화를 계승하고, 복상(卜商, 공자의 제자 자하子夏)이 공자의 뜻을 이해할 수 있었음을 추모하고, 명을 내려 선봉에 서서 목숨을 바쳐 폐하를 지키고, 비록 큰 이익은 없을지라도 작은 도움이라도 있기를 바랍니다.

그러나 폐하께서는 높고 들리는 소리는 머니 저의 마음은 위까지 통할 방법이 없고, 단지 혼자 푸른 구름을 바라보며 마음을 어루만지고, 높은 하늘을 우러르고 탄식할 뿐입니다. 굴원이 말하기를 "나라에 준마가 있지만 탈 줄을 모르고, 오히려 황급하게 사방에서 찾는구나."[16]라고 했습니다. 이전에 주나라 초기 관숙과 채숙은 처형되어 쫓겨났고, 주공과 소공은 성왕을 보좌했으며, 진晉나라 대부 숙어叔魚는 사형에 처해져, 그의 형 숙향叔向이 국가를 바로잡았습니다. 삼감(三監, 은나라의 유민국遺民國을 감시하는 세 사람인 관숙·채숙·곽숙霍叔을 가리킴)의 죄는 신 자신에게 해당됩니다. 주공과 소공의 보좌는 반드시 가까운 곳에서 구할 수 있습니다. 종실 귀족과 번왕 중에는 반드시 이 천거에 응하는 자가 있을 것입니다. 때문에 《전》에서 말하기를 "주공의 친척이 없다면 주공의 일을 하지 못한다."라고 했습니다. 오직 폐하께서 조금만 유의하시기를 바랍니다.

근대에는 한씨(漢氏, 한나라)가 널리 제후왕을 세웠는데, 크게는 수십

---

16) 조식은 굴원의 작품이라고 인용했지만 사실은 송옥宋玉의 〈구변九辯〉에 나오는 구절이다. 조식이 잘못 인용한 것이다.

성을 이었고, 작계는 조상을 제사 지낼 수 있을 뿐으로, 주나라가 왕국을 세워 오등급 작위제를 만든 것과는 다릅니다. 부소扶蘇가 시황제에게 간언하고, 순우월淳于越이 주청신周靑臣을 반박한[17] 것처럼 시세의 변화를 이해했다고 할 수 있습니다. 천하로 하여금 귀와 눈을 기울이게 할 수 있는 자는 권력을 잡은 사람뿐입니다. 때문에 그들의 책모는 군주의 뜻을 바꿀 수 있고, 위엄은 아랫사람을 두렵게 할 수 있습니다. 명문 세력가가 정치를 잡으면 친척은 문제 되지 않습니다. 권력이 있는 자는 비록 친척 관계가 없더라도 반드시 중시될 것이며, 권세가 없어진 후에는 비록 친척이라도 경시받을 것입니다. 때문에 제나라를 빼앗은 자는 전씨田氏 일족이지 여씨呂氏 일족이 아니고, 진晉을 나눈 것은 조씨趙氏와 위씨魏氏이지 희씨姬氏 성을 가진 자가 아닙니다. 폐하께서는 이 점을 살피시기를 바랍니다. 만일 좋은 시대에는 그 관직을 차지했지만, 나쁜 시대에는 그 재난에서 벗어난다면, 다른 성의 대신일 것입니다. 국가의 안정을 희망하고 가족의 존귀함을 기원하며 살면서 그 영예를 함께하고, 죽어서도 그 화를 함께하는 자는 공족(公族, 종실宗室)의 신하입니다. 지금은 반대로 공족은 소원하게 되고 이성異姓

17) 시황제가 함양궁咸陽宮에서 주연을 베풀었을 때, 박사 복야 주청신 등이 시황제의 권위와 덕망을 칭송하자, 제나라 출신 순우월이 앞으로 나아가 황제에게 이렇게 간언했다. "신이 듣건대, 은나라와 주나라의 왕조가 1천여 년 동안 다스린 것은 자제와 공신 들을 봉하여 왕실을 돕는 지주로 삼았기 때문이라고 합니다. 지금 폐하께서는 천하를 소유하고 계시지만, 폐하의 자제들은 평범한 사람에 지나지 않습니다. 만일 제나라의 전상田常이나 진晉나라의 육경六卿의 환란과 같은 걱정거리가 느닷없이 생기면, 곁에서 돕는 신하가 없는데 어떻게 나라를 구하겠습니까? 어떤 일이든 옛것을 본받지 않고 오랜 시일 이어졌다는 말은 듣지 못했습니다. 그런데 지금 주청신 등은 앞에서 아첨하여 폐하께서 잘못된 행동을 거듭하도록 하고 있으니 충신이 아닙니다." 시황제는 이 건의를 내려보내 승상 이사에게 검토하도록 했다.

은 친함을 받으니, 신은 사사로이 의혹을 품게 됩니다.

신이 듣건대 맹자는 "군자는 곤궁할 때에는 그의 몸을 선善하게 닦고, 영달했을 때 천하를 선善으로 이끈다."라고 했습니다. 지금 신은 폐하와 함께 얼음과 재를 밟고, 산에 올라 계곡을 건너고, 추위와 더위, 건조함과 습함, 높은 곳과 낮은 곳 등을 함께하는데, 어찌 폐하를 떠나겠습니까? 신은 마음속 울분을 이기지 못하여 표를 올려 감정을 서술했습니다. 만일 폐하의 마음과 일치하지 않는 점이 있다면 서부書府 속에 보관하시고, 즉시 훼손시키거나 버리지 마십시오. 신이 죽은 후 그 일을 다시 생각할 수 있습니다. 만일 폐하의 생각에 걸리는 것이 조금이라도 있다면, 그것을 조정에 공표하여 역사를 이해하는 사람들로 하여금 신의 상주문에서 도리에 맞지 않는 부분을 바로잡도록 하십시오. 이와 같이 한다면, 신의 소원은 만족될 것입니다.

황제는 조서를 내려 그를 위로했다. 그해 겨울, 모든 왕에게 태화 6년 정월에 조회하러 오도록 조서를 내렸다. 그해 2월, 진陳의 네 현으로 조식을 진왕陳王으로 봉했으며, 식읍 3천5백 호를 내렸다.

조식은 항상 혼자 황상을 만나 당시의 정치적 득실을 말하고 임명되기를 희망했지만, 끝내 허락을 받을 수 없었다. 돌아온 이후에는 마음이 착잡하고 절망했다. 당시의 법률 제도는 번국에 매우 엄격했고, 관속들은 모두 재능과 덕이 없는 사람들이었으며, 병사들도 늙고 약한 자를 지급했고, 아무리 많아도 2백 명을 넘지 못했다. 또 조식은 이전에 잘못이 있었으므로 모든 것이 절반으로 줄었고, 11년 동안에 세 번 천도했고, 항상 근심에 젖어 즐겁지 않았으며, 끝내는 질병을 얻어 세상을 떠났다. 그때 나이 마흔한 살이었다. 그는 검소하게 장례를 치르도록 유언했다. 작은아들 조지曹志가 가문을 지키는 군주의 자격이 있었으므로, 그를 세우기를 원했다. 당초 조식은 어산魚山에 올라가 동아를 보며 탄식하면서, 이곳에서 죽을 생각을 하고 묘를 만들었다. 아들 조지가 왕위를 이어 제북왕濟北王 으로 고쳐 봉해졌다. 경초景初 연간에 조서를 내렸다.

진사왕은 예전에 비록 과실이 있었지만 자신을 억제하며 행동을 신중하게 하여 과실을 보완했으며, 어려서부터 죽을 때까지 손에서 책을 떼지 않았으니, 이는 진실로 이루기 어려운 일을 이룬 것이다. 황초 연간에 조식의 죄상을 탄핵한 상주문과 공경 이하 상서·비서秘書·중서中書·삼부·대홍려大鴻臚에서 토론한 문건들을 회수하여 모두 폐기하도록 하라. 조식이 앞뒤로 지은 부賦·송頌·시詩·명銘·잡론 모두 1백여 편을 초록하여 궁궐 안팎에 간수하도록 하라.

조지의 식읍은 계속 늘어 이전 것과 합쳐 9백90호나 되었다.

요절하고 후사도 없어 봉국이 취소된 조웅

소회왕웅전蕭懷王熊傳

소회왕 조웅曹熊은 요절했다.

| 황초 2년(221) | 제후에 추봉追封되어 시호를 소회공蕭懷公이라고 했다.

| 태화 3년(229) | 또 작위를 추증하여 왕王이 되었다.

| 청룡 2년(234) | 아들 애왕哀王 조병曹炳이 뒤를 이었으며, 식읍은 2천5백 호였다.

| 정시 6년(245)[18] | 죽었으나 아들이 없었으므로 봉국은 취소되었다.

【평하여 말한다】

임성왕은 무예가 높고 용맹하며 장수다운 풍모를 지녔다. 진사왕은 문학적 재능이 풍부하고 화려하며 후세까지 전해졌지만, 겸양하지 않

---

18) 여기서 6년은 앞의 '청룡 2년'을 이은 것으로 보아 '청룡 6년'이라고 해야 마땅한데, 청룡 이란 연호는 4년에 그쳤으므로 아마도 '六'이란 글자가 잘못 표기되었거나 '六' 앞에 정 시正始란 연호가 누락된 것 같다.

아 장래의 재앙을 막을 수 없었으며 죽을 때까지 천자로 불리지 못했다. 《전》에서 "초나라는 그를 잃었지만, 제나라 또한 그를 얻을 수 없었다."라고 했는데, 아마도 이 일을 말하는 것이리라.

20

무문세왕공전武文世王公傳

조조의 25명의 아들과 조비의 9명의 아들

무황제 조조는 아들이 25명이니, 변 황후卞皇后 소생의 위 문
제 조비, 임성위왕 조창, 진사왕 조식, 소회왕 조웅, 유 부인劉
夫人 소생의 풍민왕豊愍王 조앙曹昂, 상상왕相殤王 조삭曹鑠, 환 부
인環夫人 소생의 등애왕鄧哀王 조충曹沖, 팽성왕彭城王 조거曹據, 연
왕燕王 조우曹宇, 두 부인杜夫人 소생의 패목왕沛穆王 조림曹林, 중
산공왕中山恭王 조곤曹袞, 진 부인秦夫人 소생의 제양회왕濟陽懷
王 조현曹玹, 진류공왕陳留恭王 조준曹峻, 윤 부인尹夫人 소생의 범
양민왕范陽閔王 조구曹矩, 왕 소의王昭儀 소생의 조왕趙王 조간曹
幹, 손 희孫姬 소생의 임읍상공자臨邑殤公子 조상曹上, 초왕楚王 조
표曹彪, 강상공자剛殤公子 조근曹勤, 이 희李姬 소생의 곡성상공
자穀城殤公子 조승曹乘, 미대공자郿戴公子 조정曹整, 영상공자靈殤公
子 조경曹京, 주 희周姬 소생의 번안공樊安公 조균曹均, 유 희劉姬
소생의 광종상공자廣宗殤公子 조극曹棘, 송 희宋姬 소생의 동평영왕
東平靈王 조휘曹徽, 조 희曹姬 소생의 낙릉왕樂陵王 조무曹茂이다.

남방 토벌 갔다가 장수에게 살해된 조앙

풍민왕앙전豊愍王昻傳

풍민왕 조앙曹昻은 자가 자수子脩이다. 약관의 나이에 효렴으로 천거되었다. 조조를 따라 남방을 토벌하러 갔다가 장수張繡에게 살해되었다. 조앙에게는 아들이 없었다.

| 황초 2년(221) | 공公으로 추봉했고 시호를 풍도공豊悼公이라고 했다.

| 황초 3년(222) | 번안공樊安公 조균의 아들 조완曹琬을 조앙의 아들로 삼아 뒤를 잇게 하고 중도공中都公으로 봉했다. 그해 장자공長子公으로 다시 봉해졌다.

| 황초 5년(224) | 시호를 풍도왕豊悼王으로 추증했다.

| 태화 3년(229) | 시호를 민왕愍王으로 바꾸었다.

| 가평 6년(254) | 조완이 조앙의 작위를 이어 풍왕豊王이 되었다. 정원 연간과 경원 연간에 식읍이 끊임없이 늘어나 이전 것과 합쳐서 2천7백 호가 되었다. 조완이 죽자 시호를 공왕恭王이라고 했다. 아들 조렴曹廉이 왕위를 계승했다.

상상왕삭전相殤王鑠傳

상상왕 조삭曹鑠은 어려서 죽었다.

│ 태화 3년(229) │ 시호가 추봉되었다.

│ 청룡 원년(233) │ 아들 민왕 조잠曹潛이 왕위를 계승했는데, 그해에 세상을 떠났다.

│ 청룡 2년(234) │ 아들 회왕懷王 조언曹偃이 왕위를 계승하고 식읍이 2천5백 호였다.

│ 청룡 4년(236) │ 세상을 떠났다. 아들이 없었으므로 봉국은 취소되었다.

│ 정원 2년(255) │ 낙릉왕樂陵王 조무의 아들인 양도향공陽都鄉公 조송曹竦으로 뒤를 잇게 했다.

코끼리의 무게를 알아내 조조의 총애를 받은 조충

등애왕충전鄧哀王沖傳

등애왕 조충曹沖은 자가 창서倉舒이다. 어렸을 때 총명하고 재주와 슬기가 뛰어나 대여섯 살 때에는 지혜와 모략이 어른에 버금갈 정도였다. 일찍이 손권이 거대한 코끼리를 보내왔다. 조조는 무게를 알고 싶어 신하들에게 물었으나, 다들 그 방법을 생각해내지 못했는데, 조충이 말했다.

"코끼리를 큰 배에 올려놓고, 물이 올라온 흔적을 칼로 그어둔 다음, 같은 양의 물체를 배에 올려놓아 재어보면 무게를 알 수 있습니다."

조조는 매우 기뻐하며 즉시 무게를 쟀다.

당시에는 군사적으로나 정치적으로나 일이 많았으므로, 형벌을 적용하는 데 있어 매우 엄하고 가혹했다. 조조의 말안장이 창고에 있었는데 쥐가 갉아먹자, 창고 관리자는 반드시 죽게 될 것이라며 두려워했다. 상의 끝에 손을 뒤로 하여 묶고 자수하려고 했지만, 사면되지 못할까 두려웠다.

조충이 그에게 말했다.

"사흘만 기다렸다가 정오에 자수해라."

조충은 칼로 자신의 홑옷을 찢어 쥐가 물어뜯은 것처럼 하고, 거짓으로 실의에 빠진 양 얼굴에 수심이 가득하게 꾸몄다. 조조가 그 원인을 물으니, 조충은 대답했다.

"세속에서는 쥐가 옷을 물어뜯으면 옷 주인에게 안 좋은 일이 생긴다고 합니다. 지금 저의 홑옷이 쥐에게 물어뜯겼기 때문에 걱정하며 번뇌하는 것입니다."

조조가 말했다.

"이것은 허튼소리이니 괴로워하지 마라."

잠시 후 창고 관리가 쥐가 말안장을 갉아먹었다고 보고하자, 조조는 웃으며 말했다.

"내 아이는 옷이 제 곁에 있었는데도 쥐가 물어뜯었거늘, 하물며 기둥에 걸려 있는 말안장임에랴!"

누구의 죄인가는 하나도 묻지 않았다. 조충은 어질고 자애로우며 식견도 넓었으므로, 일을 처리하는 방식이 모두 이와 같았다. 마땅히 죽음의 형벌을 받아야만 할지라도 조충이 분별하여 일을 처리한 덕에[1] 생명을 보존한 자가 앞뒤로 수십 명에 달했다.

조조는 여러 차례에 걸쳐 신하들에게 그의 총명함과 인자함을 칭찬했으며, 나중에 그에게 보위를 넘겨주려고 생각했다.

| 건안 13년(208) | 조충이 열세 살 때 병에 걸리자 조조는 친히 그를 위해 기원했다. 조충이 죽자 조조는 매우 슬퍼했다. 조비가 위로하자 조조가 말했다.

---

1) 조충은 형벌을 받는 자를 보면 그의 억울한 사정을 잘 알아본 후에 일을 처리했다. 그리고 직분에 충실했던 관리가 과실로 죄를 지은 경우에는 조조에게 진언하여 아량을 베풀어주기를 청했다. 조충은 나면서부터 시비를 가리는 힘과 인애仁愛의 감정을 갖고 있었고, 용모와 자태가 아름다웠으며, 보통 사람과는 다른 면모를 보였기 때문에 조조에게 각별한 총애를 받았다.

"그 애가 죽은 것은 나에게는 불행이지만, 이제 그 애는 너희와 왕위를 다툴 수 없으니, 너희에게는 행운이다."[2]

조조는 말을 하면서 얼굴 가득 눈물을 흘렸다. 또 조충을 위해 견씨甄氏의 죽은 딸을 옮겨 오게 하여 합장했으며, 기도위의 인수를 주고 완후宛侯 조거曹據의 아들 조종曹琮에게 그의 뒤를 잇도록 명령했다.

| 건안 22년(217) | 조종을 등후鄧侯로 삼았다.

| 황초 2년(221) | 조충에게 등애후鄧哀侯라는 시호를 주고 또 시호를 공으로 추증했다.[3]

| 황초 3년(222) | 조종의 작위를 올리고 관군공冠軍公으로 봉했다.

| 황초 4년(223) | 기지공己氏公으로 바꾸어 봉했다.

| 태화 5년(231) | 조충의 시호를 등애왕이라고 했다.

| 경초 원년(237) | 조종이 중상방에서 법으로 금하는 물품을 만들어 식읍이 3백 호 깎이고 작위도 도향후로 내려졌다.

| 경초 3년(239) | 다시 기지공에 봉해졌다.

| 정시 7년(246) | 평양공平陽公에 옮겨 봉해졌다.

경초·정원·경원 연간에 부단히 식읍이 늘어 이전 것과 합쳐 모두 1천9백 호가 되었다.

---

2) 《춘추》에 의하면, 적자를 세울 경우에는 나이의 많음을 고려하지, 현명함을 고려하지 않았다. 설사 조충이 살아 있더라도 적자로 세워질 수는 없는 노릇이었다. 그러나 조조가 항상 능력 본위로 모든 일을 처리한 것을 생각하면 이 말은 결코 과장이 아니다.

3) 조비는 항상 이렇게 말했다. "나의 장형(長兄, 조앙)은 효렴에 그쳤지만, 스스로 그의 임무를 지켰다. 만일 창서(倉舒, 조충)가 살아 있었으면, 나는 천하를 지배하지 못했을 것이다."

금지 물품을 만들어 식읍이 깎인 조거

팽성왕거전彭城王據傳

| 건안 16년(211) | 팽성왕 조거는 범양후范陽侯로 봉해졌다.

| 건안 22년(217) | 완후로 봉해졌다.

| 황초 2년(221) | 작위를 높여 공으로 삼았다.

| 황초 3년(222) | 장릉왕章陵王으로 되었다가 그해 의양義陽으로 옮겨 봉해졌다. 남방의 지세가 습하고 환 태비環太妃가 팽성彭城 사람이므로 팽성으로 옮겨 봉해졌다. 또 제음濟陰으로 옮겨 봉해졌다.

| 황초 5년(224) | 조비가 조서를 내렸다.

선왕께서는 나라를 세우고 시대에 따라 제도를 만드셨다. 한 고조는 진나라 때 설치한 군을 늘렸고, 광무제에 이르러 천하가 없어지려 했으므로 군과 현을 합병하여 줄였다. 지금의 상황은 당시와 같지 않으므로 여러 왕을 현왕縣王으로 바꾸어 봉한다.

조거는 정도현定陶縣에 바뀌어 봉해졌다.

| 태화 6년(232) | 모든 왕을 바꾸어 봉하고, 모든 군郡을 국國으로 봉하며, 조거를 다시 팽성에 봉했다.

| 경초 원년(237) | 조거가 사사로이 사람을 중상방으로 보내 법으로 금지하는 물품을 만들었으므로 식읍 한 현 2천 호를 깎았다.

| 경초 3년(239) | 깎인 식읍이 회복되었다. 정원 연간과 경원 연간에 끊임없이 식읍이 늘어나 이전 것과 합쳐 총 4천6백 호가 되었다.

조예의 총애를 받아 대장군에 오르다

연왕우전燕王宇傳

연왕 조우曹宇는 자가 팽조彭祖이다.

│ 건안 16년(211) │ 도향후에 봉해졌다.

│ 건안 22년(217) │ 노양후魯陽侯로 바뀌어 봉해졌다.

│ 황초 2년(221) │ 작위가 높아져 공이 되었다.

│ 황초 3년(222) │ 하비왕下邳王이 되었다.

│ 황초 5년(224) │ 단보현單父縣으로 바뀌어 봉해졌다.

│ 태화 6년(232) │ 연왕으로 바뀌어 봉해졌다. 조예는 어린 시절 조우와 함께 자랐으므로 그를 매우 사랑했다. 조예가 즉위한 후, 그를 총애하고 상을 주는 것이 다른 여러 왕에 비해서 각별했다.

│ 청룡 3년(235) │ 조예가 그를 조정으로 불러들였다.

│ 경초 원년(237) │ 업성으로 돌아왔다.

│ 경초 2년(238) 여름 │ 또 불려서 수도로 갔다.

│ 겨울 12월 │ 조예가 위독했으므로 조우를 대장군으로 임명해 자신이 죽은 뒤의 일을 맡겼다. 임명을 받고 조우가 나흘 동안 진심으로 굳게 사양하니, 조예도 마음이 바뀌어 마침내 조우를 면직시켰다.

│ 경초 3년(239) 여름 │ 업성으로 돌아왔다. 경초·정원·경원 연간에 끊임없이 식읍이 늘어 이전 것과 합쳐서 5천5백 호가 되었다.

상도향공常道鄕公 조환曹奐이 조우의 아들로 궁으로 들어가 왕위를
계승했다.

끊임없이 식읍이 늘어난 조림

패목왕림전沛穆王林傳

| 건안 16년(211) | 패목왕 조림曹林은 요양후饒陽侯에 봉해졌다.

| 건안 22년(217) | 자리를 옮겨 초국에 봉해졌다.

| 황초 2년(221) | 작위가 승진되어 공이 되었다.

| 황초 3년(222) | 초왕譙王이 되었다.

| 황초 5년(224) | 바뀌어 초현왕譙縣王으로 봉해졌다.

| 황초 7년(226) | 견성鄄城에 봉해졌다.

| 태화 6년(232) | 패 땅으로 바뀌어 봉해졌다.

경초·정원·경원 연간에 끊임없이 식읍이 늘어나 이전 것과 합쳐 총 4천7백 호가 되었다.

조림이 세상을 떠나자 아들 조위曹緯가 뒤를 이었다.

학문을 좋아하고 경전에 밝았던 조곤

중산공왕곤전中山恭王袞傳

| 건안 21년(216) | 중산공왕 조곤曹袞은 평향후平鄕侯에 봉해졌다. 어린 시절부터 학문을 좋아하여 열 살 남짓할 때부터 문장을 지었다. 항상 책을 읽었으므로 문학文學과 가까이에서 모시는 사람들은 그가 공부에 힘을 다 쏟아 병에 걸릴 것을 걱정하여 여러 번이나 그만둘 것을 권했지만, 그의 천성이 그것을 즐거워했으므로 멈출 수가 없었다.

| 건안 22년(217) | 동향후東鄕侯에 봉해지고, 그해 찬후贊侯로 바뀌어 봉해졌다.

| 황초 2년(221) | 작위가 승진되어 공으로 임명되었다. 관속들이 모두 그에게 축하하자, 조곤이 말했다.

"나는 깊은 궁궐 안에서 태어나서 심고 거두는 어려움을 몰라 교만하고 방탕한 과실을 많이 범할 것이오. 여러 현명한 사람이 와서 축하했으니, 응당 나를 도와 과실을 바로잡아주시오."

매번 형제들이 놀며 즐거워할 때, 조곤은 혼자 경전에 깊숙이 빠져 있었다. 문학과 방보防輔 관리들이 서로 상의했다.

"조서를 받았으니 공의 언행을 살펴보고 잘못이 있으면 응당 상주해야 하고 착한 거동이 있으면 응당 듣도록 해야 하므로 그의 미덕을 숨길 수 없소."

그러고는 함께 상주하여 조곤의 아름다운 행동을 진술했다. 조곤은 소식을 듣고 스스로 매우 놀라고 두려워하며 문학을 꾸짖었다.

"몸을 닦고 스스로를 지키는 것은 단지 보통 사람들의 행위에 불과하거늘, 그대들이 그것을 황상에게 보고했으니, 나의 잘못을 더할 뿐이오. 더구나 만일 내가 정말로 착한 행동을 했다면, 하필 황상이 듣지 못함을 걱정하겠소? 갑자기 이처럼 했으니 이러한 일은 나를 돕는 것이 아니오."

조곤이 경계하고 삼가는 것이 이와 같았다.

| 황초 3년(222) | 북해왕北海王으로 봉해졌다. 그해 누런 용이 업성의 서쪽 장수漳水 속에서 나타났다. 조곤이 글을 올려 황상의 공덕을 칭송하니, 조서를 내려 그에게 황금 10근을 주었고, 조서에 이렇게 말했다.

옛날 주나라 당숙唐叔은 왕명을 잘 따른 조공에게 좋은 벼를 보냈으며, 후한의 동평왕(유창劉蒼)은 기리는 글을 [형 유장劉莊에게] 바쳤는데, 이것은 모두 골육동포가 공덕을 찬미하여 아름다운 친척 관계를 표창한 것이다. 왕이 경전을 깊이 연구하여 그 진리를 깊이 체득하고 문아하고 밝기에 짐은 그 점을 매우 가상히 여기는 것이다. 왕은 밝은 덕을 능히 닦으며 아름다운 명예가 끝까지 전해지길 바란다.

| 황초 4년(223) | 찬왕贊王으로 바뀌어 봉해졌다.

| 황초 7년(226) | 복양왕濮陽王으로 바뀌어 봉해졌다.

| 태화 2년(228) | 봉국으로 갔다. 절약을 숭상하여 처와 첩에게 길쌈을 하고 집안일을 익히도록 했다.

| 태화 5년(231) 겨울 | 입조했다.

│ 태화 6년(232) │ 중산왕中山王으로 바뀌어 봉해졌다. 이전에 조곤이
입조했을 때 수도의 금령을 범했다.

│ 청룡 원년(233) │ 담당 관리가 조곤의 죄를 상주하자 조예가 조서
를 내렸다.

　　왕은 평소 공경하고 근신했는데 우연히 잘못을 범한 것이니, 그대
　　들은 황제의 친척을 다루는 법률로써 그의 죄행을 논하도록 하라.

　담당 관리가 자신의 의견을 고집하자, 조서를 내려 조곤의 식읍
2천7백50호를 삭감하도록 했다.[4]

　조곤은 조심하며 두려워했고, 경계하여 징벌하는 관리들도 더욱
엄격해졌다.

│ 청룡 2년(234) │ 조예는 그가 고심하는 모습을 가상히 여겨 삭감
되었던 현을 회복시켜주었다.

│ 청룡 3년(235) 가을 │ 조곤이 병에 걸렸는데, 조예는 조서를 내려
태의를 보내 그의 병세를 진단하도록 하고 전중殿中이나 근위병에
게 친히 쓴 조서를 보내고 그에게 진귀한 음식을 계속 보내며 태비
와 패왕 조림을 함께 파견하여 그의 병세를 살펴보도록 했다. 조곤
은 병세가 심했으므로, 관속에게 명령했다.

---

4)　이와 관련된 조서는 이렇다. "담당 관리가 상주하기를, 왕이 수도 사람들과 왕래하면서 금
　령을 범했다고 한다. 짐은 친족으로 가까이 아끼려고 하여 관리들의 의논을 보류했다. 그
　러나 법은 천하 백성과 공유하는 것이므로 행하지 않을 수 없다. 지금 왕의 영지 중 2천7
　백50호를 삭감하겠다. 무릇 자신의 욕망을 극복하고 예禮로 돌아오는 것을 성인은 인仁
　이라고 일컬었다. 아침에 잘못한 것을 저녁에 고친다면, 군자는 그 사람과 교제할 것이다.
　왕은 이 점을 삼가 두 번 다시 죄를 범하여 후회하지 않도록 하라."

"나는 덕이 없는데도 황상의 은총을 받았으나, 대명大命이 다하려하오. 나는 비록 검소한 것을 좋아하지만, 성조聖朝가 이미 장례 제도의 조서를 하달했으니, 이것은 천하의 법령이오. 내가 죽는 날, 시체를 거두어 안치하는 것부터 안장에 이르기까지 조서를 받들어 처리하도록 힘쓰시오. 옛날 위나라 대부 거원은 복양에 안장됐소. 나는 그의 묘지를 보고 항상 그가 남긴 풍모를 생각하고, 성현의 영혼에 의탁하여 죽어서 나의 묘를 그의 묘지 옆에 만들어 반드시 가서 따르기를 바랐소. 《예기禮記》에서는 '남자는 여자의 손 안에서 죽지 말아야 한다.'라고 했소. 빨리 천시天時에 의거하여 동당東堂을 완성하시오."

동당이 완성된 후, 뜻을 세우는 집이라는 의미로 이름을 수지지당遂志之堂이라고 했다. 조곤은 동당으로 급히 옮겨가 그곳에서 살았다. 세자에게 또다시 명했다.

"너는 나이가 어려 법도를 이해하지 못한다. 일찍 군주가 되면 즐거움만 알 뿐, 고통은 알지 못하게 된다. 고통을 알지 못하면 반드시 교만하고 사치스러워져 과실을 범하게 된다. 대신들을 접할 때는 반드시 예절에 따라라. 설사 대신이 아니더라도 노인들에게는 당연히 예의로써 답해야 한다. 형을 섬길 때는 존경으로써 하고, 동생을 어루만질 때는 자애로써 하며, 형제간에 좋지 못한 행위가 있으면 응당 무릎을 맞대고 이야기하여 그 점을 충고해야 한다. 충고를 해도 듣지 않으면 눈물을 흘리며 그에게 이치를 말해주고, 이치를 말해도 뉘우치지 않으면 어머니에게 말씀드려라. 그래도 만일 바로잡을 수 없다면, 응당 황상에게 상주문을 올려 식읍을 삭감하고 죄를 받도록 청하라. 그 몸을 둔 곳에서 은총을 지키다가 큰 화를 만나는 것은 몸을 비천한 곳에 두고 생명을 보존하는 것만 못하다. 이 또한 큰 죄악이라 이르는 것이니 그 작은 허물과 세세한 연고는 응당 덮어야만 한다. 아! 어린 아들아, 몸을 닦고 마음을 기르고 충정으로 성조聖朝를 받들어 섬기고 효도와 공경함으로 태비에게 복종해야 한다. 내실에서는 태비의 명령을 존중해야 하고, 궁 밖에서는 패왕의 가르침을 받들어야 한다. 네 마음을 게으르게 하지 않아 나의 혼을 위로하여라.”

그해, 세상을 떠났다. 패왕 조림에게 명령을 내려 남아서 조곤의 장례를 지휘하도록 하고, 대홍려에게 부절을 주어 장례 의식을 감독하고 종정宗正에서 제사 지내도록 했다.

장례 의식에 많은 물품을 주었다. 그가 저술한 문장은 총 2만여 자나 되었는데, 재능은 진사왕 조식에는 못 미치지만 문체는 조식과 좋은 동반자가 되었다. 아들 조부曹孚가 왕위를 계승했다. 경초·정원·경원 연간에 계속 식읍을 받아 이전 것과 더하여 총 3천4백 호가 되었다.

요절했으나 후사가 없었던 조현

제양회왕현전濟陽懷王玹傳

| 건안 16년(211) | 제양회왕 조현曹玹은 서향후西鄉侯로 봉해졌다. 요절했으나 아들이 없었다.

| 건안 20년(215) | 패왕 조림의 아들 조찬曹贊이 조현의 작위와 식읍을 계승했는데, 요절하여 아들이 없었다. 조비는 조찬의 동생 조일曹壹로 하여금 뒤를 잇게 했다.

| 황초 2년(221) | 제양후濟陽侯로 바꿔 봉해졌다.

| 황초 4년(223) | 공으로 작위가 승진했다.

| 태화 4년(230) | 조현의 작위를 올려 추증하고 시호를 회공懷公이라고 했다.

| 태화 6년(232) | 승진하여 회왕懷王이라고 불렸으며 시호를 서향애후西鄉哀侯라고 했다. 조일이 죽자 시호를 도공悼公이라고 했다. 아들 조항曹恒이 뒤를 이었다. 경초·정원·경원 연간에 계속 식읍이 늘어 이전 것과 합쳐 모두 1천9백 호가 되었다.

계속 작위가 오른 조준

진류공왕준전陳留恭王峻傳

진류공왕 조준曹峻은 자가 자안子安이다.

| 건안 21년(216) | 미후郿侯로 봉해졌다.

| 건안 22년(217) | 양읍으로 바뀌어 봉해졌다.

| 황초 2년(221) | 작위가 공으로 승진되었다.

| 황초 3년(222) | 진류왕陳留王이 되었다.

| 황초 5년(224) | 양읍현襄邑縣에 봉해졌다.

| 태화 6년(232) | 진류왕으로 봉해졌다.

| 감로 4년(259) | 세상을 떠났는데, 아들 조오曹澳가 왕위를 계승했다. 경초·정원·경원 연간에 계속 식읍이 늘어나 이전 것과 더해 총 4천7백 호가 되었다.

요절했으나 후사가 없었던 조구

범양민왕구전范陽閔王矩傳

범양민왕 조구曹矩는 일찍 죽었고 아들이 없었다.

| 건안 22년(217) | 번안공 조균의 아들 조민曹敏을 후사로 삼고 임진후臨晉侯로 봉했다.

| 황초 3년(222) | 시호를 범양민공范陽閔公으로 추증했다.

| 황초 5년(224) | 조민을 범양왕范陽王으로 봉했다.

| 황초 7년(226) | 구양句陽으로 바꾸어 봉했다.

| 태화 6년(232) | 시호를 범양민왕으로 추증했으며, 조민을 낭야왕琅邪王으로 바꿔 봉했다. 경초·정원·경원 연간에 계속 식읍을 늘려 이전 것과 더하여 총 3천4백 호가 되었다. 조민이 죽자 시호를 원왕原王이라고 했으며, 아들 조혼曹焜이 왕위를 계승했다.

빈객과 사사로이 교제하여 조예의 경고를 받은 조간

조왕간전趙王幹傳

| 건안 20년(215) | 조왕 조간曹幹[5]은 고평정후高平亭侯로 봉해졌다.

| 건안 22년(217) | 뇌정후賴亭侯로 바뀌어 봉해졌다. 그해 홍농후弘農侯로 바뀌어 봉해졌다.

| 황초 2년(221) | 작위가 승진되어 연공燕公에 봉해졌다.

| 황초 3년(222) | 하간왕河間王에 봉해졌다.

| 황초 5년(224) | 낙성현樂城縣에 봉해졌다.

| 황초 7년(226) | 거록鉅鹿으로 바뀌어 봉해졌다.

| 태화 6년(232) | 조왕으로 바뀌어 봉해졌다. 조간의 모친은 조조의 총애를 받았다. 조비가 보위를 잇게 되자 조간의 모친에게 큰 힘이 되었다. 조비가 죽음의 문턱에 있을 때, 유조遺詔를 남겼기 때문에 조예 역시 조간을 항상 총애했다.

---

5) 조간은 일명 양良이라고 한다. 양은 본래 진陳씨의 첩에게서 난 자식이었지만 태어난 지 얼마 안 되어 진씨가 죽었다. 조조는 왕 부인王夫人에게 그를 키우도록 했다. 양이 다섯 살이 되었을 때, 조조는 병세가 심하여 태자에게 유령遺令을 주며 말했다. "이 아이는 세 살에 어머니를 잃고, 다섯 살에 아버지를 잃었으니 너에게 맡기노라." 이 말을 듣고 태자는 조간에게 여러 동생 못지않게 잘 대해주었다. 양은 나이가 어려 항상 조비에게 할아버지라고 했고, 그때마다 조비는 "나는 네 형일 뿐이다."라고 하면서 눈물을 흘리며 가엾게 여겼다.

| 청룡 2년(234) | 조간은 빈객과 사사로이 교제했기 때문에 담당 관리가 상주했고, 조예는 조간에게 새서(璽書, 천자의 도장을 찍은 문서)를 내렸다.

《역경》에서 이르기를 "나라를 세우고 가업을 잇는 사람은 소인을 임용하지 않는다."라고 했고, 《시경》에는 "대부의 수레는 먼지를 일으켜 자기를 더럽힐 뿐이다."라고 계도하고 있다. 태조께서 천명을 받아 대업을 연 이래로 다스려지고 있고, 혼란스러운 근원을 깊이 고찰하고 존망의 관건을 밝혔다. 처음에 제후들을 나누어 봉할 때도 공순하고 신실하며 지극한 말로써 경계했고, 천하의 단아한 선비들로 그들을 보좌하게 했으며, 항상 후한의 마원馬援이 남긴 교훈을 칭찬하고 제후들이 빈객과 사귀는 것을 금하고 법령으로 다스렸으니 빈객과 사귀는 것은 요사스럽고 사악한 죄행과 같게 되었다. 어찌 이런 법률로써 골육지정을 엷게 하는가? 이것은 단지 자제들로 하여금 과실로 인해 죄를 저지르지 않게 하고, 관민들로 하여금 상해傷害의 한이 없도록 하려고 한 것에 불과하다.

한 고조가 제위에 오른 후, 천하의 정치에 삼가고 깊이 고찰하여, 제후가 입조하는 것을 금하는 법령을 밝혔다. 나는 《시경》의 〈당채〉라는 작품에 마음이 감동되었고, 채숙의 도의를 아름답게 여겨서 조서에서 "만일 조서가 있으면 수도에 들어갈 수 있다."라고 했다. 때문에 제왕諸王들에게 조정에 가서 예를 행하도록 명령했다. 그러나 초나라 중산中山은 모든 빈객과 교류하여 법령을 범했고, 조종趙宗과 대첩戴捷은 모두 법령에 복종했다. 최근 동평왕은 속관에게 수장현壽張縣의 관리를 구타하도록 했는데, 담당 관리가 그의 죄상을 상주했기에 나는 그의 현읍을 삭감했다. 지금 담당 관리들은 조찬曹纂·왕교王喬 등 구족이 시절마다 왕가에 모였기 때문에 시절에 부합하지 않는 경우에는 모두 금령을 위반한다고 상주했다.

　나는 왕이 나이가 어리고 공손하고 진실한 마음이 있고 선제의 유명遺命을 받았으므로, 은총과 예우를 더 높여 후대에까지 이어지기를 원하는데, 하물며 왕 자신은 어떻겠는가? 사람이 아닌데 어찌 허물이 없겠는가? 이 조서를 내려 담당 관리에게 왕의 과실을 용서하도록 하겠다. 옛사람의 말에 "다른 사람이 보지 못하는 곳에서도 경계하고 다른 사람이 듣지 못하는 곳에서도 두려워하라. 숨겨진 것보다 더 드러나는 것은 없으며 보이지 않는 것보다 더 빛나는 것은 없으니, 고로 군자는 그 자신이 홀로 있을 때도 삼가는 것이다."라는 말이 있다. 숙부, 당신은 앞선 성인의 법칙을 준수하고, 선제의 유명을 존중하며 지키도록 노력하고, 조심하고 공경스럽게 왕위를 지켜 나의 마음을 밝혀주기 바란다.

경초·정원·경원 연간에 끊임없이 식읍이 늘어나 이전 것과 더해 총 5천 호가 되었다.

요절했으나 후사가 없었던 조상

임읍상공자상전臨邑殤公子上傳

임읍상공자 조상曹上은 요절했다.

| 태화 5년(231) | 봉국과 시호를 추증했지만 후사가 없었다.

초왕표전楚王彪傳

초왕 조표曹彪는 자가 주호朱虎이다.

| 건안 21년(216) | 수춘후壽春侯에 봉해졌다.

| 황초 2년(221) | 작위가 승진되어 여양공汝陽公에 봉해졌다.

| 황초 3년(222) | 익양왕弋陽王에 봉해졌다. 그해 오왕吳王으로 바뀌어 봉해졌다.

| 황초 5년(224) | 수춘현壽春縣에 봉해졌다.

| 황초 7년(226) | 백마현에 봉해졌다.

| 태화 5년(231) 겨울 | 수도로 입조했다.

| 태화 6년(232) | 초왕楚王으로 봉해졌다.

| 청룡 원년(233) | 조표가 수도로 입조하여 금령을 범했는데, 담당 관리가 상주하여 세 현의 1천5백 호를 박탈하라는 조서가 있었다.

| 청룡 2년(234) | 대사면이 있었으므로, 박탈당한 현읍을 회복했다.

| 경초 3년(239) | 식읍 5백 호가 늘어나 이전 것과 합쳐 모두 3천 호가 되었다.

| 가평 원년(249) | 연주 자사兗州刺史 영호우令狐愚가 태위 왕릉王淩과 공모하여 조표를 맞아 수도를 허창으로 하려는 계획을 세웠다. 이에 관한 일은 〈왕릉전〉에 실려 있다. 제왕은 사부師傅와 시어사로 하여금 초나라로 가서 이 일을 조사하고 그것에 연루된 사람을 체

포하도록 했다. 정위가 조표를 불러 죄를 다스리기를 요청했다. 그래서 한 연왕漢燕王 유단劉旦의 선례에 의거하여 정위를 겸임하고 있는 대홍려에게 지절持節을 주어 파견하여, 조표에게 옥새를 찍은 조서를 주며 엄격하게 질책하고 스스로 죄를 다스리도록 했다. 그래서 조표는 자살했다. 왕비와 그의 아들들은 모두 면직되어 평민이 되어서 평원군平原郡으로 옮겼다. 조표의 관속 이하와 감국의 알자는 조표가 모반하려고 한 일을 알면서도 보좌하여 선도하려는 뜻이 없었으므로, 모두 처형되었다. 봉국을 몰수하여 회남군으로 했다.

| 정원 원년(254) | 조서를 내렸다.

고인이 된 초왕 조표는 국가를 배반하고 사악함에 의지했기에 몸은 죽고 봉국은 몰수당했다. 비록 멸망을 자초했지만, 불쌍하게 여기고 있다. 오점을 포용하고 결점을 가리는 것이 친족에게 친하는 방법이다. 조표의 세자 조가曹嘉[6]를 상산진정왕常山眞定王으로 봉하라.

| 경원 원년(260) | 식읍이 늘어나 이전 것과 합쳐 총 2천5백 호가 되었다.

6) 조가는 진대에 들어와 고읍공高邑公에 봉해졌고, 원강元康 연간에는 석숭石崇과 함께 국자박사國子博士가 되었다. 후에 조가는 동완 태수가 되었으며, 석숭은 정로장군이 되었다. 이때 조가는 석숭에게 다음과 같은 시를 보냈다.

"문文과 무武는 때에 호응하여 사용하고
문무를 겸비한 재능은 명철明哲에게 있다.
아아, 석숭은 나라의 준걸이 되리.
들어가서는 궁중에 기대고 나와서는 구경 대신에 오른다.
위엄과 검소함은 청주와 서주를 안정시키고
의론은 오의 변방에 편다.
전주田疇는 옛날에 같은 자리를 어그러뜨렸으니
원컨대 그대는 이 진실에 비추어보고 추위와 더위에도 약속을 어기지 마시라."

석숭의 화답시는 이렇다.

"옛날은 항상 풍채에 이어지고
함께 청운 속에서 놀았다.
돈후한 도를 주자胄子에게 가르치고
유가儒家는 흩어져서 융화되었다.
소리를 같이하니 다른 음향은 없고
따라서 은애恩愛를 융성하게 했다.
어찌 오직 처음 좋아한 돈후함만 있으리.
공자는 동방의 아홉 오랑캐를 낮추지 않았고
노자는 서쪽의 융戎에게 갔다.
창해 구석을 소요하고 왕의 몸을 지킬 수 있었다.
세상일은 힘쓰는 곳에 있는 것이 아니고
주공은 꿈으로 충분하지 않았다.
현적玄寂은 왕을 신령스럽게 하고
이것을 갖고 잡념이 없는 상태를 지켰다."

요절했으나 후사가 없었던 조근

강상공자근전剛殤公子勤傳

| 태화 5년(231) | 강상공자 조근曹勤은 요절했다. 봉국과 시호를 추증했으나 후사가 없었다.

요절했으나 후사가 없었던 조승

곡성상공자승전穀城殤公子乘傳

| 태화 5년(231) | 곡성상공자 조승曹乘은 요절했다. 봉국과 시호를 추증했으나 후사가 없었다.

후사가 없었던 조정

미대공자정전鄪戴公子整傳

미대공자 조정曹整은 당숙부 낭중 조소曹紹의 뒤를 이었다.

| 건안 22년(217) | 미후로 봉해졌다.

| 건안 23년(218) | 세상을 떠났는데 아들이 없었다.

| 황초 2년(221) | 작위를 올려 추증하고 시호를 대공戴公이라고 했다. 팽성왕 조거의 아들 조범曹範이 뒤를 이었다.

| 황초 3년(222) | 평지후平氏侯로 봉해졌다.

| 황초 4년(223) | 성무成武로 바꾸어 봉해졌다.

| 태화 3년(229) | 작위가 공으로 승진되었다.

| 청룡 3년(235) | 세상을 떠났고 시호를 도공悼公이라고 했다. 후사가 없었다.

| 청룡 4년(236) | 조서를 내려 조범의 동생 동안향공東安鄉公 조천曹闡을 미공鄪公으로 삼아 뒤를 잇도록 했다. 정원·경원 연간에 계속 식읍이 늘어나 이전 것과 합쳐 총 1천8백 호가 되었다.

요절했으나 후사가 없었던 조경

영상공자경전靈殤公子京傳

영상공자 조경曹京은 요절했다.

| 태화 5년(231) | 봉국과 시호를 추증했으나 후사가 없었다.

숙부 조빈의 뒤를 이은 조균

번안공균전樊安公均傳

번안공 조균曹均은 숙부 계공공薊恭公 조빈曹彬의 뒤를 이었다.

│ 건안 22년(217) │ 번후樊侯로 봉해졌다.

│ 건안 24년(219) │ 세상을 떠났다. 아들 조항曹抗이 작위를 계승했다.

│ 황초 2년(221) │ 조균의 작위를 공으로 추증했으며 시호를 안공安公이라고 했다.

│ 황초 3년(222) │ 조항을 계공薊公으로 봉했다.

│ 황초 4년(223) │ 둔류공屯留公으로 옮겨 봉했다.

│ 경초 원년(237) │ 세상을 떠났고 시호를 정공定公이라고 했다. 아들 조심曹諶이 뒤를 이었다. 경초·정원·경원 연간에 계속 식읍이 늘어나 이전 것과 합쳐 총 1천9백 호가 되었다.

요절했으나 후사가 없었던 조극

광종상공자극전廣宗殤公子棘傳

광종상공자 조극曹棘은 요절했다.

| 태화 5년(231) | 봉국과 시호를 추증했으나 후사가 없었다.

관리를 때려 식읍을 삭감당한 조휘

동평영왕휘전東平靈王徽傳

동평영왕 조휘曹徽는 숙부인 낭릉의 애후哀侯 조옥曹玉의 뒤를 이었다.

| 건안 22년(217) | 역성후歷城侯에 봉해졌다.

| 황초 2년(221) | 작위를 승진시켜 공으로 삼았다.

| 황초 3년(222) | 여강왕廬江王에 봉해졌다.

| 황초 4년(223) | 수장왕壽張王에 옮겨 봉해졌다.

| 황초 5년(224) | 수장현에 바꿔 봉해졌다.

| 태화 6년(232) | 동평東平에 고쳐 봉해졌다.

| 청룡 2년(234) | 조휘는 관속으로 하여금 수장현의 관리를 때리게 했으므로 담당 관리가 이 일을 상주했다. 식읍 한 현의 5백 호를 몰수한다는 조서가 내려졌다. 그해 몰수당한 현읍을 회복했다.

| 정시 3년(242) | 세상을 떠났고 아들 조흡曹翕[7]이 왕위를 계승했

---

7) 조흡은 진晉나라 시대에 들어서 늠구공廩丘公으로 봉해졌는데, 위나라 황실에서 명성은 견성공(郵城公, 조지) 다음이었다. 태시 2년(266)이 되어 조흡은 세자 조곤曹琨에게 상소문을 올리고 입조하도록 했는데, 조서에서 말했다. "조흡은 덕을 지키고 도를 이행하며, 위나라 황실에서 선량한 사람이다. 지금 조곤이 먼 곳에서 왔다. 세자에게 인수를 주고, 기도위의 관직을 더하며, 의복 한 벌을 갖춰주고, 돈 10만 전을 하사하고 재능에 따라 임용하라." 조흡은 《해한식산방解寒食散方》을 썼는데, 황보밀皇甫謐의 저술과 함께 세상에 전해지고 있다.

다. 경초·정원·경원 연간에 계속 식읍이 더해져 이전 것과 합해 모두 3천4백 호가 되었다.

포악하여 조조 일가의 외톨이가 된 조무

낙릉왕무전樂陵王茂傳

| 건안 22년(217) | 낙릉왕 조무曹茂는 만세정후에 봉해졌다.

| 건안 23년(218) | 평여후平興侯에 봉해졌다.

| 황초 3년(222) | 작위가 승진되어 승지공乘氏公으로 봉해졌다.

| 황초 7년(226) | 중구공中丘公으로 바꾸어 봉했다. 조무는 타고난 성품이 오만하고 포악했으므로, 어렸을 때 조조의 총애를 받지 못했다. 조비 때에 이르러서도 혼자만 왕으로 봉해지지 않았다.

| 태화 원년(227) | 요성공聊城公으로 봉해지고 같은 해 왕으로 봉해졌는데 조서가 이러했다.

옛날에 상(象, 순임금의 동생)의 잔혹함은 극에 달했지만, 위대한 순임금은 그를 유비有庳에 후侯로 봉했고, 가까이 한 왕조의 회남왕과 부릉왕(阜陵王, 광무제의 아들)은 모두 난신역자亂臣逆子였지만, 어떤 때는 본인에게 봉국을 회복시켜주고, 어떤 때는 아들에게 봉토를 하사했다. 순임금은 봉국을 상고시대에 세웠고, 한나라 문제·명제·장제章帝가 이전 시대에 그것을 실행했으니, 이러한 것들은 모두 친한 이를 친히 하는 두터운 도의를 돈독히 편 것이다. 요성공 조무는 어렸을 때 예교를 배우지 않았고, 성장해서는 선한 도를 추구하지 않았다. 선제는 고대에 제후를 봉할 경우에는 모두 현인을 임명하려고 했기 때문에 주 왕

조 희성姬姓 중에도 후로 봉하지 못한 자가 있었다고 생각한다. 때문에 조무 혼자만 왕으로 봉하지 않은 것이다. 태황태후는 여러 차례 이것을 말하려고 했다. 조무가 최근에 과거의 잘못을 깨닫고 뉘우치며 뜻을 세워 몸을 닦고 착한 행동을 하기 시작했다고 들었다. 군자는 다른 사람의 나아감을 인정하고 지난날의 허물은 헐뜯지 않으니, 지금 조무를 요성왕으로 봉하여 태황태후의 자손에 관한 걱정을 위로하리라.

| 태화 6년(232) | 곡양왕曲陽王으로 고쳐서 봉했다.

| 정시 3년(242) | 동평영왕이 세상을 떠났는데, 조무는 목이 아프다는 핑계로 애통함을 보이지 않고 거처의 출입을 지난날과 마찬가지로 했다. 담당 관리가 그의 식읍을 몰수하라고 상주하자, 조예는 조서를 내려 한 현 5백 호를 몰수하도록 했다.

| 정시 5년(244) | 낙릉공樂陵公으로 봉했고, 조무가 거두어들인 조세는 적은데 자식이 많았으므로 조서를 내려서 몰수당했던 식읍을 회복시켜주고 동시에 식읍 7백 호를 더해주었다. 가평·정원·경원 연간에 끊임없이 식읍이 늘어나 이전 것과 합쳐 총 5천 호가 되었다.

위 문제 조비는 아들이 아홉 명이다. 견 황후郵皇后 소생의 명제 조예曹叡, 이 귀인李貴人 소생의 찬애왕贊哀王 조협曹協, 반 숙원潘淑媛 소생의 북해도왕北海悼王 조유曹蕤, 주 숙원朱淑媛 소생의 동무양회왕東武陽懷王 조감曹鑒, 구 소의仇昭儀 소생의 동해정왕東海定王 조림曹霖, 서 희徐姬 소생의 원성애왕元城哀王 조례曹禮, 소 희蘇姬 소생의 한단회왕邯鄲懷王 조옹曹邕, 장 희張姬 소생의 청하도왕淸河悼王 조공曹貢, 송 희宋姬 소생의 광평애왕廣平哀王 조엄曹儼이다.

요절한 조비의 둘째 아들

찬애왕협전贊哀王協傳

찬애왕 조협曹協은 요절했다.

｜태화 5년(231)｜ 봉국과 시호를 추증하고 경상공經殤公이라고 불렀
다.

｜청룡 2년(234)｜ 또 시호를 추증했다.

｜청룡 3년(235)｜ 아들 상왕 조심曹尋이 왕위를 계승했다.

｜경초 3년(239)｜ 식읍을 5백 호 늘려주어 이전 것과 합쳐 모두 3천
호가 되었다.

｜정시 9년(248)｜ 세상을 떠났다. 아들이 없었으므로 봉국을 몰수
했다.

후사가 없었던 조유

북해도왕유전北海悼王蕤傳

| 황초 7년(226) | 북해도왕 조유曹蕤는 조예가 즉위했을 때 양평현陽平縣의 왕으로 세워졌다.

| 태화 6년(232) | 북해도왕으로 바뀌어 봉해졌다.

| 청룡 원년(233) | 세상을 떠났다.

| 청룡 2년(234) | 낭야왕의 아들 조찬曹贊을 아들로 삼아 창향공昌鄉公으로 봉했다.

| 경초 2년(238) | 요안왕饒安王으로 세워 삼았다.

| 정시 7년(246) | 문안文安에 봉해졌다. 정원·경원 연간에 계속 식읍이 늘어나 이전 것과 합쳐 총 3천5백 호가 되었다.

후사가 없어 봉국을 몰수당한 조감

동무양회왕감전東武陽懷王鑒傳

| 황초 6년(225) | 동무양회왕 조감曹鑒은 왕으로 세워졌으나 그해에 죽었다.

| 청룡 3년(235) | 시호를 받았으나 아들이 없었으므로 봉국을 몰수했다.

조예의 총애를 받았으나 포악했던 조림

동해정왕림전東海定王霖傳

| 황초 3년(222) | 동해정왕 조림曹霖은 하동왕河東王으로 세워졌다.

| 황초 6년(225) | 관도현館陶縣에 봉해졌다. 조예가 즉위한 후, 선제의 유지에 따라 조림을 매우 총애하는 것이 다른 왕들과는 달랐다. 그러나 조림은 성격이 조잡하고 포악하여 궁궐 안 사람들과 그의 비첩婢妾들은 대부분 그에게 잔혹한 학대를 받았다.

| 태화 6년(232) | 동해정왕으로 봉해졌다.

| 가평 원년(249) | 세상을 떠났다. 아들 조계曹啓가 왕위를 계승했다.

경초·정원·경원 연간에 계속 식읍이 늘어나 이전 것과 합쳐 총 6천2백 호가 되었다. 고귀향공高貴鄕公 조모曹髦가 조림의 아들로 조정으로 들어가 대종(大宗, 왕위)을 계승했다.

후사가 없었던 조례

원성애왕례전元城哀王禮傳

| 황초 2년(221) | 원성애왕 조례曹禮는 진공秦公으로 봉해졌다. 경조군을 봉국으로 삼았다.

| 황초 3년(222) | 경조왕京兆王에 봉해졌다.

| 황초 6년(225) | 원성왕元城王에 봉했다.

| 태화 3년(229) | 죽었다.

| 태화 5년(231) | 임성왕 조해의 아들 조제曹悌에게 뒤를 잇도록 했다.

| 태화 6년(232) | 양왕梁王으로 봉해졌다. 경초·정원·경원 연간에 끊임없이 식읍이 늘어 이전 것과 합쳐 모두 4천5백 호가 되었다.

후사가 없었던 조옹

한단회왕옹전邯鄲懷王邕傳

| 황초 2년(221) | 한단회왕 조옹曹邕은 회남공淮南公으로 봉해지고, 구강군九江郡을 봉국으로 삼았다.

| 황초 3년(222) | 회남왕으로 승진했다.

| 황초 4년(223) | 진왕陳王에 봉해졌다.

| 황초 6년(225) | 한단회왕으로 봉해졌다.

| 태화 3년(229) | 죽었다.

| 태화 5년(231) | 임성왕 조해의 아들 조온曹溫에게 뒤를 계승하도록 했다.

| 태화 6년(232) | 노양왕에 봉해졌다. 경초·정원·경원 연간에 계속 식읍이 늘어나 이전 것과 합쳐 총 4천4백 호가 되었다.

후사가 없어 봉국을 몰수당한 조공

청하도왕공전淸河悼王貢傳

| 황초 3년(222) | 청하도왕 조공曹貢은 왕으로 봉해졌다.

| 황초 4년(223) | 죽었으나 아들이 없었으므로 봉국을 몰수했다.

후사가 없어 봉국을 몰수당한 조엄

광평애왕엄전廣平哀王儼傳

| 황초 3년(222) | 조엄曹儼은 광평애왕에 봉해졌다.

| 황초 4년(223) | 죽었으나 아들이 없었으므로 봉국을 몰수했다.

【평하여 말한다】

위씨의 왕공들은 봉토를 다스린다는 명목을 부여받았을 뿐 사직의 일은 없었으며, 여러 가지를 금지당하고 가로막혀 외부 세계와 관계가 끊어졌으므로 그들에게 왕궁은 감옥과 같았다.[8] 작위와 시호도 고정되어 있지 못하고, 대국과 소국이 해마다 바뀌어 골육의 정이 얇아졌으니,《시경》의 〈당체〉편에서 말한 도의는 사라졌으며 법령을 제정한 병폐는 결국 이 지경까지 이르렀다.

---

8) 위나라 초, 동란의 뒤를 이어 백성이 줄어들고 고대를 규범으로 삼을 수 없었다. 그래서 후왕侯王을 봉해 세울 경우, 모두 영지에 기대어 헛된 명성만 있을 뿐 실제적인 내용은 없었다. 왕국에는 늙은 병사 1백여 명을 두어 지키게 했다. 비록 왕후王侯의 명칭이 있을지라도 평민 남자와 같았다. 조정에서 10리만 떨어져도 조빙朝聘의 예는 없었고, 이웃 나라와 회합하는 제도도 없었다. 제후가 산으로 놀러가거나 사냥 나갈 경우에도 30리를 벗어나는 것은 허락하지 않았다. 또 그들을 감시하고 나라를 방비하는 관리를 설치하여 살폈다.

21

왕위이유부전 王衛二劉傅傳

박학다식한 학자형 관리들

예에 밝고 문장이 뛰어난 건안칠자의 일인

왕찬전王粲傳

왕찬은 자가 중선仲宣이고, 산양군 고평현高平縣 사람이다. 증조부 왕공王龔[1]과 조부 왕창王暢[2]은 모두 한나라 때 삼공을 지냈다. 부친 왕겸王謙은 대장군 하진의 장사長史였다. 하진은 왕겸이 저명한 삼공의 후예였으므로 인척 관계를 맺으려고 자신의 두 딸을 보여 선택하도록 했지만, 왕겸은 허락하지 않았다. 병 때문에 면직되었고 집에서 죽었다.

헌제가 서쪽(장안)으로 옮겼을 때, 왕찬은 장안으로 이주했는데,

---

1) 왕공은 자가 백종伯宗이고, 천하에 명성이 높았으며, 순제順帝 시대에 태위를 지냈다. 이전에 산양 태수 설근薛勤이 아내를 잃었을 때 곡을 하지 않고 입관할 때 말하기를 "다행히 요절하지 않았는데, 또 무슨 한이 있겠소?"라고 했다. 그러나 왕공은 아내가 죽자 아들들과 함께 지팡이를 짚고 상복을 입었다. 당시 사람들 중에는 양쪽 모두를 비난하는 자가 있었다.

2) 왕창은 자가 숙무叔茂이고, 팔준(八俊, 후한 말 환관에 대항한 사람들 중에서 중심이 된 여덟 인사. 이응李膺, 두밀杜密 등이 대표적이다) 중에서 이름이 있었다. 영제 때 사공이 되었지만, 수해의 책임을 지고 면직되었다. 한편 이응도 면직되어 고향으로 돌아왔는데, 두 사람은 정도正道를 꿰뚫었으므로 당시 정계에 받아들여지지 않았다. 천하 사람들은 왕창과 이응을 고결한 선비로 판단했다. 마침 이변이 잇달아 일어나 의견을 말하는 자들은 모두 "삼공이 적임자가 아닙니다. 지금 이변을 이유로 왕창과 이응으로 대신하게 한다면 반드시 좋은 징조가 찾아올 것입니다."라고 주장했다. 이로부터 환관들은 이 두 사람을 매우 원망하게 되어서 이응은 사형에 처해지고 왕창은 쫓겨나 집으로 돌아갔다.

좌중랑장左中郞將 채옹蔡邕은 그를 만나보고 기이하다고 생각했다. 당시 채옹은 재능과 학문이 탁월하여, 조정에서 귀하게 여기고 중시했으며, 항상 거마가 마을을 메웠고, 빈객이 집에 가득 앉아 있었다. 왕찬이 문밖에 있다는 말을 듣고 채옹은 신발을 거꾸로 신고 그를 영접했다. 왕찬이 들어오자 빈객들은 그가 나이가 어리고 용모도 왜소하므로 모두 매우 놀랐는데, 채옹이 말했다.

"이 사람은 왕공의 손자로 뛰어난 재주를 갖고 있고, 나는 그만 못하오. 우리 집에 있는 서적과 문학 작품을 모두 그에게 주어야 하오."

왕찬은 열일곱 살에 사도로 초빙되었고, 조서를 받아 황문시랑黃門侍郞으로 임명되었는데, 장안이 혼란스러웠으므로 모두 취임하지 않았다. 그리고 형주로 가서 유표에게 의탁했다. 유표는 왕찬의 용모가 추하고 신체가 허약하며 경박하다 하여 중용하지 않았다. 유표가 죽은 후, 왕찬은 유표의 아들 유종에게 조조에게 귀의할 것을 권했다.[3] 조조는 왕찬을 초빙하여 승상연丞相掾으로 삼았으며 관내후 작위를 내렸다. 조조가 한수 가에서 주연을 베풀었는데, 왕찬이 축배를 들며 축하의 말을 했다.

"지금 원소는 하북에서 일어났으며, 의지하는 사람이 많고 뜻을 세워 천하를 겸병하려고 합니다. 그가 현인을 좋아해도 등용하지 못하기 때문에 재능 있는 선비들은 그를 떠납니다. 유표는 형초에서 동요됨이 없이 앉아서 시세의 변화를 관망하다가 스스로 주 문왕과 같은 명군이 될 수 있다고 생각했습니다. 동란을 피해 형주로 간 선비들은 모두 이 나라의 준걸들입니다. 유표는 그들을 등용할 줄을 몰랐으므로 나라가 위태로운데도 보좌하는 사람이 없었습니다. 조공은 기주를 평정하던 날, 수레에서 내려 군대를 정돈하고, 그곳의 호걸들을 받아들이고 기용하여 천하를 평정했습니다. 장강과 한수 지역을 평정하고 그곳의 어진 사람과 뛰어난 인물을 초빙하며 그들을 관직에 올려놓아서, 천하로 하여금 당신에게 마음이 돌아가고 당신의 풍채를 바라보며 다스림 받기를 원하도록 했습니다. 문인과 무인이 함께 기용되고, 영웅은 힘을 다하고 있습니다. 이것은 삼왕의 거동입니다."

후에 왕찬은 군모좨주軍謀祭酒로 승진했으며, 위나라가 세워지고 나서는 시중에 임명되었다. 왕찬은 박학다식했으므로 묻는 것에 대해 대답하지 못하는 것이 없었다. 당시 과거의 예의 제도가 폐지되거나 느슨하게 되었는데, 제도를 일으키고 만드는 것은 왕찬이 항상 주재했다.

이전에 왕찬은 사람들과 함께 걸어가다가 길가에 세워진 비석을 읽었는데, 사람들이 그에게 물었다.

---

3) 이에 관한 왕찬과 유종의 대화는 이렇다. 왕찬이 유종에게 말하기를 "저에게 어리석은 계획이 있습니다. 이것을 장군에게 진언하고 싶은데 가능하겠습니까?"라고 하자, 유종은 "나 또한 듣고 싶소."라고 했다. 왕찬은 "천하는 크게 혼란스럽고, 호걸들이 한결같이 일어나는데, 창졸지간에 강함과 약함은 구분되지 않습니다. 이 때문에 사람들은 각각 거스르려는 마음을 품고 있습니다. 이러한 시절에는 집집마다 제왕이 되려고 하고, 사람마다 공후가 되려고 합니다. 예로부터 지금까지 성공과 실패의 예를 관찰하면, 일의 변화를 보는 사람이 항상 행운을 누렸습니다. 지금 장군이 헤아리시기에 조공 같으면 어떻겠습니까?"라고 했다. 유종은 대답하지 않았다. 왕찬이 다시 말했다. "제가 들은 바에 의하면 조공은 인걸입니다. 재략은 시대의 일인자이고, 지모는 세상에서 뛰어나며, 원씨를 관도에서 물리쳤고, 손권을 장강으로 쫓아버렸으며, 유비를 농우로 축출했고, 오환을 백등에서 격파했습니다. 그 밖에 전멸시키고 평정시킨 대상은 헤아릴 수 없으며, 왕왕 신의 능력을 발휘하곤 합니다. 오늘의 사태에서 누구에게 의지해야 할지는 분명합니다. 장군이 저의 계획을 따를 수 있다면 무기를 던지고 천명에 순응하여 조공에게 돌아가십시오. 조공은 반드시 장군을 중히 여기실 것입니다. 제 몸과 일족을 온전하게 하여 오랫동안 행복을 누리고, 그것을 후계자에게 주는 것이 만전의 책략입니다. 저는 혼란을 만나 유랑하다가 이 주에 생명을 의탁하여 장군 부자의 두터운 은혜를 입었으므로 감히 말로 다할 수 없습니다." 유종은 그의 말을 받아들였다.

"당신은 암송할 수 있습니까?"

왕찬은 대답했다.

"할 수 있소."

사람들이 그에게 등을 돌리고 그것을 외우도록 했는데, 한 글자도 빠뜨리지 않았다. 한번은 다른 사람들이 바둑 두는 것을 보다가 바둑알이 흩어지자, 왕찬은 그것을 원래대로 복원시켰다. 바둑을 두던 사람들은 믿지 않았으므로 수건으로 바둑판을 가리고, 그로 하여금 다시 다른 바둑판에 바둑알을 배열하도록 하고는 서로 비교했는데, 한 알도 틀리지 않았다. 그의 기억력과 암기력은 이처럼 뛰어났다. 왕찬은 본성이 계산에 뛰어났으므로 산법算法을 만들어 대략 그 이치를 다했다. 글을 잘 지어 붓을 들면 문장이 되었고 고쳐서 바로잡을 것이 없었다. 당시 사람들이 아무리 미리 구상을 하고 반복하여 생각해도 그를 뛰어넘을 수 없었다.[4] 저작으로는 시詩·부賦·논論·의議 60편이 있다.

| 건안 21년(216) | 조조를 따라가서 오나라를 정벌했다.

| 건안 22년(217) 봄 | 길에서 병사했는데, 당시 마흔한 살이었다. 왕찬에게는 두 아들이 있었는데, 위풍魏諷의 반역에 연루되어 처형되었으므로 후사가 끊겼다.[5]

처음 조비가 오관장五官將으로 있을 때, 평원후 조식과 함께 문학

---

4) 왕찬은 변론과 임기응변에 탁월했다. 종요와 왕랑 등은 각각 위나라 공경과 재상이었지만, 조정에 올리는 상주문이나 의론문 등을 짓다가 왕찬의 글을 보면 모두 붓을 꺾을 수밖에 없었다.

5) 조조는 당시 한중을 정벌하는 중이었는데, 왕찬의 아들이 죽었다는 소식을 듣고 탄식하며 "내가 있었다면 중선(仲宣, 왕찬의 자)의 후사가 없게 하지 않았을 것." 하고 말했다.

을 좋아했다. 북해 사람 서간徐幹의 자는 위장偉長, 광릉廣陵 사람 진림陳琳의 자는 공장孔璋, 진류 사람 완우阮瑀의 자는 원유元瑜, 여남 사람 응창應瑒의 자는 덕련德璉, 동평 사람 유정劉楨의 자는 공간公幹인데, 왕찬은 이들과 함께 조비의 친구로 사랑을 받았다. 서간은 사공군모좨주연속司空軍謀祭酒掾屬과 오관장문학五官將文學으로 임명되었다. 진림은 이전에 하진의 주부로 임명되었다. 하진이 환관들을 주살하려고 했지만, 태후는 하진의 건의를 받아들이지 않았다. 그래서 하진은 사방의 동맹한 장수들을 소집하고 그들로 하여금 병사를 이끌고 경성으로 향하도록 하여 태후를 협박하려고 했는데, 진림이 그에게 건의했다.

"《역》에서 '설령 사슴을 쫓을 때도 우관虞官이 없으면 잡지 못한다.'라고 했고, 속담에 '눈을 가리고 참새를 잡는다.'라는 말이 있습니다. 무릇 미물이라고 할지라도 속여서는 목적을 이룰 수 없는데, 하물며 국가의 큰일인데 속여서 세우겠습니까? 지금 장군은 조정의 권력을 총괄하고 병권을 장악하며 용이 비상하고 호랑이가 질주하는 것과 같은 위풍이 있으므로 높든 낮든 간에 마음먹기에 달려 있는데, 이런 상황에서 행동하는 것은 커다란 화로를 달궈서 머리카락을 태우는 것과 같습니다. 그러나 당신이 빠른 속도로 천둥과 번개를 치고 직권을 행사하여 결단을 세운다면, 비록 일상적인 도의에 위배되거나 합치더라도 하늘과 사람 모두 당신을 따를 것입니다. 그러나 당신은 오히려 수중의 무기를 버리고 다른 사람에게서 구하고 있습니다. 대군이 집결하면 강한 자가 영웅이 됩니다. 이른바 무기를 거꾸로 잡고 다른 사람에게 자루를 쥐어주는 격이니 당신은 반드시 성공하지 못하고 단지 혼란스럽기만 할 것입니다."

하진은 그의 건의를 받아들이지 않아 결국 화를 입었다. 진림은 기주로 피난 갔으며, 원소는 그로 하여금 문장을 주관하도록 했다. 원소가 패하자 진림은 조조에게 돌아갔는데, 조조가 말했다.

"그대는 옛날 원소를 위해 격문을 지을 때, 단지 나의 죄상만 열거하고 그쳤어야 했소. 죄악을 비방하는 것은 나 자신에게 국한되어야 하거늘 무엇 때문에 위로 우리 부친과 조부에까지 이르렀는가?"

진림이 사죄하자, 조조는 그의 재능을 아껴 책망하지 않았다.

완우는 어려서 채옹에게 학문을 배웠다. 건안 연간에 도호都護 조홍이 서기를 담당하도록 했는데, 완우는 끝까지 응하지 않았다.[6] 조조는 진림과 완우를 동시에 사공군모좨주로 임명하여 기실記室을 담당하도록 했다. 군사나 나랏일에 관한 문서나 격문은 대부분 진림과 완우가 만들었다. 진림은 문하독門下督으로 옮겼고, 완우는 창조연속倉曹掾屬이 되었다.

응창과 유정은 각각 조조에게 초빙되어 승상연속이 되었다. 응창은 평원후의 서자가 되었고, 후에 오관장문학이 되었다. 유정은 불경죄로 형을 받았고, 형이 끝나자 서리署吏에 임명되었다.[7] 모두 수십 편의 문과 부를 지었다.

---

6) 조조는 평소부터 완우의 명성을 듣고 있었으므로 그를 불렀지만 완우는 응하지 않았다. 연이어 재촉하자 산으로 도망갔다. 조조는 사람들에게 산에 불을 질러서 완우를 찾도록 했다. 그때 조조는 장안을 토벌하고 빈객을 대대적으로 초대했는데, 완우에게는 노하여 말을 하지 않고 예인들 사이로 들여보냈다. 완우는 음악을 잘 이해하고 금슬을 탈 줄 알았으므로 그대로 현을 당겨 노래했다. 노래 가사를 지어 "혁혁한 천문天門이 열리고, 위대한 위나라는 운세에 응한다. 수레 덮개는 구주를 도는데, 동쪽에 있으면 서쪽 사람이 원망한다. 선비는 자기를 알아주는 자를 위해 죽고, 여자는 자기를 즐겁게 해주는 자를 위해 꾸민다. 은혜와 의기가 펴진다면 다른 사람이 어떻게 어지럽히겠는가?"라고 했다. 곡조가 빠르고 음성은 묘했으므로 예인들 중 으뜸이었다. 조조는 매우 기뻐했다.

완우가 사망했다.

서간·진림·응창·유정이 죽었다. 조비는 원성현 元城縣의 영슈 오질吳質에게 편지를 써서 말했다.

작년에 역병이 유행하여 친척과 친구 대부분이 병에 전염되었고 서간·진림·응창·유정은 동시에 세상을 떠났소. 고금의 문인들을 살펴보면, 사소한 행동을 지키지 않았고, 명예와 절조가 스스로 확립될 수 있었던 자는 매우 적었소. 서간만은 교양과 질박함을 갖추었고, 명리를 탐내는 마음이 없었으며, 욕심이 없었고, 기산(箕山, 은둔한다는 말)의 뜻을 품고 있으므로 조화를 이룬 군자라고 할 수 있소. 그는 〈중론 中論〉을 스무 편 넘게 지었는데, 문사와 내용이 단아하여 충분히 후세에 전해질 수 있소. 응창은 항상 작품을 지으려는 뜻을 갖고 있었으며, 재능과 학식은 책을 짓기에 충분하지만, 아름다운 뜻은 완수하지 못했으니 실로 애석하오! 진림의 장章과 표表는 문체가 강건했지만 약간은 번잡했소. 유정은 편안한 기상이 있었으나 강건함이 부족했소. 완우의 서書와 기記는 매우 아름다워 읽으면 즐거웠소. 왕찬은 사辭와 부賦가 뛰어났는데, 안타깝게도 몸이 약하여 문장을 세울 수 없었으나 그가 만든 좋은 작품은 고인들도 넘지 못했소. 옛날 백아는 종자기 때문에 금슬의 현을 끊었고, 공자는 자로子路 때문에 육장(肉醬, 포를 썰어 누룩과 소금을 섞어서 술에 담근 음식)을 엎었소. 전자는 음악을 이해하는

226

---

7) 유정은 글을 잘 지어 조조뿐만 아니라 조비에게도 총애를 받았다. 그 후 조비가 문학들을 초대하고 주연을 베풀어 한창 흥겨울 때, 부인 견씨에게 나가서 절을 하도록 했다. 좌중은 모두 엎드렸는데 유정만은 똑바로 쳐다보았다. 조비의 아버지 조조는 이 말을 듣고 유정을 체포했으나, 사형에 처하지는 않고 징역에 그쳤다.

자가 비운을 만난 것을 애통해하고, 후자는 문하생을 구하지 못해 상심한 것이오. 이 사람들은 비록 고인에게 미치지는 못해도 한 시대의 준걸이오.

영천 사람 한단순邯鄲淳과 번흠繁欽, 진류 사람 노수路粹, 패군 사람 정의와 정이, 홍농 사람 양수, 하내 사람 순위荀緯 등도 문체가 있었지만 이 일곱 사람과 함께 논할 수는 없다.

응창의 동생 응거應璩와 응거의 아들 응정應貞은 모두 문장으로 이름을 날렸다. 응거는 관직이 시중까지 이르렀으며, 응정은 함희 연간에 참상국군사參相國軍事가 되었다.

완우의 아들 완적阮籍은 재능이 뛰어나고 문체가 화려했지만, 세상의 구속을 싫어하고 방탕했으며, 욕심이 적고 장주(蔣周, 장자)를 모범으로 삼았으며, 관직은 보병교위步兵校尉에 이르렀다.

당시에 초군 사람 혜강嵇康이 있었는데, 문사가 웅장하고 화려하고 노자와 장자를 말하기 좋아하며, 기이함을 숭상하고 협기를 중시했다. 경원 연간에 이르러 사건에 연루되어 주살되었다.

경초 연간에 하비의 환위桓威는 연고도 없고 낮은 신분 출신이지만 열여덟 살에 《혼여경渾興經》을 지었으며 도가의 가르침에 따라 의견을 나타냈다. 제국齊國의 문하서좌門下書佐와 사도서리司徒署吏에 임명되었고, 나중에 안성현安成縣의 영令이 되었다.

오질은 제음 사람이고, 문학적 재능이 있어 조비에게 좋은 대우를 받았으며, 관직은 진위장군과 가절도독하북제군사假節都督河北諸軍事까지 승진했고 열후에 봉해졌다.

서예에 능했던 당대의 문장가

위기전衛覬傳

위기는 자가 백유伯儒이고, 하동군 안읍현安邑縣 사람이다. 어려서부터 조숙했고 재능과 학문으로 칭송받았다. 조조는 그를 불러 사공연속司空掾屬으로 삼고 무릉현의 영令과 상서랑에 임명했다. 조조가 원소를 정벌하려고 할 때, 유표는 군대를 일으켜 원소를 구원했으나 관중關中의 모든 장수는 중립을 지켰다. 익주목益州牧 유장劉璋과 유표가 틈이 벌어지자, 위기는 치서시어사治書侍御史가 되어 익주에 사신으로 갔고, 유장으로 하여금 군대를 파견하여 유표의 군대를 견제하도록 했다. 장안에 이르렀는데 길이 막혀 나아갈 수 없자 관중에 남아 진지를 구축했다. 당시 많은 유민이 관중으로 돌아왔는데, 관중의 여러 장수는 대부분 그들을 불러서 부하로 삼았다.

위기는 순욱에게 편지를 보냈다.

관중은 비옥한 땅이지만 갑자기 기근과 동란을 맞아 백성 중에서 형주로 흘러 들어간 수가 10만이나 되는데, 이들은 고향이 안녕함을 듣고 모두 돌아오기를 희망하고 있습니다. 그러나 돌아온 자는 스스로 살 방법이 없고, 장수들이 각기 다투어 불러 부하로 삼으려고 하고 있습니다. 군현 사람들은 가난하고 약하므로 그들과 싸울 수 없고, 병사들은 강성합니다. 하루아침에 변고와 동란이 발생하면 반드시 후환이 있을 것입니다.

무릇 소금은 국가의 큰 보물인데, 동란 이래로 방치되어 왔습니다. 응당 옛날처럼 사자를 두어 소금 매매를 감독해야 하며, 그 이익으로 얼룩소를 사서, 만일 돌아오는 백성이 있다면 그들에게 공급해야 합니다. 농경을 장려하고 곡물을 축적하여 관중을 풍요롭게 하십시오. 먼 곳에 있는 백성이 이 소식을 듣고 반드시 주야로 다투어 돌아올 것입니다. 또 사예교위에게 관중에 남아 다스려 그들의 주인이 되게 한다면, 장수들의 힘은 나날이 적어질 것이고, 관리와 백성은 나날이 풍성해질 것이니, 이는 근본을 강하게 하고 적을 약하게 하는 유리한 계책입니다.

순욱은 그의 의견을 조조에게 보고했다. 조조는 그의 건의를 받아들여 처음으로 알자복야謁者僕射를 파견하여 염관鹽官을 감독하도록 하고, 사예교위에게 홍농군을 다스리도록 했다. 관중이 복종하자, [순욱은] 곧 위기를 불러들이도록 진언하고 이 일을 계기로 상서로 승진시켰다.[8] 위나라가 세워진 이후, 위기는 시중으로 임명되었고, 왕찬과 함께 예의 제도를 관장했다. 조비가 왕위에 오른 후 상서로 전임되었다. 오래지 않아 한나라 조정으로 돌아가 시랑侍郎이 되었으며, 한나라 헌제에게 선양하도록 권하고, 선양할 조서의 초고를 만들었다. 조비가 제위에 오르자, 위기는 다시 상서가 되었으며 양길정후陽吉亭侯로 봉해졌다.

조예가 즉위하자 승진하여 문향후閿鄕侯로 봉해지고 식읍 3백 호를 받았다. 위기는 상주했다.

아홉 가지 법률이 고대로부터 전해져 내려와 형벌을 판단했는데,

그 내용이 미묘합니다. 1백 리 사방의 관리들은 모두 법률을 알아야만 합니다. 형법이란 국가에 매우 귀중한 것이지만, 사사로이 의론하는 자들이 가벼이 하고 천하게 하며, 옥리는 백성의 생명을 손에 쥐고 있지만, 옥리를 선발하여 사용하는 자들에게 천시를 받습니다. 국가 정치의 병폐가 반드시 이로부터 야기되지 않은 적이 없습니다. 법률 박사를 두어 서로 법률을 가르치기를 청합니다.

조예는 그의 건의를 시행했다. 당시 백성이 빈곤한데도 노역은 끊임없이 늘어났으므로 위기가 상소해 말했다.

성정을 바꾸어 본성을 연마하는 것은 억지로 할 수 있는 것이 아닙니다. 다른 사람의 신하가 그러한 말을 하는 것은 쉽지 않고, 다른 사람의 군주가 그것을 받아들이는 것 또한 어렵습니다. 게다가 사람이

---

8) 한 왕조가 장안으로 옮기게 되자, 조정의 규범은 어지럽게 되었다. 허창으로 수도를 옮긴 후 점차 기강이 세워졌는데, 위기는 옛 법칙에 따라 바로잡고 결정하는 일을 많이 맡아 처리했다. 이때 관서의 장수들은 겉으로는 복종했지만 속으로는 믿지 않았다. 사예교위 종요는 3천여 명의 병사를 이끌고 관중으로 들어왔는데, 명목상으로는 장로를 토벌한다는 것이었지만 실제로는 장수들을 협박하여 인질로 삼으려고 했다. 조조가 순욱을 시켜 위기에게 물어보자 위기는 이렇게 주장했다. "서쪽의 장수들은 모두 소인을 우두머리로 하여 복종하고 있고 천하에서 활약하려는 의지가 없는데, 지금의 안락함을 구하겠습니까? 지금 국가가 그들에게 두터운 작호를 준다면, 그들이 희망하는 바를 얻게 되어 커다란 변고는 없을 것이고, 변고가 일어나리라는 걱정을 안 해도 됩니다. 만일 병사들을 이끌고 관중으로 들어간다면 마땅히 장로를 토벌해야겠지만, 장로는 깊은 산속으로 들어가 길은 통하지 않으니, 그의 장수들은 의심을 품게 될 것입니다. 한 차례 서로 놀라 소란을 피운다면, 땅은 험하고 군세는 강력하므로 아마 우리에게 걱정거리가 될 것입니다!" 순욱은 위기의 주장을 조조에게 보고했다. 조조는 처음에는 그것에 찬성했지만, 종요가 그 임무를 담당하게 되자 종요의 견해에 따르게 되었다. 병사가 진군하기 시작하자 관우關右는 대반란을 일으켰다. 조조가 친히 정벌하여 겨우 평정했지만, 죽은 자는 헤아릴 수 없을 정도였다. 조조는 위기의 생각을 따르지 않은 것을 후회하고, 이후로 위기를 더욱 존중했다.

좋아하는 것은 부귀영화이고, 싫어하는 것은 빈천하고 죽는 것이지만, 이 네 가지는 모두 군주로부터 결정됩니다. 군주가 그것을 좋아하면 부귀영화를 누릴 것이고, 군주가 그것을 싫어하면 빈천하고 죽을 것입니다. 군주의 뜻에 순종하는 것은 애정이 생긴 까닭이고, 군주의 뜻에 거스르는 것은 증오가 생긴 까닭입니다. 때문에 신하들은 모두 주군의 뜻에 순종하려고 다투고 뜻을 거스르는 것을 피합니다. 집을 파괴하여 국가를 위하고, 몸을 죽여 군주를 성공으로 이끄는 자가 아니면, 누가 군주의 안색을 범하고, 거리끼는 것에 저촉하면서까지 계책을 세우고 진언하겠습니까? 폐하께서 이 점에 유의하여 살피시면 신하의 진정을 이해하실 수 있습니다.

지금 나랏일을 논의하는 사람들은 대부분 귀를 즐겁게 하는 말을 하기 좋아하여, 정치를 말하면 폐하를 요순에 비교하고, 정벌을 말하면 오와 촉 두 적을 너구리나 쥐에 비유하는데, 신의 생각은 이와 같지 않습니다. 옛날 한나라 문제 때 제후국의 세력이 강대했으므로, 가의는 나라가 위험하게 되었다고 생각하고 길게 탄식했습니다. 하물며 천하는 셋으로 나뉘었으며 선비들은 힘을 다하여 저마다 자신의 군주를 위하고 있습니다. 투항해오는 사람은 사악함을 버리고 정의로 돌아왔다고 말할 수 없고, 모두 곤란함과 위급함에서 도망쳐 왔다고 말할 수 있습니다. 이것이 여섯 나라로 나누어 통치했을 때와 다르다고 생각지 않습니다.

지금 천 리에는 밥하는 연기가 보이지 않고 유민들은 가난과 고통을 안고 있는데, 폐하께서 이런 일에 충분히 유의하지 않으시면 쇠망하고 피폐하여 다시는 소생할 수 없습니다. 예법에는 천자가 사용하는 기물에 반드시 금이나 옥의 꾸밈이 있어야 하고, 음식과 안주에는 반드시 여덟 가지 진미가 있어야 하며, 흉년이 되면 음식을 줄이고 복장을 소박하게 해야 한다고 했습니다. 그러므로 사치와 절약의 조절은 반드시 세상의 풍요로움과 빈궁함에 의거해야 합니다. 무황제 때, 후궁의 식사에는 고기반찬이 한 가지뿐이었고, 의복은 비단을 사용하지 않았으며, 자리는 수식을 하지 못했고, 기물에는 붉은 칠을 하지 않았는데, 이로써 천하를 평정하고 자손에게 복을 만들어주었습니다. 이러한 것은 모두 폐하께서 직접 보셔야만 하는 것입니다.

지금의 임무는 군신과 상하가 함께 주의하여 방책을 생각하고, 국고의 재산을 계산하고, 수입을 헤아려 지출하는 것입니다. 구천이 인구를 늘린 방법(구천이 오나라에 패한 뒤 화친 정책을 취하면서 내치에 힘써 결국 오나라를 멸망시키고 패주가 된 것을 가리킴)을 깊이 생각해도 오히려 미치지 못할까 두려운데 지금 상방에서 만든 금은 기물은 더욱 늘어나고, 공사와 부역은 끊이지 않으며, 사치스러운 기풍은 나날이 성행하고, 국고는 나날이 텅 비어가고 있습니다. 옛날 한나라 무제는 신선의 도를 믿고 구하여 구름 끝 이슬과 옥가루를 함께 먹으면 장생한다고 생각했기에 선장(仙掌, 높이 세운 손 모양의 그릇)을 세워 구름 이슬을 얻으려 했습니다. 폐하께서는 박식하고 현명하여 항상 그를 조소하셨습니다. 무제는 이슬을 구하려다 오히려 비난을 당했다지만 폐하께서는 이슬을 구하지도 않으시면서 헛되이 선장을 세우셨습니다. 이익 될 것도 없는데도 좋아하며 인력과 비용을 낭비하고 있으니, 진실로 성스러운 생각으로 마땅히 명확하게 제정해야 합니다.

위기가 한과 위의 시대를 통하여 때때로 충언을 바친 것이 모두 이와 같았다.

조서를 받아 저작을 담당하고 《위관의魏官儀》를 지었으며 모두 수십 편을 짓고 엮었다.

그는 고문·전서·예서·초서를 좋아했으며 뛰어나지 않은 것이 없었다. 건안 연간 말에는 상서우승尙書右丞 하남의 반욱潘勗[9]이, 황초 연간에는 산기상시散騎常侍 하내의 왕상王象이 또한 위기와 함께 문장으로 빛났다. 위기가 죽자 시호를 경후敬侯라고 했다. 아들 위관衛瓘[10]이 뒤를 이었다. 위관은 함희 연간에 진서장군鎭西將軍이 되었다.

9) 반욱은 자가 원무元茂이다. 처음에는 이름이 지芝였으나 욱勗으로 바꾸었는데, 휘諱를 피하기 위함이었다고 한다. 그러나 누구의 휘를 피하려 했는지는 상세하지 않다. 어떤 이는 그가 헌제 때 상서랑이 되었고 우승右丞으로 옮겼다고 주장하기도 하는데, 이 역시 자세한 것은 알 수 없다. 단지 나이 쉰이 넘었을 때 동해東海의 상相으로 승진했으나, 발령을 받기 전에 상서좌승으로 제수되었고 그해 병으로 세상을 떠났다는 것만은 사실인 듯하다.

10) 위관의 자는 백옥伯玉이고, 마음이 맑고 정직하고 사고가 논리정연하여 이름이 있었다. 어려서는 부하傅嘏와 친하게 지냈다. 나이 스물에 상서랑이 되었고, 조정의 여러 관직을 지냈다. 진대晉代에 들어와 상서랑을 보좌하다가 초왕楚王 사마위司馬瑋에 의해 살해되었다.

조조의 촉 정벌을 만류하고 덕정을 권하다

유이전劉廙傳

유이는 자가 공사恭嗣이고, 남양군 안중현 사람이다. 열 살 때 경서를 강의하는 학당에서 놀고 있는데 영천 사람 사마휘司馬徽가 그의 머리를 쓰다듬으며 말했다.

"애야, 애야, '황색黃色이 가운데 있으니 도리에 통한다.'(내재된 인품이 훌륭하면 저절로 사물의 이치를 터득하게 된다는 뜻)[11]'는 것을 어찌 스스로 알지 못하느냐?"

유이의 형 유망지劉望之는 당시 매우 유명했는데, 형주목 유표가 그를 불러 종사로 삼았다. 그러나 그의 친구 두 명은 모두 참언과 비난으로 유표에게 살해되었다. 유망지는 바른말로 간언했는데 유표의 뜻과 부합하지 않자 관직을 버리고 고향으로 돌아왔다.

유이가 유망지에게 말했다.

"조간자趙簡子가 명독(鳴犢, 조나라의 대부 두씨竇氏)을 살해하자 공자는 수레를 조나라로 돌렸습니다.[12] 지금 형님이 이미 유하혜(柳下惠, 춘추시대 노나라의 현명한 대부)가 지혜의 빛으로 세속과 동화한 것을

---

11) 이 구절은《역易》의 곤괘坤卦에 보이는 말인데, 황색은 오행五行의 중앙에 있는 색으로 사방四方의 색(청青·적赤·백白·흑黑)과 통한다.

본받을 수 없다면 마땅히 범려范蠡[13]를 본받아 [봉토를] 외곽으로 옮겨야 합니다. 형님은 집 안에 앉아서 스스로 외부 세계와 왕래를 끊고 있는데, 이는 옳지 않은 듯합니다."

유망지는 그의 충고를 듣지 않다가, 곧 모함을 당해 살해되었다.[14] 유이는 두려워서 양주로 도망가 조조에게 귀의했다. 조조는

---

12) 진晉나라 소공 때 대부(大夫, 제후의 외족外族이면서 관직이 있는 자)들의 세력이 커지고 공족公族의 세력이 약해졌는데, 조간자가 대부가 되면서 국정을 제멋대로 휘둘렀다. 당시 조간자는 천하의 권력을 장악하려고 그의 상相에게 "조나라에는 독주가 있고, 진나라에는 탁명이 있으며, 노나라에는 공구(孔丘, 공자)가 있습니다. 내가 세 사람을 죽인다면 천하에서 왕이라고 할 수 있습니다."라고 말했다. 그래서 독주와 탁명을 불러들여 살해했다. 그리고 사자를 시켜 공자를 불러들이려 했다. 사자는 뱃머리를 향해 "공자가 배에 오르면 바다 중간에서 물에 빠뜨려 죽여라."라고 했다. 공자가 도착하자, 사자는 소고기를 바치며 환대했다. 그런 모습을 본 공자는 하늘을 우러러 탄식하며 "아름답구나, 물이여. 넓디넓구나. 내가 이 물을 건너지 못하는 것은 운명이로다!"라고 했다. 제자 자로가 나아가 말하기를 "감히 묻건대 무슨 말씀이십니까?"라고 했다. 공자가 말했다. "독주와 탁명은 진晉나라의 현명한 대부다. 조간자는 자신의 야심을 채우기 전에는 의견을 듣고 정치를 했으나, 그 야심이 채워지자 그들을 죽였다. 황룡은 호수로 돌아가지 못했고, 봉황은 작은 새장을 떠나지 못했다. 때문에 태아를 파내고 삼림을 불태운다면 기린은 온전하지 못할 것이고, 새 둥지가 엎어져 알이 깨진다면 봉황은 날아가지 않을 것이며, 연못을 말려 물고기를 잡아 없앤다면 거북이나 용은 나타나지 않을 것이다. 새나 짐승은 냉혹한 곳을 피할 줄 아는데, 하물며 나야 어떻겠느냐? 때문에 호랑이가 포효하면 바람이 일어나고, 용이 날면 구름이 나타나며, 정원의 종을 밖에서 치면 황종(黃鐘, 음율 이름)의 울림이 안쪽에서 응하는 것이다. 대체로 유사한 종류의 사물이 서로 감응하고, 울림이 소리에 응하고, 그림자가 형체를 본받는다. 때문에 군자는 그 같은 부류를 상하게 하는 것부터 멀어지는 것이다." 그러고는 수레를 돌려 돌아왔다.

13) 범려는 월나라 왕 구천을 도와 오나라를 멸망시키는 데 큰 공을 세우고 이름을 떨쳤다. 그 뒤 친구와 향당鄉黨에 재산을 나누어주고 관직을 떠났다. 도陶 땅에 숨어 살면서 큰 부자가 되었다.

14) 유표가 유망지를 살해하자, 형주의 선비와 백성은 위기감을 느꼈다. 유표의 본심은 유망지를 경시한 것은 아니었으나 솔직한 간언을 받아들일 도량이 없었던 것이다. 유표가 초나라 모든 지역을 지배할 수 없었던 것은 반드시 이로부터 말미암았다. 은나라 말기 백이와 숙제는 주 무왕에게 반대한 일로 명성을 날렸으며, 진한秦漢 초기 정공丁公은 고조의 뜻대로 처형당했는데, 두 군주의 도량은 유표와 상당한 차이가 있다.

그를 불러 승상연속으로 임명했으며 오관장문학으로 전임시켰다. 조비는 그를 그릇감으로 평가하고 초서를 익히라고 명령했다. 유이는 편지로 답했다.

본래 존비尊卑에 차이가 있는데, 이것은 예에서 항상 구분하는 것입니다. 때문에 저는 구구한 절개를 지키며 감히 마음대로 초서를 닦지 못했습니다. 저는 반드시 엄격한 명령이 있는 것처럼 하고 진실로 공로와 겸허한 본뜻을 알고 있으며, 결코 저것처럼 높은 특별한 출신을 귀하게 여기지 않고 이와 같은 청빈한 선비임을 귀하게 여기고 있습니다. 곽외郭隗가 연나라에서 경시받지 않았고 구구(九九, 셈법)가 제나라에서 홀시당하지 않았으므로[15] 낙의가 스스로 연나라를 방문하자 제나라의 패업은 흥성했습니다. 개인의 절조를 훼손시켜 폐하의 숭고한 미덕을 성취할 수 있다면, 비록 제가 어리석고 재능은 없지만 어찌 감히 사양하겠습니까?

위나라가 처음 세워졌을 때 유이는 황문시랑이 되었다.

조조는 장안에 있으면서 직접 촉나라를 정벌하려고 생각했다. 유이가 상소했다.

성인은 지혜를 갖고 있으므로 세속의 의견을 가볍게 여기지 않고,

---

15) 구구의 산술에 의거하여 환공을 구했지만, 환공이 받아들이지 않았다. 낙의가 "구구는 작은 기술입니다. 그것을 그대가 받아들이게 된다면, 구구보다 큰 능력은 어떠한 것입니까?"라고 했다. 그래서 환공은 조정에서 최고의 예를 갖추어 그와 만났다. 오래지 않아 습붕隰朋이 멀리서 방문했고, 제나라는 패자가 되었다.

왕이 된 자는 다른 사람의 의견으로 그들의 건의를 버리지 않습니다. 그러므로 천 년 뒤에 남길 공업을 이룰 사람은 반드시 가까운 곳으로써 먼 곳을 살피고, 지혜를 갖고 주도적으로 판단하는 사람은 아랫사람에게 묻는 것을 부끄러워하지 않으며, 넓게 의견을 모으려면 반드시 뭇사람의 의견을 모두 수렴해야 합니다.

다룬 가죽과 활시위는 말을 할 수 없는 사물이지만, 성인과 현인은 그것을 가까이 두어 스스로를 바로잡았습니다. 신은 재능이 부족하고 지혜가 얕지만, 스스로가 다룬 가죽과 활시위에 비유되기를 원합니다. 옛날 낙의는 약소국 연나라로 대국 제나라를 격파했는데, 가볍게 무장한 병사로 즉묵을 평정할 수 없었던 것은, 스스로 계획을 세우는 자는 비록 약할지라도 반드시 강해지고, 스스로 무너지려 하는 자는 비록 강할지라도 반드시 패하기 때문입니다.

전하께서 군대를 일으킨 이래 30여 년 동안 적 가운데 무찌르지 못한 자가 없고, 강적 중에서 복종하지 않은 자가 없습니다. 지금 사해 안의 병력은 백전백승의 위세가 있으나, 손권은 오나라에서 험한 곳에 의지하고, 유비는 촉에서 귀순하지 않았습니다. 오와 촉의 신하들은 기주의 병졸에 대적하지 못하고, 손권과 유비의 실적은 원소의 사업에 비교되지 못하지만, 원소가 망했는데도 두 적을 아직 이기지 못하는 것은 명공께서 현재는 어리석고, 과거에는 지혜와 용기가 있었기 때문이 아닙니다. 스스로 계획한 자와 스스로 붕괴하려는 자는 형세가 다른 것입니다. 때문에 주 문왕은 숭崇을 정벌하려고 세 번이나 출정했지만 함락시키지 못하고 돌아와 덕을 닦은 연후에야 그들을 정복했습니다. 진秦나라가 제후로 되었을 때, 정벌할 때마다 반드시 항복시켰는데, 천하를 겸병하고는 동쪽으로 향하고 제帝라고 칭했으나, 한 백성(진섭陳涉을 가리킴)이 큰 소리를 내자 나라는 패망했습니다. 이것은 힘을 밖으로 사용하며 안에 있는 백성을 진휼하지 않은 결과입니다. 신은, 변방의 적이 육국六國 때 진나라와 맞선 적이 아니고, 세상에는 인재가 적지 않아 흙이 무너져 내리는 형세일까 두려우니 이것을 살피지 않을 수 없습니다.

천하에는 이중의 이익이 있고 이중의 손실이 있습니다. 얻을 수 있는 형세에 이르러 얻으려고 노력하는 것이 이중의 이익입니다. 얻을 수 없는 형세에 이르러 얻으려고 노력하는 것이 이중의 손실입니다. 지금의 계획에 관해서는 사방의 험난한 지형을 헤아리고, 반드시 요충지를 선택하여 그곳을 지키고, 천하의 뛰어난 무사들을 뽑아 각 방면의 수요에 근거하여 매년 바꾸어주는 것만 못합니다. 전하께서 광대한 어전에서 베개를 높이 하고 전심으로 나라를 다스리는 방법을 생각하시어, 농업과 양잠을 확대하고, 절약하고 정치를 하며, 10년간 이러한 태도를 지키신다면 나라는 부유해지고 백성은 안정될 것입니다.

조조는 앞으로 나가서 유이에게 답장했다.

단지 군주가 신하를 알아봐야만 되는 것이 아니라 신하 또한 군주를 알아봐야 한다. 지금 나로 하여금 앉아서 주 문왕의 덕을 행하도록 하려고 하는데, 내가 이런 사람이 아닌 것이 두렵다.

위풍이 반역했을 때, 유이의 동생 유위劉偉가 모반에 연루되었으므로[16] 유이는 연좌되어 처형당해야만 했는데, 조조가 명을 내렸다.
"숙향은 동생 양설호羊舌虎의 죄에 연좌되지 않았으니, 이것이 옛 제도다."

특별히 유이를 사면하고 책임을 묻지 않았으며, 부서를 바꿔 승상창조속丞相曹屬으로 삼았다. 유이는 상주문을 올려 감사의 말을 했다.

신의 죄는 응당 종족을 멸해야 하고, 화는 마땅히 일족을 멸해야 합니다. 하늘과 땅의 신령을 만나고 때마침 오는 운행을 만나서 때로는 열을 올리고 때로는 식혀서 타 없어지게 하지 않는 것이니, 꺼진 재에서 연기가 나고 고목에 꽃이 피게 되었습니다. 만물은 천지에서 받은 은혜에 보답하지 않고, 아이들은 부모로부터 받은 생명에 감사하지 않는데, 자기의 생명을 희생하여 보답할 수 있어야 합니다. 신의 마음을 붓으로 서술하기는 어렵습니다.

유이는 저서가 수십 편 있으며, 정의와 함께 형법과 예절에 관해 논한 글들도 모두 세상에 전해지고 있다. 조비가 왕위에 오르자 시중으로 임명되었고, 관내후의 작위를 받았다. 황초 2년(221)에 죽었는데 아들이 없었으므로 동생의 아들인 유부劉阜에게 후사를 잇도록 했다.

---

16) 유이의 동생 유위는 위풍과 친했다. 유이는 그에게 "무릇 벗과 사귐의 뜻은 아름답고 현명한 사람을 얻는 데 있으므로 살피지 않을 수 없다. 그런데 세상의 사귐은 인물을 살펴 선택하지 않고 무리끼리 합치는 데 힘쓰고 있어, 과거 성인들이 이르신 의미를 위배하고 있다. 이것은 자신을 후덕하게 하고 도의를 기르는 것이 아니다. 내가 보기에 위풍은 덕행을 닦지 않았으며, 무리를 모으는 데만 힘쓰고, 겉만 화려하고 내실은 기하지 않았다. 이런 사람은 세상을 혼란스럽게 하고 이름을 더럽히는 자다. 너는 신중하게 대처하여 다시는 그와 사귀지 마라."라고 경고했다. 그러나 유위는 따르지 않았기 때문에 이러한 재난에 직면하게 되었다.

예와 경학에 밝았던 유학자

유소전劉邵傳

유소는 자가 공재孔才이고, 광평군廣平郡 한단현邯鄲縣 사람이다.

| 건안 연간 | 계리計吏가 되어 허창으로 왔다. 태사太師가 글을 올려 말했다.

정월 초하루에 일식이 있을 것입니다.

유소는 당시 상서령 순욱의 관부에 있었다. 앉아 있는 자가 수십 명이었는데, 어떤 이는 새해에 지내는 조묘朝廟의 제사를 폐지해야 한다고 하고, 어떤 이는 조회를 뒤로 물려야 한다고 했다. 유소가 말했다.

"재신梓慎과 비조裨竈는 고대의 뛰어난 사관인데, 수재와 화재의 점占에서는 잘못하여 천시天時를 잃었습니다.《예기》〈증자문曾子門〉에 제후가 천자를 아침에 알현할 때 문 앞까지 와서 예를 다하지 못하는 경우는 네 가지인데,[17] 일식이 그중 한 가지입니다. 그러나

---

17) 일식, 태묘太廟에 불이 난 경우, 후궁 중에 상사喪事가 있을 경우, 빗물이 조복朝服에 스며들어 의관이 정제되지 않은 경우를 말한다.

성인이 제도를 정할 때 변이 때문에 먼저 조례朝禮를 폐지하지는 않습니다. 왜냐하면 그것은 어떤 때는 재난과 변괴가 점점 사라져가기도 하고, 어떤 때는 미리 알아보는 기술에 잘못이 있기도 하기 때문입니다."

순욱은 그의 말에 매우 찬성했다. 명령을 내려 조회를 옛날처럼 하도록 하자, 일식 또한 일어나지 않았다. 어사대부御史大夫 치려郗慮가 유소를 초빙하려는데, 마침 치려는 면직되었다. 유소는 태자사인太子舍人에 임명되고 비서랑秘書郎으로 승진했다.

| 황초 연간 | 상서랑과 산기시랑散騎侍郎이 되었다.

조서를 받아 오경에 관한 여러 가지 서적을 모으고 분류하여《황람皇覽》을 만들었다. 조예가 즉위하자 지방으로 나가 진류 태수가 되어 교화를 존중했으므로 백성은 그를 칭찬했다. 불러서 기도위로 임명하고, 의랑 유역庾嶷·순선筍詵 등과 법령을 제정하여《신률新律》열여덟 편을 짓고《율략론律略論》을 썼다. 산기상시로 승진했다.

이때 공손연公孫淵이 손권에게서 연왕燕王의 작호를 받았다는 것을 듣고, 논의하는 사람들은 공손연의 계리를 억류하고 병사를 보내 그를 토벌하자고 주장했다.

유소는 말했다.

"옛날 원상 형제는 공손연의 부친인 공손강公孫康에게 의지했는데, 공손강은 그들의 머리를 베어 보냈습니다. 이것은 공손연의 선대先代가 충절을 지킨 것입니다. 또 전해 들은 일의 허와 실이 분명한지 알 수 없습니다. 고대에는 먼 곳에서 복종하지 않으면 안으로 덕을 닦고 그들을 정벌하지 않았는데, 그것은 백성을 수고롭게 하지 않는 것을 중요시했기 때문입니다. 공손연에게 관대하게 대해 그가 스스로 새로 바꿀 기회가 있도록 해야만 합니다."

후에 과연 공손연은 손권의 사자 장미張彌 등의 머리를 베어 보냈다. 유소는 일찍이 〈조도부趙都賦〉를 지었는데, 조예는 그것을 매우 좋아했으며, 유소에게 조서를 내려 〈허도부許都賦〉와 〈낙도부洛都賦〉를 짓도록 했다.

당시 나라 밖에서는 전쟁이 계속 일어났는데, 안에서는 궁전을 짓고 있었다. 유소는 두 편의 부를 지었는데, 모두 풍자와 간언의 뜻이 들어 있었다.

| 청룡 연간 | 오나라가 합비를 포위했다. 당시 동쪽에 있던 관리와 병사 들은 모두 교대로 휴가를 보내고 있었다. 정동장군 만총은 표를 올려 중앙군의 병사를 요청하고, 아울러 휴가 중인 장수와 병사 들을 불러, 집결을 기다렸다가 오를 공격하기를 원했다.

유소의 의론은 이러했다.

"적은 방금 합비에 도착했으므로 싸우려는 마음이 한결같을 것이고, 기세는 날카로울 것입니다. 만총은 적은 수의 병사로 그 영지에서 싸우게 되었습니다. 만일 즉시 나아가 공격한다면 결코 적을 제어할 수 없을 것입니다. 만총이 구원병을 청했는데, 잘못된 것이 있지 않습니다. 제 생각으로는 먼저 보병 5천 명과 정예 기병 3천 명을 파견해 군대가 선봉에서 출발할 때 대군이 길을 가는 소리를 내면, 강력한 형세를 과시할 수 있습니다. 기병이 합비에 도착한 후 대열을 흩어지게 하고, 깃발과 북을 많이 설치해 적에게 성 아래의 병력을 과시하도록 합니다. 적을 유인하여 끌어낸 후, 돌아가는 길을 막고 양도糧道를 끊어야 합니다. 적은 대군이 왔고 기병이 배후를 끊었다는 것을 들으면 반드시 두려워하여 급히 달아날 것이니, 싸우지 않고도 자연스럽게 적을 격파시키게 됩니다."

황제는 그의 건의를 따랐다. 군대가 합비성에 도착하자 적은 과연 물러나 돌아갔다.

당시 황제는 조서를 내려 현명한 사람을 널리 구했다. 산기시랑 하후혜夏侯惠가 유소를 천거하며 말했다.

"저는 항시 유소를 관찰했는데, 충성심이 깊고 생각이 깊으며 여러 방면에 재능이 있고, 복잡한 능력은 넓고 깊은 원류를 갖고 있습니다. 때문에 크건 작건 재능이 있는 신하들은 모두 자신과 같은 능력을 갖고 있다고 판단하고 있습니다. 그래서 성실한 선비들은 그의 온화하고 단정한 품행에 감복하고, 청정한 사람들은 그의 심원함과 겸허함을 흠모하며, 문학하는 선비들은 그의 추리가 상세하고 정밀함을 칭찬하고, 법률에 익숙한 선비들은 조문에 대한 그의 정확한 판단을 알고 있으며, 사색하는 선비들은 그의 깊고 확고한 사고를 알고 있고, 문장을 좋아하는 사람들은 그의 저서와 논문, 운필運筆을 좋아하며, 제도를 제정하는 선비들은 그의 역사적 변천의 개략과 근본에 밝음을 찬미하고, 계책을 세워 도모하는 사람들은 그의 생각의 민첩함과 미묘함을 칭찬하고 있습니다. 무릇 이러한 평론은 모두 자기의 장점을 취해 그의 지류를 열거한 것입니다. 신은 여러 번에 걸쳐 그의 청담을 들었고, 그의 깊은 논의를 보았으며, 오랜 세월 감화를 받았고, 마음속으로 그를 존경했으니, 진실로 조정을 위해 그의 기량을 특별히 평가하고 있습니다. 이와 같은 인물이라면 기틀이 되는 일을 보좌하고 측근에 두어 의견을 말하도록 하여 받아들이며, 나라를 다스리는 도와 함께 융성해야 하는데, 세속에 항상 있는 사람은 아니라고 생각합니다. 오직 폐하께서 여유로울 때 의견을 듣는 은혜를 베풀고, 저 유소로 하여금 폐하가 한가하고 기쁠 때 제 의견을 면전에서 다 말하도록 하십시오. 그러면 폐하의 덕음德音은 전해질 것이고, 폐하의 광휘는 나날이 새로울 것입니다."

조서를 받아《도관고과都官考課》를 지었다. 유소가 상
소했다.

　백관에 대한 근무 평가는 국가 정치의 중요한 기틀이지만 역대로
실행하려고 하지 않았으며, 이 때문에 정치의 법전은 완전하지 못하
지만 보충되지 않았고, 유능한 자와 무능한 자가 뒤섞여 구분할 수 없
게 되었습니다. 폐하는 성인의 위대한 지략으로 국가 기강의 느슨함
을 가슴 아파하고, 내심 걱정하다가 밖으로 조서를 발표하셨습니다.
신은 폐하의 넓은 은혜를 입어 우매함을 깨우치고,《도관고과》일흔
두 조를 지었으며, 또〈설략說略〉한 편을 지었습니다. 신은 학문이 적
고 식견이 얕으므로, 실제로 폐하의 뜻을 널리 선양하고 법전을 지어
제도를 정하는 일에는 충분하지 않습니다.

　또 응당 예약 제도를 제정하여 풍속을 바꾸어야 된다고 생각하
고,《악론樂論》열네 편을 지어 완성했으나 위로 바치지는 않았다.
마침 조예가 붕어했으므로 시행하지 못했다.

경학을 손에 들고 강의했으며, 관내후의 작위를 받았
다. 그가 평생 편찬한 저술은《법론法論》,《인물지人物志》등 1백여 편
이 있다. 죽은 후 광록훈光祿勳으로 추증되었으며, 아들 유림劉琳이
후사를 이었다.

　유소와 같은 시대에 산 동해 사람 무습繆襲도 재능과 학식이 있었
으며, 많은 문장을 썼다. 관직은 상서·광록훈까지 이르렀다.

　무습의 친구 산양 사람 중장통仲長統[18]은 동한 말기에 상서령으로
임명되었으나 요절했다.〈창언昌言〉을 지었는데, 언사가 아름다워

볼만하다.

산기상시 진류 사람 소림蘇林과 광록대부 경조 사람 위탄韋誕, 낙안 태수 초국 사람 하후혜, 진군 태수 임성 사람 손해孫該, 낭중령郎中令 하동 사람 두지杜摯 등도 문장과 부를 써서 자못 세상에 전해졌다.

18) 중장통은 자가 공리公理이며, 어려서부터 학문을 좋아하고, 폭넓게 독서를 했으며, 문장 표현이 풍부했다. 스무 살 무렵 청주·서주·병주·기주 일대로 유학했는데, 그와 사귄 자들은 대부분 그를 높이 평가했다. 병주 자사 고간은 원래부터 신분이 높고 명성이 있었고, 고향을 떠나 있는 사방의 인사들을 초빙했으므로 그에게 몸을 의탁한 자가 많았다. 중장통이 고간을 방문하자, 고간은 그를 특별히 대우하고 세상일에 대해 질문했다. 중장통은 고간에게 말하기를 "당신은 웅대한 의지를 갖고 있지만 큰 재능은 없고, 인물을 좋아하지만 인물을 바르게 선택할 수 없습니다. 때문에 그대를 위해 깊이 경고하는 것입니다."라고 했다. 고간은 평소 자신의 능력을 과신했으므로 중장통의 말을 받아들이지 않았다. 중장통이 떠나고 얼마 지나지 않아서 고간은 원하는 바를 이루지 못했다. 이 때문에 병주와 기주 인사들은 중장통을 알게 되었다.
중장통은 대사농 상림尙林과 상당에서 함께 있었는데, 용감하게 직언하고 작은 일에 구애받지 않았으며, 매번 군에 초빙되었지만 병을 핑계로 취임하지 않았다. 침묵하고 있다가 평상시와 다른 모습을 보이기도 했으므로, 당시 사람들은 그를 미쳤다고 했다. 한 헌제가 허도에 있을 때 상서령 순욱은 중요한 일을 담당하고 있었는데, 중장통의 이름을 듣고 초빙하여 상서랑으로 삼았다.

오 정벌에 공을 세운 사마소의 정책 보좌관

부하전傅嘏傳

부하는 자가 난석蘭石이고, 북지군北地郡 이양현泥陽縣 사람이며, 부
개자傅介子의 후손이다. 백부 부손은 황초 연간에 시중상서를 지냈
다. 부하는 약관의 나이일 때부터 이름을 알렸으며,[19] 사공司空 진군
陳羣에게 불려가 속관이 되었다. 당시 산기상시였던 유소가 관리들
에 대한 공적 평가 제도를 만들었는데, 이 일을 삼공의 관소에서 토
론하게 되었다. 부하는 유소의 주장을 비난하며 논술했다.

---

19) 이때 하안은 재능과 변설이 있어서 황실에서 이름을 날렸으며, 등양은 시세의 변화에 응
하여 도당을 만들어 골목까지 명성을 팔았다. 하후현은 고관의 아들로 젊은 나이에 명성
이 있었으므로 그들 무리의 중심인물이었는데, 부하와 교제해보려고 요청했으나 받아들
여지지 않았다. 부하의 친구 순찬筍粲은 청결한 마음과 장래를 내다보는 식견을 갖춘 인
물이었는데, 이 점을 괴이하게 생각하고 부하에게 말했다. "하후태초(夏侯泰初, 하후현)
는 한 시대를 풍미하는 영웅이니, 빈 마음으로 교제하십시오. 교제를 하면 우정이 성립
되고 교제를 하지 않으면 원한이 싹틀 것입니다. 이것이 인상여가 염파를 깔보았던 이유
입니다." 부하가 대답했다. "태초는 자기 기량보다 큰 야심을 갖고 있고, 헛된 이름만 모
았을 뿐 실제로 재능은 없소. 하평숙(何平叔, 하안)은 말은 심원하지만 감정은 낮고, 변
설은 좋지만 성실하지 못하오. 이른바 일을 자신에게 이롭게 하는 사람은 나라를 뒤엎을
사람이오. 등현무(鄧玄茂, 등양)는 많은 일은 하는 인물이지만 끝까지 지속하지 못하오.
밖으로는 명예와 이익을 구하고 안으로는 관건이 없으며, 자기에게 동조하는 자를 귀하
게 여기고 반대하는 자를 증오하며, 발언을 많이 하는 인물을 질투하오. 발언을 많이 한
다고 하여 질투한다면 가까이 있는 자가 없게 될 것이오. 나의 관점에서 이 세 사람을 보
면 모두 덕망과는 거리가 먼 사람들이오. 그들을 멀리하여도 혹여 재난이 미칠까 두려운
데, 하물며 가까이하겠소?"

"제帝의 제도는 방대하고 깊으며, 성인이 나라를 다스리는 도는 오묘하고 심원하다고 들었는데, 만일 재능 있는 사람을 얻지 못한 다면 도는 실행될 수 없을 것이니, 신령스럽게 그것을 밝히는 것은 그 인물에게 달려 있습니다. 왕의 제도가 훼손된 이후로 성인의 도는 기록되지 않았으며, 정교하고 아름다운 말은 이미 손실되었습니다. 육경은 더럽혀지고 흠이 있게 되었습니다. 무엇 때문입니까? 성인의 도는 방대하고 깊지만, 직책을 맡은 사람들이 분명하게 깨우칠 수 없기 때문입니다. 유소의 관리에 대한 공적 평가 논의는 비록 이전 시대의 임용과 파면에 관한 문장에서 근거를 구하려고 했지만 그 제도는 정말로 결여되고 흩어져 잃어버렸습니다. 예 중 현존하는 것은 오직 주대의 전례典禮뿐입니다. 밖으로는 후侯와 백伯을 세워 구복을 보호하고, 안으로는 여러 관직을 세워 여섯 개의 직책을 담당하도록 하며, 토지에는 천자에게 바치는 일정한 세금이 있고, 관직에는 일정한 규칙이 있으며, 모든 관리는 임무를 맡고, 사농공상의 백성은 맡은 일이 다릅니다. 때문에 공적을 평가하는 것이 이치가 있었고, 관리를 선발하고 파면하는 제도는 쉽게 실행되었습니다. 위대한 위나라는 백왕의 뒤를 이었고, 진나라와 한나라의 공적을 계승했지만, 제도는 정돈이 되어 있지 않습니다. 건안 연간 이래로부터 청룡 연간에 이르기까지 신과 같은 무력을 갖고 동란을 다스리고 제위의 기초를 공고히 했는데, 흉악하고 반역하는 자를 쓸어내고 남은 적을 소멸시키며, 전쟁의 깃발을 거두었다가 폈다가 했으므로 매일 정무를 처리할 틈을 얻지 못했습니다. 나라와 군대를 다스릴 때 권력과 법률을 함께 사용하고, 관리는 군사와 나랏일 두 방면을 통하여 임명되며, 때에 맞게 적절히 처리하여 정치의 변화에 대응합니다. 과거의 제도를 오늘날에 시행하면 사태는 복잡하고 내용도 다르므로 적용이 곤란합니다. 그러한 원인은 적합한 법령을 만들면 오래 시행할 수는 있지만, 간혹 현실의 수요에 맞지 않을 수 있고, 당시의 일에는 부합되지만 후세에 전해질 수 없기 때문입니다. 관직을 세워 직무를 균등하게 하는 것은 백성을 바르게 다스리고 국가를 세우기 위한 근본이며, 법령에 따라 실적을 고찰하고 이미 제정된 법규를 규명하며 면려하는 것은 끝을 다스리기 위한 것입니다. 현재 나라를 다스리는 근본은 아직 세워지지 않았고, 법령의 세칙도 확정되지 않았으며, 국가의 정도政道도 존중되지 않는데 근무 평가를 하는 제도를 선행해서 현명한 자와 어리석은 자의 구분을 정하고 유형과 무형의 도리를 구분할 수 있을까 걱정됩니다. 이전에 선왕이 재능 있는 사람을 선택할 때는 반드시 고을과 마을에서 품행이 단정한 것을 기초로 하여, 학교에서 도의를 가르치고 덕행이 갖추어져 있으면 현자賢者라고 불렀고, 도덕을 닦은 자는 능자能者라고 불렀습니다. 향로鄉老는 왕에게 현자와 능자를 기록하여 바치고, 왕은 그것을 경의로써 수리하여 현자를 기용할 경우에는 지방으로 나가 장관이 되게 하고, 능자를 선택할 경우에는 중앙으로 들어와 행정을 담당하도록 했습니다. 이것은 선왕이 인재를 거두는 방법입니다. 지금 국가의 백성은 경성으로 나아가는데, 여섯 향鄉에서 추천한 적이 없고, 인재를 선발하는 직무는 이부吏部에 전임되었습니다. 품행을 살펴 선발한다면 실제 재능은 반드시 적합하지 않을 것이고, 공로의 많고 적음을 갖고 평가한다면 덕행이 아직 펼쳐지지 않았을 것입니다. 이와 같으면 가장 좋은 제도와 가장 나은 제도를 갖고 평가를 해도 인재를 충분히 쓸 수 없습니다. 조정의 제도를 통합적으로 서술하고, 국가의 전범에 전체적으로 조력하는 것은 내용이 심오하고 뜻이 넓으므로 모두 얻기 어렵습니다."

| 정시 연간 초 | 상서랑에 임명되었고 황문시랑으로 옮겼다. 당시 조상曹爽이 정치의 실권을 쥐고 있었으므로 하안何晏은 이부상서吏部尚書가 되었다. 부하는 조상의 동생 조희曹羲에게 일러 말했다.

"하안은 겉보기에는 조용하지만 속마음은 간사하고 이익을 좋아하여 근본적인 일에 힘쓸 생각을 하지 않고 있습니다. 나는 그가 먼저 당신의 형제를 미혹시킬 것이 두렵습니다. 그렇게 되면 어진 사람은 조정에서 멀어질 것이고, 조정의 정치는 파괴될 것입니다."

이런 까닭으로 하안 등은 결국 부하와 조화를 이루지 못하고 사소한 일을 계기로 부하를 파면시켰다. 집 안에 있으면서 형양 태수滎陽太守로 임명되었으나 가지 않았다. 태부太傅 사마의는 그에게 종사중랑從事中郎이 될 것을 청했다. 조상이 주살된 후 하남윤으로 임명되고[20] 상서로 승진했다.

부하는 항상 이렇게 생각했다.

---

20) 하남윤은 안으로는 황제가 있는 수도를 장악하고, 밖으로는 경기京畿를 통치하며, 고대의 육향육수(六鄕六遂, '향'은 주대 근교 지역의 행정 단위이고 '수'는 향의 외곽 지역의 행정 단위이다)의 통치를 겸하고 있다. 그 주민으로는 다른 지방에서 온 사람들이 섞여 있고, 호족·귀족·상인·북방 민족이 다수다. 이곳은 천하의 중심이자 이익이 모여 있는 곳이었으므로 흉악한 일이 일어났다. 이전에 윤尹의 자리에 있던 사마지는 어망의 크기를 너무 넓게 했고, 다음에 윤이 된 유정은 그 작은 망의 눈까지 매우 조밀하게 했으며, 그 후에 윤이 된 이등은 항구적인 법을 훼손시켜 일시적인 명성을 얻었다. 부하는 사마씨의 대강을 세워 바르게 하고, 유정이 만든 망의 눈을 잘라 경經과 위緯에 따라 처리하고, 이등이 훼손한 것을 점차로 보수했다. 군에는 7백 명의 관리가 있었는데, 반수 정도는 새로 임용되었다. 하남의 민간에 있는 유력자들은 오관연의 공조가 되어 관리 선발의 직무를 담당했는데, 모두 하남군 출신자를 임명하고 다른 군 사람은 기용하지 않았다. 부하는 양쪽에서 각각 훌륭한 자를 기용하여 한 조로 하여 사용하고, 직책을 나누어 담당하도록 한 후에, 순서에 따라 그들을 고찰했다. 그의 통치는 도덕 교화를 기본으로 했다. 그러나 법 적용에 일관성이 있었고, 법에 위반되는 일은 저지르지 않았다.

'진秦은 처음으로 제후를 폐지하고 군수를 설치했고, 관위를 설치하고 직책을 분배하여 고대 제도와 다르게 되었다. 한과 위는 진의 관제를 따랐으며 줄곧 지금까지 왔다. 유생과 학사가 모두 삼대三代의 예제로써 현재 제도를 개혁하려고 했지만, 그 예제가 넓고 심원하여 그 시대 정치와 합쳐지지 않았으며, 일과 제도가 위배되었고, 명칭과 실질이 부합되지 않았기 때문에 한 시대가 지나도록 천하를 다스리는 국면에 이르지 못했다. 그러므로 대대적으로 관제를 개정하고, 고대에 의거하여 근본을 바르게 해야 하는데, 지금은 황실이 매우 어려운 시기이므로 변혁할 수 없다.'

당시 논의하는 자들은 스스로 오를 토벌하려는 의견을 서술했고, 세 정토장군이 바친 계책이 각기 달랐다. 황상은 조서를 내려 부하의 의견을 물었고, 부하가 대답했다.

옛날 부차는 제齊나라를 누르고 진나라를 이겨서 중원에 위세를 떨쳤지만 고소대姑蘇臺에서 최후를 만났고, 제나라의 민왕湣王은 영토를 병합하고 변방을 개척하여 국토가 1천 리나 넓어졌지만, 그 자신은 나라가 뒤집히는 과정을 밟아갔습니다. 시작이 좋다고 끝이 반드시 좋은 것은 아닙니다. 이것은 고대에 증명되었습니다. 손권은 친히 관우를 격파하고 형주를 병합한 후에 야심이 넘치고 욕망이 가득해져 흉악함이 절정에 이르렀습니다. 이 때문에 선문후宣文侯는 원대한 계책을 제시했습니다. 현재 손권은 죽었고, 어린 아들은 제갈각諸葛恪에게 의탁하고 있습니다. 만일 그들이 손권의 가혹함을 바로잡고 가혹한 정치를 없애서, 백성은 혹독한 학대를 받지 않고 은혜로 안정되며, 조정의 안과 밖에서 함께 국사를 걱정하여 같은 배를 타고 가는 사람으로 여겨 걱정했다면, 비록 끝까지 안정을 지킬 수는 없을지라도 손권은 장강 밖 형주에서 멸망의 시기를 늦추어 생명을 연장할 수 있었습니다.

의론하는 사람들은 간혹 배를 띄워 장강을 건너 형주를 소탕하려고 하고, 간혹 사방의 길로 동시에 진격하여 그 성이나 보루를 공격하기를 원하며, 간혹 변방에서 대규모의 둔전을 행하여 기회를 틈타 행동을 일으키기를 원합니다. 이런 것들은 모두 확실히 적을 공격하여 취하는 일상적인 계책입니다. 정병이 출발하여 물러날 때까지는 3년의 시간이 걸립니다. 적을 침략한 지 60년이 되었지만, 군주와 신하는 거짓으로 칭하고, 길흉은 함께 재난을 맞이하며, 또 원수(元帥, 손권)를 잃어서 위아래로 나라의 위기를 근심하고 있습니다. 설령 중요한 나루터에서 배를 나란히 하고 성을 공고히 하며 험한 곳을 점거할지라도, 장강을 가로지르는 계책은 아마 승리를 얻기 어려울 것입니다.

단지 군사를 나아가게 하여 커다란 밭을 만드는 것만이 가장 안전한 방법입니다. 병사들이 백성을 향해 나와서 침입하여 약탈하지 않는다면, 앉아서 쌓아놓은 곡물을 먹고 운송하는 병사를 번거롭게 하지 않아도 되며, 적군을 습격하여 원정하는 노고와 비용은 없을 것입니다. 이것은 군대에서 당면한 급한 일입니다. 옛날 번쾌는 10만 병사로 흉노 땅에서 돌아다니기를 원했는데, 계포季布[21]에게 그 단점을 지적당했습니다. 지금 장강을 건너 적의 영토를 밟으려는 책략 또한 번

---

21) 계포는 항우의 용감한 장수로 여러 차례 유방을 곤경에 빠뜨렸던 인물이다. 항우가 멸망한 뒤 유방이 현상금을 내걸고 그를 체포하려 했으므로 복양의 주씨周氏라는 사람 집에 숨어 살았다. 주씨는 계포가 발각될까 두려워 그를 노비로 꾸며 다른 주씨에게 팔았다. 주씨는 계포의 인물됨을 알아보고 밭 창고에 숨겨주었다. 그리고 낙양으로 수레를 달려 등공滕公을 만나 고조에게 계포를 용서하도록 설득하여 결국 혐의를 풀어주었다.

쾌와 똑같은 잘못을 범하는 것입니다. 법령을 밝혀 병사를 훈련시키고 완전한 승리를 얻을 것 같은 상황에서 계략을 꾸미고 뛰어난 계책을 펼쳐서 적의 패잔병을 제어하는 것만 못합니다. 이것은 승리를 얻는 필연적인 방법입니다.

후에 오나라 대장 제갈각은 동관東關을 공격한 후, 승기를 타고 성가를 날리며 청주와 서주로 향하려 했으므로 조정에서는 이에 대비하려고 했다. 부하는 다음과 같이 말했다.

"회수와 바다는 적군이 쉽게 병사를 나아가게 할 수 있는 길이 아닙니다. 또 옛날 손권은 병사를 파견하여 바다로 들어가게 했는데, 풍랑으로 침몰하여 익사했고, 거의 살아남은 자가 없었습니다. 제갈각이 어떻게 근본이 되는 힘까지 기울여 용솟음치는 바다에 운명을 맡기고 승리를 얻기를 구하겠습니까? 제갈각은 평소 [별 볼일 없는] 소장小將만을 보내 수군을 훈련시켜 바다를 틈타 회수로 들어가 청주와 서주에 대해 시위를 하게 하고, 제갈각 자신은 병사들을 모아 회남으로 향했을 뿐입니다."

후에 제갈각은 과연 신성新城을 포위하여 공격했지만 승리하지 못하고 돌아왔다.

부하는 항상 재성才性의 동이同異에 대해 논했고,[22] 종회는 그의 관점을 종합하여 《사본론四本論》을 지었다.

| 가평 연간 말 | 관내후의 작위를 받았다. 고귀향공 조모가 즉위한 후 부하를 승진시켜 무향정후武鄕亭侯로 봉했다.

| 정원 2년(255) 봄 | 관구검毌丘儉과 문흠文欽이 반란을 일으켰다. 어떤 사람은 사마사司馬師가 직접 평정할 필요는 없고, 태위 사마부司馬孚를 파견할 수 있다고 생각했는데, 오직 부하와 왕숙王肅만은

그에게 권했다. 그래서 사마사는 친히 정벌하러 갔다.[23) 부하로 하여금 상서복야를 대리하도록 하여 함께 동쪽으로 갔다. 부하의 책모로 관구검과 문흠을 격파시켰다. 사마사가 죽자, 부하는 사마소司馬昭와 함께 낙양으로 돌아가 사마소의 정치를 보좌했다. 이에 관한 기록은 〈종회전〉에 있다.

이 일이 있은 후로 종회는 스스로 오만한 기색이 있었으므로, 부하는 그에게 충고했다.

"그대의 뜻은 원대하지만, 공업을 세우는 것은 어렵습니다. 신중히 하지 않을 수 있습니까!"

부하는 공적으로 승진하여 양향후陽鄕侯에 봉해졌고, 식읍이 6백호 늘어나 이전 것과 합쳐 1천2백 호가 되었다. 그해에 죽었는데, 당시 나이 마흔일곱이었다. 태상太常으로 추증하고 시호를 원후元侯

---

22) 부하는 치도治道에 통달하고 정의를 사랑하며 윤리에 밝고 사물의 본질을 인식했다. 인간의 재능이나 본성에 대해 논하기를 즐겼으며, 정밀하게 근본까지 추구하여 그것에 미칠 수 있었다. 이전에 부하는 하후현이 반드시 패하리라는 것을 깨닫고 그와 사귀지 않았는데, 여기에서는 종회와 교제하고 있다. 하후현은 무거운 명성으로 재난을 불렀으니 재난은 밖에서부터 왔지만, 종회는 이익에 따라 움직이다가 실패를 불렀으니 화는 자신에게서 나온 것이다. 그런즉 하후현의 위험한 징조는 보기 어렵지만, 종회의 실패할 징조는 비추어 내는 것이 쉽다. 만일 부하가 하후현이 반드시 위험하게 될 것을 알았으면서 종회가 장차 패하게 될 것을 몰랐다면 식견이 막혀 통하기 어려운 것이고, 만일 그들 모두가 끝을 온전하게 하지 못함을 알면서 마음속으로 두 가지 태도를 갖고 있었다면, 애증에 따라 두터운 정과 냉담함으로 갈리고 또 거기에 따라 성공과 실패를 예견한 것이다. 애증에 따라 두터운 정과 냉담함이 생기는 것은 다른 태도가 아니다.

23) 부하는 사마사에게 갈 것을 강력히 요청했지만 사마사는 따르지 않았다. 부하는 심각하게 진언했다. "회淮와 초楚의 병사는 강력하고, 관구검 등은 힘을 다해 먼 곳에서 전투하고 있으므로 그 선봉은 감당하기 쉽지 않습니다. 만일 장수들이 싸움에 임하여 날카로움과 둔탁함이 있어 대세가 불리하게 된다면 공의 사업은 실패할 것입니다." 이때 사마사는 방금 눈 위의 혹을 잘려 부상이 심했지만, 부하의 말을 듣고 분연히 일어나 "나는 병든 몸을 수레에 싣고 동쪽으로 가기를 청한다."라고 했다.

라고 했다. 아들 부지傅祗가 뒤를 이었다.

　함희 연간에 오등급 작위제가 세워졌는데, 부하가 전대에 공훈이 빛났으므로 부지를 경원자涇原子로 바꿔 봉했다.

【평하여 말한다】

　옛날 문제와 진사왕은 공자公子의 존귀함을 받고 널리 문학을 좋아하여 같은 목소리로 서로 호응하여 문학적 재능이 있는 자들이 나란히 출현하게 되었다. 왕찬 등 여섯 명의 명성이 가장 높았는데, 특히 왕찬은 항상 곁에 있는 관리가 되어 일대의 제도를 세웠지만, 텅 빔을 고수하고 세상을 덕으로 채운 서간의 순수함만은 못했다. 위기 또한 옛날 관례를 많이 알고 있었고 당시 조정의 의식을 보좌했다. 유소는 학문에 관한 서적을 많이 읽어 문체와 품행이 모두 우수했다. 유이는 청결한 식견을 갖고 있어 저명했으며, 부하는 재능과 식견이 높아 이름이 빛났다.

22

환이진서위로전桓二陳徐衛盧傳

대범하고 청렴한 시대의 인물들

손견의 시신을 찾고 조비를 태자로 옹립하는 데 앞장서다

환계전桓階傳

환계는 자가 백서伯緒이고, 장사군長沙郡 임상현臨湘縣 사람이다. 군에 임용되어 공조가 되었다. 태수 손견孫堅은 환계를 효렴으로 천거하고 상서랑으로 제수했다. 환계는 아버지가 돌아가신 후 고향으로 돌아왔다. 마침 손견이 유표를 공격하다가 전사했는데, 환계는 생명의 위험을 무릅쓰고 유표를 만나 손견의 시신을 청했다. 유표는 그의 의기에 감동하여 시신을 내주었다. 후에 조조가 원소와 관도에서 서로 대치하고 있을 때, 유표는 형주를 인솔하여 원소에 호응했다. 환계는 장사 태수長沙太守 장선張羨에게 권했다.

"큰일을 거행하면서 도의에 근본을 두지 않으면 실패하지 않을 수 없습니다. 때문에 제 환공齊桓公은 제후들을 통솔하여 주나라를 받들었고, 진 문공晉文公은 숙대叔帶를 추방하여 주왕周王을 영접했습니다. 지금 원소는 이것에 반대되는 행동을 하고 있고, 유목劉牧은 이에 호응하고 있는데, 이것은 화를 부르는 방법입니다. 태수께서 반드시 공로를 세워 정의를 밝히고 행복을 보존하며 화를 멀리하시려면 그와 연합하지 말아야 합니다."

장선이 말했다.

"그러면 나는 누구에게 향하면 괜찮겠소?

환계가 대답했다.

"조공은 비록 세력은 약하지만, 의로움에 기대어 병사를 일으켜 위험에 빠진 조정을 구하고, 황상의 명을 받들어 죄 있는 자를 토벌하니, 누가 감히 복종하지 않겠습니까? 지금이라도 네 군郡을 이끌고 세 강江을 보존하면서 그가 오기를 기다렸다가 그를 위해 안에서 호응한다면, 또 가능하지 않겠습니까!"

장선이 말했다.

"좋소."

그래서 장사군과 옆의 세 군을 인솔하여 유표에게 항거하고, 사자를 보내 조조를 만났다. 조조는 매우 기뻐했다. 마침 이때 원소와 조조가 전투를 계속했으므로 조조의 군대는 남쪽으로 나아갈 수 없었다. 그래서 유표는 급히 장선을 공격했고, 장선은 병들어 죽었다. 성이 함락되자 환계는 몸을 숨겼다. 오랜 시간이 지난 후, 유표는 그를 종사좨주從事祭酒로 임명하고, 처의 여동생 채씨蔡氏를 그에게 시집보내려고 생각했다. 환계는 이미 결혼했다고 설명하고, 거절하고 받아들이지 않았으며, 이 일을 기회로 병을 핑계 삼아 관직에서 물러났다.

조조는 형주를 평정한 후, 환계가 장선을 위해 계책을 세웠다는 말을 듣고 그를 달리 보고는 불러서 승상연주부丞相掾主簿로 임명하고 조군 태수로 승진시켰다. 위나라가 처음 세워졌을 때, 호분중랑虎賁中郎과 시랑이 되었다. 당시 태자가 아직 정해지지 않은 상황에서 임치후 조식이 총애를 받았다. 환계는 조비의 덕이 높고 나이가 더 많으므로 응당 태자가 되어야 한다고 자주 진술했다.[1] 공개 석상에서 충언하고 은밀하게 권하며 앞뒤 맥락이 지극히 간절했다. 모개毛玠와 서혁은 강직하여 교우 관계가 적고 서조연 정의의 미움을 받았다.

정의는 자주 조조에게 이 두 사람의 단점을 말했는데, 환계가 도와 생명을 온전히 보존시켰다. 그가 시세에 순응하고 정의正義에 의지하며 어려움을 구하는 것은 대부분 이와 같았다. 승진하여 상서로 임명되었고 관리 선발을 관장했다. 조인이 관우에게 포위되자, 조조는 서황을 보내 그를 구하도록 했지만 성공하지 못했다. 조조는 친히 남정하려고 신하들에게 의견을 구했다. 신하들은 모두 말했다.

"대왕께서 빨리 출발하지 않으시면 지금이라도 패할 것입니다."

환계만이 이렇게 말했다.

"대왕께서는 조인 등이 사태에 대처할 수 있다고 생각하십니까? 할 수 없다고 생각하십니까?"

조조가 대답했다.

"할 수 있다고 생각하오."

환계는 또 물었다.

"대왕께서는 조인과 전상이 힘을 다하지 않을까 걱정하십니까?"

조조는 말했다.

"아니오."

환계는 질문했다.

"그렇다면 무엇 때문에 친히 가려고 하십니까?"

조조가 대답했다.

---

1) 환계는 이렇게 간언했다. "지금 태자의 어짊은 모든 공자 중에서 으뜸이며, 이름은 사해를 비추고, 성스러운 덕과 충분한 절개는 천하에서 들리지 않는 곳이 없습니다. 그런데 대왕께서는 처음부터 조식의 일에 관해 신에게 물으셨습니다. 신은 실제로 의혹이 듭니다." 조조는 환계가 정의를 지키는 데 남다르다는 것을 알고 매우 중시했다.

"적이 너무 많고 서황 등의 형세가 불리한 것이 걱정될 뿐이오."

환계는 말했다.

"지금 조인 등은 겹겹의 포위 속에 있으며 죽음을 맹세하여 대왕을 배반하지 않을 것입니다. 실제로 먼 곳으로부터 위세를 떨치십시오. 무릇 매우 위험한 지경에 처하면 반드시 죽을 각오로 싸우려는 마음이 생기게 됩니다. 내심 죽을 각오로 싸울 생각이 들려면 밖으로부터 강력한 원조가 있어야 합니다. 대왕께서는 육군六軍을 인솔하여 여력을 나타내시고는 무엇 때문에 실패를 걱정하여 친히 가려고 하십니까?"

조조가 그의 말을 칭찬하고 군대를 인솔하여 마피에 주둔하자, 적은 곧 철수했다.

조비가 제위에 오르자, 환계는 승진하여 상서령이 되고 고향정후高鄕亭侯로 봉해지고 시중 관직이 더해졌다. 환계가 병에 걸리자 조비가 친히 방문하여 살펴보고 말했다.

"나는 육척 고아(성년이 되지 못한 조예를 비유함)를 경에게 부탁하고, 천하의 중임을 경에게 위탁하려고 하오. 건강을 회복하도록 하시오."

안정향후로 바꾸어 봉했고, 식읍을 6백 호 주었으며, 환계의 세 아들에게 관내후의 작위를 주었다. 환우桓祐는 후사를 이을 아들이었으므로 봉하지 않았는데 병사하자 또 관내후로 추증했다. 후에 환계가 위독하게 되자, 사자를 보내 태상으로 임명했다. 환계가 죽자 조비는 그를 위해 눈물을 흘렸으며, 시호를 정후貞侯라고 했다. 아들 환가桓嘉가 작위를 이었다. 환계의 동생 환찬桓纂을 산기시랑으로 임명하고 관내후의 작위를 주었다. 환가는 승천정공주升遷亭公主를 아내로 맞이하고, 가평 연간에 낙안 태수로서 동관에서 오나라와 싸웠는데, 군대가 패배하여 전사했다. 시호를 장후壯侯라 했다. 아들 환익桓翊이 작위를 이었다.

도의에 따라 정치를 하고 구품관인법을 제안하다

진군전陳群傳

진군은 자가 장문長文이고, 영천군 허창현 사람이다. 조부 진식陳寔, 부친 진기陳紀, 숙부 진심陳諶은 모두 이름이 높았다.[2] 진군이 어렸을 때 진식은 항상 그의 재능을 특별하게 생각하고, 종족의 부로들에게 말했다.

"이 아이는 반드시 우리 가문을 일으킬 것입니다."

노나라 사람 공융孔融은 뛰어난 재능이 있고 오만했다. 나이는 진기와 진군의 중간이었으며, 먼저 진기와 교우를 맺고 후에 진군과 사귀었는데, 진기를 위해 절까지 하여 이로 말미암아 이름이 나게 되었다. 유비는 예주 자사로 임명된 후 진군을 불러서 별가로 삼았

---

2) 진식은 자가 중궁仲弓이고, 진심은 자가 계방季方이다. 진식의 덕의德義는 당시 세상에서 제일이었으며, 진기와 진심도 함께 세상에 이름이 있었다. 진식은 태구太丘의 장이 되었지만, 당고의 화를 만나 형산荊山에 은둔했는데, 먼 곳에서든 가까운 곳에서든 간에 그를 스승으로 앙모했다. 영제가 붕어하자 하진이 정치를 보좌하면서 천하의 명사들을 초빙하여 기용했다. 진식을 불러 군사 일에 관여하도록 했지만, 나이가 많고 병이 있다는 핑계로 절개를 굽히지 않았다. 진식이 죽자 사공 순상荀爽, 태복령 한융韓融이 시마(緦麻, 석 달 동안 입는 상복)를 만들고 자손의 예를 따랐다. 사방에서 조문하러 온 수레가 수천 대였다. 하진 또한 속관을 보내 조문하고 시호를 문범선생文範先生이라고 했다. 진기는 평원의 상·시중·대홍려를 지내고, 수십 편의 책을 썼다. 세간에서는 그의 책을《진자陳子》라고 불렀다. 진심은 사공연이 되었지만 요절했다. 세상 사람들은 진식·진기·진심을 삼군三君이라고 불렀다.

다. 이때 도겸이 병사했으므로, 서주에서는 유비를 환영했다. 유비가 서주로 가려는데 진군이 충고의 말을 했다.

"원술은 아직도 세력이 매우 강대하므로 지금 동쪽으로 간다면 반드시 그와 싸우게 될 것입니다. 여포가 만일 장군의 뒤를 습격한다면, 장군은 설령 서주를 얻었다고 하더라도 일은 반드시 성공할 수 없습니다."

그러나 유비는 결국 서주로 갔고 원술과 충돌했다. 여포는 과연 하비를 습격하고 병사를 보내 원술을 도와 유비의 군대를 크게 깨뜨렸다. 유비는 진군의 말을 듣지 않은 것을 후회했다. 진군은 무재로 천거되었고, 자현柘縣의 영令을 제수받았으나 나아가지 않고 진기를 따라 서주로 피난 갔다. 여포가 패배하자 조조는 진군을 불러 사공서조연속司空西曹掾屬으로 삼았다.

당시 어떤 사람이 낙안 사람 왕모王模와 하비 사람 주규周逵를 천거하자 조조는 그들을 부르려고 했다. 진군이 봉한 교지를 돌려보내고, 왕모와 주규는 도덕을 일그러뜨리는 인물이므로 최후에는 반드시 실패할 것이라고 주장했지만 조조는 듣지 않았다. 후에 왕모와 주규는 모두 악한 일을 했으므로 처형되었고, 조조는 진군에게 사과했다. 진군은 광릉의 진교와 단양의 대건戴乾을 천거했고, 조조는 그들을 모두 임용했다. 후에 오나라 사람이 모반하자 대건은 충의를 다하여 난리 속에서 죽었고, 진교는 명신名臣이 되었다. 당시 사람들은 진군이 사람을 알아본다고 생각했다. 그는 소蕭·찬贊·장평長平의 영令을 지냈고, 부친이 죽은 후 관직을 떠났다. 후에 사도연으로 임명되었을 때, 높은 자리에 천거되었고, 치서시어사가 되었으며, 참승상군사參丞相軍事로 전임되었다. 위나라가 세워진 후 어사중승으로 승진했다.

당시 조조는 육형 회복에 관한 논의를 하려고 명령을 내렸다.

"어떻게 하면 도리를 아는 군자와 고금의 일에 통달한 사람을 얻어, 그로 하여금 이 일을 판단하게 하겠는가! 옛날 홍려 진기가 사형에 어짊과 은혜를 더할 수 있다고 주장한 것은 바로 이것을 말하는 것이다. 어사중승 진군은 부친의 의론을 펼 수 있는가?"

진군은 대답했다.

"신의 부친 진기는 한나라 때 육형을 없애고 태형을 늘린 것은 본래 어질고 측은한 마음에서 나왔지만 오히려 죽은 사람은 더욱 많아졌으므로, 명의상으로만 가볍지 실제로는 무겁다고 생각했습니다. 명의상으로만 가벼우면 범하기 쉽고, 실질적으로 무거우면 백성을 상하게 합니다. 《서경》에서 말하기를 '다섯 가지 형벌을 신중히 실행해야만 강함과 부드러움과 정직함의 세 가지 덕을 이룰 수 있다.'라고 했습니다. 《역》에는 코를 베고 발꿈치를 자르며 발을 자르는 법은 정치를 보좌하고 교화를 도우며 악을 징계하고 살인을 종식시키는 것이라고 기록되어 있습니다. 또한 사람을 죽인 이가 죽음으로 갚는 것은 고대의 제도에 부합합니다. 그러나 사람을 상하게 한 이의 육체를 상하게 하거나 머리카락을 자르기도 하는데, 이것은 도리에 맞지 않습니다. 만일 고대의 형벌을 시행하여 음탕한 사람은 궁형을 실시하는 방으로 넘기고, 도둑은 그 발을 베어버린다면, 음탕하고 방종하거나 다른 사람의 집을 넘어가 악한 일을 하는 자는 영원히 없을 것입니다. 3천 항의 형벌을 모두 회복할 수는 없을지라도, 이와 같은 몇 가지는 지금 우리의 근심거리가 되고 있으니 응당 먼저 시행해야 합니다. 한나라의 법률에도 사람을 살해하여 사형에 해당하는 죄는 인자함이 미칠 여지가 없었지만, 그 나머지 사형에 해당하는 죄를 지은 자는 육형으로 벌을 받을 수 있었습니다. 이와 같이 하면 처형하는 것이 살리는 것과 충분히 바꿀 만한 것입니다. 지금 곤장을 쳐서 죽이는 형법을 사람을 죽이지 않는 형법으로 바꾸었는데, 이것은 사람의 부분적인 몸을 중시하고 사람의 생명을 경시한 것입니다."

당시 종요와 진군의 논의는 같았으며, 왕랑과 논의에 참가한 사람들은 대부분 육형을 회복할 수 없다고 생각했다. 조조는 종요와 진군의 말에 매우 찬동했지만, 군사 행동이 멈추지 않았으므로 사람들의 의견을 고려하여 잠시 보류했다.

진군은 시중으로 옮겼고, 승상의 동서조연東西曹掾을 이끌었다. 조정에서는 어떤 일에 대한 옳고 그름을 판단하지 않고, 평소 명분과 도의에 의거하며, 도의가 아닌 것으로 다른 사람에게 거짓되게 하지 않았다. 조비가 태자가 되었을 때 그를 매우 존경하여 교유의 예로써 대했고, 항상 감탄하며 말했다.

"나에게 안회(진군)가 있은 후부터 문인들이 날마다 나를 가까이 하는구나."

조비가 왕위에 오른 후, 진군을 창무정후昌武亭侯로 봉하고, 상서로 바꿔 임명했다. 구품관인법(九品官人法, 인재 선발 때 사람의 품성을 아홉 가지로 구분하여 등용하는 법)의 제정은 진군이 건의한 것이다. 조비가 황제의 자리에 오른 후 상서복야로 승진했고, 시중의 관직을 더했으며, 상서령으로 바뀌어 임명되었고, 나아가 영향후潁鄕侯로 봉해졌다. 조비는 손권을 정벌하고 광릉에 이르러 진군을 파견하여 중령군中領軍을 겸임하도록 했다. 조비는 돌아올 때 진군을 가절도독수군假節都督水軍으로 삼았다. 허창으로 돌아오자 진군을 전군대장군으로 임명하고 중호군中護軍을 겸하게 했으며, 상서의 일을 맡도록 했다. 조비의 병세가 위독했을 때, 진군과 조진, 사마의 등은 함께 조비가 남긴 조서를 받아 조정을 보필했다. 조예가 즉위한 후 진군은 영음후潁陰侯로 봉해졌으며, 식읍 5백 호를 더하여 이전 것과 합쳐 1천3백 호가 되었으며, 정동대장군征東大將軍 조휴, 중군대장군中軍大將軍 조진, 무군대장군撫軍大將軍 사마의와 함께 관부를 설치했다. 오래지 않아 사공으로 임명되었기 때문에 상서의 일을 관장했다.

당시 조예가 막 정치를 맡았는데, 진군이 상소해 말했다.

《시경》에서 "주 문왕을 본받으면 천하의 모든 나라가 복종할 것이다."라고 했고, "먼저 아내를 예로써 대한 연후에 형제를 대하면 집과 나라를 잘 다스릴 수 있다."라고 했습니다. 가까운 곳에서부터 도를 실시하기 시작하여 교화가 천하에 두루 미치게 되는 것입니다. 동한 말기의 동란 이래로 전쟁이 끊이지 않으며, 백성은 왕교王敎의 근본을 모르고 있는데, 그 쇠함이 너무 심하니 걱정입니다. 폐하는 응당 위나라의 융성함을 만나 이조(二朝, 태조와 고조)의 사업을 계승해야 하며, 천하 사람들은 안정된 정치를 갈망하므로 오직 덕치를 숭상하고 교화를 시행하며 백성을 구휼해야만 백성이 매우 행복해할 것입니다. 대체로 신하들은 줏대 없이 따르고 옳고 그름을 서로 은폐하고 있으니, 이것은 국가의 큰 근심거리입니다. 만일 신하들끼리 화목하지 않는다면 원수가 되는 당이 있을 것이고, 원수가 되는 당이 있으면 비난과 칭찬의 근거가 없어지며 진실과 거짓을 판별하기 어렵게 되므로, 엄격히 막아 이런 현상의 근원을 단절시키지 않을 수 없습니다.

| 태화 연간 | 조진은 표를 올려 촉을 토벌해야 한다고 몇 차례 진언하고 야곡斜谷에서 공격해 들어갔다. 진군이 다시 상소했다.

태조께서 이전에 양평陽平으로 가서 장로를 공격하여 콩과 보리를 많이 거두고 군량미를 보충했지만, 장로는 함락되지 않았고, 식량도 오히려 부족했습니다. 지금은 식량이 준비되지 않은 상태이며 야곡의 지세는 험난하므로 나아가고 물러나기 어렵고, 군량미를 운송하게 되면 반드시 적에게 약탈당할 것이고, 사병들을 요충지에 오랫동안 주둔시키면 싸움에 참가하는 병사는 줄어들 것이니, 깊이 생각하지 않을 수 없습니다.

조예는 진군의 의견을 들었다. 조진이 또 표를 올려 자오도로부터 촉을 공격하려고 했는데, 진군은 또다시 표를 올려 시행하기가 편하지 않다고 하고, 아울러 군사를 다루는 계책을 말했다. 조예는 조서를 내려 진군의 건의를 조진에게 주었고, 조진은 그의 건의에 따라 시행했다. 마침 며칠 동안 장맛비가 내렸는데, 진군은 또 조서를 내려 응당 조진에게 돌아오도록 해야 한다고 주장했다. 조예는 그의 의견을 따랐다.

후에 조예의 딸 조숙曹淑이 병으로 죽자 시호를 평원의공주平原懿公主로 추증했다.

진군은 상소해 말했다.

인간 수명의 길고 짧음은 운명으로 결정되고, 삶과 죽음에는 구분이 있습니다. 때문에 성인은 예법을 제정하여 어떤 때는 상례를 융성하게 하고, 어떤 때는 상례를 거행하지 않는 것을 법으로 만들어 그 중도를 추구하려 했습니다. 공자 부모의 묘는 방防에 있는데 꾸미지 않아 매우 검소하고, [연릉계자延陵季子는] 제齊에 있는데 그의 아들은 오히려 영嬴과 박博 사이에 있어서 돌아오지 못하는 혼령이 되었습니다. 대체로 성인의 거동은 천지와 부합하여 영원히 후세에 전해지고, 위대한 덕이 있는 사람의 거동은 예의와 제도를 넘지 않기에 사람들의 사표가 됩니다.

아이가 여덟 살이 안 되어 죽으면 예의를 갖추지 않는 법입니다. 하물며 어린아이가 한 살도 채 못 되어 죽었는데 성인의 예로써 그를 보내고, 게다가 상복을 만들어 온 조정이 입고 아침저녁으로 통곡하고 있습니다. 예로부터 이러한 일은 있은 적이 없습니다. 폐하께서는 또 몸소 가시어 묘를 시찰하고 친히 길제사에 임하셨습니다. 원컨대 폐하께서는 손해가 있고 이익이 없는 일을 제거하고, 단지 모든 신하가 죽은 공주를 장사 지내 보내는 것을 따르며 장례에 직접 참가하지는 마십시오. 이것은 모든 백성의 지극한 소망입니다.

폐하께서 마피로 행차하려 하신다는 소식을 들었는데, 실제로는 허창으로 가셨기에 두 궁의 아래위가 모두 함께 동쪽으로 갔고, 조정의 대소 신료 중에 놀라고 기이하게 여기지 않은 자가 없었습니다. 어떤 사람은 멸망을 피하려고 한 것이라 하고, 어떤 사람은 편리한 곳으로 궁궐을 옮기려고 한 것이라고 하며, 어떤 사람은 무슨 까닭인지 모른다고 합니다. 신의 생각으로는 길하고 흉함은 천명에 의해 결정되고, 재앙과 복은 사람에 의해 결정되는 것으로, 옮겨서 편안함을 구하려고 하지만 또한 이익은 없었습니다. 만일 반드시 멸망을 피해 옮겨야만 했다면 금용성金墉城 서쪽 궁궐과 맹진 별궁을 깨끗이 수리하여 모두 잠시 분별하여 거주할 수 있습니다. 두 궁궐을 들어 들녘을 고달프게 하지 않고 누에 농사철을 침범하지 않을 수 있었습니다. 또 적지에서 이 일을 들으면 국가에 큰 상사가 발생했다고 생각할 것입니다. 게다가 번거롭게 소비되는 바는 헤아릴 수조차 없습니다.

훌륭한 선비나 어진 사람은 성함과 쇠락을 만나고 편안함과 위태함에 처했을 때 도道를 따르고 천명을 믿으므로 집이 편안할 뿐만 아니라, 마을 사람들은 그들을 따라 기풍을 바꾸며 두려워하는 마음이 없습니다. 하물며 폐하께서는 만국의 군주이시니, 폐하가 안정되면 천하가 편안하고, 폐하가 흔들리면 천하가 혼란스럽게 됩니다. 행동은 조용함에서 그쳐야지 어찌 가볍게 결정할 수 있습니까?

그러나 조예는 듣지 않았다.

| 청룡 연간 | 궁궐을 짓기 위해 백성이 동원되어 농사지을 시기를 잃었다.

진군이 상소하여 말했다.

우임금은 요와 순의 성대한 시대를 계승하고도 오히려 꾸미지 않은 궁전에서 살았으며 거친 옷을 입었습니다. 하물며 지금은 전란이 있은 이후로 백성의 수가 지극히 적어 한나라 문제와 경제 때와 비교하면 당시의 큰 한 군에 불과합니다.[3] 게다가 변방에 일이 있어서 장수와 병사 들이 수고로운데, 만일 물난리나 기근의 근심이 있게 된다면 나라에 커다란 걱정이 있게 될 것입니다. 아울러 오와 촉이 아직 멸망하지 않았으므로 사직은 불안합니다. 응당 그들이 군사를 움직이지 않는 틈을 타서 병사들을 조련시키고 농업을 권장하여 적의 침입에 대비해야만 합니다. 지금 이와 같은 긴급한 일을 버리고 먼저 궁궐

---

3) 원시元始 2년에 천하의 호구가 가장 흥성했는데, 여남군은 큰 군으로서 30만여 호나 되었다. 한 문제와 경제 시대에도 이와 같이 많을 수는 없었다. 진晉의 전체 호구는 377만 호이고, 오와 촉은 그 절반도 안 되었다. 비록 동란이 계속 이어졌다고는 하나 위도 진과 크게 다를 바가 없었다. 이렇게 보면 진군의 말은 지나친 부분이 있다.

을 짓고 있으니, 신은 백성이 이 때문에 곤궁하게 될까 걱정입니다. 장차 어떻게 적에 대응하시겠습니까? 이전에 유비가 성도에서 백수白水에 이르기까지 역사役事를 많이 벌여 많은 인력을 소비하자, 태조께서는 그와 같이 하는 것이 백성을 피곤하게 하는 것임을 아셨습니다. 지금 나라 가운데의 백성을 수고롭게 하여 국력을 약하게 하는 것 역시 오와 촉이 원하는 것입니다. 이것은 안위의 기틀이니, 오직 폐하께서 고려하셔서야만 합니다.

조예가 답변했다.

왕 된 자의 궁실 또한 왕업과 함께 서야 한다. 적이 멸망한 이후에는 단지 이미 완성한 가업만 지킬 뿐인데, 어찌 다시 부역을 일으키겠나? 그러므로 그대의 임무는 소하의 큰 계책처럼 하는 것이다.

진군은 또 상소하여 말했다.

옛날 한 고조는 단지 항우項羽와 천하를 다투었는데, 항우는 멸망하고 궁실은 타버렸기 때문에 소하가 무고武庫와 태창太倉을 지을 것을 건의했던 것이며, 이런 것들은 모두 긴급히 필요한 것들이었음에도 한 고조는 그것을 웅장하고 화려하게 짓는 것을 비판했습니다. 지금 두 적은 평정되지 않았으니 옛날과 똑같이 하는 것은 진실로 마땅하지 않습니다. 대체로 사람에게는 욕망이 있으며, 그것을 이루기 위해 꾸미지 않는 이가 없는데, 더구나 천자에 이르러서는 그 욕망을 어길 사람이 없습니다. 이전에는 무고를 부수려고 하니 부수지 않을 수 없다고 하고, 나중에는 그것을 설치하려고 하니 설치하지 않을 수 없다고 합니다.

만일 반드시 궁궐을 지어야만 한다면 진실로 신하들의 말에 꺾이지 말아야 하며, 만일 조금이라도 마음에 남는 것이 있다면 확실하게 마음을 돌려서 신하들에게 미치는 바가 없게 해야 합니다. 한 명제가 덕양전德陽殿을 세우려고 하자 종리의鍾離意가 상소하여 중단할 것을 권했는데, 명제는 즉시 그의 건의를 받아들였습니다. 후에 또 덕양전을 지으려고 했고, 궁전이 완성되자 신하들에게 말했습니다. "종리의가 상서 자리에 있었다면 이 궁전은 지어지지 못했을 것이오." 무릇 왕 된 자가 어찌 신하 한 명을 두려워하겠습니까? 이것은 백성을 위하는 것입니다. 지금 신하는 폐하로 하여금 이 의견을 듣게 할 수 없으니, 종리의에 훨씬 미치지 못합니다.

그리하여 조예는 역사役事를 줄였다.

당초 조조가 다스릴 적에 유이는 동생이 위풍과 반역을 도모한 것에 연루되어 그 죄가 사형에 해당했다. 진군은 조조에게 이 일에 대해 말했고, 조조는 대답했다.

"유이는 명신이오. 나 또한 그를 사면시켜주려고 했소."

그리고 유이의 관직을 회복시켰다. 유이는 진군에게 깊이 감사했다. 진군이 말했다.

"대체로 형벌에 대한 논의는 국가를 위한 것이지, 사사로운 정을 위한 것이 아닙니다. 더구나 이것은 지혜로운 군주의 뜻에서 나온 것이지, 내가 어찌할 수 있었겠습니까?"

진군은 도량이 크고 거동이 오만하지 않으며 일을 처리하는 것이 모두 이와 같았다.

| 청룡 4년(236) | 세상을 떠났으며 시호를 정후靖侯라고 했다. 아들

진태陳泰가 작위를 이었다. 조예는 진군의 공덕을 추모하고 진군의 식읍을 나눠 아들 중 하나를 열후로 봉했다.

진태는 자가 현백玄伯이다.

| 청룡 연간 | 산기시랑을 제수받았다.

| 정시 연간 | 유격장군으로 옮기고, 병주 자사가 되며, 진위장군을 더하고, 사지절·호흉노중랑장使持節護匈奴中郎將이 되어 흉노의 백성을 어루만져 달랬는데, 매우 위엄과 은혜가 있었다. 수도의 귀인貴人들은 대부분 보물과 재화를 진태에게 기탁하고 노비를 사려고 했는데, 진태는 이것들을 모두 벽에 걸어놓고 그 봉인조차 뜯어보지 않았다. 그러다 중앙의 부름을 받아 상서가 되었을 때 그것들을 모두 돌려보냈다.

| 가평 연간 초 | 곽회를 대신하여 옹주 자사雍州刺史가 되었으며, 분위장군(奮威將軍, 후한과 삼국시대 잡호장군의 하나로 정벌을 담당)을 더했다. 촉나라 대장군 강유姜維가 병사들을 이끌고 국산麴山에 의지하여 두 개의 성을 쌓고, 아문장牙門將 구안句安과 이흠李歆 등을 보내 그 성을 지키도록 했으며, 강족과 호족의 인질을 모아 위나라의 여러 군을 침범했다. 정서장군征西將軍 곽회와 진태가 적을 제어할 방법을 상의하던 중 진태가 말했다.

"국성麴城은 비록 견고하지만 촉나라에서 멀리 떨어져 있고 길이 험난하므로 반드시 군량미를 실어 와야 합니다. 강족은 강유를 두려워하여 부역을 징발했으니, 반드시 그들에게 의지하려 하지 않을 것입니다. 지금 그들을 포위하여 빼앗는다면 칼에 피를 묻히지 않고서도 그들의 성을 함락시킬 수 있을 것입니다. 비록 그들에게 구원병이 있다고 하더라도 산길이 험해 병사를 나아가게 할 입장은 아닐 것입니다."

곽회는 진태의 계책을 따르기로 하고, 진태에게 토촉호군討蜀護軍 서질徐質과 남안 태수 등애鄧艾 등을 이끌고 병사를 나아가게 하여 그들을 포위해 그 운송로와 성 밖의 수로를 끊도록 했다. 구안 등이 도전했으나 위나라 군사는 이를 허락하지 않았다. 성안의 장수와 병사 들은 곤궁했고, 식량을 나누어 배급하고 눈을 모아서 식수로 삼으며 시간을 끌었다. 강유는 과연 구원하러 와 우두산牛头山에서 나와 진태와 대치했다.

진태가 말했다.

"병법에서는 싸우지 않고 적을 굴복시키는 것을 귀하게 여깁니다. 지금 우두산을 끊으면 강유는 돌아갈 길이 없으므로 우리의 포로가 될 것입니다."

군사들에게 명령을 내려 각자 보루를 견고하게 지키고 적과 싸우지 말도록 하며, 사자를 보내 곽회에게 진언하고, 자신은 남쪽에서 백수를 건너 물을 따라 동쪽으로 가서 곽회로 하여금 우두산으로 달려가 적의 퇴로를 끊게 하려 했다. 그러면 강유를 취하고 구안 등을 공격할 수 있다고 생각했던 것이다. 곽회는 그의 책략을 칭찬하고, 군사들을 인솔하여 백수로 진군했다. 강유는 두려워 군사를 이끌고 도주했고, 구안 등은 고립되었는데도 구원군이 없자 결국 모두 투항했다.

곽회가 세상을 떠나자 진태가 곽회를 대신하여 정서장군이 되었고, 가절도독옹양제군사假節都督雍涼諸軍事가 되었다. 이듬해 옹주 자사 왕경王經이 진태에게 말하길, 강유와 하후패夏侯覇가 세 갈래 길로 기산·석영石營·금성으로 향하여 병사를 위시爲翅로 나아가게 하고, 양주의 군사로 하여금 포한枹罕에 이르게 하고, 토촉호군을 기산으로 향하여 저지하려고 한다고 했다. 진태는 적의 세력으로는 세 갈래 길로 나눌 수 없으며, 아울러 병사의 세력을 나누는 것은 피하기 어려우므로 양주의 경계를 넘는 것은 마땅하지 않다고 헤아렸다. 그래서 왕경에게 이렇게 대답했다.

"적의 정확한 소식을 들어 살펴본 결과 그들의 동향을 알았습니다. 동서의 세력이 합치는 것을 기다렸다가 진군해야 합니다."

당시 강유 등은 수만 명을 이끌고 포한에 도착하여 적도현狄道縣으로 향했다. 진태는 왕경에게 군사를 나아가게 하여 적도에 주둔시키고 진태의 군사가 도착하기를 기다려 계획에 따라 그들을 공략하도록 명령했다. 진태는 진창으로 진군했다. 마침 왕경이 이끄는 군대가 고관故關에서 적과 싸우고 있었는데, 전세가 불리했으므로 곧 백수를 건넜다. 진태는 왕경이 적도를 굳게 지키지 못하면 반드시 다른 변고가 있을 것이라고 생각하고 오군영五軍營의 병사를 보내 앞으로 가게 하고, 자신은 병사들을 이끌고 그 뒤를 이었다. 왕경은 이미 강유와 싸워서 크게 패하고 1만여 명만이 돌아와 적도성을 지키고 있었고, 나머지는 모두 흩어져 달아난 뒤였다. 강유는 승기를 타고 적도현을 포위했다. 진태는 상규上邽에 주둔하여 병사를 나누어 요충지를 지키도록 하고 밤을 낮으로 삼아 앞으로 나아갔다. 등애·호분·왕비 또한 도착했으므로 등애·왕비 등과 삼군으로 나누어 농서로 나아갔다.

등애 등은 주장했다.

"왕경의 정예 병사는 서쪽에서 실패하여 참사를 당했고, 적들의 사기는 더욱 왕성합니다. 승기를 탄 병사는 감당할 수 없고, 장군은 오합지졸로 방금 전쟁에서 진 군사들의 뒤를 잇고 있으며, 장수와 병사 들은 사기가 떨어졌고, 농우는 모두 매우 두려워하고 있습니다. 옛사람은 '독사가 손을 물면 장사는 손을 자른다.'라고 했고,

《손자병법》에서는 '군대가 공격하지 않는 적이 있고, 지키지 않는 곳이 있다.'라고 했습니다. 대체로 작은 손실로 큰 것을 보존하는 까닭인 것입니다. 지금 농우의 재난은 독사에게 물린 것보다 심하고, 적도 땅은 단지 지키지 않을 땅을 일컫는 것은 아닙니다. 강유의 군대는 피해야 할 날카로운 병기입니다. 요충지를 차지하고 안전하게 보존하면서 적이 쇠하기를 기다린 연후에 진군하여 구하는 것만 못합니다. 이것이 승리를 얻는 방법입니다."

진태가 말했다.

"강유는 가볍게 무장한 병사들을 이끌고 깊숙이 들어가서 우리 군대와 평원에서 선봉을 다투어 한바탕 싸움에서 승리를 구하기를 원하고 있습니다. 왕경은 성벽을 높게 하고 보루를 깊게 하여 그들의 예리한 기세를 꺾어야 합니다. 지금 적과 교전을 시작했는데, 적이 계책을 얻어 왕경을 격파하고 적도현을 포위했습니다. 만일 강유가 승기를 타고 동쪽으로 진군한다면 많은 식량이 쌓여 있는 역양櫟陽을 점거하고, 병사들을 풀어 항복한 자들을 거두고, 강족과 호족을 불러 맞아들이고, 동쪽에서 우리와 관중과 농우를 다투며, 사군四郡에 격문을 전하도록 할 것입니다. 이것은 우리가 싫어하는 것입니다. 그러나 강유가 승기를 탄 병사들을 이끌고 높은 성 아래에 주저앉는다면, 우리는 사기가 높아져 힘을 다하고 목숨을 바쳐 적과 싸울 것입니다. 때문에 공격과 수비의 형세가 다르게 되고, 주객이 전도될 것입니다. 병서兵書에서 말하기를 '사다리나 수레를 만드는 데에는 석 달의 시간이 필요하고, 토산土山은 석 달 이후에야 완성할 수 있다.'라고 했습니다. 이것은 진실로 가볍게 무장한 병사로 깊숙이 들어간 강유가 창졸지간에 이룰 수 있는 것이 아닙니다. 본거지를 멀리 떠난 강유의 군대는 식량을 계속 공급받지 못할 것이고, 이는 우리가 신속히 나아가 적을 격파시킬 때입니다. 이른바 빠른 번개 소리는 귀에 미치지 못한다는 것이니, 이는 자연스러운 형세인 것입니다. 조수가 적도의 남쪽에 둘러 있고, 강유의 군대는 조수의 북쪽에 있으므로, 지금 우리가 높은 곳에 올라 유리한 지형을 점거하고 적의 덜미를 움켜쥔다면 싸우지 않고도 반드시 도주시킬 것입니다. 지금은 적을 방치할 수도 없고 적을 오랫동안 포위할 수도 없습니다. 당신들은 무엇 때문에 이와 같이 말하고 있습니까?"

그래서 군사를 나아가게 하여 고성령高城嶺을 넘고 몰래 행군하여 밤에 적도의 동남쪽에 있는 높은 산 위에 이르러 많은 봉화를 밝혀 들고 북과 호각을 울리게 했다. 적도성 안에 있던 장수와 병사 들은 구원병이 도착한 것을 보고 모두 떨쳐 일어났다. 강유는 군사들을 모아 출발하여 구원병이 도착할 때까지 시간이 걸리리라 생각했는데, 구원병이 벌써 도착했다는 말을 듣자, 이전부터 미리 준비한 계책이 있었던 것이라 여기고 위아래가 모두 매우 두려워했다. 강유는 위나라 군대가 농서를 출발할 때, 산길은 매우 험난하므로 적이 반드시 복병을 두었을 것이라고 생각했다. 진태가 거짓으로 남쪽 길로 진군하는 척했는데, 과연 강유는 사흘 동안 복병을 배치했다. 진태의 군대가 몰래 행군하여 갑자기 적도 남쪽에서 나타나자, 강유가 산을 따라 진태의 군사를 습격했다. 진태는 그와 교전하여 퇴각시켰다.

양주涼州 군사는 금성을 지나 남쪽에서 옥간판沃干阪에 도착했다. 진태와 왕경은 비밀리에 날짜를 정하고 함께 강유의 퇴로를 막으려고 했다. 강유 등은 이 계획을 듣고 즉시 도주했다. 적도성 안의 장수와 병사 들은 비로소 성을 나오게 되었다.

왕경은 감탄하며 말했다.

"식량은 열흘 분도 안 되었습니다. 만일 때맞춰 구원병이 오지 않았다면 성을 들어 궤멸하여 옹주를 잃게 되었을 것입니다."

진태는 장수와 병사 들을 위로하고, 그들을 앞뒤로 나누어 돌려보내고, 따로 사람을 보내 지키도록 했으며, 아울러 성과 보루를 수리하도록 하고, 군대를 돌려 상규에 주둔했다.

이전에 진태는 왕경이 포위되었다는 소식을 듣고, 주군州軍의 장수와 병사가 평소부터 모두 한마음이었으므로 그들에게 성을 지키게 하면 강유가 단번에 공략할 수 없을 것이라고 생각하고는 표를 올려 군사를 나아가게 하여 밤낮으로 급히 적도로 달려가야 한다고 했다. 여러 신하가 의견을 말하기를, 왕경은 도주해버린 후라 성을 굳게 지킬 수 없으므로, 만일 강유가 양주로 가는 길을 끊어 사군의 백성과 만족을 겸병하여 관농의 요충지를 점거한다면, 감히 왕경의 군사를 빼앗아 농우를 멸망시킬 수 있을 것이라 했다. 응당 대군이 사방에서 모이는 것을 기다린 후에 강유를 공격해야 한다는 것이었다.

대장군 사마소가 말했다.

"옛날 제갈량은 항상 이러한 뜻을 품고 있었지만, 끝까지 실현할 수 없었소. 이처럼 큰 사업과 계책은 강유에게 맡길 일이 아니오. 그리고 적도성은 창졸지간에 공략할 수 없는데, 식량이 적은 것이 긴급한 일이오. 정서장군이 신속히 구원하는 것이 상책일 것이오."

진태는 언제나 전쟁에 관한 일이 있으면 허황된 소리들이 천하를 혼란스럽게 하기 때문에 위로 보고하는 일을 간략하게 하기를 한편으로 희망했다. 때문에 그는 역참에 보내는 문서는 6백 리를 넘지 않도록 했다. 사마소가 순의荀顗에게 말했다.

"진태는 침착하고 용감하며 판단력이 있으므로 하나의 중임을 맡아서 함락당한 성을 구할 수 있기에 병사들의 증원을 요구하지 않았으며, 또 조정에 드물게 보고하는 것은 반드시 적을 이길 수 있기 때문입니다. 도독대장은 이와 같이 해야 하지 않겠습니까?"

후에 진태는 승진하여 상서우복야尚書右僕射가 되었고, 관리 선발을 관장하며 시중광록대부侍中光祿大夫[4]를 더했다.

오나라 대장 손준孫峻이 회수와 사수에서 나왔다. 진태를 진남장군鎭南將軍과 가절도독회북제군사假節都督淮北諸軍事로 삼고, 서주의 감군監軍 이하에게 진태의 지휘를 받도록 명령했다. 손준이 병사를 물리자 진태도 군사를 돌아가게 했으며, 좌복야로 전임되었다. 제갈량이 수춘에서 모반을 하자, 사마소는 육군六軍을 인솔하여 구두丘頭에 주둔시켰으며, 진태는 행대(行臺, 지방 출장소로서 정토征討에 관한 일을 맡았다. 행관行官이라고도 한다)를 통솔했다. 사마사와 사마소는 모두 진태와 좋은 관계를 맺었으며, 패국의 무해武陔 역시 진태와 좋은 관계였다. 사마소가 무해에게 물었다.

"진태는 그의 부친인 사공 진군과 비교하면 어떻소?"

무해가 말했다.

"견해는 통달하고 행위는 아정하며 지식은 넓어 국가의 위엄과 교화를 자신의 임무로 삼는 점에서는 현백이 부친만 못합니다. 하지만 통솔력을 갖고 간략하게 하며 공을 세워 일을 완성하는 면에서는 부친을 뛰어넘습니다."

진태는 앞뒤의 공적으로 식읍 2천6백 호를 더했고, 아들 한 명은

---

[4] 황제의 측근에서 자문하는 일종의 명예직이다.

정후亭侯를 하사받았으며, 두 명은 관내후를 하사받았다.

| 경원 원년(260) | 세상을 떠났으며, 관직을 사공으로 추증하고 시호를 목후穆侯라 했다. 아들 진순陳恂이 뒤를 이었다. 진순이 죽었으나 후사가 없어 동생 진온陳溫이 영지를 계승했다. 함희 연간에 오등급 작위제가 세워지자 진태는 이전 조대에 공훈이 탁월했으므로 진온을 신자愼子로 바꿔 봉했다.

조비의 제위 승계를 하루 만에 처리하다

진교전陳矯傳

진교는 자가 계필季弼이고, 광릉군 동양현東陽縣 사람이다. 난리를 피해 강동과 동성東城으로 갔을 때, 손책孫策과 원술의 초빙을 받았으나 거절하고 광릉으로 돌아왔다. 태수 진등陳登은 진교에게 공조를 맡도록 요청하고, 허창으로 가도록 하고는 그에게 말했다.

"허창의 인물 품평에서는 나에 대한 평가가 부족하오. 그대는 관찰하고 돌아와 나에게 알려주시오."

진교는 돌아와서 말했다.

"저는 멀고 가까운 곳에서 서로 의견을 주고받는 것을 들었는데, 모두 당신이 오만하면서 자긍심이 강하다고 했습니다."

진등이 말했다.

"나는 내실이 청정하고 화목하며 덕행이 겸비된 점에서 진기 형제를 존경하고, 연못처럼 맑고 옥처럼 깨끗하며 예법이 있는 점에서 화흠을 존경하며, 몸을 깨끗이 닦고 악을 미워하며 식견이 있고 의리가 있는 점에서 조성趙星을 존경하며, 견문이 넓고 기억력이 좋으며 사람들 사이에서 탁월한 점에서 공융을 존경하고, 재능과 지혜가 출중하고 왕패王霸의 재략을 갖고 있는 점에서 유비를 존경하오. 존경하는 바가 이와 같거늘 무슨 교만함이 있으리오! 나머지 사람들은 보잘것없으니 기록할 수 있겠소?"

진등의 평상시 생각은 이와 같았고, 진교를 깊이 존경하고 친구처럼 대했다.

광릉이 손권에게 공격받아 광기匡奇에서 포위되자, 진등은 진교에게 명하여 조조에게 구원을 청하도록 했다. 진교는 조조에게 말했다.

"저희 광릉은 비록 협소하지만 지세는 유리합니다. 만일 당신의 구원을 받아 외번이 된다면, 오나라는 음모를 꺾을 것이고, 서주는 영원히 안정될 것이며, 당신의 무용에 관한 명성은 먼 곳까지 떨칠 것이고, 인자하고 자애로운 마음은 사방으로 전해져 아직 당신에게 복종하지 않은 나라는 바람 가는 대로 따르고 그림자처럼 기대려 할 것입니다. 덕을 숭고하게 하고 위엄을 기르는 것, 이것이 왕업입니다."

조조는 진교를 높이 평가하여 허창에 머물게 하려고 했다. 그러나 진교는 사양하며 이렇게 말했다.

"나라가 위험에 처해 있으므로 당신에게 긴급함을 말하며 원조를 구하려고 달려왔습니다. 설령 신서申胥[5] 같은 공적은 세우지 못할지라도 감히 홍연弘演의 뜻을 잊겠습니까?"

조조는 그래서 구원병을 파견했다. 오나라 군대가 물러났는데도, 진등은 여러 곳에 매복을 두고 병사들을 이끌고 추격하여 오나라 군대를 크게 물리쳤다.

조조는 진교를 초빙하여 사공연속으로 삼았으며, 상현의 영令, 정

---

5) 춘추시대 오나라에 공격당하여 멸망 직전에 있던 초나라는 신서를 진秦으로 보내 구원을 요청했다.

남장사征南長史, 팽성과 낙릉의 태수, 위군사부도위魏郡四部都尉로 임명했다. 곡주曲周의 한 백성은 부친이 병들자 소를 희생으로 바치고 기도했는데, 현에서는 [당시 밭 가는 소를 보호하라는] 법령에 따라 기시(棄市, 저잣거리에 내버리는 형벌)에 처하려고 했지만, 진교는 말했다.

"이 사람은 효자입니다."

그러고는 표를 올려 그를 사면해주기를 청했다. 진교는 승진하여 위군 태수가 되었다. 당시 위군에는 옥에서 판결을 기다리는 죄인이 1천여 명이나 되었는데, 몇 년간 미결 상태로 있었다. 진교는 주나라 때는 삼전三典 제도가 있었고, 한나라 때는 삼장법三章法을 약속했고, 지금은 형벌의 경중을 바르게 적용하는 것을 중시하면서 오랫동안 해결하지 않아 생기는 피해를 신경 쓰지 않고 있으니 잘못된 것이라고 생각했다. 그는 직접 모든 죄상을 조사하고 일시에 판결을 내렸다.

대군이 동쪽으로 정벌하러 갔을 때, 진교는 수도로 들어가 승상장사丞相長史가 되었다. 군대가 돌아온 후에는 위군 태수로 임명되었으며, 서조의 속관으로 전임되었다. 조조를 따라 한중으로 정벌을 나갔다가 돌아와서 상서에 임명되었다. 행렬이 나아가 업성에 도착하기 전에 조조는 낙양에서 붕어했다. 신하들은 상례에 따라 태자의 즉위는 천자의 칙명을 기다려야 한다고 생각했는데 진교가 말했다.

"대왕께서 밖에서 붕어했으며, 천하는 두려워하고 있습니다. 태자는 응당 슬픔을 끊고 즉위하여 먼 곳과 가까운 곳의 기대를 이어야만 합니다. 더구나 총애한 아들 조창이 옆에 있는데, 서로 왕위를 다투어 혼란이라도 일으킨다면, 국가는 위험하게 될 것입니다."

즉시 백관을 불러 왕위에 오르는 데 필요한 의식을 갖추도록 하고 하루 만에 모든 일을 처리했다. 다음 날 왕후의 명령으로 태자에게 책策을 주어 즉위시키고 대사면을 실시했다.

조비가 말했다.

"진계필(진교)은 큰일에 임하여 두뇌가 맑고 지략은 보통 사람을 뛰어넘소. 확실히 한 시대의 준걸이오."

조비가 제위에 오른 후, 진교는 전임하여 이부吏部를 담당하게 되었고 고릉정후高陵亭侯에 봉해졌으며 상서령으로 승진했다. 조예가 즉위한 후, 승진하여 작위가 동향후가 되고 식읍은 6백 호였다. 일찍이 조예가 불시에 상서문尙書門으로 오자 진교는 무릎을 꿇고 조예에게 물었다.

"폐하께서는 어디로 가려 하십니까?"

조예가 대답했다.

"문서를 살펴보려는 것뿐이오."

진교는 말했다.

"이것은 신의 직책이지, 폐하께서 하셔야 할 일이 아닙니다. 만일 신이 그 직책을 다할 수 없다고 하신다면 차라리 파면되기를 청합니다. 폐하께서는 응당 돌아가셔야 합니다."

조예는 부끄러워하며 수레를 돌려 돌아갔다. 그의 정직함은 이와 같았다.[6] 시중광록대부의 관직을 더했으며 사도로 승진했다.

| 경초 원년(237) | 세상을 떠났으며 시호를 정후貞侯라 했다.

아들 진본陳本이 뒤를 이었으며, 관직은 군수와 구경(九卿, 한나라 고위직으로 봉상奉常·낭중령郎中令·소부 등 아홉 직책)을 역임했다. 재임 기간에 국가의 법제를 파악하여 큰 줄기를 들어 부하들로 하여금 재능을 전부 발휘하도록 했다. 진본은 통솔하는 재간이 있었으며, 사소한 일에는 관심이 없었다. 법률을 읽지는 않았지만 정위의 관직을

얻어 사마기司馬岐 등보다 우수했으며, 문리文理에 정통했다. 진북장
군으로 승진했고, 가절도독하북제군사가 되었다. 진본이 죽자 아들
진찬陳粲이 뒤를 이었다. 함희 연간에 동생 진건陳騫은 거기장군이
되었다.

당초에 진교가 군의 공조가 되었을 때, 사자로서 태산을 통과하
게 되었다. 태산 태수인 동군東郡 사람 설제는 그의 재능을 기이하
게 여기고 진교와 친한 친구가 되었다. 농담으로 진교에게 말했다.

"당신은 군리郡吏로서 이천석 군수와 교제를 맺었으니 이웃 나라
의 군수가 고개를 숙여 신하를 따라 노는 것과 같다고 할 수 있지
않겠소!"

설제는 후에 위군 태수와 상서령이 되었는데, 모두 진교의 관직
을 이은 것이다.

---

6) 유엽은 진교보다 일찍 출세하여 조조의 총애를 받았는데, 진교가 권력을 장악하려고 한다
고 참언했다. 진교가 두려워하며 이 일을 장남 진본과 상의했는데, 진본도 어찌할 바를 몰
랐다. 차남 진건은 "대왕은 총명하며 성명하고, 대인大人은 대신으로 있습니다. 지금 만일
합쳐지지 않더라도 삼공이 못 되는 것에 불과합니다."라고 했다. 며칠이 지난 후 조조는
진교를 불러오도록 했다. 진교는 또 두 아들에게 물었는데, 진건이 "대왕의 마음이 누그
러졌기 때문에 대인을 만나시는 것입니다."라고 했다. 궁궐로 들어가 온종일 회담을 했다.
조조가 말하기를 "유엽이 그대의 일을 말했으므로, 그대를 조사했소. 내 마음은 옛날과 같
소."라며 금오병(金五餅, 금으로 된 판)을 그에게 주었다. 진교가 사양하려고 하자, 조조는
"어찌 작은 은혜라고 생각하오? 그대는 이미 내 마음을 알았는데, 그대의 처자가 또 알지
못하는 것을 걱정하는 것이오."라고 했다.

간언을 서슴지 않은 조씨 삼대의 현신

서선전徐宣傳

서선은 자가 보견寶堅이고, 광릉군 해서현海西縣 사람이다. 난리를 피해 강동으로 갔는데, 손책의 명命을 받았으나 사양하고 광릉으로 돌아왔다.

서선은 진교와 함께 요직을 맡았으며, 두 사람은 명성이 나란했지만, 개인적으로 좋아하는 것이 달랐다. 그러나 모두 태수 진등에게 중시되었고, 진등과 함께 조조에게 마음을 의지했다. 해서와 회포淮浦 두 현의 백성이 반란을 일으켰을 때, 도위 위미衛彌와 현령 양습梁習은 밤에 서선의 집으로 도망쳤다. 서선은 몰래 그들을 호송하여 죽음을 면하게 해주었다. 조조가 독군督軍 호질扈質을 보내 반란을 일으킨 백성을 토벌하도록 했지만 병력이 적다며 진군하지 않았다. 서선은 몰래 호질을 만나 문책하고 형세를 설명했다. 호질은 곧 진군하여 적을 무찔렀다. 조조는 그를 불러 사공의 속관으로 삼고 동민東緡과 발간發干의 영令 벼슬을 내렸다. 제군 태수齊郡太守로 옮겼고, 중앙으로 들어가 문하독이 되었으며, 조조를 따라 수춘으로 갔다. 마침 마초가 난리를 일으켰고, 대군은 서쪽 정벌에 나섰다. 조조는 관속을 보고 말했다.

"지금 나는 원정을 가야 하는데, 이곳이 평정되지 못했으니, 후에 걱정거리가 될 것이라 생각하오. 응당 청렴하고 공정하며 덕이 있는 사람을 뽑아 이곳을 진무하고 통솔하도록 해야 하오."

그래서 서선을 좌호군(左護軍, 후방 군사의 일을 돕는 협력 관직)으로 삼아 남아서 군사들을 이끌도록 했다. 대군이 돌아오자, 서선은 승상 동조연丞相東曹掾이 되었고, 지방으로 나가 위군 태수가 되었다. 조조가 낙양에서 붕어하자, 신하들은 궁전 안으로 들어와서 상喪을 발표했다. 어떤 사람은 여러 성의 군수를 교체하고, 조씨와 동향인 초와 패 땅 사람을 기용해야 한다고 말했다.

그러자 서선이 엄한 목소리로 말했다.

"지금 국가는 통일되었고, 사람들은 각기 충성을 다하려고 생각하고 있는데 어찌하여 초와 패 땅 사람만 기용해야 합니까? 이것은 각 성을 지키는 장수들의 마음을 싸늘하게 하는 것입니다."

조비는 서선의 말을 듣고 말했다.

"이른바 사직지신社稷之臣이오."

조비가 천자의 자리에 오르자 서선은 어사중승이 되었으며, 관내후의 작위를 받았고, 성문교위城門校尉로 바꿔 임명되었으며, 한 달 후에는 사예교위로 승진했고, 산기상시로 전임되었다. 조비를 따라 광릉에 갔는데, 전군이 배를 탔을 때 폭풍이 불어와 파도가 쳤다. 조비의 배가 한 바퀴 돌더니 기울어지자, 서선은 뒤에 떨어져 있는 것이 싫어 파도를 타고 앞으로 나아가 제일 먼저 목적지에 닿았다. 조비는 그의 용감함을 칭찬하고 상서로 옮겼다.

조예가 즉위하자 진양정후津陽亭侯로 봉해졌으며 식읍은 2백 호였다. 중령군 환범桓範은 서선을 천거하며 말했다.

"신이 들건대 제왕이 인물을 등용할 경우에는 시대를 헤아리는 유능한 인재를 임명하고, 천하를 쟁탈하는 시대에는 책략을 우선으로 하며, 천하가 평정된 이후에는 충의를 제일로 한다고 했습니

다. 때문에 진 문공은[7) 구범舅犯의 계책을 사용했지만 옹계雍季의 정
의로운 말을 칭찬했고, 고조는 진평陳平의 지혜를 사용했지만 어린
군주를 주발(周勃, 전한 때 여씨 일족을 멸망시키고 유씨의 실권을 회복시킨 장
군)에게 부탁했습니다. 저는 사사로이 상서 서선을 살펴보았는데,
사람됨이 충의롭고 돈후하며 정직하고 성실한 성격을 갖고 있으며,
유달리 청결하고 단아하며 세속에 구애되지 않고, 확고하여 움직이
기 어렵고 국가에 대한 절의가 있으며, 주와 군의 장관을 역임하면
서 그 직무를 모두 빛냈습니다. 지금 복야의 직책이 결원이니, 서선
에게 이 일을 대신 관장하도록 하십시오. 책임이 무거우니 서선보
다 적임자는 없을 것입니다."

조예는 그래서 서선을 좌복야로 임명하고, 후에 시중광록대부의
관직을 더했다.

조예가 허창으로 갔을 때 서선은 수도의 일을 총괄했다. 조예가
돌아오자 상서의 담당 관리가 그동안 서선이 작성한 다른 문서를

---

7) 춘추시대 진 문공은 초나라 군사와 성복城濮에서 전쟁을 할 때 구범을 불러 질문했다. "초
나라 군사는 많고 우리 군사는 적소. 어떻게 할 수 있소?" 구범이 대답했다. "신이 듣기로
번잡한 예의를 좋아하는 군주는 문식이 있어도 만족하지 않고, 계속되는 전쟁을 좋아하
는 군주는 속이는 것에 만족하지 않는다고 합니다. 당신 또한 그것을 속이는 것일 뿐입니
다." 문공은 구범의 말을 옹계에게 말했고, 옹계는 이렇게 말했다. "소택을 말려서 물고기
를 잡는다면 어찌 물고기를 얻지 못하겠습니까? 그러나 다음 해에는 물고기를 얻지 못할
것입니다. 갈대를 불태워 사냥을 한다면 어찌 짐승을 얻지 못하겠습니까? 그러나 다음 해
에는 짐승을 얻지 못할 것입니다. 거짓된 도는 지금 일시적으로 훔칠 수 있지만, 후에는
다시 할 수 없습니다. 그러므로 좋은 방법이 아닙니다." 문공은 구범의 진언대로 하여 성
복에서 초나라 군사를 무찔렀다. 그러나 상을 줄 때는 옹계가 제일 위에 있었다. 주위 사
람들이 간언을 했다. "성복의 공은 구범의 지략 덕분입니다. 군주께서는 그의 진언을 채용
했으므로 그 사람에게 뒷자리로 상을 주는 것은 할 수 없습니다!" 문공은 말했다. "옹계의
말은 백대의 이로움이 있었지만 구범의 말은 일시적인 일이었을 뿐이오. 어찌 일시적인
일이 백대의 이로움보다 앞서겠소?"

모아 내놓았다. 조예가 조서를 내렸다.

　서 복야가 보는 것이 내가 보는 것과 무엇이 다른가?

　그러고는 결국 보지 않았다.

　상방령尙方令이 기물을 함부로 만들었기 때문에 매질하여 죽을 지경에 이르렀다. 서선은 상소해 형벌이 너무 엄하다고 진술하고, 궁전을 세우는 일로 백성의 힘을 소모시켜서는 안 된다고 간언했다. 조예는 모두 직접 조서를 작성하여 그의 의견을 받아들이겠노라고 답했다.

　서선은 말했다.

　"일흔 살에는 응당 관직을 떠나야 하는 규정이 있습니다. 지금 저는 이미 예순여덟 살이 되었으니 떠날 수 있습니다."

　그리고 병을 이유로 하여 관직을 떠날 것을 강력히 피력했지만, 조예는 끝까지 허락하지 않았다.

　│ 청룡 4년(236) │ 세상을 떠났다. 포의(布衣, 평민이 입는 베로 만든 옷)를 입히고 소건(疏巾, 조잡한 두건)을 씌우고 당시 입고 있던 시복(時服, 평상복)으로 염을 하도록 유언했다.

　조예가 조서를 내렸다.

　서선은 성실하고 정직하며 겉과 속이 곧고 바르고, 세 조대에 걸쳐 관리 생활을 했고, 공명하고 엄정하며 어린 왕을 부탁하고 맡길 만한 절개와 지조가 있으니 국가의 기둥과 주춧돌 같은 신하라고 할 수 있다. 짐은 항상 그로 하여금 삼공의 직무를 담당하도록 하려고 했는데, 관직에 오르지도 못하고 안타깝게 세상을 떠났구나! 그를 거기장군으로 추증하고 공작의 예로 장례를 지내도록 하라.

시호를 정후貞侯라 했으며 아들 서흠徐欽이 작위를 이었다.

올곧아 권력 투쟁에 연루되지 않고 바른 길을 가다

위진전衛臻傳

위진은 자가 공진公振이고, 진류군 양읍현 사람이다. 부친 위자衛妶[8]는 굳은 절개와 지조를 갖고서 삼공의 초빙에 응하지 않았다. 조조가 처음 진류군에 이르렀을 때 위자가 말했다.

"천하를 평정할 자는 반드시 이 사람이오."

조조 또한 위자를 기이하게 보았으며, 여러 번에 걸쳐 방문하여 대사를 논의했다. 그는 조조를 따라 동탁을 토벌하러 갔다가 형양에서 전사했다. 조조는 진류 경내를 지날 때마다 반드시 사자를 보내 그에게 제사 지냈다.

하후돈이 진류 태수가 되었을 때, 위진을 계리로 천거하고 그 부인으로 하여금 연회에 출석하도록 명했다.

위진이 말했다.

"말세의 풍속이니, 바른 예절이 아니오."

하후돈은 매우 화가 나서 위진을 체포했지만, 오래지 않아 사면

---

8) 위자는 스무 살 무렵에 같은 군郡의 권문생圈門生과 함께 성덕을 떨쳤다. 곽림종郭林宗이 두 사람과 같이 시장을 갔다. 물건을 살 때 위자는 값대로 돈을 지불했고, 권문생은 값을 깎았다. 곽림종은 "위자는 욕심이 적고, 문생은 욕심이 많다. 이 두 사람은 형제가 아니다. 아버지와 아들이다."라고 했다. 후에 위자는 의로움으로, 권문생은 재물로 명성을 남겼다.

했다. 후에 한나라의 황문시랑이 되었다. 동군의 주월朱越이 모반을 하자 위진을 불렀다.

조조가 영을 내려 말했다.

"나와 그대의 부친은 함께 대사를 일으켰소. 그래서 그대를 존경하며 묻는 것이오. 처음 주월의 말을 들었을 때 본래는 믿지 않았소. 순욱의 편지를 받고서야 당신의 충성심과 정직함을 분명히 알게 되었소."

마침 이때 위진은 한 헌제의 조서를 받았는데, 위나라에서 귀인貴人을 초빙해 와야 했다. 조조는 이 기회에 표를 올려 위진을 남겨 승상군사에 참여시켰다. 위진 부친의 옛 공훈을 추도하여 관내후의 작위를 내리고, 호조연戶曹掾으로 전임시켰다. 조비가 왕위에 오르자 산기상시로 임명되었다. 조비가 천자의 자리에 오르자 안국정후安國亭侯로 봉했다.

당시 신하들은 모두 위나라의 덕을 칭송했고, 많은 사람이 이전 왕조를 폄하했다. 위진만이 유독 한 헌제가 제위를 선양해준 의미를 분명히 하고, 한나라의 미덕을 칭송했다. 조비는 위진을 몇 차례 보고 말했다.

"천하의 보배이니 마땅히 산양공과 함께 대해야 되겠구나."

상서로 승진했으며 시중이부상서로 전임되었다. 조비가 광릉으로 행차했을 때, 중령군을 대행하여 따라갔다. 정동대장군 조휴는 항복한 적의 자백을 받아 표를 올렸다.

손권은 벌써 유수구에 있습니다.

위진이 말했다.

"손권은 장강에 의지하고 있으므로 감히 우리에게 저항하며 충돌하려 들지 않을 것입니다. 이것은 두려워 거짓으로 자백한 것이 확실합니다."

항복한 사람들에게 자세히 물으니, 과연 수비 대장이 거짓으로 꾸며낸 것이었다.

조예가 즉위하자 위진은 강향후康鄕侯로 승진하여 봉해졌고, 후에 우복야右僕射로 전임되었으며, 관리 선발을 관장하고 시중의 관직을 더했다. 중호군中護軍 장제蔣濟는 위진에게 편지를 보내 말했다.

한 고조는 도망친 죄인 한신을 상장上將으로 삼았고, 주 무왕은 어부인 여상을 발탁하여 태사로 삼았습니다. 평민이나 노비도 왕공으로 등용될 수 있는데, 어찌하여 과거의 제도를 지켜 시험을 본 후에야 기용하겠습니까?

위진은 답하여 말했다.

옛사람들은 지혜에 의지하지 않고 도량에 의거하여 관리를 선발했으며, 반드시 업적을 살핀 후에 관직을 높이고 낮추는 것을 정했습니다. 현재 당신은 성왕·강왕의 시대를 무왕의 시대와 같이 여기고, 문제와 경제 시대를 한 고조의 시대에 비유하여 떳떳하지 않은 천거를 좋아하고 있습니다. 마음대로 관리를 발탁하는 선례를 열면서 천하 사람들이 다투어 일어나게 하려고 합니다.

제갈량이 천수로 침입하자 위진이 상주했다.

기습 부대를 산관으로 보내 적의 식량 보급로를 끊으십시오.

위진은 정촉장군征蜀將軍으로 임명되었고, 가절도독제군사가 되었다. 위진이 장안에 도착했을 때는 제갈량이 이미 퇴각한 뒤였다. 위진은 수도로 돌아와 복직했으며 광록대부의 관직을 더했다. 당시 조예가 궁전 건축에 열중했으므로, 위진은 몇 차례에 걸쳐 간언했다. 전중감殿中監이 독단으로 난대영사蘭臺令史를 체포한 사건이 있었는데, 위진은 이 일을 조사할 것을 상주했다.

조서가 내려왔다.

궁궐이 완성되지 않은 것이 짐의 마음에 남아 있다. 그대는 어떻게 그를 조사한다는 말인가?

위진이 상소해 말했다.

고대에 관리의 월권에 관한 법률을 제정한 것은 관리가 열심히 일하는 것을 싫어했기 때문이 아닙니다. 실제로 유익한 점이 적고 병폐가 크기 때문입니다. 신이 교사校事를 관찰해보니 그 유형이 대부분 이와 같았습니다. 저는 직무를 맡은 자들이 직권을 넘어 정치가 쇠미해질까 두렵습니다.

제갈량이 또다시 야곡으로 출격해오자, 정남장군이 표를 올려 말했다.

주연朱然의 군대는 이미 형성을 지났습니다.

위진은 말했다.

"주연은 오나라의 용맹한 장수이므로 반드시 손권을 따라 싸울 것입니다. 위세를 보여 정남장군을 공격하려 할 것입니다."

손권은 과연 주연을 불러 거소로 들어가 진군하여 합비를 공격했다. 조예가 직접 동쪽으로 가서 정벌하려 하자 위진이 말했다.

"손권은 겉으로는 제갈량에 호응하는 것처럼 보이지만 내심으로는 관망하고 있습니다. 게다가 합비성은 견고하므로 걱정할 필요가 없습니다. 폐하께서 직접 정벌하여 육군六軍의 비용을 줄일 필요가 없습니다."

조예가 심양瀋陽으로 왔을 때 손권은 이미 물러난 뒤였다.

유주 자사 관구검이 상소해 말했다.

폐하께서 제위에 오른 이래로 기록할 만한 공적이 없었습니다. 오와 촉은 험한 지형에 의지하고 있어 즉시 평정할 수 없으니, 잠시 이쪽 유주의 사용하지 않는 병사로 요동을 공격하여 평정하십시오.

위진이 말했다.

"관구검이 제시한 것은 전국시대 때 사용하던 자잘한 기교이지, 왕 노릇 하는 자가 할 일이 아닙니다. 오나라가 해를 이어 군대를 일으키고, 변방을 침입하여 소란스럽게 하며, 군대를 주둔시키고 병사를 기르는데도, 즉시 그들을 공격하지 않는 것은 진실로 백성이 피곤해하기 때문입니다. 게다가 공손연은 바닷가에서 태어나 성장했으며, 정권은 3대에 걸쳐 이어졌고, 밖으로는 서쪽 오랑캐와 동쪽 오랑캐를 진압하고 안으로는 병사들의 무예를 훈련시키고 있습니다. 그런데 관구검은 군대를 편성하고 멀리 달려 아침에 도착하고 저녁에 쉬게 하려고 합니다. 이런 생각은 매우 허황된 것입니다.”

관구검이 군사를 나아가게 했는데, 과연 전세가 불리했다.

위진은 사공으로 승진하고, 사도로 바꿔 임명되었다.

│ 정시 연간 │ 승진하여 작위가 장환후長桓侯가 되었으며 식읍이 1천
호이고 아들 중 하나를 열후로 봉했다.

당초 조조는 오랫동안 태자를 세우지 않았는데, 당시에는 임치후
를 매우 총애했다. 정의 등은 조식의 심복이 되어 위진에게도 자신
들과 결탁할 것을 권했는데, 위진은 대의에 입각하여 거절했다. 조
비가 제위에 오르자 동해왕 조림이 총애를 받았다.

조비는 위진에게 물었다.

“평원후(조식)는 어떠한가?”

위진은 조림의 덕행이 아름답다고 칭찬했지만, 끝까지 조식에 대
해서는 말하지 않았다. 조상이 정치를 보좌할 때, 하후현을 통해 위
진에게 조정으로 들어와 상서령을 맡고 동생과 혼인하라는 뜻을
전했지만, 모두 허락하지 않았다. 그가 관직을 떠나기를 강력히 요
청하니, 조서를 내려 말했다.

옛날 간목干木은 관직에 있지 않았지만 의로움으로써 강력한 진秦나
라를 굴복시켰고, 장량은 정신을 쉬게 했어도 초나라의 일을 잊지 않았
다. 그대에게 바른 말과 좋은 계책이 있다면 아끼지 않기를 희망한다.

위진에게 집 한 채와 특진 자리와 삼공에 버금가는 은총을 주었
다. 그가 죽자 태위로 추증했으며 시호를 경후敬侯라고 했다. 아들
위열衛烈이 작위를 이었으며, 함희 연간에 광록훈이 되었다.

재능에 따라 인물을 천거하고 사마의를 도와
조상曹爽을 제거하다

노육전盧毓傳

노육은 자가 자가子家이고, 탁군 탁현 사람이다. 부친 노식盧植은 당시 매우 명성이 높았다.

열 살 때 노육은 고아가 되었는데, 태어난 주에 난리가 일어나 두 형이 전란 속에서 죽었다. 당시는 원소와 공손찬이 교전하고 있었고, 유주와 기주에 기근이 있었다. 노육은 과부가 된 형수와 고아가 된 형의 아들을 도왔고, 학식과 품행이 뛰어나 칭송을 받았다. 조비가 오관장이 되었을 때, 노육을 불러 문하적조門下賊曹에 임명했다. 최염崔琰은 노육을 천거하여 기주 주부로 삼았다.

당시 천하는 창업 초기로서 도망친 사람들이 매우 많았기 때문에 도망친 병사에 대한 형벌은 무거웠으며, 그 죄는 처자식에게까지 미쳤다. 도망친 병사의 아내인 백白 등은 시집온 지 며칠밖에 안 되어 남편과 만나지 못했는데도 대리大理는 사형 판결을 내렸다.

노육은 이 일을 반박하며 말했다.

"무릇 여인은 남편과 직접 만난 후에 애정이 생기고, 부인이 된 후에 의리가 두터워집니다. 때문에 《시경》에서도 '그대를 보지 못하니 나의 마음 슬프구나. 그대를 보고 나니 나의 마음 편안하구나.'라고 했습니다. 또 《예기》에서도 '선조를 제사 지내는 묘廟에 가지 않은 부인이 죽으면 그 여자의 집으로 돌려보내 안장시키고, 부인이 되지 않았다고 생각한다.'라고 했습니다. 지금 백 여인 등은 살아서는 남편을 만나지 못한 슬픔이 있고, 죽어서는 부인이 되지 못한 통한이 있을 텐데, 관리들은 이들을 사형에 처해야 한다고 주장하고 있습니다. 그러면 그들이 부부가 된 후에는 어떤 죄를 더할 것입니까? 그리고 《예기》에서는 '형벌을 시행할 경우에는 가볍게 하라.'라고 했는데, 이것은 사람의 죄를 처벌할 때는 가벼운 것을 따르는 것이 통례라는 말입니다. 또 《상서》에서 '무고한 사람을 죽이느니 차라리 떳떳하지 못한 과실을 범하는 것이 낫다.'라고 했는데, 이것은 형벌의 과중함을 걱정한 것입니다. 백 여인 등이 모두 예빙禮聘을 받아 이미 남편의 집으로 들어갔다면 벌을 내릴 수는 있지만 죽이는 것은 너무 무겁습니다."

조조는 말했다.

"노육의 주장이 옳소. 또 경전을 인용한 뜻이 나로 하여금 깊이 감탄하게 만드오."

이 일로 노육은 승상법조의령사丞相法曹議令史가 되었다가 서조의 령사로 전임되었다.

위나라가 세워진 후, 이부랑吏部郎[9]에 임명되었다. 조비가 천자의 자리에 오르자 황문시랑으로 바꿔 임명되었고, 지방으로 나와 제음의 상이 되었으며, 양군과 초군의 태수가 되었다. 조비는 초군이 고향이었기 때문에 초군에 대규모로 백성을 옮겨 충실하게 하고 둔전을 시행하려 했다. 그러나 초군의 토지는 척박하고, 백성은 곤궁했다. 노육이 그들을 불쌍히 여기고 표를 올려 백성을 비옥한 양국

---

9) 상서대 이부조吏部曹의 관원으로 상서를 도와 관리 선발을 담당한다.

梁國으로 옮길 것을 청하자, 조비는 크게 실망했다. 비록 노육이 표를 올린 것을 듣기는 했지만 마음속으로 그를 원망했다. 결국 노육을 좌천시켜 수양의 전농교위典農校尉[10]로 삼고 이주한 백성을 관리하도록 했다. 노육의 마음은 백성을 이롭게 하는 데 있었으므로 직접 가서 시찰하고 좋은 밭을 선택하여 살도록 했다. 백성은 그를 신뢰했다. 안평安平과 광평의 태수로 승진했으며, 임지에서는 백성에게 은혜와 교화를 폈다.

| 청룡 2년(234) | 수도로 들어와 시중이 되었다. 이전에 산기상시 유소劉劭가 조서를 받아 법률을 제정했지만 완성하지 못한 상태였다. 노육이 글을 올려 고금의 법률의 의미를 논하고, 법률에는 마땅히 하나의 정확한 의미가 있어야지 두 종류의 해석이 있어 간사한 관리들로 하여금 사사로운 감정을 갖게 해서는 안 된다는 생각을 폈다.

시중 고당륭高堂隆이 궁전을 세우는 일에 대해 몇 차례 간절하게 간언하자 조예는 달갑지 않게 여겼다. 이에 노육이 진언했다.

신이 듣기에 군주가 총명하면 신하는 정직하고, 옛날 성왕聖王은 자신의 허물을 듣지 못할까 두려워 간언하는 북을 설치했다고 합니다. 지금 신하들은 살펴 권하는 것을 다하고 있는데, 이 점에서는 신 등이 고당륭에 미치지 못합니다. 고당륭 등 모든 유생은 뜻이 크고 강직하다고 불리고 있습니다. 폐하께서는 마땅히 그들의 의견을 받아들이셔야 합니다.

---

10) 둔전민을 관리하는데, 군국의 군수나 상相 급이었다.

3년 동안 재직하면서 논박하는 일이 자주 있었다.

조서를 내렸다.

사람들의 재능에 근거하여 적합한 관직을 주는 것은 지혜로운 제왕들도 어려워했던 일이고, 반드시 훌륭한 보좌가 있어야 적임자를 뽑아 부적임자를 대신하도록 할 수 있다. 시중 노육은 천성이 바르고 곧으며, 마음이 공평하고 행위가 단정하므로 자리에서 게으르지 않다고 할 수 있다. 노육을 이부상서로 임명하라.

조예는 노육에게 그의 후임으로 한 명을 선발하라고 말했다.

"그대와 같은 사람이라면 될 것이오."

노육이 상시常侍 정충鄭沖을 천거하자, 조예가 말했다.

"정충은 짐도 이전부터 들어 알고 있소. 따로 짐이 듣지 못한 자로 천거하시오."

그래서 완무阮武와 손옹孫邕을 추천하자, 조예는 이 가운데 손옹을 임명했다.

이전에 제갈탄과 등양鄧颺이 명성을 떨쳤고, 사총팔달(四聰八達, 네 명의 총명한 인물과 여덟 명의 달인)의 견해가 있었으므로 조예는 그 점을 증오했다. 당시 중서랑中書郎을 기용했는데, 조서를 내려 말했다.

적합한 사람을 얻고 얻지 못함은 노육에게 달렸을 뿐이다. 선발하여 등용함에 있어 명성이 있는 이를 취하지 않을 것이니, 명성은 땅에 그린 떡 같아서 먹을 수 없다.

노육이 대답하여 말했다.

명성은 특별한 사람을 부르기에는 충분하지 못하지만, 떳떳한 선비를 얻을 수는 있습니다. 떳떳한 선비는 가르침을 존경하고 선을 흠모한 연후에 명성이 있게 되므로 그들을 증오해서는 안 됩니다. 어리석은 신은 특별한 사람을 알아보는 식견이 충분하지 못하며, 명성에 의거하여 평범한 인물을 살피는 것을 직무로 하고 있습니다. 단지 응당 그 후의 일을 조사할 따름입니다. 때문에 옛날 사람들은 탄핵하거나 상주함에 있어서 말로써 하고, 그 말의 허실에 대해 명확하게 조사를 할 경우에는 공적을 갖고 한다고 했습니다. 지금 관리의 공적을 평가하는 법은 폐지되었고 비난과 칭찬의 평판에 따라서 나아가고 물러남을 처리합니다. 때문에 진위가 혼란스럽게 섞이고, 허실이 서로 구분되지 않은 것입니다.

조예는 그의 의견을 받아들여 즉시 관리의 공적을 평가하는 제도를 만들도록 조서를 내렸다.

마침 사도 자리가 비었다. 노육은 처사處士 관녕管寧을 추천했지만, 이번에도 조예는 기용할 수 없었다. 조예는 그다음으로 기용될 자를 물었다. 노육이 대답했다.

"돈독하고 품행이 지극한 사람은 태중대부太中大夫 한기韓曁이고, 맑고 정직한 사람은 사예교위 최림崔林이며, 충정이 있고 순수한 사람은 태상 상림常林입니다."

조예는 한기를 기용했다. 노육은 인물을 선발할 때 우선 성품과 품행을 본 후에 언사와 재간을 살폈다. 황문黃門 이풍李豐은 일찍이 노육에게 이와 같이 해야 하는 까닭에 대해 물었다.

노육이 대답했다.

"재간은 선을 행하기 위해 있는 것입니다. 때문에 큰 재간은 큰

선을 이루고, 작은 재간은 작은 선을 이룹니다. 지금 그를 일컬어 재간이 있으면서도 선을 행할 수 없다고 하니, 이러한 재간은 쓰기에 적합하지 않습니다."

이풍 등은 그 말에 감복했다.

제왕 조방曹芳이 즉위하자, 관내후의 작위를 받았다.

당시 조상이 권력을 장악하여 자기의 당을 세우려고 노육을 복야로 옮기고 시중 하안을 노육의 후임으로 삼았다. 오래지 않아 노육은 정위로 임명되어 지방으로 내려갔다. 얼마 후 다시 사예 필궤畢軌가 왜곡된 상주를 하여 노육의 관직을 박탈했다. 모든 이가 대부분 논의하면서 그 일에 이의를 제기했으므로, 노육은 광록훈이 되었다.

조상 등이 체포된 후, 태부 사마의는 노육으로 하여금 사예교위를 대행하고, 조상의 사안을 처리하도록 했다. 또 이부상서로 임명되었으며, 봉거도위의 관직을 더하고, 고락정후高樂亭侯로 봉했으며, 복야로 전임되었고, 여전히 선발과 등용을 관장하고, 광록대부의 관직을 더했다.

고귀향공 조모가 즉위하자, 대량향후大梁鄉侯로 승진하여 봉해졌다. 아들 중 하나가 정후에 봉해졌다. 관구검이 난을 일으키자 대장군 사마사가 출정했고, 노육이 조정의 일을 총괄했으며 시중의 관직을 더했다.

| 정원 3년(256) | 중병에 걸려 관직에서 물러났다.

사공으로 승진하여 임명되었고, 표기장군驃騎將軍 왕창王昶, 광록대부 왕관王觀, 사예교위 왕상王祥을 강력히 추천했다.

조서를 내려 사자를 보내, 즉시 인수를 주고 작위를 승진시켜 용성후容城侯로 봉했으며, 식읍이 2천3백 호였다.

| 감로 2년(257) | 세상을 떠났고 시호를 성후成侯라고 했다. 손자 노번盧藩이 작위를 이었다. 노육의 아들 노흠盧欽과 노정盧珽이 있었는데, 함희 연간에 노흠은 상서가 되었고, 노정은 태산 태수가 되었다.

【평하여 말한다】

환계는 성공과 실패의 추세를 깊이 인식했으며 재능은 당대에 널리 알려졌다. 진군의 거동은 명예와 도의에 따랐고 단아하고 곧으며 명망이 있었다. 진태는 널리 세상을 구하고 소박함이 지극해 관부의 일을 원만하게 처리했다. 위나라 시대는 큰일은 대각에서 통솔하고, 안(궁성)을 중시하고 밖(정부)을 경시했다. 때문에 팔좌상서八座尙書[11]가 고대 육경六卿의 일을 했다. 진교·서선·위진·노육은 오랜 기간 자리에 있었다. 진교와 서선은 강인하고 과단성이 있었으며, 위진과 노육은 간언을 잘하고 사리를 분명히 판단했으니, 모두 그들의 직책에 부끄러움이 없었다.

---

11) 위나라 때의 상서대는 군국의 기밀을 처리하는 중추 기구로서 상서(尙書)라고도 했다.

23

화상양두조배전和常楊杜趙裵傳

한 시대의 우수한 선비형 관리

청빈하고 검소하여 국가 재정의 확충에 힘쓰다

화흡전和洽傳

화흡은 자가 양사陽士이고, 여남군 서평현西平縣 사람이다. 효렴으로 천거되고 대장군에게 초빙받았지만 모두 나아가지 않았다. 원소가 기주에 있을 때 사자를 보내어 여남군의 사대부들을 맞이하도록 했는데, 화흡은 홀로 생각했다.

'기주는 토지가 평탄하고 백성은 강성하며 영웅호걸들이 이익을 다투는 장소로서, 사방에서 공격을 받기 쉬운 곳이다. 본초(本初, 원소)는 비록 자금에 의지하여 강대할 수 있었으나, 바야흐로 영웅호걸들이 일어나고 있으므로 기주를 온전히 보존할 수 없을 것이다. 형주의 유표는 원대한 포부는 없지만 인물을 아끼고 선비를 좋아하며, 그 토지는 험난하고 막혀 있으며, 산은 평평하고 백성은 나약하다. 그에게 의지하는 것이 낫겠다.'

그리하여 친구들과 함께 남쪽으로 가서 유표를 따르니, 유표는 그를 상객의 예로 대우했다.

화흡이 말했다.

"제가 본초를 따르지 않은 까닭은 다투는 곳을 피하고자 했기 때문입니다. 어리석은 군주 곁에는 있을 수 없습니다. 오래 있으면 위험에 처하게 되고, 반드시 사악한 자가 나와서 군주와 신하 사이를 이간시킬 것입니다."

마침내 남방의 무릉군으로 건너갔다.

조조가 형주를 정벌하자 화흡을 불러서 승상연속으로 삼았다. 당시 모개와 최염은 충의와 청렴으로 일을 처리했는데, 관리를 선발하고 임용할 때도 가장 먼저 절약을 숭상했다. 화흡이 진언했다.

천하의 대기(大器, 나라의 정치를 가리키는 말)는 관직과 인물에 달려 있지, 검소함을 으뜸으로 하여 처리할 수는 없습니다. 검소함과 소박함이 중도를 넘으면 스스로 처신하면 되는데, 이러한 검소함으로 만물을 바르게 할 경우 간혹 잃는 바가 많아질 수 있습니다. 지금 조정의 의견은 관리 중에 새 옷을 입고 좋은 수레를 타는 자를 청빈하지 못하다고 하며, 장리長吏가 진영을 지나면서 겉모습을 꾸미지 않고 갈기갈기 찢어진 옷과 갓옷을 입고 있으면 청렴하다고 합니다. 지금 사대부들은 일부러 그들의 옷을 더럽히고 그들의 수레와 의복을 감추며, 관청의 높은 관리들은 간혹 스스로 호로병과 밥을 가지고서 관청에 들어섭니다. 교화를 일으켜 세우고 풍속을 관찰할 때는 중용中庸에 처함을 귀하게 여겨야 가히 계승해 이어갈 수 있게 됩니다. 지금 일률적으로 사람들이 견디기 힘든 검소함으로써 관리의 자질을 구분하려 하고 관리들에게 억지로 검소하게 하면 반드시 피곤하고 초췌해지게 될 것입니다. 옛날의 위대한 가르침은 반드시 인정에 통하게 하는 데 있었을 뿐입니다. 무릇 괴이한 행위로 치닫게 하면 그중에 반드시 거짓이 숨어들게 됩니다.

위나라가 세워지자 시중이 되었다. 후에 어떤 사람이 모개가 조조를 비방한다고 아뢰자, 조조는 측근 신하인 것을 알고는 매우 노여워했다. 화흡은 모개의 평소 행동이 근본이 있다고 진술하면서

이 문제에 대해서 사실대로 조사할 것을 청했다. 조회가 끝나자 조
조는 영을 내렸다.

　지금 이 사건에 대해 말하는 자 중에서 모개에 대해서 아뢰는 자는
나를 비방하는 것일 뿐만 아니라 또다시 최염의 원망을 듣게 된다. 이
는 임금과 신하의 은혜와 정의를 훼손하고, 망령되게도 죽은 친구에
게 원망과 탄식을 주는 것이니, 아마도 참을 수 없을 것이다. 옛날에
소하蕭何와 조참曹參은 한 고조와 함께 미천한 신분에서 일어나 힘을
다하여 공을 세웠다. 고조가 급박한 처지에 놓일 때마다 두 재상은 오
히려 더욱 고조에게 공손하여 신하의 도리가 나날이 빛났기에 소하와
조참의 작위가 후세까지 이르게 되었다. 시중 화흡이 나에게 이 일을
조사해줄 것을 연달아 청했으나, 내가 듣지 않은 까닭은 이 일에 대해

서 신중하게 생각하려고 한 것이다.

이때 화흡이 대답하여 말했다.
"의견을 말하는 자에 따르면, 모개의 죄는 매우 무거워 천지로도
덮을 수 없습니다. 신은 감히 사실을 왜곡한 모개를 변호하여 인륜
의 대도大道를 굽히려는 것이 아닙니다. 모개는 모든 관리 중에서
뛰어나 특별히 발탁되어 상서복야라는 높은 관직에서 이름을 날렸
습니다. 그는 해마다 은총을 받았고, 강직하고 충성스러우며 공명
했기에 모든 사람에게 거리끼는 바가 되었지, 마땅히 이런 것이 있
지는 않았습니다. 그러나 사람의 마음이란 보장하기가 어려우므로
마땅히 살피고 탄핵해야 하며, 양쪽에서 주장하는 것의 사실 여부
를 조사해봐야 합니다. 이제 성은이 치욕을 머금은 인덕을 드리워
차마 그를 재판에 이르게 하지 않으며, 더구나 그른지 옳은지의 구

분을 다시 분명하게 하지 않는다면 의심은 가까운 데서부터 싹틀 것입니다."

조조가 말했다.

"조사를 하지 않는 이유는 모개와 이 일을 진술한 두 사람을 온전하게 하려는 것뿐이오."

화흡이 대답했다.

"모개에게 실제로 윗사람을 비방한 말이 있었다면 마땅히 저잣거리에서 그를 처형해야 합니다. 그러나 만일 모개가 이러한 일이 없었다면 그 일을 진술한 자에게 대신을 무고함으로써 판단을 그르치게 한 잘못을 덧붙여야 합니다. 양쪽을 조사하여 사실 여부를 분명하게 하지 않은 것이 신의 마음을 불안하게 합니다."

조조는 말했다.

"지금 군사 일이 있는데, 어찌 다른 사람의 말을 듣고서 곧바로 조사하겠소? 춘추시대 진晉나라의 호사고狐射姑가 조정에서 월권행위를 한 양처부陽處父를 찔러 죽였는데, 당시 군주에게 경계가 되었소."

조조가 장로를 쳐부수려고 하자, 화흡은 시의적절한 의견을 내세워 시기를 보고 군대를 이끌고 백성을 이주시키면 수비대를 설치하는 비용을 절약할 수 있다고 주장했다. 조조는 화흡의 의견을 받아들이지 않다가 나중에야 결국 백성을 이주시키고 한중을 포기했다. 다시 낭중령으로 임명되어 지방으로 나갔다.

조비가 황제로 즉위한 이후에 화흡은 광록훈에 임명되었고, 안성정후에 봉해졌다. 조예가 제위에 오르자 승진하여 서릉향후에 봉해졌고 식읍 2천 호를 받았다.

| 태화 연간 | 산기상시 고당륭이 상주했다.

지금은 계절풍이 이르지 않았는데, 황폐하게 버려진 기운이 있습니다. 담당 관리 가운데 직무를 근면하게 수행하지 않는 자가 있어 하늘의 질서를 잃은 것이 분명합니다.

조예는 겸허하게 책임을 이끌도록 하고 아울러 다른 의견을 널리 구했다.

화흡이 말했다.

"백성 중에 밭 가는 사람은 적고, 떠돌아다니며 먹고사는 자는 많습니다. 나라는 백성을 근본으로 삼으며, 백성은 곡식을 명으로 삼습니다. 따라서 한 시절의 농업 생산을 허비하게 되면 생존과 번식의 근본을 잃게 되는 것입니다. 때문에 선왕께서는 번다한 요역을 피하여 오로지 농업에만 힘쓰도록 했습니다. 봄과 여름 이래로 요역에 시달리고 농업은 황폐해졌으므로 백성은 탄식하고 있습니다. 계절풍이 이르지 않는 것은 분명 이러한 데서 비롯되었을 것입니다. 이러한 것들을 없애고 회복하는 방법으로 절약과 검소보다 큰 것은 없습니다. 태조께서 위대한 사업을 세우고, 군대를 옮기는 비용을 공급하고, 군대에게 상벌을 주는 비용을 공급하고, 관리와 선비에게는 물자와 식량을 풍부하게 하며, 창고 속에는 곡식과 비단이 많이 있도록 했는데, 이는 태조께서 쓸모없는 궁전을 꾸미지 않고 헛되고 지나치게 지출되는 비용을 없앤 덕분이었습니다. 지금의 관건은 진실로 번잡한 노역을 없애거나 줄이고, 다른 임무를 덜고 없앰으로써 군비를 저장하는 것입니다. 세 방면을 지키고 방어하는 것은 마땅히 미리 방비하는 데 있습니다. 적들의 허와 실을 헤아리고 사졸을 기르며 적을 이길 계책을 세우고 공격해서 취할 계략을 밝히고 모든 사람의 의견을 널리 구해야 합니다. 만일 책략이 평소

정해져 있지 않고, 작은 적을 경시하고 얕보게 되면, 군대가 자주 출동해도 오히려 힘만 들 뿐 공이 없게 됩니다. 이른바 '무武를 숭상해서는 이길 수 없다.'라는 고인의 훈계입니다."

화흡은 자리를 옮겨 태상이 되었지만 청빈하고 검소함을 지켜 밭과 주택을 팔아서 자급했다. 조예가 그 말을 듣고 그에게 곡식과 비단을 내렸다. 죽은 후에 시호를 간후簡侯라고 했으며, 아들 화리和离가 뒤를 이었다. 화리의 동생인 화유和遹는 재능이 뛰어나고, 군주를 보좌하고 백성을 구제하는 공적을 세웠으며, 관직이 정위와 이부상서까지 이르렀다.

화흡과 같은 군 출신 중에서 허혼許混이라는 자는 허소의 아들이다. 청빈하고 순박하고 식견이 있었으며, 조예 때 상서가 되었다.

높고 맑은 절개로 삼공의 자리도 마다하다

상림전常林傳

상림은 자가 백괴伯槐이고, 하내군 온현溫縣 사람이다.[1] 나이 일곱 살 때 어느 날 아버지의 친구가 와서 문을 두드리며 상림에게 물었다.

"백선(伯先, 상림 부친의 자)은 집에 있는가? 너는 어찌하여 인사를 하지 않느냐?"

상림이 대답했다.

"저는 비록 머리를 숙여 손님에게 인사해야 하겠지만, 아들을 보고 아버지의 자를 말씀하시니 어찌 인사를 할 수 있겠습니까?"

그래서 사람들은 한결같이 그를 가상히 여겼다.

태수 왕광王匡이 군대를 일으켜 동탁을 토벌할 때, 모든 유생을 소속 현에 파견하여 관리와 백성의 죄상을 살피도록 하고는, 발견되기만 하면 체포하여 돈과 곡식을 받고서야 죄를 용서했는데, 조금이라도 늦게 도착하면 종족을 모두 없앰으로써 위엄을 세웠다.

---

1) 상림은 비록 한문寒門 출신으로 빈궁했지만, 스스로 힘들이지 않고 다른 사람에게서 이익을 취하는 사람이 아니었다. 학문을 좋아하여 한나라 말기에 대학의 학생이 되었으나, 경전을 몸에 지니고 밭 가는 일에 종사했다. 아내는 그에게 항상 먹을 것을 가져다주었다. 들에 있을 때도 상림은 빈객을 대하는 것처럼 아내를 맞이했다.

상림의 숙부가 식객의 종아리를 쳤는데, 이 일이 모든 유생에게 알려지게 되었다. 왕광은 노하여 [상림의 숙부를] 체포하여 다스렸다. 종족들은 두려워하며 어느 정도 문책받게 될지 알지 못하고, 구류된 자를 구하지 못할까 두려워했다. 상림은 왕광과 같은 현 사람인 호모표胡母彪를 찾아가 만나보고 말했다.

"왕 부군(府君, 왕광)께서는 문무로 높은 재주를 가지고 있으면서도 비루한 저희 군에 오셨습니다. 저희 군은 산하로 둘러싸여 있고 땅은 넓으며 백성은 풍부하고 또 현명하고 능력 있는 인재가 많아 선택되어 등용되는 것을 뜻대로 하고 있습니다. 지금 주상께서 어리고 심약하시매 간신들이 조정을 주물러 중원이 두려워 떨고 있으니, 영웅호걸이 재능을 떨칠 시기입니다. 만일 천하의 간악한 적을 주살하여 미약한 왕실을 부축하려 하신다면, 지혜로운 자는 그 바람을 바라보며 마치 [북이] 울리는 것처럼 호응할 것입니다. 어지러움을 극복하는 것은 화해에 있으니, 어떤 위험을 이기지 못하겠습니까? 만일 은덕을 베풀지 아니하여 임용함에 있어서 그 사람을 잃게 되면 장차 엎어지고 망하게 될 텐데, 어느 틈에 조정을 바로잡고 보살피며 공명을 세우는 것을 숭상하겠습니까? 당신은 이 점을 깊이 간직하십시오."

이에 관련하여 숙부가 구류된 사건에 대해 설명했다. 호모표는 즉시 글을 올려 왕광을 문책했다. 왕광은 상림의 숙부를 석방했다. 상림은 즉시 상당까지 도망가 산기슭에서 밭을 갈고 씨를 뿌렸다. 당시 가뭄과 명충이 발생했으나, 상림은 홀로 풍부한 수확을 거두고 이웃사람들을 모두 불러서 되와 말에 곡식을 담아 나누어주었다.

상림은 예전에 하간 태수河間太守를 지낸 진연陳延의 성루城壘에 의탁했다. 그곳의 진陳과 풍馮, 두 성씨는 옛 씨족에서는 최고의 집안

이었다. 장양張楊이 이 두 집안의 부녀자들에게 눈독을 들이고 재산을 탐하자, 상림은 종족을 이끌고 이들을 위해서 계책을 세웠다. 60여 일 동안 포위되었으나, 끝내 그 성루를 보존했다.

병주 자사 고간이 표를 올려 상림을 기도위에 추천했다. 상림은 사양하고 받지 않았다. 나중에 자사 양습이 주州의 명사, 즉 상림·양준楊俊·왕릉·왕상王象·순위 등을 추천했는데, 조조는 그들을 모두 현의 장長으로 삼았다.

상림은 남화현南和縣을 다스리게 되었는데, 정치와 교화에서 성취한 것이 많아 파격적으로 박릉 태수博陵太守와 유주 자사로 승진했다. 그곳에 가서도 공을 세웠다.

조비가 오관장이 되었을 때 상림은 공조에 임명되었다. 조조가 서쪽을 정벌할 때, 전은田銀과 소백蘇伯이 모반하자 유주와 기주의 형세가 불안했다. 조비가 직접 나서서 그들을 토벌하려고 하자 상림이 말했다.

"제가 이전에 박릉에서 벼슬을 하고 유주에 있을 때 적들의 형세를 헤아릴 수 있었습니다. 북방 백성은 안정을 좋아하고 혼란을 싫어하며 조정의 교화에 복종한 지 이미 오래되었고, 국가 기강을 지키는 자가 많습니다. 전은과 소백이 개와 양처럼 서로 모여들었으나, 지혜는 작고 야심만 커 해를 입지 않을 수 없습니다. 지금 우리 대군은 먼 곳에 있고 밖에 강한 적이 있으며, 장군께서는 천하의 진지가 되고 있으니, 가볍게 행동하여 먼 곳으로 출정하시면 설령 승리한다 하더라도 무용은 없게 됩니다."

조비가 그의 의견에 따라 장수를 파견하니, 때가 되어 완전히 적들을 소멸시켰다.

상림은 평원 태수와 위군동부도위魏郡東部都尉에 임명되었고, 수도로 들어가 승상동조속丞相東曹屬이 되었다. 위나라가 세워진 후에 상서에 제수되었다. 조비가 제위에 오르자 소부로 승진하여 임명되었고,[2] 낙양정후에 봉해졌으며, 대사농으로 전임되었다. 조예가 즉위한 후에 승진하여 고양향후高陽鄕侯에 봉해졌고, 광록훈·태상으로 옮겨졌다. 진晉 선왕(宣王, 사마의)은 상림이 고향의 덕 있는 선배라고 생각하여 매번 그에게 인사를 했다. 어떤 사람이 상림에게 말했다.

"사마 공은 지위가 존귀하니 그대는 마땅히 그가 그만두도록 해야 합니다."

상림이 말했다.

"사마 공 스스로 장유유서를 돈독하게 하려고 하는 것은 후세 사람을 위한 법이오. 존귀한 것은 내가 두려워하는 바가 아니며, 인사하는 것 역시 내가 막을 일이 아니오."

말하던 자는 부끄러워하면서 물러났다. 당시 대신들은 상림의 절개가 높고 맑아 그로 하여금 삼공의 자리에 이르게 하여 보좌하도록 했으나, 상림은 병이 심하다고 핑계를 대었다. 광록대부로 제수되었으며, 나이 여든셋에 세상을 떠나 표기장군에 추증되었고, 장례는 공의 예에 따라서 했으며, 시호를 정후貞侯라 했다. 아들 상시

---

2) 상림은 직무에 매우 엄격했다. 소부의 관소는 홍려와 문을 마주하고 있었는데, 당시 최림이 홍려로 있었다. 최림은 활달한 성격의 소유자로서 상림과는 달랐는데, 상림이 하급 관리들에게 매질하는 소리를 자주 듣고 곤란하다고 생각했다. 상림은 밤에 관리들을 매질했는데, 관리들이 그 고통을 이기지 못하여 소리를 지르는 것이 날이 밝을 때까지 이어졌다. 다음 날 최림은 문을 나와 상림의 수레와 마주쳤다. 상림을 비웃으며 "그대는 정위가 되었다고 들었는데, 그렇습니까?"라고 했다. 상림은 아무 생각 없이 "그렇지 않습니다."라고 했다. 최림은 "그대는 정위도 아니면서 어젯밤에 무슨 이유로 죄인을 고문한 것입니까?"라고 했다. 상림은 이 말을 듣고 속으로 부끄러웠지만 어쩔 수 없었다.

常巴가 뒤를 이어 태산 태수가 되었지만 법에 연루되어 주살되었다.
상시의 동생 상정常靜이 봉작封爵을 이었다.

인물 품평에 능했으나 조식을 두둔하다가 억울하게 죽다

양준전楊俊傳

양준은 자가 계재季才이고, 하내군 획가현 사람이다. 진류의 변양邊讓에게서 학문을 배웠는데, 변양은 그의 재능을 높이 평가했다. 난리가 일어나자, 양준은 하내군이 사방으로 통하는 교통의 요지에 해당되므로 반드시 전쟁터가 될 것이라고 생각하고는 노약자들을 부축하여 경현京縣과 밀현密縣의 산속으로 갔는데, 함께 따라가는 자가 1백여 호나 되었다. 양준은 가난하고 부족한 자를 힘껏 구해주고, 그들 중에서 있는 자와 없는 자를 서로 교류하게 했다. 종족과 친구들 중에서 다른 사람의 포로가 되어 노예가 된 자가 모두 여섯이나 되었는데, 양준은 집안의 재산을 기울여 그들을 샀다. 사마의는 열예닐곱 살 때 양준과 서로 알고 지냈는데, 양준이 말했다.

"이 사람은 평범하지 않은 사람이다."

또 사마랑司馬郎은 일찍이 이름을 떨쳤으나, 그의 종족 형인 사마지司馬芝는 오히려 사람들에게 알려지지 않았다. 오직 양준만이 사람들에게 말했다.

"사마지가 비록 일찍부터 명망을 떨친 점에서는 사마랑에 미치지 못하나, 실제로는 더 뛰어나다."

양준은 병주로 피난을 갔다. 그 군의 왕상王象이라는 자가 어려서 부모를 잃고 다른 사람의 노예가 되었다. 열예닐곱 살 때 주인이 그에게 양을 치게 했는데, 몰래 책을 읽다가 채찍으로 심하게 맞았다.
양준은 그의 재능과 인품을 가상히 여겨, 즉시 왕상을 사서 집으로
돌려보내 장가를 보내고 가정을 만들어준 연후에 그와 헤어졌다.

조조는 양준을 곡량현曲梁縣의 장長으로 임명하고 조정으로 들여
보내 승상연속이 되게 하고 무재로 천거하고, 안릉현安陵縣의 영에
임명하고 남양 태수로 승진시켰다. 양준이 도덕과 교화를 선행하
고 학교를 세우자, 관리와 백성이 칭찬했다. 다시 정남군사征南軍師
가 되었다. 위나라가 세워진 후에 중위中尉로 옮겼다. 조조가 한중
을 정벌할 때 위풍이 업성에서 모반을 일으키자, 양준은 스스로 조
조가 있는 행재소(行在所, 임금이 거둥할 때 일시 머무는 곳)에 가서 자책
했다. 양준은 자신이 죄로 인해 면직되리라 생각하고 태자 조비에
게 사직하는 편지를 썼다. 조비는 기뻐하지 않고 말했다.

"양 중위(양준)는 이대로 가는 것이 어찌 이리 높고 요원한가?"

마침내 문서를 받아 평원 태수로 좌천되었다. 조비가 황제에 즉
위하자 다시 남양 태수에 임명되었다. 당시 왕상은 산기상시로 있
었는데, 양준을 추천하며 말했다.

"신이 보건대 남양 태수 양준은 순수하고 뛰어난 판단력을 가지
고 있으며, 충성스럽고 돈후한 역량을 이행했고, 어짊을 이해하며
족히 만물에 미치고, 독실한 것은 족히 민중을 감동시키며, 후진을
잘 이끌고, 다른 사람을 은혜롭게 하는 것이 그치지 않으며, 겉으로
는 관대하고 내심은 정직하고 어질며 과단성이 있습니다. 관직에
임명된 후로 그가 가는 곳마다 교화가 드리워지며, 두 차례나 남양
태수로 임명되었고, 은혜와 덕망이 흘러넘쳐 다른 이웃과 다른 무
리에서조차도 아이를 강보에 싸서 짊어지고 옵니다. 이제 경계를
지키는 것이 청정하고 그의 지혜와 능력을 펼칠 바가 없으니, 마땅

히 수도로 돌아와 폐하께 힘을 바치고 황제의 대업을 빛내게 해주십시오."

양준은 어렸을 때부터 성장할 때까지 다른 사람을 품평하는 것을 자신의 임무로 삼았다. 같은 군의 심고審固와 진류 사람 위순衛恂은 본래 모두 병사 출신인데, 양준이 그들을 발탁하여 원조하고 장려하여 모두 뛰어난 선비가 되게 했다. 후에 심고는 군의 태수를 지냈고, 위순은 어사와 현령을 지냈다. 그가 인물을 명백하게 평가하고 의를 행했기에 이러한 일이 많았다.

이전에 임치후 조식이 양준과 친했다. 조조는 태자를 세우지 않고 사사로이 모든 관리에게 물었다. 양준은 비록 조비와 임치후의 재능을 각기 나누어 장점을 논하고 한쪽으로 가담하지는 않았지만 임치후가 아름답다고 했다. 조비는 항상 이 점을 한스러워했다.

| 황초 3년(222) | 조비의 수레가 완성에 도착했을 때, 저잣거리에 열기가 가득하지 않다고 생각하여 화를 내며 양준을 잡아들였다. 상서복야 사마의와 상시 왕상·순위가 양준을 구해달라고 청하며 머리를 조아리고 피를 흘렸으나 조비가 허락하지 않았다.

양준이 말했다.

"나는 죄를 압니다."

마침내 자살하자 사람들은 그의 억울한 죽음을 애통해했다.

사리에 밝았던 부드러운 설득의 명수

두습전杜襲傳

두습은 자가 자서子緖이고, 영천군 정릉현定陵縣 사람이다. 증조부 두안杜安[3]과 조부 두근杜根[4]은 이전 왕조에 명성이 있었다. 두습이 난을 피해 형주로 갔을 때, 유표는 빈객의 예로써 대우했다. 같은 군의 사람 번흠은 자주 유표에게 자신의 재주를 보여주어 놀라게 했다. 두습은 번흠에게 충고했다.

"내가 당신들과 함께 온 이유는 물속에 잠겨 있는 용처럼 있다가 시절을 기다려 봉황처럼 비상하려는 것이오. 어찌 그대는 유표를 반란을 평정할 군주로 생각하고, 나이 많은 것만 보고 그에게 몸을 의탁하려 하오? 그대가 만일 이러한 능력밖에 나타낼 수 없다면 나의 친구가 아니오. 나는 그대와 절교하겠소!"

번흠은 비통한 표정으로 말했다.

---

3) 두안은 이미 10세에 마을에서 이름을 날렸고, 13세에 태학에 들어갔으며 신동이라 불렸다. 그는 청렴하고 고상하여 세속과 멀리하려 애썼다. 낙양의 현령 주우周紆가 두안을 자주 방문했지만, 두안은 항상 그를 피하고 만나주지 않았다. 당시 귀족들은 두안의 고결한 품행을 흠모하여 편지를 보내는 자가 여럿 있었는데, 모두 뜯어보지 않았고, 훗날의 재난을 생각하여 벽을 뚫어 그 편지를 숨겼다. 후에 편지를 보낸 자들이 과연 큰 죄를 저질렀으므로, 그들과 내통한 자는 모두 체포되었다. 관리들이 문까지 이르자 두안은 벽에 보관했던 편지를 꺼내주었는데, 봉인이 뜯겨 있지 않아서 무사할 수 있었다. 당시 사람들은 그의 사려 깊음에 감복했다.

"청컨대 경건히 당신의 명을 받들겠습니다."

두습은 마침내 남쪽의 장사長祉로 내려왔다.

| 건안 연간 초 | 조조는 천자를 맞이하여 허창에 도읍을 정했다. 두습이 고향으로 달려 돌아갔으므로, 조조는 그를 서악현西鄂縣의 장長으로 임명했다. 서악현은 남쪽 변방 지역과 근접한 곳이어서 도적이 자주 침입했다. 당시 현장들은 백성을 모두 모아 성곽을 지켰으므로 농사를 지을 수 없었다. 토지는 황폐해졌고, 백성은 궁핍했으며, 창고는 텅 비었다. 두습은 백성에게 은혜를 베풀어야 함을 알고 노약자는 집으로 돌아가 농사일을 하도록 하고, 건장한 장정들은 남아 성을 지키도록 했으므로, 관리와 백성 모두가 반가워하고 기뻐했다.

마침 형주에서 보병과 기병 1만여 명을 출동시켜 성을 공격하자, 두습은 즉시 현의 관리와 백성 중 방어와 수비를 맡고 있는 50여

---

4) 두근은 효렴으로 천거되고 낭중에 임명되었다. 당시 등후가 조정에 임하여, 외척들이 오만방자하게 굴었으며, 안제가 어른이 되었는데도 정권을 돌려주지 않았다. 그래서 두근은 당시 낭중 자리에 있던 자들과 함께 상주문을 올려서 직간을 했다. 등후는 노하여, 두근을 체포하여 처형하게 했다. 처형당하는 자들은 모두 비단 자루 속에 넣고 전상殿上에서 곤장을 때려 죽이려 했다. 법률 집행 책임자는 두근의 덕망이 높고 공적인 일을 한 마음을 생각하여 집행인에게 힘껏 때리지 말도록 은밀히 일렀다. 처형이 끝나자, 두근 등은 수레에 실려 성 밖으로 운반되어 나갔다. 두근은 가볍게 맞았으므로 의식이 있었으나, 그대로 눈을 감은 채 움직이지 않았다. 사흘이 지나서야 몰래 일어나 도망하여 의성산宜城山의 술집의 빈객이 되었다. 그렇게 15년을 지냈는데, 술집에서는 그가 어진 인물임을 알아보고 후하게 경의를 다하여 대우했다. 등후가 세상을 떠나자, 안제는 두근이 오래전에 죽었다고 생각하여 두근의 충의와 정직함을 천하에 알리도록 명령하고, 처형된 자들의 자손을 채용하도록 했다. 두근은 스스로 나갔고, 부절령府節令으로 불려 나오도록 공용 수레까지 제공받았다. 어떤 사람이 두근에게 물었다. "지난날 재난을 만났을 때, 천하에는 같은 무리의 옛 친구가 적지 않았는데, 어찌 스스로 고통을 겪으며 이와 같이 보냈습니까?" 두근은 대답했다. "때로 인간에겐 안전한 곳이 없습니다. 서로 만났다 발각되면 친한 친구에게까지 화가 미치기 때문에 그렇게 하지 않았던 것입니다."

명을 불러 모아서 그들과 서약을 하려 했다. 친척이 밖에 있어 스스로 수호하려고 하는 자는 임의로 성을 빠져나가도 좋다고 허락해 주었는데, 모두 머리를 조아리며 죽을 각오로 성을 지킬 것을 원했다. 그래서 두습은 직접 화살과 돌을 들고 사람들을 인솔하여 힘을 합쳤다. 관리와 백성은 그의 은덕에 매우 감동하여 그의 명을 받기를 원했다.

적진에 이르러 적 수백 명을 베었으나, 두습의 부하들은 30여 명이 죽고 나머지 18명이 모두 부상을 입었으므로, 적이 성으로 들어왔다. 두습은 부상당한 관리와 백성을 이끌고 포위망을 뚫고 탈출했다. 백성은 거의 전부가 죽거나 부상당했지만 그를 배반한 사람은 없었다. 그래서 흩어진 백성을 모아 마피의 군영으로 옮겼는데, 관리와 백성은 그를 존경하고, 그를 따르기를 집으로 돌아가는 것처럼 했다.[5]

사예교위 종요가 표를 올려 두습을 의랑참군사議郎參軍事에 임명할 것을 청했다. 순욱도 두습을 추천했으므로 조조는 그를 승상군좨주丞相軍祭酒로 임명했다. 위나라가 세워진 후, 두습은 시중으로 임명되고 왕찬·화흡과 함께 중용되었다.

왕찬은 기억력이 뛰어나고 학문이 넓었기 때문에 조조가 놀이를 하러 드나들 때 함께 수레를 타고 갈 때가 많았지만, 존경을 받는

---

5) 조조는 북방에서 원소와 대치하고 있었다. 당시 멀든 가깝든 간에 사사로이 기록을 남겨 원소와 마음을 통하지 않은 자가 없었다. 조엄은 양안 태수로 있던 이통과 함께 행정을 담당했는데, 이통 또한 사자를 보냈다. 조엄이 그에게 원소가 반드시 실패하게 될 이유를 설명하자, 이통은 곧 그만두었다. 원소가 패하여 달아나자, 조조는 사람을 시켜 원소의 기록을 조사했는데, 오직 이통의 문서만 보이지 않았다. 조엄이 꾸민 것임을 알고 "이것은 조백연趙伯然이 한 것이 틀림없다."라고 했다.

점에서는 화흡과 두습에 미치지 못했다. 두습은 일찍이 혼자 조조를 만나러 가서 밤이 될 때까지 있었다. 왕찬은 경쟁심이 강한 성격이었으므로, 앉아 있다가 일어나 말했다.

"조공이 두습에게 무슨 말을 했는지 모르십니까?"

화흡은 웃으며 대답했다.

"천하의 일을 어찌 모두 알겠습니까? 당신은 낮에 조공을 모셨으면 되지 않습니까? 이런 것을 불쾌해하는 것은 당신 혼자 차지하려는 것입니까?"

후에 두습은 승상장사를 겸임했고, 조조를 수행하여 한중으로 가서 장로를 토벌했다. 조조는 수도로 돌아와 두습을 부마도위로 임명하고 남아서 한중의 군사를 통솔하도록 했다. 그는 백성을 어루만지며 계도했으므로, 백성 중에서 기뻐하며 고향을 나와 낙양과 업성으로 옮기려는 자가 8만여 명이나 되었다. 하후연이 유비에게 살해되자 군대는 원수元帥를 잃게 되었고, 장수와 병사 들은 하얗게 질렸다. 두습은 장합·곽회와 연합하여 군대의 모든 사무를 주관하는 한편, 장합을 원수로 임명하여 군사들의 마음을 통일시켰으므로 삼군三軍은 곧 안정되었다. 조조는 동쪽으로 돌아가 유부 장사留府長史를 선출해 장안을 지키도록 하려 했지만, 일을 주관하는 사람이 추천한 자는 대부분 적합하지 않았다.

조조가 명령을 내려 말했다.

"천리마를 방치하고 타지 않으면서 어찌 전전긍긍하며 다시 찾으려 드는가?"

그리고 두습을 유부 장사로 임명하여 관중에 주둔하며 지키도록 했다.

당시 장군 허유許攸는 부곡을 거느린 채 조조에게 귀의하지 않고 불손한 말을 뱉었다. 조조는 크게 화가 나서 우선 허유를 토벌하려 했다. 신하들은 대부분 이렇게 간언했다.

"허유를 불러서 회유하면 함께 강한 적을 토벌할 수 있습니다."

조조는 칼을 무릎 위에 비껴놓고 듣지 않으려는 기색이었다. 두 습이 들어가서 간언하려고 했지만 조조가 거꾸로 이렇게 말했다.

"내 생각은 정해졌으니 그대는 더 얘기하지 마시오."

두습이 말했다.

"만일 전하의 생각이 옳다면 신은 곧 전하를 도와 이 일을 성사 시키겠습니다. 그러나 만일 전하의 생각이 그르다면 비록 결정되 었을지라도 응당 바꿔야 할 것입니다. 전하께서는 신臣을 거스르고 말하지 말라고 하셨는데, 어찌 아랫사람을 대하는 태도가 분명하지 못하십니까?"

조조가 말했다.

"허유가 나에게 오만하게 구는데 어떻게 내버려두겠는가!"

두습이 말했다.

"전하께서는 허유가 어떤 사람이라 말씀하시겠습니까?"

조조가 말했다.

"평범한 사람이오."

두습이 말했다.

"현인만이 현인을 알아보고, 성인만이 성인을 알아볼 수 있습니 다. 보통 사람이 어찌 비범한 인물을 알아보겠습니까? 지금 승냥이 와 이리가 길을 차지하고 있다고 하여 승냥이와 이리를 먼저 공격 한다면, 사람들은 전하께서 강함을 피하고 약함을 공격하고, 나아 감에 용감하지 못하고 물러남에 인자하지 못하다고 할 것입니다. 신이 듣기로 1천 균鈞이나 되는 화살로는 생쥐의 급소를 맞히지 않고 1만 석石이나 되는 종으로는 당목(撞木, 종이나 징을 치는 십자형 불구佛具)의 소리를 일으키지 않는다고 합니다. 지금 보잘것없는 허유가 어찌 전하의 신 같은 무용을 수고롭게 하기에 충분하겠습니까?"

조조가 말했다.

"그대 말이 옳소."

그리하여 조조가 허유를 후하게 대접하자, 허유는 즉시 조조에게 귀의했다. 당시 하후상은 조비와 가까웠으며 우애가 지극히 돈독했다. 두습은 하후상이 이익이 되는 친구가 아니므로 특별히 대우할 가치가 없다고 생각해 조비에게 말했다. 조비는 처음에는 매우 불쾌했지만, 후에 두습의 말을 곰곰이 생각하게 되었다. 이에 관한 일은 〈하후상전〉에 있다. 두습이 부드럽고 군주를 거스르지 않는 것이 이와 같았다.

조비가 왕위에 오른 후, 관내후 작위를 하사받았다. 조비가 황제 자리에 오르자 독군양어사督軍糧御史[6]로 임명되었으며 무평정후武平亭侯로 봉해졌고, 또 독군양집법督軍糧執法으로 임명되었으며, 중앙으로 들어가 상서가 되었다. 조예가 즉위한 후, 승진하여 평양향후平陽鄉侯로 봉해졌다. 제갈량이 진천秦川으로 출격하여 대장군 조진이 군사들을 이끌고 제갈량을 막아냈을 때 두습은 대장군 조진의 군사軍師로 바뀌 임명되었다. 식읍 중에 1백 호를 나누어 형 두기杜基에게 주었으며 관내후 작위를 주었다. 조진이 죽은 후 사마의가 그의 직무를 대행했고, 두습은 또 군사로 임명되었으므로 식읍 3백

---

6) 출정할 때만 둔 관직으로, 군대의 식량 문제 등을 독촉하는 일을 독촉한다. 촉나라는 없었고 오나라는 감농어사監農御史라고 했다.

호가 늘어 이전 것과 합쳐 5백50호가 되었다. 병으로 인해 불려 들어가 태중대부가 되었다. 사후에 소부로 추증되고 시호를 정후定侯라 했다. 아들 두회杜會가 후사를 이었다.

강인하고 법도가 있었던 조조의 군사

조엄전趙儼傳

조엄은 자가 백연伯然이고, 영천군 양책현陽翟縣 사람이다. 난을 피해 형주로 가서 두습·번흠과 재산과 회계를 공동 소유로 하고 한 집에서 살았다. 처음 조조가 헌제를 맞아 허창에 수도를 정했을 때 조엄이 번흠에게 말했다.

"진동장군 조조는 시대에 순응하고 세상을 다스리는 재간이 있으니, 반드시 중원을 바로잡아 구제할 수 있습니다. 나는 누구에게 귀의해야 할지를 압니다."

| 건안 2년(197) | 스물일곱 살 때 노인과 어린이를 데리고 조조를 알현했다. 조조는 조엄을 낭릉현朗陵縣의 장長으로 삼았다. 현 안의 호족들은 대부분 법을 지키지 않고 교활하며, 두려워하거나 거리끼는 바가 없었다. 조엄은 그중에서 죄질이 가장 무거운 자들을 뽑아 체포하여 조사하고 모두 사형을 내렸다. 조엄은 한편으로는 죄인을 수감하고, 한편으로는 표를 올려 그들을 사면해줄 것을 요청했으므로, 이로부터 위엄과 은혜가 모두 빛나게 되었다. 이때 원소가 병사를 일으켜 남쪽을 침략하고, 사자를 보내 예주의 여러 군郡을 회유하여 부르자, 대부분 그의 명을 받았다. 오직 양안군陽安郡만이 듣지 않았는데, 도위 이통이 급히 호구세戶口稅를 징수했다.

조엄이 이통을 보고 말했다.

"현재 천하는 아직 안정되지 않았고, 각 군은 모두 모반했으며, 귀의하는 사람들에게는 비단과 솜을 거둬들이고 소인은 혼란을 좋아하니, 한(恨)이 남지 않을 수 있겠습니까! 또 멀건 가깝건 간에 우환이 많으니 신중히 기다리지 않을 수 없습니다."

이통이 말했다.

"원소와 대장군의 대치 상황은 매우 급박하며, 주위의 군현은 모두 모반하고 있습니다. 만일 비단과 솜을 걷어 보내지 않는다면 형세를 주목하는 자들은 반드시 내가 관망하는 태도를 갖고 기다리고 있다고 할 것입니다."

조엄이 말했다.

"확실히 당신의 생각과 같을 것입니다. 하지만 응당 사태의 경중을 헤아려 잠시 징수를 늦추고 제가 당신을 위해 이 근심을 제거하도록 해주십시오."

그리고 순욱에게 편지를 써서 말했다.

지금 양안군은 비단과 솜을 보내야 하지만, 길이 험하여 틀림없이 적에게 약탈당할 것입니다. 백성은 곤궁하고 인근 성은 모두 모반하여 붕괴되기 쉬운 상황에서 이것은 한쪽의 안위만 지키게 되는 것입니다. 양안군 사람들은 충절을 지키며 위험한 상황에서도 두 마음을 먹지 않고 있습니다. 작은 선(善)을 행하는 자에게 반드시 상을 준다면 도의를 행하는 자를 격려하게 됩니다. 나라를 잘 다스리는 자는 징수하지 않고 백성이 갖도록 합니다. 나라가 백성을 위로하고 어루만져 징수한 비단과 솜을 모두 그들에게 돌려보내야 한다고 저는 생각합니다.

순욱이 답장했다.

나는 그대의 의견을 조공에게 말하고, 각 군에 공문을 배포했소. 비단과 솜을 백성에게 전부 돌려주시오.

그리하여 위와 아래가 기뻐하고 군내가 안정되었다.

조엄은 중앙으로 들어가 사공연속주부가 되었다. 당시 우금은 영음에 주둔하고 낙진은 양책에 주둔하며 장료는 장사長社에 주둔했는데, 그 장수들이 저마다 기질에 따라 행동하고 서로 협력하지 않았으므로 조엄에게 세 군대의 사무를 동시에 담당하도록 했다. 조엄이 이해와 주장이 뒤얽힐 때마다 훈계하여 깨우쳤으므로 결국 서로 친하게 되었다. 조조가 형주를 정벌할 때 조엄에게 장릉 태수를 겸임하도록 하고, 도독호군(都督護軍, 위나라 우금于禁 등 칠군七軍의 협력자를 가리킨다)으로 바꿔 임명하고 우금·장료·장흡·주령·이전·노초路招·풍해馮楷 등이 이끄는 일곱 군을 통솔하게 했다. 또 승상주부丞相主簿로 임명했으며, 부풍 태수扶風太守로 옮겨 봉했다. 조조가 한수·마초 등 병사 5천여 명을 한중에서 밖으로 이동시키고, 평난장군平難將軍 은서 등으로 하여금 감독하게 하고, 조엄을 관중호군關中護軍으로 임명하여 제군諸軍 전부를 지휘하도록 했다. 강족이 자주 침략해와서 피해를 입혔으므로, 조엄은 은서 등을 이끌고 신평新平까지 추격하여 크게 무찔렀다. 둔전하는 객客 여병呂並이 스스로 장군이라고 칭하고 무리를 모아 진창을 점거했으므로, 조엄이 다시 은서 등을 이끌고 공격하자 적은 즉시 무너져 멸망했다.

당시 한중의 수비를 돕기 위해 1천2백 명의 병사를 파견하라는 서찰을 받고 은서가 병사들을 감독하여 보냈다. 출발하는 병졸들은 갑자기 가족과 이별하므로 모두 우울한 얼굴을 하고 있었다. 은서가 출발한 후 하루가 되자 조엄은 그들이 반란을 일으킬까 걱정이 되어 직접 야곡구斜谷口까지 쫓아가서 병사들을 위로하고, 또 은서에게 특별히 경계하도록 했다. 조엄은 돌아오는 길에 옹주 자사 장기張旣의 집에서 묵었다. 은서의 군대는 다시 앞으로 40리 전진했는데, 과연 병사들이 반란을 일으켰으므로 은서가 살았는지 죽었는지조차 알 수 없었다. 조엄이 이끄는 보병과 기병 1백50명 모두가 반란을 일으킨 자들과 같은 부대 소속이었고, 어떤 이는 인척 관계였으므로 이 소식을 듣고는 모두 놀라 갑옷을 입고 무기를 들며 매우 불안해했다. 조엄이 본영으로 돌아가려고 하자 장기 등이 주장했다.

"현재 본영의 무리는 이미 소란스럽게 되었을 것이니, 당신 한 몸이 가더라도 아무 이로움이 없습니다. 분명한 소식이 오기를 기다려야 합니다."

조엄이 말했다.

"비록 본영의 병사들이 반란을 일으킨 병사들과 함께 도모했다고 의심될지라도, 반드시 출발한 자들의 반란 소식을 들은 후에야 비로소 반란을 일으킬 것입니다. 또 몇몇 선善을 따르려는 자는 스스로 결정할 수 없을 것이니, 응당 그들이 주저하고 있는 때를 타서 빨리 가서 어루만져주어야만 합니다. 또한 그들의 총지휘관을 달래어 복종시키지 못해 내 몸에 재앙이 닥치는 것은 운명입니다."

그리고 출발했다. 30리를 나아가서 멈추어 말을 풀어 쉬게 하고, 따르고 있는 자를 모두 불러 성공했을 때와 실패했을 때의 결과를 말하고, 간절하게 위로하고 격려하자 모두 강개하여 말했다.

"죽든 살든 당연히 호군 조엄을 따를 것이고, 감히 두 마음을 품지 않겠습니다."

전진하여 본영에 도착한 후 악한 일에 가담한 반역자와 결탁한

자 8백여 명이 들판에 흩어져 있는 것을 불러 나오게 하여 조사했다. 반란을 도모한 주모자만 잡아 처단하고, 나머지는 죄를 묻지 않았다. 군현에서 붙잡아 보낸 병사들도 모두 석방시켰다. 그래서 반란을 일으킨 병사들은 서로 이어서 돌아와 투항했다.

조엄이 비밀리에 아뢰었다.

"장군을 파견하여 대본영大本營에 가서 옛 병사로 하여금 관중을 지키게끔 청하십시오."

조조는 장군 유주劉柱를 보내 2천 명을 이끌게 하고, 그의 도착을 기다렸다가 마초 등의 병사를 출발시키려고 했는데, 일이 누설되었다. 여러 진영이 크게 놀라 안정시킬 수 없게 되자, 조엄이 여러 장수에게 말했다.

"옛 병사들은 적고, 동쪽 병사들은 아직 도착하지 않았기 때문에 각 진영에서 모반을 기도한 것입니다. 만일 반란이 일어나면 재난은 생각할 수 없을 정도일 것입니다. 그들이 머뭇거리고 있는 때를 틈타서 빨리 결단을 내려야 합니다."

그리고 새로 들어온 병사 중에서 온화하고 후덕한 자 1천 명을 뽑아 관중을 지키도록 하고, 나머지는 모두 동쪽으로 가야 한다고 선언했다. 그런 다음 각 진영의 책임자를 불러 병사 명부를 거두어 와서 머리맡에 두고 신중히 심사하여 차이를 두어 구분하도록 했다. 남은 자들은 마음이 안정되어 조엄과 한마음이 되었다. 동쪽으로 떠나야 하는 병사들도 감히 동요하지 않았다. 조엄은 하루 동안에 그들을 모두 파견했으며, 그 일을 하는 김에 남아 있는 1천 명을 나누어 영지에 주둔시켰다. 동쪽의 병사들이 곧 도착하여 위협하고 회유했으므로, 남아 있던 1천 명을 이주시켜 서로 이어서 동쪽으로 가도록 했는데, 무사히 간 자가 2만여 명이나 되었다.

관우가 번성에서 정남장군 조인을 포위했다. 조엄은 의랑 자격으로 조인의 군사軍事에 참여하여 남쪽으로 가서 평구장군 서황과 함께 전진했다. 번성에 도착해서 보니 관우는 조인을 더욱 견고하게 포위하고 있었다. 나머지 구원병이 아직 도착하지 않았으므로 서황이 이끄는 병사로는 포위망을 뚫기에 역부족이었지만, 장수들은 급히 구조하지 않는다며 서황을 질책했다.

조엄이 장수들에게 말했다.

"지금 적의 포위는 이전부터 견고하고 수공水攻 속에서 내리는 비는 거셉니다. 우리 병사는 단독이며 너무 적고, 조인은 따로 떨어져 있어 힘을 합칠 수 없습니다. 이 행동은 실제로 안의 조인과 밖의 우리 군사를 피로하게 할 뿐입니다. 지금은 군사를 전진시켜 포위망에 접근하고, 첩자를 보내 조인에게 통지하여 그들로 하여금 밖에 구원군이 왔음을 알게 하여 장수와 병사 들을 면려하는 것만 못합니다. 북쪽의 구원군은 열흘을 넘기지 않고 도착할 것이며, 성 또한 굳게 지킬 수 있다고 생각됩니다. 그런 연후에 안과 밖이 함께 움직이면 적을 격파하는 것은 당연한 일입니다. 만일 구원병이 늦어져 죽는 일이 있게 된다면, 저는 여러 병사를 위해 그 일을 책임질 것입니다."

장수들은 모두 좋아했으며, 곧 땅속으로 길을 파고, 화살을 날려 조인에게 편지를 보내 몇 차례 소식을 전했다. 북쪽의 구원군 또한 도착하여 힘을 합쳐 크게 싸웠다. 관우의 군사가 물러난 후, 촉나라 배가 면수를 점거했으므로 양양은 완전히 연락이 끊겼다. 그때 손권이 관우의 치중輜重을 습격하여 빼앗았다. 관우는 이 소식을 듣고 즉시 퇴각하여 남쪽으로 돌아갔다. 조인이 장수들을 모아서 상의했는데, 모두 이렇게 말했다.

"지금 관우는 위기에 처해 있으니 쫓아가면 반드시 체포할 수 있습니다."

이때 조엄이 말했다.

"손권은 관우가 연이은 싸움으로 어려운 것을 틈타서 그 배후를 습격하려고 했지만, 관우가 구원병을 이끌고 돌아올 것을 염두에 두면서 우리 군대가 둘 다 피로해진 틈을 타서 공격할 것을 걱정하고 있습니다. 때문에 순종하는 말로 봉공封貢을 원하고 나와서는 틈을 타고 변화를 이용해 이로움을 관찰하려 할 뿐입니다. 지금 관우는 이미 고립되어 달아났지만, 또다시 정돈해서 손권을 해치려 할 것입니다. 만일 패하여 달아난 자를 깊숙이 추격한다면, 손권은 관우에 대한 태도를 바꾸어 우리에게 재앙을 가져올 것입니다. 당신께서는 반드시 이 점을 깊이 헤아리셔야 합니다."

그래서 조인은 전투태세를 풀었다. 관우가 달아났다는 소식을 들은 조조는 과연 장수들이 추격할 것을 걱정하여 긴급히 조인에게 칙령을 보냈다. 그것은 조엄의 계책과 같았다.

조비가 왕위에 오르자 조엄은 시중으로 임명되었다. 오래지 않아 부마도위로 임명되었으며, 하동 태수와 전농중랑장을 겸임하게 되었다.

│ 황초 3년(222) │ 관내후의 작위를 하사받았다. 손권이 변방 지역을 침략했으므로 정동대장군 조휴는 다섯 주의 군사를 이끌고 손권에게 대항했고, 조엄을 불러 군사軍師로 삼았다. 손권이 물러난 후 군대는 수도로 돌아왔으며, 승진하여 상서가 되었다. 조비를 따라 오나라를 정벌하러 광릉으로 갔고, 또 남아서 정동군사征東軍師로 임명되었다. 조예가 즉위하자 승진하여 도향후로 봉해졌으며, 식읍 6백 호가 늘어 감형주제군사監荊州諸軍事와 가절이 되었으나,

마침 병이 있어서 부임하지 못했다. 또 상서로 임명되고 지방으로 나가 감예주제군사監豫州諸軍事가 되었으며, 대사마군사大司馬軍師로 전임되었고, 중앙으로 들어와 대사농이 되었다. 제왕 조방이 즉위하자 조엄을 감옹양제군사監雍涼諸軍事와 가절로 삼았으며, 정촉장군으로 전임했고, 또 정서장군과 도독옹양제군사로 옮겼다.

| 정시 4년(243) | 고령과 병을 이유로 돌아갈 것을 청했다. 불러서 표기장군으로 삼았으며,[7] 사공으로 승진시켰다. 조엄이 죽자 시호를 목후穆侯라 했다. 아들 조정趙亭이 뒤를 이었다.

당초 조엄은 같은 군 사람 신비·진군·두습과 함께 이름이 알려졌고 합하여 '신진두조'라고 불렸다.

---

7) 이전에 사정장군(四征將軍, 정북·정남·정동·정서의 네 장군)에게는 관청 주방에 자유롭게 쓸 수 있는 재정 장부가 있었으므로 승진해서 가거나 전근을 갈 때 이용하지 않는 자가 없었다. 그러나 조엄은 두 손을 묶고 수레를 타고 출발하여 패상霸上까지 가서야 항상 복용하던 약을 잊은 것을 알게 되었다. 옹주에서 그것을 듣고, 여러 가지 약재를 넣은 상자를 보냈다. 조엄은 웃으면서 "인간의 말이라고 하는 것은 결코 쉬운 것이 아니다. 나는 단지 복용하던 약에 대해 물었을 뿐이거늘, 어찌하여 이 약을 복용하겠는가?"라며 받지 않았다.

대군代郡의 오랑캐를 엄히 다스리다

배잠전裵潛傳

배잠은 자가 문행文行이고, 하동군 문희현聞喜縣 사람이다.[8] 난을 피해 형주로 갔는데, 유표가 빈객의 예로써 대우했다. 배잠은 사사로이 친하다고 일컫는 왕찬과 사마지에게 말했다.

"유목(劉牧, 유표)은 패왕霸王의 재목이 아닌데 서백(西伯, 주 문왕)으로 자처하려고 하니, 그의 멸망은 멀지 않았습니다."

그리고 남쪽 장사長沙로 갔다. 조조는 형주를 평정한 후, 배잠을 참승상군사로 임명했다. 배잠은 지방으로 나가 세 현의 영令을 지냈으며, 중앙으로 들어와 창조속이 되었다.

조조가 배잠에게 물었다.

"그대는 이전에 유비와 함께 형주에 있었소. 유비의 지모智謀가 어떠하다고 생각하오?"

배잠이 말했다.

"그가 중원에 있으면 사람들을 소란스럽게 할 수는 있지만 다스

---

8) 배잠의 집은 대대로 명문이었는데, 아버지 배무裵茂는 영제 시대에 벼슬에 나가 현령·군수·상서를 지냈다. 건안 연간 초, 천자의 사자가 되어 관중의 장수들을 선도하여 이각과 곽사를 토벌했고, 공적이 뛰어나 열후로 봉해졌다. 배잠은 어려서는 예법을 닦지 않았다. 때문에 그의 아버지는 배잠이 불손하다고 여겼다.

릴 수는 없을 것입니다. 만일 틈을 타서 요충지를 지킨다면, 한쪽의 군주는 충분히 될 수 있습니다."

이때 대군代郡이 크게 소란했으므로 배잠을 대군 태수에 임명했다. 오환烏丸 왕과 그 대인 셋이 각자 선우라고 칭하고 대군의 정사에 간섭했다. 전임 태수가 그들을 바르게 다스리지 못했으므로, 조조는 배잠에게 정예 병사를 주어서 그들을 진무하고 토벌하려 했다. 배잠이 사양하며 말했다.

"대군은 호구가 매우 많고 병사와 전쟁용 말이 항상 1만여 필을 헤아립니다. 선우는 스스로 방종하게 지낸 시간이 오래되었음을 알고 내심 매우 불안해하고 있을 것입니다. 지금 병사를 이끌고 가서 그들을 토벌한다면 반드시 두려워하며 경내에서 항거할 것이고, 몇몇 장수는 목숨을 걸고 싸울 것입니다. 응당 계획을 짜서 그들에게 대응해야지, 군대로 위협할 수는 없습니다."

그래서 수레 한 대를 타고 대군으로 갔다. 선우는 놀라고 기뻐했다. 배잠은 그들을 위로하고 진정시켰다. 선우 이하는 모자를 벗고 얼굴을 땅으로 향했으며, 앞뒤로 약탈한 부녀자와 기물, 재물을 모두 돌려주었다. 배잠은 군내의 벼슬아치 중 선우와 일체가 되었던 학온郝溫, 곽단郭端 등 10여 명을 주살시켰다. 북쪽 변방은 매우 놀랐고, 백성은 귀의할 마음을 품었다. 대군에서 3년간 재직하고 돌아와 승상이조연丞相理曹掾이 되었다. 조조는 대군을 다스린 공을 칭찬하고 포상했다.

배잠이 말했다.

"저 배잠은 백성에게는 비록 관대하지만, 오랑캐에게는 매우 엄합니다. 지금 후임자는 반드시 제 법령이 너무 엄하고, 정사는 너무 온화하다고 생각할 것입니다. 오랑캐는 평상시 오만하고 방자하여 지나치게 관대하면 반드시 흩어지고, 또 이미 흐트러지고 나서 그들을 법률로 규제하려고 하면 다툼을 낳는 원인이 됩니다. 형세에 근거하여 추측하면, 대군은 반드시 또 반란을 일으킬 것입니다."

그래서 조조는 배잠을 너무 일찍 돌아오게 했다고 후회했다. 그후 수십 일이 지나 선우 셋이 반란을 일으켰다는 소식이 전해졌다. 언릉후 조창을 효기장군으로 임명하여 그들을 정벌하도록 보냈다.

배잠은 지방으로 나가 패국의 상이 되었다가 연주 자사로 승진했다. 조조는 마피에 주둔했을 때, 배잠이 다스리는 군의 질서정연한 모습에 감탄하여 특별히 상을 내렸다. 조비가 제위에 오르자, 들어가 산기상시가 되었다. 지방으로 나가 위군과 영천의 전농중랑장이 되어서는 [농업 관리에게도] 군국郡國과 같이 인재 천거의 길을 열어달라고 주청했다. 이로부터 농업 관리가 벼슬에 나갈 길이 넓어졌다. 형주 자사로 승진했으며 관내후 작위를 받았다. 조예가 즉위하자, 중앙에 들어가 상서가 되었다. 지방으로 나와서 하남윤이 되었고, 태위군사太尉軍師와 대사농으로 전임되었으며, 청양정후淸陽亭侯로 봉해졌고, 식읍이 2백 호 늘었다. 중앙으로 들어와 상서령이 되어 직무의 구분을 바르게 하고, 명실名實·품평·관부에서 정책을 펼때 기준으로 삼을 150여 가지 항목을 상주했다. 부친이 세상을 떠난 후 관직을 떠났고, 후에 광록대부에 임명되었다.

| 정시 5년(244) | 세상을 떠났는데 태상太常으로 추증되었고, 시호는 정후貞侯라 했다. 아들 배수裴秀가 후사를 이었다. 검소하게 장례를 치르라고 유언했으므로 묘 안에는 오직 태좌台坐 하나와 옹기 몇개만 두고 그 외에는 아무것도 두지 않았다. 함희 연간에 배수는 상서복야가 되었다.

【평하여 말한다】

화흡은 청렴과 화합을 중시하고 재능과 원칙이 있었고, 상림은 평소 행동이 순수하고 곧았으며, 양준은 인륜으로 도의를 행했다. 두습은 온화하고 순수하며 일을 원만하게 처리하고, 조엄은 강인하며 법도가 있고, 배잠은 절조가 고상하며 재능이 탁월했으니, 이들 모두한 시대의 우수한 선비들이다. 상림이 삼사三司에 마음을 얽매이지 않고 광록대부의 위치에서 고령을 이유로 물러날 수 있었던 것은 아름답구나!

24

한최고손왕전韓崔高孫王傳

용기와 지혜로 정책을 건의한 자

수배水排를 제작하여 재정을 충실히 하다

한기전韓暨傳

한기는 자가 공지公至이고, 남양군 도양현堵陽縣 사람이다. 같은 현의 호족 진무가 한기의 부친과 형을 무고하여 사형당할 위기에 내몰았다. 한기는 겉으로는 아무 말도 하지 않았지만, 일을 찾아 재산을 축적한 다음 사람을 죽이는 자와 몰래 결탁해 마침내 진무를 찾아냈고, 그의 머리를 부친의 묘에 바치고 제사 지냈다. 이 일로 세상에 이름이 알려지게 되었다.

효렴으로 천거되고 사공의 부름을 받았지만 모두 나아가지 않았다. 이름과 성을 바꾸고 난리를 피해 노양산魯陽山에 은거했다. 산에서 사는 백성이 도당을 결성하여 약탈을 자행하려 했다. 한기는 가산을 팔아 고기와 술을 사서 제공하고 그들의 두목이 되기를 청하며 그들에게 안전과 위험에 대해 진술했다. 산에 사는 백성은 그에게 설복되었고, 끝내 해를 끼치지 않았다.

원술의 초빙을 피하기 위해 산도산山都山으로 옮겨 살았다. 형주목 유표가 예로써 초빙하려고 했지만 도망쳐서 남쪽의 잔릉현孱陵縣에 거주했다. 어디를 가든 사람들의 존경과 사랑을 받았지만 유표의 원망을 샀다. 한기는 두려운 나머지 초빙에 응하여 의성현宜城縣의 장長에 임명되었다.

조조는 형주를 평정하자, 한기를 불러서 승상사조속丞相士曹屬으로

임명했다. 후에 낙릉 태수樂陵太守로 선발되었으며 감야알자監冶謁者
로 전임되었다.

과거에 야금(冶金, 금속을 제련하는 일)할 경우에는 말의 힘을 동력
으로 삼았는데, 광석을 한 번 달굴 때마다 말 1백 필이 사용되었다.
다시 사람을 부렸지만 너무 많은 인력이 소모되었다.

한기는 흐르는 물을 이용하여 수배(水排, 물레방아)를 만들었는데,
이익을 계산하니 이전보다 세 배나 되었다. 7년 동안 재직하자 기
물이 충실해졌다. 조조는 조서를 지어 그를 포상하고 칭찬했다. 사
금도위司金都尉로 임명되었고 지위는 구경 다음에 이르렀다. 조비가
제위에 오르자, 의성정후宜城亭侯에 봉해졌다.

| 황초 7년(226) | 태상으로 승진하고, 나아가 남향정후南鄕亭侯로 봉
해졌으며, 식읍이 2백 호나 되었다.

당시 막 수도를 낙양으로 옮겼으므로 제도는 아직 완비되지 않
았고, 종묘의 위패를 모은 주석主祏이 모두 업도鄴都에 있었다. 한기
는 상주하여 업도에 있는 네 신주(神主, 조등·조숭·조조·조비 묘)를 맞
아들여 낙양에 묘를 세우고, 사계四季의 제사에는 황제가 직접 공물
을 바치기를 청했다. 한기가 정당한 의례를 추앙하여 밝히고 음란
한 제사를 없애고 바로잡은 것이 많았다. 관직에 몸담은 지 8년째
되던 해에 병으로 관직에서 물러났다.

| 경초 2년(238) 봄 | 조서가 내려졌다.

태중대부 한기는 몸과 덕을 수양하여 뜻과 절개가 고결하며, 나이
여든이 넘었는데도 도리를 준수함이 더욱 굳으니, 가히 순박하고 독
실하며 늙을수록 더욱 발분하는 자라고 할 수 있다. 한기를 사도로 임
명하라.

| 여름 4월 | 세상을 떠났는데, 당시 입고 있던 평상복으로 염을 하고 흙으로 된 무덤에 매장하라는 유언을 남겼다.[1] 시호를 공후恭侯라 했다. 아들 한조韓肇가 뒤를 이었으며 한조가 죽자 아들 한방韓邦이 뒤를 이었다.

---

[1] 한기는 임종을 앞두고 "세상이 사치스럽고 방탕하게 흘러가면 그들에게 검소함을 보여주어라. 검소함은 예에 따라 절도를 지키는 것이다."라고 하고 간단하게 장례를 치르라고 유언했다. 그리고 또 상소해 말했다. "살아서는 백성에게 이익이 있어야 하고, 죽어서는 백성에게 해가 없어야 합니다. 그런데 신은 삼공의 한 사람으로서 재직할 날도 얼마 남지 않았으므로 성덕聖德을 천하에 드날려 백성에게 널리 이익이 되게 할 수 없습니다. 병세는 점점 깊어만 가고 저승길로 달음질치고 있습니다. 지금은 백성이 농사에 전념할 시기이므로 역무로 수고롭게 해서는 안 됩니다. 원컨대 낙양의 관리와 백성으로 하여금 함께 상구喪具를 설치하지 않도록 하십시오."

삼공에서 처음으로 열후가 되다

최림전崔林傳

최림은 자가 덕유德儒이고, 청하군 동무성東武城 사람이다. 젊을 때는 더디게 이름을 알렸으므로 종족 중에서는 아무도 그를 알아주지 않았는데, 오직 사촌 형 최염만이 그를 각별하게 여겼다. 조조가 기주를 평정한 후, 불러서 오현鄔縣의 장長을 제수했다. 그는 가난하여 거마가 없었으므로 혼자 오현까지 걸어가서 취임했다. 조조가 호관壺關을 정벌할 때, 현의 장리들 중에서 덕정德政이 가장 뛰어난 자를 물었는데, 병주 자사 장척張陟이 최림이라고 대답했다. 그래서 조조는 그를 발탁하여 기주 주부로 임명했다. 그는 전임하여 별가·승상연속이 되었고, 위나라가 세워지자 점점 벼슬이 높아져 어사중승까지 이르렀다.

조비가 제위에 오른 후 상서로 제수되었고, 밖으로 나가 유주 자사가 되었다. 북중랑장 오질이 하북의 군사軍事를 이끌었는데, 탁군 태수 왕웅王雄이 최림의 별가에게 말했다.

"중랑장 오질은 황상께서 가까이하면서 중요하게 여기는 사람이며 나라의 귀한 신하요. 절節에 기대어 일을 통솔하고, 주와 군의 우두머리 중 서간을 보내 경의를 나타내지 않는 자가 없소. 그런데 그대는 그에게 서간을 보내지 않았소. 만일 변방을 다스리지 않는 것을 이유로 하여 오 중랑장이 그대를 죽이려 한다면, 최 사군崔使君은 어떻게 그대를 변호하겠소?"

별가가 왕웅의 말을 최림에게 모두 말하자 최림이 말했다.

"자사는 이 주를 떠나는 것을 신발을 벗는 것처럼 쉽게 말하고 있는데 어찌 연연해하겠소? 유주는 오랑캐와 인접해 있으므로 응당 안정으로써 다스려야 하오. 정치가 소란하면 오랑캐들은 반역하려는 마음을 일으킬 것이며, 특히 나라 북쪽이 근심거리가 될 것이오. 이렇기 때문에 나는 이 땅에 머물려는 것이오."

1년 동안 재임하면서 오랑캐들의 침범은 끊어졌지만 여전히 상사上司를 존경하지 않았으므로 하간 태수로 좌천되었다.[2] 청렴을 논하는 사람들은 대부분 최림을 원망하는 의견이 많았다.

대홍려로 승진했다. 구자왕龜玆王이 아들을 조정으로 보내 천자를 모시게 했다. 조정에서는 그가 먼 곳에서 도착했음을 가상히 여기고, 그 왕에게 매우 후한 포상을 했다. 나머지 국가들도 저마다 아들을 사자로 보냈으므로 왕래하는 사절이 끊이지 않았다. 최림은 사자를 파견하는 나라 중에 진심으로 귀순하지 않으면서 잠시 위나라의 비호를 받으려고 사자를 시켜 위나라 인수를 얻어 이익을 구하기 때문에 길에서 호송을 하며 손실되는 비용이 점차 많아질 것을 걱정했다. 봉양을 받아야 하는 백성을 수고롭게 하고 이익이 없는 일로 낭비하여 이적夷狄의 웃음거리가 되는 것, 이것은 옛날부터 걱정했던 것이다.

그래서 조비는 돈황군에 조서를 내려 취지를 설명하는 동시에

---

2) 〈위명신전魏名臣傳〉에 실려 있는 시중 신비의 상주문에는 "옛날 환계는 상서령이 되어서 최림이 상서의 재능이 있다고 판단했으므로 전임시켜 하간 태수로 삼았습니다."라고 했으니, 여기에 나와 있는 내용과는 다르다.

이전 시대에 여러 나라 사자를 접대할 때의 예의에 관한 일을 참고하여 영구불변한 법령을 제정하도록 했다.

조예가 즉위하자 관내후의 작위를 내렸으며, 광록훈과 사예교위로 전임시켰다. 관할 아래에 있는 군에서는 모두 위법 행위를 없애고, 허물 있는 관리를 제거하거나 줄였다. 최림은 정무를 주관할 때 성실함을 따르고 법령을 간편하게 하여 대강만 있게 했다. 때문에 임지에서 떠난 후, 관리와 백성이 항상 그를 사모하는 마음을 가졌다.

산기상시 유소가 〈고과론(考課論, 관리의 임용이나 승진에 관한 평가 제도를 논한 글)〉을 지었는데, 조예는 관리들에게 이에 관해서 토론하도록 했다. 최림이 논의하여 말했다.

"〈주관周官〉의 고과考課에 의거해보면, 그 문장은 완비되었지만 강왕康王 이래 점점 쇠미해졌는데, 이것은 즉 관리를 살피는 법령이 그것을 운용하는 사람에게 달려 있다는 것입니다. 한나라 말기에 이르러서 관리를 살피는 법령이 쇠미해진 것이 어찌 보좌하는 직책에 있는 관리의 법령이 엄밀하지 못한 탓이겠습니까? 현재 군대 안에 있는 법령은 어떤 것은 번잡하고 어떤 것은 느슨하며, 몇 개의 법조문을 갖추고 있어, 안과 밖을 구별하여 펴고, 늘어남과 줄어듦이 일정하지 않으므로 진실로 통일되기 어렵습니다. 게다가 어망의 온갖 눈이 풀리지 않았는데도 그 벼리를 들며 그 어망을 펼치고, 모든 털이 정돈되지 않았는데도 옷깃을 정돈합니다. 고요皐陶가 우虞에서 관직 생활을 하고, 이윤이 은나라의 신하가 된 이후로 어질지 못한 사람은 멀리 갔습니다. 오제 삼왕의 법령은 반드시 하나같지는 않았지만, 각기 혼란을 다스렸습니다. 《역》에서 말하기를 '쉽고 간략하면 천하의 이치는 얻어진다.'라고 했습니다. 태조 무황제께서는 당시 상황에 따라 법령을 세워 오늘날까지 전했기 때문에 옛 제도를 모방하지 않는 것을 걱정하지 않았습니다. 저는 오늘날의 제도가 성글고 어설프다고 생각하지 않으며, 오직 한 가지 방침만 지켜 잃지 않게 할 뿐입니다. 만일 조정 신하들이 중산보(仲山甫, 주나라 선왕을 보좌한 번후)가 무거운 책임을 맡아서 백관百官에게 모범이 된 것처럼 한다면 누가 감히 공경하지 않겠습니까?"

| 경초 원년(237) | 사도와 사공에 모두 결원이 생겼다. 산기시랑 맹강孟康이 최림을 추천하며 말했다.

"무릇 재상은 천하가 우러르고 본받는 자이니, 진실로 응당 충성스럽고 정직하며 덕망과 의리가 있는 선비를 선발하여 기용해야만 천하의 사표師表가 될 수 있습니다. 제가 사사로이 보건대, 사예교위 최림은 천성이 자연스럽고 바르며, 고아하고 넓은 도량을 갖고 있습니다. 그의 뛰어난 바를 고인에게 비교하여 논한다면, 충심과 정직함과 곧은 의지는 사어(史魚, 아첨하는 자만 등용하는 군주에게 죽어서도 주검으로써 간언한 신하)의 무리이며, 청렴하고 절약하는 것은 계문(季文, 춘추시대 노나라의 청렴한 사람)과 같습니다. 주나 군을 감독하여 지키는 일을 할 때는 가는 임지마다 치적을 남겼습니다. 위무를 담당하는 직책(대홍려)에 있으면서는 만 리를 엄숙하게 정돈했습니다. 최림은 진실로 재상이 될 기량이 있고, 삼공의 직책을 담당할 재능이 있습니다."

후년에 사공으로 임명되었으며 안양정후安陽亭侯로 봉해졌고, 식읍이 6백 호 주어졌다.[3] 삼공 관직에 있는 자가 열후로 봉해진 것은

---

3) 한나라가 승상에게 식읍을 주었다고 하여 순열荀悅의 비난을 받았는데, 위나라도 삼공에게 작위를 주어 똑같은 실수를 저지르게 되었다.

최림에게서 시작되었다. 오래지 않아 또 승진하여 안양향후安陽鄉侯로 봉해졌다.

노국魯國의 재상이 상소하여 말했다.

옛날에 한나라는 공자의 묘를 세웠으며, 포성후(襃成侯, 공자의 자손 공균孔均)는 계절마다 제사를 올렸고, 태학에서 예를 행할 때는 반드시 선사(先師, 공자)를 제사 지내고, 왕실이 곡물을 내어 봄과 가을에 제사를 지냈습니다. 지금 종성후宗聖侯가 공자의 후사를 받들고 있지만, 천자가 제사를 명령하는 예는 없습니다. 응당 제사용 가축을 지급하여 현의 관리로 하여금 제사를 받들어 공자를 고귀한 신神으로 삼도록 해야 합니다.

황제는 삼부에서 이에 관한 논의를 하도록 명령을 내렸다.

부지는 《춘추전》에 의거하여 공자의 말이 후세에 전해졌고 제사의 법제로 확립된 이상, 그것은 공자가 존재하는 것이며, 종성후는 공자의 후사를 계승하여 성대한 덕을 충분히 빛나게 할 수 있고, 공자가 학설을 창립한 공적을 빛나게 하며, 밝은 도덕을 숭상하는데 이르러서는 노국의 재상이 올린 상주와 같이 해야 한다고 생각했다.

최림은 이렇게 의견을 주장했다.

"종성후 또한 왕의 명령에 따라 제사 지냈으므로 명령이 없었다고는 할 수 없습니다. 주 무왕은 황제黃帝·요임금·순임금의 후손을 봉하고, 또 세 왕조의 후대를 나누어 봉했는데, 우와 탕의 자손은 당시에 제사 대열에 끼지 못했으며, 또 특별히 다른 관직에 명하여 제사를 지냈습니다. 현재 주공 이상 삼황에 이르기까지는 모두 제사를 지내지 않고 있으며,《예경禮經》에도 이런 기록이 있습니다. 현재 오직 공자만 제사 지내는 것은 시대가 가깝다는 이유 때문입니다. 대부의 반열에서 계속 제사를 받고 있고, 그에 대한 예의는 고대의 제왕을 뛰어넘었으며, 그에 대한 존경은 상탕商湯과 주 무왕을 초과했으므로, 성명을 존중하고 성덕에 보답하는 것이니, 또 후대 사람들에게 다시 그를 제사 지내게 할 필요가 없습니다."

조예는 또 최림에게서 식읍의 일부를 나누어 아들 중 하나를 열후로 봉했다.

| 정시 5년(244) | 세상을 떠났으며 시호를 효후孝侯라고 했다. 아들 최술崔述이 후사를 이었다.

법률을 잘 다루어 억울한 백성의 누명을 벗기다

고유전高柔傳

고유는 자가 문혜文惠이고, 진류군 어현圉縣 사람이다. 부친 고정高靖은 촉군도위였다.

고유는 고향에 머물면서 마을 사람들에게 말했다.

"지금 영웅이 나란히 일어났으며 진류는 사방에서 공격받기 쉬운 곳입니다. 조 장군(조조)이 비록 연주를 점거하고 있지만, 본래 천하를 통일하려는 뜻이 있으므로 편안히 앉아 지키고 있을 수만은 없을 것입니다. 장 부군(張府君, 장막)이 먼저 진류를 차지하면 한가함을 틈타 변란이 일어날까 근심스럽습니다. 당신들과 함께 이곳을 피하려고 합니다."

사람들은 모두 장막이 조조와 친하고, 또 고유의 나이가 어리다고 생각했으므로 그의 말을 믿지 않았다. 고유의 사촌 형 고간高幹은 원소의 생질인데, 하북에 있는 고유를 불렀다. 고유는 종족을 이끌고 가서 그를 따랐다. 마침 이때 고정이 익주에서 죽었다. 당시 길은 험난하고 군대와 도적이 횡행했다. 고유는 곤란함과 위험을 무릅쓰고 촉으로 가서 시신을 맞이했는데, 쓰고 달고 슬프고 비참한 것 중에서 경험하지 않은 것이 없었고, 3년이 지나서야 돌아왔다.

조조가 원씨(원소)를 평정하자 고유를 관현普縣의 장長으로 임명했다. 현 안에 있는 사람들은 평소 그의 명성을 들어 알고 있었고, 몇몇 간사한 관리는 모두 스스로 도망쳐버렸다. 고유가 명령을 내려 말했다.

"옛날 진한시대 병길邴吉은 정치를 담당할 때, 일찍이 과오가 있는 관리를 오히려 포용했소. 하물며 이런 관리들은 내 수하에서 어떠한 잘못도 범하지 않았음에랴! 그들을 불러 복직시키시오."

관리들은 모두 돌아와 새 사람이 될 뜻을 보였으며, 모두 훌륭한 관리가 되었다. 고간은 투항한 후, 오래지 않아 병주에서 반란을 일으켰다. 고유는 스스로 조조에게 귀의했지만, 그 사건으로 인해 조조는 그를 처형하려고 자간영사刺奸令史로 임명했다.[4] 그러나 고유는 법을 처리하는 것이 타당했으며, 옥 안에는 판결을 받지 못하여 머물러 있는 죄수가 없었으므로, 불러서 승상창조속丞相倉曹屬으로 임명했다.[5]

조조는 종요 등을 파견하여 장로를 토벌하려고 했다. 그런데 고유가 간언하여, 지금 거대한 군대를 함부로 파견한다면 서쪽에 있는 한수와 마초가 자신들을 공격하는 것이라고 잘못 생각하게 되어 장차 서로 선동하여 반역을 일으키게 될 것이니, 우선 삼보三輔를 모두 평정시킨다면 한중은 격문만 보내도 평정될 것이라고 주장했다. 종요가 동관潼關을 넘어 쳐들어가자, 과연 한수와 마초 등

---

[4] 자간영사는 공정하게 수행하기 어려운 직책이다. 조조는 꼬투리를 잡아서 고유를 처형하고자 일부러 그 자리에 앉힌 것으로 추측된다.

[5] 고유는 법의 적용이 공평하고 타당했으며, 아침부터 저녁까지 게으르지 않았고, 심지어 무릎에 문서를 끼고 잘 정도였다. 조조가 일찍이 모든 관리를 관찰했는데, 고유를 보고는 애석해하면서 입고 있던 갖옷을 벗어 덮어주고 갔다.

이 모반했다. 위나라가 막 세워졌을 때 상서랑으로 임명되었다가 승상이조연으로 전임되었다. 조조가 명을 내려 말했다.

다스려 안정시키는 교화는 예의를 으뜸으로 삼아야 하오. 혼란을 없애는 정치는 형법을 우선해야 하오. 때문에 순임금은 사흉四凶의 가족을 내쫓고 고요를 옥리로 삼았던 것이오. 한 고조는 진나라의 가혹한 법률을 폐지하고 소하로 하여금 법률을 제정하도록 했소. 연(掾, 고유)은 맑은 식견이 있고 공평 타당하니, 힘껏 직무에 임하도록 하오!

고취(鼓吹, 군악계)의 송금宋金 등이 합비성에서 도망쳤다. 옛 법률에 따르면, 군이 정벌 중일 때 병사가 도주하면 그 처자식은 사형에 처해야 했다. 조조는 이와 같이 해도 도망치는 병사를 막을 수 없음을 근심하다가 더욱 형벌을 무겁게 했다. 송금의 모친과 처와 두 동생을 모두 관의 노비로 지급했다. 담당 관리는 이들 모두를 사형에 처할 것을 상주했으나, 고유가 상소했다.

사졸이 군에서 도망치는 것은 실로 한탄스러운 일입니다. 그러나 제가 사사로이 듣건대, 그중에는 때때로 후회하는 사람이 있다고 합니다. 저의 어리석은 생각을 말하자면 응당 그들의 아내와 자식을 관대하게 처리해야 합니다. 첫째는 적으로 하여금 그들을 믿지 못하게 할 수 있고, 둘째는 그들에게 돌아오려는 마음을 유발시킬 수 있습니다. 만일 과거의 법령에 따른다면, 본래 도망친 병사가 후회하여 고치려는 희망을 끊어버리게 됩니다. 그런데 지금 또 상황에 맞지 않게 형벌을 더 무겁게 하려고 하니, 저는 지금 이후로 군대의 병사들이 한 명의 도망자를 보면 처형이 자신에게까지 이르게 될 것이라고 생각하게 되고, 또 서로 연달아 도주하게 되면 다시 사형에 처해질 사람이 없게 될 것이 걱정입니다. 이와 같이 형법을 무겁게 하면 도망치는 것을 그치게 하는 것이 아니라, 더욱 많이 도망치게 할 뿐입니다.

조조는 말했다.

"그 말이 옳소."

즉시 그만두고 송금의 모친과 동생들을 죽이지 않았다. 고유 덕분에 목숨을 구한 사람이 매우 많았다.

승진하여 영천 태수가 되었으며, 또 수도로 돌아와 법조연法曹掾으로 임명되었다. 당시 노홍盧洪과 조달趙達 등을 교사로 두어 관리들의 과실을 살폈는데, 고유가 간언했다.

"관리를 둘 때 직무를 나누어 각자 한 가지 일만 주관하도록 하십시오. 지금 교사를 설치한 것은 위에 있는 사람이 아래 있는 사람을 신임하지 못하기 때문입니다. 게다가 조달 등은 여러 번에 걸쳐 자신이 좋아하고 미워하는 감정에 따라 포상과 폄하를 진행시켜 권력을 휘둘렀으므로, 응당 그들의 재능이 마땅한가를 살펴야 합니다."

조조가 말했다.

"조달 등에 대한 그대의 이해는 나만 못한 것 같소. 다른 사람의 과실을 탐색하고 적발하여 많은 사건을 처리해야 하는 일을 현인이나 군자에게 맡기면 할 수 있겠소? 옛날에 숙손통叔孫通이 도적들을 기용한 것은 이 때문이었소."

조달 등은 후에 부정한 이익을 꾀하려다가 적발되었다. 조조는 그들을 죽이고 고유에게 미안해했다.

조비가 황제에 즉위한 후, 고유를 치서시어사로 임명했고, 관내후 작위를 내렸으며, 전임시켜 치서집법治書執法의 관직을 더했다.

백성 사이에서 자주 비방하고 미혹시키는 말이 있었다. 조비는 이 점을 통한해하며 민심과 언론을 미혹시키는 사람들을 죽이고, 이런 일을 밀고하는 자에게 상을 내리기로 했다.

고유가 상소했다.

지금 미혹시키는 말을 하는 자는 반드시 사형에 처하고, 고발하는 사람에게는 상을 주고 있습니다. 이와 같이 하여 잘못을 범한 사람이 착하게 바로잡을 기회를 주지 않는다면, 다시 흉악하고 교활한 무리들이 서로 무고하는 일이 넘쳐흐를 것이니, 이는 확실히 사악함을 막고 소송을 줄이는 공명정대한 방법은 아닙니다. 이전에 주공周公은 조서를 만들어 은나라 때 조종祖宗을 칭송했으며, 자신의 원한은 전혀 돌아보지 않았습니다. 한나라 문제 또한 미혹시키는 말이나 비방에 대한 법령을 폐지했습니다. 신의 어리석은 생각으로는 마땅히 미혹시키는 말과 비방을 밀고하는 자에게 상을 주는 법률을 없애고, 하늘이 만물을 기르는 어짊을 융성하게 해야 합니다.

조비가 즉시 그의 의견을 받아들이지 않았으므로 서로 무고하는 사람은 갈수록 많아졌다. 마침내 조비가 조서를 내렸다.

감히 다른 사람이 비방한 일을 고발하는 자에게는 고발당한 사람이 받아야 할 벌을 내리겠다.

이후로 고발하는 사람이 사라졌다.

교사 유자劉慈 등이 황초 연간 초부터 몇 넌 사이에 관리와 백성의 간사한 죄를 헤아릴 수 없을 정도로 많이 적발했다. 고유는 모두 그것의 허실을 명백히 할 것을 요구했다. 사소한 법을 어긴 자에게는 벌금을 부과하는 데 그쳤다.

| 황초 4년(223) | 승진하여 정위가 되었다.

위나라 초, 삼공에 일이 없었으므로 또 조정에 나아가 정사에 관여하기를 희망했다. 고유가 상소했다.

천지는 사계절에 따라 공적을 이루고, 군주는 대신들의 보필에 의거하여 나라를 다스려 일으킵니다. 은나라 탕왕은 아형(阿衡, 이윤의 관직명)의 보좌에 의지했고, 주 문왕과 주 무왕은 주공 단과 태공망(太公望, 무왕을 도와 주나라를 세움)의 역량에 기대었으며, 한나라 초기의 소하와 조참의 무리에 이르러서는 모두 원훈元勳을 심복으로 삼았는데, 이것은 모두 성스럽고 현명한 군주가 대신을 임용하는 데 뛰어나 현명한 재상과 훌륭한 신하가 아래에서 수족이 된 것입니다. 지금 삼공으로서 보좌를 담당하는 신하는 모두 나라의 대들보이며, 백성은 모두 그들을 존경하고 있습니다. 그러나 삼공을 설치하기는 했지만, 그들로 하여금 정사에 참여하도록 하지 않고 있으므로, 각자 한가하게 심성을 수양하며 충언을 진언하는 경우가 매우 적습니다. 이것은 확실히 조정이 대신을 존중하여 임용하는 의리가 아니며, 옳은 것은 진언하고 그른 것을 없애는 것이라 할 수 없습니다.

고대에는 형법과 정치에 의문이 나는 점이 있을 때 삼공과 구경으로 하여금 의론하도록 했습니다. 지금 이후부터 조정에서 의문이 나는 문제와 재판에 관한 큰일이 있다면 응당 반복하여 삼공의 의견을 구하여야만 합니다. 삼공은 달의 첫째 날과 보름에 조정에 나오도록 하고, 또 특별히 그들을 불러 들어오게 하여 정치적 득실을 논의하고,

정치적인 일에 대해 폭넓게 의견을 발표하도록 하여, 천자의 귀를 열고 국가에 커다란 이익이 있기를 희망합니다.

조비는 그의 의견을 기쁘게 받아들였다.

조비가 이전부터 싫어한 치서집법 포훈鮑勛을 법을 어겨가면서까지 처형하려고 하자, 고유는 법을 지키며 조비의 명령을 따르지 않았다. 조비는 매우 노하여 고유를 상서대尙書臺로 출두시키고 지령을 받은 사자를 정위로 보내 포훈을 죽였다. 그리고 포훈이 죽은 후에 고유로 하여금 정위 관서로 돌아가도록 했다.

조예가 즉위하자 고유는 연수정후에 봉해졌다. 당시는 박사가 유가 경전을 관장했다. 고유가 상소해 말했다.

신이 듣건대, 도덕을 준수하고 학문을 중시하는 것은 성인의 위대한 훈시이며, 문학을 장려하고 유학을 숭상하는 것은 제왕의 밝은 의리라고 했습니다. 옛날 한나라 말기는 정치가 쇠퇴하고 예악이 붕괴되었으며 온갖 세력이 이익과 권력을 다투었으므로 전쟁을 가장 중요한 임무로 여겼고, 수많은 유학자는 조용히 숨어 모습을 드러내지 못했습니다. 태조 무황제께서 막 병사를 일으켰을 때, 이와 같은 현실을 안타깝게 여겨 혼란이 평정되는 동시에 군현에 학문을 가르치는 관을 세우도록 했습니다. 고조가 즉위한 후, 이 사업은 진일보하여 발전했으며, 새로 태학을 세우고 각 주에서는 고시 제도를 시행했으므로, 천하의 유학자들은 새로 학교에서 가르침을 받고 새로 제사 의례를 행하게 되었습니다. 폐하께서는 친히 정치를 하면서 총명한 지혜를 발휘하여 위대한 계획을 진행시키고 선제의 사업을 드날렸으니, 설령 하계夏啓가 하우의 기업을 잇고, 주 성왕이 주 문왕과 주 무왕의 사업을 이었다 하더라도 폐하의 공적을 뛰어넘을 수는 없을 것입니다.

지금 박사들은 모두 경학을 익혔으며 행위는 단정합니다. 이들은 전국에서 천거하여 선발한 우수한 인재이지만, 관직에 오르는 것은 현의 장을 넘지 못하고 있습니다. 저는 이와 같이 하면 유술儒術을 존경하고 게으른 사람을 면려시킬 수 없을까 걱정입니다. 공자가 말하기를 "착한 자를 선양하여 교육하면 행하지 않아도 면려할 수 있다."라고 했습니다. 때문에 초나라 원왕元王은 예로써 신공申公을 모셨는데, 학사는 모두 경학에 날카롭고 정통했습니다. 한나라 광무제는 탁무卓茂를 존경하여 그를 중요한 관직에 앉히고 사대부들로 하여금 다투어 모방하게 했습니다. 신의 생각으로 박사는 유가 도통의 원천이며 육경을 장악한 사람이므로, 응당 그들의 학문과 품행의 우열에 근거하여 서열에 관계없는 지위로 대우해야만 합니다. 경학을 학습하는 사람을 장려한다면 널리 교화시킬 수 있을 것입니다.

조예는 그의 의견을 받아들였다.

후에 조예가 궁전을 대대적으로 짓자, 백성은 노역으로 고통스러워했다. 온 나라에서 미녀들을 선발하여 후궁들로 가득 채웠다. 후궁이 낳은 황자가 연이어 요절하자, 조예는 후사를 이을 아들이 없게 되었다. 고유는 상소해 말했다.

오와 촉 두 적은 교활하여 은밀히 병사들의 무예를 훈련시키며 위나라를 멸망시킬 것을 도모하고 복종할 뜻을 전혀 나타내고 있지 않습니다. 응당 장병들을 기르고 무기를 수리하여 편안한 상태에서 그들을 기다려야 합니다. 그러나 최근 궁전을 지어 위와 아래가 수고롭고 괴로워하고 있습니다. 만일 오와 촉으로 하여금 우리의 허실을 알도록 한다면, 그들은 세력을 연합하여 우리를 공격할 것이고, 우리가 그들을 격파하는 것 또한 쉽지 않을 것입니다.

옛날에 한나라 문제는 열 채의 집을 아끼고 작은 누대를 세우는 즐거움도 갖지 않았습니다. 곽거병은 흉노의 위해를 걱정하느라 집을 지을 시간이 없었습니다. 하물며 현재 소모한 것은 1백 금金의 비용만이 아니며, 걱정하는 것은 단지 흉노뿐이 아닌데 어찌하겠습니까? 지금 짓고 있는 궁전의 규모를 줄여 조정해도 조정 연회의 예의에 알맞게 할 수 있습니다. 백성의 노역을 멈추게 하고, 그들로 하여금 돌아가 농사일에 종사하도록 하기를 부탁드립니다. 오와 촉이 평정된 후에 다시 천천히 궁궐을 지을 수 있습니다.

옛날에 헌원軒轅에게는 스물다섯 명의 아들이 있었으므로 멀리까지 후대를 전했습니다. 주나라 왕실은 희성姬姓의 나라가 40개나 있었으므로 더욱 오랜 세월을 지나게 되었습니다. 폐하께서는 총명하고 통달하며 이성이 있지만, 최근 황자들이 연이어 요절했으며 황자를 생산할 조짐조차 없습니다. 신하들의 마음에는 우려하고 불안하지 않음이 없습니다. 《주례》에서 말하기를, 천자는 후비 이하 1백20명을 두어야 여관의 규모가 충분하다고 했습니다. 제가 듣건대 후궁의 수는 이 수를 넘었다고 합니다. 대대로 창성하지 못한 것은 아마도 이로부터 말미암은 것이라고 할 수 있을 것입니다. 신의 어리석은 생각은 이러합니다. 후궁 중에서 현숙하고 아름다운 여자를 엄선하여 후궁의 수에 이르게 하고, 그 나머지는 모두 집으로 돌려보내십시오. 아울러 정신을 양육하며 오로지 청정함만을 보배로 삼으십시오. 이와 같이 하면 자손의 번성은 희망하는 대로 될 것입니다.

조예는 대답하여 말했다.

짐은 그대가 충심을 갖고 한 마음으로 왕실을 위하여 직언을 한다는 것을 알고 있소. 그대는 어떤 건의든 간에 나에게 들려주시오.

당시 수렵에 관한 법령은 매우 준엄했다. 의양宜陽의 전농도위 유귀劉龜가 몰래 천자의 사냥터 안에서 토끼를 쏘자, 공조功曹 장경張京이 교사로 가서 이 사실을 말했다. 조예는 장경의 이름을 숨기고 유귀를 체포하여 투옥시켰다. 고유가 고발한 사람의 이름을 알리기를 청하자, 조예는 크게 화를 내며 말했다.

"유귀가 죽어야만 하는 것은 감히 내 사냥터에서 사냥을 했기 때문이오. 유귀를 정위로 보냈으니 정위는 곧바로 조사를 해야만 하오. 무엇 때문에 또 고발한 사람의 이름을 거론하는 것이오. 내가 어찌 마음대로 유귀를 체포할 수 있겠소?"

고유가 말했다.

"정위는 천하에 공정한 법관입니다. 어떻게 황상의 기쁨과 노여움에 의지하여 법을 허물어뜨리겠습니까?"

또다시 상주를 올렸는데 말이 간절하고 뜻은 심원했다. 조예는 그 뜻을 알았으므로 장경의 이름을 말했다. 고유는 즉시 돌아가 판결을 내렸으며, 각기 죄에 따라 벌을 주었다.

당시 제도에는 하급 관리가 부모의 상을 당하게 되면 1백 일이 지난 후에 관청으로 돌아와 일을 하도록 했다. 어떤 관청의 사도로 있는 해홍解弘이라는 관리가 부친상을 당하여 돌아가려 했는데, 마침 전쟁이 일어나 즉시 사도부로 돌아가도록 명령을 받았지만, 병이 있어 갈 수 없었다.

조예는 화를 내며 말했다.

"너는 [효성이 지극했던] 증삼曾參과 민자건閔子騫[6]이 아니거늘, 어찌 몸이 쇠약할 만큼 슬프다고 하는가?"

그러고는 정위에게 그를 체포하여 사형에 처하도록 재촉했다. 고유는 해홍의 몸이 확실히 허약함을 보고 이 상황을 진술하여 관대하게 처리해야 한다고 상주했다. 그래서 조예는 조서를 내려 말했다.

효자구나! 해홍이여! 그를 풀어주라!

당초 공손연의 형 공손황公孫晃은 숙부 공손공公孫恭에 의해 인질로 수도에 보내졌다. 공손연이 아직 모반하기 전에 공손황은 공손연이 모반을 도모한다고 여러 차례 보고했다.

공손연이 모반을 일으킨 후 조예는 시장에서 참수시킬 때까지 참지 못하고 옥 안에서 죽이려고 했다.

고유가 상소해 말했다.

《상서》에서 말하기를 "죄가 있으면 그의 형을 판단하여 처리하고, 덕이 있으면 그의 선행을 표창하라."라고 했으니, 이것은 왕제王制의 명백한 법전입니다. 공손황과 그의 처자식은 반역한 자의 동족으로서

---

6) 민손閔損으로 자가 자건子騫이며, 공자보다 열다섯 살 아래다. 공자는 [그를 두고] 말했다. "효자로구나, 민자건이여! 그 부모와 형제가 그를 효자라고 칭찬해도 다른 말을 할 사람이 없구나."《논어》〈선진〉) 사마천은 《사기》〈중니제자열전〉에서 말했다. "그는 대부를 섬기지 않았으며, 옳지 못한 일을 한 군주의 봉록을 받지 않았다."

확실히 머리를 베어 사람들에게 보이고 후대를 보존할 수 없도록 해야 합니다. 그러나 신이 예전에 사사로이 듣기로, 공손황이 폐하께 몇차례 글을 올려 공손연이 모반의 음모를 꾀하고 있음을 폭로했다 합니다. 그는 비록 반역한 자의 동족이지만, 그의 본심에 의거하여 용서할 수 있습니다. 공자는 흉악한 형으로 인한 사마우司馬牛의 근심을 이해했고, 기해祁奚는 사악한 신하 양설호에 연좌되어 투옥된 그의 형 숙향의 무죄를 밝혔는데, 이것은 과거의 아름다운 행위입니다. 신의 생각으로 공손황이 이전에 한 말이 믿을 만하다면 그의 죄를 사면해주어야 하고, 만일 그의 말이 신빙성이 없는 것이었다면 시장에서 그의 머리를 베어야 합니다. 지금 나아가 그의 목숨을 살려주지 못하고, 물러나 그의 죄행을 밝히지 못한 채 옥에 가두어 스스로 자살하게 만든다면, 사방에서 위나라를 관찰하는 사람들은 이에 의문을 가지게 될 것입니다.

조예는 듣지 않았고, 결국 사자를 보내 공손황과 그의 처자식에게 금가루를 마시게 하고, 관과 의복을 내려 집에 매장했다.

당시 사냥터의 사슴을 죽이는 자는 그 자신은 사형당하고, 재산은 관에 몰수되었으며, 발견하여 알린 자에게는 후한 상을 주었다. 고유가 상소해 말했다.

성왕聖王이 천하를 통치하면서 농업을 확대하는 것을 중요한 일로 삼고, 지출의 절약을 자본子本으로 삼지 않을 때가 없습니다. 무릇 농업을 확대하면 곡식이 축적되고, 지출을 줄이면 재산이 쌓이며, 재산이 쌓이고 곡식이 축적되면서 우환이 있었던 적은 없습니다. 고대에 한 남자가 밭을 갈지 않으면 그 때문에 굶주리는 자가 있게 되고, 한 아녀

자가 길쌈을 하지 않으면 그 때문에 추위에 떠는 자가 있었습니다.

폐하께서 천하를 통치한 중간中間[7] 이래 백성이 빈번한 노역을 책임져야 했으므로 농업에 참여하는 자는 줄었으며, 게다가 이전에 또 사냥을 금지하는 법령이 있어서 사슴들은 사방에서 횡행하며 농가를 짓밟아 피해를 입혔으며, 그 손실은 헤아릴 수 없을 정도였습니다. 백성은 비록 목책을 설치하여 방어할지라도 그들의 힘으로는 막을 수 없습니다. 형양 일대에 이르러 사방 수백 리에 걸쳐 1년간 농사지은 것을 전혀 거두지 못했으니, 백성의 목숨이 가엾기만 합니다.

지금 천하에서 재물을 낳는 방법은 매우 적지만, 사슴으로 인한 손해는 매우 많습니다. 만일 갑자기 전쟁이 일어나 노역을 징발하고 흉년의 재앙이 있게 된다면, 장차 그것에 대처할 방법이 없을 것입니다. 원컨대 폐하께서 고대의 성인들이 관심을 기울였던 일을 살펴보시고, 농사의 곤란함을 가엾게 여기시어 백성에게 관대한 정책을 펴 그들이 사슴을 잡을 수 있도록 이 금령을 폐지하신다면, 백성은 오랫동안 이익을 얻게 되어, 장차 매우 즐거워하지 않음이 없게 될 것입니다.

얼마 후 호군 진영의 병사 두례寶禮가 근처로 외출했다가 돌아오지 않았다. 진영에서는 그가 달아났다고 생각하고, 표를 올려 두례를 추격하여 체포하고 그의 아내 영盈과 남매를 관노비로 삼을 것을 건의했다. 영은 주의 관청으로 가서 억울함을 하소연했는데, 그것을 알아주는 자가 없었다. 그래서 영은 정위로 가서 말했다. 고유

---

7) 서쪽 촉나라와 남쪽 오나라 두 적이 아직 평정되지 못한 상황이므로, 천하 통일을 이루기 전이라는 뜻에서 '중간'이란 말을 붙인 것이다.

가 물었다.

"너는 네 남편이 달아나지 않았다는 것을 어떻게 아느냐?"

영은 눈물을 흘리며 대답했다.

"제 남편은 어려서 양친을 잃고 할머니를 어머니로 생각하며 자랐는데, 할머니를 모시는 것이 매우 공경하고 근신했으며, 또 남매를 불쌍히 여겨 매우 자상하게 보살폈으니, 경박하고 교활하게 집안 식구들을 돌아보지 않을 사람이 아닙니다."

고유는 또 그녀에게 물었다.

"네 남편은 다른 사람과 원한 관계는 없느냐?"

영이 대답했다.

"저희 남편은 선량하여 다른 사람과 원수를 맺지 않았습니다."

고유가 또 물었다.

"네 남편은 다른 사람에게 돈이나 재산을 빌려준 적이 있느냐?"

영이 대답했다.

"일찍이 돈을 내어 같은 진영에 있는 병사 초자문焦子文에게 빌려주었는데, 그를 찾아가 돌려달라고 했지만 받지 못했습니다."

그때 마침 초자문은 작은 죄를 범하여 감옥에 갇혀 있었다. 고유는 곧 초자문을 불러 무슨 죄를 범했는지 물었다. 말이 끝나자 또 물었다.

"너는 옛날에 다른 사람에게 돈을 빌린 적이 있느냐, 없느냐?"

자문이 대답했다.

"홀로 가난하게 살고 있으므로 애초에 감히 다른 사람에게 돈이나 물건을 빌리지 않습니다."

고유는 자문의 안색의 변화를 살핀 다음 곧 말했다.

"너는 옛날에 두례의 돈을 빌렸는데, 무엇 때문에 빌리지 않았다고 하느냐?"

자문은 고유가 이 사실을 알고 있음을 괴이하게 여겼으며, 일이 탄로되었다고 생각하고 대답하지 않았다. 고유가 말했다.

"네가 두례를 죽였으니, 빨리 자백해라."

초자문은 머리를 조아리며, 두례를 죽이게 된 자초지종과 시신을 묻은 곳을 모두 말했다. 고유는 곧 관리와 병졸을 보내 자문의 자백에 따라 두례의 시신을 찾아 즉시 파내게 했다. 조예는 조서를 내려 영 모자를 평민으로 회복시켰으며, 전국에 널리 알려 두례를 경계로 삼게 했다.

정위의 관직에 23년간 있다가 태상으로 전임되었으며, 열흘 후에 사공으로 승진했고, 후에 사도로 임명되었다. 태부 사마의는 상주하여 조상을 면직시킬 것을 청했고, 황태후는 조서를 내려 고유를 불러 가절행대장군사假節行大將軍事가 되어 조상의 군영을 차지하도록 했다.

태부가 고유에게 말했다.

"그대는 주발이오."

조상이 피살된 후, 승진하여 만세향후萬歲鄕侯에 봉해졌다. 고귀향공이 즉위하자, 승진하여 안국후安國侯로 봉해졌고, 태위로 전임되었다. 상도향공이 즉위한 후, 식읍이 늘어 이전 것과 합쳐 4천 석이 되었으며, 앞뒤로 두 아들이 정후亭侯에 봉해졌다.

| 경원 4년(263) | 나이 아흔에 세상을 떠났으며 시호를 원후元侯라 했다. 손자 고혼高渾이 뒤를 이었다.

함희 연간에 오등급 작위제를 세울 때 고유 등이 전대의 공훈이 탁월했으므로, 고혼을 창육자昌陸子로 바꿔 봉했다.

목숨을 걸고 조상曹爽의 전횡을 막다

손례전孫禮傳

손례는 자가 덕달德達이고, 탁군 용성현容城縣 사람이다. 조조가 유주를 평정한 후, 불러서 사공군모연司空軍謀掾으로 임명했다. 전란이 막 일어났을 때, 손례와 모친은 서로를 잃어버렸는데 같은 군 사람인 마태馬台가 손례의 모친을 찾아주었다. 손례는 집의 재산을 전부 마태에게 주었다. 마태는 후에 법을 범했는데 그 죄가 사형에 해당되었다. 손례는 사사로이 감옥을 넘어 달아나라고 일러주었다. 마태가 말했다.

"저는 도망칠 뜻이 없습니다."

그러고는 직접 자간주부刺奸主簿 온회溫恢에게 출두했다. 온회는 그의 행위에 탄복하여, 이 일을 조조에게 상세히 알렸는데, 두 사람은 사형보다 한 등급 낮은 형벌로 감형되었다. 후에 하간군의 승丞으로 임명되었으며, 점점 승진하여 형양도위滎陽都尉가 되었다. 노산魯山 산속의 도적 수백 명이 험난한 곳을 고수하며 백성을 해코지했다. 그래서 손례를 노국의 상相으로 임명했다. 손례는 임지에 이르러 자신에게 지급되는 봉록인 곡식을 내어 관리와 백성에게 베풀고, 적의 우두머리에 현상금을 걸고, 투항하거나 귀순하는 자들을 받아들이고 돌아가게 하여 약속한 시간 안에 평정했다. 산양·평원·평창平昌·낭야 태수를 두루 지냈다. 대사마 조휴를 따라 협석에서 오나라를 정벌하러 갔을 때, 손례는 깊숙이 들어가지 않을 것을 간청했지만, 따르지 않아 패했다. 승진하여 양평 태수가 되었고, 중앙으로 들어가 상서가 되었다.

마침 조예가 궁전을 지었는데, 기후가 좋지 않아 천하에 곡물이 적었다. 손례가 노역을 멈출 것을 완강하게 간언하자, 조예는 조서를 내려 말했다.

짐은 그대의 정직한 간언을 공손히 받아들이겠다. 속히 노역하는 백성을 돌려보내라.

당시 이혜李惠가 작업을 감독하고 있었는데, 또 상주하여 한 달만 더 머물면 궁전을 완공할 수 있다고 했다. 손례는 직접 작업 현장으로 가본 후에 다시 상주하지 않고, 조예의 조서를 알려 백성의 노역을 중지시켰다. 조예는 그의 거동에 감복하여 꾸짖지 않았다.

조예가 대석산大石山에서 사냥을 할 때, 조예가 탄 수레로 호랑이가 달려들었다. 손례가 즉시 말고삐를 놓고 말에서 내려 칼을 휘둘러 호랑이를 죽이려고 했지만, 조예는 손례에게 다시 말에 오르라고 칙명을 내렸다. 조예가 임종에 임하여 조상을 대장군으로 삼았지만, 훌륭히 보좌할 사람이 있어야 했으므로 침대 옆에서 조서를 받게 하여 손례를 대장군장사大將軍長史로 임명하고, 산기상시의 관직을 더하도록 했다. 손례는 청렴하고 정직하며 타협을 하지 않았으므로, 조상은 그를 싫어했다. 그러나 양주 자사로 임명하고 복파장군伏波將軍의 관직을 더하며 관내후 작위를 주었다.

오나라 대장 전종全琮이 수만 병사를 이끌고 침략했다. 당시 양주 병사들은 대부분 휴가 중이었고, 남아서 지키는 사람은 매우 적었다.

손례는 직접 자신의 위병衛兵을 인솔하여 적에 대항하고 작피灼陂에서 교전했다. 싸움은 아침부터 저녁까지 이어졌고, 장수와 병사의 과반수가 죽거나 부상을 당했다. 손례가 탄 말은 여러 군데 상처를 입었지만, 손에 북을 쥔 채 몸을 돌보지 않고 날카로운 칼을 휘둘러 분투했으므로 적은 퇴각했다. 조예는 조서를 내려 그를 위로하고 비단 7백 필을 하사했다. 손례는 전사한 병사를 위해 제사 지낼 곳을 설치하고 참석하여 곡을 했는데, 곡하는 소리가 가슴속까지 메어지게 했다. 하사한 비단은 전부 전사한 병사의 집으로 보내고 자신은 한 필도 갖지 않았다.

초빙되어 소부로 임명되었고, 지방으로 나가 형주 자사가 되었으며, 기주목으로 승진했다. 태부 사마의가 손례에게 말했다.

"지금 청하와 평원이 변방 지역을 다툰 지 8년이나 되었고, 두 번이나 자사를 바꾸었는데 해결할 수 없었소. 우虞와 예芮는 전지田地의 경계를 다투었는데 주 문왕을 대하고서 해결되었소. 당신은 응당 그들을 위해 경계를 분명히 해야 하오."

손례가 말했다.

"소송한 자는 옛날 묘에 근거하여 징조를 경험한 것이고, 피고인은 선대先代의 노인들의 말로써 정설로 삼았습니다. 그러나 노인에게는 곤장을 때릴 수 없고, 어떤 황폐한 묘는 지세가 높은 곳으로 옮겼고, 어떤 것은 원수를 피해 옮긴 것입니다. 지금 들은 것은 비록 [순임금 때 형옥刑獄을 맡은 관리인] 고요일지라도 해결하기 어려울 것입니다. 만일 그들이 분쟁하지 않게 하려면, 명황제明皇帝가 당초 평원왕으로 봉해졌을 때의 지도에 근거하여 판결하도록 해야 합니다. 어찌 옛일을 좇아 원인을 찾으며 쟁론을 더할 필요가 있겠습니까? 옛날에 주 성왕은 오동나무 잎으로 옥규玉珪를 만들어 숙우(叔虞,

주 무왕의 아들이자 주 성왕의 동생)에게 주어 희롱했지만, 주공은 그를 열후에 봉했습니다. 지금 지도는 천부天府 안에 수장되어 있으므로 앉아서 판결할 수 있는데, 어찌 제가 주에 취임하기를 기다리십니까?"

사마의가 말했다.

"그렇소. 지도에 따라 구분하는 것이 마땅하오."

손례는 임지에 도착한 후, 지도에 근거하여 평원에 귀속시키려고 생각했다. 그러나 조상은 청하군의 말을 믿고 문서를 내려 말했다.

지도만 보고 판단할 수 없소. 응당 말의 참과 거짓을 조사해야만 하오.

손례는 상소해 말했다.

관중管仲은 패자霸者를 보좌할 만한데 기량은 적었지만 백씨(伯氏, 제나라 대부)가 소유하고 있는 병읍餠邑을 빼앗고도 그로 하여금 죽음에 이를 때까지 원한의 말이 없게 했습니다. 신은 명을 받들어 주의 목牧으로 부임했으며, 성조聖朝의 지도를 받들어 두 군의 경계를 조사했습니다. 경계는 실제로 왕옹하王翁河를 한계로 삼았습니다. 그러나 유현鄃縣은 마단후馬丹侯를 증거로 삼고 거짓으로 명독하鳴犢河를 감시하라 했습니다. 거짓 송사에 의지해 조정을 기만한 것입니다.

신이 사사로이 듣건대, 여러 사람의 입은 금을 녹일 수 있고 돌을 뜨게 하고 나무를 가라앉게 할 수 있으며, 세 사람이 시장에 호랑이가 있다고 하면 자애로운 어머니는 북을 던진다고 합니다. 지금 두 군이 변방의 경계로 인해 8년 동안 다투었는데 하루아침에 해결하려면 지도와 설명한 문서에 근거해 조사해야 사실을 명백히 할 수 있을 것입니다. 평원군은 두 냇물 사이에 있으며, 동쪽을 향해 올라가면 중간에 작제鄣隄가 있는데, 작제는 고당高唐 서남쪽에 있고, 다툰 곳은 고당 서북쪽이니, 서로의 거리는 20여 리쯤 됩니다. 오랫동안 탄식하고 눈물 흘릴 만합니다. 설명과 지도를 조사하여 상주했지만, 유현에서는 조서를 받지 않았습니다. 이것은 신이 연약하여 그 책임을 다할 수 없었던 탓입니다. 신이 또 무슨 면목으로 나라의 봉록을 받겠습니까?

그리고 의관을 정제하고 신발을 신고 수레를 타고서 내쫓기기를 기다렸다. 조상은 손례의 상주문을 보고 크게 노하여, 손례가 조정에 원한을 품고 있다고 탄핵하고 5년의 금고禁錮에 처했다. 집으로 돌아온 지 1년 후, 많은 사람이 대부분 손례를 옹호하는 말을 했으므로 다시 성문교위에 임명되었다.

당시 흉노왕 유정劉靖의 병력은 강성했고, 선비족이 자주 변방을 침략했으므로 곧 손례를 병주 자사로 임명하고 진무장군과 사지절·호흉노중랑장의 관직을 더했다. 그는 가서 태부 사마의를 만났는데 분노하는 안색이 있었으며 말을 하지 않았다.

사마의가 말했다.

"그대는 병주를 얻고도 부족한가? 군의 경계를 나누면서 불공정한 처분을 받아 분한가? 지금 고별하고 원정을 떠나려고 하는데, 어찌 기뻐하지 않는가!"

손례가 말했다.

"어찌하여 명공은 이처럼 황당한 말씀을 하십니까? 저 손례가 비록 부덕하지만, 어찌 관직에서 있었던 일을 마음에 두겠습니까? 본래 명공은 이윤과 여상을 좇아 따르면서 위나라 왕실을 보좌하고,

위로는 명제의 위탁에 보답하고, 아래로는 만세에 전해질 공훈을 세워야 한다고 들었습니다. 현재 사직이 위급하고 천하가 어수선한 것이 저 손례가 즐겁지 못한 까닭입니다."

말을 마친 손례가 얼굴 가득 눈물을 흘리자 사마의가 말했다.

"그치시오. 참을 수 없는 것을 참으시오."

조상이 피살된 후, 중앙으로 들어가 사예교위가 되었다. 손례가 다스린 7군 5주에서는 모두 위엄과 신의가 있었다. 사공으로 승진했고, 대리정후大利亭侯에 봉해졌으며, 식읍 1백 호를 받았다.

손례와 노육은 같은 군 사람으로 나이도 비슷했지만, 감정은 좋지 않았다. 두 사람에게는 비록 각기 장점과 단점이 있었지만, 명성과 관직은 대체로 비슷했다.

│ 가평 2년(250) │ 세상을 떠나자 시호를 경후景侯라 했다. 손자 손원孫元이 뒤를 이었다.

법을 엄수하여 조상_{曹爽}을 두렵게 하다

왕관전王觀傳

왕관은 자가 위대偉臺이고, 동군 늠구현廩丘縣 사람이다. 어려서 부모를 여의고 가난했지만 지기志氣가 있었다. 조조가 그를 불러 승상 문학연丞相文學掾으로 삼았다. 지방으로 나가 고당·양천陽泉·찬酇·임任의 영令으로 임명되어 부임한 곳에서 치적을 쌓았다.

조비가 제위에 오르자 중앙으로 들어가 상서랑과 정위감이 되었으며, 지방으로 나가 남양군과 탁군 태수가 되었다. 탁군은 북쪽으로 선비족과 인접해 있었으므로 선비족이 자주 침입하여 약탈해갔다. 왕관은 변방의 백성으로 하여금 열 집 이상이 함께 모여 거주하게 하고, 멀리 볼 수 있도록 누대를 세웠다. 당시 간혹 원하지 않는 자가 있었지만, 왕관은 군郡의 관리를 잠시 파견하여 그들로 하여금 돌아가 자제들을 도와 누대를 만들도록 했다. 정한 시한은 없었고 다만 누대를 다 지으면 돌아오도록 했다. 관리와 백성은 감독 없이 서로 격려하면서 열흘 만에 모두 완성시켰다. 수비 태세가 완벽했으므로 적은 침범해오지 않았다. 조예가 즉위하자 조서를 내려 군과 현의 치안 상황을 극(劇, 하)·중(中, 보통)·평(平, 상)으로 보고하도록 했다. 담당 관리는 군의 치안 상태가 '평'이라고 보고하려 했는데, 왕관이 그에게 말했다.

"이 군은 선비족과 접해 있어서 잦은 침입으로 해를 입고 있는데,

어찌 '극'이라고 하지 않소?"

담당 관리가 말했다.

"만일 군의 외부와의 관계가 '극'이라고 보고한다면, 아마 당신은 아들을 인질로 수도에 보내야 할 것입니다."

왕관은 말했다.

"무릇 관리는 백성을 위해 일해야 하오. 지금 군은 외부와의 관계로 인해 극하니 백성은 노역을 줄여야만 하오. 어찌 태수의 사사로움을 위해 한 군의 백성을 불행하게 할 수 있겠소?"

그래서 이 군은 외부와의 관계로 인해 '극'하다고 보고했으며, 후에 아들을 업성으로 보내 인질로 삼았다. 당시 왕관에게는 아들이 하나뿐이었고 나이가 어리고 약했다. 왕관이 공적인 일을 위하는 마음은 이와 같았다. 왕관은 청아하고 소박하며 자신에게 엄격했고, 절제로써 부하를 이끌었다. 관리들 중에 그의 풍모를 이어받아 스스로 노력하지 않는 자가 없었다.

조예가 허창으로 행차할 때, 왕관을 불러 치서시어사로 임명하여 정부 고관의 재판을 담당하도록 했다. 당시 조예는 한때의 기쁨과 노여움에 따라 사람들을 다스린 적이 많았는데, 왕관은 뜻을 굽히지 않고 법에 따라 집행했다. 태위 사마의는 왕관을 종사중랑에 임명할 것을 요청했다. 왕관은 상서로 승진했다. 밖으로 나가 하남윤이 되었으며 소부로 전임되었다.

대장군 조상은 재관材官 장달張達로 하여금 집안의 목재를 찍어내고 사사로이 사용하는 모든 물건을 빼앗도록 했다. 이 일을 알게 된 왕관은 빼앗은 것을 모두 기록하고 관官에 몰수했다. 소부에는 상방尙方·어부御府·내장內藏이라는 세 부서가 있어 수많은 진귀한 공예품을 관리했다. 조상 등은 생활이 사치스럽고 방탕하여 요구하는 물품이 많았으므로, 왕관이 법을 엄수하는 것을 두려워하여 그를 태복으로 전임시켰다. 사마의는 조상을 죽이고, 왕관으로 하여금 중령군을 대행하여 조상의 동생 조희의 군영을 이끌도록 했으며, 관내후의 작위를 주고, 또 상서로 임명했으며, 광록대부의 관직을 더하고, 우복야로 전임시켰다. 상도향공이 즉위하자 승진하여 양향후陽鄕侯에 봉해졌으며, 식읍 1천 호가 늘어 이전 것과 합쳐 2천5백 호가 되었다. 사공으로 승진하여 간곡히 사퇴할 것을 청했지만 허락하지 않고, 사자를 보내 인수를 주었다. 관직에 취임한 며칠 후, 인수를 상부로 보내고 직접 수레를 몰고 집으로 돌아왔다. 집에서 숨을 거두었는데, 묘지는 관이 들어가면 충분하고, 명기(明器, 죽은 자와 함께 묻는 물건)는 두지 말며, 흙으로 쌓지 말고 나무도 심지 말라고 유언했다. 시호를 숙후肅侯라 했다. 아들 왕리王悝가 후사를 이었다. 함희 연간에 오등급 작위제를 세웠는데, 왕관은 전대에서 공훈이 탁월했으므로 왕리를 교동자膠東子로 고쳐 봉했다.

【평하여 말한다】

　한기는 벼슬하지 않을 때는 조용히 살면서 백성을 교화했고, 세상에 나와 관직에 취임해서는 이름을 날렸다. 최림은 간소하며 소박했고, 재간이 있었다. 고유는 법률 이론에 밝았고, 손례는 강직하고 과단성이 있었지만 성격이 과격했다. 왕관은 청렴하고 정직하며 품행이 고결했다. 이들 모두 재상 자리에 오를 만했다. 그러나 한기는 여든이 넘어서 기용되어 집에 있다가 관직으로 돌아왔고, 고유는 20년간 관

직에 있다가 원로로서 세상을 떠났으니, 서막徐邈·상림과 비교하면

이 점에서 약간 부끄럽다.

25

신비양부고당륭전 辛毗楊阜高堂隆傳

학문과 강직함으로 고귀한 품격의 지식인들

백성의 편에서 목숨을 걸고 조비에게 간하다

신비전辛毗傳

신비는 자가 좌치佐治이고, 영천군 양책현 사람이다. 그의 선조는 건무 연간에 농서에서 동쪽으로 옮겨왔다. 신비는 형 신평辛評을 따라 원소를 따랐다. 조조가 사공이 되었을 때, 신비를 불러 벼슬을 내리려 했지만 신비는 그의 명에 응할 수 없었다.

원상이 평원에서 형 원담을 공격할 때, 원담은 신비를 사자로 삼아 조조에게 파견하여 화해를 구했다.[1] 조조가 형주를 정벌하려고 했으므로 신비는 서평에 머물렀다. 신비가 조조를 만나 원담의 뜻을 전하자 조조는 매우 기뻐했다. 며칠 후 조조는 먼저 형주를 평정하고 원담과 원상으로 하여금 서로 해를 입히도록 했다. 어느 날,

---

1) 원담과 원상이 외문外門에서 싸웠는데, 원담의 군사가 패하여 북쪽으로 도망쳤다. 곽도가 원담에게 말했다. "지금 장군은 나라는 작고 병사는 적으며, 식량은 부족하고 세력은 약하니, 원상이 공격해오면 오랫동안 견딜 수 없습니다. 신의 어리석은 생각으로는 조공을 불러서 원상을 공격하게 할 수 있습니다. 조공이 도착하면 반드시 먼저 업성을 공격할 것이고, 그러면 원상은 구원하러 돌아올 것입니다. 그때 장군께서 병사를 이끌고 서쪽으로 향한다면, 업성에서부터 북쪽 지역을 모두 얻을 수 있습니다. 만일 원상의 군대가 패한다면, 그 병사들은 도망칠 것이니, 그들을 받아들여 조공에게 저항할 수가 있습니다. 조공은 먼 곳에서 와서 계속 식량을 공급받을 수 없을 것이므로 스스로 달아날 것입니다. 조趙나라 이북은 우리 소유이므로 조공과 대적할 수 있습니다." 원담은 처음에는 받아들이지 않았지만, 후에 그의 의견을 따랐다. 곽도에게 "누구를 사용할 수 있소?"라고 묻자, 곽도는 "신비가 할 수 있습니다."라고 했다. 그래서 원담은 신비를 보내 조조를 만나게 했던 것이다.

연회 자리에서 신비는 조조의 안색을 살피고 변화가 있음을 알았으며, 이 일을 곽가郭嘉에게 말했다. 곽가는 신비의 말을 조조에게 전했다. 조조가 신비에게 물었다.

"원담을 신임할 수 있겠소? 원상을 반드시 이길 수 없겠소?"

신비가 대답하여 말했다.

"명공은 그들의 신의와 거짓에 대해서는 묻지 마시고, 단지 그들이 처한 형세만을 논하셔야 합니다. 원씨는 본래 형제지간이면서 서로 정벌하려 하는데, 다른 사람이 그 사이에 끼어들 수 있다는 생각은 못하고 자신들이 천하를 평정할 것이라 생각하고 있습니다. 지금 명공에게 급히 구원을 요청한 데에서 이번 일을 알 수 있습니다. 원상이 원담의 곤란한 상황을 보고도 취하지 못하는 것을 보면 이는 힘이 다한 것입니다. 원씨의 군대는 밖에서 패하고, 지혜로운 신하는 조정 안에서 주살당하며, 형제가 서로 헐뜯고, 나라는 분열되어 둘이 되었습니다. 해를 거듭하여 전쟁과 정벌을 하고, 갑옷과 투구에선 이가 자랍니다. 거기에 가뭄과 명충의 피해가 더하고 기근이 이어졌습니다. 나라에는 비축한 식량이 없어 행군하는 병사들도 식량을 지니지 못합니다. 위로는 천재가 내리고, 아래는 인간 세상의 어려움이 있습니다. 백성은 어리석은 자와 현명한 자 할 것 없이 모두 원씨의 세력이 붕괴되고 와해될 것을 알고 있습니다. 지금은 하늘이 원상을 멸망시키려고 하는 때인 것입니다. 병법에서 말하기를 '견고한 성과 끓는 연못이 있고 병사 1백만을 끼고 있을지라도 식량이 없다면 지킬 수 없다.'라고 했습니다. 지금 명공이 업성을 공격하려고 하는데, 원상이 돌아와 구하지 않는다면 자신을 지킬 수 없을 것입니다. 그러나 돌아와서 구원한다면 원담이 뒤를 추격할 것입니다. 명공의 위엄으로써 곤궁한 적에 맞서고, 피폐한 적을 공격하는 것은 질풍이 가을 낙엽을 흔들리게 하는 것과 다를 바 없습니다. 하늘이 원상을 명공에게 줬는데, 명공은 취하지 않고 형주를 정벌하려 합니다. 형주는 안락한 곳이 많고, 나라에 동란이 없습니다. 중회(仲虺, 은나라 탕왕의 신하)에게 '혼란스러운 나라를 취하고 망한 나라를 업신여기려 한다.'라는 말이 있습니다. 현재 원담과 원상 두 사람은 장래 계획에 힘쓰지 않고 내부에서 서로 공격하고 있으니, 혼란스럽다고 할 수 있습니다. 집에 있는 사람들은 먹을 것이 없고, 행군하는 병사들은 식량이 없으니, 망한 것이라고 할 수 있습니다. 새벽에 저녁 일을 꾀하지 못한다면, 백성의 목숨은 유지하기 어려운데, 지금 그들을 안정시키지 않는다면 또 한 해를 기다려야 할 것입니다. 다른 해에 혹시 풍년이 들면, 또 원씨 형제는 스스로 망할 것을 알고 그 덕을 고쳐 닦을 것이니 군대를 쓰는 요령을 잃을 것입니다. 지금 그들이 구원을 요청한 틈을 타서 그들을 진무한다면, 이익은 막대할 것입니다. 그리고 사방에서 닥쳐오는 침략 세력 중에 하북의 것이 가장 큽니다. 하북이 평정되면 육군六軍은 강대해져 천하를 울릴 수 있습니다."

조조는 말했다.

"좋소."

그래서 원담을 도와 원상을 토벌하겠다고 응답하고는 군대를 여양黎陽에 주둔시켰다. 이듬해 업성을 공격하여 함락시키고, 표를 올려 신비를 의랑으로 삼도록 했다. 오랜 시간이 지난 후, 조조는 도호 조홍을 보내 하변을 평정했는데, 신비와 조휴를 이 일에 참여시키고 영을 내렸다.

옛날 한나라 고조는 재산을 탐하고 여색을 좋아했으나, 장량과 진평이 그의 과실을 바로잡았다. 지금 신비와 조휴의 근심은 가볍지 않다.

군대를 귀환시키고 신비를 승상장사로 삼았다. 조비가 제위에 오르자 신비는 시중으로 승진하고 관내후 작위를 받았다. 당시 역법 제도의 개정에 관한 논의가 있었는데, 신비는 이렇게 주장했다.

"위씨魏氏는 순임금과 우임금의 전통을 따르고 하늘의 명에 응하고 백성의 마음에 따랐습니다. 탕왕과 주 무왕의 시대에 이르러 전쟁에 의지하여 천하를 정벌하고 평정하여 역법을 바꾸었습니다. 공자는 '하夏나라 때의 역산법을 시행하라.'라고 했고, 《좌씨전》에서는 '하나라 때의 역법은 하늘의 정상적인 규율에 들어맞는다.'라고 했습니다. 무엇 때문에 상반되는 것을 찾겠습니까?"

조비는 옳다고 생각하고 신비의 의견에 따랐다. 조비는 기주의 병사 10만 호를 이주시켜 하남을 튼튼하게 하려고 했다. 당시 해를 이어 명충이 계속되어 백성은 굶주렸으므로 모든 관리는 옮길 수 없다고 생각했지만, 조비의 결심은 매우 강력했다. 신비와 조정 대신들은 함께 접견하기를 요구했다. 조비는 그들이 간언하려는 것을 알았으므로 화난 안색으로 그들을 보았다. 신하들이 모두 감히 말하지 못하고 있는데 신비가 말했다.

"폐하께서 병사들의 집을 이주시키려고 하시는데, 이 계획은 어떻게 나온 것입니까?"

조비가 말했다.

"그대는 내가 병사들을 이주시키는 것이 잘못된 일이라고 말하려는 것이오?"

"확실히 잘못된 일이라 생각합니다."

"나는 그대와 이 일을 상의하지 않겠소."

"폐하께서는 신이 어질지 못하다고 생각지 마십시오. 저는 폐하의 측근에 있으면서 자문을 하는 관리인데 어찌 신하들과 상의를 할 수 없다 하십니까? 신이 하는 말은 개인적인 일에서 나온 것이 아니라 국가의 이익을 생각하는 것인데, 어찌 신에게 노여워하십니까!"

조비는 대답하지 않고 일어나서 안으로 들어갔다. 신비는 따라가서 조비의 옷을 잡았다. 조비는 옷깃을 떨치고 돌아보지 않았다. 시간이 오래 지나서야 조비가 말했다.

"좌치(佐治, 신비의 자)여, 그대는 무엇이 급하여 나를 붙잡았소?"

신비가 말했다.

"지금 병사들을 옮기면 민심을 잃게 될 것이고, 또 그들에게 줄 식량이 없어집니다."

조비는 병사의 반만 옮기기로 했다.

일찍이 신비는 조비가 꿩을 사냥하러 나갈 때 수행했다.

조비가 말했다.

"꿩을 사냥하니 즐겁구나!"

신비가 말했다.

"폐하는 즐거우시겠지만, 백성은 고통스러울 것입니다."

조비는 말이 없었으나, 그 후로는 사냥하러 가는 횟수가 줄었다.

상군대장군上軍大將軍[2] 조진이 강릉에서 주연을 정벌할 때 신비는 군사軍師를 대행했으며, 돌아와서는 광평정후廣平亭侯로 봉해졌다. 조비가 대대적으로 군사를 일으켜 오나라를 정벌하려고 하자, 신비

---

[2] 정벌을 담당한다. 황초 3년(222)에 설치되었다. 촉나라와 오나라에는 없었다.

가 간언했다.

오^吳나라와 초^楚나라의 백성은 사나우므로 막아내기가 어렵습니다. 그들은 대도_{大道}가 흥성할 때에는 맨 마지막에 복종하고, 대도가 침몰할 때는 가장 먼저 모반합니다. 예로부터 그 지방은 제왕들의 근심거리였으니, 단지 요즈음의 문제가 아닌 것입니다. 지금 폐하께서는 사해 안을 점유하고 계시니, 복종하지 않는 사람들이 오래갈 수 있겠습니까? 옛날에 위타(尉佗, 한나라 초에 남월_{南越}을 평정한 자)는 자칭 황제라 했고, 자양_{子陽} 공손술_{公孫述}은 분수에 넘치게 봉호를 칭했는데, 몇 년 지나지 않아 어떤 이는 신하가 되었고, 어떤 이는 주살되었습니다. 무엇 때문입니까? 반역한 도_道는 오랫동안 안전을 지키지 못하고, 천자의 위대한 덕_德에는 복종하지 않는 자가 없기 때문입니다.

지금 천하는 막 평정되었고 토지는 광활하지만 인구가 적습니다. 조정에서 계획한 후에 군사를 나가게 한 경우에도 일에 임해서는 두려운 마음이 들 터인데, 하물며 지금 조정에서는 계획을 완벽하게 하지도 않고 군대를 사용하려고 하니, 신은 진실로 이 일에 이익이 있는지 알지 못하겠습니다. 선제 태조께서는 정예 병사를 자주 일으키셨는데 장강까지 갔다가 돌아오셨습니다. 지금 육군_{六軍}은 이전보다 늘어나지 않았는데 이전의 방법을 따르고 있으니, 이와 같이 하면 성공하기가 쉽지 않습니다.

현재의 계획은 범려가 백성을 기른 방법을 따르고, 관중_{管仲}이 기탁한 정치를 모방하고, 조충국(趙充國, 전한 선제 때 신하로서 나라의 기틀을 다지는 데 기여함)의 둔전제를 법칙으로 하며, 공자가 먼 곳 사람을 품은 뜻을 밝히는 것만 같은 것이 없습니다. 10년 사이에 강하고 건장한 사람은 아직 노년에 이르지 않고, 아이들은 전쟁에 참가할 수 있게 되며, 만민은 도의를 알고, 장수와 병사는 떨쳐 일어나려고 할 것입니다. 그런 연후에 병사를 사용하면 다시 병사를 일으킬 필요가 없게 될 것입니다.

조비가 말했다.

"만일 그대의 뜻에 따른다면 더더욱 자손들에게 적을 남겨서는 안 되는 것이오."

신비가 대답했다.

"옛날에 문왕이 무왕에게 주나라를 넘긴 것은 오직 때를 알았던 덕분입니다. 만일 때가 되지 않았다면 도달할 수 있었겠습니까?"

조비는 결국 오를 정벌하러 나갔지만 장강까지 갔다가 돌아왔다.

조예가 제위에 오르자 신비는 승진하여 영향후에 봉해졌으며, 식읍이 3백 호가 되었다. 시중서감侍中書監 유방劉放과 중서령 손자孫資가 천자의 신임을 받아 당시의 정치를 쥐락펴락하니 대신들 중에 그들과 좋게 교제하지 않는 자가 없었다. 그러나 신비는 그들과 왕래하지 않았다.

신비의 아들 신창辛敞이 간언했다.

"현재 유방과 손자가 정사를 장악하고 있고, 관리들은 모두 그들을 그림자처럼 따라다닙니다. 대인께서 응당 마음을 조금 누그러뜨리고 세속과 타협해야 합니다. 그러지 않으면 반드시 비방하는 말이 있을 것입니다."

신비는 정색을 하며 말했다.

"주상께선 비록 총명하다고는 할 수 없지만 어리석다고도 할 수 없다. 나의 입신은 그 본말本末이 있다. 유방과 손자와 부합하지 못해봤자 내가 삼공이 되지 못할 뿐이다. 어찌 위해危害가 있겠느냐?

어찌 대장부가 공후公侯가 되려고 자신의 고상한 절개를 훼손하겠느냐?"

용종복야冗從僕射 필궤가 상주했다.

상서복야 왕사王思는 정력적이고 부지런한 옛날부터 있어온 관리이지만, 그의 충성심과 신의 및 지략은 신비만 못합니다. 신비가 왕사를 대신하는 것이 마땅합니다.

조예는 이것을 유방과 손자에게 상의했다. 유방과 손자가 대답했다.

"폐하께서 왕사를 기용한 것은 실제로 그의 노력을 취하려는 뜻이지 허명虛名을 귀하게 여긴 것이 아니었습니다. 신비는 실제로 총명하고 정직하지만, 성정은 강직하고 독단적입니다. 성상께서는 이점을 깊이 관찰하셔야 합니다."

그래서 신비는 임용되지 않았다. 신비는 지방으로 나가 위위가 되었다.

조예는 그때 궁전을 짓고 있었는데, 백성은 힘든 노역에 시달리고 있었다.

신비가 상소했다.

제가 사사로이 듣기로 제갈량이 무예를 가르치고 군대를 정돈하고 있으며, 손권은 요동에서 말을 샀다고 합니다. 아마도 서로 도우려는 의도인 것 같습니다. 뜻하지 않은 일을 미리 방비하는 것은 고대의 좋은 정책입니다. 현재 궁전을 크게 짓고 있으며 게다가 해를 거듭하도록 보리도 거두지 못하고 있습니다.《시경》에서 말하길 "백성은 또한 수고로우니 조금이라도 편안하게 하여, 이 중국을 은혜롭게 하고 사방을 편안하게 해주십시오."라고 했습니다. 폐하께서는 오직 사직을 위하는 일만 생각하십시오.

조예가 답했다.

두 적이 아직 멸망하지 않았는데 궁전을 세우고 있으니, 군주에게 간언하는 자가 이름을 세울 때다. 무릇 왕이 된 자의 수도는 응당 백성이 노역할 때를 틈타 함께 세우고, 후세에 더는 증축하지 못하도록 해야 하는 것이다. 이것은 소하가 한나라를 위한 본보기로 삼은 책략이었다. 지금 경은 위나라를 위하는 중신으로서 마땅히 이 일 역시 근본 이치에 따라 이루어지고 있음을 이해해야만 한다.

조예는 또 북망산北芒山을 평정하고 그 위에 대관臺觀을 지어 맹진을 보기를 바랐다.
신비가 간언했다.

천지의 본성은 높은 곳은 더욱 높게 하고, 낮은 곳은 더욱 낮게 하는 것입니다. 지금 그것을 위배하는 것은 도리가 아닙니다. 게다가 인력을 소모하고 백성은 노역을 감당하지 못합니다. 만일 구하九河에 물이 가득 차고 홍수 피해를 입어 구릉丘陵이 전부 없어진다면 어떻게 막겠습니까?

조예는 비로소 자신의 계획을 그만두었다.
| 청룡 2년(234) | 제갈량이 병사들을 이끌고 위남으로 출정했다.

이전에 대장군 사마의가 제갈량과 싸우겠노라며 여러 차례 청했지만, 조예는 끝까지 듣지 않았다.[3] 그해에는 그것을 금지할 수 없음을 두려워하여, 신비를 대장군군사와 사지절로 임명했다. 육군六軍은 모두 존경하며 신비의 지휘에 따랐고 감히 명령을 어기는 자가 없었다. 제갈량이 죽은 후, 신비는 다시 돌아와 위위가 되었다. 신비가 죽자 시호를 숙후肅侯라 했다. 아들 신창이 작위를 이었으며,[4] 함희 연간에 하내 태수로 임명되었다.

---

3) 사마의는 행동하려는 뜻이 있었으나 매번 신비에 의해 좌절되었다.

4) 신창은 자가 태옹泰擁이고, 관직은 위위까지 올랐다. 신비의 딸 헌영憲英은 태상太常인 양탐羊耽에게 시집갔다

사냥과 여색에 빠진 조비를 말리다

양부전楊阜傳

양부는 자가 의산義山이고, 천수군 기현冀縣 사람이다. 주州의 종사신분으로 주목州牧 위단韋端의 사자가 되어 허창으로 가서 안정 장사安定長史 벼슬을 받았다. 양부가 돌아오자 관서의 이름 있는 장수들은 원소와 조조 가운데 누가 이기고 누가 질 것인지를 물었다.

양부는 이렇게 대답했다.

"원공은 관대하지만 과단성이 없고, 책략을 좋아하지만 결단을 내리는 법이 없습니다. 과단성이 없으면 위신이 없게 되고, 결단을 내리지 않으면 후일을 기대할 수 없습니다. 지금은 비록 강대할지라도 끝내 대업을 이룰 수 없습니다. 조공은 웅대한 재능과 원대한 지략을 갖고 있고, 판단하고 결심할 때는 주저하지 않으며, 법령에는 일관성이 있고 병사들은 정예이며, 뛰어난 인재를 파격적으로 사용하고 임용한 사람들은 각자 자신들의 역량을 전부 발휘합니다. 조공은 반드시 큰일을 이룰 사람입니다."

장사 직책은 그가 원하는 것이 아니었으므로 마침내 관직을 떠났다. 위단은 그를 초빙하여 태복으로 삼았다. 위단의 아들 위강韋康이 위단을 대신하여 자사가 되자, 양부를 초빙하여 별가로 삼았다. 효렴으로 천거되어 승상부에 초빙되었지만, 주州에 표를 올려 참군사參軍事로 남도록 했다.

마초는 위남 싸움에서 진 후에 융족戎族 지역으로 도주하여 스스로를 보존했다. 조조는 안정까지 추격했지만, 소백이 하간에서 모반을 했으므로 군사를 이끌고 동쪽으로 돌아갔다. 당시 양부는 사자로서 명령을 받들고 가서 조조에게 말했다.

"마초는 한신(韓信, 전한 초기의 명장)과 경포(黥布, 전한 초기의 대장)의 용기를 갖고 있고, 강족과 호족의 민심을 두터이 얻었으므로, 서주 사람들은 그를 두려워하고 있습니다. 만일 대군이 돌아간다면 엄중히 지키지 않을 것이고, 농상(隴上, 농산 일대)의 여러 군은 국가에 귀속되지 않을 것입니다."

조조는 그의 말이 옳다고 생각했지만, 빠른 시간에 군대를 물리느라 주도면밀하게 하지 못했다. 마초는 융족의 우두머리들을 이끌고 농상의 군현을 공격했다. 농상의 군현들은 모두 마초의 무리를 따랐는데, 오직 기성만은 주와 군의 관리들을 끼고 굳게 지켰다. 마초가 농우의 병사들을 모두 합쳐서 차지했으므로, 장로는 대장 양앙楊昂을 보내어 기성을 도왔다. 모두 1만여 명이 기성을 공격했다. 양부는 나라의 사대부와 종족의 자제 중 전쟁에 참가한 1천여 명을 인솔하고, 종제 양악楊岳에게 성벽 위에 초승달 모양의 진영을 만들도록 하고 마초와 전투를 벌였다. 정월부터 8월까지 저항하며 지켰지만 구원병은 오지 않았다. 주에서 별가 염온을 파견하여 물을 따라 몰래 나와서 구원을 요청하도록 했지만 마초에게 살해되었다. 그 결과 자사와 태수는 놀라서 얼굴빛이 달라졌고, 마초에게 항복하자고 말하는 이들이 생겨나기 시작했다. 양부는 눈물을 흘리며 간언했다.

"저 양부 등은 부모형제를 이끌고 대의大義로써 서로 면려하며 죽음에 이르러서 두 마음을 갖고 있지 않습니다. 전단(田單, 전국시대 제나라 장수로서 연나라의 침략을 물리쳐 나라를 구한 명장)의 수비도 이보다 견고하지는 못했습니다. 항복은 성공할 공업을 버리고 의롭지 못한 이름 속으로 빠지는 일입니다. 저 양부는 죽음으로써 이 성을 지킬 것입니다.”

그리고 통곡을 했다. 자사와 태수는 사람을 보내 화의를 청하고 성문을 열어 마초를 맞이했다. 마초는 성안으로 들어왔으며, 기성에서 양악을 구금하고, 양앙을 시켜 자사와 태수를 죽이도록 했다.

양부는 속으로 마초에게 보복하려는 마음이 있었지만, 적당한 기회를 얻지 못했다. 오래지 않아 양부는 아내를 잃어 장례를 핑계로 휴가를 청했다. 양부의 이종사촌 형 강서姜敍가 역성歷城에 주둔하고 있었다. 양부는 어렸을 때 강서의 집에서 자랐는데, 강서의 어머니와 만나게 되자 이전에 기성에서 있었던 일을 말하고는 탄식하며 눈물을 흘리고 매우 비통해했다.

강서가 말했다.

“무엇 때문에 이렇게 우는 것이냐?”

양부가 대답했다.

“성을 지켰지만 끝까지 지켜내지 못했고, 주인이 죽었는데 함께 죽지 못했으니 또 무슨 면목으로 세상에서 숨을 쉬며 살겠습니까! 마초는 아버지를 배신하고 군주를 배반했으며 주의 장수들을 죽였습니다. 어찌 저 양부 혼자만이 슬퍼하며 책임을 느끼겠습니까? 한 주의 사대부 모두가 치욕을 뒤집어썼습니다. 당신은 병권을 장악하여 전권을 휘두르고 있지만, 적을 토벌할 마음이 없습니다. 반역자가 아니라 조순(趙盾, 춘추시대 진晉나라 신하로서 주군이 살해당할 것을 예상하고도 도망갔다)이 주군을 죽였다고 사관들이 쓴 것도 이와 같은 까닭입니다. 마초는 강대하지만 신의가 없고 대부분 틈이 많아 무찌르기 쉽습니다."

강서의 어머니는 매우 감동했고, 강서에게 양부의 계책을 따르도록 명했다. 계책이 확정되자, 밖에 나가 있는 고향 사람 강은姜隱·조앙趙昂·윤봉·요경姚瓊·공신孔信, 무도 사람 이준李俊·왕령王靈과 모의를 하고, 마초를 토벌하기로 약속했다. 종제 양모楊謨를 기성으로 보내 양악에게 말하게 했다. 아울러 안정의 양관梁寬, 남안의 조구趙衢·방공龐恭 등과 손을 잡았다.

| 건안 17년(212) 9월 | 서약을 명확히 하고 강서와 노성鹵城에서 병사를 일으켰다. 마초는 양부 등이 병사를 일으켰다는 소식을 듣고 직접 군대를 이끌고 출전했다. 조구와 양관 등은 양악을 풀어주고, 기주 성의 문을 닫고 마초의 처자를 살해했다. 마초는 역성을 습격하여 강서의 어머니를 붙잡았다.

강서의 어머니는 그에게 욕을 퍼부었다.

"너는 부친을 배신한 역적 놈이고 군주를 살해한 흉악한 적이다. 천지가 어찌 너를 오래 살려두겠느냐? 네가 일찍 죽지 않는다면 무슨 면목으로 감히 사람들을 보겠느냐!"

마초는 노하여 강서의 어머니를 죽였다. 양부는 마초와의 전투에서 다섯 군데나 찔렸으며, 종족 중 일곱 형제가 전사했다. 마초는 남쪽으로 달아나 장로에게 투항했다. 농우가 평정되자 조조는 마초를 토벌한 공신 11명을 제후에 봉했고, 양부에게는 관내후 작위를 주었다.

양부는 사양하며 말했다.

"저는 군주가 살았을 때 어려움을 막아낸 공로가 없으며, 군주가 죽었을 때 절개를 위해 목숨을 버리지 못했으니, 도의상으로는 응당 쫓겨나야 하고, 법률상으로는 응당 주살되어야 합니다. 마초가 이

번에도 죽지 않았으므로 어떠한 작위나 봉록을 받을 수 없습니다."

조조가 대답했다.

"그대는 현명한 선비들과 함께 큰 공을 세웠으며, 서쪽 땅에 있는 사람들은 그대를 아름다운 이야기로 생각하고 있소. 자공子貢이 상을 사양했을 때 공자는 선행에 머무는 것이라 했소. 그대는 마음을 갈라 나라의 운명에 따랐소. 강서의 어머니는 강서에게 일찍 행동하라고 권했소. 이처럼 밝은 지혜는 창읍왕昌邑王의 음란함을 보고 곽광霍光이 폐위를 결의했을 때, 남편의 결의를 노래한 양창楊敞의 처일지라도 뛰어넘지 못했을 것이오. 현명하구나! 현명하구나! 훌륭한 사관이 기록하여 반드시 땅에 떨어지지 않게 할 것이오."

조조는 한중을 정벌하자 양부를 익주 자사로 삼았다. 돌아온 후에 금성 태수 벼슬을 주었지만, 임지로 떠나지 않았으므로 무도 태수로 전임시켰다. 무도군은 촉한蜀漢과 인접해 있었는데, 양부는 공수(龔遂, 전한 선제 시대의 발해 태수)의 옛일에 따라서 안정시킬 것을 청했다. 마침 유비가 장비와 마초 등을 파견하여 저沮 길로부터 나와 하변을 취하자 저氐·뇌정雷定 등 일곱 부족 1만여 부락이 모반하여 유비에게 호응했다. 조조가 도호 조홍을 보내 마초 등을 지키도록 하니, 마초 등은 물러나 돌아갔다. 조홍은 주연을 준비하여 빈객들을 대대적으로 모이게 하고, 가희들에게 얇은 비단옷을 입히고 큰 북을 발로 밟아 두드리게 했다. 좌석에 있는 사람들은 모두 웃었다.

양부는 조홍을 거세게 질책하여 말했다.

"남녀의 구별은 국가의 중요한 도덕입니다. 어찌 넓은 자리에서 여인의 육체를 적나라하게 드러내게 하십니까! 비록 걸桀과 주紂가 음란했다고는 하나 이보다 심하지는 않았습니다."

그리고 옷자락을 떨치고 물러났다. 조홍은 일어나 가희들의 악무를 중지시키고 양부에게 돌아와 앉도록 청하여 존경하고 두려워하는 마음을 나타냈다. 유비가 한중을 취하고 하변에 이르자, 조조는 무도군이 내지에서 멀리 떨어져 고립되어 있다고 생각하고 그곳의 백성을 옮기려 했는데, 관리와 백성이 토지에 집착할까 걱정했다. 양부는 평소 위엄과 신뢰가 탁월했으므로, 앞뒤로 백성과 저족 사람들을 옮겨 그들로 하여금 경조·부풍·천수 경내에 살도록 했는데 총 1만여 호나 되었다. 관청을 소괴리小槐里로 옮기자 백성은 아이를 업고 그를 따랐다. 양부는 정치를 하면서 큰 기틀만 잡았지만, 아랫사람들은 그를 속이는 일을 차마 하지 못했다. 조비가 시중 유엽 등에게 물었다.

"무도 태수는 어떤 사람이오?"

모두 양부가 제왕을 보좌하는 삼공의 절의를 갖고 있다고 칭찬했다. 그러나 그를 등용하기도 전에 조비가 세상을 떠났다. 양부는 군에서 10여 년 동안 있다가 중앙으로 초빙되어 성문교위 벼슬을 받았다.

양부는 조예가 항상 꽃을 수놓은 모자를 쓰고, 청백색 비단의 반소매 옷을 입고 있는 것을 보았다. 양부가 조예에게 물었다.

"이것은 예법에 의하면 어떤 복장입니까?"

조예는 말없이 대답하지 않았지만, 이후로 예법에서 정한 복장이 아닌 것은 양부에게 보이지 않았다.

양부는 장작대장으로 벼슬을 옮겼다. 당시 궁전을 짓기 시작하고 미녀를 징발하여 후궁을 가득 메웠으며, 황제는 여러 차례 사냥을 나갔다. 가을에 큰비가 쏟아지고 번개가 쳐서 많은 새가 죽었다. 양부는 상소해 말했다.

신은 위에 영명한 군주가 있을 때는 아래 대신들이 말을 다할 수 있다고 들었습니다. 요임금과 순임금은 성덕이 있는 군주로 자기의 과실을 지적해주기를 구하고 신하들의 간언을 받아들였습니다. 위대한 우임금은 부지런히 공적을 세우고 궁전을 허름하게 치장하는 데 힘썼습니다. 성탕은 가뭄의 재해를 만났을 때 그 책임을 자기에게 돌렸습니다. 주나라 문왕은 자기 아내에게 모범이 되어서 집안과 나라를 관리했습니다. 한나라 문제는 몸소 절약과 검소함을 행하여 몸에 검은 명주를 걸쳤습니다. 이런 사람들은 모두 자신의 미덕을 나타내고, 후대를 위해 생각하여 자손들에게 복을 남겨준 것입니다.

엎드려 생각해보면, 폐하께서 무황제께서 개척한 대업을 받들고, 문황제께서 막 완성시킨 출발점을 지키시려면 고대 성현의 훌륭한 정치와 어깨를 나란히 하고, 말세의 방탕하고 사악한 정치를 관찰하고 종합할 것을 생각하셔야 합니다. 이른바 훌륭한 정치는 검소함과 절약에 힘쓰고 백성의 힘을 중히 여기는 것이고, 이른바 사악한 정치는 자기의 마음이 원하는 대로 따르고 욕망대로 하고 감정에 닿으면 발휘하는 것입니다. 폐하께서는 고대 각 조대가 시작할 때 빛을 발한 까닭을 고찰하시고, 각 조대가 말년에 쇠약해져 멸망에 이르게 된 원인을 이해하십시오. 가까이로는 한나라 말년의 변화를 보면 마음에 느끼는 바가 있어 두려워하기에 충분할 것입니다.

과거에 환제와 영제가 고조가 제정한 법도를 폐지하지 않고, 문제와 경제의 공손함과 절약을 폐지하지 않았다면, 태조께서 비록 신 같은 무용이 있었을지라도 어느 곳에서 그 능력을 폈겠습니까? 그리고 폐하께서는 어느 곳에서 이런 존경받는 지위를 얻었겠습니까? 지금 오와 촉이 평정되지 않아 군대는 밖에서 싸우고 있습니다. 원컨대 폐하께서는 무슨 일을 하든 세 번 생각하시고, 옳다는 생각이 든 이후에 하십시오. 들어가고 나감에 있어 신중하고, 과거의 것으로써 미래를 보십시오. 말은 이와 같이 가볍지만, 사업의 성패는 매우 중요합니다.

조금 전에 또 여러 차례 폭우가 갑자기 쏟아졌고, 번개는 보통과 달랐으며, 새를 죽이는 데까지 이르렀습니다. 천지신명은 왕이 된 자를 아들로 삼습니다. 아들들이 정치를 하면서 적합하지 않을 때가 있으면 재해의 꾸짖음을 나타냅니다. 자신을 이기고 내심 자책을 느끼는 것은 성인이 기록한 것입니다. 폐하께서 형체 밖으로 드러나지 않는 위해를 생각하고, 최초의 미묘한 것이 싹트는 것을 삼가서, 한 효문제가 한 혜제의 미인들을 내쫓아 자기 집으로 돌아가게 한 것을 본받으십시오. 최근 궁궐에서는 젊은 여자를 선발하여 먼 곳에 나쁜 영향을 만들었는데, 응당 뒷날을 도모해야 합니다. 수리 중인 모든 것은 절약하는데 힘쓰십시오.

《서경》에서 말하기를 "구족이 이미 화목하면 모든 나라가 화목하다."라고 했습니다. 일을 할 때에는 그것이 옳은 방법인지 생각하고, 중도中道를 따르며, 마음을 모아서 계획을 짜고, 절약하여 비용을 줄여야 합니다. 오와 촉이 평정된다면, 위에서는 평안하고, 아래에서는 즐겁고, 구족은 기쁠 것입니다. 이와 같이 하면 조고祖考는 마음속으로 기뻐하겠지만, 요임금과 순임금은 부족한 점이 있음을 느낄 것입니다. 현재는 천하에 위대한 신의를 나타내어 널리 백성을 안정시키고, 먼 곳에 있는 사람들에게 사랑하는 마음을 나타내야만 합니다.

당시 옹구왕 조식은 마음속에 원망을 품고 있었으며, 자신도 번국의 왕으로 지극히 친했으나, 법률이나 금령이 엄격하고 세밀했다. 때문에 양부가 또 구족의 의리에 대해 진술하자, 조예가 조서를 내려 대답했다.

근래에 그대의 비밀스러운 표를 받았다. 그대는 먼저 과거 고대의 현명한 왕과 성스러운 군주에 대해 서술하고, 어리석은 정치를 풍자했는데, 지극한 말에는 절실함과 독실함이 진실하게 들어 있었다. 물러나서 생각하고 과실을 보충해, 천의에 순응하여 교정하고 구하려고 한다. 그대가 말한 것에 모두 갖추어져 있도다. 고언苦言을 접하여 생각해본 후, 짐은 그대의 충심을 매우 가상히 여기게 되었다.

후에 양부는 승진하여 소부가 되었다. 당시 대사마 조진이 촉을 토벌했지만, 비를 만나 나아가지 못했다.

양부가 표를 올려 말했다.

옛날 주 문왕은 붉은 까마귀의 징조가 있으면 해가 저물 때까지 휴식을 취하거나 식사를 하지 않았으며, 주 무왕은 백어白魚가 배 안에 떨어지자 군왕과 신하가 모두 안색을 바꾸었습니다. 행동하는 가운데 길한 징조를 얻으면 오히려 근심하고 두려워했는데 하물며 재난과 변이가 있는데 전율하지 않는 자가 있겠습니까? 지금 오나라와 촉나라가 평정되지 않았고, 하늘은 여러 차례 변이를 내리고 있습니다. 폐하께서는 응당 정신을 하나로 하여 하늘에 응답하고, 옆자리에 앉아 덕을 멀리까지 나타내고, 검소함으로 가까운 곳의 사람들을 안정시켜야 합니다.

조금 전에 군사들이 막 출발했는데, 천우의 재난을 만나서 험한 산길에서 며칠을 보냈습니다. 물자 수송의 수고로움이나 짐을 등에 지는 고통으로 소모한 재력이 많았습니다. 만일 수송이 계속될 수 없다면 반드시 본래 의도를 위배하게 될 것입니다. 《좌전》에서 말하기를 "공격할 수 있음을 보고 나아가 공격하고, 곤란함을 알고 물러나는 것이 용병의 좋은 방법이다."라고 했습니다. 육군으로 하여금 산과 계곡 사이에서 곤란에 처하게 하여 나아가도 공격할 수 없고, 물러나도 또 물러날 수 없게 하는 것은 용병의 정확한 방법이 아닙니다. 주 무왕은 병사를 물려 돌아갔지만 결국에는 은나라가 멸망했으니, 하늘이 정한 시기를 안 것입니다.

올해는 흉작으로 백성이 굶주리고 있습니다. 응당 명확한 조서를 내려 선물을 줄이고 복장을 감소시키고 정교한 완구품은 모두 공납을 금지해야 합니다. 옛날에 소신신邵信臣은 평안 무사한 시대에 소부에 임명되었는데도 불필요한 음식을 그만둘 것을 요청했습니다. 현재 군대에 쓸 비용이 부족하므로, 응당 더욱 절약을 해야 합니다.

조예는 즉시 군대를 돌아오도록 불렀다.
후에 조예는 조서를 내려 백성에게 불편한 정치에 대해 대대적으로 논의하도록 했다.
양부의 의견은 다음과 같았다.

위대한 다스림에 이르는 것은 현명한 사람을 임용하는 데 있고, 국가를 진흥하는 것은 농업에 힘쓰는 데 있습니다. 만일 현인을 버리고 각자 사사로이 편애하는 사람을 임용한다면 다스림을 잊은 것이 심한 것입니다. 널리 궁전을 짓고 높은 누대를 세워 백성의 일을 방해하는 것, 이것은 농업에 피해를 주는 가장 심한 것입니다. 공인들은 기물을 만들 경우, 그 기물에 충실하지 않고 기교를 다투어 윗사람의 욕구에 부합하려고 하는데, 이것은 근본을 상하게 하는 가장 심한 것입니다. 공자가 말하기를 "가혹한 정치는 사나운 호랑이보다 무섭다."라고 했습니다. 지금 공업을 고수하며 습속에 안주하는 관리들은 다스림의 근본을 모르고, 단지 가혹한 정치로 백성을 번뇌에 빠뜨리는 것만을 좋아하는데, 이것은 백성을 혼란스럽게 하는 가장 심한 것입니다. 오늘 가장 급한 것은 이 네 가지의 가장 심한 것을 제거하는 것입니다. 아울러 공경 대신과 각 군국에 조서를 내려 현명하고 우수하며 바르고, 돈후하고 질박한 선비를 천거하도록 하여 그들을 선발하고 임용하는 것입니다. 이것 또한 현명한 사람을 구하는 한 방법입니다.

양부는 또 상소해 궁녀들 중에서 황제의 총애를 받지 못하는 자를 줄이려고, 어부御府의 관리를 불러 후궁의 수를 물었다.

관리는 예전 명령을 준수하며 대답했다.

"이것은 금지된 비밀이므로 말할 수 없습니다."

양부는 화가 나서 관리에게 곤장 1백 대를 때리고 그를 질책했다.

"국가는 구경과는 비밀로 하지 않는데, 오히려 낮은 관리와는 비밀로 하느냐?"

조예는 이 일을 듣고 더더욱 양부에게 경의와 두려움을 갖게 되었다.

조예가 사랑하는 딸 숙淑이 태어난 지 1년도 안 되어 요절했다. 조예는 매우 비통해하며 그녀를 평원의공주로 추증하고, 낙양에 묘廟를 세워 남릉南陵에 매장했다. 조예가 직접 장례식에 참석하려고 하자, 양부는 상소했다.

문황제와 무선황후武宣皇后가 붕어했을 때, 폐하께서 모두 보내 장례 의식을 하지 않은 것은 사직을 중시하고 생각하지 못한 일을 방비하기 위한 까닭이었습니다. 어찌 품 안의 어린 자식에 이르러서 장례 의식을 할 수 있습니까?

황제는 그의 간언을 따르지 않았다.

조예는 새로 허창에 궁전을 지었으며, 또 낙양에 궁전의 관각(觀閣, 누각)을 만들었다.

양부가 상소해 말했다.

　요임금은 띠로 만든 집에서 사는 것을 숭상했으므로 천하의 모든 나라가 그들의 거처에서 편안할 수 있었고, 우임금은 궁실 높이를 낮추었으므로 천하 사람들이 그들의 생업을 즐길 수 있었습니다. 은나라와 주나라에 이르러, 간혹 당堂은 높이가 3척을 숭상하고, 넓이는 9척을 헤아리게 되었습니다. 고대의 성명한 제왕 중에 궁실을 지극히 높고 화려하게 하여 백성의 재력을 피폐시킨 자가 없었습니다. 걸임금은 옥으로 된 궁전이나 상아로 이루어진 회랑을 만들고, 주임금은 경궁傾宮과 녹대(鹿臺, 은나라 주왕이 세운 누대로 주왕이 자살한 곳)를 만들었는데, 이 때문에 국가가 멸망했습니다. 초나라 영왕靈王은 장화대章華臺를 만들어 자신이 그 화를 입었고, 진시황은 아방궁을 만들어 재앙이 그 아들에게 미쳤으며, 천하 백성이 배반하여 2대에 멸망했습니다.

　천하 백성의 힘을 헤아리지 못하고 감각적인 욕망을 추구하고서 멸망하지 않은 사람은 없었습니다. 폐하께서는 응당 요·순·우·탕·주 문왕·주 무왕을 법칙으로 삼고, 하나라 걸임금, 은나라 주임금, 초나라 영왕, 진나라 시황제를 깊이 경계해야 합니다. 높고 높은 하늘은 위에 있지만 실제로는 군주의 덕을 보고 있습니다. 천자의 위치를 신중하게 지켜 할아버지와 아버지의 사업을 잇고, 높고 높은 거대한 사업을 잃게 될까 걱정하십시오. 아침저녁으로 국가의 대사를 공손하게 다스리거나 진실하게 백성을 어루만지지 않고, 스스로 휴가를 구하여 안락을 좇으며 오직 궁전과 누대만 사치스럽게 꾸민다면, 반드시 국가는 전복되어 위험에 빠지고 멸망하는 화가 있게 될 것입니다. 《역경》에서 말하기를 "그 집을 풍요롭게 하고, 그 집을 엄폐했다. 그 문을 엿보니 조용하여 사람이 없다."라고 했습니다. 군왕은 천하를 자기의 집으로 여기고 있습니다. 집을 크게 하는 화禍라는 것은 집 안에 사람이 없게 하는 데 이르게 됨을 말합니다. 지금 오나라와 촉나라의 두 적은 연합하여 종묘를 위태롭게 할 방법을 모의하고, 10만 대군은 동서로 분주히 달리고 있으며, 변방 지역에서는 하루도 즐거운 날이 없고, 농부의 생업은 황폐해졌고, 백성에게는 굶주린 기색이 있습니다. 폐하께서는 이런 것을 근심거리로 생각지 않으시고, 궁실을 짓는 것이 끝날 때가 없도록 하고 있습니다.

국가가 멸망하고 신하가 홀로 존재할 수 있다면, 신은 또 말하지 않을 것입니다.[5] 군왕은 머리이고, 신은 수족으로서 생존과 멸망을 함께하는 한 몸이며, 얻고 잃는 것이 서로 완전히 같습니다. 《효경》에서 말하기를 "천자에게 간언하는 일곱 신하가 있다면 비록 도의가 없을지라도 천하를 잃지는 않을 것이다."라고 했습니다. 신은 비록 담이 작고 재능이 없지만, 감히 '쟁신爭臣'의 의미를 잊겠습니까? 말이 간절하지 않아 폐하로 하여금 감동하여 깨닫게 할 수가 없습니다. 폐하께서 신의 말을 살피지 않으신다면, 빛나는 선조가 세운 국가가 장차 땅으로 떨어지게 될까 걱정입니다. 설령 신의 몸이 죽어 만 분의 일이라

---

5) 충성이 지극한 도는 자신을 잊는 것을 이치로 삼는다. 때문에 그 사악함을 구하기 위해서는 제 한 몸의 일을 생각하지 말아야 한다. 그런데 양부는 이 상주문에서 "국가가 멸망하고 신하가 홀로 존재할 수 있다면, 신은 또 말하지 않습니다."라고 했다. 여기에서 울분을 토로한 것은 자신을 위한 것이지, 어찌 나라를 위한 것이겠는가? 이 말은 또한 직언의 의미를 상하게 하여 표 전체의 오점이 되지 않겠는가?

도 보탬이 된다면, 죽는 날은 다시 태어나는 해[歲]와 같을 것입니다. 삼가며 관 앞에 조아리고 몸을 깨끗이 씻고서 엎드려 중벌을 기다립니다.

  상주문이 천자에게 전해졌고, 천자는 그의 충언에 감동하여 직접 조서를 써서 답장을 했다. 매번 조정에 모여 회의할 때마다 양부는 항상 강직함을 발휘하여 천하의 모든 일을 자기의 책임으로 여겼다. 여러 번 간언하고 언쟁해도 황제가 듣지 않았으므로, 양부는 자주 관직을 사퇴할 것을 청했지만 황제는 허락하지 않았다. 양부가 세상을 떠났을 때, 집에는 남아 있는 재산이 없었다. 손자 양표楊豹가 작위를 이었다.

역법을 관장하고 직간으로써 조예를 섬기다

고당륭전高堂隆傳

고당륭은 자가 승평升平이고, 태산군 평양현 사람으로 노나라 고당생(高堂生, 전한 시기의 유학자)의 후예다. 젊었을 때 서생書生이 되었고, 태산 태수 설제의 명을 받아 독우督郵가 되었다. 군郡의 독군이 설제와 논쟁을 벌일 때 설제의 이름을 부르며 욕했다. 이에 고당륭은 칼에 손을 대며 독군을 질책하여 말했다.

"옛날에 노魯나라 정공定公이 치욕을 받았을 때 중니(仲尼, 공자의 자)는 계단에 올라 제지했고, 조나라 왕이 진나라 왕이 아쟁을 탄 것을 탄핵했을 때 인상여(藺相如, 전국시대 조趙나라의 용기 있는 사신)는 나아가 질장구를 치도록 했습니다. 신하를 앞에 두고 주군의 이름을 부르면 도의에 따라 벌해야 합니다."

독군은 얼굴빛이 변했고, 설제는 놀라 일어나 그를 막았다. 후에 고당륭은 관직을 버리고 제남으로 피난했다.

| 건안 18년(213) | 조조는 고당륭을 불러 승상군의연丞相軍議掾으로 삼았으며, 후에 역성후 조휘의 문학으로 임명했다가 상으로 옮겨 임명했다. 조휘가 조조의 상을 당하고도 애도를 나타내지 않고 오히려 사냥하러 나가 말을 달렸을 때, 고당륭은 도의로써 정면으로 간언하여 인도하는 절의가 있었다.

| 황초 연간 | 당양當陽의 장長으로 임명되고 선발되어 평원왕平原王

의 사부가 되었다. 평원왕이 황제 자리에 올랐는데, 이 사람이 조예이다. 고당륭은 급사중給事中·박사·부마도위에 임명되었다.

조예가 천자 자리에 오르자, 대신들 중 몇몇이 응당 연회를 열어야 한다고 주장했는데, 고당륭이 말했다.

"당요와 우순은 마음속에 억누르는 애통함이 있었고, 은나라 고종高宗에게는 말하지 못하는 그리움이 있었습니다. 이 때문에 고상한 덕이 광휘를 발휘하여 사해에 빛났던 것입니다."

응당 연회를 열지 말아야 한다고 주장하니, 조예는 그의 의견을 공손히 받아들였다. 고당륭은 자리를 옮겨 진류 태수가 되었다. 소를 치는 사람 유목酉牧은 나이가 일흔 남짓이었으며 행실이 고상했으므로 고당륭은 그를 계조연計掾으로 추천했다. 조예는 그를 매우 칭찬하며, 특별히 낭중 벼슬을 제수하여 그를 빛냈다. 고당륭을 불러 산기상시로 임명했으며 관내후의 작위를 주었다.[6]

| 청룡 연간 | 조예는 궁전을 대대적으로 수리했으며, 서쪽(장안)에 있는 대종(大鐘, 쇠로 된 큰 종)을 취했다.

고당륭이 상소했다.

---

6) 태사太史가 한나라의 역법은 자연의 시기보다 늦어 마지막 달이 부족하므로, 삭朔과 회晦를 계산하여 태화력太和曆을 제작할 것을 진언했다. 고당륭이 학문에 조예가 깊고 천문에 대한 식견이 탁월했으므로, 고당륭에게 조서를 내려 상서랑의 양위楊偉, 태사대조太史待詔의 낙록駱祿과 협력하여 역법을 연구하도록 했다. 양위와 낙록은 태사의 의견에 찬성했지만, 고당륭은 이전부터 구법에 의거했으므로 서로 비난하는 상주를 올리고 여러 해 동안 다투었다. 양위나 낙록의 견해는 일식은 얻지만 월회月晦는 충분하지 않다는 것이고, 고당륭의 견해는 일식은 얻지 못하지만 월회는 완전하다는 것이었다. 황제는 조서를 내려 태사의 견해를 따르기로 했다. 고당륭의 주장은 비록 채택되지 못했지만 밀든 가깝든 이 문제에 관한 그의 주도면밀함을 알리게 되었다.

옛날 주 경왕周景王은 문왕과 무왕의 빛나는 덕을 모범으로 삼지 않고, 주공 단의 성스러운 법령을 홀시하고, 대전大錢을 주조하고, 또 대종을 제작했습니다. 주 경왕은 단목공單穆公이 간언했지만 듣지 않았고, 냉주구伶州鳩가 반대했지만 따르지 않았으므로 잘못된 길로 달려가 돌아올 수 없었고, 이로부터 주대의 덕정德政은 쇠하게 되었습니다. 고대의 우수한 사관들은 이 일을 기록하여 영원히 귀감으로 삼았습니다. 그러나 지금 소인은 진대와 한대의 사치와 화려함이 성상의 마음을 어지럽히고 멸망한 나라에서도 헤아리지 않았던 기물을 취하려고 부역을 시키고 국고를 소비하여 덕정을 상하게 한다고 말하는데, 이는 예악의 조화를 일으키고 신명이 준 은총을 지키는 것이 아닙니다.

이날 조예가 상방上方으로 행차하니, 고당륭과 변란卞蘭이 따랐다.

조예는 고당륭의 표를 변란에게 주며 고당륭을 비난하도록 했다.

"흥하고 망함은 정치에 있거늘, 음악과 무슨 관계가 있습니까? 교화가 분명하지 않은 것이 어찌 종의 잘못이겠습니까?"

고당륭이 말했다.

무릇 예악이라는 것은 정치의 중대한 근본이 됩니다. 때문에 소소(簫韶, 순의 음악)가 아홉 가지 곡조로 연주되면 봉황도 와서 춤을 추고, 뇌고(雷鼓, 검은 칠을 한 북 여섯 개를 북틀에 매달아놓고 침)가 여섯 가지 변주로 연주되면 천신天神이 강림했던 것입니다. 정치는 이 때문에 공평하고 형벌은 이 때문에 베풀어지니, 이것은 조화의 극치입니다. 새로운 음악이 연주되어 나오면서 상신(商辛, 은나라 주왕)의 나라는 멸망하게 되었고, 대종이 주조된 후에 주 경왕의 천하는 피폐해졌습니다. 생존과 멸망의 계기는 항상 이로부터 생겨나는데, 어떻게 흥성과 황폐함의 사이에 단계가 없겠습니까? 군왕의 행동은 반드시 기록되는 것이 고대의 법칙입니다. 행위가 규범에 부합하지 않는데, 무엇을 후대 사람들에게 보이겠습니까? 성명한 군왕은 자신의 부족한 점을 듣기를 좋아하기 때문에 경계하고 살피는 도리가 있는 것입니다. 충신은 자신의 절개를 다하기를 원하기 때문에 자신의 몸을 돌보지 않는 의리가 있는 것입니다.

조예는 그를 매우 칭찬했다. 고당륭은 승진하여 시중이 되었으며 태사령太史令을 겸했다.

숭화전崇華殿에 불이 났다. 조예는 조서를 내려 고당륭에게 물었다.

이것은 어떤 허물로 인해 빚어진 일이오? 기도를 해서 재앙을 없애는 방법이 예법에 있소?

고당륭이 대답했다.

무릇 재앙과 이변이 일어남은 모두 하늘의 가르침과 경계를 나타내기 위함입니다. 오직 예의를 따르고 덕을 닦는 것만이 재앙을 이기는 방법입니다. 《역전》에서 말하기를 "위가 검약하지 않고 아래가 검약하지 않으면 갑작스럽게 불이 나서 그들의 집을 태운다."라고 했고, 또 "군왕이 누대를 높이면 하늘의 불이 재해를 만든다."라고 했습니다. 이것은 다른 사람의 군주가 임의로 궁전을 꾸미고, 백성이 빈궁하여 집 안에 물건 하나 없음을 모르기 때문에, 하늘이 그것에 대응하여 가뭄을 내리고 우뚝 솟은 궁전에 화재를 일으킨다는 것입니다. 위에 있는 하늘이 가르침과 경계를 내리는 것은 폐하를 꾸짖고 경고하기 위해서입니다. 폐하께서는 응당 인도人道를 더하고 숭상하여 하늘의 뜻에 보답해야 합니다.

옛날 태무太戊의 시대에는 뽕나무와 곡식이 조정에서 자랐고, 무정武丁의 시대에는 장끼와 꿩이 솥 위에 올라와서 노래했습니다. 그들은 모두 재난을 듣고 두려워하며 몸을 세워 덕을 닦았으므로 3년 후에는 먼 곳의 오랑캐가 조공朝貢을 바쳤습니다. 때문에 중종中宗 · 고종高宗이라 부르는 것입니다. 이런즉 이전 시대의 분명한 모범입니다. 지금 옛날의 점복占卜을 고찰하면, 화재는 모두 누대와 궁전에 대한 것으로써 경계를 삼고 있습니다. 그러나 현재 궁실이 이처럼 늘어나고 확대된 까닭은 사실 궁녀가 너무 많은 데서 말미암은 것입니다. 응당 간택하여 정숙하고 아름다운 여자만 남기고, 주나라의 제도처럼 나머지 궁녀는 없애야 합니다. 이것은 조기(祖己, 고종의 현명한 신하)가 고종을 훈계한 원인이며, 고종이 오랫동안 칭송받은 까닭입니다.

조예는 조서를 내려 고당륭에게 물었다.

짐은 한 무제 시대에 백량대柏梁臺에 불이 났지만, 오히려 궁전을 크게 지어 화재를 진압했다고 들었소. 그 의미는 무엇이오?

고당륭이 대답했다.

신은 서경(西京, 장안)의 백량대가 불에 탄 후 월나라의 무사巫師가 방법을 다 바쳐서 건장궁建章宮을 지어 화재의 징조를 몰아냈다고 들었습니다. 그러나 오랑캐인 월나라 무사가 한 일은 성현의 분명한 가르침이 아닙니다. 《오행지五行志》에서 말하기를 "백량대가 화재를 입고,

그 후에 강충江充이 위태자衛太子를 무고한 일이 있다."라고 했습니다.
《오행지》의 말과 같다면 월나라 무사는 건장궁을 재건하는 것을 제의
한 바가 없었습니다. 공자가 말하기를 "재해는 사람들이 수양한 정도
를 반영하고, 사람들의 행위와 서로 조화를 이루며, 정기가 서로 감응
하여 사람의 군주에게 경고하는 것이다."라고 했습니다. 이 때문에 성
명한 군주는 재해를 보면 자신의 책임이라고 하고, 물러나서 덕을 닦
아서 재해를 조금씩 제거하고 원래 모습으로 회복시킵니다.

지금은 응당 백성의 노역을 중지시키고 풀어줘야 합니다. 궁전을
짓는 규모를 줄이는 데 힘써서 궁궐 안은 비바람을 가리면 충분하고,
궁궐 밖은 예식을 행하기만 하면 충분합니다. 재해를 만났던 곳을 깨
끗이 청소하고, 감히 이곳에 다시 방을 세우지 못하게 하십시오. 부들
(요임금 시대에 생각하던 상서로운 풀)과 벼가 반드시 이 땅에 나게 하여 폐
하의 간절하고 공경스러운 덕행에 보답하게 하십시오. 어찌 백성의
힘을 피곤하게 할 수 있으며, 백성의 재산을 고갈되게 할 수 있겠습니
까! 실제로 상서로운 징조가 있다고 해도 먼 곳에 있는 사람들로 하
여금 왕의 교화를 그리워하게 할 수 있는 것은 아닙니다.

조예는 숭화전을 회복시켰으며, 당시 군국郡國에서 아홉 마리 용
이 나타났으므로 구룡전九龍殿이라 고쳐 불렀다.

능소궐陵霄闕이 건축되고 얼마 지나지 않아 까치가 그 위에 둥지
를 틀었다. 조예가 고당륭에게 까닭을 묻자, 고당륭이 대답했다.

《시경》에서 이르기를 "까치가 집을 지으면 비둘기가 가서 산다."라
고 했습니다. 현재 궁궐을 만들고 능소궐을 일으켰으므로 까치가 집
을 지은 것입니다. 이것은 궁전이 완성되지 않아서 자기도 그곳에서

살 수 없는 상입니다. 하늘의 뜻은 궁전이 완성되지 않아서 다른 성씨
의 사람들이 그곳을 관리하게 될 것이라고 생각한 것입니다. 무릇 하
늘의 도는 가까운 사람을 편애하지 않고, 오직 선량한 사람에게 천명
을 줄 뿐이니, 깊이 막지 않을 수 없고 신중히 생각하지 않을 수 없습
니다. 하나라와 상나라의 말기에는 모두 이전의 체제를 계승하면서
하늘의 분명한 명령을 따르지 않고, 오직 참언하는 소인의 말만 들어
덕행이 황폐해지고 욕망에 따라 했기 때문에 그들의 멸망 또한 매우
앞당겨진 것입니다. 태무와 무정은 재앙을 보고 두려워하면서 하늘의
경고를 받아들였기 때문에 사업의 흥성이 확연했던 것입니다.

　지금 만일 모두 노역을 그만두게 하고, 절약하여 모두가 넉넉히 쓸
수 있게 하고, 덕정德政을 숭상하려고 노력하고, 행동은 제왕의 법칙을
따르고, 천하의 근심거리인 가혹한 정치를 없애고, 만민의 이익이 되
는 것을 일으킨다면, 고대에 칭송된 삼왕三王을 사왕四王이라고 할 수
있고, 오제五帝를 육제六帝라고 할 수 있을 것입니다. 어찌 은나라의
왕실이 화를 바꾸어 복으로 만든 것뿐이겠습니까! 신이 마음을 기울
여 충심에서 우러나온 말을 아룀으로써 진실로 성상께서 자신의 복으
로 번영하시고, 사직이 안전하게 존재한다면, 신은 비록 몸이 재가 되
고 가족이 멸망할지라도 살아 있는 것과 같을 것입니다. 어찌 폐하와
충돌하고 폐하의 마음을 거역하여 재난 받는 것을 꺼려서 폐하께서
진정한 말을 듣지 못하게 하겠습니까?

이 말을 듣고 조예는 태도를 고치고 안색을 바꿨다.

　그해 유성이 역행하여 대진大辰에 나타나자, 고당륭이 상소해 말
했다.

무릇 제왕은 수도를 옮기고 도읍을 세울 때, 먼저 천지와 사직의 위치를 정하고, 그것들을 공경스럽게 받들어야 합니다. 궁전의 궁실을 지을 경우에는 종묘를 최우선으로 하고, 마구간과 창고를 두 번째 위치에 놓고, 거주할 방은 맨 나중에 두어야 합니다. 현재 원구(圜丘, 천자가 동지에 하늘에 제사 지내는 환 모양의 단), 방택(方澤, 하지에 땅에 제사 지내는 방형의 단으로 연못 속에 있음), 남북의 교외(동지에는 남쪽에서 하늘에 제사 지내고, 하지에는 북쪽에서 땅에 제사 지냄), 명당(明堂, 천자가 정사를 보는 궁전), 사직, 신위神位 등이 확정되지 않았으며, 종묘의 제도도 예법 규정과 같지 않고, 거주하는 방을 높이 꾸미고, 백성은 본업을 잃었습니다.

외부 사람은 모두 궁녀에게 들어가는 비용과 군대를 발동하고 국가를 지키는 비용이 대략 서로 같다고 말합니다. 백성은 연명해나갈 방법이 없으므로 모두 원망하고 화를 내고 있습니다.《서경》에서 말하기를 "하늘의 이목은 모두 우리 백성의 이목에서 나왔으며, 하늘의 밝은 위엄은 우리 백성의 밝은 위광에서 나온다."라고 했습니다. 하늘은 모든 사람이 칭송하면 오복五福으로써 장려하고, 백성이 분노하고 탄식하면 육극六極으로써 위력을 나타냅니다. 이것은 하늘의 일반적인 법이 백성의 언론을 따르고 민심에 의거한다는 말입니다. 때문에 정치적인 업무를 처리할 때는 백성을 안정시키는 것을 우선으로 삼아야 하고, 그런 연후에 고대의 교화를 고찰하여 그것을 상하 각계에 배포하고 규격으로 삼아야 합니다. 고대부터 현대에 이르기까지 일찍이 이러하지 않은 적이 없었습니다.

거친 서까래와 낮은 궁실은 당唐·우虞·대우大禹가 왕 된 자의 풍속을 선양한 것입니다. 옥으로 만들어진 누대와 방은 하계(夏桀, 걸)와 상신商辛이 하늘의 뜻을 범한 것입니다. 현재의 궁전은 사실 예의나 제도를 위반했으며, 또다시 구룡전을 세워 호화로운 장식이 이전 사람을 뛰어넘었습니다. 하늘의 혜성이 빛나고, 처음에는 방房과 심心에서 나타나고, 황제의 자리를 침범했으며, 자미궁紫微宮을 범했습니다. 이 것은 황천皇天이 폐하를 아들로 삼아 사랑하기에 가르침과 훈계의 징 조를 나타낸 것이며, 시종 모두 존귀한 위치에 있는 것입니다. 은근하 고 정중하게 반드시 폐하를 깨우쳐 드립니다. 이것은 곧 자애로운 아버지의 간절한 교훈이니, 폐하께서는 당연히 효자처럼 공경하고 두 려워하는 예절을 숭상하여 천하의 모범을 보이고 자손들에게 분명하 게 나타내야지, 소홀히 하여 하늘의 진노를 가중시켜서는 안 됩니다.

당시 군사와 국사 방면에 변고가 많았는데, 법률을 매우 엄격히 적용했다.

고당륭이 상소해 말했다.

제왕의 대업을 개척하고 법통을 세우기 위해서는 반드시 성명한 군주의 출현을 기다려야 하고, 세상의 정사를 도와 다스림을 바르게 하기 위해서는 또한 반드시 군주를 보좌할 우수한 인재를 기다려야만 합니다. 그들만이 사업을 완성하고 만물을 안정시킬 수 있기 때문입 니다. 무릇 풍속을 바꾸고, 도덕적 교화를 분명하게 선전하며, 사방으 로 하여금 같은 풍습을 따르게 하고, 머리를 돌려 얼굴이 내지로 향하 게 하며, 덕행과 교화가 광대하게 빛나게 하고, 온 천하가 모두 중앙 의 도의를 흠모하게 하는 것은 본래 속된 관리가 할 수 있는 일이 아 닙니다. 지금의 담당 관리들은 형세만 살피고 대도大道를 근본에 두지 않습니다. 이 때문에 형벌을 쓰는데도 근치하지 못하고 풍속이 어그 러졌는데도 너그럽지 못한 것입니다.

응당 예악을 숭상하여 명당을 존귀와 비천에 따라 질서 있게 하고,

삼옹(三雍, 주나라 때 예를 행하던 궁전. 명당·벽옹辟雍·영대靈臺)을 바르게 하며, 대사(大射, 군신들을 모아서 화살을 쏘는 예)와 양로(養老, 노년의 현자들을 향응하는 예)를 닦고, 교묘(郊廟, 선조를 제사 지내는 묘)를 세우며, 유학자를 공경하고, 은둔한 선비를 천거하여 임용해야 합니다. 제도를 명확하게 밝히고, 새 역법으로 바꾸며, 복색을 바꾸고, 화목하고 우애하는 기풍을 행하도록 하며, 검소함과 소박함을 존중해야 합니다. 그런 연후에 예를 바르게 하여 봉선(封禪, 흙으로 하늘에 제사 지내고, 땅을 평평하게 하여 땅에 제사 지내는 의식으로 성스러운 천자가 되는 것을 허락받는 것)의 의식을 갖추고, 공로를 천지에 귀속시키며, 아송(雅頌, 태평스러운 시대의 노래)의 소리가 천지 사방에 가득하게 하고, 안정과 평화의 교화가 후대까지 전해지도록 하십시오. 이렇게 다스리는 것이야말로 진실로 가장 지극한 정치의 훌륭한 사실이며, 없어지지 않는 귀중한 사업입니다. 그러나 구주의 영토 안에서는 상호의 예의에 의지하여 다스릴 수 있는데, 또 무엇을 걱정하겠습니까! 그것의 근본을 규정하지 않고 그것의 말단을 구하는 것은, 예컨대 흩어진 실과 같아서 정치의 정확한 방법이 아닙니다. 각 공경과 선비 및 박학한 유생에게 명하여 그러한 일을 제정하고 전범과 법식으로 삼도록 하십시오.

고당륭은 또 역법을 바꾸고, 복장의 색깔을 바꾸어 휘호(徽號)를 특수하게 하고, 기계(器械, 예악에 사용하는 기물)를 다르게 하는 것은 고대부터 제왕이 그 정치를 신격화하려는 까닭으로 백성의 이목에 변화를 준 것으로써, 삼춘(三春, 정월)에는 왕을 칭하여 삼통(三統, 하·은·주 삼대의 역법은 각각 정월이 다름)을 분명히 했다고 생각했다. 그래서 옛 제도를 부연하고 그것을 개정하도록 상주했다. 황제는 그의 건의를 따라 청룡 5년(237) 봄 3월을 경초 원년 맹하孟夏 4월이라고 고쳤고,

옷 색깔은 황색을 가장 고귀한 것으로 했으며, 희생은 흰색을 사용하고, 지정(地正, 12월을 정월이라고 하는 은나라 제도)을 도입했다.

고당륭은 광록훈으로 승진했다. 조예는 궁전을 더욱더 성대하게 증축하고, 누각에는 조각 장식을 했으며, 태항산太行山의 석영암을 잘라 오고, 곡성穀城의 문석文石을 채취하여 방림원芳林園에 경양산景陽山을 세우고, 태극전太極殿 북쪽에 소양전昭陽殿을 세우고, 황룡과 봉황 및 커다란 짐승을 만들어 금용성·능운대陵雲臺·능소궐을 장식했다. 각종 노역이 자주 일어났으며, 일을 하는 사람은 수만이었다. 공경과 그 이하의 관원, 학생에 이르기까지 노동력을 제공하지 않는 자가 없었으며, 황제조차 친히 흙을 파서 그들을 이끌었다. 그러나 요동에서는 조회하러 오지 않았다.

도 황후悼皇后가 붕어했다. 하늘에서는 장대비가 쏟아졌으며, 기주에서는 물난리가 나서 사람과 재물이 물에 떠다니거나 잠기게 되었다.

고당륭은 상소해 간곡하게 간언했다.

대체로 "천지의 큰 은덕은 천지만물을 생존하게 하는 것[生]이고, 성인의 가장 큰 보물은 천자의 지위[位]라고 한다. 무엇으로 천자의 지위를 지키는가? 인仁이라고 한다. 무엇으로 사람을 모으는가? 재財라고 한다."라고 했습니다. 그렇다면 선비와 백성은 국가의 근본이고, 곡물과 비단은 선비와 백성의 목숨인 것입니다. 곡물과 비단은 자연의 힘이 없으면 생산할 수 없고, 사람의 힘이 없으면 이룰 수 없습니다. 때문에 황제는 땅을 경작하여 농사를 권장하고, 황후는 양잠에 종사하여 의복을 만듭니다. 이런 큰 힘으로 상제上帝를 섬겨서 자신의 진실함과 백성에게 은혜를 베풀고 있음을 나타냅니다.

옛날 이당(伊唐, 요임금)시대는 세상에 재해가 집중되고 액운이 모인 시기로 홍수가 하늘까지 솟았으므로, 곤으로 하여금 그것을 다스리도록 했지만 기력만 많이 낭비하고 성공하지 못했습니다. 그래서 문명(文命, 우임금)을 기용했습니다. 그는 산세를 따라 나무를 베어 길을 만들고 앞뒤로 22년을 역임했습니다. 재해의 심함이 그때를 넘은 적이 없었고, 노역의 유구함이 그때를 넘은 적이 없었습니다. 요순의 군신 사이는 황제로 하여금 남쪽을 향하여 예를 받게 한 것에 불과할 뿐입니다. 우는 구주九州를 평정하고, 각 관원이 세운 공훈에는 각기 차등이 있게 하고, 관리와 백성이 사용하는 물품에는 수식의 구분이 있었습니다.

현재는 그때의 위급함이 없는데도 공경대부와 백성으로 하여금 함께 부역에 참가하게 하니, 이 일이 사방 오랑캐의 귀에 들린다면 평판은 좋지 않을 것이고, 죽간과 비단에 기록하여 후세에 전한다면 명예는 좋지 않을 것입니다. 이 때문에 나라가 있고 집이 있는 사람은 가까이로는 자신의 몸에서 취하고, 멀리로는 각종 사물 속에서 이익을 얻어 어머니처럼 백성을 따뜻하게 양육해야 합니다. 때문에 "화해로운 군자여, 백성의 부모로다."라고 했습니다. 지금 위와 아래가 노역을 하고, 질병이 유행하며, 농사를 짓는 농가의 사람들은 적어지고, 굶주림과 재해는 계속되고 있으니, 1년을 넘길 방법이 없습니다. 폐하께서는 응당 불쌍히 여기어 곤궁한 백성을 구제해야만 합니다.

신이 옛날 서적 속에 적혀 있는 것을 보기로, 하늘과 사람 사이의 관계는 반응을 하지 않는 적이 없다고 합니다. 때문에 고대의 현명한 선왕들은 하늘의 명확한 명을 두려워했으며, 음양의 역순逆順에 따라 엄숙하게 근신하고 대업에 힘쓰면서 하늘의 뜻을 어기게 될까 두려워했습니다. 그러한 연후에 정도政道는 흥기했으며, 덕德과 신神이 부합하게 되었습니다. 재앙과 이변이 일어나면 두려워하며 정치를 닦았으므로, 자기의 수명을 늘리고 후대에 복을 전했습니다. 조대의 말세가 되면 어리석고 음란한 군주는 선왕의 법령과 규칙을 존경하지 않고, 정직한 선비의 직언을 받아들이지 않으며, 임의로 자신의 욕망을 만족시키고, 변이와 경고를 무시하니 재난에 빠져 뒤집어지지 않은 자가 없습니다.

하늘의 도리는 이미 매우 분명하므로, 사람의 도리에 의거하여 이 일을 논의하기를 청합니다. 무릇 육정六情과 오성五性은 똑같이 인간에게 있는 것이고, 기호와 욕망, 그리고 청렴과 정직, 각각 그중 한 가지를 차지할 수 있습니다. 행동에 이르러서는 마음속에서 그 두 가지가 섞여 투쟁을 합니다. 욕망이 강하고 본질이 약하면 한도를 뛰어넘어 방종하게 되고, 정성과 진실함이 막을 수 없다면 넘쳐흘러 끝이 없을 것입니다. 그런 사람의 정욕이 요구하는 것은 좋은 것이 아니면 아름다운 것이니, 좋고 아름다운 것을 모으는 것은 인력으로 이루어지지 않는 것이 아니며, 곡물과 비단으로 세울 수 없는 것이 아닙니다. 정욕이 만일 끝이 없다면, 사람들은 그 노고를 감당하지 못하고, 물품은 그 욕구를 만족시키지 못하게 됩니다. 노고와 요구가 동시에 이르면 장차 재난이 일어나게 될 것입니다. 때문에 정욕을 갈라 제거하지 않으면 공급을 만족시킬 방법이 없습니다.

공자가 말하기를 "사람은 멀리 생각하지 않으면 반드시 가까운 근심이 있게 된다."라고 했습니다. 이로부터 보면 예의 제도는 단지 등급의 구분에 구애되는 것이 아니라, 그것으로 위해를 멀리하고 다스림을 일으키는 것입니다. 지금 오와 촉의 두 적은 다만 빈곤한 지역의 자그마한 적도, 부락을 모은 강도도 아닙니다. 요충지를 점거하고 물흐름을 이용하여 선비와 백성을 지배하고, 참람하게도 자신들을 제帝

라 칭하고, 중원(위나라)과 대등한 지위를 다투려고 하고 있습니다.

지금 만일 어떤 사람이 손권과 유비는 전부 덕정을 행하고, 다시 청렴하고 검소하게 생활하며, 조세를 줄이고, 애완물을 만들지 않으며, 모든 일을 하면서 노인과 현인에게 가르침을 구하고, 예법 제도를 존경하며 따르고 있다고 보고했다고 합시다. 폐하께서는 이 말을 듣고, 어찌 두려워하여 그들이 이와 같이 한 것을 싫어하고, 끝내 토벌하여 멸망시키기 어려워서 나라의 근심이 될 것이라 생각하지 않겠습니까? 만일 어떤 사람이, 이 두 적은 모두 무도無道한 일을 하고, 사치를 숭상하는 데에 한도가 없으며, 그 선비와 백성을 부역시키고, 징수하는 조세를 무겁게 하며, 아래에 있는 백성은 명령을 감당할 수 없어서 탄식과 원한이 점점 심해지고 있다고 보고했다고 합시다. 폐하께서는 이것을 듣고, 어찌 불끈 화를 내며 그들이 우리의 무고한 백성에게 고난을 겪게 하는 것에 대해 빠른 속도로 그들을 죽이려 하지 않겠습니까? 그다음에는 어찌 그들 나라의 힘이 피폐해져 그들을 취하는 것이 어렵지 않게 되는 것이 다행이 아니겠습니까? 만일 이와 같다면, 입장을 바꾸어 생각하여 도의를 섬기는 방법도 멀지 않습니다.

또한 진시황은 도덕의 근본을 세우지 않고 아방궁을 지었으며, 궁궐 담장 안의 변화를 걱정하지 않고 장성長城을 구축하는 노역을 일으켰습니다. 그 군신들은 이런 사업을 계획할 때, 또한 만세의 대업을 세워 그의 자손들로 하여금 오랫동안 천하를 소유하게 하려고 했으니, 어찌 어느 날 필부 하나가 소리쳤다고[7] 천하가 엎어지거나 전복

---

7) 여기서는 진섭陳涉을 가리킨다. 머슴 출신으로, 진나라에 반기를 들어 왕을 자처하다가 진나라 멸망을 앞당겼다.

되리라고 생각했겠습니까? 때문에 신은 이전 조대의 군주로 하여금 그 자신의 행위가 반드시 장차 패망으로 이르게 될 것임을 알도록 했다면 하지 않았을 것이라고 생각합니다. 이 때문에 망국의 군주는 자신은 멸망하지 않을 것이라고 했지만, 그런 연후에 멸망에 이르게 되었고, 현명하고 성스러운 군주는 자신이 장차 멸망할 것이라고 하지만, 그런 연후에 멸망에 이르지 않습니다.

옛날 한 문제는 현명한 군주라고 칭해졌고, 몸소 간단하고 검소한 것을 시행했으며, 아랫사람에게 은혜를 베풀고 백성을 길렀습니다. 그런데도 가의는 시세를 살펴보고 천하가 전도되어 있으니, 통곡할 수 있는 것이 한 가지이고, 눈물을 흘릴 수 있는 것이 두 가지이며, 길게 탄식할 수 있는 것이 세 가지라고 했습니다. 하물며 현재 천하는 빈곤하고 황폐하며 백성은 한 섬의 식량도 쌓아놓은 것이 없고, 나라에는 1년간 비축한 것이 없는데, 밖에는 강대한 적이 있으며, 조정의 군대는 변방에서 싸우고, 안으로는 토목건축이 있어 주와 군이 소란합니다. 만일 적이 침범한다는 경보가 있다면, 신은 건축 일을 하는 사람들이 전쟁터에서 목숨을 던져 싸울 수 없게 될까 두렵습니다.

또 장리將吏들의 봉록은 점차 낮아져 옛날과 비교하면 5분의 1이 됩니다. 휴가를 받은 자들도 또 위로부터 지급이 없었고, 응당 세금을 내지 않아도 되는 자들도 지금은 모두 절반을 내고 있습니다. 이것은 관부의 수입이 과거에 비해 늘어난 것이고, 지출이 과거보다 줄어든 것입니다. 그러나 재정상 쓸 경비는 오히려 항상 부족한 상태입니다. 소고기 같은 작은 세금 징수도 앞뒤로 계속되었습니다. 바꿔서 추측해보면, 이와 같은 각종 낭비는 반드시 일정한 출처가 있습니다. 무릇 봉록과 하사하는 곡물, 비단은 사람의 군주가 은혜를 펴서 관리와 백성을 양육하고, 그들의 생명을 다스리기 위한 것입니다. 만일 지금 폐지한다면 그들의 목숨을 빼앗는 것입니다. 이미 그것을 얻었는데 또 잃어버리게 되니, 이것은 원망을 낳는 근원입니다.

《주례》에서는 대부大府가 아홉 가지 세금 중 하나인 재물을 담당하고, 그것을 아홉 종류로 정한 용도에 따라 비용으로 지출했습니다. 수입에는 일정한 내용이 있고, 지출에는 일정한 용도가 있으므로 서로 간섭하지 않으면서 비용은 각기 충족되었습니다. 각기 충족된 후에는 일정한 용도가 있고, 각국에서 들어온 헌상품의 나머지를 갖고 제왕에게 애완물을 제공했습니다. 또 위에서 재물을 필요로 할 경우, 반드시 사회司會에서 심사해야 합니다.

지금 폐하께서 함께 조정 안에 앉아서 천하를 통치하는 인물이 삼공과 구경이 아니라면 대각臺閣의 가까이 있는 신하들이 전부 심복으로 당신의 무릎 앞에 이어져 있으면서, 말할 때 어떠한 거리낌이 없을 것입니다. 만일 넉넉함과 부족함을 보고도 감히 고하지 않고, 명령대로 달려가 오직 감당하지 못하는 것만 걱정한다면, 이는 헛된 이름을 갖고 있는 신하이지 강직하게 보좌하는 신하는 아닙니다. 과거 이사李斯는 진 이세(秦二世, 진시황의 차남 호해胡亥. 어리석고 무능하여 진나라의 멸망을 앞당겼다)를 가르쳐서 말하기를 "사람의 군주가 되었지만 뜻대로 행동하지 못할 경우에는 그것을 불러서 천하의 질곡桎梏이라고 한다."라고 했습니다. 진 이세는 그의 말을 사용했으므로 진秦나라는 망했고, 이사도 일족이 멸망했습니다. 때문에 사마천은 그가 정직하게 간언하지 않은 것을 평하여 세상에 귀감이 되도록 했습니다.

상주문이 보내진 후 조예는 그것을 보고 중서감과 중서령에게 말했다.

"고당륭의 상주문을 보니 짐은 두렵소!"

고당륭은 병이 위독해지자 구술서口述書로 황제에게 상소했다.

증자曾子가 위독하게 되자 노나라 가신 맹경자孟敬子가 위문을 갔습니다. 증자가 말하기를 "새는 죽으려고 할 때 목소리가 슬프고, 사람은 죽으려고 할 때 말이 아름답다."라고 했습니다. 신은 중병으로 누워 있는데, 병세가 악화되기만 하고 낫지를 않으니 갑자기 죽게 되어 충심을 표현할 수 없게 될까 항상 두려웠습니다. 신의 충성심이 어찌 증자와 비교될 수 있겠습니까. 원컨대 폐하께서는 정력을 조금만 소비하여 저의 상주문을 살펴봐 주십시오! 과거에 한 일의 오류를 분명하게 바꾸고, 앞날을 깊이 생각하며, 덕을 가득히 할 것을 신속하게 진작시켜서 신과 인간으로 하여금 서로 조화롭게 응하게 하고, 편벽되거나 멀리 떨어진 이국에서도 도의를 흠모하며, 네 가지 신령한 짐승(四靈, 기린·봉황·거북·용)이 고귀함을 나타내고, 옥형(玉衡, 천문 관측 기구)이 별의 정기를 밝게 한다면, 삼왕을 능가하고 오제를 초월할 수 있습니다. 단지 황제의 지위를 계승하여 자신의 문채文彩를 지키기만 해서는 안 됩니다.

신이 항상 안타깝게 느낀 것은 각 조대의 군주로 요·순·탕·무의 치세를 계승하기를 염원하지 않는 자는 없었지만 걸·주·유·려의 사적을 답습했고, 말세에 혼란스러워 나라를 잃은 군주를 부끄러워하고 비웃지 않는 자는 없지만 우··하··은·주의 궤도에 오르지 못했다는 점이었습니다. 비통합니다! 이와 같이 하면서 저와 같이 이루려는 것을 구하는 것은 나무 위로 올라가 물고기를 구하고, 물에 불을 질러 얼음을 만든 것과 같으므로, 그것은 도달할 수 없음이 명백합니다.

삼대(三代, 하·상·주)가 천하를 차지했을 때를 살펴보면, 성인과 현인이 서로 계승하여 수백 년을 이었으니 한 척尺의 토지도 그들이 소유하지 않은 것이 없었으며, 한 백성도 그 백성이 아닌 사람이 없어서 만국은 모두 평안하고 아홉 주는 확연하게 구분되었습니다. 녹대의 재산과 거교巨橋의 곡물은 사용할 곳이 없으며, 종래와 같이 남면하고 앉아 있을 수 있으니, 무엇을 하겠습니까! 그러나 계癸와 신辛의 무리는 그들의 힘에 기대어 지혜는 간언을 막을 수 있고, 재주는 족히 잘못을 꾸밀 수 있었으며, 아첨을 숭상하고, 누대와 궁전을 높이 세우고 음탕한 음악을 좋아했으며, 예인을 좋아하고 화려한 음악을 만들며, 복수濮水 가의 음란한 음악 속에서 편안해했습니다. 하늘은 그들의 행위를 불결하다고 생각하고 고개를 돌리고, 종묘사직을 폐허로 만들고, 자손들이 살해되게 하고, 주의 머리는 백기 위에 매달리게 했으며, 걸은 명조鳴條에 내쫓겼습니다. 천자의 엄숙함을 탕과 무는 갖고 있었지만, 어찌 다른 사람이었겠습니까? 그들은 모두 성명한 제왕의 후예입니다!

육국六國 시대에 천하는 매우 격렬하게 다투었으며, 진秦나라는 육국을 병합한 후 성명한 도덕을 닦지 않고, 먼저 아방궁을 짓고, 장성長城을 세워 지켰고, 중국 백성은 존대하고 여러 다른 민족은 위력으로 복종시키니, 천하는 진동하고 두려워했으며, 백성은 도로에서 눈으로 뜻을 나타냈습니다. 진시황은 "나의 세대는 1백 대까지 이어져 영원히 통치자의 거대한 광휘를 나타낼 것이다."라고 말했으나, 어찌 두 대만 전해지고 사직이 붕괴될 것을 깨달았겠습니까? 근대에 한나라 효무제는 문제와 경제의 유산을 이용하여 밖으로는 이적夷狄을 무찌르고, 안으로는 궁전을 일으켰으며, 10년 사이에 천하는 탄식으로 가득 차게 되었습니다. 그리고 월나라 무사巫師의 말을 믿고 하늘을 원망하고, 하늘에 대한 노여움을 옮겨 건장궁을 일으켜 천문만호千門萬戶로 성대해졌습니다. 끝내는 강충의 무술巫術로 인한 변사를 불렀고, 궁정 안은 분열되었으며, 아버지 무제와 아들 위태자가 서로 죽이게 되었고, 그 재화의 독은 몇 대까지 이어졌습니다.

신은 황초 연간에 하늘이 그의 경고를 나타내는 것을 보았습니다. 당시 기이한 종류의 새가 나타나 제비집 속에서 자랐는데, 부리와 손발톱과 가슴이 모두 붉은색이었습니다. 이것은 위나라 황실의 매우 기이한 징조로서, 궁궐 안에서 병권을 장악하려는 신하를 막아야만 한다는 뜻입니다. 여러 제후왕을 선발하고, 그들을 번왕으로 삼아 병사들을 인솔하고, 평상시는 바둑판의 바둑알처럼 분포하여 황가의 영토를 지키고 어루만져 황가의 사업을 보좌하여 빛나게 할 수 있습니다. 옛날 주왕은 동쪽으로 수도를 옮겼을 때 진나라와 정나라를 의지했고, 한나라 때 여씨의 난에서는 실제로 주허후를 의지했는데, 이것은 이전 조대의 분명한 귀감인 것입니다.

무릇 빛나는 하느님은 친함이 없고, 오직 도덕이 있는 사람을 보존할 뿐입니다. 백성이 군왕의 덕정을 칭송하면 하느님은 그로 하여금 수명을 연장하고 제위를 연장하도록 합니다. 아랫사람들이 원망하고 탄식하면, 하느님은 그의 권력을 빼앗아 능력 있는 사람에게 줍니다. 이 점에서 보면, 천하는 천하 사람의 것이지 폐하 한 사람의 것이 아닙니다. 신은 여러 가지 병에 걸려 있어서 기력이 점점 쇠약해가고 있으므로 수레를 타고 나와 민간에 있는 집으로 돌아가렵니다. 만일 죽어서 영혼에 지각이 있다면 결초보은을 하겠습니다.

조서를 내려 말했다.

선생의 청렴함은 백이伯夷를 따라잡고, 정직함은 사어를 뛰어넘으며, 마음을 지탱하는 것이 견고하고 깨끗하며 공정함에 사사로움이 없다. 무엇 때문에 작은 병을 물리치지 못해 집으로 물러나 있는가? 옛날 병길은 음덕陰德이 있었기 때문에 질병을 제거하고 수명을 연장시켰고, 공우貢禹는 절개를 지켰으므로 심하던 질병이 완쾌되었다. 선생은 식사를 열심히 하고 진심으로 정신을 길러서 자신을 지키도록 하라.

고당륭은 죽을 때 유언으로 검소한 장례를 치르고, 그 계절에 맞는 옷으로 염하도록 했다.[8]

당초 태화 연간에 중호군 장제가 상소해 말했다.

고대 제도를 준수하여 봉선해야만 합니다.

조서를 내려 말했다.

장제의 이 말을 듣고 짐은 땀이 발까지 흘러내렸다.

이 일은 몇 해 방치해두었다. 후에 봉선 준비를 상의하게 되어 고당륭에게 그에 관한 예의 제도를 작성하라고 했다. 조예는 고당륭

8) 습착치習鑿齒는 말했다. "고당륭은 충신이라고 할 수 있습니다. 군주가 사치스럽자 매번 그 나쁨을 간언하려고 생각하고, 죽음에 임해서도 국가에 대한 근심을 잊지 않았습니다. 바른말로써 어두운 군주를 감동시켰고, 분명한 경고는 사후에 실현되었습니다(사마씨의 찬탈을 말함). 그의 직언은 사람들을 고무시키기에 충분했으며, 덕망 있는 말은 사후에 더욱 빛났습니다. 충성스럽고 지혜가 있다고 할 수 있지 않습니까! 《시경》에 '내가 도모한 것을 듣고 사용하면 모두에게 큰 후회가 없을 것을.'이라고 하고, 또 '일찍이 이것(고대의 법)을 들은 적이 없었으니 큰 운명이 기울어진다.'라고 했습니다. 그것은 고당륭을 두고 하는 말입니다."

이 죽었다는 소식을 듣고 탄식하며 말했다.

"하늘이 나의 사업을 성취시키지 않으려고 하는구나. 고당생은 나를 버리고 죽었구나."

아들 고당침高堂琛이 작위를 이었다.

당초 경초 연간에 조예는 소림·진정秦靜 등이 모두 늙었으므로 그들의 학문을 전할 사람이 없을까 걱정했다. 그래서 조서를 내려 말했다.

옛날에는 성인이 죽은 후, 그가 남긴 말과 가르침을 육예六藝 속에 나타냈다. 육예의 문장에서 예경禮經도 중시하므로 한순간이라도 그것을 떠날 수는 없었다. 말세의 풍속이 근본을 위배한 것은 그 유래가 오래되었다. 때문에 노나라 대부 민자閔子는 주나라 대부 원백原伯이 학문을 하지 않는 것을 풍자했고, 순경荀卿은 진秦나라 때의 갱유(坑儒, 진시황이 이사의 건의를 받아 유학자 460여 명을 생매장한 일)를 증오했다. 유학이 이미 황폐해졌는데, 무엇으로 풍화風化가 일어나겠는가? 현재 학문을 쌓은 대유大儒는 한결같이 나이가 많은데, 누가 그들의 학문을 계승하겠는가?

옛날 《상서》를 지은 학자 복생伏生이 늙어가매, 한 문제는 조착晁錯으로 하여금 그를 계승하도록 했다. 《곡량전穀梁傳》을 연구하는 사람이 적자, 한 선제는 열 명의 낭郎에게 계승하도록 했다. 낭리郎吏 중에서 탁월한 재능이 있고 경서의 의미를 이해하는 사람 30명을 선발하여 광록훈 고당륭, 산기상시 소림, 박사 진정을 따라서 사경삼례(四經三禮, 사경은 《좌씨전》·《곡량전》·《고문상서》·《모시》이고, 삼례는 《주례》·《의례》·《예기》이다)를 분담하여 수업하도록 하고, 담당자는 그들을 위해 시험 방법을 결정하도록 하라.

전한의 학자 하후승夏侯勝은 학생들에게 "선비의 병은 경전에 밝지
못한 데 있다. 만일 경전에 밝으면 푸른색·자주색의 띠를 두르는 고
위 관직을 얻는 것은 땅의 지푸라기를 줍는 것처럼 간단할 것이다."라
고 했다. 지금 학자들 중에서 경전의 도를 연구하는 자가 있다면 작위
와 봉록, 영예와 총애는 기다리지 않아도 이를 것이다. 노력하지 않을
수 없다.

몇 년 후, 고당륭 등은 모두 죽었고, 경술을 배우는 것도 황폐해
졌다.

당초 임성 사람 잔잠棧潛은 조조 때 현령을 지냈고, 일찍이 업성
을 감독하며 지키는 책임을 맡고 있었다. 당시 조비가 태자로 있었
는데, 사냥에 빠져서 새벽에 나갔다가 밤에 돌아왔다.

잔잠은 간언했다.

왕공王公은 요충지를 두어 봉국을 지키고 도성을 쌓고 금위禁衛를
설치하여 의외의 침범에 방비합니다. 《시경》〈대아大雅〉에서 말하기를
"종자(宗子, 태자)는 성벽과 같으니 성벽을 훼손하지 말아야 한다."라고
했고, 또 "계획이 원대하지 않기에 이로써 크게 간한다."라고 했습니
다. 예를 들어 사냥터에서 방일하여 새벽에 나가 저녁에 돌아오며, 온
종일 짐승을 쫓는 쾌락으로 끝없는 위험을 잊는 것은 어리석은 신하
로서는 이해할 수 없는 것입니다.

그 말을 듣고 조비는 기분이 좋지는 않았지만, 이후부터는 사냥
하러 나가는 횟수를 약간 줄였다.

황초 연간에 조비가 곽 귀빈郭貴嬪을 세워 황후로 삼으려고 할 때

잔잠이 상소해 간언했다. 이에 관한 일은 〈후비전〉에 있다.

조예 때에는 여러 가지 노역이 크게 일어나서 외척과 처족 들이 배척당했다.

잔잠은 상소해 말했다.

하늘이 백성을 낳고 그들을 위해 군주를 세운 까닭은 군주가 세상의 모든 백성을 보호하고 만민을 잘 기르라는 뜻입니다. 때문에 사해 전체를 명확히 하여 영토로 한 것은 천자 한 사람을 위해서라고 할 수 없고, 영토를 갈라 나누어준 것은 몇몇 제후를 위한 것이 아닙니다. 삼황시대로부터 당요, 우순에 이르기까지 모두 널리 이익을 주고 깊고 두터운 덕행이 천하에 흐르게 했기에 백성은 그들에게 의지했습니다. 삼왕三王의 덕업이 쇠한 이래 한나라에 이르기까지 천하의 태평한 날은 줄어들고 동란의 날은 많아졌습니다. 또한 이후로 제대로 다스려지지도 못했습니다.

태조께서는 깊은 지혜와 신과 같은 무용을 갖고서 폭동과 반란을 토벌하고 왕조의 질서를 회복하시어 위나라의 기초를 여셨습니다. 문제께서는 하늘의 분명한 명령을 받아 황실의 기업을 개척하며 7년 동안 재임했는데, 안타깝게도 통치 기간이 너무 짧았습니다. 폐하께서는 성명한 도덕을 갖추고 있으면서 광대한 대업을 이었으니 자애로운 정치를 펼치고 백성이 쉽게 해주어야 합니다. 그러나 사방이 모두 평안하지 못하므로 장수들은 먼 곳으로 가서 지키고, 바다 밖까지 나아갑니다. 군기軍旗는 만 리까지 걸려 있으며, 육군은 혼란스럽고, 수로와 육로로는 군수물자를 나르니, 백성은 생계를 버리고, 매일 군비로 나가는 돈이 황금 1천 냥입니다. 그런데 이러한 때에 폐하께서는 대규모로 궁전을 지어 사용한 공사 인력이 헤아릴 수 없으며, 조래산祖來山

의 소나무로 산을 깎아내고 계곡을 깊게 돌아가게 하며 기괴한 돌이나 무부(珷玞, 돌 이름)를 황하나 회수에 띄웁니다. 도성 안은 전부 전복(甸服, 왕터를 중심으로 5백 리 단위로 나눈 구역의 하나)이 되어 벼와 조 등을 생산하여 황실에 공급해야 하는데, 들짐승의 정원이 되어 사냥의 수요를 공급하고 있습니다. 초목이 무성해지고 황폐한 땅이 많아져, 사슴과 토끼 굴이 늘어나고 있습니다. 농민들의 생산을 상하게 하고, 땅에는 가시나무가 가득 자라고 있으며, 재해와 역병이 유행하고, 백성과 생산물은 모두 크게 파괴되었습니다. 하늘은 따뜻한 기운이 줄어 좋은 곡식이 자랄 수 없게 되었습니다.

신하는 문왕이 풍豐 땅에서 일어나 만들어 경영을 시작할 때 너무 급히 서두르지 말라고 했는데 백성이 아들이 아버지 일을 돕는 것처럼 와서 일했으므로 며칠이 지나지 않아 완성했다고 들었습니다. 영소靈沼와 영유(靈囿, 주나라 문왕의 이궁離宮에 있는 연못과 동산)를 백성과 함께 사용했습니다. 현재 궁전은 높고 사치스러우며, 조각은 매우 기묘합니다. 유우씨有虞氏의 총기(總期, 풀로 지붕을 만들어 정사를 행한 명당을 비유함)를 잊고, 은신(殷辛, 상나라 주왕紂王의 옥으로 된 궁실)만 생각하고 있습니다. 백성의 출입이 금지된 수렵장은 1천 리고, 한 걸음이라도 닿으면 법에 저촉됩니다. 궁전의 화려함은 아방궁에 비교되고, 백성은 건계乾谿보다 1백 배는 됩니다. 신은 백성의 힘이 다 소모되어 아랫사람들이 명령을 감당할 수 없을까 봐 두렵습니다. 옛날 진秦나라는 효산殽山과 함곡관函谷關을 점거하여 사해 안을 제어했으며, 스스로 도덕이 삼황을 넘고, 공로는 오제를 합한 것과 같다고 생각하여 칭호와 시호를 만세에 전하려고 했지만, 이세二世에 전복되었으며, 평민이 되기를 원했습니다.

가지가 이미 흔들렸다면 뿌리가 실제로 먼저 뽑힌 것입니다. 성명한 군주가 세상을 다스릴 때는 능히 큰 덕을 밝혀서, 공로가 있는 신하를 임용하며 친히 할 사람을 가려서 친합니다. 재능과 지혜가 있는 현명한 사람을 관리로 삼으면 공업은 융성할 수 있고, 친히 할 만한 사람을 친히 하고 쓸 만한 인재를 등용하면 국가의 안위를 함께 근심합니다. 근본을 깊게 하고 단단하게 하여 모두 강력히 보조를 한다면, 비록 흥함과 쇠함의 변화를 겪는다고 하더라도 내부와 외부가 모두 보좌할 것입니다. 옛날 주 성왕이 나이가 어려 아직 정치를 담당하지 못했을 때 주공·여공呂公·소공·필공이 함께 좌우에 있었습니다. 지금은 위후衛侯와 강숙康叔의 감호가 없으며 섬서陝西의 중임이 나누어지고, 또 주공 단, 소공석召公奭 같은 사람이 관장하지 않고 있습니다. 동궁은 확립되지 않았으며 천하에 부왕副王이 없습니다. 원컨대 폐하께서 관중의 일에 마음을 두시고, 오랫동안 무궁한 지위를 보존하신다면 사해 안의 백성에게는 큰 행운일 것입니다.

후에 연국燕國의 중위中尉로 임명되었지만 병을 이유로 취임하지 않다가 죽었다.

【평하여 말한다】

신비와 양부는 강직하고 공정하며 자신의 이해를 돌보지 않고 직접 간언했으므로 급암汲黯의 고귀한 풍격에 버금간다. 고당륭은 학문을 밝게 닦고 군주를 바르게 섬기는 데 뜻을 두었으며, 변란으로 인해 경계로 삼을 것을 진술했는데, 말이 간절하고 진실하며 충성스럽구나! 역법을 반드시 개정해야 할 때는 위나라의 모범을 우순에게서 구했으니, 이른바 뜻이 그가 통달한 지식을 뛰어넘은 사람이구나!

26

만전견곽전滿田牽郭傳

책략과 지모로 명성을 떨친 인물들

오나라 손권을 여러 차례 막아낸 명참모

만총전滿寵傳

만총의 자는 백녕伯寧이고, 산양군 창읍현昌邑縣 사람이다. 열여덟 살 때 군郡의 독우가 되었다. 당시 군의 이삭李朔 등이 각각 부곡을 끼고 평민들에게 해를 끼쳤다. 태수는 만총을 시켜 그들을 규찰하도록 했다. 이삭 등은 자신의 죄를 시인하고 다시는 약탈하지 않기로 했다.

만총은 고평현의 영令을 대행했다. 고평현 사람 장포張苞가 군의 독우가 되자 탐욕스럽게 직책을 더럽히고 뇌물을 받아 행정을 어지럽혔다. 만총은 장포가 관사에 있을 때를 틈타 이졸吏卒들을 인솔하여 그를 붙잡아 죄를 문책했다. 그날 중에 조사를 마친 다음 그대로 관직을 버리고 고향으로 돌아갔다.

조조는 연주에 와서 만총을 불러 종사로 삼았다. 조조가 대장군이 되자 만총을 초빙하여 서조속西曹屬을 관장하도록 했으며 허현의 영令으로 삼았다. 당시 조홍은 조조의 종족으로서 높은 신분이었다. 때문에 조홍의 빈객 중 현의 경계 안에서 자주 법을 어기는 자가 있었다. 만총은 그들을 붙잡아 죄를 다스렸다. 조홍이 만총에게 편지를 보내 사정을 말했지만, 만총은 응대하지 않았다. 조홍이 조조에게 말했고, 조조는 허현의 책임자를 불렀다. 만총은 조조가 장차 죄를 지은 자들을 용서할 것임을 알고 재빨리 그들을 죽였다.

조조는 기뻐하며 말했다.

"정사를 관리하는 사람은 마땅히 이와 같아야 하지 않겠는가?"

이전에 태위를 지낸 양표楊彪가 체포되어 현의 옥으로 보내졌다. 상서령 순욱과 소부 공융 등이 모두 만총에게 부탁했다.

"단지 죄상에 대해 듣는 데 그치고 형벌을 가하지는 마시오."

만총은 한 마디 대꾸도 하지 않고 법에 따라 심문했다. 며칠이 지나 만총은 조조에게 만나기를 요청하며 다음과 같이 말했다.

"양표를 심문했지만 다른 말은 없었습니다. 사형에 처하려면 먼저 그의 죄를 명백히 밝혀야 하는데, 이 사람은 사해에 명성이 있으므로 만일 죄가 명확하지 않으면 조공은 반드시 백성의 신망을 크게 잃게 될 것입니다. 저는 사사로이 조공 때문에 애석해하고 있습니다."

조조는 그날 중에 양표를 사면하여 석방시켰다. 처음에 순욱과 공융은 만총이 양표를 엄하게 심문한다는 소식을 듣고 모두 매우 화를 냈지만, 이러한 결과를 얻게 되자 오히려 만총에게 감사했다.

당시 원소는 하삭河朔 일대에서 세력이 매우 강대했다. 여남은 원소의 본적이 있는 군으로 문생門生이나 빈객이 각 현에 분포하여 병사를 끼고 저항하고 있었다. 조조는 이 점을 걱정하여 만총을 여남 태수로 임명했다. 만총이 자기에게 복종하는 자 5백 명을 모으고, 그들을 인솔하여 20여 성벽을 공략하고, 아직 투항하지 않은 우두머리를 유인하여 앉은자리에서 10여 명을 죽이자 단번에 모두 평정되었다. 인구 2만 명과 병사 2천 명을 얻었는데, 그들에게 밭으로 나가서 경작을 하도록 명했다.

| 건안 13년(208) | 조조를 수행하여 형주를 정벌했다. 대군이 돌아올 때, 조조는 만총을 남겨 분위장군을 대행하고 당양에 주둔시켰

다. 손권이 동쪽의 변방 지역에서 자주 소란을 일으켰으므로, 다시 만총을 불러 여남 태수로 임명하고, 관내후의 작위를 주었다. 관우가 양양을 포위했을 때, 만총은 정남장군 조인을 도와 번성에 주둔하며 그에게 저항했다. 그러나 좌장군 우금 등의 군대는 폭우로 물이 불어나서 관우에게 전멸되었다. 관우는 급히 번성을 공격했다. 번성은 자주 물에 잠겨 붕괴되었으므로 사람들은 모두 낯빛이 달라졌다. 어떤 사람이 조인에게 말했다.

"우리 힘으로는 지금의 위험을 감당할 수 없습니다. 관우의 포위진이 합쳐지지 않은 틈을 타서 날랜 배를 타고 밤에 달아나십시오. 그리하면 비록 성은 잃을지라도 목숨은 보존할 수 있습니다."

만총이 말했다.

"산에서 흐르는 물은 속도가 빠르기 때문에 오래 지속될 수 없다고 생각됩니다. 관우가 파견한 다른 군대는 이미 겹성郟城 아래 주둔해 있으며, 허창 남쪽 지역의 백성은 불안해하고 있다고 들었습니다. 관우가 지금 감히 즉시 진격하지 않는 까닭은 우리 군대가 그들의 뒤를 끊을까 걱정하기 때문입니다. 지금 만일 도주한다면, 홍하洪河 이남 지역은 다시는 위나라의 소유가 될 수 없습니다. 당신은 잠시 기다려야 합니다."

조인이 말했다.

"알겠소."

만총은 흰 말을 물속 깊숙이 잠기게 하여 제품祭品으로 삼고 군사들과 함께 맹세했다. 마침 서황 등의 구원병이 도착했으므로 만총은 전력을 다해 싸워서 공을 세웠다. 관우는 곧 물러났다. 만총은 나아가 안창정후安昌亭侯에 봉해졌다.

조비가 왕위에 오르자 양무장군揚武將軍으로 옮겼다. 강릉에서 오나라를 격파한 공이 있었으므로 다시 복파장군으로 임명되고 신야 新野에 주둔했다. 대군이 남쪽 정벌을 위해 정호精湖에 도착했다. 만총은 군사들을 이끌고 전방에 있으면서 물을 사이에 두고 적과 대치하고 있었다. 만총이 장수들에게 명령을 내렸다.

"오늘 저녁은 바람이 매우 사납소. 적군은 반드시 와서 우리 군에 불을 지를 것이오. 이에 대비해야 하오."

각 군은 모두 경계했다. 과연 적군은 복병을 열 부대로 나누어 보내 밤을 틈타 불을 지르려고 했다.

만총은 복병을 배치하여 그들을 무찔렀다. 승진하여 남향후南鄉侯에 봉해졌다.

| 황초 3년(222) | 만총은 절월節鉞을 받았다.

| 황초 5년(224) | 전장군으로 승진했다. 조예가 즉위하자 창읍후 昌邑侯로 승진하여 봉해졌다.

| 태화 2년(228) | 예주 자사를 겸임했다.

| 태화 3년(229) 봄 | 투항한 사람들이 오나라가 계엄령을 선포하고 장강 북쪽으로 사냥을 나가려고 선전하면서 손권이 직접 나가려고 한다고 말했다. 만총은 그들이 반드시 서양西陽을 습격하리라 예측하고 대비했다. 손권은 그것을 듣고 물러나 돌아갔다.

| 가을 | 조정에서는 조휴로 하여금 여강廬江에서 남쪽으로 합비로 들어가도록 하고, 만총으로 하여금 하구夏口로 가도록 했다.

만총이 상소해 말했다.

조휴는 비록 명석하고 과단성이 있지만 부리는 병사가 매우 적고, 지금 그가 행진하는 길은 뒤로는 호수가 있고 옆으로는 강이 있어 전진하기는 쉽지만 물러나기는 어려우니, 이는 병법에서 말하는 와지窪地

입니다. 그러나 만일 무강구無彊口로 들어간다면 방비하기에 충분할 것입니다.

만총의 상소문이 미처 보고되기 전에 조휴는 그대로 깊숙이 들어갔다. 적군은 과연 무강구로부터 협석을 끊어서 조휴가 돌아갈 길을 끊어버렸다. 불리해진 조휴가 물러나 돌아가려 했다. 마침 주령 등이 뒤에서 끊어진 길로 와서 적과 마주쳤다. 적군이 놀라 달아났으므로 조휴의 군대는 돌아오게 되었다.

그해에 조휴가 세상을 떠났고, 만총은 전장군으로서 도독양주제군사都督揚州諸軍事를 대행했다. 여남군의 병사와 백성은 만총을 열렬히 사모했으므로 나이 든 자와 어린아이가 서로 따르면서 길로 달려나왔는데 멈추게 할 수 없었다. 호군이 표를 올려서 그들의 우두머리가 되는 자를 죽이려고 했다. 황제는 조서를 내려 만총에게 친위병 1천 명이 수행하는 것을 허락하고 그 외의 것은 하나도 묻지 않았다.

| 태화 4년(230) | 만총은 정동장군에 임명되었다.

| 겨울 | 손권이 합비를 공격하려 한다고 선전했다. 만총이 표를 올려 연주와 예주의 군대를 소집해야 한다고 하자 모두 모였다. 적군이 매우 빨리 물러났으므로 만총은 군대를 물리라는 조서를 받았다. 하지만 적군이 대대적으로 일어났다가 갑자기 돌아간 것은 본의가 아니며, 반드시 거짓으로 물러나서 우리가 군대를 물린 후에 다시 돌아와 준비하지 못한 틈을 타서 습격할 것이라고 주장하며 군대를 물리지 말자고 표를 올렸다.

10여 일이 지난 후, 손권은 과연 다시 와서 합비성에 이르렀으나 공략할 수 없었으므로 되돌아갔다. 이듬해, 오나라 장수 손포孫布가

양주揚州로 사람을 보내 항복을 원했는데, 편지에서는 이렇게 말하고 있었다.

길이 멀어서 스스로 나갈 수 없으니, 군대가 와서 영접해주기를 원합니다.

자사 왕릉은 손포의 편지를 만총에게 보내 보여주고 병마를 갖고 그를 맞이하기를 청했다.

만총은 틀림없이 거짓이라고 판단하고 병사를 주지 않고 왕릉에게 편지를 썼다.

그대가 옳은 것과 그른 것을 식별할 줄 알고, 화를 피하여 순조로운 데로 나아가려고 하며, 폭력을 떠나 도덕이 있는 군주에게 돌아오려고 하는 것은 매우 칭찬할 만하오. 지금 병사를 파견하여 맞이할 것을 청하는데 병력이 적으면 서로 호위하기에 충분하지 못하고, 병력이 많으면 일은 반드시 먼 곳까지 들리게 될 것이오. 우선 비밀리에 계획하여 본래의 뜻을 이루도록 하시오. 때에 임하여 절도 있게 하는 것이 마땅할 것이오.

만총은 조서를 받고 조정으로 들어가야 했으므로, 남아 있는 부府의 장사長史에게 명령했다.

"만일 왕릉이 가서 영접하려고 한다면 병사를 주지 마시오."

왕릉은 후에 병사를 요구했지만 얻지 못하자 손포를 맞기 위해 단지 한 명의 독장에 보병과 기병 7백 명만 보냈다. 손포가 밤에 매복하여 습격했으므로 독장은 도망치고 반수 이상이 죽거나 다쳤다.

그전에 만총이 왕릉과 공동으로 처리한 일이 어그러지게 되었다. 왕릉의 지지자들은 만총이 게으르고 늙고 정신이 없는 사람이라고 비난했다. 때문에 조예는 그를 불러 그의 신체와 정신이 건강하고 강함을 확인하고 돌려보내려 했다. 만총이 여러 차례 상주하여 남아 있기를 청하자 조예는 조서를 내려 대답했다.

　옛날 염파는 강성함을 나타내기 위해 무리한 식사를 했고, 마원(후한 시대 무장)은 말안장에서 살다시피 했는데, 지금 그대는 늙지도 않았으면서 스스로 이미 늙었다고 하니 어찌 이리 염파와 마원과 상반되는가? 변방 지역을 안정되게 하여 중원에 은혜를 갚을 생각을 하라.

　이듬해 오나라 장수 육손陸遜이 여강으로 향했다. 논의하는 자들이 빨리 구원하러 가야 한다고 주장했으나 만총은 이렇게 말했다.

"여강은 비록 작지만, 장수는 우수하고 병사는 정예이므로 오래 지킬 수 있습니다. 또 적군은 배를 버리고 2백 리를 들어가 후미와의 사이를 텅 비게 하여 우리 군을 유인하려고 합니다. 지금은 그들의 진격에 따라야만 합니다. 단지 그들이 도주하여 따라잡을 수 없게 될 것이 걱정될 뿐입니다."

　군대를 정돈하여 직접 양의구楊宜口로 달려갔다. 적군은 위나라 대군이 동쪽으로 내려온다는 소식을 듣고 그 밤에 즉시 달아났다. 당시 손권은 해마다 공격해올 계획을 품고 있었다.

| 청룡 원년(233) | 만총은 상소해 말했다.

　합비성은 남쪽으로는 강호에 다다라 있고, 북쪽으로는 수춘에서 멀리 떨어져 있으므로 적이 포위하여 공격할 때 수세水勢에 의거하여 유

리한 형세를 차지하는데, 우리 관병이 그들을 구하려면 반드시 먼저
적군의 주요 부대를 무찌른 연후에야 포위망을 풀 수 있을 것입니다.
적군이 가서 공격하기는 매우 쉽지만, 병사들이 가서 그들을 구원하
는 것은 매우 어렵습니다. 성안의 병사를 이동시키는 것이 마땅합니
다. 성의 서쪽 30리쯤 되는 곳에는 기이하고 험한 요새가 있어 의지할
수 있고, 다시 성을 세워 굳게 지킨다면 적을 평지로 끌어내서 그들의
퇴로를 막는 것이므로 계략 면에서 유리하다고 생각합니다.

호군장군 장제는 이 계책에 대해 논의하면서 이렇게 주장했다.
"천하에 우리의 연약함을 드러내고, 적군의 연기를 보고 성을 부
수는 것으로, 이것은 공격을 받지도 않았는데 스스로 함락되는 격
입니다. 한번 이 지경에 이르면 적의 침략은 끝이 없을 것입니다.
반드시 회북淮北에서 지켜야 합니다."
조예는 장제의 건의를 비준하지 않았다.
만총이 다시 상주하여 말했다.

손자孫子는 "군대를 다룰 때는 지략을 운용하여 변화가 가득한 싸움
이 되게 해야 한다. 때문에 힘이 있지만 연약하여 할 수 없음을 나타내
고, 적이 유리한 형세에 교만해지도록 두려워하는 모습을 보여주어야
한다."라고 했습니다. 이것은 외형과 실질이 반드시 서로 일치할 필요
는 없다는 뜻입니다. 손자는 또 "적을 잘 유인하는 사람은 외관外觀을
보인다."라고 했습니다. 지금 적군이 아직 이르지 않았는데도 성을 내
지內地로 옮기고 있으니, 이는 이른바 형체를 드러내 적을 유인하는 것
입니다. 적군을 물에서 멀리 떨어지게 유인하고, 유리한 시기를 택해
병사를 움직여 밖에서 싸워 승리하면 복이 안에서 생길 것입니다.

상서 조자趙咨는 만총의 계책이 우수하다고 생각했고, 조예는 조서를 내려 받아들이겠노라고 답했다. 그해 손권은 직접 출동하여 신성을 포위하려고 했는데, 그곳은 물에서 멀리 떨어져 있기 때문에 20일이 지나도록 감히 배를 띄워 진격하지 못했다.

만총이 여러 장수에게 말했다.

"손권은 우리가 옮긴 옛 성을 차지하고, 반드시 그의 군대 속에서 스스로 위세 있는 말을 할 것입니다. 지금 대거 진격해오는 것은 일체의 성공을 얻으려고 하는 것입니다. 비록 감히 성에 이르지 못한다고 하더라도 반드시 해안에 올라와 병력을 과시하고 여유가 있음을 나타낼 것입니다."

그는 즉시 보병과 기병 6천 명을 은밀히 보내서 합비성의 은폐된 곳에 매복시켜 손권을 기다리게 했다. 손권은 과연 해안에 올라가 병력을 과시했다. 만총의 복병이 갑자기 일어나 공격하여 수백 명의 머리를 베었다. 그중에는 물속으로 도망가다가 죽은 자도 있었다.

다음 해 손권은 직접 이끄는 병력이 10만 명이라고 부르며 합비의 신성에 도착했다. 만총은 급히 달려가서 수십 명의 장사를 모아 소나무를 베어 거(炬, 싸리나 갈대 같은 것을 묶어서 화톳불을 놓는 물건)를 만들고 마유(麻油, 삼씨로 만든 기름)를 흐르게 하여, 바람의 방향에 실어 불을 놓아서 적의 성을 공격하여 무기를 불태웠으며, 화살을 쏴 손권의 조카 손태孫泰를 죽였다. 그 결과 적군이 물러났다.

│ 청룡 3년(235) 봄 │ 손권은 수천 명의 병사를 파견하여 강북江北에서 밭농사를 하도록 했다. 8월이 되자 밭에서 수확을 거두기 위해 남녀는 들에 흩어져 있고, 둔전하며 지키는 병사는 성을 떠나 멀리는 수백 리까지 나가 있으므로 습격할 수 있다고 만총은 생각했다.

장리長吏를 파견하여 삼군三軍을 이끌고 강을 따라 동쪽으로 내려가 둔전하고 있는 군대를 격파하고 곡물을 불태우고 돌아오게 했다. 조예는 조서를 내려 그들을 칭찬했으며, 획득한 전리품은 모두 장수와 병사 들에게 상으로 주었다.

| 경초 2년(238) | 만총은 나이가 들어 불려 들어가 태위로 승진하여 임명되었다. 만총은 집안 살림을 돌보지 않았으므로 집에는 남아 있는 재산이 없었다. 조예가 조서를 내려 말했다.

그대는 외지에서 병사들을 통솔하며 공적인 일에 전념하여 걱정했으며 행보行父와 제준祭遵의 품격이 있다. 밭 열 이랑, 곡식 5백 석, 돈 20만 전을 하사한다. 이것으로 그대의 청렴과 충성심과 검소하고 절약하는 절의를 밝히노라.

만총은 앞뒤로 식읍이 늘어나 총 9천6백 호가 되었으며 아들과 손자 둘이 정후亭侯에 봉해졌다.

| 정시 3년(242) | 세상을 떠났으며, 시호를 경후景侯라 했다. 아들 만위滿偉[1]가 뒤를 이었다. 만위는 법도와 격식을 준수하여 이름이 알려졌으며, 관직은 위위에 이르렀다.

1) 만위는 자가 공형公衡이다. 아들 만장무滿長武는 조부 만총의 풍격이 있었다. 24세 때 대
장군 사마소의 속관이 되었다. 고귀향공이 사마소를 토벌하는 사건이 일어났을 때, 만장
무는 진晉나라 궁문인 창합闔闔의 액문(掖門, 궁궐 양쪽의 작은 문)을 지키고 있었다. 사
마소의 동생 안양정후 사마간司馬幹이 들어가려고 하자 만장무가 이렇게 말했다. "이 문
은 공의 거처와 가까이 있어 공만이 이곳을 지날 뿐 그 어떤 사람도 들어간 적이 없습니
다. 동쪽 액문으로 들어가십시오." 사마간은 그의 말대로 했다. 문왕은 사마간에게 어찌하
여 늦었는지 물었고, 사마간은 그 이유를 사실대로 말했다. 참군 왕선王羨 역시 그 문으로
들어가지 못했으므로 그것을 원망했다. 후에 왕선은 왕의 측근을 통해 만장무가 문을 가
로막고 들어가지 못하게 한 것은 당연히 탄핵을 받아야 하는 일이라고 왕에게 진언하도
록 했다. 이 일로 문왕은 내심 미워하던 만장무를 체포해 심문하여 매질을 해 죽이고, 만
위를 면직시켜 평민이 되도록 했다. 당시 사람들은 이들을 동정했다.

공손연을 토벌하고 오나라 침략을 물리치다

전예전田豫傳

전예는 자가 국양國讓이고, 어양군漁陽郡 옹노현雍奴縣 사람이다. 유비가 공손찬에게 달아났을 때 당시 나이가 어렸던 전예는 유비에게 몸을 의탁했다. 유비는 그를 매우 기이한 사람이라고 생각했다. 유비가 예주 자사가 되었을 때, 전예는 어머니가 연로하므로 돌아가고 싶다고 청했다. 유비는 눈물을 흘리며 그와 이별하면서 이렇게 말했다.

"유감스럽게도 그대와 함께 큰일을 이루지 못하는군요."

공손찬은 전예로 하여금 동주東州의 영令을 대행하도록 했다. 공손찬의 장수 왕문王門이 공손찬을 배반하고 원소를 위해 1만여 명의 병사를 이끌고 공격해왔다. 사람들은 두려운 나머지 투항하려고 했다. 전예는 성 위로 올라가서 왕문에게 말했다.

"그대는 공손찬에게 후한 대접을 받고도 떠났소. 나는 그대에게 피치 못한 까닭이 있었다고 생각하오. 그런데 지금 돌아와서 적이 된다면, 그대가 난을 일으킨 사람이라 알게 될 것이오. 대체로 손에 지닐 만한 작은 병에 들어갈 정도의 지혜를 가진 자는 그 병을 다른 사람에게 주지 않고 지키는 법이오. 나는 이미 이 현을 받았소. 어찌하여 빨리 공격하지 않는 것이오?"

왕문은 잘못을 뉘우치고 물러갔다. 공손찬은 비록 전예에게 권모가 있는 줄을 알았지만 임용할 수는 없었다. 공손찬이 패한 후 선우보鮮于輔가 그 지역 백성에게 추천되어서 태수의 권력을 대신 행사했다. 그는 평소 전예를 중히 여겼으므로 장리로 임명했다. 당시 영웅호걸들이 나란히 일어났는데, 선우보는 누구를 따라야 할지 몰랐다. 전예가 선우보에게 말했다.

"최종적으로 천하를 안정되게 할 자는 틀림없이 조씨(曹氏, 조조)입니다. 응당 빨리 그에게 귀순하여 복종하십시오. 후에 화가 미칠 때까지 기다리지 마십시오."

선우보는 그의 생각을 따랐고 봉토와 은총을 받았다. 조조는 전예를 불러 승상군모연丞相軍謀掾으로 삼았으며, 영음과 낭릉의 영으로 삼고 익양 태수弋陽太守로 승진시켰다. 전예가 맡은 지역은 평안하게 다스려졌다.

언릉후 조창이 대군代郡을 정벌할 때, 전예는 상相으로 임명되었다. 군대가 역수易水 북쪽에 주둔해 있는데 오랑캐들이 기병을 매복해두었다가 습격해왔으므로 병사들은 소란해지고 어쩔 줄 몰랐다. 전예는 지형을 이용하고자 수레를 돌려 둥글게 진을 만들고 활과 쇠뇌를 내부에 가득 채워 대기시키고 의병疑兵들을 꾸며 그 사이에 매복시켰다. 호인胡人들은 나아갈 수 없었으므로 흩어져 달아났다. 전예는 그들을 추격하여 크게 격파시키고 앞으로 나아가 대군을 평정했다. 모두 전예가 예측한 대로였다.

전예는 남양 태수로 승진했다. 이전에 남양군 사람 후음이 반란을 일으켜 수천의 무리를 모아 산속에서 강도가 되어서 군에 큰 피해를 주었다. 이전 태수는 후음의 무리 5백여 명을 체포해서 그들을 모두 사형시켜야 한다고 상주했다. 전예는 수감된 죄인들을 하나하나 만나 위로하며 깨우쳐주고 새 길을 열어 살도록 일시에 형

틀을 부수고 돌려보냈다. 죄인들은 모두 머리를 조아리며 따르기를 원했다. 당시 도적들이 서로 말하여 하루아침에 흩어졌으므로 군안은 깨끗해지고 조용해졌다. 이런 모든 사실을 보고하자, 조조는 높이 평가했다.

문제 초년에 북방 적인狄人이 강성해져 변방의 관소를 침입하고 소란스럽게 했다. 전예를 지절·호오환교위로 삼고, 견초牽招·해준解儁과 함께 선비족을 감독하도록 했다.

고유高柳 동쪽, 예맥濊貊 서쪽 지역에 있는 선비의 수십 부족은 가비능·미가彌加·소리素利가 각기 영지를 분할하여 다스리며 경계를 나누었는데, 그들은 공동으로 서약을 하여 중원의 저자에 말을 주는 것을 허락하지 않았다. 전예는 융적戎狄이 하나로 통일되면 중국에 이로울 것이 없으므로, 먼저 그들을 분리시켜 서로 적이 되어 공격하고 토벌하도록 계획을 세워야 한다고 생각했다.

소리가 맹세를 어기고 말 1천 필을 관에 주어 가비능에게 공격을 받고 전예에게 구원을 요청했다. 전예는 서로 병합되면 깊은 피해를 줄 것을 걱정하여 선을 구원하고 악을 토벌하여 융적들에게 신의를 보여야 한다고 생각했다. 홀로 정예 병사를 이끌고 적지 깊숙이 침입했는데, 오랑캐가 많아 전예의 부대를 앞뒤로 에워싸고 돌아갈 길을 막았다. 전예는 곧 진군하여 적군에게서 10여 리 떨어진 곳에 진영을 만들고, 소와 말의 분뇨를 많이 모아 태우고는 다른 길로 떠났다. 오랑캐들은 연기와 불이 끊이지 않는 것을 보고 전예의 군대가 아직 있는 줄 알았고, 수십 리를 더 가서야 전예가 이미 떠난 사실을 알았다. 전예를 추격하여 마성馬城까지 와서 열 겹으로 에워쌌다. 전예는 엄하게 지키면서 사마에게 명하여 깃발을 세우고 북과 피리를 불어 남문으로 보병과 기병을 나가도록 했다. 오랑캐 사람들은 모두 그쪽을 보고 달려가서 맞서 싸웠다. 전예는 정예 부대를 이끌고 북문으로 북을 치고 함성을 지르며 나아가서 양쪽에서 동시에 공격했다. 적군은 생각지도 못한 일이었다. 적의 군대는 흩어져 혼란스러워 활과 말을 버리고 걸어서 달아났다. 20여 리를 추격하여 토벌한 결과, 오랑캐의 시체가 땅을 덮었다.

또 오환 왕 골진骨進이 교활하고 공손하지 못했으므로, 전예는 변방에 나와 순찰하다가 홀로 1백여 명의 기병을 이끌고 골진의 부락으로 들어갔다. 골진이 나와 맞이하자 전예는 주위에 있던 자에게 명하여 골진의 목을 베게 하고 그의 죄악을 사람들에게 알리도록 했다. 사람들은 모두 두려워하며 감히 움직이지 못했다. 곧 골진의 동생에게 골진을 대신하도록 명했다. 이후로 오랑캐 사람들은 대단히 놀라 무서워했고, 전예는 빛나는 위엄을 사막에 떨쳤다.

산적 고애高艾가 수천 명을 모아 약탈을 하여 유주와 기주에 피해를 입혔다. 전예는 선비족 소리의 부족으로 하여금 고애를 죽이게 하고는 그의 머리를 수도로 보냈다. 전예는 장락정후長樂亭侯에 봉해졌다. 전예는 교위가 된 지 9년이 되었고, 융적을 통제하는 그의 방법은 항상 합병하려는 움직임을 간파하고 교활한 자의 힘을 분산시키는 것이었다. 도망치다 잡히거나 간사한 짓을 한 사람, 오랑캐가 되어 관에 불이익을 준 사람이 있으면, 전예는 반드시 수단을 강구하여 자살刺殺하거나 이간하여 혼란스럽게 하고, 흉악하고 사악한 음모가 있으면 성공할 수 없게 하고, 모여 사는 오랑캐들이 있으면 안정되지 못하게 했다. 그의 사업은 아직 완성되지 않았는데, 유주 자사 왕웅의 무리가 왕웅에게 오환교위를 겸임하도록 하려고 전예를 훼방하여 변방을 소란스럽게 하고 나라에 일이 생기게 했다. 그래서 전예를 여남 태수로 전임시키고 진이장군殄夷將軍을 더했다.

| 태화 연간 말 | 공손연이 요동을 차지하고 반란을 일으켰다. 조예는 그를 토벌하려고 했지만 적임자를 선발하기가 곤란했다. 중령군 양기楊曁는 마땅히 전예를 선발해야 한다고 추천했다. 곧 전예는 본관本官인 청주의 여러 군을 감독했으며 가절로 가서 공손연을 토벌했다. 마침 오나라 적이 사자를 보내 공손연과 서로 연합했다. 조예는 적의 병력이 많고 또 바다를 건너려 한다고 생각하고는, 전예에게 조서를 내려 병사를 철수시키도록 했다. 적군의 배가 귀환할 때에는 한 해가 저물 무렵이고 바람이 거셌으므로 반드시 풍랑 속에서 표류하게 될 것을 두려워하여 동쪽 길로 향하겠지만, 해안이 없으므로 성산成山으로 갈 것이라고 전예는 예상했다. 성산은 배를 숨길 만한 곳이 없으므로, 전예는 해안을 따라서 지세를 살펴 나아가, 산과 섬에 이르러 요충지를 찾아 병사들을 배치하고 그곳에 주둔시켰다. 그는 직접 성산으로 들어가 한나라 무제가 건축한 궁전으로 올라갔다. 적이 돌아갈 때, 과연 사나운 폭풍을 만나 배는 모두 산에 부딪쳐 침몰하거나 풍랑에 의해 해안으로 떠내려 왔는데, 숨을 곳이 없어 전부 전예에게 붙잡혔다. 당초 장수들은 모두 전예가 빈 땅에서 적을 기다리는 것을 비웃었는데, 적을 격파시킨 후에는 다투어 그와 상의하려고 했으며, 바다로 들어가 풍랑 속의 적의 배를 끌어당겨 취할 것을 청했다. 전예는 추격해오는 적이 필사적으로 싸울 것을 걱정하여 모두 듣지 않았다.

처음 전예가 태수 신분으로 청주를 감독했을 때, 청주 자사 정희는 속으로 복종하지 않는 마음을 품었으며, 군사 일을 할 때 대부분 서로 어긋났다. 정희는 황제가 명주明珠를 좋아한다는 것을 알고 곧 비밀리에 보고했다.

"전예는 비록 전공은 있지만 부하들에게 관대하여 금령禁令이 느슴합니다. 노획한 병기와 진주, 금이 매우 많은데, 모두 병사들에게 흩어 나누어주고 관에는 바친 것이 없습니다.”

때문에 전예의 공적은 기록되지 않았다.

후에 손권이 10만 군대라고 외치며 신성을 공격하자 정동장군 만총이 군사들을 이끌고 구원하러 가려고 했다.

전예가 말했다.

“적은 전부 대거 출동하여 단지 화살을 쏘아 작은 이익을 생각하는 것이 아니라, 신성을 인질로 하여 대군을 이르게 하려고 하고 있습니다. 응당 그들로 하여금 성을 공격하게 하여 그들의 예기를 꺾어야지, 그들과 함께 다투어서는 안 됩니다. 성은 공략될 수 없으며, 군대는 반드시 피로하게 될 것입니다. 그들이 피곤해진 연후에 공격하면 크게 이길 수 있습니다. 만일 적이 계획을 안다면 반드시 성을 공격하지 않을 것이고, 장차 스스로 달아나는 형세가 될 것입니다. 만일 곧 병사를 나아가게 한다면, 적의 계책에 들어맞는 격이 됩니다. 또 대군이 서로 대치하여 싸울 때는 응당 적으로 하여금 무리의 행동을 알기 어렵게 해야지, 적의 계획에 들어맞게 행동해서는 안 됩니다.”

전예는 즉시 글을 올려 의견을 설명했다. 조예는 그의 의견에 따랐다. 결국 적군은 도주했다. 후에 오나라가 또 침범해왔지만, 전예가 가서 대항하자 곧 물러났다. 밤에 군사들이 놀라며 말했다.

“적이 또 옵니다!”

전예는 누운 채로 일어나지 않고 사람들에게 명령했다.

“감히 움직이는 자는 머리를 벨 것이다.”

오래지 않아 결국 적이 없어졌다.

| 경초 연간 말 | 식읍 3백 호가 늘어 이전 것과 합쳐 5백 호가 되었다.

| 정시 연간 초 | 사지절·호흥노중랑장으로 승진했고 진위장군을 더하고 병주 자사를 겸임했다. 국경 밖 오랑캐는 그의 위세와 명망을 듣고 서로 솔선하여 와서 헌상했다. 주의 경계 안은 편안하고 조용해졌으며, 백성은 그를 마음에 품었다. 조정에서는 그를 위위로 초빙했다. 전예는 여러 차례 관직에서 물러나기를 청했는데, 대부 사마의는 전예가 건강하다고 생각하여 편지를 써서 설득하며 들어주지 않았다. 전예가 답장을 써서 말했다.

나이는 일흔이 넘었는데도 자리를 차지하고 있는 것은, 비유를 들어 말하자면 물시계의 종이 울리고 물이 다 떨어졌는데도 밤에 쉬지 않고 가는 것과 같으니, 이야말로 죄인입니다!

전예는 중병에 걸렸다며 완강하게 사양했다. 그를 태중대부로 임명하고, 경卿의 봉록을 누리도록 했다. 나이 여든둘에 세상을 떠났다.[2] 아들 전팽조田彭祖가 작위를 이었다.

---

2) 전예는 관직에서 물러나 위현魏縣에 거주했다. 마침 여남에서 튼튼한 다리를 가진 자를 정북장군으로 파견했는데, 그자가 전예의 옛 은혜에 감사하려고 방문했다. 전예는 닭을 잡아 밥을 해주고는 길거리까지 전송하며 그에게 이렇게 말했다. "늙으니 당신의 방문이 가슴 아프오. 이익 될 것이 없어 어떻게 하오." 튼튼한 다리를 가진 자는 그의 가난함과 약함에 연민을 느껴 눈물을 흘리고 떠났다. 그는 돌아와서 관리와 백성에게 이 일을 설명했다. 여남에서는 수천 필의 비단을 마련하여 전예에게 보냈지만, 전예는 하나도 받지 않았다. 병에 걸려 죽으려고 할 때 그의 아내에게 경계하여 말하기를 "나를 반드시 서문표(西門豹, 전국시대 위魏나라의 수령으로 미신 퇴치와 관개 사업에 공을 세웠음) 사당 곁에 묻어주오."라고 했다. 부인은 난색을 하고 "서문표는 고대의 신인神人입니다. 어떻게 그 곁에 묻을 수 있습니까?"라고 했다. 전예는 "서문표가 행한 일은 나와 같소. 죽어서 영혼이 있다면 반드시 나와 잘 어울릴 것이오."라고 했다. 부인은 그의 말에 따랐다. 여남에서는 그의 죽음을 듣고 슬퍼했으며, 화상畫象을 만들고 비명碑銘을 세웠다.

전예는 청렴하고 검소하며 절약하고 소박했으며, 하사받은 상은 모두 장수와 병사에게 흩어 나누어주었다. 매번 오랑캐가 사사로이 그에게 물건을 보낼 때마다 전부 장부에 기록하여 관부에 보관하고, 집에 들여놓지 않았다. 그의 집은 항상 가난하고 물건이라고는 없었다. 비록 그와 한 부류의 사람이 아닐지라도, 모두 전예의 지조가 높다고 생각했다.[3]

| 가평 6년(254) | 조서를 내려서 전예를 포상하고 이름을 알렸으며, 그의 집에 돈과 곡물을 하사했다. 이에 관한 기록은 〈서막전〉에 있다.

3) 선비족 소리 등이 자주 손님으로 찾아왔는데, 소나 말을 전예에게 주었다. 전예는 받은 것을 고스란히 관에 보냈다. 만인彎人은 이전에 전예에게 보낸 물건이 드러나는 것은 금을 갖고 있는 것만 못하다고 생각했다. 그래서 금 3천 근을 가슴속에 숨기고 전예에게 말하기를 "주위에 있는 자들을 물리기를 원합니다. 제가 드릴 말씀이 있습니다."라고 했다. 전예는 그의 말대로 했다. 오랑캐가 무릎을 꿇고 말하기를 "저는 공이 가난하다고 생각했기 때문에 앞뒤로 공에게 소나 말을 보냈는데, 공은 그것을 전부 관에 보냈습니다. 지금 몰래 이것을 바치니 집의 재산으로 삼으십시오."라고 했다. 전예는 소매를 벌려 그것을 받고 후의에 감사했다. 만인이 돌아간 후, 전예는 관청에 상세한 상황을 보고했다. 그 결과 조서를 내려 그를 포상하며 말하기를 "옛날 위종(魏絳, 춘추시대 진晉나라의 대부)은 가슴을 열어 오랑캐의 뇌물을 받았고 지금 그대는 소매를 들어 오랑캐의 금을 받았소. 짐은 이것을 매우 칭찬하오."라고 하고, 비단 5백 필을 하사했다. 전예는 하사품을 받아 절반은 관의 창고에 저장하고 나머지 반은 만인이 다시 왔을 때 주었다.

대담한 기략으로 오환과 선비를 막다

견초전牽招傳

견초의 자는 자경子經이고, 안평군 관진현觀津縣 사람이다. 열 살 남짓할 때 같은 현의 낙은樂隱에게 가서 학문을 배웠다. 후에 낙은은 거기장군 하묘何苗의 장사가 되었고, 견초는 그를 따라가서 학업을 마쳤다. 마침 수도에서 난이 일어나 하묘와 낙은이 살해되었다. 견초는 낙은의 문하생 사로史路 등과 함께 생명의 위협을 무릅쓰고 낙은의 시신을 거두어 염했으며 장례를 치르고자 귀향길에 올랐다. 도중에 도적을 만나 사로 등은 모두 흩어져 달아났다. 도적이 도끼로 관을 찍고 못을 뽑으려 하자 견초는 눈물을 흘리며 놓아줄 것을 애원했다. 도적은 그의 의로운 행위에 감동하여 풀어주고 떠났다. 이 일로 견초의 이름이 빛났다.

기주목 원소는 그를 초빙하여 독군종사督軍從事로 삼았으며, 오환돌기烏丸突騎를 겸하도록 했다. 원소의 사인(舍人, 집안의 잡무를 맡은 사람)이 법령을 위반했을 때, 견초는 먼저 그를 죽인 다음 원소에게 보고했다. 원소는 견초의 행동이 기이했지만 죄로 보지는 않았다. 원소가 죽은 후, 견초는 다시 원소의 아들 원상을 섬겼다.

| 건안 9년(204) | 조조가 업성을 포위했다. 원상은 견초를 상당으로 파견하여 독군종사로 삼았다. 견초가 아직 돌아가기도 전에 원상은 격파되었고 달아나서 중산으로 갔다. 당시 원상의 외사촌 형

고간이 병주 자사로 있었는데, 견초는 병주 동쪽에는 항산恒山의 요충지가 있고, 서쪽에는 대하大河의 험준한 요해처와 5만의 병사가 있으며, 북쪽으로는 강력한 오랑캐를 막고 있다고 생각하고, 고간에게 원상을 맞이하여 병력을 합치고 천하의 변화를 살피라고 권했다. 고간은 견초의 의견을 받아들일 수 없었으므로 몰래 그를 죽이려고 했다. 견초는 그 말을 듣고 지름길로 떠나 그대로 동쪽으로 가서 조조를 알현했다. 원상은 길이 끊어졌으므로 쫓을 수 없었다. 조조는 기주를 다스리고 있었으며, 견초를 불러 종사로 삼았다.

조조가 원담을 토벌하려고 하자, 유성의 오환이 기병을 내어 원담을 도우려 했다. 견초가 일찍이 오환돌기를 담당한 적이 있었으므로 조조는 그를 유성으로 파견했다. 견초가 유성에 도착했을 때, 마침 초왕蕭王이 경계 체제를 선포하고 원담에게 기병 5천 명을 파견할 준비를 하고 있었다. 또 요동 태수 공손강은 스스로 평주목平州牧이라 칭하고, 사자 한충韓忠을 파견하여 선우의 인수를 갖고 사사로이 초왕에게 주도록 했다. 초왕이 부족의 장들을 여럿 모았는데, 한충도 그 자리에 있었다. 초왕이 견초에게 물었다.

"옛날에 원공은 천자의 명령을 받아 내가 선우가 되게 했습니다. 지금 조공이 또다시 천자에게 말하여 내가 진짜 선우가 되게 하려고 요동에서 또 인수를 갖고 왔습니다. 이와 같을 때 응당 누구를 정당하다고 해야 합니까?"

견초가 대답했다.

"과거에 원공은 황제의 명령을 이어서 임명하는 권한을 갖고 있었습니다. 그 후 일을 처리할 때 천자의 명령을 위반했으므로 천자는 조공에게 명하여 그것을 대신하도록 했습니다. 조공이 천자에게 말하여 진짜 선우가 되게 한 것이 옳은 것입니다. 요동은 천자의 관할 아래 있는 군인데, 어떻게 멋대로 관직을 줄 수 있습니까?"

한충이 말했다.

"우리 요동은 창해 동쪽에 위치하고, 1백만 병사가 있으며, 또 부여와 예맥을 이용하고 있습니다. 지금 천하의 형세는 강대한 사람이 위에 서는 것입니다. 어떻게 조조 혼자 옳다고 하겠습니까?"

견초가 한충을 질책하며 말했다.

"조공은 공손하고 이치에 밝으며 천자를 보좌하여 추대했고, 반역자를 토벌하고 복종하는 자를 덕으로 교화시킴으로써 사해를 안정시켰습니다. 당신들의 군신은 완고하고 지금 지세의 험준함과 중원에서 멀리 떨어진 것에 기대어 왕명을 어기고 제멋대로 임명하려고 하여 신성한 조정을 치욕스럽게 하고 있습니다. 이것은 응당 주살하여 깨끗하게 해야 하거늘, 어찌 감히 조공과 같은 중신을 경시하고 욕되게 하고 비방합니까?"

곧바로 한충의 머리를 잡아채어 땅에 처박고는 칼을 뽑아서 그를 베려고 들었다. 초왕은 놀라 떨며 맨발로 달려가 견초를 끌어안으며 한충을 살려달라고 청했고, 주위 사람들은 새파랗게 질렸다. 견초는 곧 돌아와 앉아서 초왕 등에게 일이 성공하고 실패했을 때의 결과와 재앙과 복이 생기는 원인에 대해 설명했다. 다들 자리에서 내려와 무릎을 꿇고 엎드려 공손하게 그의 훈계를 받았고, 요동의 사자에게 알려 엄정하게 대기하고 있던 기병을 해산시켰다.

조조는 남피에서 원담을 멸하고, 견초를 군모연으로 임명했다. 견초는 오환을 토벌하는 데 따라갔다. 유성에 도착한 후, 호오환교위로 임명되었다. 업성으로 돌아온 후, 요동에서 원상의 머리를 보내어 말을 파는 저잣거리에 걸었다. 견초는 그것을 보고 매우 슬퍼하며, 원상의 머리 아래에 제수를 차리고 제사를 지냈다. 조조는 그에게 의기가 있다고 보고 무재로 천거했다.

견초는 조조를 따라 한중을 평정하러 갔다. 조조는 돌아오면서 견초를 남겨 중호군으로 삼았다. 일이 끝난 후, 업성으로 돌아와 평로교위에 제수되었고, 군대를 거느리고 독청서군제군사督靑徐郡諸軍事가 되었다. 동래의 적을 습격하여 그들 우두머리의 목을 베었다. 동쪽 땅은 안정되었다.

조비가 제위에 오른 후, 견초를 사지절·호선비교위護鮮卑校尉로 임명하여 창평昌平에 주둔시켰다. 당시 변방의 백성은 산과 연못으로 뿔뿔이 흩어져 떠돌았으며, 또 선비의 각 부락으로 달아난 자는 곳곳마다 많은 수가 있었다. 견초는 은덕을 널리 펼치고 신의를 보여주어서 투항하거나 귀의할 사람들을 불렀다. 건의중랑장 공손집公孫集 등은 자신의 사병을 이끌고 모두 귀순했다. 견초는 그들을 각각 본래의 군현으로 돌아가게 했고, 선비 소리와 미가 등 10만여 부락을 모두 회유하여 관소로 들어와 편안히 살도록 했다.

대군이 오나라 정벌을 계획하고, 견초를 불러 돌아오게 했다. 견초가 도착한 후, 출병을 멈추고 우중랑장으로 임명했으며, 지방으로 나가 안문 태수雁門太守가 되게 했다. 안문군은 변방에 있었으므로 정찰과 수비를 계속해도 침범과 약탈이 끊이지 않았다. 견초는 백성에게 전투 방법을 가르치고, 또 표를 올려 오환족 5백여 가구의 조세를 면제하고 그들로 하여금 각자 말과 말안장을 준비하여 먼 곳으로 보내 정찰하도록 할 것을 요구했다. 적이 관소 안쪽으로 침범할 때마다 견초의 병사들이 맞아 공격하여 무찔렀다. 그래서 관리와 백성의 담력은 갈수록 커지고 사기는 갈수록 높아졌다. 황량한 들에서도 걱정이 없었다. 또 견초는 오랑캐들을 이간질하고 힘을 분산시켜서 서로 의심하도록 일을 꾀했다. 선비족의 대인 보도근步度根과 설귀니泄歸泥 등은 가비능과 틈이 벌어져서 부락 3만여 가구를 이끌고 군으로 나아가 국경 지대에 종속되었다. 견초는 조정의 명령을 받들어서 그들로 하여금 돌아가 가비능을 공격하고, 가비능의 동생 저라후苴羅侯와 배반한 오환의 귀의후歸義侯 왕동王同과 왕기王奇 등을 죽여서 원수가 되게 했다. 그러고 나서 견초는 직접 출격하여 설귀니 등을 이끌고 운중雲中 옛 군으로 가서 가비능을 토벌하여 크게 무찔렀다. 견초는 하서 선비河西鮮卑의 우두머리 등 10만여 가구와 연합하여 형陘 북쪽의 옛날 상관성上館城을 정돈하고 주둔하여 지킬 병사들을 배치하여 안팎의 인구를 진압하도록 했으므로 크고 작은 오랑캐 중에서 마음을 돌리지 않는 자가 없었고, 모반하여 도망친 자는 그들의 친척조차도 감히 숨겨주지 않았으므로 전부 체포되어 관부에 보내졌다. 이후로 야외에서 사는 사람들은 평안할 수 있었고, 강도나 도적은 자취가 사라졌다. 견초는 재능과 식견이 있는 자를 뽑아 태학에 들어가 수업을 받고 돌아와 다른 사람을 가르치도록 했으므로 몇 년 사이에 학교가 도처에 세워지게 되었다.

안문군의 치소治所인 광무廣武는 우물물이 모두 짜고 썼으므로, 백성은 모두 멀리서 흐르는 물을 수레로 길어왔는데 오가는 길이 7리가 되었다. 견초는 지세를 보고 산등성이의 적당한 지점을 이용하여 수원水源을 뚫고 수로를 개통하여 성안으로 물이 흘러들게 했다. 백성이 그 혜택을 누렸다.

조예가 즉위한 후 견초에게 관내후의 작위를 내렸다.

| 태화 2년(228) | 호오환교위 전예가 변방에 나왔다가 옛 마읍성에서 가비능에게 포위되었을 때, 견초에게 문서를 보내 구원을 요청했다. 견초는 즉시 병사와 말을 정돈하여 전예를 구하러 가려고

447

—

26

만전견곽전滿田牽郭傳

했다. 병주에서는 통상적인 규정을 들어 견초의 행동을 금지했지만, 견초는 지절장군이 포위되어 있는데 관리의 의견에 얽매일 수 없다고 생각하고, 상주문을 올리고 출발했다. 동시에 그는 말을 달려 우격(羽檄, 깃발을 꽂은 긴급한 문서)을 포고하여 당시의 형세를 분명히 밝히고, 응당 서북쪽에서부터 적의 집을 습격한 연후에 동쪽으로 행군하여 합쳐서 적을 주살해야 한다고 했다. 조급함을 알리는 문서가 도착한 후, 전예의 군대는 용맹하게 떨쳐 일어났다. 그는 또 한 부대를 적의 요충지로 파견했다. 적은 곧바로 두려워 떨며 뿔뿔이 흩어졌다. 군대가 옛 평성平城에 이르자 적은 전부 무너져 달아났다. 가비능은 또 기병을 대대적으로 모아서 옛 평주 관소의 북쪽에 이르렀다. 견초는 조용히 행군하여 공격해서 많은 수의 적을 죽이고 우두머리의 머리를 베었다.

　　견초는 촉나라의 적 제갈량이 여러 차례 병사를 내보냈고, 가비능은 교활하므로 서로 연합할 수 있다고 생각하고, 상주문을 올려 방비할 것을 요청했다. 조정에서 논의하는 신하들은 양쪽의 거리가 멀기 때문에 견초의 말은 믿을 수 없다고 주장했다. 당시 제갈량은 기산에 있었지만, 과연 사절을 보내 가비능과 연합했다. 가비능은 옛 북지군의 석성石城에 이르러 제갈량과 머리와 꼬리가 되어 서로 호응했다. 조예는 곧 조서를 내려 견초에게 알맞은 시기에 스스로 출병하여 가비능을 토벌하도록 했다. 당시 가비능은 이미 사막 남쪽으로 돌아간 뒤였다.

　　견초는 자사 필궤와 상의하여 말했다.

　　"오랑캐의 움직임에는 고정된 노선이 없습니다. 만일 군사들을 수고롭게 하여 멀리 추격한다면, 우리는 늦고 적은 빨라서 미치지 못할 것입니다. 만일 몰래 습격한다면 산이나 계곡이 험난하므로 비밀히 물자나 병사의 식량을 운송하기가 어려울 것입니다. 신흥新興과 안문을 수비하고 있는 두 아문장군牙門將軍에게 군사를 이끌고 출발하여 형陘 북쪽에 주둔하도록 하십시오. 밖으로는 진무하고, 안으로는 병사들에게 경작하게 하여 식량을 축적하십시오. 가을과 겨울이 되면 말이 살찔 것이니, 주와 군의 병력을 합쳐 적의 틈이 벌어졌을 때를 틈타서 토벌하는 것입니다. 이 계획은 반드시 완전히 승리할 것입니다."

계획은 실행되지 못했고, 견초는 병으로 세상을 떠났다.

견초는 안문군에서 12년 동안 있으면서 먼 곳까지 위풍을 떨쳤다. 변방을 다스린 아름다운 명성은 전예에 버금갔으며, 백성은 그를 추모했다.

어양군의 부용傅容이 안문군에서 명성과 공적이 있었으므로 견초의 뒤를 이었다. 그는 요동에서도 공을 세웠다고 한다.

아들 견가牽嘉가 뒤를 이었다. 차남 견홍牽弘도 용맹하고 강인하여 견초의 유풍이 있었으며, 농서 태수의 신분으로 등애를 수행하여 촉나라를 토벌한 공이 있었고, 함희 연간에 진위호군振威護軍이 되었다. 견가는 진晉나라 사도 이윤李胤과 같은 어머니에게서 태어났는데 일찍 죽었다.

30년 동안 제갈량과 강유의 침입을 물리친 명장

곽회전郭淮傳

곽회는 자가 백제伯濟이고, 태원군太原郡 양곡현陽曲縣 사람이다. 건안 연간에 효렴으로 천거되고 평원부승平原府丞으로 임명되었다. 조비가 오관장이 되었을 때 곽회를 불러 문하적조에 임명했다. 승상병조의령사丞相兵曹議令史로 전임되었고 한중 토벌을 수행했다. 조조는 돌아오면서 정서장군 하후연을 남겨 유비에 대항하도록 하고, 곽회를 하후연의 사마로 삼았다. 하후연이 유비와 싸울 때 곽회는 병이 있어서 출정하지 못했다. 하후연이 살해된 후, 군대 안의 민심이 불안했다. 곽회가 흩어진 병사들을 모아 탕구장군 장합을 군주軍主로 추천하자, 각 진영은 비로소 안정되었다. 다음 날 유비가 한수를 건너 공격해오려고 했다. 장수들이 의논한 끝에 중과부적이라고 뜻을 모으고 유비가 승리의 기세를 타고 있는 이상 물에 의지하여 진을 만들고 유비에 대항하려고 했다.

곽회가 말했다.

"이것은 우리가 연약하여 적을 꺾기 충분하지 못함을 보이는 것이니 좋은 계책이 아닙니다. 물에서 멀리 떨어진 곳에 진을 쳐서 적을 유인하고 반쯤 건넌 후에 공격하여 유비를 무찌르는 것만 못합니다."

진을 친 후, 유비는 의심스럽게 여겨 건너지 않았다. 곽회는 고수하고 돌아올 마음이 없음을 나타냈다. 이런 상황을 보고하자 조조는 그를 칭찬했으며, 임시로 장합에게 부절을 주었고, 또 곽회를 사마로 임명했다.

조비가 왕위에 오르자 관내후의 작위를 내렸고, 진서장사鎭西長史로 전임했다. 또 정강호군征羌護軍을 대행하고, 좌장군 장합과 관군장군 양추를 감독하여 산적 정감鄭甘과 반란을 일으킨 노수盧水의 오랑캐를 토벌하여 모두 깨뜨려 평정시켰다. 관중은 비로소 안정되었고, 백성은 편안히 할 일을 할 수 있었다.

| 황초 원년(220) | 곽회는 조비가 제위에 오른 것을 축하하는 사자로서 수도로 갔는데, 도중에 병을 얻었기 때문에 조비가 거리를 계산했음에도 도착 시간에 늦었다. 도착했을 때는 신하들이 즐겁게 연회를 열고 있었으므로 제왕은 정색을 하고 그를 꾸짖었다.

"옛날 우禹가 도산塗山으로 제후들을 모이게 했을 때, 방풍防風이 늦게 도착하자 사형에 처했소. 지금 하늘이 함께 축하하고 있는데 그대는 오히려 늦게 왔소. 무엇 때문이오?"

곽회가 대답했다.

"신이 듣기로 오제五帝는 교화를 우선으로 하여 백성을 덕으로 지도했고, 하후夏后의 정치가 쇠미해지자 형벌을 사용하기 시작했다고 합니다. 지금 신은 당우의 시대를 만났습니다. 그러니 스스로 방풍의 죽음을 면하게 될 것을 압니다."

조비는 그의 말을 듣고 칭찬하고, 발탁하여 옹주 자사를 겸하도록 했으며, 사양정후射陽亭侯로 봉했다가, 5년 후에 실제로 옹주 자사로 임명했다. 안정安定의 강족 대사大師 벽제辟蹏가 반란을 일으켰으므로 곽회가 토벌하여 투항하도록 했다.

강족과 오랑캐가 투항할 때마다 곽회는 항상 먼저 사람을 보내 그들의 친척 관계, 남녀의 많고 적음을 탐문하도록 했다. 회견할 때 한두 가지 일로부터 그들의 사정을 하나하나 이해하고, 심문을 매우 조밀하게 하므로, 다들 그를 신명神明이라고 칭했다.

| 태화 2년(228) | 촉나라 재상 제갈량이 기산에서 나와 마속 장군을 가정까지 파견하고 고상高詳을 열유성列柳城에 주둔시켰다. 장합이 마속을 공격하고, 곽회가 고상의 진영을 공격하여 모두 격파시켰다. 또 농서의 유명한 강족 사람 당제唐蹏를 포한에서 무찔렀으며 건위장군을 더했다.

| 태화 5년(231) | 촉나라가 노성을 공격하러 나갔다. 이때 농우에 식량이 없었으므로 관중에서 많은 양의 [군량미를] 실어오는 일을 상의했다. 곽회가 위엄과 은혜로 강족과 오랑캐를 어루만지며 집집마다 곡식을 내게 하고, 공평하게 노역을 할당했으므로, 군사들이 쓸 식량이 충분해졌다. 양무장군으로 전임되었다.

| 청룡 2년(234) | 제갈량이 야곡에서 공격하여 나왔고, 아울러 난갱蘭坑에서 둔전을 했다. 당시 사마의는 위남에 주둔하고 있었다. 곽회는 제갈량이 반드시 북원北原을 다툴 것이므로 응당 먼저 그곳을 점거해야 한다고 계획했다. 논의하는 자들은 대부분 그렇지 않다고 했다. 곽회가 말했다.

"만일 제갈량이 위수를 넘어서 고원으로 올라와 병사들이 북산北山에 이어서 농隴으로 가는 길을 끊어버리고, 백성이나 오랑캐를 동요시킨다면, 국가에 이로울 것이 없습니다."

사마의가 그의 의견에 찬성했다. 곽회는 곧 북원에 주둔했다. 참호와 보루가 아직 완성되지 않았는데, 촉나라 병사가 대대적으로 이르렀으므로, 곽회는 그들을 맞아서 공격했다. 며칠 후 제갈량은 병력을 과시하며 서쪽으로 진군했는데, 장수들은 모두 서위西圍를 공격하려 한다고 말했고, 오직 곽회만이 제갈량이 서쪽에서 형체를 드러내는 것은 관병으로 하여금 중병重兵을 서쪽에서 대응하게 하려는 것으로, 실제로는 틀림없이 양수를 공격할 뿐이라고 생각했다. 그날 밤 과연 양수를 공격했는데, 대비를 하고 있었으므로 성을 공략할 수는 없었다.

| 정시 원년(240) | 촉나라 장수 강유가 농서로 진격해왔다. 곽회가 곧 진군하여 강중까지 추격하니, 강유는 물러났다. 곽회는 곧 강인 미당 등을 토벌하고 저인氐人 3천여 부락을 순찰하여 위로하고, 그들을 옮겨 관중을 충실하게 했다. 좌장군으로 승진했다. 양주涼州의 휴도호休屠胡와 양원벽梁元碧 등이 종족 부락 2천여 가구를 이끌고 옹주로 귀속했다. 곽회는 상주하여 그들이 안정군의 고평高平에 거주하여 주민이 되게 하기를 청했다. 그 후 그들을 위해 서주도위西州都尉를 설치했다. 전장군으로 바꿔 임명되었고 이전처럼 옹주를 관리했다.

| 정시 5년(244) | 하후현이 촉을 토벌하자, 곽회는 군사를 지휘하여 선봉에 섰다. 곽회는 형세가 불리하다고 판단하고 즉시 군사를 적지에서 탈출시켰기 때문에 크게 패하지는 않았다. 돌아오자 곽회에게 절이 주어졌다.

| 정시 8년(247) | 농서·남안·금성·서평의 각 강인 아하餓何·소과燒戈·벌동伐同·아차새蛾遮塞 등이 서로 결탁하여 반란을 일으켜서 성읍을 공격하여 포위했고, 남쪽으로 촉나라 군대를 불러들였다. 양주의 저명한 오랑캐 치무대治無戴가 또 반란을 일으켜 그들에게 호응했다. 토촉호군 하후패는 군사들을 지휘하여 위시에 주둔했다. 곽회의 군대가 막 적도에 이르렀을 때, 논의하는 자들은 먼저 포한을 공격하여 평정한 후에야 안으로는 흉악한 강인을 평정할 수 있

고, 밖으로는 적의 음모를 꺾을 수 있다고 했다. 곽회는 강유가 반드시 하후패를 공격해올 것이므로 풍중漲中으로 들어가서 남쪽으로 방향을 바꿔 하후패를 맞이하려고 계획을 짰다. 강유는 과연 위시를 공격해왔는데, 마침 곽회의 군대와 부딪히자 점차 퇴각했다. 곽회는 모반한 강족을 토벌하여 아하와 소과를 베어버렸는데, 항복한 자들이 1만여 부락이나 되었다.

│ 정시 9년(248) │ 아차새 등이 하관과 백토의 옛 성에 주둔하면서 황하를 거점으로 하여 위나라 군대에 저항했다. 곽회는 상류의 형세를 보고 비밀리에 하류로 군대를 건너게 하여 백토성을 점거하고 공격하여 크게 무찔렀다. 치무대가 무위武威를 포위했지만, 그의 가족은 서해에 남아 있었다. 곽회는 군대를 전진시켜 서해까지 나아가 그들의 물자와 귀중품을 습격하여 취하려 했는데 마침 돌아오는 치무대와 마주치게 되어 용이龍夷의 북쪽에서 교전하여 그를 무찔러 달아나게 했다. 영거슭居라는 흉악한 오랑캐가 석두산石頭山의 서쪽에 있었는데 큰길을 끊고 왕의 사신이 왕래하지 못하게 했다. 곽회가 돌아가는 길에 토벌하여 크게 무찔렀다.

강유는 석영에서 나와 강천彊川을 따라서 서쪽으로 치무대를 맞이하고, 음평 태수陰平太守 요화廖化를 성중산成重山에 남겨두어 성을 쌓게 하며, 패배한 강인들을 거두어 인질로 삼았다. 곽회가 군대를 분산시켜 그들을 취하려 했다. 장수들은 강유의 군세는 서쪽의 강력한 만족과 이어져 있고, 요화가 요충지를 점거하고 있는데, 우리 편의 군대를 두 방향으로 나누어 대처하는 것은 군대의 세력만 약화시키는 것이고, 전진해도 강유를 제압할 수 없으며, 물러나도 요화를 함락시킬 수 없으니 계책이 아니고, 모두 합쳐서 함께 서쪽으로 가는 것만 못하며, 아직은 만족과 촉나라가 연결되지 않아 그 안팎이 끊어져 있으니, 이는 연합하여 적을 토벌하는 병법이라고 생각했다.

곽회가 말했다.

"지금 가서 요화를 취하고 적이 생각지도 못했는데 출동하면, 강유는 반드시 낭패할 것이오. 강유가 스스로 달려가는 것은 요화를 평정할 수 있기 때문이오. 강유로 하여금 명령에 따라 분주히 돌아다녀 피곤하게 해야 하오. 그러면 군대는 멀리 서쪽으로 가지 못하고, 호인胡人과 촉나라의 연합은 자연스럽게 끊어지게 될 것이오. 이것은 하나를 들어 둘을 온전하게 하는 책략이오."

곧 하후패 등을 따로 보내 답중沓中까지 강유를 추격하게 했다. 곽회는 친히 군사를 이끌고 요화 등을 공격했다. 과연 달려 돌아와 요화를 구했으니, 모두 곽회의 계산대로 되었다. 나아가 도향후로 봉해졌다.

| 가평 원년(249) | 정서장군과 도독옹양제군사로 옮겼다. 그해 옹주 자사 진태와 함께 계책을 정하여, 촉나라의 아문장군 구안 등을 시翼에서 항복시켰다.

| 가평 2년(250) | 조서가 내려왔다.

옛날 한천 싸움에서 거의 전멸했지만, 곽회는 위기에 처하여 어려움을 구제했으므로 그 공로가 왕부王府에 기록되어 있다. 그는 관우關右에서 30여 년간 있으면서 밖으로는 적을 정벌하고, 안으로는 백성을 안정되게 했다. 올해 들어 요화를 격파하고 구안을 포로로 잡으며 뚜렷한 공을 세웠으니, 짐은 매우 칭찬하는 바이다. 지금 곽회를 거기장군과 의동삼사儀同三司[4]로 삼고, 지절과 도독은 옛날과 똑같이 하라.

승진하여 양곡후陽曲侯로 봉해졌으며, 식읍이 2,780호가 되었는데 3백 호를 나누어 아들 하나를 정후亭侯에 봉했다.

| 정원 2년(255) | 세상을 떠나자 대장군으로 추증되었으며 시호를 정후貞侯라 했다.[5] 아들 곽통郭統이 작위를 이었다. 곽통은 관직이 형주 자사까지 이르러 세상을 떠났다. 아들 곽정郭正이 뒤를 이었다. 함희 연간에 오등급 작위제를 세웠는데, 곽회가 전대에 공훈이 현저했으므로 분양자汾陽子로 고쳐 봉했다.

【평하여 말한다】

만총은 뜻을 세움에 강인했으며 용감하면서도 지모가 있었다. 진에는 자신의 몸을 청결한 곳에 두고, 모략을 도모함이 분명하고 숙련되었다. 건초는 큰 뜻이 있고 용감하고 장렬하며 위엄 있는 전공이 현저했다. 곽회의 계책은 정밀하고 상세했으며, 진秦과 옹雍 일대에 명망을

---

4) 가관(加冠, 본래의 관직에 덧붙이는 벼슬)으로 삼공과 같은 격식을 주었다. 촉나라와 오나라에는 없었다. 간단히 의동儀同이라고도 일컫는다.

5) 곽회의 처는 왕릉의 여동생이다. 왕릉이 처형되었을 때, 곽회의 처도 연좌되어 어사御使가 와서 체포해갔다. 곽회의 아내가 길을 지날 때 독장과 강족의 우두머리 수천 명 중에서 눈물을 흘리고 손을 불끈 쥐지 않는 자가 없었다. 곽회의 다섯 아들은 머리를 조아리고 피를 흘리면서 곽회에게 처를 남겨둘 것을 요청하라고 했지만, 곽회는 따르지 않았다. 곽회는 차마 보지 못하고, 주위에 있는 자들에게 아내를 뒤쫓으라고 했다. 며칠이 지나서 그의 아내는 돌아왔다. 곽회는 사마의에게 편지를 써서 말했다. "이 몸을 아끼지 않고 명을 거역했습니다. 만일 그들의 어머니가 없게 된다면 이 다섯 아들은 없게 될 것이고, 다섯 아들이 없으면 저 곽회 또한 없는 것입니다. 지금 급히 쫓아가서 되찾아왔습니다. 만일 법률상 통용될 수 없다면 당연히 담당 관리에게 벌을 받아야 할 것입니다." 사마의는 편지를 받아 보고 그들을 용서했다.

남겼다. 그러나 전예의 관위는 작은 주의 자사에 그쳤고, 견초는 군수
로 있다가 죽었으므로, 그들은 능력을 충분히 발휘할 수 없었다.

27

서호이왕전徐胡二王傳

각종 정책이나 제도를 중심으로 다스린 준비된 관리들

전쟁으로 황폐해진 양주를 되살리다

서막전徐邈傳

서막은 자가 경산景山이고, 연국燕國 계현薊縣 사람이다. 하삭을 평정한 조조가 그를 불러 승상군모연으로 삼고, 시험 삼아 봉고奉高의 영을 대행하도록 하고, 조정으로 들여보내 동조의령사東曹議令事로 삼았다. 위나라가 처음 세워지자 상서랑이 되었다. 당시 금주령이 행해졌으나, 서막은 사사로이 술을 마시며 결국 흠뻑 취하는 데까지 이르렀다. 교사 조달이 그의 직무에 관해 묻자 서막이 이렇게 대답했다.

"성인[수준]에 들어맞습니다."

조달이 이 말을 조조에게 아뢰자, 조조는 매우 화를 냈다. 요동의 장군 선우보가 진언했다.

평소 술에 취한 사람 중 청주淸酒를 마신 자를 성인聖人이라고 이르고, 탁주濁酒를 마신 자를 현인賢人이라고 이릅니다. 서막은 두터이 성품을 수양한 자로서, 이번엔 우연히 취하여 한 말일 뿐입니다.

덕분에 서막은 형벌을 면했다. 나중에 농서 태수를 겸했고 남안 태수로 전임했다. 조비가 제위에 오르자 초국의 상을 거쳐 평양과 안평의 태수와 영천전농중랑장穎川典農中郎將을 지냈다. 재임하는 곳마다 칭송을 남겼으므로 관내후의 작위가 내려졌다. 조비가 허창을 순시할 때 서막에게 물었다.

"다시 성인에 들어맞는가?"

서막이 대답했다.

"옛날에 초나라 공자 자반子反은 곡양穀陽에서 죽었고, 노나라 대부 어숙御叔은 술을 마시다가 벌을 받았습니다. 신의 기호는 이 두 사람과 같아 스스로를 징계할 수가 없으니, 여전히 성인에 들어맞는다고 할 수 있습니다. 그러나 오랫동안 큰 병에 걸린 사람은 추한 모습이 전해지는데, 신은 술에 취함으로써 알려지게 되었습니다."

조비는 크게 웃고 주위를 둘러보며 말했다.

"서막의 명성은 헛되이 세워진 것이 아니로구나."

다시 무군대장군의 군사軍師로 옮겼다.

조예는 양주涼州 지방이 멀리 떨어져 있어 남쪽으로는 촉나라와 맞닿아 있다고 생각하고 서막을 양주 자사와 사지절·영호강교위領護羌校尉로 임명했다. 부임할 때, 마침 제갈량이 기산을 공격해왔고, 농우의 세 군이 모반했다. 서막은 즉시 참군參軍과 금성 태수 등을 보내 남안의 적을 공격하여 무찔렀다. 황하의 서쪽은 비가 적어 항상 식량이 부족하므로 고통을 받았다. 서막이 북쪽의 무위와 주천 일대의 염지鹽池를 개척하여 적의 곡식과 바꾸고, 또 논을 넓게 개간하고, 빈궁한 평민을 모아 씨를 뿌리니 집집마다 양식이 풍족하고 창고는 넘쳐흘렀다. 모든 주의 경계에 있는 군용 경비의 잉여분을 뽑아서 황금과 비단, 개, 말 등을 사서 중원의 비용을 댔다. 그는 민간에서 사사로이 무기를 만드는 것을 점점 거둬들여 관부의 무기고에 보관했다. 그런 연후에 인의로써 백성을 이끌고, 학교를 세우고 성인의 교훈을 설명하며, 성대한 장례를 금하고 예법에 어긋난 제사를 폐지하고, 선량한 현인을 나아가게 하고, 흉악무도한 사람을 쫓아내고, 풍속과 교화를 크게 행하자, 모든 백성이 마음을 의탁했다.

서역과 교류를 회복하여 멀리 있는 오랑캐들이 조공朝貢을 바치러 왔으니 모두 서막의 공이었다. 반란한 강족인 가오柯吾를 토벌하는 데 공을 세웠으므로 도정후에 봉해지고, 식읍 3백 호와 건위장군이 더해졌다. 서막은 강족·호족과 일을 했으며, 그들의 작은 과실을 문책하지 않았고, 만일 큰 죄를 범하면 먼저 그들의 부락 우두머리에게 알려서 그들로 하여금 죄행을 알게 하여, 마땅히 사형에 처해지는 자는 곧 참수되었고, 수급을 각지의 민중에게 보여주니, 이로써 강족과 호족은 모두 서막을 믿고 복종하고 그의 위엄을 두려워했다. 조정에서 내린 상을 모두 장수들에게 나누어주었으나, 집으로 가지고 돌아가는 자는 없었다. 그의 처자식은 의복과 음식이 충분하지 못했고 천자가 이 소식을 듣고 그를 가상히 여겨 때때로 그의 집에 물품을 보내주었다. 서막이 불법을 저지른 사람들을 탄압하고 물리치자, 주의 경계는 소란이 가라앉고 평화로워졌다.

| 정시 원년(240) | 서막은 조정으로 돌아가 대사농이 되었다. 후에 사예교위로 옮겼는데, 모든 관료가 그를 공경하고 두려워했다. 공적인 일로 인하여 관직을 떠났다. 나중에 광록대부가 되었으며, 몇 년 후에 사공에 제수되자, 서막이 탄식하며 말했다.

"삼공은 도리를 논하는 관원이며, 이곳에 적합한 사람이 없으면 자리를 비워놓아야 하는데, 어떻게 늙고 병든 사람이 이곳에 기생하겠는가?"

마침내 고사하고 임명을 받지 않았다.

| 가평 원년(249) | 나이 일흔여덟에 대부의 신분으로 집에서 세상

을 떠났으니, 삼공의 장례를 행하고, 시호를 목후穆侯라 했다. 아들 서무徐武가 작위를 이었다.

| 가평 6년(254) | 조정에서는 맑고 절의 있는 선비를 추모하며 조서를 내렸다.

무릇 현인을 존경하고 덕행을 드러내는 것은 현명한 군주가 중시하는 바이고, 좋은 인재를 골라 가르치는 것은 중니(공자)가 찬미한 바이다. 그러므로 사공 서막, 정동장군 호질, 위위 전예는 모두 전대에서 직책을 수행했으며, 줄곧 사대四代의 제왕을 섬겼고, 밖으로 나가서는 군대의 병마를 통솔하고, 조정으로 들어와서는 모든 정무를 보좌하고, 공이 되어 공직에 있을 때는 충성스럽고 청렴하고 나라를 근심하고 사욕을 잊어 산업을 경영하지 않았고, 제 몸이 죽은 연후에는 집에 남은 재산이 없었으니, 짐은 이 점을 매우 가상히 여기는 바이다. 서막 등의 집에 곡식 2천 섬, 돈 30만 전을 하사하여 천하에 널리 알리도록 하라.

서막과 같은 군의 한관韓觀은 자가 만유曼游이고, 다른 사람의 재능과 능력을 식별하는 재능이 있어 서막과 이름을 나란히 했는데, 손례와 노육보다 명성이 높았다. 한관은 예주 자사가 되었을 때 다스린 공적이 매우 많았고, 관직에 있을 때 죽었다.

노흠이 글을 써서 서막을 칭찬하여 말했다.

"서공(서막)은 뜻이 숭고하고, 행위가 고결하며, 여러 방면에 재주가 많고, 기개가 용맹하다. 그가 이러한 품덕을 시행했을 때 숭고하나 마음이 좁지 않았으며, 고결하나 외롭지 않았으며, 박학하나 약속을 지켰으며, 용맹하나 관용을 베풀었으니, 성인이 청렴을 어렵게 여긴 일을 서공만은 쉽게 한 것이다."

어떤 사람이 노흠에게 물었다.

"서공은 무제의 시대에는 다른 사람이 그가 통달하다고 했고, 스스로 양주에 있을 때와 수도로 돌아왔을 때는 다른 사람이 또 강개하다고 생각했는데, 이는 무엇 때문이오?"

노흠이 대답했다.

"옛날에 모효선毛孝先과 최계규崔季珪 등이 정치를 관장할 때, 청렴하고 검소한 인물을 귀하게 여겨 당시에는 모두 수레와 의복을 바꾸어서 고상한 명성을 추구했으나, 서공만은 그의 일관된 풍모를 바꾸지 않았기 때문에 다른 사람들이 그가 통달했다고 여긴 것입니다. 근래에는 천하에 사치한 풍조가 횡행하여 서로 모방하고 영향을 끼치고 있으나, 서공만은 본래부터 스스로 그러함을 숭상합니다. 그러므로 이전의 통달이 오늘날의 강개함이 된 것입니다. 이는 세상 사람들은 변화무쌍이지만, 서공은 자신의 일관된 규범이 있었던 것입니다."

오나라의 침략을 막고 형주를 살찌우다

호질전胡質傳

호질은 자가 문덕文德이고, 초국 수춘현 사람이다. 어려서 장제蔣濟·주적朱績과 함께 장강과 회수 일대에서 이름을 알렸는데, 주군州郡에서 자리를 얻었다. 장제는 별가가 되자 사자로서 조조를 만나게 되었다.

조조가 물었다.

"호통달(胡通達, 호질의 부친)은 장자인데 어찌 자손이 없는가?"

장제가 대답했다.

"자식이 하나 있는데, 호질이라고 합니다. 그는 큰 계략을 헤아리고 꾸미는 데는 아버지에 못 미치지만, 세심하고 바르게 일을 처리하는 데는 아버지를 능가합니다."

조조는 즉시 호질을 불러들여 돈구현의 영令으로 삼았다. 현의 주민 곽정郭政이 사촌 누이와 사통하고 그의 아버지 정타程他를 살해하자, 군리 풍량馮諒이 투옥되어 증언을 하게 되었다. 곽정과 사촌 누이는 채찍을 맞으면서도 견뎌내며 사실을 은폐하려고 저항했지만, 풍량이 고통을 견뎌내지 못하고 거짓 자백을 하여 곽정의 죄를 뒤집어썼다. 호질은 관직에 이르러 그의 표정과 태도를 보고 그 사실을 상세하게 조사하고 검증하여 모두 밝혀냈다.

호질은 중앙으로 들어와 승상동조의령사가 되었지만 주 안에서는 그를 치중으로 삼기를 청했다. 장군 장료는 그의 호군 무주와 틈이 벌어져 있었다. 장료는 자사 온회를 보고 호질을 청하여 구했지만, 호질은 병을 핑계로 사양했다.

장료가 나가서 호질에게 말했다.

"나는 그대에게 마음을 의탁하려고 하는데 어찌 이토록 무고한 것이오?"

호질이 대답했다.

"옛사람의 사귐에서는 그가 많이 취하더라도 탐욕스러운 마음이 없음을 알았고, 전쟁터에서 달아나도 그가 겁이 없음을 알았으며, 떠도는 말을 듣고도 믿지 않았으므로 사귐은 끝까지 갈 수 있었습니다. 무 백남(武伯南, 무주)은 바른 인물로서 과거에는 장군이 그를 일컬어 칭찬함이 끊임이 없었으나, 지금은 노여운 눈으로 한스럽게 서로 바라보아서 곧 미워하는 틈이 생기게 되었습니다. 하물며 저는 재능이 적은데, 어떻게 좋은 관계를 끝까지 유지하겠습니까? 이 때문에 저는 원하지 않는 것입니다."

장료는 그의 말에 감동하여 또다시 무주와 친하게 되었다.

조조는 호질을 초빙하여 승상속으로 삼았다.

| 황초 연간 | 이부랑으로 옮겼으며, 상산 태수가 되었고, 다시 동완 태수로 옮겼다. 선비 노현盧顯이 다른 사람에게 피살당하자 호질이 말했다.

"이 사람은 원수가 없고 나이 어린 아내만 있는데, 이것이 그가 죽은 까닭입니다!"

노현의 이웃에 사는 나이 어린 사람들을 모두 살펴보았는데, 그중 서리 이약李若이 심문을 당하자 얼굴색이 변했으므로 자세한 상황을 캐물었다. 이약은 즉시 자수했고 투옥되었다.

호질은 매번 전쟁에 나가 공을 세워 상을 받았으나, 모두 따르는 무리에게 나누어주고 집으로 가져가는 일이 없었다. 호질은 군에서 9년 동안 재직했는데, 관리와 백성이 편안했고, 장사들도 명령에 복종했다. 형주 자사로 승진하여 옮겼고 진위장군을 더했으며 관내후의 작위를 하사받았다.

오나라 대장 주연朱然이 번성을 포위하자 호질은 가볍게 무장한 군대를 이끌고 그에게 달려갔다. 논의하는 자들 모두가 적군이 강성하므로 가서 싸울 수 없다고 생각했으나, 호질이 말했다.

"번성은 지세가 낮고 병력도 적으므로 마땅히 군대를 내보내 외곽에서 구원해야 합니다. 그러지 않으면 위험에 처할 것입니다."

마침내 병마를 추슬러서 포위된 번성에 다다르니 성안이 곧 안정되었다. 호질은 정동장군으로 승진했고 가절도독청서제군사假節都督靑徐諸軍事가 되었다.

농업을 널리 권장하고 곡식을 비축하여 몇 년 동안 양식을 저장하고 동정대東征臺를 세우고, 또 밭에서 세금을 거두어 변방을 지켰다. 그는 각 군에 이르는 수로를 열어 배가 왕래하기 편리하게 했고, 엄격히 설비하고 적을 기다렸다. 이로 인하여 강변에는 아무 일도 없었다.

호질은 성품이 침착하고 성실하며 안으로 성찰하여 그 자신의 절개와 지조로 다른 사람을 시험하지 않았다. 따라서 그가 재임한 곳의 백성은 모두 그를 생각하게 되었다.

| 가평 2년(250) | 죽었는데, 집에 남아 있는 재산이 없었고, 단지 하사받은 의복과 서적 상자만 있었다. 군사軍師가 이러한 상황을 듣고서 보고하니, 조정에서는 그를 양릉정후陽陵亭侯로 승진시켜 추봉하고, 식읍 1백 호를 주었으며, 시호를 정후貞侯라 했다. 아들 호

위胡威[1]가 작위를 이었다.

| 가평 6년(254) | 조서를 내려 호질의 단아한 행동을 기려서 서술하고 그의 집에 돈과 곡물을 내렸다. 이에 관한 기록은 〈서막전〉에 있다.

호위는 함희 연간에 관직이 서주 자사에 이르렀으며, 뛰어난 치적을 쌓아 세 곳의 군수를 지냈으며, 부임하는 곳마다 이름을 떨쳤다. 안정에서 세상을 떠났다.

---

1) 호위는 어려서부터 고상한 뜻을 갖고 청렴한 생활을 했다. 호질이 형주 자사로 있을 때, 그는 수도에서 형주로 아버지를 찾아갔다. 당시 그의 집은 궁핍하여 거마나 노비가 없었으므로 홀로 말을 몰아서 갔다. 호위는 관사에서 10여 일 동안 머문 후 돌아간다고 말했다. 헤어질 때 호질이 비단 한 필을 노자로 주었다. 호위가 무릎을 꿇고 말하기를 "아버님은 청렴결백하신데, 어찌하여 이 비단을 손에 넣게 된 것을 살피지 않습니까?"라고 했다. 호질은 "이것은 내 봉록으로 쓰고 남은 것이니 너의 노자로 삼으려는 것뿐이다."라고 했다. 호위는 그것을 받아 인사를 하고 돌아왔다. 그는 여관에 도착해서도 직접 말을 풀고 땔나무를 구해 밥을 했으며, 식사를 마친 후 다시 길을 갔다.

글을 내려 아들과 조카를 가르치고
제갈탄의 반역을 막다

왕창전王昶傳

왕창은 자가 문서文舒이고, 태원군 진양현晉陽縣 사람이다. 젊었을 때 같은 군 사람 왕릉과 함께 이름이 알려졌다. 왕릉이 나이가 더 많았으므로 왕창은 그를 형으로 모셨다. 조비가 동궁에 있을 때 왕창은 태자문학太子文學이 되었으며, 중서자中庶子로 승진했다. 조비가 제위에 오르자 산기시랑으로 전임되었고, 낙양의 전농이 되었다. 당시 도성 지역은 수목이 무성하게 자라 숲을 이루었는데, 왕창이 백성에게 나무를 베어 황폐한 땅을 개간하도록 권했다. 이후 연주 자사로 승진했다.

조예가 즉위하자 양열장군揚烈將軍을 더하고 관내후의 작위를 받았다. 왕창은 비록 지방에서 관직을 맡고 있었지만, 조정에 뜻을 두고 있었다. 그는 위나라가 진나라와 한나라의 병폐를 계승하여 법률 제도가 가혹하고 조잡한데, 만일 국가의 법전을 대대적으로 고쳐 선왕의 유풍을 기준으로 삼지 않는다면 정치 교화의 부흥을 희망해도 얻을 수 없을 것이라고 생각했다. 그래서 〈치론治論〉을 지었는데, 그것은 대략 고대의 제도에 의지하고 당시 정무政務와 부합되는 것을 20여 편으로 만든 것이다. 또 병서兵書 10여 편을 지어서 병법의 기습책奇襲策과 정공법正攻法의 운용에 대해 서술하여 청룡 연간에 상주했다.

왕창은 형의 아들과 자신의 아들에게 이름과 자를 지어주었는데, 모두 겸허와 성실함에 의지하여 그 자신의 뜻을 나타냈다. 때문에 형의 아들의 이름은 묵默이고 자는 처정處靜이며, 또 한 명의 이름은 심沈이고 자는 허도虛道이고, 그의 아들은 이름이 혼渾이고 자가 현충玄沖이며, 또 한 명의 이름은 심深이고 자는 도충道沖이었다. 왕창은 또 문장을 써서 그들에게 경계시켰다.

무릇 사람의 아들 된 자의 도리는 자신의 몸을 귀중하게 여기고 행동을 온전하게 하여 부모의 명성을 빛내는 것보다 큰 것은 없다. 사람들이 이 세 가지 일의 장점을 알면서도 간혹 몸을 위태롭게 하고 집을 파멸시켜 멸망의 화 속으로 빠지는 것은 무엇 때문이겠는가? 이는 그들이 존경하며 받들고 학습하는 것이 바른 도리가 아닌 데서 비롯되는 것이다. 무릇 효孝·경敬·인仁·의義는 모든 행위의 출발점이니 그것을 실행하여 서면 편안해지고, 이것은 몸을 세우는 기본이다. 효와 경이 있으면 종족이 편안해지고, 인과 의가 있으면 향리 사람들이 존중한다. 이러한 행실은 안에서 완성되어 명성이 밖으로 나타나게 되는 것이다.

만일 사람이 지고한 품행에 이르게 하는 데 열심히 하지 않고, 기본에 등을 돌리고 말단을 좇는다면, 천박하고 화려한 데로 빠지게 되고 당파를 만들게 될 것이다. 천박하고 화려해지면 허위의 죄가 있게 될 것이고, 당파가 형성되면 반대파로부터 비판을 받는 근심이 있을 것이다. 이 두 가지 일에 대한 경계는 매우 분명하다. 그러나 전철을 밟는 자가 갈수록 많아지고 말단을 구하는 경향이 매우 심해지는 것은 모두 당시의 명예에 미혹되고 눈앞의 이익에 눈이 멀기 때문이다. 무릇 부귀와 명성은 사람의 성정이 좋아하는 것인데, 군자가 간혹 그것을 얻게 되더라도 취하지 않는 것은 무엇 때문인가? 그 도를 따르지 않는 것을 싫어할 뿐이다. 인간에게 재난은 나아갈 줄은 알면서 물러날 줄은 모르고, 욕구는 알면서 만족은 모르는 것이다. 때문에 굴욕스러운 재난과 후회의 과실이 생기는 것이다. 속담에 이르기를 "만일 만족을 모르면 얻으려고 하는 것을 잃는다."라고 했다. 그러므로 만족할 줄 알면 항상 충족되는 것이다. 지난 일의 성공과 실패를 보고 장래의 길흉을 관찰해보아라. 명성을 다투고 이익을 바라며 욕망이 끝이 없으면서, 일생을 무사히 지내고 집을 지키며 오랫동안 행복을 온전하게 한 자는 없었다.

나는 너희가 몸을 일으켜 자기의 이상에 따라 행동하고, 유가의 가르침을 존중하고, 도가의 주장을 행하도록 하려고 현묵충허(玄默沖虛, 조용하고 말이 적으며 마음을 맑게 비우는 것)를 너희의 이름으로 삼았고, 너희가 이름을 돌아보고 뜻을 생각하고 감히 이름의 뜻을 어기거나 넘어서지 않도록 하려고 한다. 옛사람들은 쟁반과 주전자에 명문銘文을 새기고 책상과 지팡이에 경계의 말이 있어서 일어나고 누우면서 그것을 관찰하여 지나친 행위가 없도록 했다. 하물며 자기 이름에 있는데 경계하지 않을 수 있으랴! 무릇 사물은 빨리 완성되면 빨리 망가지고, 늦게 완성되면 결말이 좋다. 아침에 꽃을 피우는 풀은 저녁이 되면 떨어지고, 소나무와 잣나무의 무성함은 엄동설한에도 시들지 않는다. 때문에 학식 있는 군자는 빨리 완성되는 것을 싫어하고, 궐당闕黨의 어린이를 경계로 삼고 있다.

범개范匃가 진秦나라 손님을 접대하면서 먼저 대답을 한 것에 대해 아버지 범무자范武子가 지팡이로 때려서 그의 관을 부러지게 했다면,[2] 이것은 그가 다른 사람을 가로막는 것을 싫어한 때문이다. 대체로 장점이 있으면서 스스로 과시하지 않는 자가 드물고, 능력이 있으면서 스스로 자랑하지 않는 자가 적다. 과시하면 다른 사람을 가리고, 자랑하면 다른 사람을 업신여긴다. 다른 사람을 가리는 자는 다른 사람들 또한 그를 가리고, 다른 사람을 무시하는 자는 다른 사람들 또한 그를 무시한다. 때문에 세 명의 극씨(郤氏, 춘추시대 진의 대부)는 진나라에서 살해되었고, 왕숙王叔은 주나라에서 죄를 받았다. 이것은 스스로 우수하다고 과시하고 자만하여 다투기를 좋아한 허물이 아니겠는가? 그러니 군자가 자신을 널리 알리지 않는 것은 다른 사람들에게 겸양을 보이려는 것이 아니라 그것으로 다른 사람을 가리는 것을 싫어하는 것이다. 대체로 굽은 것을 펴진 것으로 여기고, 겸양을 얻는 것으로 여기며, 약한 것을 강한 것으로 여기는 사람이 성공하지 못하는 경우는 드물다.

　무릇 비난과 칭찬은 사랑과 증오의 근원이며 복과 화의 기틀이다. 때문에 성인은 비난과 칭찬에 매우 신중하다. 공자가 말하기를 "내가 다른 사람에 대해 누구를 비난하고 누구를 칭찬하겠는가. 만일 칭찬하는 자가 있다면 반드시 그를 살펴본 적이 있는 것이다."라고 했고, 또 자공이 사람을 비교하고 비평할 때 "사(賜, 자공)는 현명하구나! 나는 그럴 겨를이 없다."라고 했다. 성인의 덕을 갖고도 역시 이와 같이 말하거늘, 하물며 평범한 무리가 경솔하게 비난하고 칭찬하리오?

---

2) 범망은 날이 저물어 진晉의 조정에서 퇴근했다. 아버지 범무자가 "무슨 일로 늦었느냐?"라고 묻자, "조정에 진秦의 빈객이 있어 은어를 사용하여 질문했는데, 대부가 이에 대답할 수 없었습니다. 저는 그중 세 가지를 알았습니다."라고 했다. 범무자는 노여워하며 "대부는 대답할 수 없었던 것이 아니다. 부형에게 양보한 것이다. 이 아이가 있음으로 해서 세 차례나 조정에서 사람을 속이게 되었구나. 내가 있지 않았다면 진晉나라는 하루도 안 되어 망했을 것이다."라고 하고, 곧장으로 아들을 때리고 관冠을 부러뜨렸다. 배송지裴松之는 진의 빈객에게 대답한 자는 범섭范燮이고, 여기의 범망은 잘못 표기된 것이라고 했다.

옛날 복파장군 마원이 형의 아들을 경계시키며 "다른 사람의 결점을 들을 경우, 부모의 이름을 듣는 것처럼 해야 한다. 귀로 들을 수는 있지만 입으로 말해서는 안 된다."라고 했다. 이러한 경계는 지당한 말이다. 사람들이 때때로 자기를 비방할 경우에는 응당 물러나 자신이 비방받을 만한 점이 있는지를 살펴야 한다. 만일 자기에게 비난할 만한 행위가 있다면 그 말은 옳은 것이고, 만일 자기에게 비난할 만한 행위가 없다면 그 말은 잘못된 것이다. 옳으면 그 사람을 원망하지 말고, 황당하면 자기 자신에게 해로울 것이 없는데, 또 어찌 돌아가 보복하겠는가? 또한 다른 사람이 자신을 비방했다는 것을 듣고 분노하는 자에게는 추악한 평가가 더해지며, 다른 사람들이 더욱 가혹하게 보복하므로, 침묵하며 스스로를 닦는 것만 못하다. 속담에서 말하기를 "추위를 막는 데는 갖옷을 두껍게 하는 것만 못하고, 비방을 그치는 데는 자신을 닦는 것만 못하다."라고 했는데, 이 말은 사실이다. 만일 옳고 그름을 평가하는 인사, 흉악한 인물은 가까이 해도 오히려 안 되는데 하물며 그를 대면하여 보복하는 데 있어서랴. 그 해독은 깊다.

허위로 가득 찬 사람의 말은 도덕에 근본을 두고 있지 않으며, 행동과 말을 돌아보지 않는다. 그들의 부박한 태도는 비교적 쉽게 식별할 수 있다. 그러나 세상 사람들은 그들에게 미혹되어 그들의 언행을 통해 그들을 검색할 줄 모른다. 근래 제음의 위풍, 산양의 조위曹偉는 모두 사악하고 멸망하는 말로 세상 사람들을 미혹하고, 간사함을 품고 젊은 사람들을 동요시켰다. 비록 그들이 도끼나 칼로 목을 베이는 형벌을 받아 세상 사람들에게 큰 경계를 밝히기는 했지만, 그들에게서 나쁜 영향을 받은 자는 진실로 많다. 근신하지 않을 수 있겠는가?

만일 산림 속에 은둔하며 사는 인사, …… 백이숙제의 무리가 수양산에서 좋은 마음으로 오랫동안 굶주리고, 면산縣山에서 편안히 불로 뛰어들었다는 실례는 탐욕스러운 마음을 가진 사람을 공격하고 풍속이 좋은 쪽으로 발전하도록 고무한다. 그러나 [그런 일은] 성인도 할 수 없는 일이고, 나 또한 원하지 않는다. 지금 너희의 조상은 대대로 관직에 있었는데, 오직 인의(仁義)를 명예로 삼아 행동했고, 근신을 지켜 칭찬을 얻었으며, 집에서는 부모에게 효도하고 형제간에 화목했으며, 스승과 친구들에게서 배움에 힘썼다.

나는 당시 사람들과 일했는데, 비록 출신은 달랐지만 모든 사람에게서 각기 취할 바가 있었다. 영천의 곽백익(郭伯益, 모사 곽가의 아들)은 통달한 사람으로 고상한 것을 좋아하고 총명하며 지혜로웠다. 그의 사람됨은 도량의 넓음에 있어서는 부족했고, 다른 사람을 경멸하고 존경하는 것이 지나쳤다. 좋아하는 사람은 태산처럼 중시했고, 좋아하지 않는 사람은 풀처럼 홀시했다. 그를 이해하기에 가까이 지내지만, 나의 아들이 그와 같이 되기를 원하지는 않는다. 북해의 서위장(徐偉長, 서간)은 높은 명성을 추구하지 않고, 구차하게 얻는 것을 찾지 않으며 담담하게 자기의 본성을 지키면서 오직 도에만 힘쓴다. 그가 긍정하거나 부정하는 바가 있을 때는 고인의 언행에 기탁하여 자신의 뜻을 나타내고, 당시 사람들을 폄하하지 않는다. 나는 그를 존경하고 중요시하고, 내 아들이 그를 본받기를 희망한다. 동평(東平)의 유공간(劉公幹, 유정)은 배움이 넓고 재능이 뛰어나 성실하고 절도가 있으며 큰 뜻이 있다. 그러나 그의 성정과 행동은 균형을 이루지 못하며 얽매이고 꺼리는 것이 적으니, 얻는 것과 잃는 것이 충분히 서로 보충할 수 없다. 나는 그를 아끼고 중시하지만 내 아들이 그를 우러르기를 원하지는 않는다. 낙안의 임소선(任昭先, 임하)은 순수하고 도를 따라 행동하며, 안으로는 명민하고 밖으로는 관대하며, 겸손함과 공경을 따르고, 거처는 더러운 장소를 피하지 않고, 평상시는 겁먹은 듯하지만 의를 보았을 때는 용감하고, 조정에 나아가서는 자신의 몸을 잊는다. 나는 그를 친구로 생각하며 그를 칭찬하는데, 내 아들이 그를 존경하기를 원한다.

만일 너희가 이상의 사람들을 이끌어내려고 생각하고 유사한 일을 한다면 한 실마리를 나타내는 데 충분할 것이다. 재산을 사용할 때는 친척을 우선으로 생각하고, 은혜를 펼 때는 위급한 자를 구하는 데 노력하며, 들어오고 나갈 때는 노인을 위문하고, 논의할 때는 비난하지 않는 태도를 존중하며, 관직에 나갈 때는 충성과 절개를 숭상하고, 사람을 구할 때는 실질과 도의를 안중에 두며, 세상에 처할 때는 교만과 음란함을 경계하고, 빈천할 때는 삼가고 슬퍼하지 말며, 나가고 물러날 때는 마땅함을 염두에 두고, 일을 할 때는 아홉 가지를 생각하도록 해라. 이와 같이 충분히 하면 내가 또 무엇을 걱정하겠느냐?

| 청룡 4년(236) | 조서를 내렸다.

재주와 지혜가 있으며, 문장이 뛰어나고, 생각이 깊고 멀리 도모하며, 먼 곳의 일을 눈앞의 일처럼 예측하고, 보지 않아도 관찰할 수 있으며, 모략은 헛되이 운용하는 일이 없고, 계책은 헛되이 발휘하지 않으며, 품행은 한결같이 단정하고 삼가며, 행동은 깨끗하고 안정되게 하고, 노력하고 게으르지 않으며, 나라를 위하는 일에 뜻을 품은 사람을 구하려고 한다. 이와 같은 사람이 있으면 나이에 한정하지 말고 귀천에 구속되지 말며, 구경과 교위 이상의 자리에 있는 자는 각기 한 사람씩 추천하라.

태부 사마의는 왕창을 추천했다.

| 정시 연간 | 왕창은 전임해 서주에 있게 되었고, 무관정후武觀亭侯로 봉해졌으며, 정남장군과 가절도독형예제군사假節都督荊豫諸軍事로 승진했다. 왕창은 나라에는 변하지 않는 백성이 있지만 전쟁에는 변하지 않는 승리가 없으며, 토지에는 변하지 않는 요충지가 있지만 수비에는 변하지 않는 형세가 없다고 생각했다. 현재 완성에 주둔하고 있는데, 양양에서 3백여 리 떨어져 각 부대는 흩어져 주둔하고 있고, 배는 선지宣池에 있어 급한 일이 있어도 달려가기에 충분하지 못하므로, 곧 상소해 신야에 있는 관서를 옮기고 이주(二州, 형주와 예주)에서 수군을 훈련시키고, 농업에 힘을 기울이고 개간을 늘려 창고에 곡물이 가득 쌓이도록 해야 한다고 했다.

| 가평 연간 초 | 태부 사마의가 조상을 주살한 후, 상주하여 대신들의 득실에 대해 널리 의견을 구했다.

왕창은 정치의 방책 다섯 가지를 진술했다.

첫째, 도덕을 숭상하고, 학문에 힘을 다하며, 부화한 것을 억제하고 단절시켜야 합니다. 황족의 자제들로 하여금 태학에 들어가 상서(庠序, 학교)에서 수학하게 해야 합니다. 둘째, 고시考試를 시행해야 합니다. 고시는 마치 표준을 재는 수준기와 먹줄 같은 것입니다. 수준기와 먹줄을 버리고 마음대로 굽음과 곧음을 결정하고 강등과 승진하는 제도를 폐지하여 헛되이 논의하는 일이 없도록 해야 합니다. 셋째, 관직에 있는 자는 그 직책에 오랫동안 있도록 해야 하며, 치적이 있으면 그 지위를 올리고 작위를 주어야 합니다. 넷째, 관직을 줄여 하는 일 없이 녹을 먹는 일이 없도록 하고, 염치의 마음을 일으켜 백성과 이익을 다투지 못하도록 해야 합니다. 다섯째, 사치를 근절해야 합니다. 절약과 검소함을 숭상하고, 의복에는 신분에 맞는 무늬를 달도록 하여 위아래의 질서가 있게 하고, 곡물과 비단을 비축하여 백성으로 하여금 소박한 경지로 돌아가게 해야 합니다.

황제는 조서를 내려 왕창을 칭찬했으며, 이 일을 계기로 그에게 백관의 고시 제도를 편찬하도록 했다. 그러자 왕창은 당우(唐虞, 요순시대)에는 강등과 승진에 관한 문장은 있었지만 고시 방법에 관한 것은 전해지지 않았고, 주나라 때에는 총재(冢宰, 재상)의 직책을 제정하여 각 관리의 치적을 통일되게 조사하고 상과 벌을 내렸지만 또 고시 제도는 없었다고 생각되므로, 이로부터 성명한 군주는 현명한 사람을 임용할 때 식견이 명백하고, 대체로 강등과 승진의 법칙을 세워 그것을 통달한 관리에게 위탁하며, 황제는 그것의 대강을 총괄하기 때문에 관원의 능력 여부를 파악할 수 있다고 서술했다. 왕창의 건의는 대체로 이와 같았다.

| 정시 2년(241) | 왕창이 상주하여 말했다.

손권은 우수한 대신을 내쫓았고, 적자와 서자가 나뉘어 다투고 있으니, 이 틈을 타면 오와 촉을 제압할 수 있습니다. 백제白帝와 이릉夷陵 일대, 검黔·무巫·자귀秭歸·방릉房陵은 모두 장강 북쪽에 있으며, 한족과 만족이 신성군과 국경을 접하고 있으니, 습격하면 취할 수 있습니다.

그래서 신성 태수 주태州泰에게 무·자귀·방릉을 습격하도록 하고, 형주 자사 왕기王基를 이릉으로 향하게 하며, 왕창을 강남으로 향하게 하고 양쪽 강가에 대나무를 엮어 다리를 만들어 물을 건너 적을 공격했다. 적군이 남쪽 강가로 달아났으므로 일곱 길로 나누어 함께 공격했다. 그때 왕창은 매복하던 궁수들에게 동시에 화살을 쏘도록 했다.

적군의 대장 시적施績이 밤에 도주하여 강릉성으로 들어갔으나, 추격하여 수백 명의 머리를 베었다. 왕창은 적을 평지로 유인하여 싸울 생각으로, 곧 먼저 다섯 부대를 파견하여 큰길을 따라 돌아가 도록 하여 이것을 적군이 보고 기뻐하게 하고, 갑옷 입힌 말과 참수 당한 적군의 머리를 싣고 성 주위를 노획한 말로 달려서 그들을 화나게 만들고, 복병을 두어 기다렸다. 시적은 과연 위나라 군대를 추격했다. 왕창은 그와 싸워 승리했다. 시적은 도주했다. 왕창은 그의 장수 종리무鍾離茂와 허민許旻을 죽이고, 그들의 갑옷과 참수한 머리, 군기, 북, 진귀한 보물, 무기 등을 얻고 병사들을 정돈하여 돌아왔다. 왕기와 주태는 모두 공을 세웠다. 그래서 왕창은 정남대장군征南大將軍과 의동삼사로 승진하고, 경릉후京陵侯에 봉해졌다. 관구검과 문흠이 반란을 일으켰을 때 병사를 이끌고 관구검과 문흠에게 저항한 공적이 있었으므로 두 아들을 정후와 관내후로 봉하고, 지위를 표기장군으로 승진시켰다. 제갈탄이 반역했을 때 왕창은 협석을 근거로 하여 강릉에 압박을 가했고, 시적과 전희全熙와 대치하여 동쪽으로 가지 못하도록 했다. 제갈탄이 주살된 후 조서를 내려 말했다.

옛날 손빈은 조나라를 보좌하고 직접 대량(大梁, 위나라 수도)으로 나 갔다. 서쪽 병사가 용맹하게 돌진하는 것은 또 동정東征의 세력을 만 드는 것이다.

식읍이 1천 호가 늘어 이전 것과 합쳐 4천7백 호가 되었으며, 사공으로 승진하고 지절과 도독은 예전과 같았다.

| 감로 4년(259) | 세상을 떠났으며 시호를 목후穆侯라 했다. 아들 왕 혼王渾이 후사를 이었고, 함희 연간에 월기교위가 되었다.

관구검과 제갈탄의 반역을 격파하다

왕기전王基傳

왕기는 자가 백여伯輿이고, 동래군東萊郡 곡성현曲城縣 사람이다. 어려서 고아가 되어 숙부 왕옹王翁과 함께 살았다. 왕옹은 그를 기르는 데 정성을 다했으며, 왕기도 효자라는 칭찬을 들었다. 왕기는 나이 열일곱에 군의 부름을 받아 관리가 되었지만, 자신이 좋아하는 일이 아니었으므로 관직을 버리고 낭야군으로 들어가 유학했다.

| 황초 연간 | 효렴으로 천거되고 낭중에 임명되었다. 그때 청주가 막 평정되었는데, 자사 왕릉이 특별히 상주하여 왕기를 별가로 임명할 것을 청했다. 후에 중앙으로 불려가 비서랑에 임명되었지만, 왕릉은 또 왕기에게 돌아와 일할 것을 요청했다. 오래지 않아 사도 왕랑이 왕기를 초빙했지만, 왕릉은 그를 보내지 않았다. 왕랑은 편지를 써서 주(州, 청주 자사)를 탄핵하며 말했다.

무릇 가신 중 우수한 인재는 삼공을 보좌하도록 승진시키고, 삼공의 신하 중 우수한 자는 조정으로 들어와 국왕을 보좌하는 직책을 맡겨야 합니다. 때문에 고대의 후侯와 백伯은 선비를 바치는 예의가 있었습니다. 지금 주에서 숙위를 담당할 만한 신하를 비각秘閣의 관리로 남겨두는 것은 거의 듣지 못한 일입니다.

그래도 왕릉은 왕기를 보내지 않았다. 왕릉에 대한 칭찬의 목소리가 청주에 흘렀는데, 사실은 왕기가 협력하고 보좌한 결과였다. 대장군 사마의가 왕기를 초빙하여 그가 도착하기도 전에 중서시랑中書侍郎에 발탁했다.

조예가 성대한 궁전을 지어 백성이 피폐하게 되었을 때, 왕기가 상주했다.

신이 듣기에는 고대 사람들은 백성을 물에 비유하여 "물은 배를 띄울 수 있지만 동시에 배를 전복시킬 수도 있다."라고 했습니다. 때문에 백성의 위에 있는 자는 경계하고 두려워하지 않을 수 없습니다. 무릇 백성이 안락하면 안이한 기대를 품게 되고, 고통스러우면 난을 일으킬 것을 생각하게 됩니다. 때문에 선대의 군왕은 절제되고 검소한 생활을 보내 재난이 발생하지 않도록 했습니다. 과거 안연은, 동야자東野子의 말 부리는 방법은 말의 힘이 다했는데도 전진하기를 구함이 그치지 않는 것이므로 이 때문에 장차 실패할 것을 알았다고 했습니다. 지금 노역은 수고롭고 고통스러우며, 남자와 여자는 멀리 떨어져 있습니다. 원컨대 폐하께서는 동야자의 실패를 깊이 살피고 배와 물의 관계의 비유를 유념하시어 힘을 전부 사용하지 않았을 때 잠시 쉬고, 백성이 고통을 받기 전에 힘을 아끼고 노역을 줄이십시오.

과거 한나라가 천하를 지배하고 효문제 때에 이르러서 오직 같은 성의 제후만 있게 하자, 가의는 이것을 걱정하여 말하기를 "불을 붙여 놓은 섶나무 더미를 아래에 놓고 그 위에서 자면서 안전하다고 하는구나."라고 했습니다. 지금 바깥의 적은 아직 멸망하지 않았고, 용맹한 장수가 병사들을 이끌고 있습니다. 한번 살펴보면 적의 병력에 응전할 수 없고, 이와 같이 오래되면 후대 자손들이 곤란해질 것입니다.

지금 흥성한 시대에 근심을 없애는 일에 전력하지 않아 만일 자손들이 계속 이어질 수 없다면 이것은 종묘사직의 걱정거리입니다. 만일 가의로 하여금 또 말하도록 한다면 반드시 과거보다 더 엄하게 지탄할 것입니다.

산기상시 왕숙王肅이 경전들의 해석을 쓰고, 또 조정의 예의에 대해 논하고 확정해 정현의 옛 학설을 바꾸었는데, 왕기는 정현의 본의를 지지하며 항상 그에게 대항했다. 왕기는 안평 태수로 옮겼지만, 공적인 일로 인해서 관직을 떠났다. 대장군 조상이 요청하여 종사중랑이 되었고, 밖으로 나가 안풍 태수安豊太守가 되었다. 안풍군은 오나라와 경계를 접하고 있었으나, 그의 정치가 청결하고 엄격하며 위엄과 은혜를 갖추고 있었고 분명하게 방비책을 설치했으므로, 적들은 감히 침범하지 못했다. 토구장군討寇將軍을 더했다.

일찍이 오나라가 대대적으로 병력을 징발하여 건업建業에 집결하고, 양주로 쳐들어가 공격하겠노라고 선포했다. 자사 제갈탄은 왕기에게 사태를 예측해보도록 했다.

왕기가 말했다.

과거 손권은 합비에 두 번 갔고, 강하에 한 번 갔습니다. 그런 후에 전종이 여강으로 출격하고 주연朱然이 양양을 침범했는데, 모두 공을 세우지 못하고 돌아왔습니다. 지금 육손 등은 이미 죽었고 손권은 연로한데, 나라 안에는 현명한 후사가 없고, 조정에는 계책을 세울 사람이 없습니다. 손권이 직접 출격하면 나라 안의 모순이 갑자기 폭발하게 될까 두렵고 위험한 종기가 발작하게 될까 근심스러울 것이며, 장군을 파견하려고 해도 옛 장수들은 이미 죽고 새로운 장수들은 아직 신뢰하지 못합니다. 그러므로 이번 일은 그의 지파가 되는 당을 보충하여 안정시키고 돌아가 자신을 보호하려는 데 불과할 뿐입니다.

후에 손권은 결국 출병하지 못했다. 당시 조상이 권력을 장악하자 교화가 쇠미해졌으므로 왕기는 〈시요론時要論〉을 지어 당시 상황을 엄하게 꾸짖었다. 그는 병으로 인해 고향으로 돌아갔다. 평민으로 있다가 기용되어 하남윤으로 임명되었지만, 관직을 받기도 전에 조상이 처형되었다. 왕기는 일찍이 조상 휘하의 관리로 있었으므로 관례에 따라 면직되었다.

그해에 왕기는 상서로 임명되었고, 지방으로 나가 형주 자사가 되었으며, 양열장군을 더했고, 정남장군 왕창을 수행하여 오나라를 공격했다. 단독으로 이릉에 있는 보협步協을 습격했는데, 보협은 성문을 닫고 스스로 지켰다. 왕기는 공격 체제를 보여주고, 한편으로는 실제로 병사를 나누어 웅부雄父의 식량 저장소를 빼앗아 쌀 30만여 석을 몰수했으며, 안북장군安北將軍 담정譚正을 포로로 잡고 수천 명의 항복하는 사람들을 받아들였다. 그리고 그 항복한 백성을 이주시켜 이릉현을 설치했다. 왕기는 관내후의 작위를 받았다. 왕기는 또 상주하여 왕창에게 성을 쌓고 관소를 강하로 옮겨 하구夏口에 가깝도록 하여 적군이 감히 가볍게 장강을 넘지 못하도록 하자고 건의했다. 그는 제도를 명확히 하고 군대와 농업을 정리했으며, 아울러 학교를 세웠으므로, 남방에서는 그를 칭찬했다. 당시 조정에서 오나라를 토벌하려고 상의했는데, 왕기에게 조서를 내려 진격하는 것이 적당한지 어떤지 의견을 서술하도록 했다.

왕기가 대답했다.

"병사를 출동시키고도 공이 없으면 대외적으로는 위엄과 명성이 깎이고, 대내적으로는 재정이 소모될 것입니다. 그러므로 반드시 만전을 기한 후에 출동해야 합니다. 만일 수로 교통에 의지하지 않고 식량을 모으고 수전을 펼칠 준비를 한다면, 비록 장강 안쪽에 병사를 집결시켰을지라도 절대로 물을 건널 수 있는 형세는 없을 것입니다. 지금 강릉에는 저수沮水와 장수漳水의 두 물이 있고, 관개된 비옥한 토지가 수천 곳이 있습니다. 안육安陸의 변방에는 연못과 옥토가 끊임없이 이어져 있습니다. 수군과 육군 양군이 나란히 농사를 지어 군대의 물자를 충실하게 하고, 그런 연후에 다시 강릉과 이릉으로 향하여 병사를 나누어 하구를 점거하고, 저수와 장수를 통하여 수로를 이용해 곡물을 싣도록 하십시오. 적군이 관군에게 장기간의 계획이 있음을 깨닫게 한다면, 천자의 주살을 거스른 자는 뜻이 꺾이게 될 것이고, 왕도와 교화를 흠모하는 자의 마음은 더욱더 견고하게 될 것입니다. 그런 후에 만이蠻夷를 합쳐 통솔하여 그 내부를 공격하고 정예 병사가 밖에서 토벌하도록 한다면 하구로부터 상류 지역은 틀림없이 함락될 것이고, 장강 밖에 있는 군은 지킬 수 없을 것입니다. 이와 같다면 오와 촉의 연합은 끊어질 것이고, 연합이 끊어지면 오는 멸망할 것입니다. 이렇게 하지 않으면 병사를 출동시킨 이로움을 가히 기약할 수 없을 것입니다."

사마사가 막 정치를 총괄하게 되자, 왕기는 편지를 써서 그에게 경계의 말을 서술했다.

천하는 매우 넓고 여러 가지 사물이 매우 뒤섞여 있습니다. 실제로 열심히 일하지 않으면서 앉아서 날이 밝기만을 기다릴 수는 없습니다. 무릇 뜻이 바르면 여러 가지 사악함은 발생하지 않고, 마음이 조용하면 여러 가지 혼란이 일어나지 않으며, 충분히 생각한 연후에 결정하면 명령은 지나치게 번다하지 않을 것이고, 충성스럽고 선량한 사람을 믿고 사용하면 먼 곳과 가까운 곳이 화해하고 복종할 것입니다. 때문에 먼 곳을 화평하게 하는 것은 내 몸에 있는 것이고, 백성을 안정시키는 것은 내 마음에 있는 것을 알 수 있습니다. 허윤許允·부하傅嘏·원간·최찬崔贊은 모두 한 시대의 바른 선비들로 정직함과 질박함이 있고 떠도는 마음은 없습니다. 정치에 협력하도록 할 만한 인물들입니다.

사마사는 그의 의견을 받아들였다.

고귀향공이 제위에 오른 후 왕기를 승진시켜 상락정후常樂亭侯에 봉했다. 관구검과 문흠이 반란을 일으켰을 때, 왕기를 행감군行監軍에 임명하고 가절을 주어 허창의 군대를 거느리도록 했다. 왕기는 허창으로 가서 사마사와 만났다.

사마사가 말했다.

"그대의 예측으로는 관구검의 장래가 어떻게 될 것 같소?"

왕기가 대답했다.

"회남의 반역은 관리와 백성이 난을 원했기 때문에 일어난 것이 아닙니다. 관구검이 사람들을 속이고 협박하여 당장 처형될 것이 두려워 무리 지어 모인 것뿐입니다. 만일 대군이 임한다면 반드시 그 땅은 무너지고 기와가 깨지듯 흩어질 것이고, 관구검과 문흠의 머리는 아침을 넘기지 않고 군문軍門에 걸리게 될 것입니다."

사마사가 말했다.

"옳소."

곧 왕기에게 명하여 대군의 선봉에 서도록 했다. 논의하는 자들은 모두 관구검과 문흠은 사납고 교활하므로 직접 싸우는 것은 곤

란하다고 했다. 왕기에게 조서를 내려 진군을 멈추도록 했다. 왕기
는 다음과 같이 판단했다.

"관구검 등이 전군을 이끌고 내지로 깊숙이 침입하여 공격할 수
있는데도 오랜 기간 나아가지 못하는 것은 이미 그들의 간사함과
허위가 드러나 사람들의 마음속에 의심이 생겼기 때문입니다. 지금
대군의 위엄과 무예를 과시하여 백성의 기대에 부합하지 않고, 진
군을 멈추고 높은 보루를 쌓아 마치 두려워 겁을 집어먹고 있는 것
처럼 하는 것은 병사를 사용하는 형세가 아닙니다. 만일 침략당한
백성이나 주와 군의 병사들은 가족이 적병의 포로가 된다면 다시
흩어지는 마음을 갖게 될 것이며, 관구검 등에게 협박을 받은 자는
자기 죄의 무거움을 생각하고 감히 다시 돌아오지 못할 것입니다.
이것은 병사를 사용할 수 없는 땅에 멈추게 하여 사악한 사람들의
근거지를 이루어주는 것입니다. 오나라가 이 기회를 놓치지 않는다
면 회남은 우리 소유의 영토가 되지 못할 것이고, 초譙·패沛·여汝·
예豫는 위험하여 안정되지 못할 것입니다. 이것은 계책상의 큰 실
패입니다. 군대는 당연히 신속히 나아가 남돈南頓을 근거지로 해야
합니다. 남돈에는 큰 식량 창고가 있는데, 계산해보면 군사들이 40일
간 먹을 충분한 식량이 있습니다. 견고한 성을 갖고 저장된 곡물을
이용하여 선수를 쳐서 적의 전의를 빼앗는 것, 이것은 적을 평정하
는 중요한 수단입니다."

왕기가 여러 차례 청했으므로 곧 나아가 은수濦水를 점거할 것을
허락했다. 도착한 후에 다시 진언했다.

"용병에 졸속拙速이 있다고는 들었지만, 공교롭게 하고 더디게 오
래 한다는 것은 보지 못했습니다. 현재 밖으로는 강적이 있고 안으
로는 반란을 일으킨 신하가 있습니다. 만일 제때 결정하지 못한다

면 사태의 깊고 얕음은 예측할 수 없을 것입니다. 논의하는 자들은 대부분 장군이 신중함을 지키기를 원하고 있습니다. 장군이 신중함을 지키는 것은 옳으나, 군대를 멈추어 나아가지 않는 것은 옳지 않습니다. 신중함을 지키는 것은 행동하지 않는 것을 의미하는 것이 아니고, 나아가서 함부로 침범해서는 안 된다는 것입니다. 지금 견고한 성을 근거로 하고 보루를 지켜 국가가 축적한 식량으로 적을 도와주는 한편, 우리 군사들은 먼 곳에서 식량을 운송해오고 있으니 크나큰 실책입니다."

사마사는 군사들이 집결하기를 기다린 후에 결정하려고 아직 허락하지 않았다. 왕기가 말했다.

"장군은 군대 안에 있으므로 왕의 명령을 받지 못할 때가 있습니다. 적이 얻으면 이익이 되고, 우리가 얻어도 이익이 되는 땅이니, 이것은 성을 다툰다는 말로 남돈이 바로 이와 같은 곳입니다."

곧장 진군하여 남돈을 점거했다. 관구검 등도 항項에서 출발하여 역시 남돈으로 가서 다투려고 했지만, 출발하여 10여 리 되는 곳에서 왕기가 먼저 도착했다는 소식을 듣고 다시 항으로 돌아가 지켰다. 당시 연주 자사 등애가 낙가樂嘉에 주둔하고 있었다. 관구검은 문흠에게 병사를 지휘하여 등애를 습격하도록 했다. 왕기가 그 세력이 둘로 나뉘었음을 알고 진군하여 항으로 갔으므로 관구검의 군대는 곧 패했다. 문흠이 이미 평정된 후, 왕기는 진남장군과 도독 예주제군사로 옮기고, 예주 자사를 담당했으며, 안락향후로 승진하여 봉해졌다. 상주하여 2백 호를 나누어 숙부의 아들 왕교王喬에게 관내후의 작위를 내려 숙부가 양육해준 은덕에 보답할 것을 청했다. 조서를 내려 특별히 허락했다.

제갈탄이 모반하자 왕기는 진동장군과 도독양예제군사都督揚豫諸

軍事를 대행했다. 당시 대군이 항에 주둔하고 있었는데, 적군의 병사가 정예였으므로 왕기에게 군대를 모아 보루를 굳게 지키도록 조서를 내렸다. 왕기는 여러 번 나아가 토벌하겠노라고 청했다. 마침 오나라에서는 주이朱異를 제갈탄의 구원병으로 보내 안성에 주둔시켰다. 왕기는 또 군사들을 이끌고 전진하여 북산을 점거하라는 조서를 받았다.

왕기가 장수들에게 말했다.

"지금 우리의 포위와 보루는 점점 더 견고해지고 병마가 집결했습니다. 그러나 온 정성으로 수비하여 적군이 달아날 때를 기다리고 다시 병사들을 이동시켜 요충지를 지키다가 적군으로 하여금 달아나게 한다면 비록 현명한 사람이라고 할지라도 좋은 결과를 얻을 수 없을 것입니다."

곧 적당한 때를 기다렸다가 상소했다.

지금 도적들과 대치하고 있으니 당연히 산처럼 움직이지 말아야 합니다. 만일 이동하여 험난한 곳에 의지한다면 인심은 동요하고 전략상 큰 손실을 입을 것입니다. 군사들이 깊은 참호와 높은 누대를 점거하고 있으면, 사람들의 마음은 모두 안정되어 흔들리지 않을 것입니다. 이것이 병사를 다루는 요점입니다.

상소하자 허락한다는 회답이 돌아왔다. 대장군 사마소는 진군하여 구두에 주둔하고 부대를 나누어 포위했으므로 장수들은 각기 총괄 지역이 있게 되었다. 왕기는 성 동쪽과 남쪽의 두 군대를 지휘했다. 사마소는 군리軍吏에게 명하여 진남장군 왕기가 지휘하는 경계로 들어갈 때는 자유롭게 행동하지 못하게 했다.

적군의 성안에는 식량이 다 떨어졌고, 밤낮으로 포위된 진영을 공격했지만, 왕기는 그때마다 맞서 공격하여 그들을 격파시켰다. 수춘이 함락된 후 사마소는 왕기에게 편지를 보내 말했다.

당초 논의하는 자들이 말하기를, 군대의 이동을 요청하는 사람이 매우 많다고 했소. 당시 아직 긴급한 때가 아니었으므로 나 또한 적당하다고 여겼소. 장군은 이해관계를 깊이 계산하고 홀로 굳은 뜻을 지키며 위로는 황제께서 조서로 내린 명령을 어기고, 아래로는 사람들의 건의를 거절했지만 끝내는 적군을 제압하고 적군을 멸망시켰소. 비록 옛사람의 서술 속에 유사한 공신이 있다 하더라도 이와 같음을 넘지 못할 것이오.

사마소는 장수들을 보내 가볍게 무장한 병사들을 이끌고 가서 깊숙이 침입하여 당자唐咨 등의 자제를 불러 영접하도록 하고, 이들을 이용하여 오나라를 전복하는 형세를 만들려고 생각했다.

왕기가 간언하여 말했다.

"옛날 제갈각은 동관의 승리에 편승하여 장강 이남의 병사를 모조리 모아 수춘의 신성을 포위했는데, 성은 함락시키지 못하고 병사 대부분이 죽었습니다. 강유는 조수 근처에서 승리를 틈타 가볍게 무장한 병사를 이끌고 깊숙이 침입했지만, 식량을 계속 지원받지 못해 상규에서 좌절을 맛봐야 했습니다. 크게 승리를 한 후에는 위아래에서 모두 적을 경시합니다. 적을 경시하면 곤란한 상황에 대해 깊이 생각하지 못하게 됩니다. 지금 적은 방금 밖에서 패했고, 안에서도 근심을 떨치지 못하고 있습니다. 지금은 수비를 바르게 하고 국사를 생각할 때입니다. 게다가 병사들은 1년이 넘게 출정했으므로 고향으로 돌아가고 싶어 합니다. 지금 포로가 되거나 죽은 적군의 수는 10만이고, 모반한 죄인들도 여기에 잡아두었습니다. 그동안의 정벌을 살펴봐도 이와 같이 자기 군대를 보존하고 승리를 얻었던 적은 없습니다. 태조께서 관도에서 원소를 이길 때도 스스로 얻은 것이 이미 많다고 생각하고 다시 적군을 추격해 달려가지 않고 자신의 위풍이 꺾일까 두려워했습니다."

비로소 사마소는 진군을 멈추었다. 회남이 평정되자 왕기는 정동장군과 도독양주제군사로 전임되고, 승진하여 동무후東武侯에 봉해졌다. 왕기는 상소해 완곡하게 사양하고 보좌관들에게 공을 돌렸다. 덕분에 부하 중 장사·사마 등 일곱 명이 모두 제후가 되었다.

그해 왕기의 모친이 세상을 떠났다. 조서를 내려 그 흉보兇報를 비밀로 하고, 왕기의 부친 왕표王豹의 유해를 맞아 낙양에 합장했다. 왕표에게 북해 태수를 추증했다.

| 감로 4년(259) | 정남장군과 도독형주제군사로 전임했다. 상도향공이 제위에 오르자 식읍을 1천 호 늘려 이전 것과 합쳐 5천7백 호가 되었다. 앞뒤로 아들 둘이 정후와 관내후로 봉해졌다.

| 경원 2년(261) | 양양 태수가 오나라의 등유鄧由 등이 귀순하려 한다고 상소했다. 왕기는 조서를 받았지만, 응당 이 기회에 장강 이남을 공격해야 한다고 했다. 왕기는 그들이 귀순하려는 것이 거짓이라고 의문을 품고 역마를 달려 상황을 진술했다.

"가평 연간 이래 계속해서 내란이 일어났습니다. 지금은 사직을 안정시키고 백성을 안정되게 하는 데 급히 힘을 써야지, 병력을 움직여 외부에서 이익을 구하는 것은 옳지 못합니다."

사마소가 답장하여 말했다.

정사를 처리하는 사람 중에는 뜻을 굽히고 순종하는 자가 많고, 논리와 사실을 함께 확실히 파악하는 자는 드물다. 나는 그대의 충심과 우애에 깊이 감동했으며, 매번 규정과 가르침을 볼 때마다 그대가 확신하는 뜻에 따르겠노라.

그 후 등유 등은 결국 투항하지 않았다.

그해 왕기가 세상을 떠나 사공으로 추증되었으며 시호를 경후라 했다. 아들 왕휘王徽가 작위를 이었지만 일찍 죽었다.

함희 연간에 오등급 작위제가 제정되었는데, 왕기가 전대에 공훈이 빛났으므로 손자 왕이王廙를 후로 바꿔 봉하고, 동무東武의 남은 식읍을 아들 중 하나에게 하사하고 관내후의 작위를 주었다.

진晉나라가 세워진 이후에 조서를 내렸다.

고故 사공 왕기는 덕행이 현저했으며, 공훈을 세웠고, 또 몸을 닦아 청결하고 소박했으며, 이익을 얻는 산업을 행하지 않았고, 오랫동안 중요한 관직에 있었지만 집에 사사로이 축적하는 일이 없었다. 그러므로 그의 몸이 비록 세상을 떠났어도 행위는 더욱 빛나니 세속을 격려할 인물이라 하기에 충분하다. 지금 노비 둘을 그의 집에 하사한다.

【평하여 말한다】

서막은 청렴하고 여러 분야에 두루 통달했고, 호질은 평소 하는 일이 바르고 순수했으며, 왕창은 군주를 보좌하여 백성을 다스리고 식견과 도량이 있었고, 왕기는 학문과 품행이 곧고 결백했다. 이들은 모두 지방을 다스리는 책임을 맡았으며, 사람들에게 칭송받는 빛나는 공적을 남겼다. 이들은 국가의 훌륭한 신하이며 당대의 걸출한 인물이라 할 수 있다.

28

왕관구제갈등종전 王毌丘諸葛鄧鍾傳

반란을 일으켜 화를 초래한 자들

조방을 폐위하려다가 멸문지화를 당하다

왕릉전王淩傳

왕릉은 자가 언운彦雲이고, 태원군 기현祁顯 사람이다. 한나라 때 사도였던 숙부 왕윤王允이 동탁을 주살하자, 동탁의 장수 이각과 곽사 등은 원수를 갚기 위해 장안으로 침입해 왕윤을 살해하고 집안사람을 모두 죽였다. 당시 나이가 어렸던 왕릉과 그의 형 왕신王晨은 성벽을 넘어 탈출하여 향리鄕里로 달아났다.

왕릉은 효렴으로 천거되었고, 발간현發干縣의 장長이 되었으며,[1] 차차 벼슬이 높아져 중산 태수에 이르렀다. 부임한 곳에서 치적을 쌓았으므로 조조는 그를 불러 승상연속으로 삼았다.

조비가 제위에 오르자 산기상시를 제수했으며, 지방으로 보내 연주 자사로 삼아 장료 등과 함께 광릉에 가서 손권을 토벌하도록 했다. 장강에 이르렀을 때 밤에 거센 바람이 불어와 오나라 장수 여범 등이 탄 배가 표류하다가 북쪽 강가에 닿았다. 왕릉은 장수들과

---

1) 왕릉이 현의 장長으로 있을 때, 어떤 사건을 만나 5년간 머리를 깎이는 형벌을 받고 항상 길에서 청소를 했다. 당시 조조가 수레를 타고 지나가다가 그가 어떤 부류의 죄수인가 물었다. 주위에 있던 자들이 사실대로 대답하자 조조는 "이 남자는 자사(子師, 왕윤의 자)의 조카이므로 연좌된 것 또한 공평한 것일 뿐이다."라고 했다. 그 일을 주관한 자는 효기주부로 선발되었다.

함께 그들을 맞아 공격하여 적의 우두머리를 체포하여 죽이고 배를 포획했다. 전공을 세웠으므로 의성정후에 봉해졌으며, 건무장군建武將軍이 더해졌고, 청주 자사로 전임되었다. 당시는 북쪽 강가 일대에 동란이 있은 후였기 때문에 법령과 제도가 정비되지 못한 상태였다. 왕릉이 정치를 펴고 교육을 시행하고, 선량한 자에게는 상을 주고 사악한 자에게는 벌을 주어 기강을 차츰 확립해가자, 그에 대한 칭찬이 백성의 입에서 끊이지 않았다. 이후 조휴를 따라 오나라를 정벌하러 갔는데, 협석에서 적과 마주쳤다. 조휴의 군대는 타격을 입었지만, 왕릉이 힘껏 싸워 포위망을 뚫은 덕분에 곤란을 면하게 되었다. 곧 양주와 예주의 자사로 옮기게 되었는데, 병사와 백성의 환심을 얻었다.

처음 왕릉은 예주에 도착하여 이전 현인들의 자손을 표창하고 아직 세상에 알려지지 않은 선비를 구했다. 그때마다 조문과 교령을 발표했는데, 그 뜻이 매우 아름다웠다.

처음에 왕릉은 사마랑·가규賈逵와 교제하여 좋은 관계를 유지했는데, 연주와 예주에 가서도 명성과 정치적 업적을 이어받았다.

| 정시 원년(240) | 왕릉은 정동장군과 가절도독양주제군사가 되었다.

| 정시 2년(241) | 오나라 대장 전종이 이끄는 수만 명의 군사가 작피를 침범하자 왕릉은 군대를 이끌고 토벌하러 갔다. 제방을 놓고 며칠 밤낮을 힘껏 싸운 끝에 적군이 물러나 달아났다. 왕릉은 승진하여 남향후에 봉해졌으며 식읍 1,350호를 받았다. 거기장군과 의동삼사로 옮겼다.

당시 왕릉의 외종질 영호우는 재능이 있어서 연주 자사가 되었으며 평아平阿에 주둔했다. 외삼촌과 조카가 함께 병권兵權을 관장

하며 회남 지역을 전담하는 중임을 지게 된 것이다. 왕릉은 사공으로 옮겼다.

사마의가 조상을 주살한 후 왕릉은 승진하여 태위가 되고 절월을 받았다. 왕릉과 영호우가 비밀리에 함께 상의하기를, 제왕 조방은 어려서 천자의 자리에 오를 수 없지만, 초왕 조표는 나이도 많고 재능도 있으니, 조표를 맞아들여 세우고 허창을 수도로 해야 한다고 했다.

│ 가평 원년(249) 9월 │ 영호우가 장군 장식張式을 백마로 파견하여 조표와 서로 묻고 왕래했다. 왕릉은 또 사인 노정勞精을 낙양까지 보내 아들 왕광王廣에게 이 일을 전했다.

왕광은 이렇게 말했다.

"천자의 폐립은 중대한 일이니 재난의 징조로 삼지 마십시오."

그해 11월에 영호우가 다시 장식을 보내 조표를 만나게 했는데,[2] 장식이 돌아오기도 전에 마침 영호우가 병으로 죽었다.

│ 가평 2년(250) │ 화성이 남두南斗의 위치로 들어서자 왕릉이 말했다.

"남두 가운데 화성이 있으니 갑작스럽게 고귀하게 되는 자가 있을 것이다."[3]

│ 가평 3년(251) 봄 │ 오나라 적병이 도수涂水를 막았다. 왕릉은 이

---

2) 영호우는 초왕 조표가 지혜와 용기가 있다고 들었다. 당초 동군에는 "밤에 백마하白馬河에 요사스러운 말이 나타나서 관의 목장을 지나며 울자 모든 말이 따라 울었다. 다음 날 그 자취를 보니 큰 것은 곡곡斛 같았으며 몇 리를 가서 물속으로 들어갔다. 백마는 흰 굴레로 서남쪽으로 달려갔고, 누군가 타고 가는 자는 주호기朱虎騎가 된다."라는 풍문이 돌았다. 초왕의 어린 시절 자字가 주호朱虎였기 때문에 영호우는 왕릉과 함께 초왕을 세우기로 은밀히 계획을 세웠다.

일을 기회로 사건을 일으키려고 각 군대에 비상 태세를 갖추도록 하고, 적군을 토벌하겠노라고 표를 올렸다. 불허한다는 답을 담은 조서가 내려왔다. 왕릉의 음모는 더욱 깊이 진행되었다. 그는 장수 양홍을 파견하여 연주 자사 황화에게 천자를 폐립하는 일을 알리도록 했다. 황화와 양홍은 연명連名하여 태부 사마의에게 이 일을 자백했다. 사마의는 중군을 이끌고 수로를 이용하여 왕릉을 토벌하면서, 우선 왕릉의 죄를 사면해준다는 명령을 내렸으며, 또 상서 왕광을 데리고 동쪽으로 가서 그로 하여금 편지를 써서 왕릉을 일깨우게 했다. 사마의는 대군을 이끌고 몰래 백척百尺까지 나아가 왕릉이 있는 곳에 다다랐다. 왕릉은 스스로 대세가 이미 끝났음을 알았으므로 배를 타고 혼자 나와서 사마의를 맞이하고, 하급 관원 왕욱王彧을 보내 사죄하고, 인수와 절월을 돌려보냈다. 대군이 구두에 도착하자 왕릉은 스스로 결박하고 물가에서 죗값을 치르려고 기다렸다. 사마의는 조서를 받고 주부를 보내 왕릉의 결박을 풀어준 다음 위로하고 인수와 절월을 돌려주었으며, 보병과 기병 6백 명을 파견하여 수도로 돌려보냈다. 왕릉은 항頃에 이르러서 독약을 먹고 죽었다.

사마의는 곧 수춘에 도착했다. 장식 등은 모두 자수했으며, 이 일은 철저하게 규명되었다. 조표는 사형을 받았으며, 이와 연루된 자

---

3) 왕릉은 동평의 호상浩詳이 별점[星占]을 잘 친다는 소문을 듣고 그를 불러서 물었다. 호상은 왕릉이 뭔가 꿍꿍이가 있다고 의심을 품었다. 그래서 그의 마음을 기쁘게 하고자 오나라에서 죽을 사람이 있다고는 말하지 않고, 회남은 초의 분야分野인데, 지금 오와 초가 똑같이 점에 나타난 것은 왕자王者의 발흥이 있는 것이라고 했다. 때문에 왕릉의 계획은 결정되었다.

는 모두 삼족을 멸했다.

　조정에서 《춘추》의 대의를 논의했다. 옛날 주군을 살해한 제나라의 최서崔杼와 정나라의 귀생歸生은 사후에 형을 더하여 시신을 꺼내 사람들에게 보이고 관을 부수었다. 이 일은 방책方策에 기록되어 있는데, 왕릉과 영호우의 죄는 응당 옛 방책에 따라야 했다. 그래서 왕릉과 영호우의 묘를 파서 관을 쪼개고 그들의 시신을 부근에 있는 시장에 사흘 동안 말렸으며, 그들의 인수와 조복을 불태우고, 관을 쓰지 않고 흙에 묻었다.[4] 나아가 양홍과 황화를 향후鄕侯로 봉했다. 왕광은 뜻이 있고 학문과 덕행이 뛰어나 승상을 받았으며[5] 마흔여섯의 나이에 죽었다.

---

[4]　연주의 무관으로 있던 동평 출신의 마융馬隆은 영호우의 식객이었던 인연으로 개인 재산을 털어서 영호우의 버려진 시신을 매장하고, 3년 동안 상복을 입었으며, 묘지 주위에 소나무와 잣나무를 심었다. 이런 의로움으로 인해 주州 안의 선비들은 무척 부끄러워했다.

[5]　왕광의 자는 공연公淵이고, 동생 비호飛梟·금호金虎와 함께 재능과 무용이 일반 사람을 뛰어넘었다. 태부가 일찍이 장제에게 그들에 관해 조용히 물었다. 장제는 말하기를 "왕릉은 문무를 겸하고 있어 지금 맞설 만한 사람이 없습니다. 왕광 등의 웅지와 힘은 부친보다 아름답습니다."라고 했다. 물러나서 후회하며 가까이 있는 사람에게 말하기를 "나의 이 말이 한 가문을 멸망시켰다."라고 했다.

사마사와 싸우다 죽은 요동의 명장

관구검전毌丘儉傳

관구검은 자가 중공仲恭이고, 하동군 문희현 사람이다. 부친 관구흥은 황초 연간에 무위 태수가 되어 반역자를 토벌하고 유화책을 펴복종시키고, 황하 서쪽의 길을 열어 명망이 금성 태수 소칙에 버금갔다. 도적 장진을 토벌하고 모반한 호인胡人을 토벌한 공이 있어 고양향후에 봉해졌다. 중앙으로 들어가서 장작대장이 되었다. 관구검은 부친의 작위를 계승하여 평원후문학平原侯文學에 임명되었다. 조예가 즉위하자 상서랑에 임명되었고 우림감으로 옮겼다. 태자 때부터 오랜 관계를 맺고 있었기에 조예는 관구검을 친하게 대했다.

지방으로 나와서 낙양의 전농이 되었다. 당시 농민들을 징발하여 궁실을 지었으므로, 관구검은 상소해 말했다.

신의 어리석은 생각으로는 천하에서 급히 제거해야 할 것은 오와 촉의 두 적이고, 급히 힘써야 할 것은 의복과 식량입니다. 만일 두 적이 멸망하지 않고 관리와 백성이 굶주리고 얼어 죽는다면, 비록 아름다운 궁실이 있을지라도 이로울 게 없습니다.

관구검은 형주 자사로 옮겼다.

| 청룡 연간 | 조예는 요동을 토벌하려는 계획을 세우고, 관구검이

책략과 재간이 있으므로 유주 자사로 전임시켜 도료장군度遼將軍[6]·사지절·호오환교위를 더했다. 관구검은 유주의 군대를 이끌고 양평을 지나 요수遼隧에 주둔했다. 우북평右北平의 오환족 선우 구루돈寇婁敦, 요서遼西의 오환족 도독솔중왕都督率衆王 호류護留 등 과거에 원상을 따라 요동으로 도망친 자들이 5천여 명의 부하를 이끌고 와서 항복했다. 구루돈이 동생 아라반阿羅槃 등을 궁성으로 보내 조공朝貢을 바치니, 그들의 우두머리 20여 명을 후와 왕으로 봉하고 각각 차등을 두어 수레와 말, 염색한 비단을 하사했다.

공손연은 관구검을 맞아 싸웠지만, 형세가 불리해지자 병사를 데리고 돌아갔다.

이듬해 조예가 태위 사마의에게 중군과 관구검 등을 통솔하고 수만 병력으로 공손연을 치도록 하니 요동이 평정되었다. 관구검은 공적에 의거하여 안읍후安邑侯에 봉해졌으며, 식읍 3천9백 호를 받았다.

| 정시 연간 | 고구려가 자주 침범하고 반란을 일으켰으므로 관구검은 보병과 기병 1만 명을 지휘하여 현도玄菟로 나가서 몇 갈래 길로 나누어 쳐들어가 그들을 토벌했다. 고구려 왕 위궁位宮이 보병과 기병 2만 명을 이끌고 비류수(沸流水, 압록강)로 진출했으므로 양구梁口에서 크게 싸웠는데, 위궁은 연이어 패하여 도주했다. 관구검은 말을 멈추고 수레를 이어서 환도산丸都山에 올라 고구려의 수도를 파괴했는데, 머리를 베거나 포로로 삼은 자가 수천이나 되었다.

고구려의 패자(沛者, 관직명) 득래得來가 위궁에게 여러 차례 간언

---

6) 군대를 거느리고 북방 변경을 책임진다.

했지만, 위궁은 그의 말을 따르지 않았다. 득래는 한탄하여 말했다.

"곧 이 땅에 쑥이 자라는 것을 보게 되리라."

그런 후 득래는 굶어 죽었다. 사람들은 모두 그가 어질다고 여겼다. 관구검은 군사들에게 명하여 그의 묘를 파괴하거나 묘 주위에 있는 나무를 베지 못하게 했으며, 붙잡은 그의 처자식도 모두 풀어주도록 했다. 위궁은 처자식만 데리고 도망쳐 숨었다. 관구검은 군사를 이끌고 돌아왔다.

| 정시 6년(245) | 다시 정벌하니, 위궁은 매구買溝로 달아났다. 관구검은 현묘 태수 왕기를 보내 추격하도록 했다. 그는 옥저沃沮를 지나 1천여 리, 숙신씨肅愼氏 남쪽 경계까지 이르러 돌에 공을 새겨 기록했으며, 환도산에 문자를 새기고 불내不耐의 성에 기록했다. 주살되거나 항복한 자가 8천여 명이었다. 공을 논하여 상을 받았고, 후가 된 자는 1백여 명이었다. 산을 뚫어 논밭에 물을 대니, 백성은 이익을 얻었다.

관구검은 좌장군과 가절감예주제군사假節監豫州諸軍事로 승진했으며, 예주 자사를 겸하고 진남장군으로 전임되었다. 제갈탄이 오나라 대장 제갈각과 동관에서 싸웠으나 불리했으므로, 제갈탄과 관구검의 관직을 바꾸도록 명령했다. 제갈탄은 진남장군과 도독예주가 되었다. 관구검은 진동장군과 도독양주가 되었다.

오나라 태부 제갈각이 합비의 신성을 포위하자, 관구검은 문흠과 함께 성을 지키며 저항했다. 태위 사마부가 중군을 지휘하여 동쪽으로 가서 포위를 뚫었다. 제갈각은 물러나 돌아갔다.

당초 관구검은 하후현·이풍 등과 우의가 매우 두터웠다. 양주 자사이며 전장군인 문흠은 조상曹爽의 동향 사람으로서 용맹하고 강인하며 자주 전공을 세웠는데, 포로나 획득한 전리품의 수를 늘려서 은총과 상을 구하기를 좋아했지만, 대부분 칭찬을 받지 못했으므로 나날이 원한이 깊어졌다. 관구검이 이 점을 고려하여 문흠을 후하게 대접했기에 두 사람의 정은 돈독했다. 문흠 또한 관구검에게 감격하여 존중하고, 마음속으로 충실한 태도를 지켰다.

| 정원 2년(255) 정월 | 수십 장 길이의 혜성이 나타나 서북쪽 하늘로 비켜 지나가 오와 촉의 경계에 나타났다.

관구검과 문흠은 매우 기뻐하며 길조라고 생각했다. 그래서 태후의 조령詔令을 위조하여 대장군 사마사의 죄상을 알리고, 군과 국에 전하여 병사를 일으켜 모반했다. 회남군의 진영을 지키는 장병과 관리 및 백성을 협박하여 모두 수춘성으로 들어가도록 하고, 성 서쪽에 제단을 세우고 희생 제물을 죽여 피를 마시고 병기를 들어 맹서를 하고, 노인과 어린이를 따로 남겨 성을 지키도록 했다. 관구검과 문흠은 직접 5만에서 6만에 이르는 병사를 이끌고 회수를 건너 서쪽으로 가 항성項城까지 이르렀다. 관구검은 항성을 굳게 지켰고, 문흠은 성 밖에서 병사들을 움직였다.

대장군 사마사는 조정과 지방의 병사들을 이끌고 이들을 토벌하고, 따로 제갈탄에게 예주의 군대를 지휘하여 안풍진安風津에서 수춘으로 공격해 들어가도록 했으며, 정동장군 호준胡遵에게 청주와 서주의 군대를 지휘하여 초주楚州와 송주宋州 사이에서 출병하여 적의 퇴로를 끊어버리도록 했다.

대장군은 여양汝陽에 주둔하며 감군監軍 왕기에게 선봉의 각 군대를 지휘하여 남돈을 점거하고 적을 기다리도록 명했다. 군에는 모두 성벽을 단단히 지키며 적과 싸우지 말라고 명령했다. 관구검과 문흠은 나아가 공격할 수 없었고, 물러나면 수춘이 습격당할 것 같은 두려움 때문에 돌아올 수 없으며, 계책을 행할 수 없어서 어떻게 해야 할지를 몰랐다. 회남의 병사들은 집이 모두 북쪽에 있었으므로 마음이 산란하여 항복하는 자가 속출했다. 오직 회남에서 새로 귀순한 농민들만이 관구검을 따를 뿐이었다. 대장군은 연주 자사 등애를 파견하여 태산의 군사 1만여 명을 감독하여 낙가에 이르게 하고 병력이 약함을 보여 적병을 유인하도록 했다. 이어서 수洙에서 출발한 대장군이 도착했다. 문흠은 이 일을 몰랐으므로 밤에 와서 등애 등을 공격하려고 했다. 날이 밝자 대장군의 병사와 말이 강성함을 보고 병사를 이끌고 돌아갔다.[7)

대장군은 용맹한 기병을 보내 추격하여 문흠의 군대를 크게 무찔렀다. 문흠은 달아났다.

그날 관구검은 문흠이 전쟁에서 패했다는 소식을 듣고 두려워하다 밤에 달아났으며, 수하의 군대는 붕괴되었다. 신현愼縣에 이르렀을 때, 주위 사람과 병사 들이 점점 관구검을 버리고 떠나기 시작했고, 관구검은 동생 관구수毌丘秀와 손자 관구중毌丘重과 함께 물가의 수초 더미 속으로 들어가 숨었다. 안풍진 도위의 수하에 있는 백성 장속張屬이 화살을 쏴서 관구검을 죽이고, 그 머리를 수도로 보냈다. 장속은 열후에 봉해졌다. 관구수와 관구중은 오나라로 도망쳤다. 관구검과 문흠에게 협박당하여 따르던 장수들은 모두 귀순하여 투항했다.

---

7) 문흠의 작은아들 문숙文俶은 어린 시절 이름이 앙鴦이다. 나이는 어리지만 용감하고 힘이 있었다. 문흠에게 "그들이 안정되어 있지 않다면 공격하여 격파시킬 수 있습니다."라고 했다. 그래서 두 부대로 나누어 밤에 기습 공격을 했다. 문숙이 장수와 병사를 이끌고 먼저 도착하여 대장군을 큰 소리로 부르자, 대장군의 군대 안은 놀라 소란해졌다. 그러나 문흠이 기한 내에 호응하지 못했고, 마침 날이 밝자 문숙이 물러났고 문흠 또한 돌아왔다.

관구검의 아들 관구전毌丘甸은 치서시어사로 있었는데, 일이 일어
나기 전에 관구검이 계획을 실행에 옮길 것을 알고, 사사로이 가족
을 데리고 수도를 나와 신안新安 영산靈山으로 달아났다.[8] 다른 군대
가 그곳을 공격하여 함락시켰고, 관구검의 삼족三族을 멸했다.

문흠은 오나라로 도망쳐 들어갔다. 오나라에서 문흠은 도호·가
절·진북대장군·유주목·초후譙侯에 임명되었다.

---

8) 제왕이 폐위되었을 때, 관구전은 관구검에게 이렇게 말했다. "아버지는 한족의 장관으로
    중임을 맡고 있습니다. 나라가 기울고 있는데, 편안히 스스로를 지키고 있으면 사해 사람
    들의 문책을 받을 것입니다." 관구검은 아들의 말이 옳다고 생각했다. 관구검이 처음 병사
    를 일으켰을 때, 관구종毌丘宗 등 아들 넷을 오나라로 보냈다. 태강 연간에 오나라가 평정
    되자 관구종 형제는 모두 위나라로 돌아왔다. 혹자는 관구검이 비록 일을 성공시키지는
    못했지만 충신이라고 말한다. 절개를 다하고 정의로 달려 나가는 것은 그 개인의 마음에
    달려 있지만 일의 성공과 실패는 시운에 의해 결정되기 때문이다.

사마씨 주살을 도모하다 처참하게 죽다

제갈탄전諸葛誕傳

제갈탄은 자가 공휴公休이고, 낭야군 양도현陽都縣 사람이며, 제갈풍諸葛豊의 후예이다. 처음에는 상서랑의 신분으로[9] 형양현의 영令이 되었으며, 중앙으로 들어가 이부랑이 되었다. 다른 사람에게 관직의 승진이나 전임에 관한 의뢰를 받았을 때는 항상 그 추천의 말을 분명히 한 후에야 승낙하여 기용했다. 그 후에 그 인물의 적합성 여부를 판단할 때는 그 득실을 공개적으로 논의하여 포상하거나 폄하했다. 이후로 관리들 중에 인물을 추천하면서 신중을 기하지 않는 자가 없었다.

　자주 승진하여 어사중승상서御史中丞尚書가 되었고, 하후현·등양 등과 우호적인 관계를 유지했으며, 조정에서 명성을 얻었으므로 수도 사람들은 그들을 흠모했다. 제갈탄·등양 등이 들뜨고 화려한 풍조를 일으키고 허망한 명예에 영합하고 있는데, 이런 풍기문란을 조장해서는 안 된다고 했다. 조예는 그것을 싫어하여 제갈탄을 면

---

9) 제갈탄이 상서랑이었을 때의 일이다. 상서복야 두기와 도하에서 배를 시운전했는데, 바람 때문에 배가 뒤집히고 제갈탄도 물에 빠졌다. 친병들이 배를 띄우고 제갈탄을 구하려고 하자, 제갈탄은 "먼저 두후杜侯를 구하라!"라고 했다. 결국 제갈탄은 바닷가까지 떠밀려 왔으며, 정신을 잃었다가 소생했다.

직시켰다.[10] 마침 조예가 붕어했다.

| 정시 연간 초 | 하후현 등이 모두 관직에 있었으므로 다시 제갈탄을 어사중승상서로 임명하고, 지방으로 보내 양주 자사로 임명하며, 소무장군昭武將軍을 더했다.

왕릉이 음모를 꾸미자, 태부 사마의는 비밀리에 군사를 출동시켜 동쪽 정벌에 나섰는데, 제갈탄을 진동장군과 가절도독양주제군사로 임명하고 산양정후山陽亭侯로 봉했다. 제갈각이 동관에서 병사를 일으켰을 때, 제갈탄을 파견하여 군사를 지휘하여 토벌하러 가도록 했다. 제갈탄이 적과 싸워서 패하고 돌아왔으므로 진남장군으로 전임되었다.

후에 관구검과 문흠이 반란을 일으켰을 때, 제갈탄에게 사자를 보내 예주의 관리와 백성의 지원을 요청했다. 제갈탄은 사자를 베어 천하 사람들이 관구검과 문흠의 흉악한 음모를 알도록 했다. 대장군 사마사는 동쪽 정벌에 오르면서 제갈탄으로 하여금 예주의 군대를 지휘하여 안풍진을 건너 수춘으로 향하도록 했다. 관구검과 문흠이 격파된 후, 제갈탄은 먼저 수춘에 도착했다. 수춘에 있던 10만여 명의 백성은 관구검과 문흠이 패했다는 소식을 듣고 죽임을 당할까 두려워 모두 성문을 부수고 나와 산과 연못으로 흩어져 떠돌았으며, 간혹 오나라로 도주해 들어가기도 했다. 제갈탄은 회

---

10) 당대의 재인 하후현과 제갈탄, 등애, 전주 등은 서로 칭호를 붙였으므로 네 명을 사총四聰이라고 했으며, 제갈탄과 비(備, 성은 미상) 등 여덟 명을 팔달八達이라고 불렸다. 중서감 유방劉放의 아들 유희劉熙, 손자孫資의 아들 손밀孫密, 이부상서 위진의 아들 위열 등 세 명은 그들에게는 미치지 못했지만 부친이 권력이 있는 지위에 있었으므로 삼예三豫라고 불렸다. 조예는 이들 열다섯 명이 경박한 풍조를 조장한다고 생각하여 전원 면직시켰다.

남에서 오랫동안 있었으므로 다시 진동대장군·의동삼사·도독양주로 임명되었다.

오나라 대장 손준·여거呂據·유찬留贊 등이 회남에서 난리를 일으켰다는 소식을 들었을 때 마침 문흠이 투항했다. 그래서 병사를 이끌고 문흠을 데리고 곧바로 수춘까지 공격했다. 당시 제갈탄이 군사를 이끌고 이미 그곳에 도착하여, 성을 공략하는 일이 불가능했으므로 퇴각했다. 제갈탄은 장수 장반蔣班을 보내 그들을 추격하도록 하고, 유찬을 베어 그 머리를 수도로 보내고, 그의 인수와 부절을 손에 넣었다. 승진하여 고평후高平侯에 봉해졌으며, 식읍 3천5백호를 받았고 정동대장군으로 전임되었다.

제갈탄은 이미 하후현·등양 등과 매우 친했고, 왕릉과 관구검이 멸해지는 것을 여러 번 보았으므로 스스로 두려워 불안해했다. 자신의 재물을 기울여 은혜를 베풀면서 사람들의 마음을 붙잡았으며, 가까이 있는 사람들과 양주揚州에서 유람하는 무리 수천 명을 사사(死士, 죽음을 각오한 선비)로 삼아서 후하게 대우했다.[11]

| 감로 원년(256) 겨울 | 오나라 적이 서알徐猲로 향하려 했다. 조정에서는 제갈탄이 지휘하는 병사와 말로 충분히 대항할 수 있다고 계산했는데, 그는 10만 명의 병사를 요청하여 수춘을 지키고, 또 회수에 가서 성을 쌓아서 침략에 대비하기를 원했다. 회남을 지키려는 속셈이었다. 조정에서는 제갈탄이 의심을 품고 있다는 것을 살펴알고 있었지만 선대 이래의 구신舊臣이라는 점을 고려해 조정으로

---

11) 제갈탄은 상을 줄 때 지나친 점이 많았다. 심지어 죽을죄를 지은 사람일지라도 제도를 허물면서까지 살려주었다.

들어오게 하여 처리하려고 했다.

| 감로 2년(257) 5월 | 제갈탄을 불러 사공으로 임명했다. 제갈탄은 조서를 받고 더욱 두려워하다가 마침내 반란을 일으켰다. 제갈탄은 수하의 장수들을 불러 모아 직접 출병하여 양주 자사 낙침을 공격하여 죽였다.[12] 제갈탄은 회남과 회북 군현에서 둔전하는 10만여 관병과 양주에 새로 귀속되어 병기를 들 수 있는 자 4~5만 명을 모으고, 1년은 충분히 먹을 곡식을 거두어서 성문을 닫고 스스로 지켰다. 그는 장사長史 오강吳綱[13]에게 작은아들 제갈정諸葛靚을 오나라로 데리고 가서 구원을 청하도록 했다. 오나라 사람들은 매우 기뻐하면서 장수 전역全懌·전단全端·당자·왕조王祚 등을 파견하여, 병사 3만 명을 이끌고 몰래 문흠과 함께 제갈탄을 구원하러 왔다. 오

12) 사마소가 정권을 장악한 후, 장사 가충은 수하 부하들을 파견하여 사정四征의 네 장군을 위로하도록 상주했다. 그래서 가충을 수춘으로 보냈다. 가충은 돌아와서 사마소에게 보고했다. "제갈탄이 다시 양주涼州에 재임하여 위엄과 명성이 있으므로 백성은 그에게 돌아가려고 합니다. 지금 부르면 반드시 오지는 않아도 화는 작고 사변은 가벼울 것이지만, 부르지 않는다면 일이 늦어져 재난이 터질 것입니다." 그래서 사공으로 임명했다. 공문서가 도착하자 제갈탄은 "나는 왕문서(王文舒, 왕창王昶) 다음으로 사공이 되어야 하는데, 지금 사공이 되다니! 정식으로 사자를 보내지 않고 걸음이 빠른 자에게 문서를 전하도록 하여 낙침에게 병사를 주도록 했으니, 이것은 반드시 낙침이 한 일이다."라고 했다. 그리고 주위의 수백 명을 양주에 이르게 했다. 양주 사람들이 문을 닫으려고 하자, 제갈탄은 "그대는 이전에 나의 부하가 아니었는가!"라고 꾸짖으며 곧장 들어갔다. 낙침이 누대 위로 달아났지만 쫓아가 목을 베었다.

13) 황초 말년(227)의 일이다. 오나라 백성이 장사왕長沙王 오예(吳芮, 진한 초의 공신)의 묘를 발굴하여 그 벽돌을 사용해 임상臨湘에 손견의 묘를 만들었다. 발굴된 오예의 용모는 살아 있는 듯했고 옷은 썩지 않았다. 후에 발굴에 참가했던 자가 오강吳綱을 만나서 말했다. "그대는 장사왕 오예와 비슷하군요. 단지 귀가 약간 짧을 뿐입니다." 오강은 두려워하며 말했다. "그분은 제 선조입니다. 당신이 어떻게 그를 보았습니까?" 유체를 본 사람이 사정을 설명했다. 오강이 "바꿔서 매장했습니까?"라고 묻자 "이장했습니다."라고 대답했다. 오예가 죽었을 때부터 발굴할 때까지는 4백여 년이 지났고, 오강은 오예의 16대손이었다.

나라에서는 제갈탄을 좌도호·가절·대사도·표기장군·청주목·수춘후로 임명했다.

그때 진남장군 왕기가 막 도착하여 군을 지휘해 수춘을 포위했다. 하지만 포위가 완성되기 전에 당자와 문흠 등이 성 동북쪽에서 산과 험한 길에 의지해 병사를 데리고 성안으로 뚫고 들어왔다.

|6월| 황제가 친히 동쪽의 제갈탄을 정벌하러 나와 항성에 도착했다. 대장군 사마소는 중앙과 지방의 군대 26만 명을 이끌고 그들을 토벌하기 위해 회수에 도착했다. 대장군은 구두에 주둔했다. 왕기와 안동장군 진건 등에게 사방에서 수춘을 포위하여 안팎으로 이중 포위하고 참호와 보루를 매우 높게 쌓도록 했다. 또 감군 석포石苞와 연주 자사 주태 등에게 정예 병사를 뽑아 유군游軍으로 삼아서 외부의 침입에 대비하도록 했다. 문흠 등은 여러 차례 병사를 출동시켜 포위망을 뚫으려고 했지만, 오히려 공격을 받고 달아났다.

오나라 장수 주이가 대군을 이끌고 제갈탄 등을 영접해 여장수黎漿水를 건넜지만, 주태 등이 맞아 싸워 매번 그들의 예봉을 꺾었다. 손침孫綝은 주이가 싸우러 나아가지 않는다고 생각하고 화가 나서 그를 죽였다. 성안에서는 식량이 점점 줄고, 밖에서는 구원병이 이르지 않았으므로 병사들은 의지할 곳이 없었다. 장군 장반과 초이焦彝는 모두 제갈탄의 충복으로서 일을 도모하는 자였으나, 제갈탄을 버리고 성을 넘어 사사로이 대장군에게 귀순했다.[14] 대장군이 곧 첩자를 보내 교묘한 말로 전역 등을 설복하니 전역 등은 병사 수천 명을 이끌고 성문을 열고 나왔다. 성안에 있는 사람들은 놀라고 두려워 어떻게 해야 할지 몰랐다.

|감로 3년(258) 정월| 제갈탄·문흠·당자 등은 공격용 무기를 대량으로 사용하여 밤낮으로 5~6일 동안 남쪽 포위망을 공격하여 뚫고

나가려고 했다. 포위망 위쪽의 군대들은 높은 곳에 올라가 석거石車를 발사하고 불화살을 쏘아 그들의 공격용 무기를 불태우고 부수었다. 화살과 돌이 비 오듯 쏟아졌고, 죽거나 부상을 입은 자가 땅을 뒤덮었으며, 병사들이 흘린 피가 참호를 가득 메웠다. 제갈탄은 성으로 도로 들어갔지만, 성안의 식량이 다 떨어졌으므로 항복하여 나오는 자가 수만이나 되었다.

　문흠은 북방 사람들을 모두 내보내고 식량을 절약해 오나라 사람들과 성을 굳게 지키려고 했지만, 제갈탄이 따르지 않았다. 이 일로 두 사람은 다투고 원한 관계가 되었다. 문흠은 평소 제갈탄과 어긋나는 점이 있었고 단지 계략을 위해 협조했으므로 사태가 위급해지자 더욱 서로 의심을 품게 되었다. 문흠이 제갈탄을 만나 일을 상의할 때, 제갈탄이 문흠을 죽였다. 문흠의 아들 문앙文鴦과 문호文虎는 병사들을 소성小城에 주둔시켰다. 문흠이 사망했다는 소식을

14)　장반과 초이는 제갈탄에게 진언했다. "주이 등이 대군을 이끌고 나아갈 수 없었으므로 손침이 주이를 죽이고 강동으로 돌아간 것입니다. 밖으로는 병사를 출동시키겠노라고 선전하지만, 안으로는 앉아서 성공과 실패를 기다리고 있으므로, 그의 귀국은 눈앞에 있습니다. 지금 사람들의 마음이 아직은 동요되지 않았고, 병사들에게는 전의가 있으니, 힘을 다해 죽을 각오로 공격을 한다면, 비록 완전히 승리할 수는 없을지라도 보존할 수는 있을 것입니다." 문흠이 말했다. "강동(오)은 오랫동안 승세를 타고 있으며, 아직 북방(위)을 손에 넣으려고는 하지 않고 있습니다. 더욱이 공(제갈탄)이 지금 10만여 병력을 들어 안에 응하고, 제가 전단全端 등과 함께 사지에 있으며, 우리 부모형제가 모두 강표(江表, 오)에 있습니다. 곧 손침이 구원을 희망하지 않으니, 주상(오나라 왕)이나 그의 친척들이 어떻게 들 수 있겠습니까? 중국(위)에는 한 해라도 일이 없었던 적이 없으므로 군사와 백성은 함께 지쳐 있고, 지금 우리 군을 포위한 지 1년이 되었으니 세력은 이미 다했으며, 역모가 마음속에서 생겨 장차 변고가 일어날 것입니다. 과거의 예에 따라 현재의 상황을 추측하면 일수를 계산하여 기다릴 수 있습니다." 장반과 초이가 완강하게 권했으므로 문흠은 화를 냈고, 제갈탄은 장반 등을 죽이려고 했다. 두 사람은 두려웠으며, 제갈탄이 실패할 것을 알았다. 11월에 두 사람은 항복했다.

들고 병사들을 강제로 나아가게 했지만, 병사들은 그들의 명을 따르지 않았다. 문앙과 문호는 단독으로 도주하여 성벽을 넘어 대장군에게 귀순했다. 군리軍吏들이 그들을 죽여야 한다고 청하자 대장군이 명령했다.

"문흠의 죄는 용서할 수 없으니 죽여야 하고 그 아들들도 본래 응당 죽여야 하지만, 문앙과 문호는 달아날 길이 없어서 귀순했고 수춘성은 아직 함락되지 않았는데, 그들을 죽이면 오히려 저들이 성을 지키려는 마음이 더욱 굳어질 것이오."

곧 문앙과 문호를 사면하고, 그들로 하여금 수백 명의 병사와 기마를 이끌고 달려가서 수춘성 주위를 에워싸고 성안에 있는 사람들에게 이렇게 말하도록 했다.

"문흠의 아들들도 살해되지 않았는데, 나머지 사람들은 무엇을 두려워하시오?"

표를 올려 문앙과 문호를 장군으로 삼도록 추천하니, 관내후를 하사받았다. 성안에서는 기쁘면서도 불안했고, 또 날마다 굶주림과 곤궁함이 더해갔다. 제갈탄과 당자 등의 지략은 모조리 바닥이 났다. 대장군은 곧 직접 포위망 속으로 가서 사면으로 병사를 나아가게 하는 동시에 고함을 지르며 성벽에 올라가도록 했다.

성안에서는 감히 움직이는 자가 없었다. 제갈탄은 마음이 매우 다급하여 홀로 말을 타고 부하들을 인솔하여 작은 성문을 뚫고 나갔다.

대장군 사마 호분胡奮의 부하 병사들은 제갈탄을 맞아 공격하여 죽이고, 그 머리를 수도를 보냈으며, 삼족을 멸했다. 제갈탄 수하에 있던 수백 명은 투항하지 않은 죄를 지었으므로 참수당했는데,[15] 모두 이렇게 말했다.

"제갈공諸葛公을 위해 죽으니 여한이 없다."

제갈탄이 인심을 얻은 것은 이와 같았다. 당자와 왕조를 비롯한 모든 비장은 결박을 하고 항복했다. 항복한 오나라 병사는 1만 명이고, 빼앗은 병기와 군용 물자는 산처럼 높이 쌓였다.

당초 수춘을 포위했을 때 논의하는 자들은 대부분 급히 공격하려고 했다. 하지만 대장군은 이렇게 주장했다.

"성은 견고하고 병력은 많소. 그들을 공격하면 우리는 반드시 힘을 다 쓰게 될 것인데, 만일 외부의 적이 공격하여 안팎으로 적을 받게 된다면, 이것은 위험한 방법이오. 지금 반란자 셋이 고립된 성안에 모여 있는 것은 아마도 하늘이 동시에 그들을 소멸하려는 뜻이라고 생각되오. 나는 응당 모든 계책을 사용하여 그들을 이곳에 매어둘 것이오. 그러면 앉아서 제압할 수 있소."

제갈탄은 감로 2년(257) 5월에 반란을 일으켜 감로 3년(258) 2월에 멸망했다. 관군이 병사를 움직이지 않고 참호를 깊게 파고 보루를 높게 쌓았으므로 저절로 곤란하게 되었고, 결국에는 나아가 공격하지 않고도 승리하게 되었다.

이전에 수춘은 매년 폭우가 쏟아지면 회수가 넘쳐 항상 성읍이 물에 잠겼다. 조비가 포위진을 쌓을 때, 제갈탄은 그 일을 비웃으면서 말했다. "이것은 공격을 받지 않아도 스스로 무너지게 된다." 대

---

15) 깃발 아래 선 수백 명의 병사는 가슴 앞으로 손을 묶인 채 열을 지어 한 사람씩 참수되었다. 한 사람이 참수될 때마다 항복을 권유했지만, 아무도 뜻을 굽히지 않아 결국은 모두 죽었다. 따라서 당시 사람들은 제갈탄을 비유하여 전한 초기의 전횡(田橫, 제齊나라 왕의 일족으로 한 고조가 천하를 통일한 후에 도당 5백여 명을 거느리고 섬으로 도망하여 마침내 자살한 인물)이라고 했다.

군의 공격은 해를 넘어 계속되었다. 성이 함락되던 날, 폭우가 내려 포위진이 모두 허물어졌다.[16] 수춘을 격파하자, 논의하는 자들은 회남이 빈번하게 반역했고, 또 항복한 오나라 병사의 가족들은 강남에 있으므로 석방시킬 수 없으니 구덩이에 매장해야 한다고 주장했다. 대장군은 고대의 용병이란 국가를 보존하는 것을 상책으로 하여 그 원흉을 죽일 뿐이었고, 오나라 병사가 달아났다가 돌아온 것은 중국의 관대한 아량을 보여줄 기회라고 생각했다. 때문에 오나라 병사는 한 사람도 살해하지 않았으며, 삼하(三河, 하남·하동·하내) 부근의 군으로 보내 분산시켜 거주시켰다.

당자는 본래 이성利城 사람이다. 황초 연간에 이성에서 반란이 일어나 태수 서기徐箕를 살해하고 당자를 우두머리로 추대했다. 조비가 군대를 보내 그들을 토벌하고 무찌르자, 당자는 바닷길로 달아나 그대로 오나라까지 도망가 관직이 좌장군에 이르렀고 열후에 봉해졌으며 지절이 되었다. 제갈탄과 문흠이 처참하게 죽임을 당했을 때 당자도 사로잡혔다. 반란자 셋이 모두 잡혔으므로 천하 사람들은 기뻐했다. 당자를 안원장군으로 임명하고, 나머지 비장은 모두 임시 관직과 작위에 전임되었으므로 오나라 병사들은 매우 기뻐하며 복종했다. 강동(江東, 오나라)도 이에 감동되어 항복한 병사들의 가족을 죽이지 않았다. 회남의 장리와 관민은 모두 제갈탄에게 협박을 당했는데, 그중 반역한 우두머리만을 죽이고 나머지는 모두 사면했다.

---

16) 제갈탄이 이런 식으로 비웃으며 최고 권력자를 능멸하려 한 것이 적지 않은 적을 만들게 되었으니 제갈탄의 인생 역정이 결코 순탄치 않은 것은 이러한 성격에 기인한 것으로 볼 수 있다.

문앙과 문호에게는 수레와 소를 주어 문흠의 시신을 거두어 염하고 조상의 묘까지 옮겨 장례를 치르도록 했다.[17]

17)　이후로 천하 사람들은 사마소의 무예와 위엄을 두려워하는 동시에 덕망을 흠모했다. 사마소가 이 싸움에서 덕으로써 공격할 수 있었다고 군자들은 말한다. "창업의 기초를 세우는 사람은 각기 다르고, 각기 지향하는 것은 겸병할 수 없다. 때문에 군사력을 갖고 있는 영웅은 인애仁愛의 부족이 원인이 되어 스러지고, 도의道義를 갖춘 국가는 유약하여 실패한다. 지금 한 번의 정벌로 세 명의 반역자를 잡고, 오나라 병사를 대거 포로로 잡아 회수 연안 지역을 석권하고, 10만 병력을 확보한 것은 장하다고 할 수 있다. 그런데 편안히 앉아 있지 못하고, 왕기의 공적을 슬퍼하고, 오나라 백성에게 은혜를 베풀어 다른 나라 사람들의 마음을 붙들고, 문앙을 총애하고 문흠을 매장하고, 과거의 반목을 잊고, 제갈탄의 무리를 탓하지 않아 양주揚州의 선비들로 하여금 부끄럽게 만들었다. 높은 공훈을 이룬 사람은 그 덕을 생각한다. 무예와 위엄을 발휘하여 문치文治를 계획한다. 그런데 이런 식으로 처리한다면 천하에 그 누가 감당할 수 있겠는가?"

촉을 멸망시켰으나 종회의 모함으로 억울하게 죽다

등애전鄧艾傳

등애는 자가 사재士載이고, 의양군義陽郡 조양현棗陽縣 사람이다. 어려서 고아가 되었으며, 조조가 형주를 격파했을 때 여남으로 이사하여 농부가 되어 송아지를 키웠다. 열두 살 때 어머니를 따라 영천에 이르러 태구현太丘縣의 장長 진식陳寔의 비문을 읽고 말했다.

"문장은 세인의 모범이 되고, 행위는 선비들의 준칙이 된다."

등애는 스스로 이름을 범範으로 바꾸고 자를 사칙士則이라 했다. 후에 종족 중에서 그와 이름이 같은 자가 있음을 알고 다시 개명했다.

등애는 도위학사都尉學士로 임명되었지만 가난하여 간좌(幹佐, 문서를 주관하는 관리)도 할 수 없어서 도전수총초리稻田守叢草吏가 되었다. 같은 군 관리의 부친이 그의 집이 가난한 것을 불쌍히 여겨 매우 후하게 재물을 주었지만, 등애는 전혀 감사의 뜻을 표시하지 않았다.

그는 높은 산과 큰 못을 볼 때마다 군영을 설치하기에 적당한가 헤아려서 그림으로 그렸는데, 당시 사람 대부분이 그를 비웃었다. 후에 전농강기典農綱紀가 되었으며, 상계리上計吏가 되었다. 이 덕에 태위 사마의를 만날 수 있었다.

사마의는 그가 일반 사람과 달리 기이한 면이 있음을 알고는 불러서 속관으로 임명했으며[18] 상서랑으로 승진시켰다.

당시 밭을 개간하고 곡식을 저장하고, 적국을 멸망시키려는 계책을 세우고자 등애를 진陳과 항의 동쪽인 수춘까지 파견하여 시찰하도록 했다. 등애는 생각했다.

'토지는 좋지만 수원水源이 적어 땅의 우수한 점을 충분히 발휘할 수 없다. 응당 운하를 개통해야 한다. 그러면 물을 끌어서 관리할 수 있다. 그렇게 되면 군대 식량을 대량으로 비축할 수 있고, 또 식량을 운송하는 길을 뚫을 수 있다.'

그래서 〈제하론濟河論〉을 지어서 자신의 뜻을 설명했다.

과거에는 황건적을 쳐부순 것을 계기로 둔전을 실행하고, 허도에 곡식을 비축하여 사방을 제어했습니다. 지금 변방 세 방면은 이미 평정되었으나 회수 남쪽이 남아 있습니다. 매번 대군이 정벌하러 출동할 때 식량을 운송하는 병사가 절반을 넘었고, 막대한 비용이 들어 거대한 노역이라고 생각했습니다. 진陳과 채蔡 사이는 땅이 낮고 밭은 기름지므로 허창 주위의 모든 논을 없애고 물을 대면 동쪽으로 흐르게 할 수 있습니다. 회북의 둔병 2만 명과 회남의 둔병 3만 명을 열 명 중 두 명씩 돌아가며 쉬게 하고, 항상 4만 명에게는 한편으로는 밭을 갈게 하고 한편으로는 지키도록 명령하십시오. 물이 풍족하여 항상 서쪽 지역보다 세 배를 수확할 것이고, 경작 비용을 제하고 계산해도

18) 등애는 어려서 양성襄城의 전농부민典農部民이 되었는데, 건안 연간에 소부 길본吉本이 허도에서 군대를 일으켰을 때 연좌되어 처벌을 받고 집에 머물게 되었다. 길본이 전농사마에게 어자御者를 구하려고 하자 등애와 석포를 주었다. 10여 리 가면서 말을 하더니 기뻐하며 두 사람 모두 출세하여 대신이 될 것이라고 말했다. 등애는 후에 전농공조가 되어 사자로 선왕이 있는 곳으로 가서 알려져 발탁되었다.

매년 5백만 석이 군대의 비용으로 쓰일 수 있습니다. 그러면 6~7년 사이에 3천만 석이 회수 연안에 쌓일 수 있습니다. 이것은 10만 병사가 5년간 먹을 양입니다. 이런 역량으로 오나라를 공격하면 원정하더라도 승리하지 않을 수 없습니다.

사마의는 그의 진언을 가상히 여겼으며, 이대로 모두 시행했다.

│ 정시 2년(241) │ 곧 운하가 넓게 개통되었는데, 동남쪽에 일이 발생할 때마다 대군이 출동하여 배를 타고 동쪽으로 내려가 장강과 회수에 도착했으며, 물자와 식량이 회복되고 수해가 없었으니, 이는 등애가 세운 공로였다.

등애는 지방으로 나가 정서장군의 군사軍師가 되었고, 남안 태수로 승진했다.

│ 가평 원년(249) │ 정서장군 곽회와 함께 촉나라의 편장군 강유를 막아냈다. 강유가 물러난 틈을 타서 곽회가 다시 서쪽으로 강족을 공격하려 하자 등애가 말했다.

"적군이 아직 멀리 가지 못했으므로 돌아올 수도 있습니다. 응당 병사를 나누어 의외의 일에 대비해야 합니다."

그래서 사마의는 등애를 남겨 백수 북쪽에 주둔하도록 했다. 사흘 후, 강유는 요화를 파견하여 백수 남쪽에 등애를 향해 진을 구축했다.

등애가 장수들에게 말했다.

"강유는 지금 갑자기 돌아왔고 우리는 병사가 적소. 병법에 나온 대로 하자면 적은 당연히 물을 건너야 하지만 다리를 만들 수는 없소. 이 때문에 강유가 요화를 보내어 우리를 견제하여 돌아갈 수 없게 하는 것이오. 강유는 반드시 동쪽에서부터 조성洮城을 습격할 것이오."

조성은 백수 북쪽에 있어 등애와는 60리 떨어져 있었다. 등애는 밤에 몰래 군사를 움직여 곧장 조성에 이르렀다. 강유가 과연 물을 건넜지만, 등애가 먼저 도착하여 조성을 차지하고 있었기 때문에 막는 데 실패하지 않았다. 등애에게 관내후의 작위를 주고 토구장군을 더했으며, 후에 성양 태수로 바꿔 임명했다.

당시 병주에 있던 우현왕右賢王 유표劉豹가 흉노를 합병하여 하나의 부락으로 만들자, 등애가 표를 올려 말했다.

융적戎狄은 야수의 마음을 갖고 있으므로 도의로써 친하지 않습니다. 강대하면 침범하여 잔폭하게 굴고, 쇠약하면 중앙에 순종하며 의지합니다. 때문에 주 선왕周宣王 때에는 험윤玁狁의 침입이 있었고, 한 고조 때에는 평성의 포위가 있었던 것입니다. 흉노가 강성해질 때마다 이전 시대에는 중대한 근심거리가 되었습니다. 흉노의 왕 선우가 중국의 밖에 있은 후로 그들의 부족장과 민중을 견제할 수 없었습니다. 후에 그들을 유인하여 국내로 들어와 의탁하게 했습니다. 이로 인하여 강이羌夷는 통솔자를 잃었고, 모이고 흩어지는 일을 주도하는 자가 없게 되었습니다. 선우가 중국 내부에 있었기 때문에 만리萬里가 하나의 규범에 따라서 일을 처리했습니다.

지금 국경 내에 있는 선우의 권리가 나날이 줄어들고, 외지에 있는 이민족들의 위엄이 점점 높아만 간다면, 북방 오랑캐에 깊이 대비하지 않을 수 없을 것입니다. 유표의 부하 중에서 반란을 일으킨 자가 있다고 들었는데, 반란을 틈타서 그들을 두 나라로 분할하여 세력을 나누도록 하십시오. 거비去卑는 이전 무제의 시대에 공적이 뚜렷했지만, 그의 자손은 사업을 이을 수 없으므로 그의 자손들에게 고귀한 칭호를 더해주어 안문에 거주시키십시오. 흉노의 나라를 분리하여 세력을 약하게 하고, 옛날의 공훈을 기록하는 것, 이것이 변방을 제어하는 장기 계책입니다.

또 진술했다.

강호羌胡 중 민중과 같은 곳에 살고 있는 자가 있다면 응당 쫓아내어 백성으로 하여금 염치廉恥의 교화를 숭상하고 간사하고 악한 길로 가지 못하게 막아야 합니다.

대장군 사마사는 이제 막 정치를 보좌하기 시작한 등애의 건의를 대부분 받아들였다. 등애는 여남 태수로 전임했다.

여남에 이른 등애가 과거에 자신을 후하게 대해준 관리의 아버지를 수소문하여 찾았지만 돌아가신 지 오래였으므로, 관리를 보내 그에게 제사를 지내도록 하고, 관리의 어머니에게 충분한 선물을 보내주었으며, 그의 아들을 추천하여 계리로 임명되게 했다. 등애가 다스리자 황량한 벌판이 개간되고, 군대와 백성은 모두 풍족하게 생활했다.

제갈각이 합비의 신성을 포위했지만 승리하지 못하고 물러나 돌아갔다. 등애가 사마사에게 말했다.

손권은 이미 죽었고, 대신들은 아직 새 군왕에게 의지하지 않습니다. 오나라의 명가名家와 호족豪族은 모두 사병을 거느리고 있으므로 군사력에 의지하면 제위를 찬탈하기에 충분합니다. 제갈각은 방금 국정을 담당했는데 안으로는 그 임금을 무시하고, 윗사람과 아랫사람을 어루만져 근본을 공고하게 할 생각은 하지 못하면서 외부 일로 바쁘며, 백성을 잔혹하게 부리고, 나라의 병력을 모조리 들어 위나라의 견고한 성을 공격하다가 실패하여 죽은 사람이 1만여 명이나 되고, 재난을 싣고 돌아왔습니다. 이제 제갈각이 죄를 받을 날인 것입니다. 옛날에 자서·오기·상앙·낙의 등은 모두 당시의 군주에게 임용되었지만, 군주가 죽자 실각했습니다. 더욱이 제갈각의 재능은 네 현인에 미치지 못하고 큰 재난에 대한 근심도 없으니, 그의 멸망을 기다릴 만합니다.

과연 제갈각은 귀국 후에 주살되었다. 등애는 연주 자사로 옮겼으며 진위장군을 더했다.

등애가 표를 올려 말했다.

나라의 긴급한 업무는 오직 농업과 전쟁뿐입니다. 나라가 부강하면 병력이 강대해지고, 병력이 강대해지면 전쟁에서 승리합니다. 그러니 농업이 승리의 근본입니다. 공자는 정치에 대해 질문을 받자 "식량을 풍족히 하고 병사를 풍족히 하라."라고 하여, 식량을 병사보다 앞에 두었습니다. 위에서 작위를 설치하여 경작을 권하지 않으면 아래에서 재산 축적의 공이 없게 됩니다. 지금 정치적 업적을 고찰할 때 곡식을 축적하여 백성을 풍요롭게 하는 자를 중심으로 상을 내린다면 유세로 출세하는 길은 끊어지고, 들뜨고 화려한 풍조의 원천은 막히게 될 것입니다.

고귀향공이 제위에 오르자, 등애는 승진하여 방성정후方城亭侯에 봉해졌다. 관구검이 반란을 일으키고, 달리기 잘하는 병사를 파견하여 서신을 보내 백성을 혼란에 빠뜨리려고 하자, 등애는 그 사자를 죽이고 아울러 신속히 군대를 나아가게 한 다음 우선 낙가성樂嘉城으로 달려가 부교浮橋를 만들었다. 사마사가 도착하여 그대로 낙가성을 점거했다. 문흠의 대군은 위나라 대군보다 늦게 왔으므로 성 아래에서 패배했다. 등애는 그를 병두兵頭까지 뒤쫓았고, 문흠은 오나라로 달아났다. 오나라 대장군 손준 등이 10만 대군이라고 외치며 장강을 건널 듯한 형세를 나타냈다. 진동장군 제갈탄이 등애를 보내 비양肥陽을 차지하도록 했지만, 등애는 적군과 멀리 떨어져 있는 요해처가 아니라고 생각하여 재빨리 부정附亭으로 옮겨 주둔하고, 태산 태수 제갈서諸葛緒 등을 여장黎漿으로 파견해 맞서 싸우도록 하여 적을 패퇴시켰다.

| 정원 2년(255) |　등애는 소환되어 장수교위로 임명되었고, 문흠 등을 격파시킨 공로가 있었으므로 나아가 방성향후方城鄕侯로 봉해졌으며, 안서장군安西將軍을 대행했다. 등애는 적도에서 포위당한 옹주 자사 왕경을 풀어주었고, 강유는 물러나 종제鍾提에 주둔했다. 그래서 등애는 안서장군으로 임명되었으며, 가절영호동강교위假節領護東羌校尉가 되었다. 논의하는 자들은 대부분 "강유의 병력은 이미 다했으니 다시 병사를 내어 공격할 수 없습니다."라고 주장했다. 등애가 말했다.

"왕경이 조서洮西에서 패한 일은 작은 실책이 아닙니다. 우리 군은 격파되었고 장수는 죽었으며, 창고는 모두 텅 비었고 백성은 갈 곳을 잃고 떠돌아다녀 거의 멸망할 지경에 이르렀습니다. 지금 작전에 대해 말하면, 적에게는 승기를 타고 공격하는 기세가 있으며, 우리는 허약한 체질입니다. 이것이 첫째 이유입니다. 저들은 위아래가 서로 익숙하게 훈련되었고 병기는 예리한데, 우리는 장수를

바꾸고 병사를 새로 늘리고 손상된 병기는 아직 수리하지 않았습니다. 이것이 둘째 이유입니다. 적은 배로 행군하고 우리는 육로로 걸으니 수고로움이 같지 않습니다. 이것이 셋째 이유입니다. 적도·농서·남안·기산은 각기 지켜야 합니다. 적은 병력을 한 곳에 집중하지만, 우리는 넷으로 나누어야 합니다. 이것이 넷째 이유입니다. 만일 남안과 농서로 향한다면 강인의 곡식을 먹을 수 있고, 만일 기산으로 향한다면 잘 익은 보리가 1천 이랑이나 있습니다. 이것은 적을 유인하는 먹이가 될 것입니다. 이것이 다섯째 이유입니다. 적군은 교활하고 책략이 뛰어나므로 그들이 오는 것은 필연적입니다.”

오래지 않아 강유는 과연 기산으로 향했는데, 등애가 이미 방비하고 있다는 말을 듣고서 동정董亭으로 돌아가 남안으로 진군했다. 등애는 무성산武城山을 점거하고 강유와 대치했다. 강유는 등애와 요충지를 차지하려고 다투었지만 이길 수 없었으므로, 그날 밤에 위하渭河를 건너 동쪽으로 진군하여 산길을 따라서 상규로 달려갔다. 등애는 강유와 단곡段谷에서 교전하여 크게 무찔렀다.

| 감로 원년(256) | 조서를 내려 말했다.

역적 강유가 해마다 교활한 행동을 하여 백성과 만족을 동요시켰으므로 서쪽 땅은 편안할 수 없었다. 등애는 이치에 맞는 계책을 세우고 충절과 용기로 떨쳐 일어나 적장 10여 명을 죽였고, 적군의 병사를 많이 죽였다. 국가의 위엄을 파巴와 촉蜀에 떨치고, 무용의 명성을 장강과 민강岷江에 흐르게 했다. 지금 등애를 진서장군과 도독농우제군사都督隴右諸軍事로 삼고, 나아가 등후로 봉한다. 그의 식읍 5백 호를 떼어 아들 등충鄧忠에게 주고 정후로 삼으라.

| 감로 2년(257) | 등애가 장성長城에서 강유를 방어하자 강유는 물러나 돌아갔다. 등애는 정서장군으로 승진했으며, 식읍이 앞뒤로 늘어나 총 6천6백 호나 되었다.

| 경원 3년(262) | 또 후화侯和에서 강유를 격파했으며, 강유는 퇴각하여 답중을 지켰다.

| 경원 4년(263) 가을 | 조서를 내려 각 군대가 촉나라를 정벌하도록 명령했다. 대장군 사마소가 총지휘를 맡고, 등애로 하여금 강유와 전선에서 대치하도록 하고, 옹주 자사 제갈서에게 강유의 퇴로를 끊어 강유가 돌아갈 길이 없도록 하라고 했다. 등애는 천수 태수 왕기王頎 등을 파견하여 직접 강유의 진영을 공격했으며, 농서 태수 견홍 등을 보내 강유 군대의 앞에서 싸우도록 하고, 금성 태수 양흔楊欣 등에게 감송甘松으로 가도록 했다. 강유는 종회의 군대가 이미 한중에 진입했음을 듣고 물러나 돌아갔다. 양흔 등은 강천구疆川口까지 추격하여 큰 싸움을 했다. 강유가 패하여 달아났는데, 옹주(제갈서가 있는 곳)가 벌써 길을 막고 교두橋頭에 주둔하고 있다는 것을 듣고 공함곡孔函谷에서 북쪽 길로 들어가서 옹주 후방을 공격하려고 했다. 제갈서는 이 소식을 듣고 퇴각하여 30리를 돌아갔다. 강유가 북쪽 길로부터 30여 리 진입했는데 제갈서의 군대가 퇴각했다는 사실을 듣고 곧 돌아서 교두를 통과했다. 제갈서는 급히 강유의 퇴로를 차단했지만 하루 차이로 미치지 못했다. 강유는 곧 병사를 이끌고 동쪽으로 물러나 검각劍閣을 지켰는데, 종회가 강유를 공격했지만 이길 수는 없었다. 등애가 상소해 말했다.

지금 적군의 역량은 찢어지고 훼손되었으므로, 이 기회를 타서 음평에서 작은 길을 달려 한漢의 덕양정德陽亭을 지나 부성涪城으로 간다

면, 검각의 서쪽 1백 리를 지나 성도成都로부터 3백여 리 되는 곳에서 기습병이 적의 심장을 뚫을 수 있습니다. 검각의 수비군은 반드시 돌아서 부성으로 달아날 것이고, 이와 같이 되면 종회는 곧 큰길을 따라 전진할 수 있습니다. 검각의 군사가 돌아가지 않으면 부성을 구원하는 병사는 적을 것입니다. 이 일에 대해서 병서에서는 "적이 방비하지 못한 곳을 공격하고, 적이 생각하지 못한 곳을 뚫어라."라고 했습니다. 지금 적의 텅 빈 곳을 습격하면, 그들을 격파시키는 것은 필연적입니다.

| 겨울 10월 | 등애는 음평 길로부터 사람이 없는 땅을 7백여 리나 행군했다.

산을 뚫어서 길을 내고 계곡에 다리를 만들었다. 산은 높고 계곡은 깊었으므로 작업은 매우 어려웠고, 또 식량 수송의 어려움으로 인해 거의 위기에 이르게 되었다. 등애는 모전毛氈으로 자신의 몸을 감싸고 산기슭을 따라 내려갔다. 장수와 병사 들은 모두 나무를 붙잡고 낭떠러지를 기어오르며 서로 이어서 나아갔다. 선두 진영이 강유江由에 도착하자, 촉나라 수비대장 마막馬邈이 항복했다. 촉나라의 위장군衛將軍 제갈첨諸葛瞻은 부성에서 면죽縣竹으로 돌아와 진영을 나란히 정렬하고 등애를 기다렸다. 등애는 아들인 혜당정후惠唐亭侯 등충鄧忠 등에게 적의 오른편에서 출격하도록 하고, 사마 사찬師纂 등에게는 적의 왼편에서 출격하도록 했다. 등충과 사찬은 전세가 불리했으므로 나란히 퇴각하여 돌아와 말했다.

"적을 공격할 수 없었습니다."

등애는 화를 내며 말했다.

"존망의 구분은 이 한 싸움에 달려 있다. 어찌 불가능이 있겠는가?"

곧 등충과 사찬 등을 질타하고 그들의 머리를 베려고 했다. 등충과 사찬은 급히 돌아가 다시 싸워 크게 격파시키고 제갈첨과 상서 장준張遵 등의 머리를 베고, 낙雒까지 진군했다. 유선劉禪이 사자를 보내 황제의 옥새와 인수를 받들고, 등애에게 편지를 써서 투항하기를 청했다.

등애가 성도에 도착하자 유선은 태자와 제왕과 신하 60여 명을 이끌고 결박한 채로 군문에 출두했다. 등애는 부절을 쥐고 결박을 풀고서 관槨을 태우고 그들을 받아들여 용서했다. 등애가 촉나라의 장수와 병사 들을 조사하여, 약탈한 일이 없고 항복한 자를 받아들여 위로하고 옛 사업을 회복시켰으므로, 촉나라 사람들은 등애를 칭찬했다. 후한 초, 등우鄧禹의 옛 관례에 따라서 전권을 발휘하여 유선을 표기장군 대행으로, 태자를 봉거도위로, 제왕을 부마도위로 임명했다. 촉나라 신하들은 각자 지위 고하에 따라 왕王으로 임명되었고, 간혹 등애 수하의 관직을 받기도 했다. 사찬은 익주 자사 대리를 담당하고, 농서 태후 견홍 등은 촉나라 안의 각 군을 대신 관리했다. 사람을 보내 면죽에 누대를 세워 경관京觀[19]을 만들어 전공을 빛내는 데 사용했다. 전쟁 중에 죽은 병사들은 모두 촉나라 병사와 함께 매장했다. 등애는 자신의 전공이 탁월하다고 뽐내면서 촉나라 사대부들에게 말했다.

"여러분은 다행히 나를 만났기 때문에 오늘이 있을 수 있는 것입니다. 만일 오나라나 한나라 같은 무리를 만났다면 이미 주살되었을 것입니다."

---

19) 적병의 시체를 쌓아 흙으로 덮어 만든 것으로, 승리를 기념하기 위한 것이다.

그리고 또 말했다.

"강유는 본래 한 시대의 영웅이었는데 나를 만나 곤궁해진 것입니다."

식견 있는 사람들은 그를 비웃었다.

| 12월 | 조서를 내렸다.

등애는 군의 위엄을 나타내고 무력을 떨쳐서 적지 깊숙이 들어가 적장의 목을 베고 깃발을 빼앗고 악한 사람들을 죽였다. 참람하게 제왕이라 칭한 군주로 하여금 머리를 땅에 박고 목을 빼게 했다. 몇 대에 걸쳐 주살을 피해 다녔던 자들이 하루아침에 평정되었다. 병사를 사용할 때는 시간을 넘기지 않았으며, 싸움을 할 때는 하루를 다 사용하지 않았고, 구름을 자르고 자리를 마는 것처럼 파와 촉을 평정했다. 비록 백기(白起, 전국시대 진秦의 명장)가 강대한 초나라를 격파하고, 한신이 강력한 조나라를 이겼으며, 오한吳漢이 자양을 잡았고, 주아부가 일곱 나라를 멸망시켰을지라도, 공적을 계산하고 성과를 논하면 이번 훈공에 비교할 수 없다. 등애를 태위로 임명하고 식읍 2만 호를 늘리고, 아들 두 명을 정후로 봉하여 각기 식읍 1천 호씩 주도록 하라.

등애가 사마소에게 상소했다.

군대를 다룰 때는 먼저 성세聲勢를 조성한 후에 실제 행동을 해야 합니다. 현재 촉을 평정한 형세를 타서 오나라를 공격하면, 오나라 사람은 놀라고 두려워할 것이니, 오나라를 말아버릴 기회입니다. 그러나 크게 일으킨 이후이므로 장수와 병사 들이 피로하여 곧 용병할 수 없으니 일을 늦추십시오. 농우의 사병 2만과 촉나라 병사 2만을 머물게 하여 소금의 생산과 철의 주조를 흥성하게 하고, 군사와 농업의 긴급함을 만족시키는 동시에 배를 만들어 물의 흐름을 따라 공격할 준비를 한 연후에 사절을 보내 그들에게 이해관계를 설명한다면, 오나라는 반드시 귀화하여 정벌하지 않고도 평정할 수 있을 것입니다.

지금은 응당 유선을 후하게 대우하여 손휴를 오도록 하고, 촉나라의 병사와 백성을 편안하게 하여 먼 곳에 있는 사람들로 하여금 귀순하게 해야 합니다. 곧 유선을 수도로 보내 오나라가 그를 버린 것으로 생각하게 된다면, 다시는 그들에게 귀순하라고 권하지 못하게 됩니다. 응당 잠시 머물면서 내년 가을과 겨울을 기다리면 오나라 또한 충분히 평정할 수 있습니다. 제 생각으로는 유선을 부풍왕扶風王으로 임명하고, 재산과 재물을 내려 수하들을 돌보도록 하십시오. 부풍군에는 동탁의 성채가 있으므로 그에게 궁전을 만들어주십시오. 그의 아들을 공작과 후작으로 봉하고 부풍군 내의 현을 다스리도록 하여 귀순하여 투항하면 총애를 받을 수 있음을 나타내십시오. 광릉과 성양을 열어서 오나라 사람을 기다리면, 당신의 위엄을 두려워하고 덕망에 감사하며 형세에 순응하면서 따를 것입니다.

사마소는 감군 위관을 통해 등애에게 말했다.
"이 일은 당연히 보고해야 하므로 즉시 시행하지 못하오."
등애는 다시 상소해 말했다.

제가 명을 받아 출정하여 조정의 지휘 계책을 받든 결과, 원흉은 이미 항복했습니다. 조서를 받고 임시 관원이 되어 막 귀의한 사람들을 위로하고 달랜 것은 당시 형세에 부합하는 조치였다고 생각합니다. 지금 촉나라 백성은 전부 귀순했고, 영토는 남해까지 이르렀으며, 동쪽으로는 오회吳會에 접해 있으니, 마땅히 빨리 진압하여 평정해야 합니다. 만일 나라의 명령을 기다린다면 길에서 오가며 시간을 끌 뿐입니다. 《춘추》의 대의는 "대부大夫는 국경을 나와 사직을 안정시키고 국가에 이익을 줄 수 있을 경우에는 독단적으로 할 수 있다."라고 했습니다. 지금 오나라는 아직 순종하지 않고 있고, 그 형세가 촉나라와 이어져 있는데 일상적인 규정에 구애되어 성공의 기회를 잃을 수는 없습니다. 병법에서는 나아가 명성을 구하지 않고, 물러나 죄를 피하지 않는다고 했습니다. 저 등애는 비록 고인의 절의를 갖고 있지는 않지만 자신의 불만 때문에 끝내 나라에 손해를 끼칠 수는 없습니다.

종회·호열胡烈·사찬 등은 모두 등애의 행동은 반역에 해당하며 변란의 징조가 있다고 아뢰었다. 조서가 내려와 죄인을 수송하는 수레로 등애를 불렀다.[20]

등애 부자가 구금되고 난 후, 종회는 성도로 가서 먼저 등애를 보내고 반란을 일으켰다. 종회가 피살된 후, 등애 본영의 장수와 병사 들은 등애를 가둬 싣고 가는 수레를 추격하여 등애를 영접하여 돌아왔다. 위관이 전속田續 등을 파견하여 등애를 토벌하도록 하니, 면죽 서쪽에서 등애를 만나 죽였다.[21] 아들 등충은 등애와 함께 죽었고, 낙양에 있는 나머지 아들들도 전부 살해되었다. 등애의 처와 손자는 서역으로 옮겨 살도록 했다.

이 일이 있기 전 등애는 촉나라를 토벌할 때, 산 정상에 앉아 흐

---

20) 그때 등애는 하늘을 우러러 탄식하며 말했다. "나 등애는 충신이거늘 이 지경에 이르렀구나. 백기白起의 잔혹한 운명이 오늘 또 재현되었구나."

르는 물을 보는 꿈을 꾸었다. 진로호군殄虜護軍 원소爰邵에게 이 꿈에 관해 묻자 원소가 말했다.

"《역》의 괘에 따르면 산 위에 물이 있는 것을 건蹇이라고 합니다. 건의 괘사에는 '건은 서남쪽에는 유리하고 동북쪽에는 불리하다.'라고 했고, 공자는 '건이 서남쪽에 유리하다는 것은 전진해 공로가 있는 것이고, 동북쪽에 불리하다는 것은 그 길이 다했다는 의미이다.'라고 했습니다. 가면 반드시 촉나라를 무찌를 수 있지만, 아마 돌아오지는 못할 것입니다!"

등애는 망연한 채 불쾌해했다.

| 태시 원년(265) | 진晉 왕실이 제위에 오르자, 조서를 내려 말했다.

옛날에 태위 왕릉은 제왕齊王을 폐위하려고 일을 꾸몄고, 결국 제왕은 그 자리를 지킬 수 없었다. 정서장군 등애는 공훈을 과시하여 절개와 의리를 잃었으므로 당연히 큰 죄를 받아야만 한다. 그러나 체포하라는 조서를 받았을 때 부하들을 멀리 보내고 손은 묶어 죄를 받았다. 살기를 구하며 악한 일을 한 자와 비교하면 진실로 또 다르다. 지금 대사면을 내리니 그들의 가솔들을 돌아오게 하라. 만일 자손이 없는 경우에는 후사를 세우게 하여 제사가 끊어지지 않도록 하라.

---

21) 처음에 등애가 강유江由로 내려갈 때, 전속이 전진하지 않았으므로 목을 베려고 했지만, 이미 달아나 버렸다. 위관이 전속을 보낼 때 그에게 "강유의 치욕을 갚을 수 있지요."라고 했다. 두예는 사람들에게 "백옥(伯玉, 위관의 자)은 죽음을 면하지 못한다! 몸은 명사에 나열되었고 높은 지위와 인망을 갖추고 있지만 이미 좋은 평가를 받지 못했고, 또 정의에 의거하여 부하를 통솔하지 못했다. 이것은 소인이면서 군자의 모양새를 한 것이다. 어떻게 그 책임을 감당하겠는가?"라고 했다. 위관은 그 말을 전해 듣고, 수레를 기다리지 않고 사죄했다. 사찬 또한 등애와 함께 죽었는데, 그는 성격이 급하고 은혜가 적었기 때문에 죽는 날 몸에 상처를 입지 않은 곳이 없었다.

의랑 단작段灼이 상소하여 등애를 변호하는 말을
했다.

등애는 지극히 충성스러운 마음을 갖고 있었는데도 반역자의 이름
을 짊어지게 되었고, 파와 촉을 평정했는데도 온 가족이 주살되는 죄
를 받았으니, 신은 사사로이 그를 애도합니다. 등애가 모반을 했다고
말하는 것은 유감입니다! 등애는 성격이 강직하고 급했으므로 고아
한 사람과 속인을 쉽게 범하여 동료와 합칠 수 없었기 때문에 그를 위
해 변호하는 사람이 없었습니다. 신은 감히 등애가 모반을 할 수 없었
던 실정을 말씀드립니다. 옛날 강유가 농우를 끊으려는 마음을 품었
을 때, 등애는 수비를 정돈하고 엄격히 지키며 곡물을 축적하고 병력
을 강하게 했습니다. 흉작과 가뭄이 있는 해에는, 등애는 직접 경작을
하고 검은색 옷을 입고 손에는 보습을 쥐고 장수와 병사를 이끌었습
니다. 윗사람과 아랫사람 중에 서로 감동을 받아 힘을 다하지 않는 자
가 없었습니다. 등애는 지절을 갖고 변방을 수비하고 수만 명을 통솔
했는데, 노복들을 수고롭게 하지 않았으며, 관리와 백성의 노역을 가
중시키지 않았습니다. 절의를 갖고 충성과 근면함을 다하지 않는 사
람이 이와 같이 할 수 있겠습니까? 때문에 낙문落門과 단곡의 싸움에
서 적은 병력으로 많은 수의 적을 공격하여 강한 적을 격파시켰던 것
입니다.

이전에 황제께서는 그가 임용될 만한 사람임을 아시고, 조정의 승
리를 위임하고 훌륭한 책략을 주셨습니다. 등애는 명령을 받아 자신
의 몸을 잊고 말을 매어놓고 수레를 이어서 직접 사지에 몸을 던졌는
데, 그의 용기는 구름을 덮었고, 병사들은 승리의 기세를 타고 나아갔
으므로 유선의 군신君臣들로 하여금 직접 손에 결박을 하고 두 손의

손가락을 서로 어긋나게 끼고 우리에게 무릎을 꿇도록 했습니다. 등애의 공명은 벌써 이루어졌으므로, 마땅히 그의 공적을 대나무나 비단에 적어 만세에 전해야 합니다. 일흔 살의 노인이 모반을 하여 무엇을 구하려 했겠습니까!

등애는 실제로 양육의 은혜에 기대어 마음속에 스스로 의심하는 것이 없었으며, 조정의 명령을 잘못 전한 것도 사직을 안정시키기 위함이었습니다. 비록 통상적인 법령을 어겼다 할지라도 옛 의미에 부합하는 것이 있으며, 그의 본심에 근거하여 죄를 정하면 상의할 만한 것은 있습니다. 종회가 등애의 위엄과 명성을 시기하여 이런 일을 꾸민 것입니다. 충성을 다했지만 주살당하고, 신의를 다했지만 의심받은 것입니다. 등애의 머리가 말시장에 걸리고, 아들들이 함께 참수되었습니다. 그것을 본 사람들은 눈물을 흘렸고, 그 소식을 들은 사람들은 탄식을 했습니다.

폐하께서는 제위에 올라 커다란 도량을 분명하게 하시어 갖가지 의혹들을 풀어주셨으며, 주살당한 사람의 가족 또한 구애됨이 없이 임용하셨습니다. 과거 진나라 백성은 백기의 무죄를 불쌍하게 여겼고, 오나라 사람들은 자서의 억울한 참변을 가슴 아파했으며, 모두 그들에게 사당을 세워주었습니다. 지금 천하의 백성이 등애를 애도하고 통한해하는 것 또한 이와 같습니다. 신은 몸과 머리가 분리되어 들판에 버려져 있는 등애의 시신을 거두어 안장하고, 그 전택田宅을 유족에게 돌려주어야 한다고 생각합니다. 촉나라를 평정한 공훈으로서 계속하여 그의 손자들을 봉하고 관을 덮은 후에 시호를 정하게 하시면 죽었지만 여한이 없을 것입니다. 이와 같이 하여 황천에 있는 등애의 영혼을 사면해주시고 후세에 신의를 얻게 하십시오. 한 사람을 안장하여 천하 백성으로 하여금 당신의 덕행을 흠모하게 하고, 한 영혼을 매장하여 천하 백성으로 하여금 당신의 인의로 돌아오도록 하신다면, 하시는 일은 작지만 기뻐하는 자는 많을 것입니다.

| 태시 9년(273) | 조서가 내려왔다.

등애는 공훈이 있고 벌을 받을 때 형벌을 피해 달아나지 않았으나 그 자손들은 평민이나 노예가 되었다. 나는 항상 그들을 불쌍히 여겼다. 지금 장손 등랑鄧朗을 낭중에 임명하라.

등애가 서쪽에 있을 때 변방의 경계가 되는 관문과 요새를 수리하고 성과 보루를 쌓았다.

태시 연간에 강족이 큰 반란을 일으켜 여러 차례 자사를 살해하고 양주涼州로 통하는 길을 끊었다. 관리와 백성이 안전할 수 있었던 것은 모두 등애가 쌓은 성과 보루에 의지했기 때문이다.

등애와 같은 주 출신 동료인 남양의 주태 또한 공적 세우기를 좋아하고 용병에 뛰어났다. 관직은 정로장군征虜將軍과 가절도독강남제군사假節都督江南諸軍事까지 이르렀다.

| 경원 2년(261) | 세상을 떠났고 위장군으로 추증되었으며, 시호를 장후壯侯라 했다.

지나친 야망으로 자멸한 책략가

종회전鍾會傳

종회는 자가 사계士季이고, 영천군 장사현長社縣 사람이며, 태부 종요의 작은아들이다. 어려서 민첩하고 현명하며 조숙했다.[22] 중호군 장제가 문장을 썼는데, 그중에 이런 말이 있었다.

"그 사람의 눈동자를 관찰하면 그 사람을 충분히 알 수 있다."

종회가 다섯 살 때, 종요는 그를 장제에게 보내 만나도록 했다. 장제는 매우 기이한 아이라고 생각하고 말했다.

"이 아이는 평범한 사람이 아닙니다."

장성한 종회는 셈법과 기예(技藝, 초서와 예서)에 재주가 있었고, 박학하고 명리名理에 정통했으며, 배우고 익힐 때는 밤을 낮으로 이었다. 이 일로 명성을 얻게 되었다.

| 정시 연간 | 비서랑에 임명되었으며, 상서중서시랑으로 옮겼다. 고귀향공이 제위에 오른 후에 관내후의 작위를 내렸다.

----

22) 종회는 어려서 엄격하고 훌륭한 어머니에게 철저한 교육을 받았다. 약관의 나이에 이미 《효경》·《논어》·《상서》·《국어》·《예기》·《주역》 등을 통독했는데, 특히 《주역》과 《논어》에 능했다. 그는 언제나 의리를 생각했으며, 재물에는 별 관심이 없고 검소한 생활로 일관했다. 종회는 재성에 관한 여러 이론을 분석하고 연구하여 《사본론》을 지었다. 그는 이 책을 혜강에게 보여주고 싶어서 책을 품고 혜강의 집을 방문했지만, 질책을 받을까 두려워 품에서 꺼내지도 못하고 있다가 대문 안에 던져놓고는 급히 달아나버렸다.

관구검이 난을 일으켜 대장군 사마사가 동쪽 정벌에 나섰을 때, 종회는 종군하여 기밀 사무를 담당했고, 위장군 사마소는 대군의 후방을 담당했다. 사마사가 허창에서 죽자 사마소가 육군六軍을 통솔했고, 종회는 군막 안에서 작전을 짰다.

당시 황제가 조서를 내려, 동남쪽은 금방 평정되었으므로 위장군은 허창에 머물며 중앙과 지방의 구원병이 되도록 하고, 상서 부하는 군사를 이끌고 돌아오라고 명했다. 종회는 부하와 상의하여 부하로 하여금 표를 올리도록 하는 동시에 즉시 위장군과 함께 출발하여 낙수 남쪽으로 돌아가 주둔했다. 그래서 조정에서는 사마소를 대장군으로 임명하여 정치를 보좌하도록 했으며, 종회는 황문시랑으로 옮기고 동무정후東武亭侯에 봉하고 식읍 3백 호를 주었다.

| 감로 2년(257) | 제갈탄을 불러 사공으로 삼았다. 당시 종회는 관직에서 물러나 집에서 상을 치르고 있었는데, 분명 제갈탄이 명에 따르지 않을 것이라고 추측하고 재빨리 사마소에게 아뢰었다. 사마소는 이미 행한 일을 다시 돌이켜 바꿀 수 없었다. 제갈탄이 반역을 꾀하자, 황제는 항項 땅에 머물렀고, 사마소는 수춘으로 갔다. 종회는 또 그를 따라갔다.

원래 오나라 대장 전종은 손권의 인척이자 중신重臣이었다. 전종의 아들 전역, 손자 전정全靜, 조카 전단·전편全翩·전집全緝 등은 모두 병사를 이끌고 와서 제갈탄을 구원했다. 전역의 형 전서全緒의 아들 전휘全輝와 전의全儀는 건업에 남아 있었는데, 그 가족 사이에 싸움이 나서 소송을 하게 되어 모친을 모시고 수십 명의 부하를 인솔하여 장강을 건너 사사로이 사마소에게 귀순했다. 종회는 계략을 세우고 비밀리에 전휘와 전의를 위해 편지를 써서, 가까이 신임하는 자에게 편지를 주어 성으로 들어가 전역 등에게 말하도록 했다.

그 편지는 오나라 내부에서는 전역 등이 수춘을 공격하여 이길 수 없음에 노하여 장수들의 가족을 모두 살해하려고 하기 때문에 도망쳐 귀순한 것이라고 말했다. 전역 등은 두려웠으므로 수하의 병사들을 이끌고 동쪽 성문을 열고 나와 투항했다. 그들은 모두 작위를 하사받고 총애를 받았으며, 이로부터 성안에 있는 사람들은 뜻이 갈리게 되었다. 수춘이 격파된 데는 종회의 계책이 큰 몫을 했으므로 사마소는 날이 갈수록 종회를 더욱 후하게 대접하고 중시했다. 당시 사람들은 그를 자방(子房, 전한 때 모신 장량의 호)이라고 불렀다. 군대가 돌아오자 태복으로 승진되었으나 사양하고 나아가지 않았다. 중랑의 신분으로 대장군의 부서에서 기실의 일을 담당하며 대장군의 심복이 되어 긴요한 직책을 맡았다. 종회는 제갈탄을 토벌한 공으로 나아가 진후陳侯의 작위를 받게 되었는데, 여러 번 사양하고 받지 않았다. 황제가 조서를 내려 말했다.

> 종회는 군대 일을 관장하고 계책을 세우는 데 참여했다. 적병의 상황을 예측하여 승리를 얻었으니 계책에 의한 공이 있는데도 강력히 은총을 사양하고 있다. 그 사양하는 말과 마음이 간절하고 진실하다. 앞뒤로 여러 차례 봉했지만 그의 의지를 바꿀 수 없었다. 무릇 성공한 후에 오만하게 굴지 않는 것은 옛사람이 중시했던 바이다. 종회의 완고한 주장에 따라서 그의 미덕을 살려주도록 하겠다.

사예교위로 승진시켰다. 비록 지방 관리로 있었지만, 당시 정치적인 이익과 손해, 당시 관원들의 이익과 불이익 중에서 그가 관장하지 않는 것은 없었다. 혜강 등이 주살되었던 것도 모두 종회가 꾸민 일이었다.

사마소는 촉나라의 대장 강유가 변방을 자주 소란하게 하자, 촉나라의 영토는 작고 백성은 피곤에 지쳐 있으며 자원과 재력은 매우 적어 다 썼을 것이라고 추측하고, 병사를 대거 출동시켜 촉나라를 취하려 했다. 이번에도 종회만이 촉나라를 취할 수 있다고 판단하여 함께 촉의 지형을 조사하고 당시의 형세를 연구하고 의논했다.

│ 경원 3년(262) 겨울 │ 종회를 진서장군과 가절도독관중제군사假節都督關中諸軍事로 임명했다. 사마소가 청주·서주·연주·예주·형주·양주 등 여러 주에 명령을 내려서 함께 배를 만들도록 했으며, 또 당자에게 바다를 건널 큰 배를 만들도록 명령했는데, 외부에서는 오나라를 토벌하기 위한 것이라고 생각했다.

│ 경원 4년(263) 가을 │ 조서를 내려 등애와 제갈서에게 각기 3만여 병사를 통솔하도록 명했으며, 등애는 감송과 답중 일대로 곧장 가서 강유와 교전하며 견제했고, 제갈서는 무가武街와 교두로 가서 강유의 퇴로를 끊어놓았다.

종회는 10만여 명의 병사를 이끌고 야곡과 낙곡으로 나누어 들어갔다. 우선 아문장 허의에게 앞쪽에서 길을 닦아 열도록 하고 종회는 뒤에서 따랐다. 그러나 교량에 구멍이 생겨 말의 발이 빠져들자 종회는 허의를 참수했다. 허의는 허저의 아들이고 왕실에 공훈이 있었는데도 용서받지 못했다. 군사들은 이 소식을 듣고 놀라지 않은 자가 없었다.

촉나라는 각 보루에 주둔해 있는 병사들에게 명령하여 모두 싸우지 말고 물러나 한성漢城과 낙성樂城 두 성으로 돌아가 지키라고 했다. 위흥 태수魏興太守 유흠劉欽은 자오곡子午谷으로 달려갔고, 나머지 군사는 몇 갈래 길로 나란히 진군하여 한중에 도착했다. 촉나라의 감군 왕함王含은 낙성을 지켰고 호군 장빈蔣斌은 한성을 지켰는데 각각 병사가 5천 명씩 있었다. 종회는 호군 순개苟愷와 전장군 이보李輔로 하여금 각기 1만 명을 통솔하도록 했다. 순개는 한성을 포위하고 이보는 낙성을 포위했다. 종회는 길을 지나 서쪽으로 양안구陽安口로 와서 사람을 보내 제갈량의 묘에 제사를 지냈다. 호군 호열 등으로 하여금 앞으로 나아가 관성關城을 공격하여 격파하게 하고 창고에 쌓아놓은 곡식을 얻었다.

답중에서 돌아온 강유는 음평으로 가서 병사들을 모아 합친 다음 관성으로 가려고 했다. 하지만 미처 도착하기도 전에 관성이 이미 격파되었다는 소식을 듣고 물러나 백수로 가서 촉나라 장수 장익張翼·요화 등과 함께 검각을 지키며 종회에게 대항했다. 종회는 촉나라의 장리將吏와 병사와 백성에게 격문을 보내 말했다.

과거 한나라의 제운帝運은 쇠약해졌고, 통솔한 영토는 분열되고 붕괴되었으며, 백성의 생명은 거의 소멸되었습니다. 태조 무황제께서는 신 같은 무예와 성스러운 재능으로 혼란을 제압하여 바르게 돌려놓아 무너져가는 제운을 구제하고 중화의 땅에 안정을 가져오셨습니다. 고조 문황제께서는 천의天意와 민심民心에 순응하여 천명을 받아 제위에 오르셨습니다. 열조烈祖 명황제께서는 광채를 발휘하여 나라의 대업을 개척하셨습니다. 그러나 위나라 강산 밖에는 여전히 다른 정부와 다른 풍속이 있어서 그곳의 국토와 백성은 아직 왕의 덕행에 감화받지 못하고 있습니다. 이것은 태조·고조·열조께서 걱정하며 한을 남겼던 일입니다.

지금 주상께서는 성덕聖德으로써 몸을 삼가고 이치를 밝혀 조상들이 남겨놓은 사업을 계승하여 융성하게 하고, 조정의 재상과 보필하는 신하들은 충성을 다하고 엄숙하고 현명하고 마땅하며, 왕실을 위해 수고하고 정사를 시행하여 은혜를 베풀고 있기 때문에 나라 안 모든 곳이 단결되고 평화롭습니다. 변방의 이민족에게도 덕을 펴서 숙신肅愼조차 공물을 바칩니다. 황제께서는 파와 촉이 독자적으로 행사하여 백성이 아님을 가슴 아파하시고 이곳 백성의 노역이 끝나지 않음을 불쌍히 여기십니다. 이 때문에 육군六軍에 명하여 하늘의 징벌을 공손히 집행하게 하고, 정서征西·옹주·진서鎭西 각 군대에게 다섯 갈래의 길로 나란히 진군하게 하셨습니다.

옛날에 군사를 진군시킬 때에는 인을 근본으로 하고 의로써 다스렸습니다. 왕 되는 자의 군대는 출정하지만 싸우지는 않았습니다. 때문에 우순은 방패와 도끼를 휘둘러 유묘有苗를 항복시켰고, 주 무왕은 재산을 흩고 국고의 양식을 풀어 마음의 인의를 나타냈습니다. 지금 진서장군은 천자의 명령을 받들어 대군을 대신 지휘하고 있는데, 포고布告에 따라 널리 가르쳐 백성의 생명을 구제하기를 희망하고 있으니, 무력을 다하여 전투를 하지 않아야 하루아침에 정치적 만족을 얻게 될 것입니다. 때문에 안전과 위급함이 되는 점을 간단히 진술했으니 저의 말을 경청해주시기를 청합니다.

익주의 선주先主 유비는 당대의 빼어난 인재로 널리 이름을 알려 북방 평야에서 병사를 일으켰지만, 기주와 서주의 교외에서 곤경에 빠졌고, 원소와 여포의 손에 운명이 쥐어졌던 것을 태조께서 구출하여 도와주셨으므로 좋은 관계를 맺게 되었습니다. 그러나 유비는 중간에 다시 태조께 등을 돌리고 같은 뜻을 지닌 친구를 버리고 다른 쪽에 따로 서게 되었습니다. 제갈공명은 진천을 넘보고, 강백약(姜伯約, 강유)은 자주 농우로 병사를 보내어 우리 변방을 피로하고 소란하게 하고 우리가 지배하는 저족과 강족을 침범했는데, 마침 나라에 일이 많았기에 구벌九伐 같은 싸움을 하지 못했습니다.

지금 변방은 진정되었으며 나라 안에는 일이 없습니다. 힘을 축척하고 때를 기다리며 병사를 한 방향으로 집중시키고 있는데, 파와 촉은 한 주의 병력을 분산시켜 수비하고 있으므로 천하의 군사를 제어하기 어렵습니다. 단곡과 후화는 싸움에서 패하여 상심하고 사기가 떨어졌으므로 강대하고 당당한 적을 감당하기가 곤란합니다. 올해 들어 일찍이 편안한 날이 없었으며, 출정하는 장부들은 피로와 고통 속에 있었으므로 아들이 집으로 되돌아오는 것처럼 귀의하는 사람들을 감당하기 어렵습니다. 이는 모두 현인들이 직접 보았던 것입니다. 촉나라 재상 장莊은 진秦나라에서 체포되었고, 공손술은 한나라에서 머리를 베었으니, 구주九州의 위험이 한 성姓에만 있는 것은 아닙니다. 이는 모두 현인들이 들었던 것입니다.

총명한 사람들은 형체가 분명하게 나타나지 않았을 때 위험을 보고, 지혜로운 사람은 싹이 트지 않을 때 화를 압니다. 때문에 미자는 상商을 떠나 오랫동안 주나라의 빈객이 되었으며, 진평은 항우를 떠나 한나라에서 공을 세웠던 것입니다. 어찌 안락함에 취해 독주를 마신 사람이 봉록에 연연하여 시대 흐름에 영합하지 않을 수 있었겠습니까? 오늘 위나라 조정은 하늘의 두터운 은혜를 받았고, 보필을 담당한 재상들은 너그럽고 동정심이 많아 덕정을 널리 시행하며 베풂을 먼저 하고 형벌을 나중에 행합니다. 생명을 좋아하고 살육을 증오합니다.

과거 오나라 장수 손일孫壹이 백성을 움직여 귀순하게 하여 상사上司의 관직에 임명되었으며, 지위보다 훨씬 두터이 총애를 받았습니다. 문흠과 당자는 국가의 커다란 해가 되어 군주를 모반하여 적이 되었고, 또 오나라에 투항하여 적군의 우두머리가 되었습니다. 당자는 포위되어 체포되었고, 문흠의 두 아들은 귀순하여 투항했는데, 모두 장군으로 임명되고 제후로 봉해졌으며, 당자는 국사에 참여하여 듣고 있습니다. 손일 등은 곤궁하여 귀순했지만 오히려 깊은 은총을 받았는데, 하물며 파와 촉의 현인지사 중 시기를 보고 행동을 한 자야 더 말할 필요가 있겠습니까!

진실로 성공과 실패를 깊이 고찰하여 명사처럼 몸을 멀리 던져 미자의 자취를 따르고, 진평이 일을 한 궤도에 몸을 두면, 선인들과 같이 복을 받고, 후대 자손들에게까지 행복이 전해질 것이며, 백성과 관리는 모두 안정되게 거주하며 원래의 일에 종사하여 농민들은 자기의 논을 바꾸지 않고, 상인은 자신의 점포를 철회하지 않을 것이며, 계란을 떨어뜨리는 것과 같은 위험이 제거되어 영원히 안정되고 복을 누리게 될 텐데, 어찌 아름답지 않겠습니까! 만일 하루의 편안함을 탐하여 미혹되매 귀순하지 않고 있는데 대군이 출동하면 옥석玉石은 모두 부서지게 될 것입니다. 비록 그것을 후회한다고 하더라도 또 미치지 못합니다. 이익과 해로움을 상세하게 분석하여 스스로 많은 행복을 구해야 합니다. 지금 이런 것을 선포하여 모든 사람이 듣고 알게 하십시오.

등애는 강유를 쫓아 음평으로 가서 정예 병사를 선발한 다음 한덕양漢德陽에서 강유江由와 좌담도左儋道로 들어가 면죽으로 가서 제갈서와 함께 곧장 성도로 전진하려고 했다. 제갈서는 본래 강유와 교전하라는 명령을 받았으므로 서쪽으로 진군하는 것은 본래의 명령이 아니었는데, 그대로 백수로 진군하여 나가 종회와 합쳤다. 종회는 장군 전장田章 등을 파견하여 검각 서쪽에서 곧장 강유를 통과하도록 했다. 1백 리를 채 못 가서 전장은 우선 촉나라의 복병 세 부대를 격파했다. 등애는 전장에게 선봉에 서도록 했다. 그래서 말을 타고 오랫동안 멀리 달려 앞으로 향했다. 종회와 제갈서의 군대는 검각으로 향했다. 종회는 독자적으로 군대를 장악하려고 제갈서가 두려워하며 전진하지 않는다는 상소를 몰래 올렸다. 조정에서는 제갈서를 불러 죄인용 수레에 태워 돌아오게 했다. 군대는 전부 종회에게 귀속되었다. 종회는 나아가 검각을 공격했으나 이길 수 없었으므로 병사를 이끌고 물러났다. 촉나라 군사는 요충지를 보존하며 저항했다. 등애는 곧 면죽으로 갔다. 쌍방이 대전을 벌여서 제갈첨을 죽였다. 강유 등은 제갈첨이 이미 패했다는 소식을 듣고 병사를 이끌고 동쪽 파巴로 들어갔다. 종회는 곧 부涪까지 진군하고 호열·전속·방회 등을 파견하여 강유를 추격하도록 했다. 등애는 성도로 진군했다. 유선은 등애에게 가서 투항했으며, 강유 등에게 사자를 보내 종회에게 투항하도록 명령을 내렸다. 강유는 광한군廣漢郡처현郪縣까지 와서 병사들에게 모두 병기를 버리라고 명령하고, 부절과 전거傳車, 역참의 수레를 호열에게 보내고, 동쪽 길로 종회에게 가서 투항했다.

　종회는 상소해 말했다.

　적군 강유·장익·요화·동궐董厥 등은 목숨을 위해 도주하여 성도로 가려고 했습니다. 신이 즉시 사마 하후함夏侯咸과 호군 호열 등을 파견하여 검각에서 신도新都·대도大渡로 나와 그들의 앞길을 끊고, 참군 원청爰彰, 장군 구안 등에게 뒤를 따르도록 했으며, 참군 황보개皇甫闓, 장군 왕매王買 등은 부의 남쪽에서 병사를 내어 그의 복부를 뚫고, 신은 부현을 점거하여 동서의 군대에 지원을 했습니다. 강유 등이 이끄는 보병과 기병 4~5만 명은 갑옷을 두르고 예리한 칼을 들고 산천을 막고 계곡을 막아 수백 리에 걸쳐 앞과 뒤가 서로 이어져 있었으므로 그는 많은 병력에 기대어 궤도를 따라 서쪽으로 행군했습니다. 신은 하후함과 황보개 등에게 병사를 나누어 유리한 지세를 점거하여 포위망을 넓히게 하고, 남쪽으로는 오나라로 달아나는 길을 막으며, 북쪽으로는 국외로 탈주하는 길을 막고, 사방에서 군사를 집결시켜 앞과 뒤가 나란히 나아가며 작은 길까지 모두 끊어버려 달아나 숨을 곳이 없도록 하라고 명령했습니다. 신은 또 직접 편지를 써서 설득의 말을 하고 살 길을 열어줄 것임을 나타냈습니다. 적은 어려움에 처하여 운명이 끝나가고 수數가 다했음을 알고 갑옷을 벗고 병기를 던지고 스스로 결박을 하여 인질이 되어서 귀순할 의사를 나타냈고, 바친 인수는 헤아릴 수 없을 정도였고, 물자와 병기는 산처럼 쌓였습니다.

옛날에 순임금이 방패와 도끼를 휘두르며 춤을 추자 유묘가 자연스럽게 복종했고, 목야牧野의 군대는 상 왕조의 병사들에게 창을 거꾸로 들게 했습니다. 정벌은 하지만 싸우지 않은 것은 제왕의 성업盛業인 것입니다. 아군을 온전하게 보존하는 것이 상책上策이고, 적군을 파괴하는 것이 하책下策입니다. 이것은 병사를 사용하는 법칙입니다. 폐하는 성명하고 덕이 있으시니 전대 제왕의 자취를 찾을 수 있고, 보좌하는 신하들은 충성스럽고 현명하니 주공 단과 나란히 견줄 수 있으며, 인덕으로 사람들을 교육시키고 예의로 반역자를 징벌할 수 있습니다. 풍속이 다른 곳 또한 교화로 돌아오게 하면 복종하지 않는 자는 없을 것입니다. 출동하는 군대는 규정된 시간을 넘기지 않고, 병기는 예리한 칼에 피를 묻히지 아니하며, 만 리가 똑같은 풍속을 갖고 구주가 함께 통일되었습니다. 신은 즉시 조서로써 내리신 명령을 받들어 선포하여 제왕의 은덕과 교화를 계도하고 선양하여 사직을 회복하고, 마을 백성을 안정시키고 세금을 면제하며 그들의 병역과 부역을 줄이고, 그들에게 예의와 도덕을 가르쳐 그 풍속을 바꾸고 규범을 지키도록 하여 그 습속을 바꾼 결과, 백성은 즐거워하고 안락해하며 소생한 것같이 여기니, 그 은혜와 의리는 그 누구도 능가하지 못할 것입니다.

종회는 군사를 엄격히 살펴 침략하여 약탈하지 못하게 했으며, 스스로를 겸허하게 낮추어 적을 불러들임으로써 촉나라의 관료들과 교분을 맺었고, 강유와의 감정도 매우 좋아졌다.

| 경원 4년(263) 12월 | 조서를 내렸다.

종회가 향하는 곳마다 붕괴되고 와해되어 앞에 강한 적이 없었으므로 적의 성을 포위하여 제압하고 그물망을 펴 흩어져 달아나는 패잔병을 사로잡았다. 촉나라의 뛰어난 지휘관이 스스로 결박을 하고 투항해왔다. 계획을 세울 때는 빠뜨리거나 과실이 없고, 정벌을 할 때는 성공하지 않을 때가 없었다. 무릇 싸움을 할 때는 온갖 계책을 사용해 싸워서 전부 승리하여 실패한 적이 없고, 정벌을 할 경우에도 실제로 전투는 하지 않았다. 중국의 서쪽 지역을 개척하고 평정하여 사방이 모두 안정되었다. 종회를 사도로 임명하고, 작위를 높여 현후縣侯로 봉하며, 식읍 1만 호를 더하겠다. 아들 두 명을 정후로 봉하고 각기 식읍을 1천 호씩 주어라.

종회는 내심 모반할 마음이 있었는데, 등애가 황제의 명령을 이어받아 정권을 휘둘러 군사 일을 처리했으므로 은밀히 상소해 등애가 모반할 조짐이 있다고 말했다. 조정에서는 조서를 내려 등애가 죄인용 수레를 타고 돌아오도록 불렀다. 사마소는 등애가 명령에 복종하지 않을까 근심했으므로 종회에게 명령을 내려 함께 성도로 진군하도록 하고, 감군 위관에게 종회 앞에서 진군하도록 했으며, 사마소의 서신을 갖고 등애의 군대를 설득하도록 했다. 등애가 인솔하는 모든 병사는 무기를 버리고 곧 등애를 체포하여 죄인용 수레에 넣었다. 종회가 꺼렸던 것은 오직 등애뿐이었는데, 등애가 이미 붙잡혔으므로 종회는 즉시 성도에 도착하여 독자적으로 대군을 통솔했고, 그 위세는 서쪽 변방 지역을 진동시켰다.

그는 스스로 공명이 세상을 덮으니 다시는 다른 사람 밑에서 있을 수 없고, 게다가 용맹한 장수와 정예 병사 들이 모두 자기 수하에 있다고 말하고 곧 모반을 계획했다. 그는 강유 등으로 하여금 모두 촉나라 병사를 이끌고 야곡을 나가도록 하고, 자신은 대군을 이끌고 뒤를 따르려고 했다. 장안에 도착한 후 종회는 기병은 육지로 행군하도록 하고, 보병은 수로를 타고 내려가 위수로부터 황하로 들어가 닷새 만에 맹진에 도착하게 하면 기병과 낙양에서 합쳐 하루아침에 천하를 평정할 수 있을 것이라고 생각했다. 종회가 받은 사마소의 편지에는 이렇게 씌어 있었다.

등애가 혹시 부름을 받고도 나가지 않을까 걱정이오. 지금 중호군 가충賈充을 파견하여 보병과 기병 1만 명을 이끌고 야곡으로 들어가서 낙성에 주둔하도록 하시오. 나는 10만을 이끌고 장안에 주둔하겠소. 가까운 시일 안에 만납시다.

종회는 편지를 받고 놀라 가까이하는 사람을 불러서 말했다.
"등애만 잡으면, 상국相國은 내가 스스로 처리할 능력이 있음을 알 것이오. 현재 나의 세력이 비중이 커지자 그는 틀림없이 내가 다른 마음을 갖고 있다고 여긴 것이오. 속히 행동에 들어가야겠소. 만일 일이 성공한다면 천하를 얻을 수 있고, 일이 성공하지 못하더라도 물러나서 촉한을 보존한다면, 유비가 했던 것과 같은 조건을 잃지 않을 것이오. 나는 회남에서 군사 일에 참여한 이래로 계획을 세워 실책을 범한 적이 없고, 이것은 사해가 모두 알고 있소. 나는 이 계획에 의지하여 안전하게 돌아가려 하오!"

| 경원 5년(264) 정월 15일 | 종회는 성도에 도착했다. 다음 날 호군·군수·아문기독牙門騎督 이상의 관리들과 옛 촉나라의 관리들을 모두 초청하여 촉나라 조정에 태후의 상을 당했음을 발표했다. 태후가 남긴 조서를 거짓으로 꾸며 종회에게 병사를 일으켜 사마소를 폐하도록 했다고 하고, 위조된 조서를 앉아 있는 사람들에게 전부 보여주고 아랫사람에게 의논을 끝내게 한 뒤 목판에 쓴 증서로 관직을 임명했으며, 또 신임하는 사람들을 보내어 각 군대를 대신 관리하도록 했다. 초대받아 온 관리들은 익주 관서에 모두 가두고 성문과 궁문을 모두 닫고 병사들에게 엄하게 포위해 지키도록 했다. 종회의 장하독帳下督 구건丘建은 본래 호열의 부하였는데, 호열이 그를 사마소에게 추천했고, 종회는 사마소에게 구건이 자기를 따르게 해달라고 청하여 그를 매우 신임하고 아꼈다. 구건은 호열이 혼자 구금된 것을 불쌍히 여기고 종회를 만나서 친병親兵을 안으로 들여보내 음식을 나르게 해줄 것을 청했다. 각 아문의 병사도 그 예에 따라 한 명씩 드나들었다. 호열은 그의 친병에게 말하여 아들에게 편지를 보내 말했다.

구건이 몰래 소식을 전해주었다. 종회는 이미 큰 굴을 뚫었고, 수천 개나 되는 흰 몽둥이를 준비하여 외부에 있는 병사들을 모두 불러들여 사람들마다 편모(便帽, 위나라 무제 때 사용된 모자)를 주어 패잔한 장수

로 삼아 순서대로 몽둥이로 때려 죽여 굴 속에 던지려 한다.

각 아문의 친병도 모두 이와 같은 말을 했고, 하룻밤 사이에 서로 말을 전하여 전원에게 알려졌다. 어떤 사람이 종회에게 말했다.

"아문기독 이상을 전부 죽여야 합니다."

종회는 망설이며 결정하지 못했다.

18일 정오에 호열 군중의 병사들과 호열의 아들이 북을 울리며 문을 나서자, 각 군의 병사들은 약속을 하지 않았는데도 같이 북을 울리며 함성을 지르고 나왔으며, 지휘하는 자가 없는데도 다투어 성안으로 먼저 달려갔다. 당시 마침 종회는 강유에게 무기를 주고 있었는데, 밖에 시끄러운 소리가 큰 불길처럼 일고 있다고 보고하는 자가 있었다. 오래지 않아 병사들이 성을 향해 달려오고 있다는 보고가 있었다.

종회는 놀라서 강유에게 물었다.

"이 병사들이 와서 사악한 난을 일으킬 것 같은데 어찌해야 하오?"

강유가 대답했다

"응당 그들을 공격해야 합니다."

종회는 병사를 보내 붙잡혀 있는 아문과 군수를 모조리 죽이도록 했지만, 안에 있는 사람들이 함께 기물을 들어 문을 부수고, 사병들은 대문을 부수었으므로 격파할 수 없었다. 곧 성문 밖에서는 사다리에 의지하여 성으로 올라왔고, 어떤 이는 성안의 집을 불태웠으며, 개미처럼 성벽에 붙어 어지럽게 진입했고, 비 오듯 화살을 쏘아댔으며, 아문과 군수 들은 각기 흩어져 지붕으로 기어 올라가서 부하 병사들과 합류했다. 강유는 종회의 친병을 이끌고 싸워 대여섯 명을 직접 죽였다. 병사들은 강유와 결투하여 죽이고 다투어 달려가서 종회를 죽였다. 종회는 당시 마흔 살이었고, 수백 명의 장수들이 살해되었다.

당초 등애는 태위로 임명되고 종회는 사도로 임명되었으며, 지절·도독제군都督諸軍은 예전과 같았는데, 모두 임명되지 못하고 세상을 떠났다.

종회의 형 종육鍾毓은 경원 4년(263) 겨울에 죽었는데, 종회는 그런 사실을 알지 못해 조문을 못했다. 종회의 형의 아들인 종옹鍾邕은 종회를 수행하다 함께 죽었다. 종회가 기른 형의 아들 종의鍾毅·종준鍾峻·종천鍾𡒃 등은 하옥되었으며, 당연히 참수되어야 했다. 사마소가 천자에게 상주했다. 천자가 조서를 내렸다.

종준 등의 조부 종요는 태조·고조·열조 때 최고의 지위인 태사太司에 임명되었으며, 군주를 보좌하여 공훈을 세운 까닭에 종묘에서 제사를 받고 있다. 그들의 부친 종육은 내외의 관직을 역임하면서 일을 처리한 공이 있다. 옛날 초나라는 자문子文이 다스린 공로를 생각하여 투씨鬪氏의 제사가 끊어지지 않게 했고, 진나라는 성계成季·맹선孟宣의 충성심을 기록하여 조씨趙氏의 후대를 보존했다. 종회와 종옹의 죄 때문에 종요와 종육의 후대를 끊어야 하다니, 짐은 착잡한 심정이다! 종준과 종천 형제를 특별히 용서하니 관직과 작위를 예전과 같게 하라. 단지 종의와 종옹의 자식만은 법에 따라 처형하라.

어떤 사람이 말하기를, 일찍이 종회는 술수에 의지하므로 보증하기 어렵고 중요한 직책을 맡길 수 없음을 종육이 사마소에게 비밀히 알렸고, 그래서 사마소가 종준 등을 용서한 것이라 한다.

당초 사마소는 종회를 보내 촉을 토벌하려고 했는데, 서조속 소제邵悌가 사마소에게 접견을 청하여 말했다.

"지금 종회에게 10만여 병사를 인솔하여 촉나라를 토벌하도록 했는데, 어리석은 저의 생각으로 종회는 혼자서는 중임을 다하지 못할 것이니 다른 사람을 보내는 것만 못합니다."

사마소가 웃으면서 말했다.

"내가 설마 이 점을 모르겠는가! 촉나라는 천하의 근심을 만들어 백성으로 하여금 편안히 쉬지 못하게 하오. 내가 지금 촉나라를 토벌하는 것은 손바닥을 가리키는 것처럼 쉬운 일이오. 그러나 사람들은 모두 촉나라를 토벌할 수 없다고 말하오. 무릇 사람들이 마음속으로 주저하고 두려워하면 지혜와 용기는 모두 사라지고, 지혜와 용기가 사라진 이들을 억지로 보내면 적에게 체포될 뿐이오. 오직 종회만이 나와 의견이 같았으므로 지금 종회를 보내 촉나라를 토벌하도록 하는 것이오. 그는 반드시 촉나라를 멸망시킬 수 있소. 촉나라를 멸망시킨 후에, 그대가 걱정하는 일이 일어나더라도 그가 할 수 있는 것이 무엇이겠소? 패배한 군대의 장수와는 용기를 말할 수 없고, 나라를 잃은 대부와는 생존을 도모할 수 없는데, 이것은 그들의 정신이 무너졌기 때문이오. 만일 촉나라가 격파된다면 유민은 놀라 두려워할 것이니 그들과 함께 일을 도모할 수 없을 것이오. 중국의 장수와 병사 들은 각자 돌아갈 것을 생각할 테니 그들과 함께 난을 일으킬 수 없을 것이오. 만일 사악한 일을 한다면 스스로 멸족을 초래하는 것이오. 그대는 이 일을 걱정하지 말고, 다른 사람이 이 일을 알지 못하도록 신중하시오."

종회가 등애의 탈법적인 일을 고발했을 때 사마소는 서쪽으로 가려고 했다. 소제가 또 말했다.

"종회가 이끄는 병사는 등애의 대여섯 배가 넘습니다. 종회에게 등애를 체포하라고 명령만 내리면 되지, 직접 가실 필요는 없습니다."

사마소가 말했다.

"그대는 지난번에 했던 말을 잊었소? 어떻게 또 출병할 필요가 없다고 말할 수 있소? 비록 그렇다 하더라도 이 말이 새어나가서는 안 되오. 나는 응당 신의로써 사람을 대하겠다고 스스로 약속했는데, 어떻게 다른 사람이 나에게 불충하기 전에 먼저 다른 사람을 의심할 수 있겠소! 최근에 가 호군(賈護軍, 가충)이 나에게 '종회를 약간 의심하고 있지 않습니까?'라고 묻기에 '지금 그대를 파견하여 일을 하도록 하고, 어찌 또 그대를 의심할 수 있겠소?'라고 대답했소. 가 호군 역시 나에게 아무 말도 못 했소. 내가 장안에 도착하면 모든 것을 자연스럽게 알게 될 것이오."

대군이 장안에 도착해보니 과연 종회는 이미 숨을 거둔 다음이었고, 모든 것은 사마소가 예상한 대로였다.

종회는 일찍이 《역》에 호체互體와 재성才性의 차이가 없는 것을 논한 적이 있다. 종회가 죽은 후,[23) 그의 집에서 서적 20편을 얻었는데, 제목을 《도론道論》이라고 했다. 그러나 실제로는 형명가刑名家의 저작이었으며, 그 글이 종회가 쓴 것과 비슷했다.

이전에 종회는 어렸을 때 산양의 왕필王弼과 함께 이름이 알려졌다. 왕필은 유가와 도가의 이치에 대해 논하기를 좋아했으며, 문필이 좋고 재능이 뛰어나며 변론을 좋아했고, 《역》과 《노자》에 주를 달았다. 일찍이 상서랑에 임명되었고 나이 스물 남짓에 세상을 떠났다.

【평하여 말한다】

왕릉은 고상한 품격과 절개가 있었고, 관구검은 재능과 식견이 탁월했으며, 제갈탄은 엄숙하고 강인하여 위엄이 있고, 종회는 숙련된 책략가였으니, 이들 모두 이름을 빛내어 영예와 중임을 받았다. 그러나 모두 마음속의 큰 뜻이 지나쳐 화근과 혼란을 생각하지 않았으며, 기회를 잡아 신속하게 사변을 일으켜서 일가친척이 모두 죽게 했으니, 어찌 큰 잘못과 미혹이 아니겠는가! 등애는 강인하고 건장하여 공을 세우고 사업을 일으켰지만, 화를 방비하려는 생각이 부족하여 실패와 과실이 찾아오게 만들었다. 어찌 먼 곳에 있는 제갈서가 실패한 원인은 알면서 가까이 자기의 처지는 볼 수 없었는가? 이는 옛사람이, 눈은 큰 털은 볼 수 있지만 자신의 눈썹은 보지 못한다고 말한 것과 같은 이치이다.

---

23) 사마소는 종회의 공조에 있던 상웅向雄이 종회의 유해를 거두어 매장했다는 말을 듣고 불러서 문책했다. "이전에 왕경이 죽었을 때, 그대는 동쪽 시장에서 곡을 했지만, 나는 불문에 붙였소. 지금 종회는 스스로 반역을 일으켰는데 또 시신을 거두어 매장했소. 만일 다시 그대를 용납한다면 왕법은 어떻게 되겠는가!" 상웅이 대답했다. "옛날 고대의 성왕은 뼈를 땅에 묻고 썩은 살점을 매장했으므로, 그 어진 사랑은 뼈에까지 이르렀습니다. 당시에 먼저 죽은 자의 공적과 죄를 점친 후에 그들을 거두어 매장했겠습니까? …… 법이 위에서 세워지고, 가르침이 아래에서 널리 행해집니다. 이런 상태로써 사람을 계도한다면, 저는 그것을 할 수 있다고 말합니다. 하필 저에게 죽은 자를 등지고, 산 자를 무시하면서까지 이 시대에 몸을 두게 하십니까. 전하께서 썩은 뼈까지 원수로 생각하고 들판에 내팽개친다면, 백 년 후에는 노비들에게까지 비웃음을 살 것입니다. 어찌 인자하고 현명함을 가리려고 하십니까?" 사마소는 기뻐하며 그와 한담을 나누고 돌려보냈다.

29

방기전方技傳

의술, 음악, 운명, 해몽 등에 밝은 방외지사들의 이야기

화타전 華佗傳

화타는 자가 원화元化이고, 패국 초현 사람으로, 일명 부旉라고도 한
다.[1] 서주徐州 일대에서 유력하고 학문을 했으며 여러 경전에 통달
했다. 패국의 상相인 진규陳珪가 효렴으로 천거했고, 태위 황완黃琬
이 불렀지만, 모두 나아가지 않았다. 화타는 양성養性[2]의 방법에 밝
았으므로, 당시 사람들은 화타의 나이가 1백 세 가까이 되었지만
장년의 용모를 갖고 있다고 생각했다. 그는 또 약품 처방에도 정통
했다. 병을 치료하려고 약을 달일 경우에는 불과 몇 종류의 약재만
합쳐 끓였으며, 마음속으로 약품의 분량을 가늠하고 다시 저울로
재지 않았다. 끓여서 익으면 환자에게 먹이고 약을 복용할 때 주의
해야 할 사항에 대해 이야기해주었다. 이와 같이 하여 약을 먹으면
병이 완쾌되었다. 만일 뜸을 떠야 할 경우라면, 불과 한두 곳만 선
택하여 각 곳마다 예닐곱 번만 뜸을 떠도 병세가 사라졌다. 만일 침

552

---

1) 화타의 전기는 《후한서》〈방술전方術傳〉에도 나오는데, 《삼국지》의 〈화타전〉과 중복되는
   내용이 많다.

2) 양성養性이란 양생養生과 같은 말로서, 천부적으로 받은 수명을 손상시키지 않고 최대로
   보존하는 방법을 가리킨다. 그 실천과 철학적 의미에 대해서는 《양생론養生論》에 자세히
   나온다.

을 놓아야만 될 경우라면 한두 곳만 선택하여 침을 놓으면서 환자에게 말했다.

"침은 어떤 장소까지 찔러야만 합니다. 만일 그곳까지 찔러지면 말씀하십시오."

그러면 환자는 "벌써 찔러졌습니다."라고 말했다.

즉시 침을 빼고 나면 환자의 병세도 차도가 있었다. 만일 몸속에 병이 있는데 침과 약으로는 환부에 미칠 수 없어 반드시 절개를 해야 할 경우에는 환자에게 마취약을 먹여 잠시 취한 듯 죽은 듯 지각하는 바가 없게 하고 환부를 잘라 꺼냈다. 만일 창자에 병이 있다면 창자를 잘라 깨끗이 씻어내고, 다시 봉합하여 고약을 붙였다. 네댓새면 치료가 되어 통증이 사라지고, 환자 또한 이상을 느끼지 못하게 되며, 한 달 만에 완전하게 나았다.

옛날에 감릉甘陵의 상相으로 있는 자의 부인이 임신한 지 6개월이 되었는데 복통으로 편안하지 못했다. 화타는 그녀의 맥을 짚어보고 말했다.

"태아는 벌써 죽었습니다."

사람을 시켜 손으로 더듬어 태아의 위치를 살피게 하고, 왼쪽에 있으면 사내아이이고, 오른쪽에 있으면 여자아이라고 했다. 위치를 살핀 사람이 말했다.

"왼쪽에 있습니다."

그래서 마실 약을 배합하여 태아를 씻어 내리니, 과연 사내아이가 내려왔고, 환자는 즉시 통증이 사라졌다.

현의 관리 윤세尹世는 사지에 열이 나고, 입 안이 마르며, 사람들의 목소리가 들리지 않는다고 생각하고, 소변도 순조롭지 못했다.

화타가 말했다.

"시험 삼아 뜨거운 음식을 먹어보아 땀이 나면 쾌차하겠지만, 땀이 나지 않으면 사흘 후에 죽을 것입니다."

즉시 뜨거운 음식을 만들어 먹었지만 땀이 나지 않았다. 화타가 말했다.

"체내에서 이미 장기藏氣가 끊어졌습니다. 눈물을 흘리며 울어야만 기를 이을 수 있습니다."

과연 화타가 말한 것과 같았다.

부府의 관리 아심兒尋과 이연李延이 함께 화타에게 가서 진찰을 받았는데, 모두 두통과 함께 전신에 발열이 있고 느끼는 고통이 똑같았다. 화타가 말했다.

"아심은 설사를 해야 하고, 이연은 땀을 내야 합니다."

어떤 사람이 병은 같은데 치료법이 다른 것을 이상하게 생각하자, 화타가 말했다.

"아심은 체질이 겉으로 튼튼하고, 이연은 속으로 튼튼하기 때문에 당연히 다르게 치료해야 합니다."

즉시 각자에게 약을 주었는데, 다음 날 아침에 두 사람 모두 병이 완쾌되어 일어났다.

염독鹽瀆의 엄흔嚴昕이 사람들 몇 명과 함께 화타를 찾아왔다. 그들이 도착하자마자 화타는 엄흔에게 말했다.

"당신 몸은 건강하오?"

엄흔은 말했다.

"평상시와 같습니다."

화타가 말했다.

"그대에게 위급한 병이 있음이 얼굴에 드러나오. 술을 많이 마시지 마시오."

엄흔 등은 담소를 마치고 집으로 돌아갔는데, 몇 리를 못 가서 갑자기 현기증을 느끼며 수레에서 떨어졌다. 사람들이 그를 부축하여 수레에 태워 집으로 돌아왔지만, 다음 날 밤에 죽었다.

이전에 독우를 지낸 돈자헌頓子獻이 병에 걸렸다가 쾌차하여 화타에게 맥을 짚어보게 했다.

화타가 말했다.

"몸은 아직 허약하여 원래대로 회복되지 않았으니, 수고로운 일(방사)을 하지 마십시오. 그 일을 하면 곧 죽게 될 것입니다. 만일 죽게 된다면 혀를 몇 촌寸은 내놓아야만 할 것입니다."

돈자헌의 아내가 그의 병이 좋아졌다는 말을 듣고 1백여 리 밖에서 와서 살펴보고는 밤에 그의 집에 머물며 교접을 했는데 사흘 만에 발병했다. 하나같이 화타가 말한 것과 같았다.

독우 서의徐毅가 병이 들었으므로 화타가 가서 그를 진찰해보았다. 서의가 화타에게 말했다.

"어제 의조리(醫曹吏, 관청에 소속된 의사) 유조劉租를 시켜 위胃에 침을 놓게 한 후부터 찌르는 듯한 고통이 와서 편안히 누워서 잘 수가 없소."

화타가 말했다.

"침을 위에 찌르지 않고 잘못하여 간을 찔렀습니다. 먹는 것이 하루하루 줄어들고 닷새가 지나면 구할 수 없습니다."

결과는 화타가 말한 것처럼 되었다.

동양현 진숙산陳叔山의 작은아들이 두 살 때 병에 걸려 설사하여 항상 먼저 울었으며 하루하루 쇠약해져갔다. 화타에게 묻자, 화타가 말했다.

"이 아이의 어머니가 아이를 가졌을 때, 양기陽氣가 안에서만 길러져 있었으므로 젖이 허냉虛冷하게 되고 아이가 어머니의 차가운 성분을 섭취했기 때문에 나을 수 없습니다."

화타는 네 가지 약재를 합쳐 만든 여완환女宛丸을 주었는데, 열흘 후에 병세가 사라졌다.

팽성 태수의 부인이 밤에 변소에 갔다가 전갈에 손을 쏘여 신음하며 아파했지만 치료할 방법이 없었다. 화타는 사람을 시켜 탕약을 뜨겁게 데우고 그 속에 손을 넣어 씻어내도록 했다. 이와 같이 하니 부인은 즉시 잠이 들었는데, 옆에 있는 사람이 탕약을 여러 번 바꾸어 탕약의 온도를 따뜻하게 유지했다. 날이 새자 쾌차했다.

군리軍吏 매평梅平이 병에 걸려 업무를 쉬고 집으로 돌아왔다. 집은 광릉현에 있었는데, 2백 리를 남겨두고 친한 사람의 집에서 머무르게 되었다. 오래지 않아 화타가 우연히 [매평이 머물고 있는] 집에 오게 되었다. 주인은 화타에게 매평을 보였다. 화타는 매평에게 말했다.

"당신이 일찍 나를 만났다면 이 지경에 이르지는 않았을 것입니다. 지금 이미 병이 다했으니 빨리 집으로 가서 가족을 만나십시오. 닷새 후면 죽습니다."

매평은 즉시 돌아갔고 죽은 기일은 화타가 예측한 것과 같았다.

화타는 길을 가다가 인후가 막히는 병에 걸린 사람이 음식을 먹으려고 해도 먹지 못하자, 집안사람들이 수레에 태워 의사에게 가려고 하는 것을 보았다. 화타는 그 사람의 신음을 듣고 수레를 멈추고 가서 살펴보고 그들에게 말했다.

"방금 지나온 길 옆 떡을 파는 집에 마늘을 부수어서 시게 만든 것이 있으니 세 되를 사서 그에게 먹이면 병이 자연스럽게 나을 것입니다."

화타의 말처럼 했더니 환자는 즉시 뱀 한 마리를 토해냈다. 환자가 토해낸 뱀을 수레 옆에 걸고 화타를 방문하니, 화타는 아직 돌아오지 않았고 아이가 문 앞에서 놀고 있다가 그들을 맞이하여 보고 말했다.

"우리 아저씨를 만난 것 같군요. 수레 옆에 뱀을 매달았네요."

환자는 앞으로 들어가 앉아서 화타의 집 북쪽 벽에 이런 뱀이 수십 마리 매달려 있는 것을 보았다.

어떤 군의 태수가 병이 들었다. 화타는 태수가 크게 화를 내면 차도가 있을 것이라고 생각했다. 그래서 그에게 돈만 많이 받고 치료는 하지 않고 오래지 않아 환자를 내버려두고 떠나면서 태수를 욕하는 편지를 남겼다. 태수는 과연 화를 크게 내고는 사람들을 시켜 화타를 쫓아가 잡아 죽이도록 했다. 태수의 아들은 화타의 의도를 알았기 때문에 수하 관리들에게 뒤쫓지 말도록 했다. 태수는 최대로 분노하더니 검은 피를 몇 되 토하고 병이 나았다.

또 한 사대부가 있었는데 몸이 불편했다. 화타가 말했다.

"그대의 병은 깊습니다. 배를 갈라 환부를 절제해야만 합니다. 당신의 수명도 10년을 넘지 못할 것이나, 병이 그대를 죽일 수는 없을 것입니다. 10년 동안 병을 참아낼 수 있다면 수명과 함께 병이 다할 것이므로 특별히 절제를 할 필요는 없습니다."

사대부는 고통을 참지 못하고 그것을 반드시 절제하려고 했다. 화타는 그를 위해 수술을 했고 환부는 매우 빨리 좋아졌는데, 10년이 지나 결국 죽었다.

광릉 태수 진등은 병이 들자 가슴속에 고민이 가득했으며, 안색이 붉고 음식을 먹지도 않았다.

화타는 그의 진맥을 보고 말했다.

"당신의 위 속에 있는 몇 되 분량의 기생충이 안에서 악성 종기가 되려고 합니다. 날것을 먹어서 생긴 것입니다."

즉시 두 되의 탕약을 만들어, 먼저 한 되를 복용하게 하고, 조금 있다가 마저 복용하도록 했다. 탕약을 먹은 지 얼마 안 되어서 세 되의 기생충을 토했는데, 붉은색 머리는 모두 움직이고 있었으며, 반은 물고기를 얇게 저민 모습을 하고 살아 있었다.

"이 병은 3년 후에 또 재발합니다. 그때 만약 훌륭한 의사를 만나면 치료할 수 있습니다."

과연 화타가 말한 기일에 병이 재발했는데, 당시 화타가 살아 있지 않았으므로 환자는 화타의 말대로 죽었다.

조조는 소문을 듣고 화타를 불렀다. 화타는 항상 조조 곁에 있었다. 조조는 두통으로 고생했는데 재발할 때마다 마음이 산란하고 눈앞이 몽롱했다. 화타가 침으로 횡격막을 찌르고 손을 따자 병세가 사라졌다.

장군 이통의 부인이 병세가 심각했으므로 화타를 불러 맥을 짚어보게 했다.

화타가 말했다.

"유산이 되었는데 태아가 모체에서 떨어지지 않았습니다."

이통 장군이 말했다.

"유산이 된 것은 확실하오만 태아는 이미 떨어졌다고 들었소."

화타가 말했다.

"진맥에 의하면 태아는 아직 떨어지지 않았습니다."

장군은 그렇지 않다고 생각했다. 화타는 진료를 멈추고 떠났다. 부인의 병세는 점점 나아졌다. 그러나 1백여 일 후에 병이 재발했으므로 또 화타를 불렀다.

화타가 말했다.

"이 맥에 따라 판단하면 태아는 아직 있습니다. 이전에 두 아이가 생겼는데, 한 아이는 먼저 나왔는데 출혈이 매우 많았고, 뒤의 아이는 아직 나오지 못했습니다. 산모는 자각하지 못했고, 주위에 있는 사람들도 깨닫지 못하여 이어서 낳지 않았기 때문에 나오지 못한 것입니다. 태아는 죽었고 어머니의 혈맥은 다시 태아에게 돌아가지 않으니, 태아가 말라서 어머니의 등골뼈에 붙어 있기 때문에 등골뼈의 통증이 극심했던 것입니다. 지금 탕약을 주고 아울러 한 곳에 침을 놓으면, 죽은 태아는 반드시 나올 것입니다."

탕약과 침을 모두 사용하자, 부인의 격렬한 통증이 아이를 낳을 때와 같았다. 화타가 말했다.

"죽은 태아는 너무 오래 말라 있었으므로 스스로 나올 수 없습니다. 응당 다른 사람에게 찾도록 해야 합니다."

과연 죽은 사내아이를 꺼냈는데, 손과 발이 모두 온전하게 갖추어져 있었고, 안색은 검었으며, 몸은 1척쯤 되었다.

화타의 절묘한 의술은 대체로 이와 같았다.[3] 그러나 그는 본래 선비였으므로 의술을 직업으로 삼은 사람으로 간주되자 마음속으로 항상 부끄러워했다. 후에 조조가 직접 국사를 처리할 때 중병에 걸리자 화타에게 치료하도록 했다.

---

3) 어떤 사람이 병으로 걸을 수 없게 되었다. 그래서 수레로 운반하여 화타가 있는 곳으로 갔는데, 화타는 멀리서 보고 "벌써 침도 놓고 뜸도 떴으며 약도 복용했으니 진맥을 할 필요는 없습니다."라고 하고, 곧 옷을 벗기고는 등에 열 군데에 도장을 찍었다. 어떤 것은 1촌 간격으로, 어떤 것은 5촌 간격으로 일정하지 않았다. 그리고는 이러한 곳에 각각 열 번씩 뜸을 떴는데, 뜸이 끝나자 점차 걷게 되었다.

화타가 말했다.

"이 병은 단기간에 치료하기 어렵습니다. 장기간 치료해야 수명을 연장할 수 있습니다."

화타는 오랫동안 고향을 떠나 있었으므로 집으로 돌아가겠노라고 조조에게 말했다.

"방금 집에서 편지가 왔습니다. 잠시 집으로 돌아가려 합니다."

집에 돌아온 후, 부인이 병에 걸린 것을 이유로 여러 차례 기일을 연기할 것을 청하며 돌아가지 않았다.

조조는 여러 번 편지를 써서 불렀고, 또 군현의 관리에게 명령하여 화타를 보내도록 했다. 화타는 자신의 본령을 지키고, 다른 사람을 모셔 녹을 먹는 것을 싫어했으므로 길에 오르지 않았다. 조조는 크게 노하여 사람을 보내 살펴보도록 했다. 만일 화타의 처가 정말로 병에 걸렸다면 팥 열 섬을 내리고 휴가를 더 늘려주도록 하고, 만일 거짓이라면 체포하여 압송하도록 했다. 그래서 화타는 허창의 감옥으로 넘겨져 심문을 받고 죄를 시인했다.

순욱이 조조에게 간청했다.

"화타의 의술은 확실히 매우 정통합니다. 사람의 목숨이 걸려 있는 일이니 당연히 그를 용서해야 합니다."

조조가 말했다.

"걱정하지 마시오. 천하에 이런 쥐새끼 같은 자가 없어야 하오."

그리고 화타를 가혹하게 고문했다. 화타가 죽으려고 할 때, 책 한 권을 꺼내 옥의 관리에게 주고 말했다.

"이 책은 사람을 살릴 수 있소."

옥의 관리가 법을 어기는 것이 두려워 받지 않았으므로, 화타 또한 강요하지 않고 불을 찾아 태워버렸다. 화타가 죽은 후에도 두통이 사라지지 않자 조조가 말했다.

"화타는 이 병을 치료할 수 있는데, 나의 병을 고쳐 스스로를 높이려고 했다. 내가 그를 죽이지 않았어도 끝내 나를 위해 이 병의 근원을 잘라버리지는 못했을 것이다."

나중에 사랑하는 아들 창서倉舒가 병으로 위독하게 되자, 조조는 탄식하며 말했다.

"화타를 죽인 것이 후회가 되는구나. 내가 이 아이를 죽게 했다."

처음에 군리軍吏 이성李成이 고통스레 기침이 나와 밤에도 낮에도 잠을 잘 수 없고 항상 피고름을 토했으므로 화타에게 물었다. 화타가 말했다.

"그대의 병은 장에 종기가 난 것입니다. 기침할 때 토하는 피고름은 폐에서 나오는 것이 아닙니다. 그대에게 두 전錢의 가루약을 주겠습니다. 두 되쯤 되는 피고름을 토하고 스스로 유쾌하게 기르면 한 달이면 조금 차도가 있고, 기를 보유하고 마음을 자애롭게 쓰면 1년이면 건강하게 될 것입니다. 18년이 지나면 한 차례 작은 발작이 있을 것인데, 이 가루약을 복용하면 병세는 또다시 회복될 것입니다. 만일 이 약을 얻지 못한다면 죽을 것입니다."

그리고 가루약 두 전을 주었다. 약을 얻고 5~6년이 지났을 무렵에 친척 중에 같은 병에 걸린 자가 있어 이성에게 말했다.

"그대는 지금 건강하고, 나는 죽으려고 합니다. 어떻게 병이 없으면서 약을 보관만 하고 장차 올 병에 대비하며 견디십니까? 먼저 나에게 주어 내 병이 나으면, 내가 다시 당신을 위해 화타에게 가서 약을 구해오겠습니다."

이성은 그에게 약을 주었다. 그는 병이 완치되어 초현으로 갔지만, 마침 화타가 붙들려갔으므로 약을 구하지 못했다. 18년 후, 이

성은 병이 재발했지만 약을 복용하지 못해 죽었다.[4]

광릉현의 오보吳普, 팽성현의 번아樊阿가 모두 화타를 추종하여 배웠다. 오보는 화타의 가르침에 따라 치료했으므로 많은 사람의 생명을 구했다.

화타가 오보에게 말했다.

"사람의 몸은 항상 활동을 하려고 하지만, 지나치게 피로하게 해서는 안 된다. 활동하면 식물을 소화하고 흡수할 수 있고, 혈맥이 흘러 통하여 질병이 생기지 않는다. 비유하면 문의 축軸이 썩지 않는 것과 같다. 때문에 고대에 장수한 신선은 몸과 수족을 굽혔다 폈다 하면서 신선한 공기를 마시는 양생법인 도인導引[5] 활동을 진행시키고, 곰처럼 나무를 끌어안고, 올빼미처럼 몸은 움직이지 아니

---

4) 이런 일도 있었다. 어떤 사람이 청룡 연간에 산양 태수로 임명된 광릉의 유경종劉景宗을 만났다. 유경종은 중평 연간에 자주 화타와 만났는데, 그는 병을 치료하거나 맥을 잴 때는 신처럼 적중시킨다고 했다. 낭야의 유훈劉勳이 하내 태수로 있을 때 스무 살 가까이 되는 딸이 있었는데 왼쪽 다리와 발에 종기가 있었으나 고통을 느끼지 못했다. 종기는 수십 일 있다가 또 재발하기를 7년이나 계속했다. 화타를 맞이하여 그 다리를 보였다. 화타는 "이 것은 간단히 치료할 수 있습니다. 누런빛이 나는 검정 개 한 마리와 잘 달리는 말 두 필이 필요합니다."라고 했다. 줄을 개 머리에 매고 말에게 개를 끌고 달리도록 했다. 한 마리의 말이 피곤해지면 다른 말로 교체시켰다. 말이 30여 리쯤 달렸을 때, 개는 지쳐서 더 달리지 못했다. 이번에는 또 사람을 시켜 개를 끌고 걷게 하니, 이전과 합쳐 50리 가까이 되었다. 그때 약을 아가씨에게 마시도록 했다. 아가씨는 편안히 잠이 들어 인사불성이 되었다. 한편 큰 칼로 개의 배를 뒷다리 가까운 곳에서 자르고, 잘린 곳을 종기 입구로 향하게 하고 2~3촌 떨어지게 했다. 그대로 잠시 멈추었더니, 뱀같이 생긴 것이 종기에서 나왔다. 철로 된 방망이를 사용하여 뱀의 머리를 옆으로 꿰었다. 뱀은 피부 아래에서 오랫동안 요동을 쳤는데, 잠시 움직이지 않았다. 그래서 곧 끌어냈더니, 길이가 3척이나 되고, 온전한 뱀이었는데, 단지 눈이 있는 곳에 동자가 없었고, 비늘이 역으로 나 있었다. 고약을 붙이고 이레 만에 완쾌되었다.

5) 도인이란 건강 증진을 위해 행하는 체조로서, 마왕퇴 한묘馬王堆漢墓에서 도인을 그린 백서帛書가 출토되었다.

하고 목만 돌려 뒤를 돌아다보고 허리를 펴고 각 부위의 관절을 활동시켜서 장수를 구했다. 나는 운동 방법을 하나 갖고 있는데, 이름을 오금희五禽戲라 한다. 첫째는 호희虎戲이고, 둘째는 녹희鹿戲이며, 셋째는 웅희熊戲이고, 넷째는 원희猨戲이며, 다섯째는 조희鳥戲이다. 이것은 또한 병을 제거할 수 있고, 아울러 손발을 자유롭게 하여 도인導引 작용이 있다. 신체 중에 불편한 곳이 있을 때에 일어나서 한 동물의 놀이를 한다면 땀을 흘려 옷을 적시게 될 것이고, 불편한 곳 위에 가루약을 뿌리면 신체는 경쾌해질 것이며, 배 속에서도 음식을 먹으려 할 것이다."

오보는 이것을 시행했으므로, 90여 세나 되어도 귀가 밝고 눈이 밝으며 치아가 완전하고 견고했다.

번아는 침술에 뛰어났다. 무릇 의술을 행하는 사람들은 모두 등과 가슴 사이에 숨어 있는 것에는 침을 놓을 수 없으며, 그곳에 침을 놓는다면 4분分을 넘지 못한다고 말하는데, 번아는 등에 침을 1~2촌을 찌르고 큰 구멍이나 가슴 부위에 침을 5~6촌씩 놓아서 모든 병을 치료했다.

일찍이 번아는 화타에게 사람들에게 유익한 약을 먹일 수 있기를 구했다. 화타는 그에게 칠엽청점산漆葉靑黏散을 전수했다. 자른 옻나무잎 한 되와 잘게 부순 청점6) 14량兩의 비율을 맞추어 만드는

---

6) 청점은 어떤 이는 지절地節이라고 부르고, 어떤 이는 황지黃芝라고도 부른다. 주로 오장을 다스리고 정기精氣를 증강하는 역할을 한다. 본래 길을 잃고 아주 깊숙한 산속으로 들어갔던 선인들이 그것을 복용하는 것을 보고 화타에게 알렸다. 화타는 약효가 뛰어나다고 생각하고, 곧 번아에게 이 사실을 말했는데, 번아는 이것을 비밀로 했다. 사람들은 번아가 나이가 많은데도 기력이 왕성한 것을 보고 이상히 여겨 복용하는 것이 무엇인지 물었다. 번아가 취중에 발설해 여러 사람에게 약효가 알려졌고, 모두 효험을 보았다.

약이었다. 이것을 오래 복용하면 배 속에 있는 삼필(三匹, 세 마리)[7]의 기생충이 제거되어, 오장을 이롭게 하고 신체를 가볍게 하며, 두발이 하얗게 되지 않는다고 한다. 번아는 화타의 말대로 이 약을 복용하여 1백여 세까지 살았다.

옻나무잎은 도처에 있고, 청점은 풍현豊縣·패현·팽성현·조가현朝歌縣 일대에 서식한다.

---

7) 인체 내부에는 삼필의 기생충이 있는데, 삼호三尸라고도 불린다. 사람이 수면을 취하는 사이에 하늘로 승천하여 하느님께 그 사람이 행한 나쁜 일을 고하여 사람의 수명을 단축시키도록 했다. 그래서 《포박자抱朴子》〈미지微旨〉에서는 이것을 혼령이나 귀신의 부류에 속하는 것으로 규정하고 있다.

아악의 부흥자

두기전杜夔傳

두기는 자가 공량公良이고, 하남 사람이다. 음률에 밝아 아악랑雅樂
郞으로 임명되었으나, 중평 5년(188)에 병으로 관직을 떠났다. 주와
군의 관리나 사도가 예의로써 초빙했으나, 세상의 혼란을 피하여
형주로 갔다.

형주목 유표는 두기와 맹요孟曜에게 명하여 한나라 황제를 위하
여 제사나 조회 때 연주하는 아악雅樂을 편성하게 했다. 아악을 편
성한 후, 유표가 관소의 정원에서 아악 연주를 보려고 하자 두기가
그에게 간언했다.

"지금 장군은 천자를 위해 아악을 편성했는데, 이것을 관소의 정
원에서 연주하는 것은 적합하지 않습니다!"

유표는 그의 의견을 받아들여 취소했다. 그 후 유표의 아들 유종
이 조조에게 투항했다. 조조는 두기를 군모좨주로 임명해 태악太樂
의 사무에 참여시켰으며, 아악을 창제하도록 명령했다.

두기는 종율鍾律의 식별에 뛰어났고, 총명함은 다른 사람을 뛰어
넘었으며, 온갖 악기를 연주했는데, 가무만은 잘하지 못했다. 당시
산기시랑 등정鄧靜과 윤제尹齊가 아악을 잘 노래했고, 가사歌師 윤호
尹胡는 종묘제사의 곡을 연주할 수 있었으며, 무사舞師 풍숙馮肅과 복
양服養은 전대의 온갖 무용에 대해 잘 알았고, 두기는 일체를 총괄

하여 연주하는 데 마음을 쏟아 멀리 전대의 경전을 고찰하고 가까이 조정의 구례舊例를 취하여 각종 음악의 이론적 지식을 가르쳤으며, 각종 악기를 제작하여 갖추었다. 전대의 고악古樂을 계승하여 부흥시키는 것은 모두 두기로부터 시작되었다.

황초 연간에 두기는 태악령太樂令과 협율도위協律都尉로 임명되었다. 한나라 조정에 있던 주종공鑄鐘工 시옥柴玉은 재능과 지혜가 풍부하여 새로운 물건을 많이 만들었으므로 당시 고귀한 사람들에게 알려져 있었다. 두기는 시옥에게 동으로 된 종을 만들도록 명령했는데, 완성한 종소리의 맑고 탁함이 음률 법칙과 같지 않았으므로 여러 차례 훼손시켜 고쳐 만들도록 했다. 시옥은 그것이 매우 싫었으므로 두기에게는 성운의 청탁淸濁에 일정한 표준이 없다고 말하며 심하게 저항했다. 두기와 시옥은 서로 조조에게 아뢰었고, 조조는 완성된 종을 가져오도록 해서 다른 순서에 따라 연주하도록 시험한 연후에 두기가 음률에 정통하고, 시옥이 허황된 말을 했다는 것을 알게 되었다. 시옥과 그의 두 아들에게 벌을 내려 모두 양마사養馬士가 되도록 했다.

조비는 시옥을 총애했다. 또 일찍이 두기에게 좌진左駰 등과 빈객들 가운데에서 생황을 불고 금슬을 타도록 명한 적이 있었는데, 두기는 곤란한 기색을 보였다. 이 일로 조비는 두기에게 불만을 품게 되었다. 이후 조비는 다른 일을 이유로 하여 두기를 체포하여 옥에 가두고, 좌진 등으로 하여금 옥 안에서 두기에게 배우도록 했다. 두기는 자신이 익힌 것은 품위가 있는 학문이고, 벼슬에 나와 관리가 된 것에도 근본이 있다고 말했으나 내심 불만이 있는 듯했다. 그래서 쫓겨나 면직된 상태에서 세상을 떠났다.

두기의 제자 하남 사람 소등邵登·장태張泰·상복桑馥은 각기 태악

승太樂丞에 이르렀으며, 하비 사람 진항陳頏은 사율중랑장司律中郞將
으로 임명되었다. 좌연년左延年 등은 비록 음률에 탁월했지만 모두
정성(鄭聲, 음란한 속악)에 뛰어났고, 옛것을 좋아하고 바른 음악을 부
흥시키는 데는 두기만 못했다.[8]

8) 《진서晉書》〈악지樂志〉에 의하면 이렇다. "두기는 옛날 아악·사곡四曲·녹명·추우騶虞·
    벌단·문왕文王을 전했으며, 그것들은 모두 고대 선율과 가사에 따랐다. 좌연년은 두기의
    추우·벌단·문왕 세 곡을 바꾸어 별도로 새로운 선율을 만들었다. 그래서 그 음악의 명칭
    만 그대로 있을 뿐 선율은 완전히 바뀌게 된 것이다. 단지 두기의 녹명만이 그대로 전해
    졌다."

조비의 죽을 날을 맞힌 뛰어난 관상가

주건평전朱健平傳

주건평은 패국 사람이다. 관상을 보는 기술이 뛰어났으며 마을 안에서 효험을 보인 것이 한두 번이 아니었다. 조조가 위공魏公이 되었을 때, 주건평에 대한 소문을 듣고 불러서 낭으로 삼았다.

조비가 오관장이 되었을 때 손님 30여 명을 모아 연회를 열었다. 조비는 주건평에게 자신의 수명을 묻고 또 빈객들의 상을 보도록 명령했다. 주건평이 말했다.

"장군의 수명은 여든 살인데, 마흔 살 때 작은 재난이 있을 것이니 조심하여 보호하시기를 원합니다."

그는 하후위夏侯威에게 말했다.

"당신은 마흔아홉에 주목州牧에 임명되지만 재난을 만나게 됩니다. 만일 재난을 넘긴다면 일흔까지 살고 관직은 공보公輔에 이를 것입니다."

응거에게 말했다.

"당신은 예순둘에 시중에 임명되지만 재앙을 만나게 될 것입니다. 그 1년 동안 흰 개 한 마리가 당신에게만 보이고 다른 사람 눈에는 보이지 않을 것입니다."

조표에게 말했다.

"당신은 봉국에 있다가 쉰일곱이 되면 병란의 재앙을 당하게 될 것이니, 이 일을 대비해야만 합니다."

당초 영천의 순유와 종요는 서로 친하게 지냈다. 순유가 먼저 세상을 떠났고, 순유의 아들은 아직 어렸다. 종요는 순유의 집안을 다스려 순유의 첩을 시집보내려고 했다. 종요는 사람들에게 편지를 보내 말했다.

"나와 공달(公達, 순유)은 일찍이 함께 주건평에게 관상을 보았는데, 주건평은 '순군(荀君, 순유)은 비록 나이가 어리지만 뒷일을 종군(鍾君, 종요)에게 의탁할 것입니다.'라고 했습니다. 나는 당시 순유에게 농담조로 '그대의 첩 아무阿鶩를 시집보내야겠군요.'라고 했습니다. 어떻게 그가 일찍 세상을 떠나게 될 줄 짐작하고 농담을 했겠습니까! 지금 아무를 시집보내려고 하니, 그녀가 좋은 곳으로 가도록 해주십시오. 주건평의 기묘함을 회상하니, 설령 당거唐擧[9]나 허부許負[10]라고 할지라도 미치지 못할 것입니다!"

| 황초 7년(226) | 조비는 나이 마흔 살 때 중병에 걸려 주위 사람들에게 말했다.

"주건평이 말한 팔십은 낮과 밤을 합한 수이구나. 나는 곧 죽을 것이다."

오래지 않아 과연 조비가 세상을 떠났다. 하후위가 연주 자사가 되었을 때, 나이가 마흔아홉이었고, 12월 상순에 병에 걸리자 주건평의 말을 생각하고, 스스로 반드시 죽게 될 것을 알고 미리 유언을

---

9) 전국시대 사람이며 《장자莊子》 〈비상非相〉에 보면 "지금 세상에 양나라에 당거가 있는데 사람의 형상과 안색을 보고 그 길흉화복을 알아 세상 사람들이 그를 거론한다."라고 했다.

10) 한漢나라 초기 사람이며, 범증의 인상을 보았다.

남기고 상을 치를 물품을 준비하여 실제 모두 다른 사람으로 하여금 처리하도록 했다. 하순이 되자 병이 호전되어 거의 평상시처럼 회복되었다. 30일 하오에 사무를 주관하는 관리에게 주연을 열도록 하고는 말했다.

"나의 병세가 나날이 좋아지고 있고, 내일 닭이 울면 내 나이 쉰 살이 된다. 주건평이 경고한 날짜는 무사히 지나갈 것이다."

손님들이 흩어진 후, 하후위는 잠을 자다가 병이 재발하여 밤사이에 세상을 떠났다.

응거는 예순한 살에 시중에 임명되어 궁중에서 숙직을 하는데 갑자기 흰 개 한 마리를 보게 되었다. 다른 사람들에게 물어보았지만 모두 보지 못했다고 했다.

그래서 응거는 사람들을 모이게 하여 여러 차례 연회를 열고는 서둘러 마을을 돌아다니면서 마시고 놀며 스스로 즐겼다. 1년의 기한이 지나 예순세 살에 세상을 떠났다.

조표는 초왕으로 봉해졌을 때 쉰일곱 살이었는데, 왕릉과 내통하여 모반을 하다가 사형에 처해졌다.

무릇 이런 사람들 중에 주건평의 말처럼 되지 않은 자가 없었다. 이에 대한 구체적인 사정을 전부 기록할 수 없기 때문에 몇 가지 사건만 대략 기록했다. 단지 사공 왕창王昶과 정동장군 정희, 중령군 왕숙에 대한 예언만은 어그러졌다. 왕숙이 예순두 살에 중병이 들었는데, 모든 의사가 한결같이 치료할 수 없다고 주장했다. 왕숙의 부인이 그에게 유언을 물었다.

왕숙이 말했다.

"주건평이 내 관상을 보고서 칠십까지 살고, 관직은 삼공에 이른다고 했는데, 지금 모두 실현되지 않았으니, 내가 또 무엇을 생각할 수 있겠소!"

그러나 왕숙은 결국 죽었다.

주건평은 또 말의 관상을 보는 데도 정통했다. 조비가 외출하려고 밖에서 말을 골라 들여오도록 했다. 주건평이 도중에 말을 보고 말했다.

"이 말의 상을 보니 오늘 죽을 것입니다."

조비가 말을 타려고 하는데, 말은 조비의 옷에서 나는 향기를 싫어하여 놀라 조비의 무릎을 깨물었다. 조비는 크게 화가 나서 즉시 이 말을 죽였다. 주건평은 황초 연간에 죽었다.

조비의 꿈을 풀어 앞날을 맞힌 해몽가

주선전周宣傳

주선은 자가 공화孔和이고, 낙안군 사람이다. 군리郡吏가 되었을 때 태수 양패楊沛의 꿈에 어떤 사람이 나타나 말했다.

"8월 1일 조공이 와서 반드시 그대에게 지팡이를 주고, 약주藥酒를 주어 마시게 할 것이다."

양패는 주선에게 그것을 점쳐보도록 했다. 당시 황건적이 난리를 일으켰다. 주선이 대답했다.

"무릇 지팡이는 신체가 약한 사람을 일으키는 것이고, 약은 사람의 병을 치료하는 것이니, 8월 1일에 황건적이 반드시 소멸될 것입니다."

8월 1일이 되자 과연 황건적이 소탕되었다.

후에 동평의 유정이 발이 넷 달린 뱀이 문안으로 구멍을 뚫는 꿈을 꾸고 주선에게 점을 보게 했는데, 주선이 말했다.

"이것은 국가에 관한 꿈이지, 당신 집안의 일이 아닙니다. 응당 도적이 된 여자를 죽여야만 합니다."

오래지 않아 여도적 정鄭과 강姜이 함께 토벌되었다. 이것은 뱀이 여자의 징조이고, 발은 뱀에게 없는 것이기 때문이다.

조비가 주선에게 물었다.

"나는 궁전 위에 있는 기와 두 장이 땅에 떨어져 원앙새 한 쌍이 되는 꿈을 꾸었는데, 이것은 어떤 일이오?"

주선이 대답했다.

"후궁 가운데 갑자기 죽는 자가 있을 것입니다."

조비가 말했다.

"내가 그대를 속인 것이오!"

주선이 대답했다.

"꿈은 사람의 마음이 원하는 바입니다. 만일 말로 표현한다면 길흉을 점칠 수 있습니다."

미처 말이 끝나기도 전에 황문령(黃門令, 환관의 우두머리)이 궁녀 한 명이 살인을 저질렀다고 상주했다.

오래지 않아 조비가 또 주선에게 물었다.

"나는 어젯밤에 푸른 기운이 땅에서부터 하늘까지 이어지는 꿈을 꾸었소."

주선이 대답했다.

"천하에 고귀한 여자가 죽을 것입니다."

당시 조비는 이미 사자를 파견하여 견후(甄后)에게 조서를 내린 뒤였다. 주선의 말을 듣고 조비는 후회하고 사람을 보내 사자를 뒤쫓게 했지만 미치지 못했다. 조비가 또 물었다.

"동전의 문자를 긁어 문자를 없애도록 했는데 오히려 더욱 선명해지는 꿈을 꾸었소. 이것은 무슨 의미요?"

주선은 실의하여 한탄하며 말하지 않았다. 조비가 다시 묻자, 주선은 대답했다.

"이것은 폐하의 집안일입니다. 비록 당신의 뜻은 그렇게 하려고 하지만 태후께서 듣지 않기 때문에 문자를 없애려고 해도 분명해지는 것입니다."

당시 조비는 동생 조식을 죄로 다스리려고 했지만, 태후의 강력한 반대로 단지 작위를 낮추었다. 조비는 주선을 중랑으로 임명하고 태사太史에 귀속시켰다.

일찍이 어떤 사람이 주선에게 물었다.

"나는 어젯밤 꿈에 제사에 쓰려고 기르는 개가 풀을 먹는 것을 보았습니다. 이것은 어떤 점괘입니까?"

주선이 대답했다.

"당신은 맛난 음식을 얻게 될 것입니다."

외출을 했는데 과연 풍성한 음식을 만났다. 후에 또 주선에게 물었다.

"어젯밤에 또 풀을 먹는 개를 꿈에 보았는데 어떻습니까?"

주선이 말했다.

"수레에서 떨어져 다리가 부러질 것이니, 조심하여 경계해야만 합니다."

오래지 않아 과연 주선의 말과 같이 되었다.

후에 또 주선에게 질문했다.

"어젯밤에 또 풀을 먹는 개를 꿈에 보았는데 어떻습니까?"

주선이 말했다.

"그대의 집에 불이 날 테니 잘 지키십시오."

곧 집에 불이 났다. 그가 주선에게 물었다.

"앞뒤로 세 차례는 모두 꿈을 꾼 것이 아니었습니다. 단지 당신을 시험해본 것뿐입니다. 어떻게 모두 맞추었습니까?"

주선이 대답했다.

"이것은 신령이 당신을 움직여 말을 하게 한 것이므로 진짜 꿈과 다름이 없습니다."

또 주선에게 물었다.

"풀을 먹는 개에 관한 꿈을 세 번이나 꾸었는데 점괘가 다 달랐습니다. 무엇 때문입니까?"

주선이 말했다.

"풀을 먹는 개는 신에게 제사 지내는 물건입니다. 때문에 당신이 처음 꿈을 꾸었을 때는 당연히 제사 지내고 남은 음식이 있었을 것입니다. 제사가 끝나고 나면 풀을 먹는 개는 수레에 깔리기 때문에 두 번째 꿈은 당신이 수레에서 떨어져 다리가 부러지는 것을 암시합니다. 풀을 먹는 개가 수레에 깔린 후에는 반드시 수레에 실어 태워버리기 때문에 마지막에 꿈을 꾸었을 때는 불이 날 것을 걱정하라고 한 것입니다."

주선이 꿈을 풀이하는 것은 대체로 이와 같았다. 열이면 여덟아홉은 적중했으므로 세상에서는 그의 해몽을 주건평의 관상술에 견주었다.

그 밖에 그의 해몽이 잘 들어맞은 예는 일일이 나열하지 않겠다. 명제 말년에 죽었다.

점괘 풀이에 밝은 명인

관노전管輅傳

관노의 자는 공명公明이고, 평원 사람이다. 용모는 조잡하고 추하며 당당한 위풍도 없었고, 술을 좋아하고 음식을 먹으면서 농담을 할 때는 사람을 가리지 않았기 때문에, 사람들은 대부분 그를 좋아하지만 존경하지는 않았다.[11]

관노의 부친이 이조利漕의 관원으로 임명되었을 때, 이조의 백성 곽은郭恩 형제 세 사람은 모두 앉은뱅이가 되는 병에 걸렸으므로, 관노에게 그 이유를 점쳐보도록 했다.

관노가 말했다.

"괘에 의하면 묘 안에 한 여자의 혼이 있는데, 당신의 백모가 아니라 숙모입니다. 옛날 기황饑荒이 들었던 시기에 그녀가 갖고 있던 몇 승升의 쌀에 눈독을 들인 자가 있었습니다. 그자는 그녀를 우물에 밀어 넣었고, 우물 속에서 소리 내어 울자 큰 돌덩어리를 던져

---

11) 관노는 여덟아홉 살 때, 별 보기를 좋아하여 옆에 사람만 있으면 그 이름을 물었으며 밤마다 잠을 자지 않았다. 그의 부모는 관노의 그런 행동을 항상 하지 못하게 말렸지만, 관노는 멈출 수 없었다. 관노는 스스로 "나는 비록 어리지만 천문天文을 보는 것이 좋다."라고 중얼거렸다. 또 항상 "집 안에 있는 닭과 들에 있는 고니도 때를 아는데, 하물며 인간이 때를 알지 못하겠는가?"라고 했다. 이웃에 사는 아이들과 함께 진흙 속에서 놀 때도 땅바닥에 천문이나 일월성신을 그렸다.

그녀의 머리를 깨뜨렸습니다. 외로운 혼이 원통해하며 하늘에 고하고 있습니다."

그래서 곽은은 눈물을 흘리며 잘못을 시인했다.

광평 사는 유봉림劉奉林의 아내가 병세가 위독했으므로 미리 관棺의 재료를 사두었다. 당시는 정월이어서 관노에게 점을 보도록 했다. 관노가 말했다.

"8월 신묘일 태양이 하늘 가운데 있을 때 수명이 끝납니다."

유봉림은 반드시 그렇지 않다고 했다. 그의 아내의 병은 점점 호전되었다가 가을이 되어 재발했다. 하나같이 관노가 말한 대로였다.

관노가 평안 태수 왕기王基를 가서 만났는데,[12] 왕기가 그에게 점괘를 뽑아보도록 했다. 관노가 말했다.

"미천한 부인이 사내아이를 하나 낳는데, 그 아이는 태어난 후 부엌으로 달려 들어가 죽게 됩니다. 또 침대 위에 붓을 입에 문 큰 뱀한 마리가 있는 것을 집안사람들이 모두 보고 잠시 떠날 것입니다. 또 까마귀가 집 안으로 들어와 제비와 다투어 제비는 죽고 까마귀는 날아갑니다. 이런 세 가지 괴이함이 있습니다."

---

12) 두 사람은 종종 만났다. 왕기는 관노와 함께 며칠간 《역》에 관해 논쟁을 벌이고 매우 즐거워했다. 그는 관노에게 "다들 당신이 점을 잘 친다고 말하는 것을 들었는데, 함께 논의할 수 있습니다. 당신은 현재 탁월한 재능을 갖고 있으니, 반드시 그 이름을 남기게 될 것입니다."라고 했다. 관노는 왕기를 위해 괘를 뽑고, 재앙이 없음을 알려주고, 다음과 같이 말했다. "옛날 고종高宗의 정鼎에서는 꿩이 우는 일이 없었고, 은나라 궁전 앞 정원에서는 나무가 자라지 않았는데, 들새가 정鼎의 귀에서 울자, 무정이 고종高宗이라고 존칭하도록 했으며, 뽕나무와 곡식이 궁정에서 자라나자 태무는 은 왕조를 흥성하게 했습니다. 어찌 신변에서 일어난 이 세 가지 일이 길조라고 생각했겠습니까? 원컨대 당신은 심신을 편안히 하고 덕을 기르고 공명정대하게 처리하여 하늘이 준 본연의 성품을 굽히지 마십시오."

왕기는 매우 놀라며 점괘의 길흉을 물었다. 관노가 말했다.

"객사가 오래되었으므로 도깨비가 괴이한 일을 만드는 것뿐입니다. 아이가 태어나자 곧 달리는 것은 스스로 달리는 것이 아니라 송무기(宋無忌, 불의 정수)라는 요괴가 부엌으로 들어가게 한 것입니다. 큰 뱀이 붓을 입에 물고 있는 것은 나이 든 서좌(書佐, 문서 기록을 맡은 사람)가 괴이한 짓을 하는 것입니다. 까마귀와 제비가 싸우는 것은 늙은 위병(衛兵)이 괴이한 짓을 하는 것입니다. 지금 괘 중에 이러한 현상이 나타나지만, 흉상(凶象)은 보이지 않으므로 요상한 징조가 아님을 알 수 있습니다. 걱정할 것이 없습니다."

후에 결국 아무 우환이 없었다.

당시 신도현(信都縣) 영令의 집에서는 여자들이 번갈아가며 놀라고 두려워하는 병을 앓았다.

관노에게 점을 보도록 했는데, 관노가 말했다.

"당신의 북쪽에 있는 집의 서쪽에는 죽은 남자가 두 명 있는데, 한 남자는 창을 쥐고 있고, 다른 한 남자는 활과 화살을 쥐고 있고, 머리는 벽 안쪽에 있고, 다리는 벽 밖에 있습니다. 창을 갖고 있는 자가 사람들의 머리를 찌르고 있기 때문에 두통이 심해 들지 못하는 것입니다. 활과 화살을 갖고 있는 자가 사람들의 배를 쏘기 때문에 복통이 생겨 음식을 먹지 못하는 것입니다. 대낮에는 떠돌아다니다가 밤이 되면 와서 사람들을 해롭게 하기 때문에 놀라고 두려워하는 것입니다."

그래서 유골을 발굴하여 옮기자 집안 식구들은 모두 병이 나았다.

청하의 왕경은 관직을 버리고 집으로 돌아왔다. 관노가 그와 만났다. 왕경이 말했다.

"최근에 괴이한 일이 한 가지 있었는데, 매우 기분이 좋지 않습니다. 번거롭겠지만 괘를 뽑아주십시오."

관노가 괘를 뽑고 말했다.

"효괘爻卦는 길하므로 이상할 것이 없습니다. 당신이 밤에 집의 문 앞에 있을 때, 연작燕爵 같은 빛이 흘러 가슴속에 떨어져 은은한 소리가 있었습니다. 내심 불안하여 옷을 벗고 방황하다 부인을 불러서 남은 빛을 찾도록 했군요."

왕경은 크게 웃으며 말했다.

"사실 당신이 말한 그대로입니다."[13]

관노가 말했다.

"길합니다. 관직에 오를 징조입니다. 이런 징조는 곧 실현될 것입니다."

오래지 않아 왕경은 강하 태수로 임명되었다. 관노는 또 곽은의 집에 도착했는데, 비둘기가 날아와 대들보에 있으면서 매우 구슬프게 울었다.

관노가 말했다.

"한 노인이 동쪽에서 올 것입니다. 그는 돼지 한 마리와 술 한 동

---

13) 왕경은 관노에게 점을 치도록 했지만 의심스러운 말을 했다. 관노는 웃으면서 그에게 말했다. "당신은 이 고을에서는 사물에 달통한 사람인데, 어떻게 그런 말을 하십니까! 옛날 사마계주는 '무릇 점이라는 것은 반드시 천지를 본받고, 네 계절을 상상象하며, 인의仁義에 따르는 것이다.'라고 했습니다. 복희가 팔괘를 만들고, 주 문왕이 이것을 38효(64괘)로 만들어 천하는 다스려지게 되었습니다. 병든 자도 그것에 따라 쾌차하고, 죽은 자도 그것에 따라 소생하며, 재난도 그것에 따라 면하고, 사업도 그것에 따라 성공하는 것입니다. 딸을 시집보내고 아내를 맞이하는 경우에도 이에 따라 자손이 번성하는 것입니다. 어찌 수천 금이 문제이겠습니까? 이러한 점에서 추측해보면, 점은 급한 일입니다. 진실로 도道를 분명하게 한다면, 성인과 현인은 자신의 의견을 왜곡시켜 사양하지 않습니다. 하물며 저는 소인이니 감히 어렵다고 생각합니다." 왕경은 관노에게 사과했다.

이를 갖고 있습니다. 주인은 비록 기뻐하지만, 작은 사고가 있을 것입니다."

다음 날 과연 손님이 왔는데 점괘대로였다. 곽은은 손님으로 하여금 술을 절제하고 고기를 삼가며 불을 조심하도록 했다. 활을 쏘아 닭을 잡을 때, 화살이 나무 사이에 있던 어린 여자아이의 손을 맞추어 아이가 피가 흘러 놀라고 두려워했다.

관노가 안덕현安德縣의 영令 유장인劉長仁의 집을 방문했을 때, 까치가 지붕 위에 앉아 울었는데 그 소리가 매우 급했다.[14]

관노가 말했다.

"까치는 동북쪽에 있는 부인이 어제 남편을 죽이고, 그 죄를 서쪽 집의 남자에게 연루시켰다고 말하고 있습니다. 해가 서산 너머로 지기 전에 이 일을 알리는 자가 올 것입니다."

그 시각이 되자 과연 동북쪽에서 같은 마을에 사는 사람이 고발했는데, 이웃에 사는 부인이 자기 남편을 직접 죽이고 서쪽 집에 있는 사람이 남편과 원수지간이었으므로 자기 남편을 죽였다고 했다.

관노가 열인현列人縣의 전농으로 있던 왕홍직王弘直의 집을 방문했을 때, 높이가 3척쯤 되는 회오리바람이 신(申, 서쪽) 방향에서 불어와 정원 안에서 돌다가 멈추었다가 또다시 일어났다가 오랫동안

---

14) 곽은은 관노에게 새소리에 따라 점치는 것을 배웠다. 관노가 말하기를 "그대는 이러한 이치를 좋아하지만, 타고난 재능이 적고 또 음률을 이해하지 못하므로 가르치는 일은 곤란할 것입니다."라고 했다. 관노는 그를 위해 바람이 여덟 방향으로 변화하는 것과 다섯 가지 음계가 갖고 있는 의미를 설명하고, 여율(呂律, 음의 음조)에 따른 새소리의 기본적인 높이를 정하고, 여섯 가지 갑甲을 시간이나 일수를 헤아리는 기본으로 할 것을 서술하고 반복하여 설명했다. 곽은은 조용히 깊이 생각하며 며칠을 보냈지만 끝내 깨닫지 못했다. 그래서 "재능이 특출하지 못한 사람은 이러한 일을 구하는 것이 어렵다."라고 말하고 중단했다.

멈추어 있었다. 왕홍직이 관노에게 무슨 연고인지 묻자, 관노가 대답했다.

"동쪽에서 말을 관리하는 관리가 옵니다. 아마도 부친께서 아들 때문에 곡을 하게 될 것이니, 어떻게 하면 좋겠습니까!"

다음 날 교동膠東의 관리가 도착했고, 과연 왕홍직의 아들이 죽었다. 왕홍직이 그 까닭을 묻자, 관노가 대답했다.

"그날은 을묘일로서 장남의 징후입니다. 나뭇잎이 신(申, 가을 초의 계절)에 떨어지고, 북두칠성의 자루가 신申 방향을 가리키는 것은 신申이 인寅을 파괴하는 것으로 상사喪事의 징후입니다. 태양이 오(午, 남쪽) 방향을 하고 있을 때 바람이 부는 것은 말의 징후입니다. 리(離, 남쪽)는 문채를 상징하며 관리의 징후입니다. 신미申未는 호(虎, 서쪽)로 있고, 호虎는 대인大人으로 있으니, 부친의 징후입니다."[15]

또 수까치가 날아와 왕홍직의 집 안에 있는 영鈴을 매단 기둥 위에 올라가자 왕홍직은 매우 불안하여 관노에게 점괘를 뽑아보도록 했다. 관노가 말했다.

---

15) 관노는 또 말했다. "바람은 시간 속에서 움직이는 것으로 《역》의 효爻는 상象에 나타난 사물에 반응합니다. 시간은 신비한 존재가 달리는 것이고, 상은 신비한 것이 형체로 나타나는 것입니다. 시간이 사물의 근본인 법칙과 합치된다고 생각하면 그 의미를 알기는 곤란할 것입니다." 왕홍직은 학문을 쌓아 도술道術이 있었지만, 관노의 말의 미묘한 의미를 이해할 수 없어 관노에게 물었다. "바람이 변화하여 바뀌어도 똑같은 의미로 이해할 수 있습니까?" 관노가 대답했다. "만일 하늘의 별이 그 별자리를 떠나고 신들이 그 직분을 어지럽게 할 때, 바람이 여덟 방향에서 비껴 일어나고, 화난 기운은 번개를 달리게 하며, 산은 붕괴되고 돌이 날리며, 수목은 부러지고 뽑히며, 만 리 높이까지 먼지가 날려 우러러보아도 하늘이 보이지 않고, 새와 짐승은 동굴 속으로 숨고, 백성은 놀라 재신 같은 자들을 높은 누대에 올라가게 하여 바람의 기운을 관찰하여 재난의 종류를 결정하고, 그 일시를 판단하도록 하지만, 그런 연후에 신들의 유원한 생각과 영靈이 있는 바람을 두려워할 줄 알게 됩니다."

"5월에 반드시 승진할 것입니다."

이때가 3월이었다. 5월이 되자 왕홍직은 과연 발해 태수로 임명되었다.

관도현의 영令으로 있던 제갈원諸葛原[16]이 신흥 태수로 승진했다. 관노는 먼저 가서 그를 위해 환송회를 열었는데, 그 자리에는 빈객들도 함께 모였다. 제갈원이 직접 일어서서 제비알·벌집·거미를 그릇에 넣고 관노로 하여금 맞혀보도록 했다. 괘를 뽑은 후에 관노가 말했다.

"첫 번째 물건은 생기를 품고 변화를 기다리며 집에 의지하고 있고 수컷과 암컷의 형체가 있으며 날개가 넓게 펴지니, 제비알입니다. 두 번째 물건은 집에 걸려 있고 문이 매우 많으며 정화만 감추고 독액을 기르며 가을이 되면 변화하니, 벌집입니다. 세 번째 물건은 발이 많고 실을 토해내어 그물을 만들며 그물로 음식물을 찾아 구하고 날이 저물 때 이익을 얻으니, 거미입니다."

자리에 있던 모든 사람이 놀라며 기뻐했다.[17]

관노의 친척 형 관효국官孝國은 척구斥丘에 살고 있었다. 관노는 가서 그를 따라 두 빈객을 만났다. 빈객들이 떠난 후, 관노가 관효

---

16) 제갈원은 자가 경춘景春이고 학문을 한 사람이다. 그는 점괘 보는 것을 좋아하여 자주 관노와 함께 경쟁했으나 관노를 이길 수는 없었다. 그가 영전하여 다른 지방으로 나가게 되었을 때, 관노가 그를 송별했는데, 논의에 탁월한 자들도 많이 모였다. 사람들은 관노가 점을 보고 천문에 상세하다는 것을 전해 들었지만, 그가 특이한 재능을 갖고 있다는 것은 알지 못했다. 그래서 우선 관노에게 성인이 경전을 지은 깊은 의미에 대해 논하고, 아울러 오제五帝나 삼왕三王이 천명을 받은 것에 대해서 서술했다.

17) 그릇에 물건을 넣고 그 내용물을 맞히는 놀이에서는 사자구四字句의 운문을 사용하여 대답하는 경우가 많다.

국에게 말했다.

"이 두 사람은 이마와 입과 귀 사이에 흉한 기氣가 있습니다. 함께 기괴한 변고를 만나게 되고, 두 사람의 영혼은 돌아갈 곳이 없어 바다에 떠 흐르며, 뼈만 집으로 돌아가게 됩니다. 오래지 않아 그들은 함께 죽을 것입니다."

며칠이 지나 두 사람은 술을 마셔 취하여 한밤중에 수레를 함께 탔는데, 소가 놀라 길을 내려와 장하漳河 속으로 들어가 모두 물에 빠져 죽었다.

당시 관노의 이웃 마을에는 출입문을 닫지 않아도 서로 남의 것을 훔치는 일이 없었다. 청하 태수 화표華表가 관노를 불러 문학연으로 삼았다. 안평의 조공요趙孔曜는 기주 자사 배휘裵徽에게 관노를 추천하며 말했다.

"관노는 천성이 관대하여 세상과 원수를 맺지 않고, 천문을 우러러보면 감공甘公·석신石申[18]의 정묘함에 필적할 만하며, 고개 숙여 《주역》을 보면 사마계주司馬季主와 생각이 같습니다. 지금 당신이 은인지사에 마음을 두고 민간의 현인들에게 주의한다면, 관노는 음陰이 양陽을 따르는 것처럼 당신을 따라 사람을 위한 의표儀表의 기회를 얻을 것입니다."

그래서 배휘는 관노를 문학종사文學從事로 임명했으며, 불러서 만나보고는 매우 칭찬했다. 관노는 거록으로 옮기고 치중 별가로 승진했다.

---

18) 감공과 석신은 전국시대 천문점天文占의 명수로 유명했다. 감공이 제齊나라 사람이라는 설도 있다. 석신은 위魏나라 사람이다. 이 두 사람이 지은 것으로서 현존하는 것으로는 《성경星經》이 있다.

당초 주의 부름에 응하여 관노가 동생 관계유管季儒와 함께 수레를 타고 무성武城 서쪽에 이르렀을 때, 관노는 스스로 길흉을 점치고 관계유에게 말했다.

"고성 안에서 너구리 세 마리를 보면 너는 출세할 것이다."

장하의 서쪽 고성 구석까지 나아갔을 때, 마침 너구리 세 마리가 성 옆에 있는 것을 보고 형제는 함께 기뻐했다.

| 정시 9년(248) | 관계유는 수재로 천거되었다.

| 12월 28일 | 이부상서 하안이 관노를 초대했는데, 등양은 하안의 집에 있었다.

하안이 관노에게 말했다.

"점괘를 뽑는 당신의 실력이 신묘하다고 들었습니다. 한번 괘를 뽑아서 나의 지위가 삼공에 이를 수 있는지 알아봐주십시오."

또 물었다.

"연이어 파리 수십 마리가 콧등에 앉았는데 쫓아도 떼어낼 수 없는 꿈을 꾸었습니다. 이것은 무슨 까닭인가요?"

관노가 말했다.

"무릇 비효飛鴞는 천하에 천한 새로, 그것이 숲속에 있다가 오디를 먹으면 은덕을 그리워하는 것입니다.[19] 더구나 저 관노의 마음은 초목이 아닌데 어찌 감히 충성을 다하지 않겠습니까? 옛날 팔원八元과 팔개八凱라고 불렸던 신하들이 순임금을 보좌하여 은혜와 인자함과 겸허함을 널리 폈습니다. 주공이 성왕을 후견하여 정치를

---

19) 《시경》〈노송〉에 "반수泮水에 훨훨 나는 저 비효는 반수 숲속에 모인다. 내가 오디를 먹자, 나로 하여금 그리워하는 좋은 소리를 내게 한다."라는 시구가 있다.

행했을 때 한밤중에 좋은 시책이 머리에 떠오르면 앉은 채로 아침이 되기를 기다렸기 때문에 천하에 빛날 수 있었으며, 만국이 모두 안녕했습니다. 이것은 바른 도를 밟아 행한 데 대한 아름다운 응답이지, 점으로 나타낼 성질의 것이 아닙니다. 지금 당신의 위치는 산처럼 무겁고, 위세는 번개 같지만, 당신의 은덕을 생각하는 자가 적고, 당신의 위세를 두려워하는 자가 많습니다. 송구하지만 이는 걱정하여 복이 많기를 원하는 어진 사람이 아닙니다. 또 코는 간괘艮卦에 대응하는 것으로서 천중天中의 산山이며,[20] 높지만 위험하지 않기 때문에 오랫동안 지위가 고귀합니다. 지금 파리의 악취가 콧등에 모였습니다. 지위 높은 사람이 쉽게 타락하고, 가볍고 호방한 자가 쉽게 멸망하는 것으로, 차면 해롭고 극성하면 쇠하는 진리를 생각하지 않을 수 없습니다. 때문에 산이 땅속에 있으면 겸謙이라 하고, 우레가 하늘 위에 있으면 장壯이라고 합니다. 겸은 자신의 많은 부분을 덜어서 부족한 것을 보충하는 것이고, 장은 예의에 부합하지 않으면 실행하지 않는 것입니다. 일찍이 자신을 낮추지 않으면 강성하게 하지 못하고, 그릇된 행위를 하면 반드시 실패합니다. 원컨대 당신은 위로는 문왕文王이 《역》의 육효六爻를 풀이한 취지를 생각하고, 아래로는 공자가 만든 《역》의 단전彖傳과 상전象傳의 의미를 깊이 생각하십시오. 그런 연후에 삼공의 일이 결정될 수 있고, 파리를 쫓을 수 있습니다."

등양이 말했다.

20) 관상서觀相書에 의하면, 코가 있는 곳을 천중天中이라고 한다. 코의 형상이 산과 유사하므로 '천중天中의 산山'이라고 한다.

"그런 말은 늙은이가 늘어놓는 이야기에 불과하오."

관노가 대답했다.

"늙은이 눈에는 더는 살지 못할 자가 보이고, 이야기나 늘어놓는 사람의 눈에는 더는 이야기를 늘어놓지 못할 사람이 보입니다."

하안이 말했다.

"해가 바뀌면 다시 봅시다."

관노는 읍사(邑舍, 읍의 숙소)로 돌아와, 이런 말을 숙부에게 모두 고했다. 숙부는 관노의 말이 투철하고 지나쳤다며 꾸짖었다.

관노가 말했다.

"죽은 사람과 말하는 것이 뭐가 두렵습니까?"

숙부는 매우 화를 내며 관노가 미쳤다고 말했다.

새해 아침, 서북쪽에서 거센 바람이 불어와 먼지가 하늘을 뒤덮었다. 10여 일 후, 하안과 등양이 모두 살해되었다는 말을 들었다. 그런 연후에야 숙부는 관노에게 감복했다.

당초 관노는 위군 태수 종육을 방문하여 함께 《역》에 내포된 뜻을 논했다.

관노가 말했다.

"점을 쳐보면 당신의 태어난 날과 죽을 날을 알 수 있습니다."

종육은 관노에게 그가 태어난 연월일시를 뽑아보도록 했는데 그의 말처럼 차이가 없었다. 종육은 매우 경악하며 말했다.

"당신은 사람을 놀라게 하는군요. 하지만 죽음은 하늘에 달려 있는 것이지, 당신에게 달려 있는 것이 아닙니다."

그리고 다시는 점을 보지 않았다.

종육이 관노에게 물었다.

"천하가 태평해질 수 있겠소?"

관노가 대답했다.

"《역》에 근거하면 지금 사구효四九爻라는 괘가 나와 [깊은 연못에 숨어 있는 용이] 하늘 위로 비상하고 있으며, 대인을 만나는 것이고, 신무神武의 사업이 세워지며, 왕도王道가 빛나는데 어찌 태평스럽지 못함을 걱정하겠습니까?"

종육은 관노의 말을 이해하지 못했다. 오래지 않아 조상 등이 살해되자 비로소 관노의 말을 깨달았다.

평원 태수 유빈劉邠은 도장이 찍힌 낭囊과 산꿩 털을 뽑아 그릇에 넣고 관노에게 점을 보도록 했다.

관노가 말했다.

"안은 방형이고 밖은 원형이며, 오색 무늬를 이루고 보물을 숨기며, 신용을 준수하여 나간즉 인장이 있습니다. 이것은 인낭印囊입니다. 험준하고 높은 산에 전신이 붉은 새가 있고, 깃털은 검정과 황색이며, 새벽을 지나치지 않고 웁니다. 이것은 산꿩의 털입니다."

유빈이 말했다.

"이 군郡의 관사에서 기괴한 변고가 연이어 나타나 사람들을 두렵게 하는데, 이것은 어떤 이유요?"

관노가 대답했다.

"아마 한나라 말기 혼란할 때에 병마兵馬가 소란스러웠고, 병사들의 시신에서 흘러나온 피가 언덕과 산을 물들였기 때문에 날이 저물면 기괴한 현상이 많이 일어나는 것 같습니다. 당신의 도덕은 고상하고 아름다우며 하늘이 돕고 있습니다. 당신이 직위를 편안히 하고, 아름다운 은총을 널리 빛내시기를 희망합니다."

청하의 현령 서계룡徐季龍은 사람을 시켜 사냥을 하도록 하고, 관노에게 그가 잡을 사냥물을 점쳐보도록 했다.

관노가 말했다.

"당연히 작은 짐승을 잡습니다. 하지만 그것은 먹을 수 있는 짐승이 아닙니다. 비록 손톱과 이빨이 있지만 작아서 강하지 못하고, 비록 무늬는 있지만 조밀하여 분명하지 못하므로, 호랑이도 아니고 까치도 아니며, 그 이름은 이리라고 합니다."

사냥 갔던 사람은 저녁이 되어서야 돌아왔는데 과연 관노의 말과 같았다. 계룡이 열세 종류의 물건을 취하여 큰 상자에 넣고 관노에게 맞혀보도록 했다. 관노가 말했다.

"그릇 속에는 열세 종류의 물건이 어지럽게 있습니다."

관노는 처음에 달걀을 말했고, 다음에는 잠용蠶蛹을 말했으며, 하나하나 물건의 이름을 말했다. 단지 소梳를 비枇로 말한 것이 다를 뿐이었다.

관노는 군사를 따라 서쪽으로 가는 도중 관구검 부친의 묘를 지날 때, 나무에 기댄 채 슬프게 노래하며 불쾌한 기분이 들었다. 어떤 사람이 그 까닭을 묻자 관노가 대답했다.

"숲의 나무는 비록 무성하지만 영원할 수 없고, 비문은 비록 아름답지만 후대까지 지킬 수 없습니다. 현무玄武는 머리를 숨겼고, 창룡蒼龍은 다리가 없으며, 백호白虎는 시신을 물고 있고, 주작朱雀은 슬피 울고 있으니,[21] 네 가지 위험이 이미 갖추어진 이상 관구검의 일족은 법에 따라 멸망하게 될 것입니다."

마침내 관노의 말처럼 되었다. 후에 휴가를 얻어 청하의 예倪 태

---

21) 현무는 북쪽을, 창룡은 동쪽을, 백호는 서쪽을, 주작은 남쪽을 나타내는 성수聖獸로서 사신아四神兒라고도 부른다. 당시에는 묘 내부의 벽 등에 그림을 그리거나 조각을 하는 경우가 많았다.

수를 방문했다. 그 무렵 가뭄이 들었으므로 관노에게 언제 비가 내릴지 물었다.

관노가 대답했다.

"오늘 저녁에 비가 내릴 것입니다."

그날은 매우 더웠으며 한낮에도 비가 내릴 기미가 없었다. 부승(府丞, 태수의 보좌역)이나 현령도 그 자리에 있었는데, 모두 비가 오지 않을 것이라고 말했다. 밤을 알리는 태고太鼓가 한 번 울리자, 별과 달은 모두 사라지고 바람과 구름이 함께 일어나 결국 폭우를 쏟아부었다. 그래서 주인의 예를 다하여 관노를 대접하고 융성하게 연회를 열어 즐겼다.

| 정원 2년(255) | 동생 관신管辰이 관노에게 말했다.

"대장군께서 형님을 깊은 정과 두터운 마음으로 대하고 있는데, 부귀하게 될 희망이 있습니까?"

관노가 길게 탄식하며 말했다.

589
—
29
방기전方技傳

"나는 스스로 그러한 자질을 갖추고 있음을 안다. 하늘이 나에게 재주와 지혜를 준 것은 분명하지만, 나에게 수명을 주지 않았으니, 아마 마흔일곱, 마흔여덟이면 딸이 시집가고 아들이 아내를 맞이하는 것을 보지 못하게 될 거야. 만일 죽음을 면하게 된다면 낙양의 현령이 되어 길에서 줍지 않도록 하고, 경계를 알리는 큰 북이 울리지 않게 할 수 있다. 그러나 태산에 이르러 귀신을 다스리지,[22] 살아 있는 사람은 다스리지 못할 것 같구나. 어떻게 해야 하지!"

---

22) 동악東岳과 진산秦山에는 죽은 사람을 모이게 하는 장소가 있으며, 이곳에 태산부군太山府君의 관소가 있었던 것으로 여겨진다. 후한 시대 이후로 이 신앙이 성행하게 되었고, 육조시대 이후 불교의 명부冥府와 합쳐지게 되었다.

관신이 그 까닭을 물었다. 관노가 대답했다.

"나의 이마 위에는 복과 장수할 뼈가 없고, 눈 안에는 정신을 지키는 것이 없으며, 코에는 기둥이 없고, 다리에는 천근天根이 없으며, 등에는 장수하는 삼갑三甲의 형상이 없고, 배에는 장수의 징조인 삼임三壬이 없다. 이것이 모두 장수의 징조가 아니다. 또 나는 본래 명命이 인寅에 있고, 월식이 있는 밤에 태어났다. 하늘에는 변하지 않는 운세가 있으니 피할 도리가 없다. 단지 사람들이 알지 못할 뿐이다. 나는 앞뒤로 사람들에게 관상을 봐주었는데, 꼭 맞게 죽은 사람이 1백 명을 넘었으며, 대부분 틀리지 않았다."

그해 8월, 소부승少府丞이 되었다. 이듬해 2월에 죽었으니, 그때 나이 마흔여덟이었다.

【평하여 말한다】

화타의 진료, 두기의 음악, 주건평의 관상술, 주선의 꿈풀이, 관노의 점괘는 진실로 모두 현묘한 기예이며 비범한 기술이다. 옛날 사마천이 〈편작扁鵲〉, 〈창공倉公〉, 〈일자日者〉의 전傳을 지은 것은 불가사의한 것을 포괄하여 기록하고자 한 것이다. 때문에 나 역시 이런 것들을 기록했다.

30

오환선비동이전 烏丸鮮卑東夷傳

중국의 북동쪽 나라들 혹은 이민족들의 열전

원상을 도우려다 조조에게 토벌당한 흉노의 한 갈래

오환전烏丸傳

《상서尚書》〈순전舜典〉에서는 "만이蠻夷들이 중국을 소란스럽게 했다."라고 했고, 《시경詩經》〈소아小雅 유월六月〉에서는 "험윤獫狁, 주나라 북방의 소수민족으로서 흉노족의 선조가 됨)은 매우 강성했다."라고 했으니, 이것은 이런 민족들이 중국의 근심거리가 된 지 이미 오래되었음을 설명하는 것이다.

진한秦漢 이래 흉노[1]가 오랫동안 변방에 해를 끼쳤다. 비록 효무제孝武帝가 멀리 사방의 이민족에 대한 대책을 세우고, 동쪽으로는 남월南越·동월東越·조선朝鮮을 평정하고, 서쪽으로는 이사貳師·대원大宛을 토벌하고, 아울러 공작邛笮이나 야랑夜郎으로 향하는 길을 개척했지만, 이런 민족들은 황복(荒服, 본래는 주나라 무왕이 오랑캐들을 내쫓고 조공朝貢을 바치게 한 지역인데, 여기서는 북방 지역을 말한다) 바깥에 있었으므로 중국에 크고 작은 영향을 미치지는 않았다. 그러나 흉노는 중국과 가장 가까이 있었고, 그 이민족의 기병이 남쪽으로 내려와 침범했으므로 중국은 자주 공격을 받았다. 때문에 위청과 곽거

---

1) 일설에 흉노는 한나라와 동족인데 한나라에 따르지 않고 북방으로 쫓겨나 초원에서 사냥과 목축을 하며 살면서 점차 한나라와는 멀어져 갔다고 한다. 이들은 북방의 황무지에 살면서 식량이 부족하면 자주 남침을 했기 때문에 한나라에 골칫거리가 되었다.

병 같은 장수를 보내 북방으로 깊이 들어가 토벌하도록 하고, 선우를 추격하여 그들의 풍요로운 곡창지를 몰수하게 했다. 이후 흉노는 변방의 요새를 지키며, 중국의 번국이라고 칭하고 대대로 내려오면서 쇠약해졌다.

건안 연간에 남선우南單于 호주천呼廚泉이 조정으로 와서 천자를 알현할 때 궁정에 남아 관리가 되도록 하고, 우현왕에게 그 나라를 안정시키도록 했다. 흉노가 자신을 굽힌 정도는 한나라 이전 시대를 뛰어넘었다. 그러나 오환[2]과 선비는 점점 강성해졌고, 게다가 한나라 말기에 이르러서는 나라 안에 일이 많은 관계로 외부 세력들을 토벌할 여유가 없었기 때문에, 그들은 한나라 때의 막남漠南 땅을 제멋대로 할 수 있었다. 그들은 성을 공략하고 사람들을 죽이거나 포로로 잡았으므로, 북쪽 변방은 여전히 고통을 받게 되었다. 이 무렵 원소가 하북의 땅을 겸병하고, 삼군三郡의 오환을 손에 넣고, 그들 가운데 이름 있는 우두머리를 대우해주어 그 정예 기병을 자신의 군대로 받아들였다. 그 후 원상과 원희는 또 답돈이 있는 곳으로 도망갔다. 답돈도 무용이 탁월한 인물로서, 변방의 장로長老들은 모두 그를 모돈선우冒頓單于에 비유했다. 그는 멀리 떨어져 산천에 의지하면서 도망친 사람들을 과감히 받아들이는 방법으로, 여러 민족 사이에서 우두머리가 되었다.

조조가 비밀리에 병사를 내어 북쪽으로 정벌을 나서니 생각하지 못하던 자들을 공격하여 단번에 답돈을 평정했다. 이적夷狄들은 놀라 복종했고, 그 위세는 북방 지역에 떨쳤다. 조조가 오환의 병사들

---

2) 오환烏丸은 《사기》, 《한서》, 《후한서》에는 오환烏桓이라고 쓰여 있다.

을 자신의 지휘 아래 두어 함께 정벌했으므로 변방에 있는 백성은 편안해졌다. 후에 선비의 대인 가비능이 또 북방의 민족들을 제압해 거두어들이고, 과거 흉노의 땅을 전부 점유하여 운중雲中·오원五原 동쪽에서부터 요수遼水에 이르기까지 모두 선비의 지배 아래 두었다. 가비능은 변방 지역을 여러 차례 침범하여 그곳의 백성을 약탈했으므로, 유주와 병주는 고통을 받았다. 이때 전예는 마성에서 포위당했고, 필궤는 형북陘北에서 패했다.

│ 청룡 연간 │ 조예는 왕웅의 계책을 받아들여 검객을 보내 가비능을 찔러 죽였다. 그 후로 선비의 각 부족은 뿔뿔이 흩어져 서로 침략하고 정벌했으며, 강한 자는 멀리 달아나고, 약한 자는 항복을 청했다. 이로부터 변방 지역은 거의 안정되었고, 막남 땅에도 사건의 발생이 적어졌으며, 비록 때때로 약탈 사건이 발생하기는 했지만 이미 서로 선동하여 일어날 수는 없게 되었다. 옛날에 오환과 선비는 '동호東胡'라고 불렸다.[3] 그들의 습속과 과거의 일은 한나라 때 역사를 기록하는 사람이 이미 기재했다. 때문에 여기서는 한말위초漢末魏初 이래의 상황만 열거하여 서방 민족의 변화를 살펴보기로 한다.

한나라 말기에 요서遼西의 오환 대인 구력거丘力居는 5천여 부락을 거느렸고, 상곡上谷의 오환 대인 난루難樓는 9천여 부락을 거느렸는데, 각자 왕王이라 칭했다. 그 외에 요동 속국의 오환 대인 소복연蘇僕延은 1천여 부락을 수하에 두고 자칭 초왕峭王이라고 했고, 우북평의 오환 대인인 오연烏延은 8백여 부락을 끼고 자칭 한로왕汗魯王이라고 했다. 그들은 모두 지모와 용맹이 있었다. 중산 태수 장순張純이 모반하여 구력거의 수하로 들어가 스스로 미천안정왕彌天安定王이라고 하고, 삼군三郡 오환의 총지휘자가 되었으며, 청주·서주·유주·기주 네 주를 침략하여 관리와 백성을 죽이고 약탈했다. 영제 말년, 유우劉虞가 유주목이 되어서 호인胡人을 불러 모으고 장순의 머리를 베니 북방이 안정되었다. 후에 구력거가 죽었다. 아들 누반 樓班은 나이가 어렸는데, 당질인 답돈이 무예와 지모가 있었다. 때문에 누반 대신 계승하여 삼왕三王의 수하를 통괄했다. 사람들은 모두 그의 가르침과 명령에 복종했다. 원소가 공손찬과 해를 거듭하여 전쟁을 했으나 승패가 결정되지 않았을 때, 답돈이 원소가 있는 곳으로 사절을 파견해 화친을 요구하고 원소를 도와 공손찬을 공격해서 격파시켰다. 그래서 원소는 황제의 명령을 위조하여 답돈·

---

3) 오환이란 옛날의 동호東胡이다. 한나라 초, 흉노의 모돈선우가 동호를 멸망시켰는데, 살아남은 자들이 오환산烏丸山을 지키고 있었기 때문에 그들을 오환이라고 부른 것이다. 그들은 말달리기와 활쏘기에 탁월하고, 물이나 풀을 따라 방목하며 일정한 거주지를 두지 않는다. 그들은 궁려(穹廬, 천막)를 집으로 사용하고, 입구는 태양이 뜨는 동쪽을 향하도록 한다. 새나 짐승을 사냥하여 고기를 먹고 타락(駝酪, 우유 또는 양유를 끓여 만든 음료)을 마시며 털옷을 입는다. 젊은 사람은 귀하고 늙은 사람은 천하며, 성격이 난폭하여 화가 나면 부모나 형을 죽이지만, 어머니에게는 해를 끼치지 않는다. 아버지나 형은 자신과 동족이므로 살해해도 복수를 하는 자가 없지만 어머니에게는 어머니 쪽의 일족이 있기 때문이다. 용감하고 건장한 자 중에서 서로 고소하거나 결투하는 일을 중재할 자를 선발하여 대인大人으로 삼는다. 마을에는 각기 하급 통솔자가 있는데, 그 자리는 세습되지 않는다. 수백에서 수천 부락을 한 부족으로 치고, 대인이 사람들을 불러 모을 때에는 나무에 새기고 마을을 돈다. 문자는 없지만, 감히 대인의 소집을 어기는 자가 없다. 정해진 성씨는 없고, 대인이나 용감한 사람의 이름을 성으로 한다. 대인 이하는 저마다 스스로 목축을 하여 생산하고 서로 부역을 시키지 않는다. 결혼할 때에는 먼저 사통한 후에 여자를 빼앗아 데려온다. 간혹 반년 혹은 1백 일이 지난 후에 중매인을 통해 말이나 소나 양을 보내 아내를 맞이하는 예를 행하기도 한다. 사위는 아내를 따라 돌아가 처가 사람들에게 신분의 높고 낮음을 가리지 않고 아침에 배례한다. 자신의 부모에게는 배례하지 않는다. 처가를 위해 2년간 노역을 하면, 처가에서는 후한 물건과 함께 딸을 보내준다. 그때 살 집과 살림살이는 처가에서 마련해준다. 때문에 집안일은 부인의 지도로 결정되지만, 전투할 때는 남자 스스로 결정을 내린다. 아버지와 아들, 남자와 여자가 서로 마주하고 앉는다. 모두 머리를 자르는데, 이것이 가볍고 편해서라고 한다. 부인은 시집올 때 머리를 길러 나누어 상투를 틀고 구결句決이라는 모자를 쓰고 금이나 옥으로 꾸민다. 이것은 중국에 있는 보요步搖와 유사하다.

초왕·한로왕에게 인수를 주고 전부 선우로 삼았다.

후에 누반이 강대해지자, 초왕은 그의 수하를 이끌고 누반을 받들어 선우가 되었고, 지모와 계책이 많은 답돈이 왕이 되었다. 광양廣陽의 염유閻柔는 젊었을 때 오환과 선비 속으로 들어와 그들의 신임을 받았다. 염유는 선비의 무리를 빌려서 오환교위 형거邢擧를 죽이고, 그 관직을 대행했다. 원소는 염유를 어루만져, 북방의 변방 지역을 안정시켰다. 이후에 원상은 싸움에서 지고 답돈에게 도망가 그의 세력에 의지하여 다시 기주를 탈환하려고 계획했다. 때마침 조조가 황하 북쪽 지역을 평정했으므로, 염유는 선비와 오환을 이끌고 조조에게 귀의했다. 조조는 염유를 교위로 임명하고, 한나라 사신의 부절을 주어 옛날처럼 광녕廣寧을 다스리도록 했다.

| 건안 11년(206) | 조조는 직접 유성柳城으로 가서 답돈을 정벌하려고 했다. 은밀히 군사를 내어 샛길로 달려갔지만, 유성을 1백여 리 앞두고 적에게 발각되었다. 원상과 답돈은 무리를 이끌고 범성凡城까지 가서 맞서 싸웠는데 병마가 매우 많았다. 조조는 높은 곳에 올라 적군의 진영을 보고 대오에 전진하지 말도록 명령하고 적군의 미세한 동정까지 살피고서야 공격하여 무찔렀다. 적진에 다다라서 답돈의 머리를 베었고, 죽은 자가 드넓은 들녘을 뒤덮었다. 속부환速附丸·누반·오연 등이 요동으로 달아났는데, 요동에서는 그들을 전부 죽이고 그 머리를 조조에게 보냈다. 그 밖에 흩어진 병사들은 전부 투항했다. 유주와 병주에서 염유가 다스리던 1만여 오환 부락은 중원으로 옮겨 가서 거주했다. 그들은 후侯·왕王·대인大人의 지휘 아래 있던 이족異族 병사들을 통합하여 전투에 참여시켰다. 이로부터 삼군 오환은 천하에 이름을 알리게 되었다.

가비능의 인솔 아래 위의 북방을 어지럽힌
흉노의 한 갈래

선비전鮮卑傳

선비는 보도근이 즉위한 후 그 세력이 점점 쇠약해지자,[4] 사촌형 부라한扶羅韓이 따로 수만의 사람과 말을 끼고 스스로 대인大人이 되었다. 건안 연간에 조조가 유주를 평정하자, 보도근과 가비능 등은 오환교위 염유를 통해 공물을 바쳤다. 이후 대군오환代郡烏丸 능신 저能臣氏 등이 모반하여 부라한에게 복속하기를 청했다. 그러자 부라한은 1만여 기병을 이끌고 와서 그를 환영했다. 상건桑乾까지 왔

---

4) 선비 역시 동호東胡의 유민이다. 따로 선비산鮮卑山을 지켰기 때문에 선비라고 불린다. 언어는 오환과 같고, 그 토지는 동쪽으로는 요수에 이르고, 서쪽으로는 서역까지 이른다. 계춘季春에서 거대한 연회를 열어 요락수饒樂水 강가에 모여 아내를 맞이한다. 그 땅의 짐승 중 중국과 다른 것은 야마野馬와 원양(羱羊, 뿔이 큰 양), 단우端牛이다. 단우의 뿔로 활을 만든다. 세상에서는 이것을 각단角端이라고 한다. 또 초貂·내貀가 있는데, 그 털이 부드럽기 때문에 천하에 널리 이름이 있다.

선비는 한나라 초에 모돈선우에게 패했으므로 멀리 요동의 변방 밖으로 달아나 다른 나라와 세력을 다투지 않았고, 그 때문에 중국에 그 이름이 알려지지 않았다. 단지 오환과 접촉이 있었을 뿐이다. 광무제 때가 되어서 남북의 선우가 서로 공격하느라 흉노의 힘이 소모되었고, 선비는 그 틈을 타서 세력이 강성해졌다. 건안 30년, 선비 대인 어구분於仇賁은 부족 사람들을 이끌고 수도로 들어와 조공朝貢을 바쳤다. 조정에서는 어구분을 왕으로 봉했다. 영평 연간 제월祭肜이 요동 태수가 되어 선비를 유인하여 중국의 명령에 따르지 않는 오환의 흠지분欽志賁 등의 머리를 베었다. 그 공을 치하하려 상을 주려 하자 돈황과 주천 동쪽에 있는 부락의 대인들이 모두 요동군의 관소로 왔다. 청주와 서주 두 주가 그들에게 돈을 지급했는데, 매년 2억 7천만 전이었다. 화제和帝 시대, 선비의 대도호大都護를 솔중왕率衆王으로 봉했다.

을 때, 능신저能臣氏 등은 의견을 모아 부라한의 법도와 금령이 느슨하여 아마 대업을 성취할 수 없을 것이라고 생각하고 따로 사자를 보내 가비능을 불렀다. 가비능이 1만여 기병을 이끌고 도착했으며, 이때 결맹을 선언했다. 가비능은 결맹을 하는 자리에서 부라한을 죽였다. 부라한의 아들 설귀니와 부하들은 전부 가비능에게 귀속되었다. 가비능은 자신이 직접 설귀니의 부친을 죽였으므로 특별히 그를 잘 대우해주었다. 이 일로 보도근은 가비능을 원망하게 되었다.

조비가 제위에 오르자, 전예가 오환교위·지절·병호선비幷護鮮卑로 임명되어 창평에 주둔했다. 보도근은 사자를 보내 말을 바쳤고, 조비는 그에게 왕王의 자리를 내려주었다. 이후에 가비능과 여러 차례 싸웠는데, 보도근은 부하가 적고 힘도 약해졌으므로 그의 수하에 있던 1만여 호를 이끌고 태원군과 안문군으로 들어가 안전을 도모했다. 그래서 보도근은 사람을 보내 설귀니를 불러 말했다.

"당신의 부친은 가비능에게 살해되었는데 원수를 갚을 생각은 않고 오히려 원수의 집에 의탁하고 있습니다. 지금은 비록 당신을 후하게 대우하지만, 이것은 당신을 죽이려는 계책입니다. 우리가 있는 곳으로 돌아오는 것만 못합니다. 나와 당신은 골육지친骨肉之親 사이인데 어떻게 당신의 원수와 같겠습니까?"

이 일로 설귀니는 그의 부족민을 이끌고 도망쳐 보도근에게 의탁했다. 가비능은 병사를 인솔하여 추격했지만 잡을 수 없었다.

| 황초 5년(224) | 보도근은 조정으로 와서 공물을 바쳤고, 조정에서는 그를 후하게 대우하고 상을 하사했다. 이후로는 설귀니가 마음을 다해 변방을 지켰으므로 침입하여 약탈하는 일이 없었다. 가비능의 부족은 점점 강성해졌다. 조예가 즉위하자 융적을 어루만져 복종하게 하고 화평하게 하는 데 힘쓰고 정벌을 멈추었으며, 두 부

락을 명목상 중국의 지배 아래 두는 데 그쳤다.

| 청룡 원년(233) | 가비능이 보도근을 유인하여 화친 관계를 깊이 맺었다. 그래서 보도근은 설귀니와 부족민 전부를 거느리고 가비능에게 의탁했으며, 병주를 침범하여 약탈하면서 관리와 백성을 죽이고 노략질했다. 조예가 효기장군 진랑秦郎을 보내어 그들을 정벌하도록 했다. 설귀니는 가비능을 배반하고 그의 부하들을 데리고 투항했다. 조예는 그를 귀의왕歸義王에 제수하고, 의장용 깃발과 자루가 굽은 우산과 악대를 하사하고 병주에 거주하도록 했다. 보도근은 가비능에게 살해되었다.

가비능은 본래 선비 가운데서도 세력이 작은 종족 출신이지만, 용감하고 건장하며 공평하게 법을 집행하고 재물을 탐하지 않았으므로 사람들은 그를 추대하여 대인으로 삼았다. 그의 부락이 변방 가까이 있었으므로 원소가 황하 북쪽 지역을 점유한 이후부터 중국 사람 가운데 많은 수가 반란을 일으키고 그에게 몸을 의탁했다. 그들이 무기와 갑옷, 방패 만드는 법을 전했고 문자도 조금 가르쳤다. 때문에 가비능이 다스리는 방식은 중국의 것을 모방하게 되었고, 밖으로 나가 사냥할 때는 깃발을 세우고, 북의 절주節奏를 전진 혹은 후퇴의 신호로 삼았다. 건안 연간에 염유를 통해 공물을 바쳤다. 조조가 서쪽으로 관중을 정벌하고, 전은이 하간에서 반기를 들었을 때, 가비능은 3천여 명의 기병을 이끌고 염유를 따라 전은을 공격하여 격파시켰다. 후에 대군 오환이 반란을 일으켰을 때, 가비능은 또 반란자들을 도와 변방 지역을 침략하고 해를 입혔다. 조조는 언릉후 조창을 효기장군으로 임명하여 병사를 이끌고 북쪽을 정벌하도록 했는데, 조창은 가비능을 크게 무찔렀다. 가비능은 변방으로 달아났다가, 후에 다시 사자를 보내 공물을 바쳤다.

| 연강延康 원년(220) | 가비능이 사자를 보내 조정에 말을 바쳤으므로, 조비는 또 그를 부의왕附義王에 임명했다.

| 황초 2년(221) | 가비능은 선비들과 살고 있는 위나라 사람 5백여 가구를 대군으로 돌려보내 거주하도록 했다. 이듬해, 가비능은 그 부족의 대인과 부하들, 대군의 오환 수무로修武盧 등 30여 명의 기병을 인솔하고, 소나 말 7만여 마리를 몰고 중국과의 사이에 시장을 설치하여 교역을 했다. 위나라 사람 1천여 가구를 상곡으로 옮겨 거주하도록 했다. 그 후 가비능은 동부 선비東部鮮卑 대인 소리 및 보도근의 수하에 있는 세 부족과 다시 서로 싸웠다. 전예가 화해시켜 합치고 서로 침범하지 못하도록 했다.

| 황초 5년(224) | 가비능이 다시 소리를 공격하자, 전예는 가볍게 무장한 기병을 이끌고 그 배후를 견제했다. 가비능은 다른 작은 부대 인솔자인 대장 쇄노瑣奴에게 전예의 공격을 막도록 했지만 패하고 달아났다. 이후로 가비능은 중국을 신뢰하지 않았다. 그래서 보국장군輔國將軍 선우보에게 편지를 보내 다음과 같이 말했다.

저는 오랑캐로서 문자를 모르기 때문에 교위 염유를 통해 저의 두터운 충성심을 천자에게 전했습니다. 지난해 저는 소리와 원수가 되어 그를 공격했지만, 전 교위(田校尉, 전예)가 소리를 도와주었습니다. 저는 싸움을 하면서 쇄노를 앞으로 내보냈지만, 교위가 온다는 말을 듣고 즉시 군대를 인솔하여 물러나 돌아오도록 했습니다. 보도근은 자주 침략하여 약탈을 하고, 게다가 저의 동생까지 죽였는데, 오히려 저를 무고하는 일을 서슴지 않았습니다. 저는 오랑캐로서 비록 예의는 모르지만, 제 형제와 자손 들은 천자의 인수를 받았습니다. 소나 말이라도 맛있는 물과 풀은 식별할 줄 압니다. 하물며 저는 사람의 마

음을 갖고 있습니다! 장군께서는 저 대신 저의 충성심을 천자에게 분명하게 알려주십시오.

선우보는 편지를 받은 후, 이 일의 상황을 보고했다. 조비는 다시 전예에게 명령하여 가비능을 불러 우호 관계를 맺고 위로하도록 했다. 가비능과 부하들은 점점 강성해져 활을 가진 기병이 10만여 명이나 되었다. 재물을 약탈하여 얻을 때마다 모두 균등하게 나누고 모든 사람 앞에서 일관되게 결정했으므로 끝내 사사로운 이익을 챙기려는 자가 없었다. 때문에 수하에 있는 자들이 그를 위해 죽을힘을 다하니 다른 부족의 대인들은 전부 그를 존경하고 두려워했다. 그러나 그는 단석괴(檀石槐, 선비족 군주 이름)에 미칠 수 없었다.

│ 태화 2년(228) │ 전예는 통역관 하사夏舍를 가비능의 사위인 울축건鬱築鞬의 부족으로 파견했는데, 하사가 울축건에게 살해되었다. 그해 가을 전예는 서부 선비西部鮮卑 포두蒲頭와 설귀니를 이끌고 변방의 요새를 나가 울축건을 토벌하러 가서 크게 격파시켰다. 전예가 마성으로 돌아오자, 가비능이 직접 3만 기병을 이끌고 전예를 7일간 포위했다. 상곡 태수 염지閻志는 염유의 동생으로 평소 선비들의 신임을 받았다. 염지가 앞으로 나가 포위를 풀도록 설득하자, 가비능은 즉시 포위를 풀고 떠났다. 후에 유주 자사 왕웅은 교위를 겸직하고 은덕과 신용으로 가비능을 어루만져 복종하게 했다. 가비능도 자주 관문에 와서 좋은 관계를 맺기를 청했으며, 유주의 역소에 가서 공물을 바쳤다.

│ 청룡 원년(233) │ 가비능은 보도근을 회유하여 병주를 배반하고 자신과 화친을 맺도록 하고는 직접 1만 기병을 이끌고 나가 형북에서 환영하며 맞이했다. 병주 자사 필궤는 장군 소상蘇尚과 동필董弼

등을 보내 가비능을 공격했고, 가비능은 아들에게 기병을 주어 소상 등과 누번樓煩에서 만나 싸우도록 했다. 그 싸움에서 소상과 동필이 죽었다.

| 청룡 3년(235) | 왕웅은 용맹한 무사 한룡韓龍을 보내 가비능을 죽이고 다시 그의 동생을 세웠다.

소리·미가·궐기厥機는 모두 대인이지만, 요서·우북평·어양 등의 군 변방 밖에 위치하여 길이 멀리 떨어져 있었으므로 처음에는 변방에 재난을 일으키지 못했다. 그러다가 그의 부족민이 가비능보다 많아졌다. 건안 연간에 그들은 염유를 통해 공물을 바치고 상호 교역을 요청했다. 조조는 그들 모두에게 상을 내리고 후하게 대우하여 왕으로 삼았다. 궐기가 죽자 그의 아들 사말한沙末汗을 세워 친한왕親漢王으로 삼았다.

| 연강 원년(220) | 그들은 또 각자 사절을 파견하여 말을 바쳤다. 조비는 소리와 미가를 귀의왕으로 임명했다. 소리와 가비능은 다시 서로 공격했다.

| 태화 2년(228) | 소리가 죽었다. 소리의 아들은 어렸으므로 동생 성률귀成律歸를 왕으로 삼아 대신 부하들을 이끌도록 했다.

위나라 동쪽의 여러 나라

동이전東夷傳

《상서》에 보면 "동쪽은 바다로 흘러 들어가고, 서쪽은 사막으로 덮여 있다."[5]라고 했다. 이처럼 구복제도(九服制度, 왕기王畿를 1천 리 사방으로 하고 그 주위를 상하좌우 각각 5백 리마다 1기로 나누고 후복侯服부터 번복藩服까지 모두 아홉 구역으로 정했다)의 은택을 받는 지역은 근거를 들어 서술하는 것이 가능하다. 그러나 황복 밖은 몇 차례 통역을 거치고서야 중국에 도착하게 되므로 중국 사람들의 발자취나 수레바퀴가 족히 미치지 못한다. 그래서 그곳 풍속의 특수한 점들을 알지 못한다. 우순 시대로부터 주나라에 이르기까지 서쪽의 오랑캐는 백옥으로 된 팔찌를 헌상했고 동쪽 오랑캐는 숙신씨의 활과 화살을 상납했는데, 이것은 모두 오랜 시간이 지나서야 도달했다. 그 땅이 멀리 있었음은 이와 같은 일로 알 수 있다. 한나라에 이르러 장건張騫을 사자로 서역에 파견하여 황하의 원류를 똑바로 질주하고 여러 국가를 통솔하고 편력하도록 했다. 그 결과 도호를 설치하여 그 지역을 통솔하게 되어 서역에서 발생하는 일들이 모두 보존되었으므로 사관들은 상세하게 기록할 수 있었다.

---

5) 《상서》〈우공禹貢〉 편에 있는 말로, 우禹의 교화가 구주九州까지 미쳤음을 가리킨다.

위나라가 세워진 후로는 서역의 각 나라가 비록 전부 도달할 수는 없었지만, 그중 대국大國인 구자龜玆·우치于寘·강거康居·오손烏孫·소륵疎勒·월지月氏·선선鄯善·거사車師 같은 나라들은 해마다 조공朝貢을 바치지 않은 적이 없었으므로, 대체로 한나라 때 상황과 같았다. 그러나 동방 지역에 대해서는 공손연의 부친과 조부 삼대三代가 요동을 차지하고 있었기 때문에 천자는 그곳을 절역(絶域, 중국과 직접 관계를 맺지 않은 지역)으로 생각하고, 바다 밖의 일을 그들에게 위탁하여 동이와 접촉이 끊어지게 되었으므로 중국 땅으로 사자를 보내는 일은 불가능하게 되었다.

경초 연간에 조예는 대규모의 원정군을 일으켜 공손연을 주살하고, 또 은밀히 바다를 건너 진군하여 낙랑군樂浪郡과 대방군帶方郡을 되찾았다. 이후 바다를 따라 평정해 내려가자 동이는 굴복했다. 그후 고구려高句麗가 거스르자, 또 군대를 편성하여 보내 물리쳤다.[6] 그 군대는 매우 먼 곳까지 추격했는데, 오환·골도(骨都, 고구려의 수도인 환도丸都)를 넘고 옥저를 지나 숙신의 거주지를 지나 동쪽의 대해大海까지 달아났다. 그곳에 살고 있는 장로들의 말을 들으면, 기이한 얼굴을 한 사람들이 해가 떠오르는 곳에 가까이 있었다고 한다. 그래서 이곳의 여러 국가를 두루 살펴보고 그들의 법도와 풍속, 크고 작음을 구별하여 각기 부르는 이름을 수집하여 기록할 수 있었다. 비록 이들은 오랑캐의 나라들이지만, 제기를 사용한 제사 의식이 있었다. 중국(중원)이 예의를 잃었을 때 사방 오랑캐에게 예의를 구했다는데, 신빙성 있는 말이다. 때문에 이러한 나라들을 순서대

---

6) 동천왕東川王 18년(244)에 있었던 관구검의 침략을 뜻한다.

로 기술하고 그들의 공통점과 차이점을 열거함으로써 지금까지 나
온 역사서에서 빠진 부분을 보충하려 한다.

부여夫餘

부여는 장성長城[7] 북쪽에 자리 잡고 있으며, 현도군玄菟郡과의 거리
는 1천 리나 되고, 남쪽으로는 고구려, 동쪽으로는 읍루挹婁, 서쪽으
로는 선비와 인접하고 있고, 북쪽으로는 약수弱水가 있는데, 그 범
위는 대략 2천 리쯤 된다. 호구 수는 8만으로 토착민들이고, 궁궐과
창고, 감옥이 있다. 산이나 구릉이 많고, 늪지가 광활하며, 동이 지
역에서는 가장 평평하고 앞이 탁 트여 있는 지역이다. 토지는 오곡
을 심기에 적당하지만 오과五果를 생산하지는 못한다. 그곳 사람들
은 키가 크고 성격이 강인하며 용맹하고 조신하고 순후하여 다른
나라를 침략하여 약탈하는 일이 없다.

　나라에는 군왕君王이 있고, 모두 여섯 종류의 가축 이름으로 관직
을 부르는데, 마가馬加·우가牛加·저가豬加·구가狗加·대사大使·대사
자大使者·사자使者가 있다. 읍락에서는 호민豪民들이 하호下戶들을 전
부 노비나 종으로 삼아 부린다. 제가(諸加, '가'는 부족장이나 관직명에 해
당하는 명칭)가 사출도(四出道, 수도로부터 사방으로 통하는 길)를 각기 나
누어 다스리는데, 큰 가는 수천 가구를 주관하고 작은 가는 수백 가
구를 주관한다. 음식을 먹을 때는 조组나 두豆를 사용하고, 회동할
때에는 잔을 권하고 잔을 씻어 다시 권하며, 읍양하면서 오르고 내

---

7)　오늘날의 만리장성을 의미하는 것이 아니라 연진燕秦 시대에 쌓은 장성長城을 의미하는
　　것으로, 1975년 이후에 발견된 장성의 동쪽과 대략 일치한다.

려간다. 은殷의 역법으로 정월에 하늘에 제사 지낸다. 이때 나라 안에서 성대한 모임을 마련하여 날마다 먹고 마시며 노래 부르고 춤을 추는데, 이것을 영고迎鼓라고 부른다. 이때 감옥을 열어 죄수들을 풀어준다.

나라 안에서는 흰색 의복을 숭상하여[8] 흰색 포목으로 만든 통이 넓은 소매의 도포와 바지를 입고, 가죽신을 신는다. 외국으로 나갈 때에는 증(繒, 명주)·수(繡, 무늬 있는 비단)·금(錦, 여러 빛깔을 섞어 짠 무늬 있는 비단)·계(罽, 모직물) 등을 숭상하고, 대인은 그 위에 여우나 너구리 털로 만든 옷이나 검은 원숭이나 흰 원숭이 털로 만든 옷, 검은 담비의 갖옷을 입고, 금이나 은으로 장식한 모자를 쓴다. 통역하는 사람이 말을 전할 때에는 모두 무릎을 꿇고, 손을 모아 땅에 대고 아주 작은 소리로 말한다. 형벌을 적용할 때는 엄하고 신속하게 하며, 사람을 죽인 자는 처형하고, 살인자의 가족은 몰수하여 노비로 삼는다. 물건 하나를 훔치면 열두 배로 변상해야 한다. 남녀가 간통을 하거나 아내가 질투를 하면 모두 사형에 처한다. 그곳 사람들은 질투하는 사람을 증오하여 죽인 후에 시체를 수도의 남쪽 산에 끌어다 놓고 썩도록 놔둔다. 여자의 친정에서 그 시체를 거두려고 할 때는 소나 말을 바쳐야만 시체를 넘겨준다. 형이 죽으면 동생이 형수를 아내로 맞아들이는데, 이는 흉노의 풍속과 같다.

그 나라 사람들은 가축 사육에 남다른 재능을 갖고 있으며, 명마名馬·적옥赤玉·담비·검은 원숭이·미주(美珠, 진주)를 생산한다. 큰 구

---

8) 흰색을 존중하는 것은 은나라 풍습이다. 앞에 나온 은주의 예라든지 은나라 역법을 사용한 기록 등은 부여가 은의 유민과 관계있음을 암시한다.

슬은 멧대추만 하다. 활·화살·칼·창을 병기로 삼고, 집집마다 갑옷과 휴대 가능한 무기를 갖추고 있다. 그 나라 노인들은 스스로 '옛날에 중국에서 도망친 사람'이라고 말한다. 성과 목책을 만들 때도 모두 둥그렇게 해서 중국의 감옥과 유사하다.[9] 길을 갈 때에는 밤이든 낮이든, 노인과 아이 할 것 없이 모두 노래를 부르기 때문에 온종일 노랫소리가 끊이지 않는다. 군대를 일으킬 때에도 하늘에 제사를 지내고, 소를 죽여 그 발굽 모양을 보고 길흉을 점치는데, 소의 발굽이 갈라져 있으면 흉하고, 합쳐져 있으면 길하다. 적과 싸울 경우에는 제가가 직접 나가 싸우고, 하호들은 군수물자를 운반하여 병사들에게 음식을 공급한다. 사람이 죽었을 때가 여름이면 시체가 썩지 않도록 얼음을 사용한다. 사람을 죽여 순장하는데, 많을 경우에는 수백 명이나 된다. 장례의 예를 정중하게 하며 외곽外槨은 있지만 내관內棺은 없다.[10]

부여는 본래 현도군에 속한다. 한나라 말 공손도公孫度가 발해 이남 지역에 세력을 확장하여 이족들을 위엄으로 굴복시켰고, 부여왕 위구태尉仇台[11]는 다시 요동군에 복속되었다. 당시 고구려와 선비가

---

9) 중국의 감옥이 원형이었다는 사실은 《주례周禮》〈대사구大司寇〉에 감옥을 환토圜土라고 불렸던 것을 통해 알 수 있다.

10) 그 풍속에는 정상(停喪, 초상을 지내는 것)을 5개월로 하는데, 그 기간이 길수록 명예롭게 생각한다. 죽은 사람에 대한 제례에는 날것과 익은 것을 함께 사용한다. 매장할 때에도 상주는 죽은 사람의 관을 신속하게 처리하려 하지 않고, 다른 사람들은 그것을 만류하여, 쌍방이 말다툼을 하는 가운데 장례가 진행된다. 상복을 입는 기간 동안 남녀 모두 흰옷을 입고, 부인은 얼굴을 가리는 베옷[面衣]을 입고 옥으로 된 팔찌를 차지 않는데, 상복을 입는 방식은 중국의 경우와 유사하다.

11) 위구태는 《후한서後漢書》〈고구려전高句麗傳〉 건광建光 원년(121)조條에도 보이는데, 공손도가 요동에서 활약한 190년대와도 상당한 차이가 있다. 따라서 이 두 책에 나오는 위구태는 각기 다른 인물로 여겨진다.

강성했는데, 공손도는 부여가 두 오랑캐 틈에 위치한다고 생각하고 종실宗室의 딸을 위구태에게 시집보냈다. 위구태가 죽자 간위거簡位 居가 왕위에 올랐다. 간위거에게는 적자는 없고 서자 마여麻余만 있었다. 간위거가 죽자 제가가 모인 자리에서 함께 상의하여 마여를 옹립하여 왕으로 삼았다.

우가의 형의 아들로 위거位居라고 불리는 자가 있었는데, 그는 대사의 자리에 있으면서 재물을 경시하고 사람들에게 베풀기를 좋아했으므로, 나라 안 사람들은 모두 그에게 의지했다. 그는 해마다 경성까지 사자를 보내 공물을 헌상했다. 정시 연간에 유주 자사 관구검이 고구려를 칠 때, 현도 태수 왕기를 부여로 파견했다. 위거는 대가大加를 교외로 보내 영접하고 군량미를 제공했다. 막내 숙부 우가가 딴마음을 품고 있었으므로 위거는 막내 숙부와 그 자식을 죽이고 재산을 몰수했으며, 사자를 파견하여 몰수한 재산을 장부에 기록해 관으로 보냈다.[12]

옛날 부여의 풍속에는 장마와 가뭄이 조화를 이루지 못하여 오곡이 익지 않을 때에는 그 허물을 왕에게 돌려 어떤 때는 자리에서 물러나 다른 사람으로 대체해야 한다고 하고, 어떤 때는 죽여야만 한다고 말한다. 마여가 죽었을 때 아들 의려依慮가 여섯 살이었는데, 왕으로 세웠다. 한나라 때는 부여 왕의 매장에 옥갑玉匣이 사용되었으므로, 옥갑을 평상시 미리 현도군에 주어 왕이 죽으면 장례에 쓰도록 했다. 공손연이 주살되었을 때, 현도군 창고에 옥갑 한구가 그대로 남아 있었다. 지금 부여의 창고에는 옥벽玉璧·규珪[13]·

---

12) 대역 죄인의 가재家財를 몰수하여 관官의 장부에 기입하는 것을 뜻한다.

찬瓚[14]이 대대로 전해져 내려오며 보물로 모셔지고 있는데, 나이든 사람들은 선대의 왕이 하사한 것이라고 말한다. 부여 왕이 사용하는 도장은 '예왕의 도장[濊王之印]'이라고 새겨져 있으며, 나라 안에는 예성濊城이라고 부르는 옛 성이 있다고 한다. 이곳은 본래 예맥 지역이었을 것이고, 부여는 예맥 백성 속에서 왕으로 군림하며 스스로 '망명해온 사람[亡人]'이라고 한 것이니, 이것은 이유가 있는 일일 것이다.[15]

고구려高句麗

고구려는 요동군에서 동쪽으로 1천 리 밖에 있으며, 남쪽으로는 조선朝鮮·예맥, 동쪽으로는 옥저, 북쪽으로는 부여와 경계를 접하고 있다. 환도 아래에 수도를 두었으며, 사방 2천 리쯤 되고, 호구 수는 3만이다. 높은 산과 깊은 계곡이 많고, 평원과 호수는 없다. 산과 계

---

13) 고대에 제후가 조회朝會나 회동會同 때 손에 쥐는 옥으로 만든 홀. 위가 둥글고 아래가 모나게 생겼다. 천자가 제후를 봉할 때 주었다.

14) 창주鬯酒를 담는 옥으로 만든 자루가 달린 구기 모양의 술 그릇. 종묘의 제사에 쓰인다.

15) 배송지에 의하면, 옛날 기록에는 다음과 같은 말이 있다고 한다. 과거 북방에 고리高離라고 불리는 나라가 있었다. 그 나라 왕의 시녀가 임신을 했을 때, 왕은 그녀가 불의를 행했다고 하여 죽이려고 했다. 시녀는 "어떤 기운이 있었는데 마치 달걀이 나오는 것 같은 기분이었습니다. 그래서 저는 임신을 했습니다."라고 했다. 후에 그녀는 아들을 낳았다. 왕은 그 아이를 돼지우리에 버리도록 했다. 돼지가 입에서 입김을 내뿜어 죽지 않았고, 마구간으로 옮기자 말이 숨을 내뿜어 아이는 죽지 않았다. 왕은 이 아이가 하늘의 아들이라고 생각하고 그 어머니에게 직접 기르도록 명했다. 그 아이는 이름을 동명東明이라 했고, 항상 말을 기르는 일을 했다. 동명이 활쏘기에 뛰어났으므로 왕은 동명에게 나라를 빼앗길까 걱정되어 죽이려고 했다. 이 사실을 알게 된 동명은 달아나 남쪽으로 시엄수施掩水까지 이르렀고, 이 물을 활로 치자 물고기와 자라가 나란히 다리가 되어주었다. 동명이 물을 건너자 물고기와 자라는 곧 흩어졌으므로 추격하던 병사들은 건너지 못했다. 이와 같이 하여 동명은 부여 땅에 수도를 세우고 왕이 되었다. 이러한 내용은 우리나라 고구려 시조 동명왕의 이야기와 상당히 유사하다.

곡을 따라 거주하고 계곡물을 마신다. 좋은 밭이 없으므로 비록 힘써 농사를 짓기는 하지만 배불리 먹기에는 부족하다. 그들의 풍속은 음식을 절약하면서 궁전이나 주거지를 성대하게 짓기를 좋아해 살고 있는 집의 왼쪽과 오른쪽에 큰 집을 지어 귀신을 제사 지내고, 또 영성(靈星, 곡식 농사를 맡은 별)과 사직에 제사 지낸다.

그곳 사람들은 성격이 사납고 급하며 약탈과 침략을 좋아한다. 그 나라에는 왕이 있고 관원에는 상가相加·대노對盧·패자沛者·고추가古雛加·주부·우대승優台丞·사자使者·조의선인皂衣先人이 있으며, 존귀함과 비천함에 각각 등급이 있다. 예로부터 동이東夷에서 전하는 말에 따라 부여와 다른 종種이라고 여겨진다. 언어와 풍속은 대부분 부여와 같지만 성정·기질·의복은 다르다. 본래는 다섯 부족이 있었는데, 연노부涓奴部·절노부絶奴部·순노부順奴部·관노부灌奴部·계루부桂婁部가 있다. 본래 연노부로 왕을 삼았는데 점점 세력이 약해져 계루부가 대신하고 있다.[16] 한나라 때 그들에게 타악기 연주자와 기예가 있는 사람을 하사하고, 항상 현도군에서 조복과 옷과 책(幘, 윗부분이 평평한 두건의 일종)을 주며, 고구려 영令이 그 명부를 관장했다. 후에 점점 교만해지고 방자해져 군의 역소까지 나오지 않고 동쪽 변방에 작은 성을 쌓아 조복과 두건을 그 속에 두고 해마다 계절이 되면 와서 가져간다. 지금 호인은 이 성을 책구루幘溝漊라고 부른다. 구루는 고구려에서 성城을 의미하는 말이다.

그들의 관제에는 대로對盧가 있을 때에는 패자沛者를 두지 않고,

---

16) 고구려 태조왕(재위 53~146) 때를 가리키는데, 태조왕은 국조왕國祖王 또는 태조대왕太祖大王이라고도 한다. 특히 대외 정책에 있어서 후한의 침략에 대비하면서 현도와 요동을 공격하기도 했다.

패자가 있으면 대로를 두지 않는다. 왕의 종족 가운데 대가大加는 모두 고추가라고 한다. 연노부는 본래 나라의 지배자로 지금은 비록 왕이 되지는 못했지만, 대인을 통솔하여 고추가로 칭하고, 또 종묘를 세우고 영성과 사직에 제사 지낸다. 절노부는 대대로 왕가와 혼인했으므로 '고추'의 칭호를 더한다. 여러 대가 직접 사자와 조의선인을 두며, 이들의 이름은 모두 왕에게 보고된다. 마치 중국의 경대부卿大夫가 거느리는 가신家臣과 같은 것인데, 동석할 경우에는 왕가의 사자나 조의선인과 같은 열에 있을 수 없다. 호족들은 농사를 짓지 않고 앉아서 먹는 자가 1만여 명이나 되고, 하호들은 멀리 가서 쌀과 물고기, 소금을 져다가 공급한다. 백성은 노래와 춤을 좋아하여 나라 안 마을에서는 밤낮으로 남녀가 모여 서로 노래하며 즐긴다. 커다란 창고는 없고 집집마다 작은 창고를 갖추고 있는데, 그것을 부경桴京이라고 한다.

그곳 사람들은 청결한 것을 좋아하고 술 빚는 기술이 뛰어나다. 무릎을 꿇고 절을 할 때는 다리 하나를 뻗는데, 이것은 부여와 다른 점이다. 걷는 속도가 매우 빠르며 10월에 하늘에 제사를 지내는데, 이때 나라에서 성대한 연회를 연다. 이것을 동맹東盟이라 한다. 그들은 공적인 일로 모일 때에는 모두 금錦이나 수繡로 만든 옷을 입고, 금이나 은으로 된 장식품으로 장식한다. 대가와 주부는 머리에 책을 쓰는데, 중국의 책과 유사하지만 뒤로 늘어뜨리는 부분이 없다. 소가는 절풍折風을 쓰는데 모양이 변관弁冠과 같다. 나라 동쪽에는 거대한 동굴이 있는데 수혈隧穴이라 부른다. 10월에 성대한 연회를 열어 수신隧神을 영접하여 나라의 동쪽 강江 위에 모시고 가 제사 지내고, 나무로 만든 수(隧, 동굴 모형 혹은 나무로 만든 곡신穀神 인형)를 신좌神坐에 모신다. 감옥이 없고, 죄를 지은 사람이 있으면 가들의 평의評議를 거친 후에 죽이고, 죄인의 가족은 몰수하여 노비로 삼는다.

혼인을 할 경우, 약속이 되면 여자 집에서 큰 집 뒤에 작은 집을 짓는데, 이것을 서옥壻屋이라고 한다. 사위가 저녁이 되어 여자의 집 문밖까지 도착하면, 스스로 이름을 아뢰고 무릎을 꿇고 절을 하고 나아가 딸을 얻어 잘 수 있기를 간청한다. 이와 같은 행동을 두세 번 하면 신부 부모가 허락하고 작은 집에 들어가 밤을 지내도록 한다. 처가에 기대어 재물을 축적하고, 낳은 아이가 장성하면 처자를 데리고 집으로 돌아온다. 그 풍속은 음란하다. 남녀가 결혼을 하면 장례를 위한 옷을 조금씩 만들어둔다. 그곳 사람들은 장례를 성대하게 치르는데, 금·은·재화는 장례를 위해 모두 사용한다. 돌을 쌓아 봉분을 만들고, 소나무와 잣나무를 줄을 세워 심는다.

이곳의 말(과하마果下馬, 높이가 3척 정도 되는 작은 말)은 모두 작아서 산을 올라가는 데 편리하다. 그 나라 사람들은 기력氣力이 있고, 전투에 익숙하며, 옥저와 동예東濊를 모두 그들에게 복속시켰다. 또 소수맥小水貊이 있다. 고구려는 나라를 세울 때, 대수(大水, 압록강)에 의지하여 거주했고, 서안평현西安平縣 북쪽으로 소수(小水, 동가강)가 있어, 남쪽으로 흘러 바다로 들어간다. 고구려의 다른 성이 소수에 의지하여 나라를 세우고 그 이름을 소수맥이라 했다. 소수맥은 좋은 활을 생산했는데, 이른바 맥궁貊弓이 바로 그것이다.

왕망王莽 시대 초기, 고구려의 군대를 출동시켜 호(胡, 흉노)를 토벌하려고 했지만, 고구려 병사들이 정벌 나가는 것을 좋아하지 않았다. 왕망이 강제로 그들을 파견하려고 하자, 모두 달아나 변방 밖으로 탈출하여 중국의 군현을 도적질했다. 요서의 대윤大尹 전담田譚이 그들을 추격했지만, 그들에게 살해되었다. 주·군·현의 관소에서는 이 죄를 고구려 후高句麗侯 도騊에게 돌렸다.

이때 엄우嚴尤가 상주하여 말했다.

> 맥貊 사람들이 법을 범한 것이지, 그 죄가 도騊에게서 일어나지는
> 않았습니다. 응당 그를 안심시켜야 합니다. 지금 그에게 대죄를 씌운
> 다면 아마도 반란을 일으킬 것입니다.

왕망은 엄우의 의견을 듣지 않고, 엄우에게 그를 공격하도록 조
서를 내렸다. 엄우는 고구려 후 도를 유인하여 머리를 베어 죽이고,
그 머리를 장안으로 보냈다. 왕망은 매우 기뻐하며 이 일을 천하에
선포하고 고구려의 이름을 바꿔 하구려下句驪라고 부르도록 했다.
당시 고구려는 후국侯國이었고, 한 광무제 8년(132년, 고구려의 대무신
왕大武神王 15년에 해당됨)에 고구려 왕이 사자를 보내 조공朝貢을 바칠
때, 처음으로 왕王이라는 칭호를 얻었다.

상제殤帝·안제 연간에 고구려 왕 궁(宮, 고구려 제6대 태조왕太祖王)이
자주 요동군을 공격했다. 고구려는 현도군의 감독 아래 있었다. 요
동 태수 채풍蔡風, 현도 태수 요광姚光은 궁이 두 군에 해가 된다면
서 병사를 일으켜 토벌하려고 했다. 궁은 거짓으로 투항하여 강화
를 청했다. 두 군은 진격하지 않았다. 궁은 비밀리에 군사를 보내
현도를 공격하여 후성현侯城縣에 불을 지르고, 요수현遼隧縣에 침입
하여 관리와 백성을 살해했다. 후에 궁은 또다시 요동을 침범했다.
채풍은 가볍게 무장한 관리와 병사 들을 이끌고 그들을 추격하여
토벌하려고 했지만, 싸움에서 패하여 죽었다.

궁이 죽자 아들 백고伯固가 왕이 되었다. 순제와 환제 연간(126~167)
에 다시 요동군을 침범하고, 신안과 거향居鄕을 약탈했으며, 또 서

안평을 공격하여 도중에 대방령帶方令을 죽이고, 낙랑 태수의 처자식을 빼앗았다.

| 영제靈帝 건녕建寧 2년(169) | 현도 태수 경림耿臨이 이를 토벌하여 적의 머리를 베거나 사로잡은 수가 수백이나 되었다. 백고는 항복하여 요동군의 지배 아래 들어갔다.

| 희평熹平 연간 | 백고가 현도군에 귀속되기를 청했다. 공손도가 발해 동쪽 지역으로 세력을 뻗치자, 백고는 대가 우거優居와 주부 연인然人 등을 보내 공손도를 도와 부산富山의 적을 격파했다.

백고가 죽자 두 아들이 남았는데, 큰아들은 발기拔奇이고, 작은아들은 이이모伊夷模[17]이다. 발기가 그릇이 부족했으므로 나라 안 사람들은 함께 이이모를 왕으로 세웠다. 고구려는 백고 시대로부터 요동군을 여러 차례 침범했고, 또 도망친 오랑캐 5백여 가구를 받아들였다.

| 건안 연간 | 공손강은 군사를 내어 고구려를 공격하여 그 수도를 무너뜨리고 마을을 불살랐다. 한편 발기는 형이면서 왕으로 세워지지 못했음을 원망하고 연노부의 가加와 함께 3만여 명을 인솔하여 공손강을 만나 항복하고 비류수로 돌아와 살았다. 투항한 호인胡人도 이이모를 배반했으므로, 이이모는 다시 새로운 수도를 만들었다. 오늘날 살고 있는 곳이 그곳이다. 발기는 요동으로 갔고, 아들은 고구려에 남겨두었는데, 지금의 고추가 박위거駮位居가 그 사람이다. 그 후 또 현도군을 공격했으므로, 현도군은 요동군과 연합하

---

17) 이이모는 고구려 10대 산상왕(山上王, 재위 197~227)의 휘諱로서 여기서는 제9대 고국천왕(故國川王, 재위 179~197)과 혼동되고 있다.

여 공격해 크게 격파시켰다.

이이모에게는 아들이 없었으나 관노부의 여자와 간통하여 낳은 자식을 위궁位宮[18]이라고 했다. 이이모가 죽자 위궁을 왕으로 삼았는데, 이 사람이 현재의 고구려 왕 궁宮이다. 그의 증조부의 이름도 궁宮이었는데, 태어나면서부터 눈을 부릅뜨고 사람을 쳐다보았기 때문에 나라에 있는 사람들은 그를 모두 싫어했다. 그는 장성한 후에도 잔인하고 포학하며 약탈과 침략을 빈번하게 자행했으므로 나라가 망하게 되었다. 지금의 왕 또한 태어나자마자 바로 눈을 뜨고 사람들을 보았다. 고구려 사람들은 서로 유사한 것을 '위位'라고 불렀는데, 그의 조부와 유사하기 때문에 그 이름을 위궁位宮이라고 했다. 위궁은 힘이 있고 용감하며 안장을 놓고 말 달리는 것에 익숙하고, 사냥과 활쏘기를 잘했다.

| 경초 2년(238) | 태위 사마의가 병사를 이끌고 공손연을 토벌할 때(고구려 동천왕 12년 때이다) 궁은 주부와 대가를 보내 수천 명을 인솔하여 구원하도록 했다.

| 정시 3년(242) | 궁은 서안평을 침입해 약탈했지만, 정시 5년에 유주 자사 관구검에게 패했다. 이와 관련된 기록은 〈관구검전〉에 있다.

동옥저東沃沮

동옥저[19]는 고구려 개마대산蓋馬大山 동쪽에 위치하며, 대해大海의 해안에 주거를 정하고 있다. 그 지형은 동북쪽이 좁고, 서남쪽이 길

---

18) 김부식의 《삼국사기》에도 '산상왕山上王, 일명 위궁位宮'이라고 했으나, 위궁은 동천왕 (재위 227~248)을 가리킨다.

어 약 1천 리쯤 되고,[20] 북쪽은 읍루와 부여, 남쪽은 예맥과 접해 있다. 5천 호가 있고, 통일된 군왕은 없으며, 대대로 마을마다 지도자가 있다. 그들의 언어는 고구려와 대체로 같은데, 때때로 약간 다른 부분도 있었다. 한나라 초, 연燕에서 도망친 위만衛滿이 조선朝鮮에 나라를 세워 왕이 되면서 옥저는 그의 지배 아래 놓이게 되었다.

| 한 무제 원봉元封 2년(기원전 109) | 조선을 토벌하여 위만의 손자 우거右渠를 죽이고 그의 땅을 네 개 군(四郡, 진번·임둔·낙랑·현도)으로 나누어서 설치했는데, 옥저성으로 현도군을 삼았다. 후에 예맥의 침입을 받아 군의 역소를 고구려 서북쪽으로 옮겼다. 지금 현도 고부故府라고 부르는 곳이 바로 그곳이다. 옥저는 또 낙랑군에 예속되었다. 한나라 조정에서는 토지가 넓고 멀다고 생각하여 단단대령單單大領[21] 동쪽에 동부도위東部都尉를 두고 불내성不耐城에 치소를 두었으며, 따로 영동領東의 일곱 현[22]을 다스리도록 했다. 이때 옥저도 그의 속현이 되었다.

| 동한 건무建武 6년(30) | 변방 지역의 군을 줄이고, 옥저의 동부도위도 이를 기회로 하여 폐지했다. 그 후로는 모두 그 현 안에 있는 지도자로 현후縣侯를 삼았고, 불내不耐·화려華麗·옥저의 각 현은 모두 후국侯國이 되었다. 이민족들이 서로 공격하고 토벌하는 가운데 후

---

19) 평안남도 대동강 면정백리面貞柏里에서 전한 시대로부터 후한 시대에 만들어진 것으로 추정되는 묘 안에 '부조예군夫租薉君'이라는 비명의 동인銅印이 출토되었는데, '부조夫租'는 옥저沃沮를 뜻하고, '예薉'는 예맥濊貊의 예濊 자였던 것으로 추측된다.

20) 함흥 지방에서 두만강에 이르는 지역을 가리킨다.

21) 그 위치에 대한 정설은 없지만, 대략 평양과 함흥 사이에 가로놓인 준령을 지칭하는 것으로 보인다.

22) 즉, 동이·불내·잠태蠶台·화려·야두매耶頭昧·전막前莫·부조를 말한다.

국들은 멸망했지만, 오직 불내의 후만은 지금까지도 여전히 공조·주부 등의 관직을 설치하고 있다. 전부 예인濊人들이 만든 것이다.

옥저의 각 마을의 지도자들이 모두 자칭 삼로三老[23]라고 했으니, 옛날 한나라 지배 아래에서 행한 현국縣國의 제도이다. 옥저는 나라는 작고 큰 나라 사이에서 압박을 받다가 결국 고구려에 신臣으로 귀속되었다.[24] 고구려는 그중에서 대인에게 사자의 관직을 주어 그 땅을 다스리도록 하고, 또 대가에게 명하여 조세를 통일하여 징수하도록 하니, 그들은 포목·생선·소금·해산물을 1천 리 길을 짊어지고 와서 바쳤고, 그곳의 미녀를 보내 첩으로 삼아 노비나 종처럼 취급하도록 했다.

옥저의 토지는 비옥하고 산을 등지고 바다를 향하고 있어 오곡이 자라기에 적당하며 농경에 알맞다. 사람들은 질박하고 솔직하며 강인하고 용감하다. 소나 말이 적으므로 긴 창을 쥐고 도보로 싸우는 데 익숙하다. 음식·거처·의복·예절은 고구려와 유사한 점이 있다.[25] 장례를 치를 때는 큰 나무로 외곽을 만든다. 그 길이는 10여 장이나 되고, 한쪽을 열어 입구로 삼는다. 방금 죽은 자는 임시로 시체를 가릴 정도로 흙으로 덮어놓았다가 피부와 살이 전부 썩으면 뼈를 거두어 외곽에 안치한다(세골장洗骨葬을 말한다). 한 가족의 뼈는 모두

---

23) 한나라 때 향鄕에서 선발되어 그 지방의 교화를 담당한 장로長老이다. 중앙 집권적인 정치 체제 속에서 공동체 원리를 구현했다.

24) 태조왕 4년(56)의 일이다.

25) 여자가 열 살이 되면 약혼을 하고 신랑 집에서 길러 성장하면 아내로 삼는다. 성인이 되면 다시 친정으로 돌아간다. 친정에서는 신랑에게 돈을 요구하고, 그 돈이 완전히 지급되면 다시 신랑 집으로 돌아간다. 이 혼인 방식은 민며느리 제도로, 구매혼의 요소를 보여준다.

같은 외곽에 넣고, 살아 있을 때의 모습처럼 나무를 깎아 만드는데, 죽은 자의 수에 따라 그 형상의 수를 정한다. 또 흙을 빚어 만든 세 발 달린 솥에 쌀을 넣고 새끼줄로 이어 외곽 입구에 매달아둔다.

관구검이 고구려를 칠 때, 고구려 왕 궁이 옥저로 달아났으므로 마침내 옥저로 진군하여 공격했다. 옥저의 마을은 모두 파괴되었고, 머리를 베이거나 포로로 잡힌 자는 3천여 명이나 되었다. 궁은 북옥저로 달아났다.[26] 북옥저는 치구루置溝婁라고도 부르며, 남옥저에서 8백여 리 떨어져 있다. 그곳의 풍속은 남과 북이 모두 같고, 읍루와 접해 있다. 읍루가 배를 타고 다니며 약탈하기를 좋아했으므로, 북옥저는 이를 두려워한 나머지 여름 동안에는 항상 산속 깊은 동굴 속에서 수비를 하다가, 겨울이 되어 얼음이 얼면 배의 통행이 불가능해지므로 마을로 내려와 거주했다. 왕기가 따로 병사를 보내 궁을 추격하고 토벌하도록 하여 동옥저 변방까지 갔다. 그 땅의 노인들에게 물었다.

"바다 동쪽에도 사람이 살고 있습니까?"

노인들은 말했다.

"이 나라 사람이 일찍이 배를 타고 물고기를 잡다가 폭풍을 만나 10여 일간 바람에 밀려 표류하다가 동쪽에 있는 한 섬에 이르게 되었지요. 그 섬에는 사람들이 있었지만, 말이 통하지 않았습니다. 그 땅의 풍속에는 매년 7월 어린 계집아이를 뽑아 바다에 빠뜨린다고 합니다."

또 이렇게도 말했다.

---

26) 위魏 명제 정시 6년(245), 고구려 동천왕 26년의 일이다.

"또 바다 한가운데 나라가 하나 있는데, 순전히 여자만 있고[27] 남자는 없다고 합니다."

또 이렇게도 말했다.

"옛날 베옷을 입은 평민이 바다에서 떠내려 왔습니다. 그의 몸에 걸친 것은 중국 사람들의 옷과 같은데, 양쪽 소매 길이가 석 장이나 되었습니다. 또 난파선 한 대가 파도를 따라 해안으로 밀려왔지요. 그 배에 있던 사람은 목에 얼굴이 또 하나 있었습니다. 그를 살렸지만 말이 서로 통하지 않고 음식을 먹지 못해 죽었습니다."

이러한 사람들이 있던 장소는 모두 옥저 동쪽 큰 바다 가운데에 있다.

읍루挹婁

읍루는 부여에서 동북쪽으로 1천여 리 떨어진 곳에 위치하며, 큰 바다를 끼고 있고, 남쪽으로는 북옥저와 인접해 있고, 북쪽으로는 어느 곳까지 이르는지 알지 못한다. 읍루의 토지는 산이 많고 험하다. 사람들의 모습은 부여와 유사하지만, 언어는 부여나 고구려와는 같지 않다. 오곡·소·말·베 등을 생산한다. 사람들은 대부분 용감하고 힘이 세다. 대군장(大君長, 통일된 지도자)은 없고, 마을마다 대인大人이 있다. 산림 사이에 살면서 항상 토굴 속에서 거주한다. 큰 집의 토굴 깊이는 사다리 아홉 개 정도이고, 그 사다리의 수가 많으면 많을수록 좋다고 생각한다. 부여 땅에 비해 더 심하게 춥다.

---

27) 이 말은 글자 그대로 여자만 있다는 것이 아니라, 여왕女王이 무녀정치巫女政治를 하는 것을 두고 한 말인 듯하다.

그들은 습관상 돼지 사육을 좋아하고 돼지고기를 먹으며 돼지가죽을 입는다. 겨울에는 몸에 돼지기름을 몇 푼分의 두께로 발라 바람과 추위를 막는다. 여름이 되면 알몸으로 지내며 한 자쯤 되는 베로 몸의 앞뒤만 가린다. 이곳 사람들은 청결하지 못하여 중앙에 변소를 만들고, 그 주위를 빙 에워싸고 산다. 그들의 활은 길이가 4척이며, 장력은 쇠뇌[弩]와 같고, 화살대는 싸리나무를 사용하여 만드는데, 길이는 1척 8촌이며, 푸른 돌[青石]로 화살촉을 만든다. 이 땅이 옛날 숙신씨의 나라이기 때문이다. 그곳 사람들은 활쏘기에 뛰어나 사람을 쏠 때에는 모두 눈을 적중시킨다. 화살에는 독이 칠해져 있기 때문에 그것에 맞으면 모두 죽는다. 이 땅에서는 붉은 옥과 양질의 담비를 생산한다. 지금 말하는 읍루초挹婁貂라는 것은 바로 이것이다.

한대 이후로 부여에 신臣으로 종속되었는데, 부여에서 너무 무거운 조세를 물렸기 때문에 황초 연간에 부여를 배반했다. 부여는 그들을 자주 정벌하러 갔다. 그들은 인구는 비록 적지만 험한 산속에 있었으며, 이웃 나라 사람들은 그들의 활과 화살을 두려워했기 때문에 끝까지 항복을 받을 수 없었다. 그 나라 사람들은 또 배를 타고 침입하여 약탈하는 일에 익숙했기 때문에 이웃 나라에서는 그들을 골칫거리로 생각했다. 동이 민족들은 음식을 먹을 때 모두 조두俎豆를 사용하는데, 유독 읍루만은 사용하지 않았다. 법과 풍속이 동이 중에서 가장 기강이 없었다.

예濊

예는 남쪽으로는 진한辰韓, 북쪽으로는 고구려·옥저와 인접해 있고, 동쪽으로는 큰 바다에 닿아 있다. 지금 조선의 동쪽은 모두 예 땅이었다. 호구 수는 2만이나 된다. 옛날 기자箕子가 조선에 가서 팔

조금법八條禁法을 만들어 가르쳤기 때문에 문을 닫지 않아도 백성은 도둑질을 하지 않았다. 40여 대를 지나 조선 후朝鮮侯 준準이 중국의 승인 없이 참람하게도 왕이라 일컬었다. 진승陳勝 등이 병사를 일으키고(기원전 209년의 일이다) 온 천하가 진秦나라에 반기를 들었을 때, 연燕·제齊·조趙의 백성이 난을 피하여 조선으로 옮겨 왔는데 그 수가 수만이나 되었다. 연나라 사람 위만이 북상투[魋結]에 오랑캐 옷을 입고 다시 와서 기자를 대신하여 그들의 왕 노릇을 했다. 한 무제는 조선을 토벌하여 멸망시키고 그 땅을 나누어 네 군을 두었다. 이후로 토착민인 호인胡人과 이주민인 한족 사이에 차츰 구별이 있게 되었다.

예 땅에는 대군장이 없고, 한나라 이후로 후읍군侯邑君과 삼로三老라는 직책이 있어서 하호들을 다스려왔다. 그 지방 노인들은 자신들이 예로부터 고구려와 같은 종족이라고 전한다. 사람들의 성격은 질박하고 성실하며 욕심이 적고 염치가 있으며 부탁을 하지 않는다. 언어와 법도와 풍속은 대체로 고구려와 같지만, 의복은 다르다. 남자나 여자나 상의는 모두 곡령曲領을 입고, 특히 남자는 여러 치나 되는 은으로 만든 꽃 장식을 허리에 찬다. 단단대산령單單大山嶺 서쪽은 낙랑에 소속되었고, 고개 동쪽 일곱 현은 낙랑동부도위가 다스리고, 모두 예족이 그 백성을 이루고 있다. 뒤에 와서는 도위를 폐지하고 예족의 우두머리를 후侯로 봉했다. 지금의 불내예不耐濊는 모두 그 종족이다. 한나라 말에 와서 다시 고구려에 소속되었다.

그들의 풍속은 산천을 중요하게 여긴다. 산천에는 각각 귀속되는 부분이 있어 서로 함부로 건너거나 들어서지 못한다. 같은 성끼리는 혼인을 하지 못하는 것 외에도 꺼리는 것이 많다. 병에 걸리거나 죽는 일이 발생하면 살던 옛집을 버리고 다시 새집을 짓는다. 베를 생산하고 누에를 쳐서 비단을 짠다. 별자리에 밝아 그해 수확의 많고 적음을 미리 안다. 구슬이나 옥을 보배로 여기지 않는다. 해마다 10월이면 하늘에 제사를 올리는데, 이때는 밤낮으로 술을 마시고 노래를 부르며 춤추면서 논다. 이 행사를 무천舞天이라고 부른다. 또 그들은 호랑이를 신으로 여기고 제사를 올린다. 마을끼리 서로 침범하는 일이 있으면 벌로 노예나 소나 말을 내놓도록 한다. 이것을 책화責禍라고 한다. 또 사람을 죽인 자는 죽음으로써 죄를 갚도록 한다. 약탈이나 절도가 발생하는 일이 적다. 이들은 길이가 세 길이나 되는 창을 만들고, 때때로 이것을 몇 사람이 함께 가지고 능숙하게 도보로 전쟁을 한다. 낙랑의 단궁檀弓이라고 부르는 활은 이 땅에서 생산된다. 그 바다에서는 아롱진 물고기 가죽(바다표범 가죽으로 추론된다)이 생산되고, 지상에는 얼룩진 표범이 많으며, 과하마가 생산된다. 한나라 환제 때 이것을 헌상했다.

| 정시 6년(245) | 영동의 예가 고구려의 지배 아래 들어가자, 낙랑 태수 유무劉茂와 대방 태수 궁준弓遵은 군사를 일으켜 공격했다. 불내후 등은 수하에 있던 마을을 들어 항복했다.

| 정시 8년(247) | 이들이 위나라 조정으로 나와 공물을 바치자 다시 조서를 내려 불내예왕不耐濊王으로 봉했다. 그는 왕이면서도 특별한 궁전이 없어 일반 백성과 섞여 살면서 사계절마다 군의 관서에 나와 조알朝謁했다. 낙랑과 대방 두 군은 군사를 동원하여 정벌하거나 세금을 징수할 때 그들에게도 세금과 부역을 할당하여 일반 백성과 똑같이 대우했다.

한韓

한은 대방帶方의 남쪽에 있다. 동쪽과 서쪽은 바다를 경계로 하고,

남쪽은 왜倭와 국경을 접하고 있는데, 종횡으로 4천 리쯤 된다. 한에는 세 종족이 있는데, 첫째는 마한馬韓이고, 둘째는 진한이며, 셋째는 변한弁韓이다. 진한은 옛날의 진국辰國이다. 마한은 그 서쪽에 있다. 그곳 사람들은 모두 그 고장에서 태어나 자라며, 농사를 짓고 산다. 뽕나무를 심어 양잠할 줄을 알았으므로 비단을 짰다. 부락마다 우두머리가 있는데, 그중에 큰 자는 스스로 신지臣智라고 부르고 그다음은 읍차邑借라고 한다. 이들은 높은 산과 너른 바다 사이에 흩어져 살며 성곽이 없다. 여기에는 원양국爰襄國·모수국牟水國·상외국桑外國·소석색국小石索國·대석색국大石索國·우휴모탁국優休牟涿國·신분고국臣濆沽國·백제국伯濟國·속로불사국速盧不斯國·일화국日華國·고탄자국古誕者國·고리국古離國·노람국怒藍國·월지국月支國·자리모로국咨離牟盧國·소위건국素謂乾國·고원국古爰國·막로국莫盧國·비리국卑離國·점리비국占離卑國·신흔국臣釁國·지침국支侵國·구로국狗盧國·비미국卑彌國·감해비리국監奚卑離國·고포국古蒲國·치리국국致利鞠國·염로국冉路國·아림국兒林國·사로국駟盧國·내비리국內卑離國·감해국感奚國·만로국萬盧國·벽비리국辟卑離國·구사오단국臼斯烏旦國·일리국一離國·불미국不彌國·지반국支半國·구소국狗素國·첩로국捷盧國·모로비리국牟盧卑離國·신소도국臣蘇塗國·막로국莫盧國[28]·고랍국古臘國·임소반국臨素半國·신운신국臣雲新國·여래비리국如來卑離國·초산도비리국楚山塗卑離國·일난국一難國·구해국狗奚國·불운국不雲國·불사분사국不斯濆邪國·원지국爰池國·건마국乾馬國·초리국楚離國 등 총 50여 나라가 있다. 큰

28) 진수가 여기에서 상세하게 기록하고 있듯이 크고 작은 부락 국가가 많이 있었고 이 가운데 '로盧' 자를 집어넣어 나라 이름으로 삼은 것이 꽤 된다.

나라는 1만여 호가 되고, 작은 나라는 몇천 호밖에 되지 않는데, 전부 합치면 10만여 호나 된다. 진왕辰王은 월지국을 다스린다. 신지의 지위에 있는 자에게는 간혹 우호신운견지보안사축지분신리아불례구사진지렴優呼臣雲遣支報安邪踧支濆臣離兒不例拘邪秦支廉의 칭호를 더해주기도 한다. 그들의 관직에는 위솔선魏率善·읍군邑君·귀의후·중랑장·도위·백장伯長이 있다.

후侯 준準이 참람하게 왕이라고 일컬었는데, 연나라에서 도망해온 위만에게 공격을 받아 왕위를 빼앗겼다.[29] 준은 좌우에 있는 사람과 궁녀들을 데리고 바다로 달아나 한韓 땅에 살면서 스스로 한

29) 옛날 기자의 후예인 조선 후는 주나라가 쇠하자 연나라가 왕을 참칭하여 동족 땅을 침략하려는 것을 보고, 자신 역시 왕이라 일컫고 군사를 일으켜 연나라를 치고 주 왕실의 권위를 높이려고 했다. 그러나 대부 예禮가 간하여 그 일은 중지되었다. 조선에서 예를 사자로 삼아 서쪽의 연나라로 가서 설득시키니, 연나라는 그를 억류하고 조선을 공격하지 않았다. 그 뒤 조선 왕의 자손들이 점점 교만하고 사나워졌으므로 연나라 소왕昭王은 장수 진개秦開를 보내 조선의 서쪽을 공격하여 땅 2천여 리를 빼앗고 만심한滿審汗까지 이르러 그곳을 국경으로 삼았다. 이 뒤로 조선은 힘이 약해졌다.

진秦나라가 천하를 통일할 때 몽염蒙恬에게 장성長城을 쌓도록 했으며, 그 공사는 요동까지 이르게 되었다. 당시 조선 왕 부否가 왕위에 있었다. 부는 진나라의 습격을 두려워하여 진나라에 복속되는 격식을 취했지만, 조정에서는 조공朝貢을 허락하지 않았다. 부가 죽자 그 아들 준準이 왕위를 계승했다. 그후 20여 년 만에 진승과 항우가 진에 저항하여 봉기했으므로 천하가 어지러워졌다. 연나라·제나라·조나라 등의 백성은 전란을 걱정하고 괴로워하다가 차츰 준이 있는 곳으로 도망갔다. 준은 이들을 서쪽 지방에 와서살게 했다. 뒤에 한나라에서 노관盧綰을 연나라 왕으로 삼자 조선은 패수浿水에서 연나라와 국경을 접하게 되었다. 노관이 반란을 일으켜 흉노로 들어가자 연나라 사람 위만이 망명해서 호복胡服 차림으로 동쪽으로 패수를 건너 준에게 와서 항복하고, 서쪽 지방에서 살게 해달라고 청했다. 준은 그가 중국에서 망명해온 사람들을 자기 수하에 받아들여 거두고 조선을 위해 그 땅에서 굳게 지키기를 바랐다. 준은 그를 신임하고 중요하게 사용했으며, 박사로 임명하고 구슬을 하사하고 1백 리 땅까지 봉해주었다. 그리고 그에게 서쪽 변방을 지키도록 했다. 그러나 위만은 도망쳐오는 사람들을 달래서 자기편으로 만들었으며, 거짓으로 사람을 보내 준에게 말하기를 "지금 한나라에서 군사를 일으켜 열 길로 쳐들어오니 제가 들어가 왕을 호위하겠습니다."라고 했다. 준이 이를 허락하자 위만은 즉시 왕도로 들어가 준을 공격했고, 준은 위만과 싸웠으나 상대가 되지 못했다.

왕韓王이라고 일컬었다.[30] 이후 왕계王系가 끊어졌는데, 지금도 한나라 사람들 중에는 그를 받들어 제사 지내는 자가 있다. 한나라 때에는 낙랑군의 지배 아래 있으면서 매년 계절마다 군으로 와서 태수를 뵈었다.[31]

한나라 환제 때부터 영제 말기까지 한韓과 예濊가 강성해졌다. 낙랑군이나 그 지배 아래 있는 현의 힘으로는 이들을 제어할 수 없게 되자 많은 백성이 한韓으로 흘러 들어갔다. 건안 연간에 공손강은 둔유현屯有縣 남쪽의 거친 땅을 떼어 대방군을 설치했다. 그리고

---

30) 준의 아들과 친척들은 자기 나라에 머무르고 있다고 해서 성을 한씨韓氏라고 고치고, 준이 바다 가운데서 왕 노릇을 한 후로는 다시는 조선과 왕래하지 않았다.

31) 처음에 조선 왕 우거가 무너지지 않았을 때, 조선 상朝鮮相이었던 역계경歷谿卿이 우거에게 간했으나 우거는 그 말을 듣지 않았다. 동쪽에 있는 진국은 그를 따라와서 사는 백성이 2천여 호나 되었지만, 역시 조선이나 진번군眞番郡과는 서로 왕래하지 않았다. 왕망의 지황 연간(地皇年間, 20~21)에 이르러 염사치廉斯鑡가 진한의 우거수右渠帥가 되었을 때, 그는 낙랑의 토지가 아름답고 백성이 풍요롭게 산다는 말을 듣고, 자기 나라에서 도망쳐 나와서 항복하려고 했다. 그는 부락을 나오다가 밭 가운데서 참새를 쫓는 남자를 보았다. 그 사람의 말을 들으니 한韓나라 사람이 아니었다. 염사치가 그 까닭을 묻자 그 남자는 말하기를 "우리는 한漢나라 사람이고 내 이름은 호래戶來요. 우리 1천5백 명이 나무를 베려고 나왔다가 한韓나라 사람들에게 붙들려서 모두 머리를 깎이고 종이 된 지 지금 3년이 지났습니다."라고 했다. 염사치가 묻기를 "나는 지금 한漢나라 낙랑에 항복하러 가는 길인데, 그대들도 같이 가겠는가?"라고 하니 모두 동행하겠다고 했다. 따라서 염사치가 호래 등을 데리고 함자현含資縣에 나가 그 사연을 말하니 현에서는 군으로 가라고 했다. 군에서는 즉시 염사치를 통역으로 삼아 잠중쪽中에서부터 큰 배를 타고 진한으로 들어가서 이전에 호래와 함께 포로가 된 자들을 맞이했다. 그때 포로가 된 자는 1천 명이었지만 그중 5백 명은 이미 죽었다. 이에 염사치는 진한에게 타이르기를 "너희는 5백 명을 돌려보내라. 만일 그러지 않는다면 낙랑에서 군사 1만 명을 보내 너희를 칠 것이다." 하고 위협했다. 진한에서는 이 말을 듣고 말하기를 "5백 명은 이미 죽었으니 보낼 수 없고 그 대신 딴 것으로 갚겠소." 하고는 진한 사람 1만 5천 명과 변한에서 나는 포목 1만 5천 필을 보내왔다. 염사치가 이것을 받아 돌아오니 군郡에서는 염사치의 공로를 치하하기 위하여 관책冠幘과 토지와 집을 하사했다. 그리고 그의 자손은 여러 대를 내려오다가 안제 연광延光 4년(125)에 이르러 모두 복제復除를 받았다.

공손모公孫模·장창張敞 등을 보내 유민流民들을 결집시킨 다음 군사를 일으켜 한과 예를 치도록 했다. 그 결과 옛날 살던 백성도 차츰 돌아오기 시작했다. 이후로 예와 한은 대방군에 소속되었다. 경초 연간(백제 고이왕 4~6)에 조예가 비밀리에 대방 태수 유흔劉昕과 낙랑 태수 선우사鮮于嗣를 보내 대해를 건너 두 군을 평정하고 한의 여러 신지에게는 읍군의 인수를 주고, 그다음 실력자에게는 읍장邑長의 관직을 주도록 했다. 그곳 사람들은 습관상 옷과 두건을 좋아하여 하호들조차도 군으로 나와 태수를 뵐 때는 모두 옷과 두건을 빌려 썼는데, 스스로 인수와 옷과 두건을 마련해서 갖고 있는 자가 1천여 명이나 되었다.

부종사部從事 오림吳林은, 낙랑군이 본래 한을 통치했으므로 진한의 여덟 나라를 떼어 낙랑군에 병합시키려고 했다. 그런데 이 점에 대해 역관譯官이 번역할 때 사실과 다르게 전하는 곳이 있었으므로 한의 신지(백제의 고이왕古爾王에 해당됨)가 격분하여 대방군의 기리영崎離營을 공격했다. 이때 대방 태수 궁준과 낙랑 태수 유무가 군사를 일으켜 토벌에 나섰고, 이 싸움에서 궁준이 전사했지만, 두 군은 드디어 한을 멸망시켰다.

그곳 풍속은 기강이 서 있지 않아서 나라에는 주수(主帥, 통솔자)가 있지만 지방은 무질서하게 섞여 있으므로 서로 제어할 수가 없다. 그들은 꿇어앉아 절하는 예절이 없다. 사는 집은 풀로 지붕을 이고 흙으로 방을 만들어 그 모양이 마치 무덤과 같으며, 입구는 위쪽에 있다. 온 집안 식구가 모두 그 속에서 함께 생활하며 어른과 어린이, 남자와 여자의 구별이 없다. 사람이 죽어 매장할 때에는 겉널은 쓰지만 속널은 쓰지 않는다. 소나 말을 타고 다닐 줄은 모르고, 죽은 사람을 안장할 때만 사용한다. 그들은 영(瓔, 옥같이 아름다운 돌)

과 주(珠, 진주)를 보배로 여겨 옷에 달아 장식을 하기도 하고, 또는 경병(瓊兵, 빛나는 병기) 같은 것을 목이나 귀에 걸어 늘어뜨리기도 한다. 그들은 금은이나 비단 같은 것은 보배로 여기지 않는다.

그들은 성격이 사납고 용맹하다. 머리는 상투를 틀어 내놓아 마치 날카로운 병기와 같고, 베로 만든 도포를 입고 발에는 가죽신을 신는다. 나라에 일이 발생하여 관의 명령으로 성곽을 쌓을 때는 젊은이들 가운데서도 용맹하고 씩씩한 자들은 모두 등가죽에 구멍을 뚫어 큰 노끈을 꿰고, 다시 한 장쯤 되는 나무에 붙들어 매고 날마다 소리를 지르면서 잡아당겨 기력을 단련시킨다. 고통을 느끼지 않으면 되었다고 생각한다. 노동에 종사하는 것을 끝마치고는 이와 같이 하여 몸을 튼튼하게 한다.

매년 5월이 되면 씨를 다 뿌리고 귀신에게 제사를 올린다. 이때 사람들이 모두 모여서 밤낮을 쉬지 않고 노래하고 춤추며 술을 마신다. 춤을 출 때에는 수십 명이 한꺼번에 일어나서 서로 뒤를 따르며 땅을 밟고 높이 뛰었다가 내려오고 손과 발이 서로 호응하며, 박자는 꼭 중국의 탁무鐸舞와 유사하다. 10월에 농사일이 끝났을 때도 역시 또 이와 같이 한다.

귀신을 믿고 나라의 읍마다 한 사람씩 뽑아 세워서 천신天神에 제사 지내는 것을 주관하게 하는데, 이 사람을 천군天君이라 부른다. 또 여러 나라에는 각각 따로 읍이 있는데, 이것을 소도(蘇塗, 농경 사회에서 제례 의식을 수행하던 장소)라 한다. 큰 나무를 세우고 거기에 방울과 북을 매달아놓고 귀신을 섬긴다. 외지에서 도망해온 사람들은 모두 이곳으로 달려와 돌아가지 않고 도둑질을 좋아한다. 그들이 소도를 세운 뜻은 마치 불가에서 절을 세우는 것과 유사하지만, 행하는 선악善惡 관념에는 차이가 있다. 북쪽 지방의 대방군 근처 사람들은 예절을 알지만, 먼 곳에 사는 사람들은 죄수나 노비 들이 서로 모여서 사는 상태이다.

그곳에는 다른 진귀한 보배는 없다. 금수나 초목은 대략 중국과 같다. 밤이 생산되는데, 큰 것은 마치 배[梨] 같다. 또 세미계細尾雞가 생산되는데, 그 꼬리는 길이가 5척쯤 된다. 남자들은 때때로 문신을 새기기도 한다. 또 주호(州胡, 제주도를 가리킨다고 보는 견해가 일반적이다)라는 큰 섬이 마한의 서쪽 바다에 있다. 그들은 조금 키가 작고 말하는 것도 마한과는 다르다. 다들 선비족처럼 머리를 깎으며 가죽옷을 입고 소와 돼지를 잘 기른다. 또 옷은 윗도리만 입고 아랫도리는 없어서, 마치 바지를 벗고 다니는 것과 같다. 배를 타고 마한으로 왕래하면서 장사를 한다.

진한辰韓

진한은 마한의 동쪽에 있다. 그 나라 노인들이 대대로 전하는 말에 의하면, 자신들은 옛날 도망자들의 자손으로, 진秦나라의 부역을 피하여 한 땅으로 왔을 때 마한이 동쪽 경계의 땅을 떼어주었다고 한다. 거주지 주위에는 성벽과 목책이 있다. 그들의 언어는 마한과 달라서 국國을 방邦이라 하고, 궁弓을 호弧라 하며, 적賊을 구寇라 하고, 행주(行酒, 술잔 돌리는 것)를 행상行觴이라고 하며, 서로 부를 때는 상대방을 도徒라고 불러 진秦나라 사람들이 말하는 것과 유사한 점이 있고, 연나라와 제나라가 물건을 이름 짓는 말일 뿐이다. 낙랑군 사람을 아잔阿殘이라 부르는 것이나 동쪽 지방 사람을 '아我'를 '아阿'라고 부르는 것을 보면 낙랑 사람이 본래 그 남은 사람들임을 알 수 있다. 지금은 그들을 진한秦韓이라고 부른다. 처음에는 여섯 나라가 있었고, 차츰 열두 나라로 나뉘었다.

변진弁辰

변진도 열두 나라가 있으며 나라마다 작은 부락이 있다. 부락마다 우두머리가 있는데 세력이 큰 것은 신지라 하고, 그다음은 험측險側이라 하며, 그다음은 번예樊濊라 하고, 그다음은 살해殺奚라고 하며, 또 그다음은 읍차라 한다. 이들에게는 이저국已柢國·불사국不斯國·변진미리미동국弁辰彌離彌凍國·변진접도국弁辰接塗國·근기국勤耆國·난미리미동국難彌離彌凍國·변진고자미동국弁辰古資彌凍國·변진고순시국弁辰古淳是國·염해국冉奚國·변진반로국弁辰半路國·변진락노국弁辰樂奴國·군미국軍彌國·변진미오사마국弁辰彌烏邪馬國·여담국如湛國·변진감로국弁辰甘路國·호로국戶路國·주선국州鮮國·변진구사국弁辰狗邪國·변진주조마국弁辰走漕馬國·변진안사국弁辰安邪國·변진독로국弁辰瀆盧國·사로국斯盧國·우유국優由國 등이 있다. 변한과 진한을 합치면 나라가 모두 24개국이 된다. 이 가운데 큰 나라는 4천~5천 호나 되고, 작은 나라는 6백~7백 호가 되어, 총 4만~5만 호가 된다. 그중에서 12개국은 진 왕辰王에게 신臣으로 속해 있다. 진 왕은 항상 마한 사람 중에서 삼아 대대로 계승하고 있으며, 스스로 왕으로 설 수 없다.

이곳은 토지가 기름지고 아름다워 오곡과 벼를 기르기에 알맞고, 누에를 치는 법을 알아서 비단을 짜며, 말이나 소를 타거나 수레를 끌 줄 안다. 시집가고 장가가는 예속禮俗에는 남녀의 구별이 있다. 큰 새의 날개를 죽은 자와 함께 묻는데, 이것은 죽은 사람이 날아가도록 하려는 뜻이다.[32] 그 나라에서는 철을 생산하는데, 한과 예와 왜에서 모두 가져간다. 시장에서 물건을 사고팔 때 모두 돈을 가지

---

32) 이 나라는 집을 지을 때 나무를 가로로 얽어매어 마치 감옥과 같이 만든다고 한다.

고 하는데, 중국에서 쓰는 돈과 같다. 철은 또 낙랑군과 대방군에도 공급한다.

이곳의 풍속은 노래와 춤과 술 마시기를 좋아한다. 비파가 있는데, 그 모양은 축(筑, 거문고 비슷한 현악기)과 같고, 이것을 타면 소리와 곡조가 나온다. 아이를 낳으면 이내 돌로 그 머리를 누르는데, 머리를 평평하게 만들려는 것이다. 그래서 지금 진한 사람들은 모두 머리가 평평하다. 남자든 여자든 간에 모두 왜인에 가깝고, 또 문신을 새긴다. 걸어서 싸우는 데 익숙하고 병기는 마한과 비슷하다. 길을 가다가 서로 만나면 모두 그 자리에 서서 길을 양보한다.

변진은 진한과 서로 섞여 살고, 또 성곽이 있다. 의복이나 거처하는 곳은 진한과 비슷하다. 언어와 습속이 진한과 유사하지만, 귀신을 제사 지내는 법은 다르고, 부엌은 집 서쪽에 위치한다. 그중 독로국은 왜와 연접해 있다. 또한 열두 나라는 저마다 왕이 있고, 사람들은 모두 체격이 큼직큼직하다. 의복은 청결하며 머리를 길게 기른다. 이들도 역시 고운 베로 품이 넉넉한 옷을 지어 입는다. 법도와 풍속은 몹시 준엄하다.

왜倭

왜인倭人은 대방군 동남쪽 큰 바다에 살며, 산과 섬에 의지하여 국읍國邑을 정했다. 옛날에는 1백여 나라가 있었고, 한나라 때 중국 조정으로 천자를 알현하러 오는 자도 있었다. 지금도 사자나 통역의 왕래가 있는 나라가 30개국이나 된다. 대방군에서 왜로 가려면 해안을 따라 배로 나아가 한국韓國을 지나서 어떤 때는 남쪽으로, 어떤 때는 동쪽으로 하여 왜의 북쪽 해안에 있는 구사한국狗邪韓國으로 가야 한다. 그곳까지 7천여 리나 된다. 바다를 건너 1천여 리 더

가야 비로소 대마국對馬國에 도착한다. 그 나라의 대관(大官, 높은 관직에 있는 사람)은 비구卑狗라 하고, 부관은 비노무리卑奴毋離라 한다. 그들은 사면이 바다로 에워싸인 섬에 살며, 그 넓이는 4백여 리나 된다. 토지는 산이 험하고 깊은 숲이 많고, 길은 새나 사슴이 겨우 통과할 정도로 좁다. 1천여 호나 있는데도 좋은 밭이 없으므로 해산물을 먹고 살고, 배를 타고 남북으로 다니면서 곡물을 사들인다.

또 남쪽으로 한해瀚海라고 불리는 바다를 건너 1천여 리를 가면 큰 나라에 도착한다. 그곳도 장관이 비구이고 부장관은 비노무리이다. 넓이는 3백 리쯤 된다. 대나무숲이 많고 3천여 호나 되며, 밭이 있기는 하지만 충분히 먹을 수 없으므로 또 남북으로 다니면서 곡물을 사들인다.

역시 바다 하나를 건너 1천여 리를 가면 말로국末盧國에 도착한다. 4천여 호가 있고 산과 바다에 의지하여 살고 있다. 초목은 무성하고 길을 다녀도 앞사람이 보이지 않는다. 물고기와 전복을 잘 잡아 물이 깊거나 얕거나 간에 모두 물속에 들어가기만 하면 잡는다.

동남쪽으로 육로를 5백 리 가면 이도국伊都國에 도착한다. 이곳의 장관은 이지爾支라 하고 부장관은 설모고泄謨觚·병거고柄渠觚라 한다. 1천여 호가 사는데, 대대로 왕이 있으며 모두 여왕국女王國에 속해 있다. 대방군에서 사신이 왕래할 경우 항상 여왕국에 머문다.

동남쪽의 노국奴國까지는 1백 리이다. 그곳의 장관은 시마고兕馬觚라 하고, 부장관은 비노무리라고 하며, 2만여 호의 인가가 있다.

동쪽으로 불미국까지는 1백 리이다. 이곳의 장관은 다모多模라 하고, 부장관은 비노무리라고 하며, 1천여 호가 있다.

남쪽 투마국投馬國까지는 수로로 20일을 간다. 장관은 미미彌彌라 하고, 부관은 미미나리彌彌那利라고 하며, 인가가 5만여 호 있다.

남쪽으로 또 여왕의 도읍이 있는 사마일국邪馬壹國까지는 바다로 열흘, 다시 육지로 한 달을 가야 도달한다. 장관으로는 이지마伊支馬가 있고, 부장관으로 미마승彌馬升, 그다음으로 미마획지彌馬獲支 · 노가제奴佳鞮가 있다. 7만여 호가 있다.

여왕국 북쪽에 있는 나라들은 인가가 몇이고 얼마나 떨어져 있는지 등을 대략 기록하지만, 그 바깥쪽에 있는 나머지 나라들은 멀고 외져서 자세히 알 길이 없다. 그 나라들은 차례로 사마국斯馬國이 있고, 그다음으로 이백지국已百支國이 있으며, 이사국伊邪國이 있고, 도지국都支國 · 미노국彌奴國 · 호고도국好古都國 · 불호국不呼國 · 저노국姐奴國 · 대소국對蘇國 · 소노국蘇奴國 · 호읍국呼邑國 · 화노소노국華奴蘇奴國 · 귀국鬼國 · 위오국爲吾國 · 귀노국鬼奴國 · 사마국邪馬國 · 궁신국躬臣國 · 파리국巴利國 · 지유국支惟國 · 오노국烏奴國 · 노국奴國 등이 있는데, 이것으로 여왕국의 국경은 끝이 난다. 그 남쪽으로는 구노국狗奴國이라는 나라가 있는데, 이곳은 남자가 왕으로 있다. 장관은 구고지비구狗古智卑狗라 불리며, 이들은 여왕에게 속하지 않는다. 대방군에서 여왕국까지는 1만 2천여 리나 된다.

왜국의 남자는 어른이든 어린이든 모두 얼굴이나 몸에 먹물을 넣어서 문신을 만든다. 예로부터 왜국의 사자가 중국으로 왔을 때에는 모두 자신을 대부大夫라 했다. 하후(夏后, 하나라 왕 소강少康)의 아들이 회계會稽 왕에 봉해졌을 때, 그는 머리를 깎고 몸에 문신을 새겨 교룡蛟龍의 해害를 피한 일이 있다. 지금 왜인의 수인水人들이 물에 들어가 물고기 · 전복 · 조개를 잘 잡는데, 문신을 새기는 것은 큰 물고기나 물새를 피하려는 목적도 있었으나 후에 와서 차츰 장식으로 쓰게 되었다. 나라마다 문신에는 차이가 있다. 왼쪽에 혹은 오른쪽에, 크게 혹은 작게 하는데, 지위의 높고 낮음에 따라 구별된다.

왜까지의 노정을 계산하면 왜국은 회계나 동야東冶 동쪽에 위치
한다. 그들은 풍속이 음란하지 않다. 남자들은 모두 상투를 틀고 무
명 수건으로 머리를 가린다. 옷은 폭이 넓은 옷감을 서로 이어서 걸
치는데, 그 밖에는 별로 꿰매는 일이 없다. 여자들은 머리를 틀어
쪽을 지고 홑옷을 걸치는데, 옷을 통째로 만들어 중앙에 구멍을 뚫
고 머리에서부터 내려 쓴다. 벼농사를 지으며, 누에를 쳐서 비단을
짜고 삼을 심어서 베를 짠다. 가는 모시와 좋은 비단이 생산된다.
그곳에는 소나 말, 범과 표범, 양과 닭 같은 것은 없다. 병기로는 창
과 방패, 나무 활을 쓴다. 나무 활은 아래는 짧고 위는 길며 대나무
화살에 쇠나 뼈로 만든 촉을 꽂는다. 그곳의 생산물은 담이군儋耳郡
이나 주애군朱崖郡에는 없다.

왜 땅은 몹시 따뜻해서 겨울이든 여름이든 성성한 나물을 먹을
수 있다. 그들은 모두 맨발로 지낸다. 방이 있는 집에서 거처하며
부모 형제간에 취침을 하거나 휴식을 취하는 곳이 다르다. 몸에는
연지나 주사를 바르는데, 마치 중국에서 얼굴에 분을 칠하는 것과
같다. 음식은 그릇에 담아 손으로 먹는다. 사람이 죽으면 속널은 쓰
지만 겉널은 없으며, 흙으로 봉분을 쌓는다. 사람이 죽으면 10여 일
동안 시체를 집에 두는데, 이때는 고기를 먹지 않고, 상주는 곡하고
울지만 다른 사람들은 춤추고 노래 부르며 술을 마신다. 장사를 지
내고 나면 온 집안 식구가 물에 들어가 목욕을 하는데, 그 모습은
중국에서 행하는 연목(練沐, 첫 기일에 하는 목욕)과 유사하다.

그들이 바다를 건너 중국에 올 때는 항상 한 사람은 머리에 빗질
을 하지 않고 서캐도 잡지 않고 의복도 더러워진 대로 두고 고기도
먹지 않고 여자도 가까이하지 않아서 마치 상중에 있는 사람과 같
이 한다. 이 사람을 지쇠持衰라고 한다. 만일 일행 중에 좋은 일이

있으면 그에게 가축과 재물을 주고, 만일 일행 중에 병이 나거나 해를 입는 일이 있으면 그가 행동을 잘못했다 해서 죽이려 한다. 이곳에서는 진주와 푸른 옥을 생산한다. 산에서는 단퓨을 생산하고, 목재로는 매화나무·도토리나무·상수리나무·예장나무·가죽나무·참죽나무·오호烏號·풍향楓香 등이 생산되며, 대나무로는 소간篠簳과 도지죽桃支竹이 있다. 생강·귤·후추·양하蘘荷 등이 나는데, 이런 것들이 맛있는 것인 줄을 모른다. 원숭이와 검은 꿩이 있다.

이 지방 풍속을 보면, 무슨 일이 일어나 여행을 하거나 특별한 일을 할 때에는 반드시 뼈를 불태워 길흉을 점친다. 점 내용을 알릴 때 쓰는 말은 중국의 영귀법令龜法과 같고, 불태워 갈라진 것을 보고 그 길흉의 조짐을 알아낸다. 그들은 한자리에 모일 경우 부자간이나 남녀의 구별이 없다. 또 술을 몹시 좋아한다.[33] 대인大人이나 공경하는 인물을 만날 때에는 겨우 손을 마주잡고 꿇어앉아 절하는 것뿐이다. 사람들은 장수하여 백 세 혹은 여든, 아흔까지 산다. 그 나라 풍속상 나라의 대인들은 대개 네댓 명의 여자를 데리고 살고 하호들이라도 간혹 두세 명의 여자를 데리고 산다. 부인들은 음란한 짓을 하지 않고 질투도 하지 않는다. 도둑질을 하지 않아 소송을 하는 일이 별로 없다. 법을 어기는 자가 있으면 죄가 가벼운 자는 그 처자를 몰수하고, 죄가 무거운 자는 그 집안 전체를 멸해버린다. 친척 관계에는 귀하고 천하거나 높고 낮음에 서열이 있고, 윗사람에게는 무조건 복종한다.

---

33) 이들은 올바른 사시四時를 알지 못하고 다만 봄이 되면 밭을 갈고 가을이 되면 거두어들이는 것을 알 뿐인데, 이것으로 1년을 삼는다고 한다.

조세나 부역의 징수가 있고, 또 조세를 거둘 창고가 있다. 나라마다 시장이 열리고 물건을 사고팔 때 신분이 높은 왜인을 시켜 감독하게 한다. 여왕국 북쪽에는 특별히 큰 기관 하나를 두어서 여러 나라를 감독하는데, 모든 나라가 이 기관을 몹시 두려워하고 꺼린다. 큰 기관은 항상 이도국에 역소를 두고 나라 사이에서 중국의 자사 같은 권위를 갖는다. 왕이 경도京都와 대방군과 마한·진한·변한 등에 사신을 보낼 경우, 또 반대로 대방군에서 사자가 왜로 파견될 때에는 항상 나루터 부근에서 수색을 하고 보내진 문서나 물건을 모두 여왕에게 바치는데, 하나도 틀림이 없도록 해야 한다. 하호들이 대인을 길에서 만나면 물러나 풀 속으로 들어간다. 말을 전하거나 상황을 진술할 때는 걸터앉기도 하고 무릎을 꿇고 두 손으로 땅을 짚어 공경하는 마음을 드러낸다. 대답할 때는 "아아!"라고 하는데 마치 중국에서 승낙할 때 하는 말 같다.

왜국은 본래 남자를 왕으로 삼았는데, 70~80년이 지난 뒤에 왜국에 전란이 일어나 몇 해에 걸쳐 서로 공격하고 싸웠다. 그래서 공동으로 여자 한 명을 세워 왕으로 삼고 비미호卑彌呼라고 불렀던 것이다. 여왕은 귀신을 섬겨 온 나라 백성을 미혹시켰다. 나이가 차도 남편을 맞지 않고, 남동생이 여왕을 도와 나라를 다스린다. 왕위에 오른 이래 그녀의 얼굴을 본 자는 몇 사람 없다. 1천 명의 계집종이 그를 모시고 있고, 그중 남자 한 명이 음식을 올리고 말을 전하면서 출입한다. 왕비가 거처하는 궁실과 누각, 그리고 성책은 모두 성벽과 창살로 빈틈없이 만들어졌고, 병기를 가진 자들이 언제나 경비를 선다.

여왕국에서 동쪽으로 1천여 리 바다를 건너가면 또 나라 하나가 있는데 모두 왜와 같은 종족이다. 또 그 남쪽에 주유국侏儒國이 있는데, 그곳 사람들은 키가 서너 척이나 되고 여왕국에서 거리가 4천여 리 떨어져 있다. 또 나국裸國과 흑치국黑齒國 등의 나라가 그 동남쪽에 있는데, 배를 타고 1년간 가야 도착할 수 있다. 여러 가지 정보를 종합하면 왜국 땅은 바다 가운데 섬에 있고, 주위가 5천여 리나 된다.

| 경초 2년(238) 6월 | 왜국 여왕은 대부大夫 난승미難升米 등을 대방군으로 보내 천자를 알현하여 헌상물을 바치고 싶다는 뜻을 전했다. 이에 태수 유하劉夏는 관리와 병사를 보내 수도까지 안내하도록 했다.

| 12월 | 천자가 왜의 여왕에게 조서를 내려 회답했다.

이 조서를 친위왜왕親魏倭王 비미호에게 내린다. 대방 태수 유하가 사신을 보내 너희 대부 난승미와 부사副使 도시우리都市牛利를 호위하고 그대의 헌상물인 남자 네 명, 여자 여섯 명과 반포班布 두 필과 두 장을 바쳤다. 너희 나라는 거리가 몹시 먼데도 사신을 보내서 물건을 바쳤으니, 이는 너의 충성스럽고 효성스러운 마음이며, 나는 너의 충성에 마음이 움직이게 되었다. 이제 너를 친위왜왕으로 삼는다. 그리고 금으로 만든 인과 붉은빛 수를 줄 터인데, 그 인수를 봉인하여 대방 태수에게 부탁하여 너에게 전해주도록 하겠다. 너의 종족들을 진무하고 효순孝順에 노력하라.

네가 보낸 사신 난승미와 도시우리는 길이 먼데 수고가 많았기에 이제 난승미를 솔선중랑장率善中郎將으로 삼고, 도시우리를 솔선교위率善校尉로 삼아 은으로 만든 인과 푸른 인끈을 주고, 불러 위로한 다음 돌려보내는 바이다. 그리고 강지교룡금絳地交龍錦 다섯 필과 강지추속계絳地縐粟罽 열 장, 천강蒨絳 50필, 감청紺靑 50필을 주어 너희가 바친 공물에 답한다. 또 특별히 너에게 감지구문금細地句文錦 세 필과 세반화계細班華罽 다섯 장, 백견白絹 50필, 금 여덟 냥, 오척도五尺刀 두 자루, 동경銅鏡 1백 매, 진주와 공단 각 50근씩을 모두 포장하여 난승미와 도시우리에게 주어 들려 보내니, 너희 나라 사람들에게 일일이 보여주어서 우리 나라가 너희를 아끼는 뜻을 알게 하도록 하라. 그래서 정중하게 이처럼 좋은 물건을 너희에게 하사하는 바이다.

| 정시 원년(240) | 태수 궁준이 건중교위建中校尉 제준梯儁 등을 보내서 조서詔書의 인수를 받들고 왜국에 가서 왜왕을 배알하고, 아울러 금·비단·금계錦罽·칼·거울·채물采物 등을 내려주었다. 이에 왜 왕은 표문을 올려 조서와 물건을 내린 은혜에 감사했다.

| 정시 4년(243) | 왜왕은 다시 사신으로 대부 이성기伊聲耆와 액사구掖邪狗 등 여덟 명을 보내서 포로 몇 명과 왜금倭錦·강청염絳青縑·면의縣衣·백포帛布·단목丹木·부鈇·단궁시短弓矢 등을 바쳤다. 이에 액사구 등에게 솔선중랑장의 인수를 주었다.

| 정시 6년(245) | 조서를 내려 왜국의 난승미에게 황색 깃발을 하사하고 인수를 주었다.

| 정시 8년(247) | 태수 왕기가 대방군으로 부임했다. 왜국의 여왕 비미호와 구노국의 남왕男王 비미궁호卑彌弓呼는 내내 사이가 좋지 못해서 왜의 재사載斯·오월烏越 등을 대방군으로 보내어 두 나라 사이에 서로 공격하는 상황을 보고했다. 이에 왕기는 색조연사塞曹掾史 장정張政 등을 보내서 조서와 황색 깃발을 내려 난승미에게 벼슬을 주고 깨우치도록 했다.

비미호가 죽자 크게 무덤을 만들었는데 직경이 1백여 보나 되었다. 노비 1백 명 이상이 순장되었다. 비미호의 뒤를 이어 남왕男王을

세웠으나, 온 나라 사람들이 복종하지 않고 저희끼리 서로 죽이고 싸워서 이때 죽은 사람만도 1천여 명이나 되었다. 이리하여 비미호 집안의 딸 일여壹與가 왕으로 세워졌다. 이때 일여의 나이는 겨우 30세였으나, 나라 안의 인심이 곧 안정을 찾았다. 이때 장정 등이 일여를 타이르는 격문을 보냈다. 일여는 왜의 대부 솔선중랑장 액사구 등 20명을 보내서 뵙고 남녀 노예 30명을 헌상하고 흰 구슬 5천 개, 청대구주青大句珠 두 매, 이문잡금異文雜錦 20필을 바쳤다.

【평하여 말한다】

《사기》나 《한서》는 조선이나 양월(兩越, 남월과 동월)의 일을 기록했고, 《후한서》는 서강西羌의 일을 기록했다. 위나라 시대에는 흉노가 이미 쇠퇴해가면서, 그 대신 오환족과 선비족이 나타났다. 이어 동이에 이르러서는 사신이 늘 왕래했다. 역사의 기술이란 사건에 따라야 하니, 어찌 평범한 일이라 하겠는가!

위나라 연표

* 이 연표는 조조가 탄생한 155년부터 위나라가 멸망한 265년까지 110년
  간 일어난 일들을 간략히 기록한 것이다.

영수永壽 원년(155) **가을** 남흉노가 반란을 일으키자 장환長奐이 진압하다.
  사주四州와 기주冀州에 기근이 들다.
  패국沛國의 초현譙縣에서 조조曹操가 조숭曹嵩의 아들로 태어나다.
  손견孫堅이 태어나다.

연희延熹 4년(161) **8월** 재정난을 타개하기 위해 매관賣官이 시작되다.
  11월 남양南陽과 곤양昆陽의 백성이 반란을 일으켜 주모자가 살해되다.
  유비劉備가 태어나다.

연희 6년(163) 순욱荀彧이 태어나다.
  선비족이 요동속국遼東屬國으로 침입하다.

광화光和 5년(182) 영제靈帝가 자사刺史와 태수太守가 민간에 해를 끼친다는
  것을 알다. 환관들이 뇌물을 받는 일이 잦아지다.
  2월 역병이 크게 유행하다.
  손권孫權이 태어나다.

광화 6년(183) 황건적黃巾賊이 중국 8주에서 크게 일어나 10년 사이에 수십
  만 명을 거느린 집단으로 성장하다.

광화 말년(184) 조조가 기도위騎都尉에 임명되어 황건적을 토벌하고, 제남국
  濟南國의 상相이 되다.
  유비·관우關羽·장비張飛가 황건적 토벌을 위해 군대를 일으키다.
  2월 장각張閣 등이 이끄는 황건적의 난이 일어나다.
  장각이 죽다.

중평中平 4년(187) 한수韓遂가 변장邊章을 살해하고 농서隴西를 포위하다.

10월 손견이 장사長史의 반란을 평정하다.

11월 조숭이 매관으로 태위太尉가 되다.

조비曹丕가 태어나다.

중평 5년(188) 황건적 잔당이 각지에서 반란을 일으키다.

8월 조조가 서원팔교위西園八校尉에서 원소袁紹와 함께 교위에 임명되다.

중평 6년(189) 2월 황보숭皇甫嵩이 왕국王國을 쳐부수다.

4월 영제가 죽자 소제少帝 유변劉辯이 즉위하다. 광희光熹라고 개원하다.

대장군大將軍 하진何進이 실권을 장악하나 환관 주살 계획이 탄로나 환관들에게 살해되다.

원소가 궁중으로 들어와 환관을 모두 죽이다.

조조가 원소·원술袁術·노식盧植 등과 함께 반反동탁董卓 연합 전선을 준비하다.

12월 조조가 기오己吾에서 군대를 일으키다.

영한永漢 원년(189) 순욱이 효렴孝廉으로 천거되어 수궁령守宮令에 임명되다.

초평初平 원년(190) 정월 원소가 반反동탁 전선의 맹주로 추대되나 전선이 곧 해체되다.

동탁이 소제를 살해하고 2월에 장안長安으로 천도를 강행하다.

유표劉表가 형주 자사荊州刺史가 되어 세력을 비축하다.

초평 2년(191) 봄 원소와 한복韓馥이 유우劉虞를 황제로 옹립하려 하지만 유우가 받아들이지 않다.

4월 동탁이 장안으로 돌아오다.

순욱이 원소 곁을 떠나 조조에게 몸을 의탁하다.

조조가 동군 태수東郡太守가 되다.

초평 3년(192) 원소가 공손찬公孫瓚을 쳐부수다.

조조가 흑산黑山의 우독于毒과 수고眭固를 연파하다.

4월 왕윤王允과 여포呂布가 동탁을 주살하다.

6월 이각李傕과 곽사郭汜가 장안을 습격하여 점거하고 왕윤을 살해하다.

11월 유표가 형주목荊州牧이 되다.

겨울 조조가 황건적에 대승하여 30만 명을 얻어 청주병靑州兵을 조직하다.

조식曹植이 태어나고, 동탁·왕윤·채옹蔡邕이 죽다.

초평 4년(193) **정월** 조조가 원술을 패배시키다.

봄 조조가 견성鄄城에 군대를 주둔시키다.

조숭이 도겸陶謙에게 살해당하다.

조조가 도겸이 있는 서주徐州로 진격하여 대학살을 저지르다.

흥평興平 원년(194) **봄** 조조가 서주에서 연주兗州로 돌아오다.

4월 조조가 다시 서주를 공격하다.

흥평 2년(195) **정월** 조조가 정도定陶에서 여포를 쳐부수다.

여포가 유비에게 가서 의탁하다.

3월 이각이 헌제獻帝를 납치하다.

7월 동승董承 등이 헌제를 받들고 장안을 벗어나다.

9월 조조가 헌제를 받들어 허창許昌에 도읍을 정하고, 대장군 직위를 원소에게 양보하고 스스로 사공司空·거기장군車騎將軍이 되다.

10월 조조가 연주목兗州牧에 임명되다.

건안建安 원년(196) **정월** 조조가 무평현武平縣에 도착하다. 원사袁嗣가 항복을 하다.

건안 2년(197) **정월** 조조가 장수張繡와의 싸움에서 장남 조앙曹昻과 조카 조안민曹安民을 잃다.

11월 조조가 여포를 공격하다.

원술이 수춘壽春에서 제위帝位를 참칭僭稱하다.

건안 3년(198) **정월** 조조가 허현許縣으로 돌아와 군사좨주軍師祭酒를 설치하다.

3월 조조가 장수를 양성穰城에서 포위하다.

4월 조조가 견성에 도읍을 두자는 원소의 요청을 거부하다.

10월 조조가 여포를 공격하고 진궁陳宮과 고순高順을 참수하다.

건안 4년(199) **6월** 조조가 원소의 허도許都 습격 사실을 알고 군대를 여양黎陽 으로 나아가게 하다.

건안 5년(200) 조조가 동승을 주살하고, 유비를 토벌하며, 관우를 사로잡다.

손책孫策이 허공許貢의 식객에게 화살을 맞고 죽다. 후사를 손권에 게 맡기다.

2월 조조가 안량顔良과 문추文醜를 베다.

8월 조조가 원소와 관도官渡에서 대치하다.

10월 조조가 오소烏巢의 치중輜重을 습격하자 원소 군이 괴멸되다.

건안 6년(201) **4월** 조조가 창정倉亭에 주둔한 원소의 군대를 무찌르다.

건안 7년(202) **5월** 원소가 죽자 막내 원상袁尙이 자리를 이어받다.

9월 조조가 원담袁譚·원상과 대치하다.

건안 8년(203) **3월** 조조가 원씨 형제를 쳐부수다.

8월 조조가 유표를 공격하여 서평西平까지 나아가다.

조조가 순욱의 공적을 기록한 표를 올려 만세정후萬歲亭侯에 봉하다.

건안 9년(204) **8월** 조조가 업성鄴城을 함락시키고 기주목冀州牧에 임명되다.

이것을 안 고간高幹이 병주幷州에서 다시 거병하다.

건안 10년(205) **정월** 조조가 남피南皮에 있는 원담을 참수하고 기주를 손에 넣다.

건안 11년(206) **정월** 조조가 고간을 정벌하러 가다.

건안 12년(207) **2월** 조조가 표를 올려 공신 20여 명을 열후列侯에 봉하다.

조조가 북쪽으로 가서 오환족烏丸族을 정벌하고 답돈蹋頓을 참수 하다.

건안 13년(208) **정월** 조조가 업성으로 돌아와 현무지玄武池를 만들어 수군을 훈련시키다.

6월 조조가 삼공의 제도를 폐지하고 승상丞相과 어사대부御史大夫를 설치하다.

조조가 스스로 승상이 되다.

건안 14년(209) 7월 조조가 합비合肥에 주둔해 있다가 12월에 초현으로 돌아오다.

조조가 회남淮南에서 둔전屯田을 실시하다.

건안 15년(210) 조순曹純이 세상을 떠나자 조비가 즉위하여 위후威侯로 추증하다.

조조가 '구현령求賢令'을 내려 인재를 등용할 때 재능을 중시하는 원칙을 견지하다.

조조가 태원太原의 반역자를 토벌하고, 대릉大陵을 포위하여 함락시키고 상요商曜를 참수하다.

건안 16년(211) 정월 조비가 오관중랑장五官中郎將이 되고 관속官屬을 두어 승상을 보좌하도록 하다.

건안 17년(212) 5월 조조가 마등馬騰과 그의 두 아들을 살해하다.

10월 조조가 손권을 정벌하러 가다.

순욱이 병으로 죽다. 시호를 경후敬侯라 하다.

건안 18년(213) 조조가 천하 14주를 9주로 병합하다.

조조가 헌제로부터 위공魏公에 봉해지고 구석九錫을 받다.

건안 19년(214) 정월 조조가 처음으로 적전籍田 의식을 거행하다.

조식이 임치후臨菑侯로 봉해지다.

건안 20년(215) 정월 헌제가 조조의 둘째 딸을 황후로 세우다.

3월 조조가 장로張魯를 토벌하러 가다.

건안 21년(216) 2월 조조가 업성으로 돌아오다. 하후돈夏侯惇을 26군의 도독으로 삼다.

조조가 손권을 정벌하려고 합비성에 도착하다.

5월 조조가 위왕魏王이 되다.

11월 조조가 손권을 정벌하러 가다.

조곤曹袞이 평향후平鄕侯에 봉해지다.

조창曹彰이 언릉후鄢陵侯로 봉해지다.

건안 22년(217) **2월** 조조가 손권을 패주시키다.

조비가 위나라 태자에 옹립되다.

사마랑司馬朗이 하후돈·장패張霸 등과 오나라를 정벌하러 가다. 거소居巢에 도착했을 때 역병이 창궐하다.

건안 23년(218) **정월** 경기耿紀 등이 허창에서 쿠데타를 도모하나 실패하다.

9월 조조가 양평관陽平關으로 쳐들어온 유비를 하후연夏侯淵에게 막게 하다.

오환이 모반을 일으키자 조창이 막다.

건안 24년(219) 하후연이 유비와 양평陽平에서 전투를 벌이다 유비에게 죽임을 당하다.

조조가 하후돈을 전장군前將軍에 임명하다. 조인曹仁에게 번현樊縣에서 관우를 토벌하도록 하다.

유비가 하후연의 진영을 포위하고 불을 지르다.

손권이 합비를 공격하다.

건안 25년(220) 손권이 관우를 공격하여 참수하고, 그의 머리를 보내오다.

조조가 낙양洛陽에서 붕어하니 시호를 무왕武王이라 하다. 조비가 위왕이 되고, 3월에 연강延康이라고 연호를 바꾸다.

7월 맹달孟達이 항복해오다.

10월 조비가 헌제로부터 제위를 선양받고 연호를 황초黃初라고 바꾸다.

황초 원년(220) **11월** 조비가 한 헌제를 산양공山陽公이라고 하다.

12월 낙양에 도읍을 정하다.

황초 2년(221) **정월** 조비가 명당明堂에서 오제五帝를 제사 지내다.

황초 3년(222) 조식이 견성왕鄄城王으로 세워지다.

9월 손권이 맏아들을 인질로 보내지 않자, 조비가 세 방면에서 오나라를 공격하다.

황초 4년(223) 조식이 옹구왕雍丘王에 봉해지다.

조인이 56세의 나이로 세상을 떠나다. 시호를 충후忠侯라고 하다.

보도근步度根이 위나라 조정으로 와서 공물을 바치다.

황초 5년(224) **4월** 태학太學을 세우고 오경五經의 시험 방법을 제정하다.

황초 6년(225) 조비가 조식의 궁전에 행차하여 식읍 5백 호를 늘려주다.

황초 7년(226) **5월** 조비의 병세가 위중하여 조예曹叡를 태자로 옹립하다. 조진曹眞과 진군陳群, 사마의司馬懿 등에게 유조遺詔를 주어 정치를 보좌하도록 하다.

태화太和 원년(227) **정월** 조예가 교외에서 하늘에 제사 지낼 때 무황제武皇帝를 함께 제사 지내고, 명당에서 문황제文皇帝를 제사 지낼 때 상제上帝도 함께 제사 지내다.

태화 2년(228) **정월** 사마의가 신성新城을 토벌하고 맹달을 참수하여 그 머리를 보내오다.

조예가 오나라를 정벌하려고 사마의를 보내 군사를 이끌고 한수漢水를 따라 내려가도록 하다.

태화 3년(229) **4월** 원성왕元城王 조례曹禮가 세상을 떠나다.

조식이 동아왕東阿王으로 옮겨 봉해지다.

태화 4년(230) **정월** 합비 신성을 짓다.

2월 조진을 대사마大司馬에, 사마의를 대장군에, 공손연公孫淵을 거기장군에 임명하다.

태화 5년(231) **정월** 조예가 적전 의식을 행하다.

3월 조진이 세상을 떠나다.

사마의가 천수天水로 침공한 제갈량諸葛亮을 막다.

태화 6년(232) 조홍曹洪이 세상을 떠나다. 시호를 공후恭侯라고 하다.

11월 진사왕陳思王 조식이 세상을 떠나다.

청룡青龍 원년(233) 정월 조예가 연호를 청룡이라고 바꾸어 사용하다.

청룡 2년(234) 3월 헌제 유협劉協이 세상을 떠나다.

8월 제갈량이 죽다.

청룡 3년(235) 정월 8일 대장군 사마의가 태위에 임명되다.

조예가 낙양궁洛陽宮을 대대적으로 수리하다.

청룡 4년(236) 4월 숭문관崇文觀을 설치하여 문장가를 불러 모으다.

경초景初 원년(237) 3월 청룡 5년 3월을 경초 원년 4월로 바꾸다.

조예가 관구검毌丘儉에게 명을 내려 공손연을 토벌하도록 했으나
실패하다.

6월 왜국 여왕이 대부大夫 난승미難升米 등을 대방군帶方郡으로 보내
천자를 알현하여 공물 바치기를 원하다.

경초 2년(238) 정월 사마의가 공손연을 토벌하러 가서 6월에 양평에서 포위
하여 8월에 참수하다. 이로 인해 요동·대방·낙랑樂浪·현도玄菟 4군
이 위나라 세력권으로 들어오다.

경초 3년(239) 2월 사마의가 태부太傅가 되어 실권에서 멀어지다.

12월 조방曹芳이 황제의 자리에 올라 대사면을 행하다.

정시正始 원년(240) 조방이 궁중의 금은으로 만든 그릇을 녹여 군비에 충당
할 것을 명하다.

정시 2년(241) 2월 조방이 《논어》를 읽기 시작하고, 공자를 제사 지내며 안연
을 함께 제사 지내다.

정시 3년(242) 정월 동평왕東平王 조휘曹徽가 세상을 떠나다.

3월 태위 만총滿寵이 세상을 떠나다.

정시 4년(243) 7월 조진 이하 공신 20명을 태묘太廟에서 제사 지내다.

정시 5년(244) 2월 조상曹爽과 하후현夏侯玄이 군대를 크게 일으켜 촉나라를
공격했으나 성과를 얻지 못하다.

정시 6년(245) **8월** 고유高柔가 사도司徒가 되다.

정시 7년(246) **2월** 관구검이 고구려를 쳐서 환도丸都를 함락시키고, 5월에는 예맥濊貊을 쳐부수다.

정시 8년(247) 조상이 하안何晏과 등양鄧颺 등에게 정치를 전담하게 하다. 사마의가 병을 칭하고 정치에 나서지 않는 척하다.

정시 9년(248) **4월** 서막徐邈이 사도를 고사하자 왕릉王凌이 사도가 되다.

정시 10년(249) **정월** 천자가 고평릉高平陵을 찾는데 조상 형제도 함께 가다. 사마의가 조상을 처형하고 조희曹羲·조훈曹訓·하안·등양·정밀丁謐· 필궤畢軌·이승李勝·환범桓範·장당張當 등을 체포하여 모두 처형하고 삼족을 멸하다.
4월 연호를 가평嘉平으로 바꾸다.

가평 원년(249) **12월** 왕릉이 태위가 되고, 손례孫禮가 사공이 되다.

가평 2년(250) 유방劉放이 세상을 떠나다.

가평 3년(251) **정월** 형주 자사 왕기王基가 오나라 이릉夷陵을 공격하여 수천 명을 사로잡다.
3월 사마부司馬孚가 사공이 되다.
4월 태위 왕릉이 반란을 기도하려 하자 사마의가 그를 자살하게 만들다.

가평 4년(252) **정월** 사마사司馬師가 대장군이 되다.

가평 5년(253) **4월** 대사면을 행하다.
5월 오나라 제갈각諸葛恪이 합비의 신성을 공격하자 사마부에게 그들을 막도록 하다.

가평 6년(254) **6월** 사마사가 조방을 폐위하고 고귀향공高貴鄕公 조모曹髦를 즉위시키다.
연호를 정원正元으로 바꾸다.

정원 2년(255) **정월** 관구검과 문흠文欽이 수춘에서 반란을 일으키다 실패하여 문흠은 오나라에 투항하고 관구검은 토착민에게 살해되다.

사마사가 허창에서 죽다.

사마소司馬昭가 대장군·녹상서사錄尙書事가 되다.

감로甘露 원년(256) **4월** 조모가 태학을 시찰하다.

감로 2년(257) 낙상樂詳이 90여 세에 두기杜畿의 공적을 글로 올리다.

5월 제갈탄諸葛誕이 반란을 일으키다.

감로 3년(258) **2월** 사마소가 수춘성을 함락시키고 제갈탄을 참수하다.

청룡과 황룡이 돈구현頓丘縣·관군현冠軍縣·양하현陽夏縣의 경계 지역에 있는 우물에서 빈번히 나타나다.

감로 4년(259) **10월** 신성군新城郡을 분할하고 상용군上庸郡을 다시 설치하다.

감로 5년(260) **5월** 조모가 사마소의 전횡을 못 참고 주살하려다 실패하여 자살하다.

6월 상도향공常道鄕公 조환曹奐이 즉위하다. 연호를 경원景元으로 바꾸다.

경원 2년(261) **7월** 예맥과 한韓이 위나라에 조공朝貢을 바치러 오다.

경원 3년(262) **7월** 사마소가 혜강嵇康을 살해하다.

10월 촉의 대장 강유姜維가 조양洮陽을 침입하다.

경원 4년(263) **8월** 종회鍾會·등애鄧艾·제갈서諸葛緖가 명을 받아서 촉을 공격하다.

12월 곽 태후가郭太后 붕어하다.

경원 5년(264) **정월 15일** 종회가 곽 태후의 유령遺令이라며 사마소 토벌을 선언하다.

5월 연호를 함희咸熙로 바꾸다.

함희 원년(264) **9월** 사마염司馬炎이 무군대장군撫軍大將軍이 되다.

함희 2년(265) **12월** 사마염이 조환에게 제위를 선양받고 연호를 태시泰始로 바꾸다. 위나라가 멸망하다. 조환이 진류왕陳留王에 봉해지다.

찾아보기

魏書

정사 삼국지 위서 2

1판 1쇄 발행일 2018년 3월 5일
1판 4쇄 발행일 2023년 11월 6일

지은이 진수
옮긴이 김원중

발행인 김학원
발행처 (주)휴머니스트출판그룹
출판등록 제313-2007-000007호(2007년 1월 5일)
주소 (03991) 서울시 마포구 동교로23길 76(연남동)
전화 02-335-4422 **팩스** 02-334-3427
저자·독자 서비스 humanist@humanistbooks.com
홈페이지 www.humanistbooks.com
유튜브 youtube.com/user/humanistma **포스트** post.naver.com/hmcv
페이스북 facebook.com/hmcv2001 **인스타그램** @humanist_insta

편집주간 황서현 **편집** 박상경 김선경 임미영 **디자인** 김태형
조판 홍영사 **용지** 화인페이퍼 **인쇄** 삼조인쇄 **제본** 경일제책

ⓒ 김원중, 2018

ISBN 979-11-6080-122-4 04910
ISBN 979-11-6080-125-5 (세트)